黄帝内经素问译释

(第四版)

南京中医药大学 编著

主 编 孟景春 王新华

上海科学技术出版社

图书在版编目(CIP)数据

黄帝内经素问译释/南京中医药大学编著.—4版.—上海：上海科学技术出版社,2009.12(2024.11重印)
ISBN 978-7-5323-9999-4

Ⅰ.黄… Ⅱ.南… Ⅲ.①素问-译文②素问-注释 Ⅳ.R221.1

中国版本图书馆 CIP 数据核字(2009)第 133289 号

黄帝内经素问译释（第四版）
南京中医药大学　编著

上海世纪出版（集团）有限公司
上海科学技术出版社　出版、发行
（上海市闵行区号景路159弄A座9F-10F）
邮政编码 201101　www.sstp.cn
山东韵杰文化科技有限公司印刷

开本 850×1168　1/32　印张 28.875　插页 4
字数：667 千
1959 年 6 月第 1 版
2009 年 12 月第 4 版　2024 年 11 月第 26 次印刷
ISBN 978-7-5323-9999-4/R·2702
定价：75.00 元

本书如有缺页、错装或坏损等严重质量问题，
请向工厂联系调换

内 容 提 要

《黄帝内经素问》一书是中医学主要理论的基础之一。全书运用阴阳五行学说以及天人相应的整体观阐述了脏象、经络、病机、诊法、治则等中医学的基本理论，是学习中医的必读之书。

为了便于读者对《黄帝内经素问》原著的阅读和掌握，本书对原文进行了校勘、注释、语译，并对每篇增加题解、本篇要点等内容，对于原文中重要理论和主要论点则增补按语，提示其对临床实践的指导意义和应用价值。本书使文简义深的《黄帝内经素问》原文通俗易懂、浅显明了，易为读者掌握和运用，是阅读和研究《黄帝内经素问》的重要参考书。

第四版前言

本书初版于 1959 年 6 月,至今已 49 年了。其中经过 1981 年二版时的修订,1991 年三版时的修订,在全书质量方面逐步有所提高。尤其是在三版前,由孟景春、王新华两位主编,率中医基础理论教研室的全体老师,对本书进行了全面细致的修订(见三版前言),使其质量更有提高。

《黄帝内经素问》与《黄帝内经灵枢》,合之简称为《内经》,是中医古籍中的经典著作之一,并称其为经典中之经典。经典的价值是无穷的。我们后学者,必须从中汲取精华,以提高自己的理论水平,并能以之指导临床。所以经典医籍是我们中医工作者必须永远珍藏和反复阅读的。因此,本书虽经多次再版与重印,仍受广大读者欢迎,其销售久盛不衰。

这次再版,由孟景春、王新华教授,仔细通读全书,认真核对原文,对书中个别文字与少数标点符号的错讹或不当之处,均一一进行了订正,在体例和内容上,除新增和原按语作补充外,均未作改动。关于新增和原按语的补充系编者平时通过不断的学习和临床实践,并阅览了国内外有关《内经》理论方面报道，对于某些经文又有了新的理解和认识，其中如"情志相胜"法的具体应用，"七损八益"的实质和理解，"心主神明"的新认识，"雷气通心"的理解，肝的"其畜鸡"、"其谷麦"的意义等，类此者，均在新增的按语中加以说明（新增和补充按语计31处）。敝帚不敢自珍，趁此四版再印之际，愿与广大读者共识。爰书数语，以资说明。是耶，非耶，敬请批评指正。

编　者

2008年5月

序

　　祖国医学，经过长期的实践积累了丰富的经验，并形成了一套独特的理论体系。这个理论体系是后世中医学术发展的基础，其中尤以解释人体生理、病理现象的阴阳、五行说，和说明人体内外环境统一性的"天人相应"的整体观念，在临床医学上始终起着指导作用。中医的经典著作——《黄帝内经》，是中医理论体系的泉源，是用阴阳五行学说解释人体生理、病理、诊断、治则，以及用"天人相应"整体观说明人体内外环境统一性的典范，所以它已成为学习中医的必读之书。但由于这部书词义较深，初学有一定困难，因而用现代语加以语译和解释，使学习者易读易懂，是有其重要作用的。

　　这本《黄帝内经素问译释》，是我们译释医经的一部分。原文基本上以王冰次注本为准，在部分词句上，参考《黄帝内经太素》、《甲乙经》、新校正本，以及吴崑、马莳、张景岳（介宾）、张志聪、高世栻等注本，作了一些校订。并将遗篇《刺法论》和《本病论》两篇，亦根据注本补入，列于本书之末，以供研究和参考。

　　本书是由我组及前后三期医科进修班、师资班部分同学集体编写的。在1956年冬季完成初稿,曾征得本校师生及各地同志们的许多宝贵意见,于1957年作了一次修订。最近又将这部材料,作了一次修改,付诸出版,以期对学习中医、中医教学以及从事中医研究工作的同志们,提供一些参考资料。虽然如此,由于我们水平关系,在内容解释方面错误和缺点一定很多,但我们认为这仅仅是一个开端,今后将不断的加以修订和提高;希望同志们随时提供宝贵的改进意见和批评,作为以后修订时的参考,这是我们所热烈欢迎的。

南京中医学院医经教研组
1958年11月

第二版前言

本书出版于 1959 年 6 月,至今已廿年了。此次根据广大读者的要求,进行了再版。再版前,由王新华同志对本书作了全面的修订。在体例上,原"词释"改为"注释";在原文上,再次进行了核对,纠正了少数地方的错误;在"题解"和"本篇要点"等内容上,作了一些必要的修改;在译释的语句、文字上,作了一些修饰;在标点符号上,进行了较多的修改,以冀较一版的质量有所提高。但由于时间仓促以及我们的水平所限,错误和缺点之处,在所难免,欢迎读者批评指正。

编 者
1979 年 8 月

第三版前言

本书自1959年6月初版,1981年10月再版以来,颇受广大读者的欢迎。此次又在二版的基础上,进行了全面的修订。这次修订的重点是注释和按语。凡字、词、句在语译中尚未能表达清楚者,均予注释,而语译中已能表达清楚者,予以删除,故而注释条目增加者534条,删除者131条,原注释中有意义欠透彻而修改者624处;注释中生僻字的注音,均改用汉语拼音加同音字。按语的内容,着重在阐明经义,并理论结合实践,指出其实用意义,文字力求简练,画龙点睛,起到对读者有所启迪的作用。再有关于运气学说的七篇大论,删去二版中附录马莳注(见二版488~490页),增加了五运六气简介。旨在使读者对五运六气的实质精神,有个大概的了解。此外,对于题解和本篇要点的少数内容,又进行了必要的修改;在语译中少数词、句进行推敲,又加以润饰加工,使之尽量达到信、达、雅的要求;其他原文和标点符号亦进行核对,纠正了少数错讹。

通过三版的修订,以冀较二版的质量更有提高。但限于我们的水平,虽然尽了主观努力,而错误和缺点,恐仍难免。为此,殷切地希望广大读者予以批评指正。

编　者
1987年10月

黄帝内经素问序

启玄子　王　冰　撰

（新校正：按《唐人物志》，冰仕唐，为太仆令，年八十余以寿终。）

夫释缚脱艰，全真导气①，拯黎元②于仁寿③，济羸劣以获安者，非三圣④道，则不能致之矣。孔安国⑤序《尚书》⑥曰："伏羲、神农、黄帝之书，谓之三坟，言大道也。"班固⑦《汉书·艺文志》曰："《黄帝内经》十八卷。"《素问》即其经之九卷也，兼《灵枢》九卷，乃其数焉。

虽复年移代革，而授学犹存，惧非其人，而时有所隐，故第七一卷，师氏⑧藏之，今之奉行，惟八卷尔。然而其文简，其意博，其理奥，其趣深，天地之象分，阴阳之候列，变化之由表，死生之兆彰，不谋而遐迩⑨自同，勿约而幽明⑩斯契⑪。稽其言有征，验之事不忒。诚可谓至道之宗⑫，奉生之始⑬矣。

假若天机⑭迅发，妙识玄通⑮，蔵谋⑯虽属乎生知⑰，标格⑱亦资于诂训⑲，未尝有行不由迳，出不由户者也。然刻意研精，探微索隐，或识契真要，则目牛无全⑳，故动则有成，犹鬼神幽赞，而命世奇杰，时时间出焉。则周有秦公㉑,汉有淳于公㉑,魏有张公、华公㉑,皆得斯妙道者也。咸日新其用,大济蒸人㉒,华叶递荣,声实相副㉓,盖教之著矣,亦天之假也。

注释

① 全真导气:全真,谓保全真元。导气,谓养生之术,如呼吸俯仰,屈伸手足,使气血畅通,身体轻举。

② 黎元:与黎民义同。黎,黑也,黎民指黑发之人。黎又训众,元训善。民之善者,称元。故黎元指众多善良的年轻人。

③ 仁寿:谓安乐长寿。《论语·雍也》:"仁者寿。"

④ 三圣:此处指伏羲、神农、黄帝为三圣。

⑤ 孔安国:汉代有名的儒家。武帝时官谏议大夫,对《尚书》有研究,命作《书传》。

⑥《尚书》:书名,为我国上古最古的史籍,后经孔子整理,名曰《书经》,成为儒家经典之一。

⑦ 班固:东汉明帝时人,著《汉书》,《艺文志》是其中的篇名。

⑧ 师氏:此处是指老师或前辈的意思。

⑨ 遐迩:遐是远,迩是近。遐迩谓远近。

⑩ 幽明:幽是隐约不显,明是显而易见。

⑪ 契:相合的意思。

⑫ 至道之宗:至训极。至道,极高深的道理。宗,作"根本"解释。

⑬ 奉生之始:奉,谓奉养。始,谓本源。奉生之始,就是说养生的根源。

⑭ 天机:作"天资"解。

⑮ 玄通:道理深奥的叫做"玄"。玄通,就是能通晓深奥的道理。

⑯ 蒇(chǎn 阐)谋:是对事物有完整认识的意思。

⑰ 生知:形容聪敏智慧的人有先见之明。

⑱ 标格:标格就是风范。这里指古籍经典著作的内容。

⑲ 诂训:用今语解释古语。

⑳ 目牛全无:与"目无全牛"义同,语本《庄子·养生主》篇中庖丁解牛的故事。后人以此形容技术达到极纯熟的境界,或对深奥的理论,能剖析入微。

㉑ 秦公、淳于公、张公、华公：秦公，指战国时名医秦越人，即扁鹊。淳于公，指西汉时名医淳于意，曾任太仓长，故又称仓公。张公，即张仲景；华公，即华佗，俱为东汉末三国时人。

㉒ 蒸人：蒸，众多的意思。蒸人，又叫"蒸民"，如现代说人民群众。

㉓ 华叶递荣，声实相副：形容《内经素问》的学术发展，既如花叶的相继繁荣，并且理论和实际相互符合。

语译

解除疾病的痛苦，保全身体的真气，使广大年轻的百姓都能获得长寿，使衰弱多病的，亦能得到平安，不遵照三圣的道理，是不可能达到这样目的的。所以孔安国在《尚书》序文里说：伏羲、神农、黄帝的书，称为"三坟"，讲的都是天地和人的重要道理。班固《汉书·艺文志》上亦记载说：《黄帝内经》十八卷，《素问》就是其中的九卷，再加上《灵枢》九卷，便是《黄帝内经》十八卷的总数。

虽然经过了历代的变革，而授受相传，使《内经》的学术还能够保存下来；但在前人授受之间，是很严谨的，有时恐学习之人不好，反使这种高深的学问，失去本来面目，所以有时候就把这种道理隐藏了，如第七一卷，就是被老师们所秘藏的，因此，现在流行的，只有八卷而已。惟这些内容，文字简要，含义广博，理论深奥，意味深长；其中分析天地间的现象，列举阴阳的情况，说明变化的原因，指出生死的预兆，这些道理，不论远至于天地，或近至于人身，也不拘于明显的或隐约的，都能很自然的互相联系，互相配合。它所谈的道理，都有征验，可以在实际中间用之不误。这确实是高深道理的根本，是奉养生命的本源。

如果天资聪敏，虽然对深奥的道理，亦能通晓，对这种学问能完整的认识，就有先见之明，但以今天的知识去了解前人的语言，亦必须有赖于注释。所以，对这一门学问的探讨，未尝没有进行研究的道路和登堂入室的门户。只要深刻地精心体会，探求它的微意隐义，或者掌握它的主要精神，便能达到极纯熟的境界，这样去研究，往往可以得到很大的成就，好像有鬼神暗中赞助一样。如能这样，则许多杰出有名人物就会不时出现，如周代有秦越人，汉代有淳于意，魏国有张仲景和华佗，都是能够精通这门深奥学问的医家，并在实践中，都有发明创造，使学术不断地发展和进步，对于保障群众的健康，起了极大作用，可说是丰富多彩，而且是名实相符了。这正是承先启后的显著成就，也是学术发展中依赖的条件。

冰①弱龄②慕道，夙好养生，幸遇真经，式为龟镜③；而世本纰缪④，篇目重叠，前后不伦⑤，文义悬隔，施行不易，披会⑥亦难。岁月既淹⑦，袭以成弊，或一篇重出，而别立二名；或两论并吞，而都为一目；或问答未已，别树篇题；或脱简不书，而云世阙；重《经合》而冠《针服》，并《方宜》而为《咳篇》，隔《虚实》而为《逆从》，合《经络》而为《论要》，节《皮部》为《经络》，退《至教》以先《针》。诸如此流，不可胜数。且将升岱岳⑧，非迳奚为！欲诣扶桑⑨，无舟莫适！乃精勤博访，而并有其人，历十二年，方臻理要，询谋得失，深遂夙心。

注释

① 冰：王冰自称。

② 弱龄：二十岁称为弱。《礼记》："二十曰弱。"此处指年轻的时候。

③ 龟镜：龟，在古时用以占卜，解决疑惑。镜是用以照物的，故凡是作为解决疑问，征询得失有帮助的，就可称为"龟镜"。

④ 世本纰（pī 批）缪（miù 谬）：纰缪，错误。世本，指当时通行的版本（一说即全元起注本）。

⑤ 不伦：伦是同类。不伦，不是同一类。

⑥ 披会：即领会。

⑦ 岁月既淹：是时间长久的意思。淹，《尔雅》释诂："留久也"。
⑧ 岱岳：指泰山。泰山，古称岱山，我国五岳之一。
⑨ 扶桑：古时称日出处为扶桑，又是我国古代对日本的旧称。《南安·东夷传》："扶桑在大汉国东二万余里。"

语译

我年轻的时候，就信仰这些道理，早就爱好养生之术，很幸运地获得这样宝贵的经典，便把它作为指导学习，解决疑问的依据。但是近世流行的版本，往往有很多错误，如篇目重复，前后不能统一，内容也有矛盾，施之于实用，既不容易，要领会精神，也很困难。加之年代久远，辗转承袭，以讹传讹，于是同一篇文字，有重复出现，而产生两个篇名的；或者又把两篇不同的文字，并而为一；或者双方问答之词，尚未完毕，却又另外立出一个篇目；或者残缺的地方，就听其脱简，因循守阙。如把《经合》一篇重复，而加上《针服》的名称，把《异法方宜论》并在《咳论篇》内，把《通评虚实论》杂入《四时刺逆从论》中，把《经络篇》并入《玉版论要》，把《皮部论》割裂，而作为《经络论》，把《著至教论》退向后，而将《针解篇》排在先。诸如此类，不可胜数。犹如要想登临岱岳，没有路径怎么能够上去？要远渡扶桑，没有船只如何能够到达？因此，精心钻研，广泛访问精通这些道理的人，经过十二年的时间，才领会到其中的要领，考证了其中的正确与错误，深深地觉得实现了往日的心愿。

时于先生郭子斋堂，受得先师张公①秘本，文字昭晰，义理环周②，一以参详，群疑冰释，恐散于末学③，绝彼师资，因而撰注，用传不朽，兼旧藏之卷④，合八十一篇，二十四卷，勒成一部。冀乎究尾明首，寻注会经，开发童蒙⑤，宣扬至理而已。其中简脱文断，义不相接者，搜求经论所有,迁移以补其处;篇目坠缺,指事不明者,量其意趣,加字以昭其义;篇论吞并,义不相涉,阙漏名目者,区分事类,别目以冠篇首;君臣请问,礼仪乖失者,考校尊卑,增益以光其意;错简碎文,前后重叠者,详其指趣,削去繁杂,以存其要;辞理秘密,难粗论述者,别撰《玄珠》⑥,以陈其道。凡所加字,皆朱书其文,使今古必分,字不杂糅⑦。庶厥昭彰圣旨,敷畅玄言,有如列宿⑧高悬,奎张⑨不乱,深泉净滢,鳞介咸分,君臣无夭枉之期,夷夏有延龄之望,俾工徒勿误,学者惟明。至道流行,徽音累属⑩,千载之后,方知大圣之慈惠无穷。

　　时大唐宝应元年⑪岁次壬寅序

注释

　　① 张公:疑指张文仲,文仲于唐代武则天初年任侍御医,曾编《随时备急方》三卷行于世。
　　② 环周:环,广博的意思。周,就是周详。
　　③ 末学:是自称的谦词,这里当作"后学"解释。
　　④ 旧藏之卷:指第七卷。
　　⑤ 童蒙:幼稚而蒙昧。这里是指初学尚未懂得道理之人。
　　⑥《玄珠》:王冰所撰的书名,已失传。现在存有的《玄珠》十卷,新校正谓已非王冰所著,而是后人所假托。
　　⑦ 杂糅(róu柔):糅,是玉与石相错杂。杂糅,就是混杂的意思。
　　⑧ 列宿(xiù秀):宿,星的位次。列宿,指二十八宿。
　　⑨ 奎张:奎宿和张宿,都是二十八宿中的星宿。
　　⑩ 徽音累属:徽音,就是"德音",指《内经素问》中的学问,对于世人有极大的好处。累属,是连续不断,永远流传的意思。
　　⑪ 大唐宝应元年:当公元762年。宝应是唐代宗年号。

语译

　　当时于先生郭子的斋堂里,得到先师张公的秘本,其中文字清楚明晰，义理广博周详，经过详细参阅，很多疑问都得到了解决；但恐流散到后学的手里，缺乏师资传授，因此加以撰述注释，使能永远流传，并把旧藏的一卷增入，共计八十一篇，二十四卷，合刻成为一部。这部书的撰著，目的是希望使它前后明白晓畅，通过注释，领会经文，从而启发后学，发扬至理而已。其中有脱简缺文而意义不相衔接的，则搜寻经论上所有的，迁移补充；篇目遗失，所指事理不够明白的，则审察其中包含的意义，增加字句，使之通畅；有的篇论与篇论相并，内容前后不相关涉，并且缺漏篇名的，则根据所论内容，立篇名以冠其上；有的君臣问答之间，在礼仪上有错乱，则查考其尊卑，而予以校正，或加说明，使原意更为明确；有的编排错误，文字残缺，前后重叠的，则详细辨别它的所指意义，削去繁杂内容，保存重要部分；有的文理深奥，论述难以浅显的，则另撰《玄珠》一书，专门陈说它的道理。凡所加入的字句，都用朱笔书写，使古今的文字有所区别，不致混杂。但愿以上所做能更显示古代圣人的意旨，使深奥的学说，能进一步发扬光大，好像在空中的列星高悬，奎宿、张宿等排列有序，好像清净明澈的深泉，水中鱼虫鳞介，都清晰可见。如此，则不论君臣上下，就不致发生无辜夭亡的情况，而中外人民，都能达到延年益寿的愿望，并且可使医工有所遵循而不犯错误，学习的人也因之而更能明确。可以预料，这种高深的学问，将广泛流行，完善的理论，将永远流传，使后来的人知道祖先们伟大的智慧和创造，嘉惠于群众，真是无穷无尽！

时在大唐宝应元年岁次壬寅序

[附]《素问》全元起本卷目

(录自《素问识》)

按全元起注本,犹传于宋代,今据新校正所载,考其卷目次第,以备录于后,庶几足窥训解之厓略耶。

卷第一(凡七篇)

平人气象论　决死生篇(今三部九候论)　藏气法时论　宣明五气篇　经合论(今离合真邪论)　调经论　四时刺逆从论(连六卷。从"春气在经脉"分在第一卷)

卷第二(凡十一篇)

移精变气论　玉版论要篇　诊要经终论　八正神明论　真邪论(重出)　标本病传论　皮部论(篇末有经络论)　骨空论(自"灸寒热之法"以下,在六卷刺齐篇末)　气穴论　气府论　缪刺论

卷第三(凡六篇)

阴阳离合论　十二藏相使篇　六节藏象论　阳明脉解篇　长刺节论　五藏举痛(今举痛论)

卷第四(凡八篇)

生气通天论　金匮真言论　阴阳别论　经脉别论　通评虚实论　太阴阳明论　逆调论　痿论

卷第五(凡十篇)

五藏别论　汤液醪醴论　热论　刺热论　评热病论　疟论　腹中论　厥论　病能论　奇病论

卷第六（凡十篇）

　　　脉要精微论　玉机真藏论　宝命全形论　刺疟论　刺腰痛论　刺齐论（今刺要论出于此篇）　刺禁论　刺志篇　针解篇　四时刺逆从论（"春气在经脉"至篇末，在第一卷）

卷第七（阙）

卷第八（凡八篇）

　　　痹论　水热穴论　从容别白黑（今示从容论）　论过失（今疏五过论）　方论得失明著（今徵四失论）　阴阳类论　方论解（今方盛衰论）

卷第九（凡九篇）

　　　上古天真论　四气调神大论　阴阳应象大论　五藏生成篇　异法方宜论　咳论　风论　大奇论　脉解篇

　　　凡八卷六十八篇

目 录

上古天真论篇第一 …………………………………… 1
四气调神大论篇第二 ………………………………… 12
生气通天论篇第三 …………………………………… 21
金匮真言论篇第四 …………………………………… 36
阴阳应象大论篇第五 ………………………………… 47
阴阳离合论篇第六 …………………………………… 72
阴阳别论篇第七 ……………………………………… 78
灵兰秘典论篇第八 …………………………………… 90
六节藏象论篇第九 …………………………………… 96
五藏生成篇第十 ……………………………………… 109
五藏别论篇第十一 …………………………………… 119
异法方宜论篇第十二 ………………………………… 124
移精变气论篇第十三 ………………………………… 129
汤液醪醴论篇第十四 ………………………………… 135
玉版论要篇第十五 …………………………………… 142
诊要经终论篇第十六 ………………………………… 148
脉要精微论篇第十七 ………………………………… 157
平人气象论篇第十八 ………………………………… 177
玉机真藏论篇第十九 ………………………………… 189

三部九候论篇第二十 ········· 205

经脉别论篇第二十一 ········· 216

藏气法时论篇第二十二 ········· 223

宣明五气篇第二十三 ········· 236

血气形志篇第二十四 ········· 243

宝命全形论篇第二十五 ········· 248

八正神明论篇第二十六 ········· 255

离合真邪论篇第二十七 ········· 263

通评虚实论篇第二十八 ········· 270

太阴阳明论篇第二十九 ········· 281

阳明脉解篇第三十 ········· 287

热论篇第三十一 ········· 290

刺热篇第三十二 ········· 298

评热病论篇第三十三 ········· 307

逆调论篇第三十四 ········· 314

疟论篇第三十五 ········· 321

刺疟篇第三十六 ········· 335

气厥论篇第三十七 ········· 342

咳论篇第三十八 ········· 346

举痛论篇第三十九 ········· 351

腹中论篇第四十 ········· 359

刺腰痛篇第四十一 ········· 368

风论篇第四十二 ········· 376

痹论篇第四十三 ········· 384

痿论篇第四十四 ········· 393

厥论篇第四十五 ········· 400

病能论篇第四十六 ········· 408

奇病论篇第四十七 …… 414
大奇论篇第四十八 …… 422
脉解篇第四十九 …… 429
刺要论篇第五十 …… 439
刺齐论篇第五十一 …… 442
刺禁论篇第五十二 …… 444
刺志论篇第五十三 …… 450
针解篇第五十四 …… 454
长刺节论篇第五十五 …… 461
皮部论篇第五十六 …… 466
经络论篇第五十七 …… 472
气穴论篇第五十八 …… 475
气府论篇第五十九 …… 484
骨空论篇第六十 …… 495
水热穴论篇第六十一 …… 507
调经论篇第六十二 …… 516
缪刺论篇第六十三 …… 536
四时刺逆从论篇第六十四 …… 553
标本病传论篇第六十五 …… 560
天元纪大论篇第六十六 …… 569
【附录】五运六气学说简介 …… 581
五运行大论篇第六十七 …… 594
六微旨大论篇第六十八 …… 612
气交变大论篇第六十九 …… 629
五常政大论篇第七十 …… 651
六元正纪大论篇第七十一 …… 690
刺法论篇第七十二 …… 757

本病论篇第七十三 ………………………………………… 758
至真要大论篇第七十四 ……………………………… 759
著至教论篇第七十五 ………………………………… 807
示从容论篇第七十六 ………………………………… 813
疏五过论篇第七十七 ………………………………… 819
徵四失论篇第七十八 ………………………………… 827
阴阳类论篇第七十九 ………………………………… 831
方盛衰论篇第八十 …………………………………… 839
解精微论篇第八十一 ………………………………… 846
【附】黄帝内经素问遗篇 ……………………………… 851
刺法论篇第七十二 …………………………………… 851
本病论篇第七十三 …………………………………… 871

上古天真论篇第一

题解

"上古"是指人类生活在很早时代的总称。"天真"是先天赋予的真元,亦即是下面经文中所提到的"肾气"、"精气"。由于作者推崇上古"真人"的能够讲究养生之道,却病延年,而真人养生之道,又主要是能够保养天真,不使妄泄,即人生的生、长、衰、老,以及寿夭变化,亦都决定于"天真"的盛衰盈亏。因此,养生保精,对于人们身体的康强,有着重要的意义。本篇内容,主要是讨论这些问题,故以"上古天真论"名篇。

昔在黄帝①,生而神灵②,弱而能言,幼而徇齐③,长而敦敏④,成而登天⑤。乃问于天师⑥曰:余闻上古之人,春秋皆度百岁而动作不衰。今时之人,年半百而动作皆衰者,时世异耶?人将失之耶?岐伯对曰:上古之人,其知道者,法于阴阳,和于术数⑦,食饮有节,起居有常,不妄作劳,故能形与神俱,而尽终其天年⑧,度百岁乃去。今时之人不然也,以酒为浆,以妄为常,醉以入房,以欲竭其精,以耗散其真⑨,不知持满⑩,不时御神⑪,务快其心,逆于生乐,起居无节,故半百而衰也。

注释

① 黄帝：相传为有熊国君少典之子，姓公孙，平定天下，征灭蚩尤之后，建都轩辕，故又称为轩辕黄帝。

② 神灵：张介宾："聪明之至也。"张志聪："智慧也。"是非常聪明伶俐的意思。

③ 徇齐：《通雅》注："徇，迅也。齐，疾也。言圣哲遍知而神速。"徇齐，旧指敏慧。专用于谀颂帝王。

④ 敦敏：敦，是诚恳忠厚。敏，是敏达。意思是说，黄帝具有踏实而又敏达的态度和作风。

⑤ 成而登天：成，是成年的时候。登天，是登天子之位。这里从"生"、"弱"、"幼"、"长"、"成"一系列的记述，说明了黄帝的丰富知识，是随着年事的增长而发展的。

⑥ 天师：黄帝对岐伯的尊重称呼。相传岐伯为古代大名医，精通医理，为黄帝的太医。

⑦ 法于阴阳，和于术数：法，是取法。和，是调和。阴阳，是天地变化之常道。术数，是修身养性之法。意思是说，懂得修养道理的人，取法于阴阳的变化以调剂生活，并调和于各种术数以锻炼身体。所以张志聪说："术数者，调养精气之法也。"如呼吸、导引、按跷和静坐法、气功疗法等。

⑧ 天年：天赋的年龄，指寿命应该活到的岁数。

⑨ 真：就是"真气"，又称"真元"，是先天的精气和后天的谷气相合而成，为维持生命的主要物质。

⑩ 不知持满：持，保持。满，指精气的充满。不知持满，是指人们不懂得保养精气，而纵欲妄泄。

⑪ 不时御神：御，是驾驭和使用。神，就是精神、精力。不时御神，是指不善于运用精神。

语译

从前的轩辕黄帝，生下来就很聪明伶俐，从小时就善于言辞，在幼年时候，对事物的理解力很强，长大之后，敦厚踏实，对事物具有高度的理解和分析能力，到成年时候，做了天子。他请问于岐伯道：我听说上古时代的人，年龄大都能够活到一百岁，而他们的行动，还没有衰老现象。但现在的人，年龄才五十岁左右，动作便显得衰老了,这是时代环境的不同呢?还是人们违失了养生之道呢?岐伯回答说:上古时代的人,大都懂得养生的道理,效法于天地阴阳的自然变化,调和于术数,饮食有节制,作息有常规,不妄事操劳,所以能够形体与精神都很健旺,活到天赋的自然年龄,超过百岁以后才去世。现在的人就不是这样了,把酒当成水浆那样贪饮,把不正常的事当做经常的生活,酒醉以后还肆行房事,纵情色欲,竭尽精气,消耗真元,不知保持精气的充满,经常不当地运用精神,贪图一时之快,违反养生而取乐,作息无常规,所以到五十岁左右便衰老了。

按语

本节用对比法说明养生之道的重要,如懂得养生之道,便可以享高寿超过一百岁,如不注意养生,那么五十岁左右便衰老了。其中提出的法于阴阳,和于术数,食饮有节,起居有常,不妄作劳,故能形与神俱等论点,可以说是养生之道的纲领,其中形与神的观点,更为精辟。现在世界卫生组织(WHO)对健康的定义:"健康不仅是没有病伤,而且是躯体上、精神上的健康和良好的社会适应能力。"按照这一定义,可知真正的健康,要身体和心理都要健康,才是真正的健康。

再有文中提到不知养生者的一段话,即从"以酒为浆……逆于生乐,起居无节",对照当今社会中,有些为官者、企业家、白领工作者的生活方式,与这段经文中所述者,何其相似,所以这些人的身、心都不得合理保养,往往人至中年,已有多种疾病缠身。故医学上将它概括为"富贵病"或"不正常生活方式病"。由此对养生者来说,是有现实意义的,对预防疾病,延缓衰老,都有重要的指导作用。

夫上古圣人①之教下也,皆谓之虚邪贼风②,避之有时,恬惔虚无③,真气从之,精神内守,病安从来。是以志闲而少欲,心安而不惧,形劳而不倦,气从以顺,各从其欲,皆得所愿。故美其食,任其服,乐其俗,高下不相慕,其民故曰朴。是以嗜欲不能劳其目,淫邪不能惑其心,愚智贤不肖不惧于物,故合于道。所以能年皆度百岁,而动作不衰者,以其德全不危也。

注释

① 圣人:《书·洪范》:"睿作圣"。睿,智慧。王充《论衡》:"圣人者,智能道德之称。"在此当是指对养生之道有高度修养的人。

② 虚邪贼风:王冰:"邪乘虚入,是谓虚邪。窃害中和,谓之贼风。"又《灵枢·九宫八风》篇有虚邪贼风的具体解说。

③ 恬惔虚无:《广雅》:"恬,静也。"《说文》:"惔,安也。"恬惔,是安闲清静的意思。虚无,是指没有贪求妄想、患得患失的思想。

语译

古代精通修养道理的人,经常教导人们说:外界的虚邪贼风,注意及时回避,思想上要安定清静,不要贪欲妄想,那体内的真气就能和顺,精神内守而不耗散,这样,疾病就无从来侵袭你了。所以他们意志都很安闲,少有欲望,心境安定,没有恐惧,身体虽劳动,但并不疲倦,正气从而调顺,各人所欲满意,吃的觉得美好,穿的也很随意,乐于习俗,地位高低没有羡慕,人们都很朴素诚实。所以不正当的嗜好不会动劳他的视听,淫乱邪说也不会诱惑他的心意,不论愚笨的、或聪明的、或贤能的、或不肖的人,对任何事物都没有恐惧心理,他们都是符合养生道理的。所以年龄超过百岁而动作仍然没有衰老现象,这是因为他们对于养生的道理全部掌握了,因此才不致有疾病的危害。

按语

本节是养生的重要原则,其环绕在内因和外因两方面教导人们,对外在的"虚邪贼风",必须及时回避,对内在的精神调养,要做到"恬憺虚无",则真气可以和顺,疾病不会发生。所以人们能够遵循于这些养生原则的,便可以享受到人生应有的寿命。

帝曰:人年老而无子者,材力①尽耶?将天数②然也?岐伯曰:女子七岁肾气③盛,齿更发长,二七而天癸④至,任脉⑤通,太冲脉⑥盛,月事以时下,故有子;三七肾气平均⑦,故真牙⑧生而长极;四七筋骨坚,发长极,身体盛壮;五七阳明脉⑨衰,面始焦,发始堕;六七三阳脉⑩衰于上,面皆焦,发始白;七七任脉虚,太冲脉衰少,天癸竭,地道不通⑪,故形坏而无子也。丈夫八岁肾气实,发长齿更;二八肾气盛,天癸至,精气溢写⑫,阴阳和⑬,故能有子;三八肾气平均;筋骨劲强,故真牙生而长极,四八筋骨隆盛,肌肉满壮;五八肾气衰,发堕齿槁;六八阳气⑭衰竭于上,面焦,发鬓颁白⑮;七八肝气衰⑯,筋不能动,天癸竭,精少,肾藏衰⑯,形体皆极;八八则齿发去。肾者主水,受五藏六府之精而藏之⑰,故五藏盛,乃能写;今五藏皆衰,筋骨解堕,天癸尽矣,故发鬓白,身体重,行步不正,而无子耳。

注释

① 材力:张介宾:"材力,精力也。"肾气盛的时候,精力充沛;衰的时候,精力不足。

② 天数:张介宾:"天数,谓天赋之限数。"也就是生命的自然发展

规律。

③ 肾气：是禀赋于父母的精气结合而成，具有促使生长发育的作用。

④ 天癸：马莳："天癸者，阴精也。盖肾属水，癸亦属水，由先天之气蓄极而生，故谓阴精为天癸也。"从马氏的注解中可以看出，天癸是由肾气促使生成的物质，到了一定程度——女子十四岁、男子十六岁（二七、二八就是二乘七和二乘八），天癸的生长就充足了，所以称为"天癸至"。天癸成熟的征象，在女子有月经排出，在男子有精泄出，可见天癸男女皆有，在女子天癸至……月事以时下；天癸竭，地道不通。男子天癸至，精气溢写；天癸竭，精少。现从妇女闭经或经少，用雌激素类制剂，月经便能按时而至，则可知"天癸"是属于男女生殖系统中的雌雄激素可以无疑。

⑤ 任脉：为奇经八脉（冲、任、督、带、阳蹻、阴蹻、阳维、阴维）之一，在女子与"胞"（子宫）有密切关系。

⑥ 太冲脉：肾脉与冲脉合而盛大，故曰太冲。古人认为这条经脉与女子的月经有相当重要的关系。

⑦ 平均：平均就是充满。指肾气的充盛。

⑧ 真牙：也称"智齿"，就是第三恒磨牙，俗称尽头（根）牙。

⑨ 阳明脉：是十二经脉中的手阳明、足阳明经脉，这两条经脉上行于头面发际，如果经气衰退，则不能营于头面而致面焦（同"憔"）发脱。

⑩ 三阳脉：就是十二经脉中手足太阳、手足阳明、手足少阳经脉。王冰："三阳之脉，尽上于头，故三阳衰，而面皆焦，发始白。"

⑪ 地道不通：就是月经停止来潮。

⑫ 精气溢写：溢，是盈满。写，与"泻"通，作"泄"字解。精气溢写，是说肾气充实，精充满而外泄。

⑬ 阴阳和：阴阳，这里指男女。和，是和合。阴阳和，就是男女和合。

⑭ 阳气：就是"生气"，是人体各部活动的主要动力。"生气通天论"："阳气者，若天与日，失其所则折寿而不彰。"

⑮ 发鬓颁白：发，头发。鬓，耳际之发。颁，与"斑"同。颁白，就是黑白相杂。

⑯ 肝气衰、肾藏衰：王冰："肝气养筋，肝衰故筋不能动。肾气养骨，肾衰故形体疲极。"按肝气衰，是说肝脏的功能衰减。肾脏衰，是说肾脏的功能衰减。

⑰ 受五藏六府之精而藏之：五脏，是心、肝、脾、肺、肾。六腑，是胆、胃、大肠、小肠、膀胱、三焦。五脏六腑的精气充盈则贮藏于肾，以充养先天之精气。

语译

黄帝道：人生到了老年，就不会再生育子女，是精力不够呢？还是由于天赋限度的缘故？岐伯回答说：男女的一般生理过程：女子到了七岁，肾气开始充盛，牙齿更换，毛发也长；到十四岁时，天癸发育成熟，任脉通畅，太冲脉旺盛，月经按时而行，所以能够生育；到了二十一岁，肾气充满，智齿生长，而身体也长得极盛；到了二十八岁，筋骨坚强，毛发长极，这是身体最强壮的一个时期；到了三十五岁，阳明经脉渐衰，面部开始枯憔，头发开始脱落；到了四十二岁，三阳经脉都衰退了，因此整个面部枯憔，头发开始变白；到了四十九岁，任脉空虚，太冲脉衰微，天癸枯竭，月经断绝，所以形体衰老，而不能再生育了。男子到了八岁，肾气开始充实，毛发长，牙齿更换；到了十六岁时，肾气旺盛，天癸发育成熟，精气充满，能够排精，男女和合，就能够生育子女；到了二十四岁，肾气充实，筋骨坚强，智齿生长，身体也长得极盛；到了三十二岁，筋骨盛大，肌肉丰满而壮实；到了四十岁，肾气衰少，头发脱落，牙齿枯槁；到了四十八岁，阳气衰竭于上部，面色枯憔，发鬓花白；到了五十六岁，肝气衰退，筋脉活动不便，天癸枯竭，精气也少，肾脏之气衰退，身体形态疲极；到了六十四岁，牙齿脱落，头发脱掉。人身的肾脏，是主管水液，接受五脏六腑的精气而贮藏起来的，所以五脏旺盛，肾脏才有精气排泄，现在年老五脏都已衰退，筋骨已不坚强，天癸也竭尽了。因此，发鬓色白，身体沉重，走路也不稳，不再能生育子女了。

帝曰：有其年已老而有子者，何也？岐伯曰：此其天寿①过度，气脉常通，而肾气有余也。此虽有子，男不过尽八八，女不过尽七七，而天地②之精气皆竭矣。帝曰：夫道者③，年皆百数，能有子乎？岐伯曰：夫道者，能却老而全形,身年虽寿,能生子也。

注释

① 天寿:就是天赋的寿命。
② 天地:在此指男女。
③ 道者:道,此指养生之道。道者,是经常注意养生的人。范文澜:"道是从一切具体事物中抽象出来的自然法则或规律。"

语译

黄帝道:有些人年纪已经老了,而还能够生育子女,这是什么道理? 岐伯说:这是他的天赋超过一般常人,气血经脉常通,而肾气有余;这种人虽然能够生育,但一般情况是,男子不过尽六十四岁,女子不过尽四十九岁,而男女的精气都枯竭了。黄帝道:懂得养生之道的人,年纪到了一百多岁,能生育子女吗? 岐伯说:懂得养生的人,能够保持真气,可以延缓衰老而保全形体,所以年龄虽大,仍旧能够生育的。

按语

以上两节具体说明了人的少、长、壮、老的生理过程,并分别地叙述了各个时期身体内部的变化和形体外面的不同表现。其中如男女发育年龄的不同,在女子十四岁已开始成熟,男子则到十六岁才开始成熟。同时由于女子发育比较早,所以衰老亦较早;男子则发育较迟,衰老亦迟。最后还谈到生育年龄,虽然有它一定的限度,但如能注意养生,不仅可以延长寿命,而且能够延长生育的年岁。这一生理作用的关键是在于肾中精气的盛衰。这一生理的特点,为男子不育,女子不孕者的治疗,奠定了理论基础,给延缓衰老的研究,亦有很大的启示。

黄帝曰：余闻上古有真人①者，提挈②天地，把握阴阳③，呼吸精气④，独立守神，肌肉若一，故能寿敝天地，无有终时⑤。此其道生。

中古之时，有至人⑥者，淳德全道，和于阴阳，调于四时，去世离俗，积精全神，游行天地之间，视听八达之外⑦。此盖益其寿命而强者也，亦归于真人。

其次有圣人者，处天地之和，从八风⑧之理，适嗜欲于世俗之间，无恚嗔之心，行不欲离于世，被服章⑨，举不欲观于俗，外不劳形于事，内无思想之患，以恬愉⑩为务，以自得为功，形体不敝，精神不散，亦可以百数。

其次有贤人⑪者，法则天地，象似日月，辩列星辰，逆从阴阳，分别四时，将从上古，合同于道，亦可使益寿而有极时。

注释

① 真人：《淮南子》："真人者，性合于道，能登假于道，精神及于至真，是谓真人。"意思是说能够掌握天地阴阳的规律，保全精神和真气的人。

② 提挈：《淮南子》："提挈天地，而委万物。"高诱："一手曰提。挈，举也。"提挈，有把握的意思。提挈天地，谓能够把握自然规律。

③ 阴阳：是代表事物对立统一的两个方面，如天为阳，地也阴；火为阳，水为阴等。古人观察到自然界的一切事物或现象，都存在着对立的关系，并且是相互联系和变化着的，所以用"阴阳"来代表和说明。

④ 呼吸精气：张介宾："呼接于天，故通乎气；吸接于地，故通于精。"按呼吸是指吐纳，精气是指天地间的精华之气。

⑤ 寿敝天地，无有终时：王冰："体同于道，寿与道同，故能无有终时，而寿尽天地也。敝，尽也。"形容寿命之长。

⑥ 至人：庄子："不离于真，谓之至人。"盖谓道德高深的人。

⑦ 八达之外：达，一作"远"。八达之外，即视听聪明，四通八达，能远及八方之外的意思。

⑧ 八风：八风是东、南、西、北、东南、西南、西北、东北八方之风（参看《灵枢·九宫八风》篇）。

⑨ 被服章：被，是穿的意思。服，是衣服。章，是色彩和花纹。被服章，就是说穿着规定的服式和装饰一定的纹彩。又，此三字新校正谓疑是衍文。

⑩ 恬愉：恬，是静。愉，是悦。恬愉，《淮南子》："无所好憎也。"就是安静乐观的意思。

⑪ 贤人：张介宾"次圣人者，谓之贤人。贤，善也，才德之称。"也就是说贤能多才的人。

语译

黄帝道：我听说上古时候有称为真人的，他能够提挈天地造化之机，掌握阴阳变化规律，吐纳精气，独异于众人，精神内守，与形体肌肉始终如一，所以他的寿命特别长久，能尽终其天年。这是由于他掌握了养生之道，所以能如此。

中古时候有称为至人的，具有高深的道德，并懂得一套完整的养生之道，和合于阴阳的变化，适应于四时气候的递迁，保养身体，离开世俗不正常的生活，聚精会神，悠游于宇宙之间，他的视觉、听觉能够豁达于八方之外。这样，可使寿命延长，身体强健，这种人亦和真人相似。

其次有称为圣人的，他能够安处于天地间的和气，顺从八风的规律，嗜好适应于世俗的习惯，没有恼怒和忿恨的不良情志，行为并不违离于世俗，穿的服饰，以及举动，并不观摩于俗习，在外不使身体过度劳累，在内不使思想有所负担，一切以宁静乐观为要务，愉快知足为前提，所以他的形体不易衰老，精神不易耗散，也可以活动一百岁。

还有称为贤人的，他依据天地、日月、星辰等运行的自然规律，适应阴阳的升降变化，分别四时来调养身体，追随上古真人的行动，而符合于养生的道理，所以也可以使寿命延长，但有竭尽的时候。

按语

本节提出真人、至人、圣人和贤人四种养生家为例,以说明养生方法的不同,可以影响到寿命的短长。在养生方法中,对于自然环境和社会环境都非常重视,并且在形体和思想方面的调养都作了全面的论述。这些养生之道,都是从整体观念出发的。

本 篇 要 点

一、说明养生的积极意义,不仅可以预防疾病,而且是延年益寿的有效措施。

二、具体指出养生的方法:精神上的修养,饮食起居的调节,环境气候的适应,体格的锻炼。

三、人生的生、长、衰、老过程,以及生育的功能,主要关键都决定于肾气的盛衰。

四、最后举出四种养生者的不同养生方法和结果,来启示人们注意养生以却病延年。

四气调神大论篇第二

题解

"四气",是春温、夏热、秋凉、冬寒的四时气候。人们必须懂得怎样来调节适应气候的变化,以预防疾病的发生。司马迁说:"春生、夏长、秋收、冬藏,此天地之大经也,弗顺则无以为纲纪。"这是养生防病的关键。本篇名为"四气调神",就是着重论述顺从四时的气候变化以调摄精神,从而达到养生防病的实际效果。

春三月①,此谓发陈②,天地俱生,万物以荣。夜卧早起,广步于庭,被发缓形③,以使志生,生而勿杀,予而勿夺,赏而勿罚,此春气之应,养生之道也。逆之则伤肝,夏为寒变④,奉长⑤者少。

注释

① 春三月:从立春起至立夏为止。
② 发陈:推陈出新的意思。王冰:"春阳上升,气潜发散,生育庶物,陈其姿容,故曰发陈也。所谓春三月者,皆因节候而命之,夏、秋、冬亦然。"
③ 被发缓形:被,作"披"解。被发缓形,是说将头发披开,使形体舒缓。
④ 寒变:张志聪:"木伤而不能生火,故于夏月火令之时,反变而为寒病。"
⑤ 奉长:奉,含帮助意。奉长,指春日养生,可帮助夏气之长。

语译

春天三个月,是万物推陈出新的季节,天地间的生气萌动,万物都有欣欣向荣现象。人们应该入夜即睡觉,早一些起床,到庭院中散散步,披开头发,舒缓形体,使情志活泼泼地充满生机,像对待初生的万物一样:只应让其生长,而不要杀害;只应给予生发,而不应剥夺;只应赏心悦目,而不要摧残身体,这就是适应春天调养"生气"的道理。如果违反了这个道理,就要损伤肝气,到了夏天,会变生寒性的病,使得人体适应夏季盛长之气的能力减少。

夏三月,此谓蕃秀①,天地气交,万物华实。夜卧早起,无厌于日,使志无怒,使华英成秀,使气得泄,若所爱在外②,此夏气之应,养长之道也。逆之则伤心,秋为痎疟③,奉收者少,冬至重病④。

注释

① 蕃秀:王冰:"蕃,茂也,盛也。秀,华也,美也。"也就是繁荣秀丽的意思。
② 若所爱在外:是形容调摄生气,要像阳气那样宣发于外表。
③ 痎(jiē接)疟:疟疾的总称。
④ 重病:是第二次生病,就是重复发病。

语译

夏天三个月,是万物繁荣秀丽的季节,天气下降,地气上升,天气与地气上下交合,万物也就开花结果了。人们应该晏些睡觉,早些起床,不要厌恶夏天日长天热,应该意志愉快,不要发怒,象有花苞的植物一样,使其成秀,使体内阳气能够向外宣通开发,这就是适应夏天长气的调养。如果违反了这个道理,就要损伤心气,到了秋天,会发生疟疾,因而使秋天适应收气的能力减少,冬天还可能重复发病。

秋三月,此谓容平①,天气以急,地气以明。早卧早起,与鸡俱兴②,使志安宁,以缓秋刑③,收敛神气,使秋气平,无外其志,使肺气清,此秋气之应,养收之道也。逆之则伤肺,冬为飧泄④,奉藏者少。

注释

① 容平:容,是盛受之义。平,谓平定。意思是说,自然界各种植物,到了秋天,大都由秀而结实,已经平定,所以称秋三月为"容平"。
② 与鸡俱兴:兴,即起,也就是活动。鸡在微弱的光线中看不见东西,所以天一黑就归宿,天一亮就活动,是早卧早起的互词。
③ 秋刑:张介宾:"肃杀之气。"盖秋天的气候,能使草木凋谢,能使人体的阳气收敛,所以称为"秋刑"。
④ 飧泄:飧,音义同餐。张介宾:"飧泄,水谷不分而为寒泄也。"

语译

秋天三个月,是万物成熟收获的季节,天气已凉,风声劲急,地气清肃,万物变色。人们应该早睡早起,像鸡活动一样,天黑就睡觉,天亮就起身,使意志安逸宁静,来缓和秋天肃杀气候对人体的影响,收敛神气,使秋天肃杀之气得以和平,不让意志外驰,使肺气保持清净,这就是适应秋天收气的调养。如果违反了这个道理,就要损伤肺气,到了冬天,就要发生完谷不化的泄泻病,使人适应冬天潜藏之气的能力减少。

冬三月,此谓闭藏,水冰地坼①,无扰乎阳。早卧晚起,必待日光,使志若伏若匿,若有私意,若己有得,去寒就温,无泄皮肤,使气亟夺,此冬气之应,养藏之道也。逆之则伤肾,春为痿厥②,奉生者少。

注释

① 坼（chè 彻）：张介宾："裂也。"即地面裂缝的意思。
② 痿厥：吴崑："痿者,肝木主筋,筋失其养,而手足软弱也。厥,逆冷也。"

语译

冬天三个月,是万物生机潜伏闭藏的季节,所以河水结冰,地面冰裂。这时人们也不要扰动阳气,应该早些睡觉,迟些起床,起床的时间必须等待日出,使意志好像埋伏藏匿般的安静,好像有难以告人的私情,又好像已经获得了秘密一样的愉快,避免严寒保持温暖,不要使皮肤开泄出汗,而致闭藏的阳气受到影响,这就是适应冬天藏气的调养。如果违反了这个道理,就要损伤肾气,到了来年春天,就要发生痿厥之病,使人适应春天生气的能力减少。

按语

这四节经文,叙述了四时养生的一些方法,强调了内在环境和外在环境——春生、夏长、秋收、冬藏四时气候的变化——必须相适应,这样才可以保持身体健康。如果在某一个季节违反了养生方法,使适应能力减弱,就会在下一个季节发生疾病。这种适应四时的养生方法,不仅强调形神调节与精神意志调摄的统一,而且很重视内在环境与外在环境的统一,含有积极预防之意义。其中关于四时起居的时间,即春三月中的夜卧早起……冬三月的早卧晚起。对目前一些热爱晨练者,很有参考价值。例如冬三月的"早卧晚起,必待日光"。其科学性:其一是"去寒就温",即告诫人们要避免寒冷空气对人体的刺激;其二是"必待日光"后,才有可能吸收清新的空气。因现代科学研究,树叶吐出氧气,必须有阳光的照射后,起了光合作用,才能吐出氧气。对此希广大晨练者,必须扭转晨练"越早越好"的错误观点。

天气清净①光明者也,藏德不止②,故不下也。天明则日月不明,邪害空③窍,阳气者闭塞,地气者冒明,云雾不精,则上应白露不下,交通不表,万物命故不施④,不施则名木多死。恶气⑤不发,风雨不节,白露不下,则菀槁⑥不荣。贼风数⑦至,暴雨数起,天地四时不相保,与道相失,则未央⑧绝灭。唯圣人从之,故身无奇病,万物不失,生气不竭。

注释

① 净:马莳、张介宾本作"静",当作静字解。

② 藏德不止:德,指自然气候中含有促进万物与人类生化作用的力量。藏,是隐藏而不显露。张介宾:"天德不露,故曰藏德。健运不息,故曰不止。"

③ 空:同"孔"。

④ 不施(yì异):施,延也。不施,不能延续的意思。

⑤ 恶气不发……白露不下:张志聪:"恶气,忿怒之气也。……按岁运四之气,大暑、立秋、处暑、白露,乃太阴湿土主气。盖湿热之气上蒸,而后清凉之露下降。故曰:恶气不发者,言秋冬之令不时也;风雨不节者,言春夏之气不正也;白露不下者,言长夏之气不化也。"

⑥ 菀槁:莫仲超:"菀,郁也。槁,枯也。"言四时之气不行,则草木枯槁而不荣。

⑦ 数(shuò朔):屡次,频繁的意思。

⑧ 未央:央,中也,半也。未央,即没有到一半的意思。

语译

天气是清净光明的,由于天德隐藏,运行不息,不自暴露它的光明,所以万古长存而不下。如果天不藏德,显露它的光明,那末日月就会没有光辉了,好像人体的孔窍受到了邪气的侵袭一样,天气因而闭塞,大地因而昏暗,云雾弥漫而不能上升,则雨露就不能下降,上下不相交通,阴阳不和,生长的泉源不能灌溉万物的生命,就是很大的树木,也难免要凋谢了。恶气不时发作,风雨没有调节,当下的白露不能下降,所以草木枯槁,失去了它的繁荣现象。不正的贼风,急暴的大雨,频繁的发生,天地四时的次序紊乱,破坏了万物生长规律,使得万物的生命未到一半就夭折了。只有圣人能够适应自然的变化,注意修养,所以身体没有大的疾病;因他不背离万物的发展规律,故它的生机也就不会衰竭了。

按语

本节是借天以喻人,要求人们注意摄生之道,保全生气不致于衰竭。又,本节文字与上下文意不属,丹波元简疑为他篇错简。可参。

逆春气则少阳[1]不生,肝气内变;逆夏气则太阳[1]不长,心气内洞;逆秋气则太阴[1]不收,肺气焦满;逆冬气则少阴[1]不藏,肾气独沉[2]。

注释

[1] 少阳、太阳、太阴、少阴:《春秋繁露》:"春者,少阳之选也;夏者,太阳之选也;秋者,少阴之选也;冬者,太阴之选也。"这是四个季度的代名词。
[2] 独沉:《甲乙经》作"浊沉"。滑寿:"沉痼而病也。"

语译

违背了春生的气候,少阳就不能生发,肝气内郁而发生病变;违背了夏长的气候,太阳就不能生长,使心气内虚;违背了秋收的气候,太阴就不能收敛,肺热叶焦而产生胀满;违背了冬藏的气候,少阴就不能潜藏,肾气就要衰弱了。

夫四时阴阳①者,万物之根本也。所以圣人春夏养阳,秋冬养阴,以从其根,故与万物沉浮于生长之门。逆其根,则伐其本,坏其真矣。故阴阳四时者,万物之终始也,死生之本也。逆之则灾害生,从之则苛疾不起,是谓得道。道者,圣人行之,愚者佩之②。

注释

① 四时阴阳:四时,指春、夏、秋、冬四季。四时阴阳,就是上文所说的春为少阳、夏为太阳、秋为太阴、冬为少阴。人体必须与四时相适应,所以古人有"春夏养阳,秋冬养阴"的理论。又王冰:"时序运行,阴阳变化,天地合气,生育万物,故万物之根悉归于此。"

② 佩之:佩,古与"背"通。所以滑寿说:"佩当作悖。"

语译

四时阴阳的变化,是万物生长收藏的根本。所以圣人在春天和夏天保养阳气,秋天和冬天保养阴气,以顺从这个根本,因而他就能够和万物一样,保持着生长发育的正常规律。假使违反了它,生命的根本就要受到伤伐,真气也就败坏了。因此说,阴阳四时的变化,是万物生长、衰老、死亡的根本。违背了它,就要产生灾害;顺从了它,重病就不会产生,这就叫做懂得养生的法则。对于养生法则,圣人切实地奉行着,愚人却违背了它。

按语

春夏养阳,秋冬养阴,是根据人体在四时气候变化中的生理特点而总结的养生之道。其实质如张介宾说:"今人有春夏不能养阳者，每因风凉生冷，伤此阳气，以致秋冬多患疟泄，此阴胜之为病也；有秋冬不能养阴者，每因纵欲过热，伤此阴气，以致春夏多患火证，此阳胜之为病也。善养生，宜切佩之。"张志聪亦说："春夏之时，阳盛于外而虚于内，秋冬之时阴盛于外而虚于内，故圣人春夏养阳，秋冬养阴，以从其根而培养也。"二张之说，阐明了春夏养阳、秋冬养阴的意义。又《张氏医通》据春夏养阳的理论，在炎热的伏天在背上俞穴，用白芥子涂法治疗哮喘。现中国中医研究院1955～1978年，亦据这一理论，对哮喘病进行冬病夏治，以消喘膏（炒白芥子21克，延胡索、细辛、甘遂各12克，研细末）在三伏天贴肺俞、膏肓、百劳等穴，治疗喘息型气管炎和支气管哮喘，共治疗1 074例。经治患者，除了咳、痰、喘有不同程度的改变外，都有感冒减少，过敏现象轻减或消失，体力增强。这是用贴膏药的方法以助人体"春夏养阳"，从而使秋冬有较强的抵抗力，以控制秋冬病的发生。贴膏法有此疗效，内服药谅亦同样有效。

从阴阳则生，逆之则死；从之则治，逆之则乱。反顺为逆，是谓内格①。是故圣人不治已病治未病，不治已乱治未乱，此之谓也。夫病已成而后药之，乱已成而后治之，譬犹渴而穿井，斗而铸锥②，不亦晚乎！

注释
① 内格：王冰："格，拒也，谓内性格拒于天道也。"意思是说体内的功能和外界的环境格拒而不能相适应。
② 锥：一作兵。

语译

顺阴阳就能够生存，违逆了阴阳就会死亡；顺从它就得太平，违逆了它就会混乱。如果把违逆当作顺从，那就会使机体和环境互相格拒。因此，圣人不主张有了病然后讲求治疗，而是要在未病之先加以预防；和治理国家一样，不要出了乱子，然后研究治乱的方法，而是要在未乱之前，防止乱子的发生。假使疾病已经发生了才去治疗，战乱已经形成了才去平定，这就等于口渴了才想到挖井，遇到战争才想到造武器，那不是太晚了吗？

按语

本节除了更进一步强调适应四时阴阳的重要性外，同时指出事先预防的积极意义。同时提出了"治未病"观点，这充分说明了祖国医学重视预防疾病发生的思想，即在现在看来仍是非常正确而超前的科学理论，确实是难能可贵。在中华人民共和国成立以后，明确提出"预防为主，防重于治"的卫生方针，正是《内经》中"治未病"思想的体现。现在，广大的中医工作者，应用"治未病"的思想，除了预防疾病的发生外，更用于"既病防变"，即控制疾病传变，有人称此为"截断疗法"。再有即是一般疾病在康复时期，有效地防止其复发。

再有以目前致病的外在因素，有空气和水源的污染、生态环境的破坏、饮食的不合理等等来看，则"治未病"思想的贯彻，还需其他学科的配合，可以说是一项巨大的系列工程。

本 篇 要 点

一、具体叙述了在一年四季中适应气候变化的摄生法则。而适应气候变化，是养生方法中的关键。

二、指出了违反四时气候的变化规律，是导致疾病发生的因素，从而进一步指出治未病的预防思想的重要性。

生气通天论篇第三

题解

"生气通天",即是天人相应的意思。"生气",即人体的生命活动力;"天",是指自然界。一个人的生命活动与自然界是不可片刻相离的,人体内的五气、五味等,都取之于自然界,而五气、五味的失于正常,又都能伤害于人。本篇具体地讨论了这些问题,故以"生气通天论"名篇。

黄帝曰:夫自古通天①者,生之本,本于阴阳。天地之间,六合之内②,其气九州③、九窍④、五藏、十二节⑤,皆通乎天气。其生五⑥,其气三⑦。数犯此者,则邪气伤人,此寿命之本也。

注释

① 天:指自然界。
② 六合之内:四方上下,叫做"六合"。六合之内,即天地之间的互词。
③ 九州:古时称冀、兖、青、徐、扬、荆、豫、梁、雍为"九州"。
④ 九窍:上窍七:眼二、耳二、鼻孔二、口一;下窍二:前阴和后阴。
⑤ 十二节:四肢各有三大关节,上肢腕、肘、肩,下肢踝、膝、髋,合成十二节。
⑥ 其生五:其,指天之阴阳。五,指金、木、水、火、土五行。
⑦ 其气三:指阴阳之气各有三,即三阴三阳。又,王冰:"谓天气、地气、运气。"

语译

黄帝道：自古以来，认为人的生命活动和自然环境有着息息相通的关系，生命的根本，是本之于阴阳。凡是天地之间，四方上下之内，无论是地之九州，人之九窍、五脏、十二关节，都是和天气相通的。天之阴阳，化生地之五行；地之五行，又上应天之三阴三阳。如果人们时常违反了这种天地人相应的规律，邪气就会伤害人体，这是寿命的根本。

按语

本节说明了人类不能离开自然界而生活，人和自然界的关系是非常密切的。这就是所谓"天人相应"的学说。

苍天①之气清净，则志意治②；顺之，则阳气固。虽有贼邪③，弗能害也。此因时之序④。故圣人传⑤精神，服⑥天气，而通神明⑦。失之则内闭九窍，外壅肌肉，卫气⑧散解。此谓自伤，气之削⑨也。

注释

① 苍天：苍，青也。天色青故曰苍天，即是青天的意思。
② 治：训理，如治国、治家，有不乱的意思。
③ 贼邪：外来的致病因素，能够伤害于人，和贼风的意思相同。
④ 序：顺序，次第，有规律的意思。
⑤ 传：尤怡《医学读书记》："按传当作专。"言精神专一，则清净勿扰，犹苍天之气。
⑥ 服：谓服膺，藏于胸中，不使有失。这里含有必须适应的意思。
⑦ 神明：就是智慧的意思，盖谓精气神专一，则生智慧。
⑧ 卫气：王冰引《灵枢》："卫气者，所以温分肉而充皮肤，肥腠理而司开阖者也。"按卫气是属于阳气的一种，好像是保卫于人体最外的藩篱，所以称为"卫气"。

⑨ 削：削弱的意思。

语译

人的生气联系着天气，所以天气清净，则人的意志也相应地调和；顺从天气的变化，就能使阳气固密。虽有贼邪，也不能为害人体。这就是适应着四时气候变化的规律所得的结果。所以圣人能够精神专一，适应天气，而通达于神明。如果不是这样，就会内使九窍不通，外使肌肉壅塞，卫气固护的作用解散了。这是自己不能顺应四时所招致的伤害，使正气受到削弱。

阳气者，若天与日，失其所，则折寿而不彰①。故天运②当以日光明，是故阳因而上，卫外者也。

注释

① 不彰：彰，明也、著也。不彰，即不明之意。
② 天运：天体的运行。

语译

人体的阳气，好像天体中有太阳一样，如果太阳失常，自然界万物就不能生存，人体的阳气失常，就会不明不白地夭折。所以天的运行，应该以太阳的光明为主，而人身的阳气，也应该向上向外，起着保卫身体的作用。

按语

这一段是以天空和太阳的关系作比喻，来说明阳气在人身的重要性。张介宾据本文的认识写了"大宝论"，进一步阐明人身阳气在生理上的重要作用，并提出"阳非有余"的论点。

因于寒，欲如运枢①，起居如惊②，神气乃浮③。因于暑,汗,烦则喘喝④,静则多言,体若燔炭,汗出而散。因于湿,首如裹;湿热不攘⑤,大筋緛⑥短,小筋弛⑦长,緛短为拘⑧,弛长为痿。因于气,为肿,四维相代⑨,阳气乃竭。

注释

① 运枢:王冰:"欲如运枢,谓内动也。……言因天之寒,当深居周密,如枢纽之内动;不当烦扰筋骨,使阳气发泄于皮肤,而伤于寒毒也。"
② 惊:王冰:"起居如惊,谓暴卒也。"是形容妄动。
③ 浮:是浮越。
④ 喘喝:喘,呼吸困难,喝,因喘促而发出的一种声音。
⑤ 攘:消除的意思。
⑥ 緛(ruǎn 软):收缩。
⑦ 弛:《说文》:"弓解也。"弛,同弛,松弛。
⑧ 拘:拘挛不能伸展。
⑨ 四维相代:四维,指四肢。相代,是更替的意思。又高世栻:"四肢行动不能,彼此借力而相代也。"

语译

人感受了寒邪,阳气就好似门户的开阖一样相应抗拒。如果起居妄动,神气向外浮越,阳气就不能固密了。夏季感受了暑邪,汗出,烦躁时就喘促气粗,喝喝有声,如暑热之邪内攻,影响神明,则身形虽不烦躁,而反见多言多语,身体热得像炽火燔炭一样,必须出汗,发热方能消退。如果伤于湿邪,则头部重胀,有如物裹一样的感觉,倘然湿热不能及时消除,则大筋就会收缩而短屈,小筋却反松弛而伸长,大筋缩短形成拘挛,小筋松弛形成痿弱。如果由于气虚而为肿病的,四肢交替浮肿,这是阳气衰竭的现象。

阳气者,烦劳则张①,精绝②,辟积③于夏,使人煎厥④。目盲不可以视,耳闭不可以听,溃溃乎若坏都⑤,汩汩乎⑥不可止。阳气者,大怒则形气绝⑦,而血菀⑧于上,使人薄厥⑨。

注释

① 张：亢盛的意思。
② 绝：作"衰竭"讲。
③ 辟(bì 壁)积：辟，同襞。襞，裙褶。襞积，就是重复的意思。
④ 煎厥：病名。煎，是形容词。因这种厥的发生不是偶然，而有其一定的原因，如物之煎熬而然，因此称为煎厥。
⑤ 溃溃乎若坏都：溃溃乎，形容水流决口。坏都，是堤防败坏。又郦道元《水经注》："水泽所聚，谓之都，亦曰潴。"
⑥ 汩汩(gǔ 骨)乎：张介宾："逝而不返也，"即水流不止的样子。
⑦ 形气绝：形气，这里作"气血"讲。绝，隔绝的意思。
⑧ 菀(yù 郁)：郁结的意思。
⑨ 薄(bó 搏)厥：病名。张介宾："相迫曰薄。气逆曰厥。气血俱乱，故为薄厥。"

语译

人身的阳气，如果在过度烦劳的情况下，就会亢盛，而导致阴精耗竭，如这种情况重复地发生，到了夏天，加上暑热的熏灼，就会发生"煎厥"之病。它的主要症状：两目昏糊不清，两耳闭塞不闻，证势危殆，正像河堤决口，水流横溢而不止。又人身的阳气，可由于大怒而气血逆乱，使经络隔绝不通，血液郁积于上部，发生昏厥，叫做"薄厥"。

按语

文中"阳气者，大怒则形气绝，而血菀于上，使人薄厥。"其实质乃揭示了肝阳上亢者，因大怒而引发血压上升导致中风的病机。可与本书第六十二篇《调经论》中的"血之与气，并走于上则为大厥，厥则暴死；气复反则生，不反则死"互参。近代名中医张锡纯根据《内经》中此二节经文阐发肝阳上亢引发高血压而致类中风的病机,创制了镇肝熄风汤,是治疗因肝阳上亢引发昏厥之有效良方,现已将此方编入于《方剂学》中,广泛引用于临床。(该方原载于《医学衷中参西录·方论》第七卷)张氏是善读《内经》者,值得我们学习。

有伤于筋,纵①,其若不容②。汗出偏沮③,使人偏枯④。汗出见湿,乃生痤疿⑤。高梁⑥之变,足生大丁⑦,受如持虚⑧。劳汗当风,寒薄为皶⑨,郁乃痤。

注释

① 纵:与紧相对,弛缓。此处形容痿废。
② 不容:容,作受字解。不容,是指肢体不受意志的支配。
③ 汗出偏沮:偏,作侧字讲。沮,丹波元简作"沮"字解。就是身体半侧有汗,半侧无汗。
④ 偏枯:指一侧肢体瘫痪的病症。亦称"偏瘫"。
⑤ 痤疿(cuó fèi 嵯废):痤,是一种小疖。疿,是汗疹,俗称痱子。
⑥ 高梁:同"膏粱"。肥肉叫"膏",好的粮食叫"粱"。高梁,就是肉食美味。
⑦ 足生大丁:足,这里作"多"或"能够"讲。丁,同"疔"。
⑧ 受如持虚:形容得病非常容易,像拿着空虚的器具受盛东西一样。
⑨ 皶(zhā 渣):是粉刺,发于面部的小疹子。张志聪:"面鼻赤瘰也。"俗名赤鼻、酒皶鼻。饮酒人湿热薰蒸于脾胃,上现于鼻尖。

语译

筋有了损伤,会变松弛,其行动就不受意志的支配了。汗出偏于半身的,将来可能发生"偏枯"。汗出后而受到湿邪侵袭,就要发生小疖和汗疹。过分多吃肥美厚味食物的人,能够发生厉害的疔疮,他的发病好像拿着空的器皿受盛东西一样容易。如果劳动之后,汗出当风,寒气内逼于皮肤,每每发生粉刺,如果郁积久了，便成为小疖。

按语

有伤于筋，纵，其若不容，是中风后遗症的常见症状；汗出偏沮，使人偏枯，又是中风的预兆。要言不繁，对中风的诊断，具有重要意义。其下的"汗出见湿，乃生痤疿。……劳汗当风，寒薄为皶，郁乃痤"，不仅指出了这几种外科的病因，而且亦启示了对这几种外证病的预防。

阳气者，精①则养神，柔则养筋。开阖②不得，寒气从之，乃生大偻③；陷脉为瘘④；留连肉腠⑤，俞⑥气化薄，传为善畏，及为惊骇；营气不从，逆于肉理，乃生痈肿；魄汗⑦未尽，形弱而气烁，穴俞以闭，发为风疟⑧。

注释

① 精：王冰："阳气者，内化精微，养于神气，外为柔软，以固于筋。"所以这里作"精微"解，指营养人体的一种重要物质。
② 开阖：王冰："开谓皮腠发泄，阖谓玄府闭封。"玄府，即汗孔。这里开阖二字，即指皮肤汗孔的开闭。
③ 大偻：身体俯偻。
④ 瘘：《医学入门》："瘘，即漏也。经年成漏者，在颈则曰瘰漏，在痔即曰痔漏。"
⑤ 肉腠：肌肉之间。
⑥ 俞（shù 输）：是经络的孔穴。
⑦ 魄汗：古人认为汗的透发，和肺有关，因为肺和皮毛是相合的，肺藏魄，所以这里称之为魄汗。
⑧ 风疟：疟疾的一种，症状是烦躁、头痛、怕冷、自汗、先热后冷。

语译

阳气的功能，生化精微可以养神，柔和之气可以养筋。皮肤汗孔的开闭失却调节，寒气就能乘机侵入，阳气受伤，筋络失去温养，以致身体屈伸不利，行动俯偻；寒气深入于血脉之中，血脉凝涩，便会发生瘘疮；如留连于肌肉之间不去，邪气便从俞穴侵入，内迫脏腑，就会出现恐惧和惊骇的症状；营气不能从应走的经脉中运行，而阻逆于肌肉之中，日久便形成痈肿；汗出尚未尽止，若形体疲劳，突然感受风寒，汗液留在肌肤之间，正气被邪气消烁，则穴俞闭塞不通，便能发生风疟。

按语

文中开首云：阳气者，精则养神，柔则养筋。注释中以王冰所释，以阳气的功能内化精微，养于神气为解，尚可。下句释为"外为柔软，以固于筋"，则令人费解。笔者认为其前提是论述阳气的功能。精则养神，柔则养筋，应为阳气功能的正常，以之养神则神精、以之养筋则筋柔。神精和筋柔，都属于正常的生理状态。关于"筋柔"属于正常的生理功能，在后文中有"谨和五味，骨正筋柔"可证。

故风者，百病之始也[1]。清静[2]则肉腠闭拒，虽有大风苛毒[3]，弗之能害。此因时之序也。

注释

① 故风者，百病之始也：张介宾："凡邪伤卫气，如上文寒、暑、湿、气、风者，莫不缘风气以入，故风为百病之始。"

② 清静：王冰："嗜欲不能劳其目，淫邪不能惑其心，不妄作劳，是为清静。"就是善于保养身体，包括"不妄作劳，恬憺虚无"等意义。

③ 大风苛毒：是古人对剧烈致病因素的认识。《淮南子》：《本经》注：大风能坏屋舍。"大，含有"厉害"的意思。苛毒，犹言毒之甚者。大风苛毒，是古人形容某些剧烈的致病因素。

语译

风邪,是引起多种疾病的原始因素。如果志意清静而阳气固密,那末,肌肉皮肤就有坚强的抵抗力,虽有厉害有毒的致病因素,也不能侵害。这里的主要关键,就是要循着四时气候的顺序,而注意适应的方法。

故病久则传化[1],上下不并[2],良医弗为。故阳畜[3]积病死,而阳气当隔,隔者当写,不亟正治,粗[4]乃败之。故阳气者,一日而主外,平旦[5]人气生;日中而阳气隆;日西而阳气已虚,气门[6]乃闭。是故暮而收拒,无扰筋骨,无见雾露。反此三时,形乃困薄[7]。

注释

[1] 病久则传化:张志聪:"病久者,邪留而不去也。传者,始伤皮毛,留而不去,则入于肌腠;留而不去,则入于经脉冲俞;留而不去,则入于募原藏府。化者,或化而为寒,或化而为热,或化而为燥结,或化而为湿泻。盖天有六淫之邪,而吾身有六气之化也。"

[2] 上下不并:并,是相互交通的意思。不并,就是不相交通。上下不并,就是阴阳隔离的意思。

[3] 畜:同"蓄",蓄积的意思。阳气蓄积之后,就乖隔不通,所以说阳气当隔。

[4] 粗:这里指的是"粗工",就是技术不高明的医生。

[5] 平旦:日出的时候。张志聪:"一日分为四时:朝则为春,日中为夏,日入为秋,夜半为冬"。所以朝则人气始生。

[6] 气门:即汗孔。汗孔是阳气散泄的门户,所以称为气门。

[7] 形乃困薄:形体被邪所困窘衰薄。

语译

所以病邪留着时间长久了,就会内传而变化,若到了上下不相交通的阶段，那虽有良医，也没有办法了。所以阳气蓄积，也会致死，因阳气蓄积，隔塞不通，就应当用泻法，如果不迅速给以正确的治疗，粗工就会使正败而死亡。阳气，在白天主要保护着人体的外部，天刚亮，阳气就开始活跃于体表；中午，阳气最旺盛；太阳偏西时，体表的阳气就渐渐地虚少，汗孔由开而趋向闭密。所以晚上就应当休息，使阳气能够收藏，皮毛好像门户那样能够关闭隔拒，不要扰动筋骨，不要接近雾露。如果违反了阳气在这三个时间的运动规律而活动，形体就要被邪气所困顿，而日趋于衰薄。

岐伯曰：阴者，藏精而起亟也①；阳者，卫外而为固也。阴不胜其阳，则脉流薄疾②，并③乃狂；阳不胜其阴，则五藏气争，九窍不通。是以圣人陈阴阳④，筋脉和同，骨髓坚固，气血皆从；如是则内外调和，邪不能害，耳目聪明，气立如故。

注释

① 阴者，藏精而起亟也：《广韵》："亟（qì器），频数。"即经常的意思。张介宾："亟，即气也。观《阴阳应象大论》曰：'精化为气。'即此藏精起气之谓。又《本神》篇曰：'阴虚则无气。'亦其义也。故此当以气字为解，以见阳能生阴，阴亦能生阳，庶为得理。"这就是说，体内贮藏的精，是气的来源。

② 薄疾：是急迫而快速的样子。

③ 并：这里是合并、加重的意思。

④ 陈阴阳：张志聪："陈，敷布也。"犹言铺设得所，不使偏胜。

语译

岐伯说：阴是内藏精微物质，而不断化生阳气的；阳是保卫外部能使肌腠固密。倘然阴不能胜阳，就会使脉流急迫而快速，若阳气亢盛，就会发狂；如果阳气不能胜阴，那就要使五脏之气不调以致九窍不通。所以圣人善于掌握阴阳,使之各安其位,筋脉和顺,骨髓坚固,气血流行,各循常道;如是则内外调和,邪气不能侵害,耳聪目明,真气独立如常,不为邪气所动摇了。

按语

此节说明阴气主内,阳气主外的意义,并阐发了阴阳互用的关系。

风客①淫②气,精乃亡③,邪伤肝④也。因而饱食,筋脉横解⑤,肠澼⑥为痔;因而大饮,则气逆⑦;因而强力⑧,肾气乃伤,高骨乃坏。

注释
① 客:邪从外面侵入,如客从外来。
② 淫:浸淫,渐渐侵害。
③ 亡:是损耗的意思。
④ 伤肝:《阴阳应象大论》:"风气通于肝。"所以说伤肝。
⑤ 横解:横逆损伤的意思。王冰:"甚饱则肠胃横满,肠胃满则筋脉解而不属,故肠澼而为痔也。《痹论》:'饮食自倍,肠胃乃伤。'此伤之信也。"
⑥ 肠澼:即痢疾。
⑦ 大饮,则气逆:王冰:"饮多则肺布叶举,故气逆而上奔也。"张介宾:"酒挟风邪,则因辛走肺。"
⑧ 强力:是超过自己体力的限度勉强用力。又,王冰:"强力入房也。"

语译

风邪侵入人体,伤害了元气,精血也因此而损耗,从而损伤了肝脏,如果吃得过饱,胃肠间的筋脉,因食物的充塞,而横逆损伤,就要发生下痢脓血或变为痔疮;如果饮酒过度,则每使气往上逆;如果强力入房,那末肾气受伤,腰部高骨就要败坏。

凡阴阳之要,阳密乃固①。两者不和②,若春无秋,若冬无夏;因而和之,是谓圣度③。故阳强不能密,阴气乃绝;阴平阳秘,精神乃治;阴阳离决,精气乃绝。

注释

① 阳密乃固:《太素》作"阴密阳固",似是。杨上善注:"密内,阴之力也;固外,阳之力也。"

② 两者不和:和,含有平衡协调的意思。王冰:"两,谓阴阳,和,谓和合,则交会也。"

③ 圣度:度,是法度。圣度,就是最好的养生法度。又张志聪:"是谓圣人调养之法度。"

语译

凡人身阴阳的关键,在于阴阳气的内致密而外固护。如果阴阳失去平衡协调,就像一年中,只有春天而没有秋天,只有冬天而没有夏天一样;因此,能使阴阳调和,是最好的养生法度。所以阳气过于亢盛,不能固密,那末,阴气就要亏耗而衰竭;阴气平和,阳气固密,精神才能正常;如果阴阳分离而决裂,则精气也就随之而竭绝了。

因于露风,乃生寒热。是以春伤于风,邪气留连,乃为洞泄①;夏伤于暑,秋为痎疟;秋伤于湿,上逆而咳,发为痿厥②;冬伤于寒,春必温病③。四时之气,更伤五藏。

注释

① 洞泄:一名飧泄,乃风行乘土,水谷不化而下利。

② 痿厥:王冰:"湿气内攻于藏府则咳逆,外散于筋脉则痿弱也。……厥,谓逆气也。"

③ 温病:就是温热病。《伤寒论》:"太阳病发热而渴,不恶寒者,为温病。""温病"从经文各篇例,皆作病温,此恐错置。

语译

若因感受雾露风邪,就会发生寒热。假如春天伤了风气,风邪逗留不去,影响及脾,可以变为洞泄;夏天伤了暑气,到了秋天,每每发生疟疾;秋天伤了湿气,则湿气上逆于肺而为咳嗽,若发展不愈,每成痿厥;冬天伤了寒气,到春天发作温病。所以四季气候的变化,是能够交替伤害五脏的。

阴之所生,本在五味①;阴之五宫②,伤在五味。是故味过于酸,肝气以津③,脾气乃绝;味过于咸,大骨气劳④,短肌,心气抑⑤;味过于甘,心气喘满,色黑,肾气不衡;味过于苦,脾气不濡,胃气乃厚⑥;味过于辛,筋脉沮⑦弛,精神乃央⑧。是故谨和五味,骨正⑨筋柔,气血以流,腠理⑩以密,如是则骨气以精⑪。谨道如法⑫,长有天命⑬。

注释

① 五味:甘、酸、辛、苦、咸,称为五味。这里指饮食的五味。又莫仲超:"酸生肝,苦生心,甘生脾,辛生肺,咸生肾,是阴之所生,本在五味也。"

② 五宫:张介宾:"五藏也。"

③ 津:张介宾:"津,溢也。酸入肝,过于酸则肝气溢。酸从木化,木实则克土,故脾气乃绝。"所以这里是指太盛的意思。

④ 大骨气劳:张介宾:"劳,困剧也。"大骨指高骨。汪昂云:"高骨,腰间命门穴上有骨高起。"

⑤ 抑:王冰:"心气抑滞而不行。"即不舒畅的意思。

⑥ 厚:作"胀满"解,亦可作"迟钝"讲。张介宾:"厚者,胀满之谓。"

⑦ 沮:这里作"败坏"讲。

⑧ 央:张志聪:"央殃同。"即受伤的意思。

⑨ 骨正:骨骼正直。高世栻:"五味和,则肾主之骨以正。"

⑩ 腠理:吴崑:"腠,汗孔也。理,肉纹也。"《金匮要略》:"腠者,是三焦通会元真之处,为血气所注。理者,是皮肤藏府之文理也。"

⑪ 精：这里作刚强、精粹解。
⑫ 法：张志聪："调养如法。"即养生的方法。
⑬ 天命：天赋的寿命。

语译

阴精的产生，是来源于饮食五味。但是藏精的五脏，却又可因饮食五味的太过而受伤。所以过食酸味的东西，则肝气太盛，脾气就要衰竭；过食咸味的东西，则大骨就要受伤，肌肉萎缩，心气抑郁；过食甜味的东西，则心气烦闷不安，面色黑，肾气不能平衡；过食苦味的东西，则脾气不得濡润，消化不良，胃部就要胀满；过食辛味的东西，则筋脉败坏而松弛，精神也同时受到损害。因此，注意饮食五味的调和，能使骨骼正直，筋脉柔和，气血流通，腠理固密，这样骨气便刚强了。人们必须谨慎而严格的遵守养生法度，才能享有天赋的寿命。

按语

"阴之所生，本在五味"，是说明五脏阴精是有赖于五味的资生；"阴之五宫，伤在五味"，又指出偏食五味，能损伤五脏，导致五脏功能的失调，故而对合理饮食，提出了"谨和五味"的观点。其实质就是要求饮食五味注意合理配合，防止偏食。正如《素问·藏气法时论》所说："五谷为养，五果为助，五畜为益，五菜为充，气味合而服之，以补益精气。"之所以强调五味调和，是因为人身生命活动中所需的营养素是多种多样的，需从多种食物中摄取，只有这样才能防止营养的缺乏或过剩。这在营养学上称为"平衡膳食"。

本 篇 要 点

一、人的生命活动与自然界有着密切关系，这是"天人相应"

的观点,为全篇的中心思想。

二、指出人身阳气的重要性,并详细讨论由于种种原因而使阳气受伤引起的病变。

三、指出人身的阴阳平衡协调,是维持健康的重要因素。

四、指出四时气候和饮食五味都能影响五脏而致病。

金匮真言论篇第四

题解

本篇以四时五行为中心,联系到人体,讨论发病规律,以及人与自然和各方面的关系。其中很多是学术上的原则性问题,作者非常重视,亦非常珍秘,如同秘诀,藏在金匮之中,故篇名"金匮真言论"。

黄帝问曰:天有八风,经有五风①,何谓?岐伯对曰:八风发邪②,以为经风,触五藏;邪气发病,所谓得四时之胜③者,春胜长夏④,长夏胜冬,冬胜夏,夏胜秋,秋胜春,所谓四时之胜也。

注释

① 五风:谓五脏之风,如肝风、心风、脾风、肺风、肾风。马莳:"五风者即八风之所伤也,特所伤藏异,而名亦殊耳。"
② 八风发邪:张志聪:"八风,八方之风。……八风发邪,谓八方不正之邪风,发而为五经之风,触人五藏,则邪气在内而发病也。"
③ 胜:克制的意思。
④ 长夏:夏秋之间名"长夏",即农历六月。

语译

黄帝问道:自然界的气候,有八风的异常,人体的经脉,有五风的病变,这是什么道理？岐伯回答说:八风是自然界不正常的气候,也是致病的因素,它足以影响人体的经脉,产生五风,伤害五脏;邪气诱发疾病,是由于得四时之胜气而克其所胜的关系,春胜长夏,长夏胜冬,冬胜夏,夏胜秋,秋胜春,这是四时相胜的一般规律。

按语

本节说明自然界气候的变异,能够影响经脉,伤害脏俯,引起疾病。

古人以四时配五行,即春木、夏火、长夏土、秋金、冬水,以五脏配五行,即肝木、心火、脾土、肺金、肾水。这样配合,用来说明四时气候对五脏的影响。例如:春天的气候,能影响肝脏,使肝气旺盛;夏天的气候,能影响心脏,使心气旺盛等等。本节是说的四时不正之气——胜气,对人体的影响。所谓"春胜长夏",在气候来说,是长夏反得春天的气候,在对人体的影响来说,是肝木得胜气之助而克脾土;"长夏胜冬",是冬天反得长夏的气候,使人身脾土得胜气之助而克肾水;其余以此类推。所谓"得四时之胜",其大意如此。

东风生于春[①],病在肝[②],俞在颈项[③];南风生于夏,病在心,俞在胸胁;西风生于秋,病在肺,俞在肩背;北风生于冬,病在肾,俞在腰股[④];中央为土,病在脾,俞在脊。

故春气[⑤]者,病在头;夏气者,病在藏[⑥];秋气者,病在肩背;冬气者,病在四支[⑦]。

故春善病鼽衄[⑧],仲夏善病胸胁,长夏善病洞泄寒中[⑨],秋善病风疟,冬善病痹厥[⑩]。

故冬不按蹻[⑪],春不鼽衄,春不病颈项,仲夏不病胸胁，长夏不病洞泄寒中，秋不病风疟，冬不病痹厥、飧泄而汗出也。

夫精⑫者，身之本也。故藏于精者，春不病温；夏暑汗不出者，秋成风疟。此平人脉法也。

注释

① 东风生于春：马莳："春主甲乙木，其位东，故东风生于春。"按南风、西风、北风，可以此类推。

② 病在肝：马莳："《阴阳应象大论》谓：'在天为风，在藏为肝'，故人之受病，当在于肝。"又张志聪："藏气实则病气，藏气虚则病藏。"按病在心、病在肺、病在肾，可以此类推。

③ 俞在颈项：王冰："春气发荣于万物之上，故俞在颈项。"

④ 股：即大腿。马莳："凡外而腰股之所，乃肾之分部也。"

⑤ 气：此处指外界之气候。张志聪："所谓气者，言四时五藏之气。"

⑥ 藏（zàng 脏）：同"脏"，指内脏。张介宾："在藏言心，心通夏气，为诸藏之主也。"

⑦ 四支：同四肢。

⑧ 鼽（qiú 求）衄：鼽，《说文》："病寒鼻窒也，涕久不通，遂至窒塞也。"即是鼻塞流涕。衄，《说文》："鼻出血也。"

⑨ 寒中：此处作"寒气在中"解，亦即里寒证。张志聪："脾为阴中之至阴，不能化热，而为寒中也。"

⑩ 痹厥：此处作"手足麻木逆冷"解。

⑪ 按蹻：王冰："按，谓按摩；蹻，谓如矫捷者之举动手足，是所谓导引也。"这里作"扰动筋骨"解。

⑫ 精：饮食所化之精华，人类生殖之原质，都称为精。张志聪："神气血脉，皆生于精。"

语译

东风常见于春季，病变多发生在肝经，肝经之气输注于颈项部；南风常见于夏季，病变多发生在心经，心经之气输注于胸胁部；西风常见于秋季，病变多发生在肺经，肺经之气输注于肩背部；北风常见于冬季，病变多发生在肾经，肾经之气输注于腰股部；长夏在四季的中央，根据五行方位，土为中央，病变发生在脾经，脾经之气输注于脊部。

所以春气应肝，多病在头部；夏气应心，多病在脏；秋气应肺，多病在肩背；冬气应肾，多病在四肢。

所以春天多病鼽衄，仲夏多病在胸胁，长夏多病里寒泄泻，秋天多病风疟，冬天多病痹厥。

能够注意摄生，冬天不做剧烈运动而扰动潜伏的阳气，那么春天就不会鼽衄和得颈项部疾病，夏天不会得胸胁部疾病，长夏不会得里寒泄泻，秋天不会得风疟，冬天不会得痹厥、飧泄、汗出等疾病。

要知道精气是人体生命活动的根本。所以能善于保藏精气的，春天就不至于发生温热病；在炎热的夏天，应该出汗散热，如果不出汗，到秋天会发生风疟。这是四季发病的一般规律。

按语

本节从"天人相应"的观点出发，阐述了人体疾病的发生与外界环境四时气候变化的关系。并指出了每一季节的气候特点对人体内脏有特定的联系，如说春病在肝、夏病在心等，这对某些病证的防治有一定意义。关于四时气候与疾病发生的关系，实践证明是有其科学性的，现代的医学气象学，就是专门研究天气与气候对人体的影响及气象要素与疾病内在联系的学说，成为一门新兴的边缘学科。《内经》早在二千多年前，就有这样朴素的认识，是十分可贵的，有深入研究和探讨的必要。

故曰：阴中有阴，阳中有阳。平旦至日中[①]，天之阳，阳中之阳也；日中至黄昏[②]，天之阳，阳中之阴也；合夜至鸡鸣[③]，天之阴，阴中之阴也；鸡鸣至平旦[④]，天之阴，阴中之阳也。故人亦应之。

夫言人之阴阳,则外为阳,内为阴;言人身之阴阳,则背为阳,腹为阴;言人身之藏府中阴阳,则藏者为阴,府者为阳,肝、心、脾、肺、肾五藏皆为阴,胆、胃、大肠、小肠、膀胱、三焦六府皆为阳。所以欲知阴中之阴、阳中之阳者,何也?为冬病在阴[5],夏病在阳[6],春病在阴[5],秋病在阳[6],皆视其所在,为施针石[7]也。故背[8]为阳,阳中之阳,心也;背为阳;阳中之阴,肺也;腹为阴,阴中之阴,肾也;腹为阴,阴中之阳,肝也;腹为阴,阴中之至阴,脾也。此皆阴阳表里、内外、雌雄[9]相输应也,故以应天之阴阳也。

注释

① 平旦至日中:谓自卯至午,即6~12时。

② 日中至黄昏:谓自午至酉,即12~18时。

③ 合夜至鸡鸣:谓自酉至子,即18~24时。合夜,即始夜意。

④ 鸡鸣至平旦:谓自子至卯,即0~6时。

⑤ 冬病在阴、春病在阴:高世栻:"冬病在阴,肾也。春病在阴,肝也。盖肝、肾为阴脏,居膈下,肝为阴中之阳,肾为阴中之阴,冬病在肾,春病在肝,所以说"冬病在阴"、"春病在阴"。

⑥ 夏病在阳、秋病在阳:高世栻:"夏病在阳,心也。秋病在阳,肺也。""盖心、肺为阳脏,居膈上,心为阳中之阳,肺为阳中之阴,夏病在心,秋病在肺"所以说"夏病在阳"、"秋病在阳"。

⑦ 石:砭石。

⑧ 背:张介宾:"心肺居于膈上,连近于背,故为背之二阳藏;肝脾肾居于膈下,藏载于腹,故为腹之三阴藏。"按此处背字是与腹字上下相对而言,所以背字可理解为胸腔部位,腹字可理解为腹腔部位。

⑨ 表里、内外、雌雄:表阳,里阴;内阴,外阳;雌阴,雄阳。这些相对的名词,都是取象比类以说明阴阳的。

语译

所以说：阴中有阴，阳中有阳。例如：一日之内，白昼为阳，黑夜为阴；平旦到日中，是阳中之阳；日中到黄昏，是阳中之阴；合夜到鸡鸣，是阴中之阴，鸡鸣到平旦，是阴中之阳。所以人也是相应的。

以整个人体来分阴阳，则外表为阳，内里为阴；以躯干来分阴阳，则背为阳，腹为阴；以脏腑来分阴阳，则肝、心、脾、肺、肾五脏都属阴，胆、胃、大肠、小肠、膀胱、三焦六腑都属阳。所以要知道阴中之阴、阳中之阳的道理是为了什么呢？是因为冬病在阴，夏病在阳，春病在阴，秋病在阳，都要按疾病所在的部位进行针刺或砭石的治疗。又如胸腔在上为阳，所以心肺为阳脏，心是阳中之阳，肺是阳中之阴；腹腔居下为阴，所以肝脾肾为阴脏，而肾又有阴中之阴，肝是阴中之阳，脾是阴中之至阴。以上这些都是阴阳表里、内外、雌雄的相互联系，也和自然界万物的阴阳变化一样。

按语

以上把昼夜四时同人身脏腑对比，说明阴阳在医学上运用的一般规律。

帝曰：五藏应四时，各有收受①乎？岐伯曰：有。东②方青色，入通于肝，开窍于目③，藏精于肝，其病发惊骇④；其味酸，其类草木，其畜鸡，其谷麦，其应四时，上为岁星⑤，是以春气在头也，其音角⑥，其数八⑦，是以知病之在筋⑧也，其臭臊⑨。

南②方赤色，入通于心，开窍于耳③，藏精于心，故病在五藏；其味苦，其类火，其畜羊，其谷黍，其应四时，上为荧惑星⑤，是以知病之在脉⑧也，其音徵⑥，其数七⑦，其臭焦。

中央②黄色，入通于脾，开窍于口③，藏精于脾，故病在舌本④；其味甘，其类土，其畜牛，其谷稷，其应四时，上为镇星⑤，是以知病之在肉⑧也，其音宫⑥，其数五⑦，其臭香。

西②方白色，入通于肺，开窍于鼻③，藏精于肺，故病在背；其味辛，其类金，其畜马，其谷稻，其应四时，上为太白星⑤，是以知病之在皮毛⑧也，其音商⑥，其数九⑦，其臭腥⑨。

北②方黑色，入通于肾，开窍于二阴③，藏精于肾，故病在豀④；其味咸，其类水，其畜彘⑩，其谷豆，其应四时，上为辰星⑤，是以知病之在骨⑧也，其音羽⑥，其数六⑦，其臭腐。

故善为脉者，谨察五藏六府，一逆一从，阴阳、表里、雌雄之纪，藏之心意，合心于精。非其人勿教，非其真勿授，是谓得道。

注释

① 收受：吴崑："五方之色，入通五藏，谓之收；五藏各藏其精，谓之受。"又，张介宾："收受，言同气相求，各有所归也。"

② 东、南、中央、西、北：是为五方。在五行为木、火、土、金、水，在脏相应为肝、心、脾、肺、肾。

③ 目、耳、口、鼻、二阴：本文系按九窍分配：目属肝，耳属心，口属脾，鼻属肺，二阴属肾。二阴，指前后二阴。

④ 惊骇、舌本、豀：惊骇，恐惧不安的样子，肝病多惊骇。舌本，即舌

根。豀,是肉之小会。

⑤ 岁星、荧惑星、镇星、太白星、辰星:岁星,即木星;荧惑星,即火星;镇星,即土星;太白星,即金星;辰星,即水星。

⑥ 角、徵(zhǐ纸)、宫、商、羽:即古代五声音阶中的五个音级。

⑦ 八、七、五、九、六:河图以一、二、三、四、五代水、火、木、金、土之数。自一至五,等于孤阳或孤阴,不起变化;自五加一,起生化作用。天一生水,地六成之;地二生火,天七成之;天三生木,地八成之;地四生金,天九成之;天五生土,地十成之。八、七、九、六,是木、火、金、水之成数,五是土之生数;按五行非土不成,如水生一而成六,火生二而成七,木生三而成八,金生四而成九,水、火、木、金皆得土而成。

⑧ 筋、脉、肉、皮毛、骨:肝主筋,心主脉,脾主肉,肺主皮毛,肾主骨。

⑨ 臊、腥:臊,兽肉腥膻之气。腥,生肉气味。

⑩ 彘(zhì滞):同"豕",就是猪。

语译

黄帝道:五脏和四时相应,各有同气相求的影响吗? 岐伯说:有。如东方青色之气,与人身的肝相应,肝开窍于两目,精华内藏于肝,它发的病多惊骇;在五味中为酸味,在植物中为草木,在五畜中为鸡,五谷中为麦,四时中上为岁星,五音中为角音,五行生成数中为八,五气中为臊臭气,这些都属木的一类。在四时来说是春季,春气是上升的,所以病在头部的比较多,又因为肝主筋,所以病也往往表现在筋。

南方赤色之气,与人身的心相应,心开窍于两耳,精华内藏于心;五味中为苦味,五畜中为羊,五谷中为黍,四时中上为荧惑星,五音中为徵音,五行生成数中为七,五气中为焦臭气,这些都属火的一类。在四时来说是夏季,心主血脉,又为五脏之主,所以病也往往在血脉和五脏。

中央黄色之气,与人身的脾相应,脾开窍于口,精华内藏于脾;五味中为甘味,五畜中为牛,五谷中为稷,四时中上为镇星,五音中为宫音,五行生成数中为五,五气中为香气,这些都属于土的一类。以四时来说是长夏,脾主肌肉,脾脉连于舌根,所以病表现在肌肉和舌根。

西方白色之气,与人身的肺相应,肺开窍于鼻,精华内藏于肺;五味中为辛味,五畜中为马,五谷中为稻,四时中上为太白星,五音中为商音,五行生成数中为九,五气中为腥臭气,这些都属金的一类。在四季来说是秋季,秋病发生在肩背,肺主皮毛,所以病往往发生在背部,表现在皮毛。

北方黑色之气,与人身的肾相应,肾开窍于二阴,精华藏于肾;五味中为咸味,五畜中为彘,五谷中为豆,四时中上为辰星,五音中为羽音,五行生成数中为六,五气中为腐臭气,这样都属水的一类。以四时来说是冬季,冬病发生在四肢,肾主骨,所以病往往发生在骨和豁。

所以善于诊病的人,谨慎细心审察五脏六腑的顺逆变化,并把阴阳、表里、雌雄的相应关系作为准则,并把这些道理,谨记心中,体验精微,能够得心应手。这种学术是宝贵的,不是愿为大众服务的人,切勿教他,不是有志于此的人,切勿传授,只有这样,才能真正继承医学的理论。

表1 五行归类表

	五 行	木	火	土	金	水
天	方位	东	南	中	西	北
	季节	春	夏	长夏	秋	冬
	气候	风	热	湿	燥	寒
	星宿	岁星	荧惑星	镇星	太白星	辰星
	生成数	3+5=8	2+5=7	5	4+5=9	1+5=6

(续表)

	五行	木	火	土	金	水
地	品类	草木	火	土	金	水
	五畜	鸡	羊	牛	马	彘
	五谷	麦	黍	稷	谷	豆
	五音	角	徵	宫	商	羽
	五色	青	赤	黄	白	黑
	五味	酸	苦	甘	辛	咸
	五臭	臊	焦	香	腥	腐
人	五藏	肝	心	脾	肺	肾
	九窍	目	耳	口	鼻	二阴
	五体	筋	脉	肉	皮毛	骨
	五声	呼	笑	歌	哭	呻
	五志	怒	喜	思	忧	恐
	病变	握	忧	哕	咳	栗
	病位	颈项	胸胁	脊	肩背	腰股
备注		臭可作气	颈项又可作头			腰股又可作四肢

说明：本表依据《金匮真言论》与《阴阳应象大论》选列。

按语

本节以五行来归类多种事物，从而说明人身的五脏、五体与内外环境的关系和疾病变化。为了便于联系理解，特附五行归类表（表1）。

五脏应四时内容中的肝有："其畜鸡，其谷麦"之说，读者一般大多未加注意。近阅《肝炎肝硬化专辑》，其中有蒋士英医者，讲到肝病的生活调养中的饮食问题，特别强调鸡肉应绝对禁忌，临床中有肝炎已愈，因食鸡肉而复发（见该书 250 页）。再有其谷麦，临床中凡肝郁不舒者重用生麦芽，效果很好，炒麦芽无此功效。于此深深体会到凡《内经》中所有理论，未经实践者，不能轻易否定。其余四脏中所言的"畜"和"谷"，都不应一掠而过，要做有心人，在临床中应深切注意。

本篇要点

一、从四时气候与五脏的关系，阐述季节性的多发病。

二、从一日之间的变化、体表部位以及脏腑位置等，来说明阴阳学说在医学上的灵活运用。

三、从四时阴阳五行为中心来演绎、讨论人体脏腑功能和自然界气候变化的有机联系。

阴阳应象大论篇第五

题解

本篇是阐发阴阳五行的理论,并将其运用于天、地、人各方面,反复说明其对实践的指导意义,尤其在人身的脏腑气血,临证的脉因证治,都作出了具体的论证。这是一篇原则性的包罗广泛的文章,故冠以"大论"二字;因以阴阳为理论的主体,而阴阳五行的应用,又都是取象比类的,所以篇名"阴阳应象大论"。吴崑亦说:"天地之阴阳,人身之血气。应象者,应乎天地,而配乎阴阳五行也。"

黄帝曰:阴阳者,天地之道①也,万物之纲纪②,变化之父母③,生杀之本始,神明④之府也。治病必求于本。故积阳为天,积阴为地。阴静阳躁,阳生阴长,阳杀阴藏⑤。阳化气,阴成形⑥。寒极生热,热极生寒⑦;寒气生浊,热气生清;清气在下,则生飧泄,浊气在上,别生䐜胀⑧。此阴阳反作,病之逆从⑨也。

注释

① 天地之道:天地,即宇宙或自然界。道,即道理或规律。天地之道,意思就是自然界的规律。

② 万物之纲纪:万物,即一切事物。纲纪,就是把一切事物总的归纳起来。张介宾:"大曰纲,小曰纪;总之为纲,周之为纪。"

③ 变化之父母：《素问·天元纪大论》："物生谓之化，物极谓之变。"父母，此处作为"起始"或"根源"解。朱熹："变者化之渐，化者变之成。阴可变为阳，阳可化为阴。然而变化虽多，无非阴阳之所生，故谓之父母。"

④ 神明：变化不测谓之神，品物流形谓之明。能使万物显露形象和变化的巨大力量，称为神明。

⑤ 阳生阴长，阳杀阴藏：阴阳趋向于旺盛，则阳气生发，阴气成长；阴阳趋向于衰退，则阳气收杀，阴气闭藏。张志聪："春夏者，天之阴阳也，故主阳生阴长。秋冬者，地之阴阳也，故主阳杀阴藏。"

⑥ 阳化气，阴成形：此处的气指能力，形指物质。意思是说阳可以化生出能力，阴可以构成有形的物质。张介宾："阳动而散，故化气。阴静而凝，故成形。"

⑦ 寒极生热，热极生寒：马莳："吾人有寒，寒极则生而为热，如今伤寒而反为热症者，此其一端也；吾人有热，热极则生而为寒，如今内热已极，而反生寒栗者，此其一端也。"按四时冬至之后为大寒，大寒以后，即立春，将生春夏之热；夏至之后为大暑，大暑以后即立秋，将生秋冬之寒。

⑧ 䐜（chēn 嗔）胀：胸腹胀满。张介宾："䐜……胸膈满也。"

⑨ 逆从：逆，指病的异常逆证。从，指病的正常顺证。又张介宾："顺则为从，反则为逆。"

语译

黄帝道：阴阳是宇宙间的一般规律，是一切事物的纲纪，万物变化的起源，生长毁灭的根本，有很大道理在乎其中。凡医治疾病，必须求得病情变化的根本，而道理也不外乎阴阳二字。拿自然界变化来比喻，清阳之气聚于上，而成为天，浊阴之气积于下，而成为地。阴是比较静止的，阳是比较躁动的；阳主生发，阴主成长；阳主肃杀，阴主收藏。阳能化生力量，阴能构成形体。寒到极点会生热，热到极点会生寒；寒气能产生浊阴，热气能产生清阳；清阳之气居下而不升，就会发生泄泻之病，浊阴之气居上而不降，就会发生胀满之病。这就是阴阳的正常和反常变化，因此疾病也就有逆证和顺证的分别。

按语

文中的"治病必求于本",虽简短六个字,确是中医治疗学中的原则,且是根本法则。本,是指疾病的本质,治疗疾病能从本质上着眼,也就能抓疾病的病机,决非"头痛医头"、"脚痛医脚"者可比。正因为有此治疗原则,所以才有辨证论治以及同病异治、异病同治。希有志于中医的临床工作者,须时时深思之。

故清阳为天,浊阴为地。地气上为云,天气下为雨;雨出地气,云出天气①。故清阳出上窍②,浊阴出下窍③;清阳发腠理,浊阴走五藏;清阳实四支,浊阴归六府。

注释

① 地气上为云……云出天气:由于天气热力的蒸发,地面上的水可以化气上升为云,所以说"云出天气"。地气上为云,突然遇到冷空气,则凝结成水滴而下降为雨,所以说"地气上为云,天气下为雨";但是推究雨的来源,还是由于地面上升的水气,所以说"地气上为云"、"雨出地气"。

② 上窍:指耳目口鼻七窍。

③ 下窍:指前后二阴。

语译

所以大自然的清阳之气上升为天,浊阴之气下降为地。地气蒸发上升为云,天气凝聚下降为雨;雨是地气上升之云转变而成的,云是由天气蒸发水气而成的。人体的变化也是这样,清阳之气出于上窍,浊阴之气出于下窍;清阳发泄于腠理,浊阴内注于五脏;清阳充实于四肢,浊阴内走于六腑。

按语

此节说明了阴阳互根关系,就是"阳生于阴,阴生于阳"的道理。作者以大自然的阴阳变化,来比拟和说明人身的阴阳变化。

水为阴,火为阳。阳为气①,阴为味②。味归形③,形归④气,气归精⑤,精归化⑥,精食⑦气,形食味,化生⑧精,气生形。味伤形,气伤精,精化为气,气伤于味。

注释

① 气:此指功能或活动能力。
② 味:指一切食物。
③ 形:指形体,包括脏腑、肌肉、血脉、筋骨、皮毛等等。张介宾:"五味,生精血以成形。"
④ 归:由此到彼的过程,亦可作生成或滋养解。
⑤ 精:指饮食中的精华。
⑥ 化:化生或生化之意。
⑦ 食:作仰求给养解。张介宾:"如子食母乳之义。"
⑧ 生:此处作化生或转变解。张志聪:"天食人以五气,地食人以五味,气味化生此精气,以生养此形也。"

语译

水火分阴阳,则水属阴,火属阳。人体的功能属阳,饮食物属阴。饮食物可以滋养形体,而形体的生成又须赖气化的功能,功能是由精所产生的,就是精可以化生功能。而精又是由气化而产生的,所以形体的滋养全靠饮食物,饮食物经过生化作用而产生精,再经过气化作用滋养形体。如果饮食不节,反能损伤形体,机能活动太过,亦可以使精气耗伤,精可以产生功能,但功能也可以因为饮食的不节而受损伤。

按语

此节反复举出味、精、气、形四者之间的复杂转变关系,以说明人身阴阳的变化。

阴味出下窍,阳气出上窍。味厚者为阴,薄为阴之阳;气厚者为阳,薄为阳之阴。味厚则泄,薄则通;气薄则发泄,厚则发热。壮火之气①衰,少火之气②壮,壮火食③气,气食④少火,壮火散气,少火生气。气味辛甘发散为阳,酸苦涌泄为阴。

注释
① 壮火之气:就是过于亢盛的阳气。张志聪:"阳亢则火壮。"
② 少火之气:就是正常的阳气。张志聪:"阳和则火平而气壮盛矣。"
③ 食:与"蚀"通,作"侵蚀消耗"讲。
④ 食(sī寺):作"仰求食养"讲。

语译

味属于阴,所以趋向下窍,气属于阳,所以趋向上窍。味厚的属纯阴,味薄的属于阴中之阳;气厚的属纯阳,气薄的属于阳中之阴。味厚的有泻下作用,味薄的有疏通作用;气薄的能向外发泄,气厚的能助阳生热。阳气太过,能使元气衰弱,阳气正常,能使元气旺盛,因为过度亢奋的阳气,会损害元气,而元气却依赖正常的阳气,所以过度亢盛的阳气,能耗散元气,正常的阳气,能增强元气。凡气味辛甘而有发散功用的,属于阳,气味酸苦而有涌泄功用的,属于阴。

阴胜①则阳病,阳胜则阴病。阳胜则热,阴胜则寒。重②寒则热,重热则寒。寒伤形③,热伤气③;气伤痛,形伤肿。故先痛而后肿者,气伤形也;先肿而后痛者,形伤气也。

注释

① 胜：偏胜的意思。阴阳不和,则有胜有亏。如阴胜则阳病,即阴气偏胜,则阳气必定会发生亏损。

② 重：作极解。与上文寒极生热义同。

③ 形、气：形,指血分。血与气相对言,血乃有形。气,指气分。后《调经论》有："血气者,喜温而恶寒,寒则泣(同涩)不能流。"说明寒邪能使血流不畅句可证。且后世伤科医生,从肿痛之先后,作为疗伤时治气为主、还是治血为主的理论根据。

语译

人体的阴阳是相对平衡的,如果阴气发生了偏胜,则阳气受损而为病,阳气发生了偏胜,则阴气耗损而为病。阳偏胜则表现为热性病症,阴偏胜则表现为寒性病症。寒到极点,会表现热象,热到极点,会表现寒象。寒能伤血分,热能伤气分;气分受伤,可以产生疼痛,血分受伤,可以发生肿胀。所以先痛而后肿的,是气分先伤而后及于血分;先肿而后痛的,是血分先病而后及于气分。

风胜则动①,热胜则肿,燥胜则干,寒胜则浮②,湿胜则濡写③。

注释

① 动：作动摇痉挛解。马莳："振掉摆动之类。"

② 浮：此处可作浮肿解。又,王冰："寒胜则阴气结于玄府,玄府闭密,阳气内攻,故为浮。"

③ 濡写：为泄泻的一种。

语译

风邪太过,则能发生痉挛动摇;热邪太过,则能发生红肿;燥气太过,则能发生干枯;寒气太过,则能发生浮肿;湿气太过,则能发生濡泻。

天有四时五行,以生长收藏,以生寒暑燥湿风。人有五藏化五气①,以生喜怒悲忧恐。故喜怒伤气,寒暑伤形。暴怒伤阴,暴喜伤阳。厥气②上行,满脉去形。喜怒不节,寒暑过度,生乃不固。故重阴必阳,重阳必阴③。故曰:冬伤于寒,春必温病;春伤于风,夏生飧泄;夏伤于暑,秋必痎疟;秋伤于湿,冬生咳嗽。

注释

① 五气:张介宾:"五气者,五藏之气也,由五气以生五志。"五志,即喜怒悲忧恐。五脏之气化生五志:心主喜,肝主怒,脾主悲,肺主忧,肾主恐。
② 厥气:张介宾:"厥,逆也。"厥气,即逆行之气。
③ 重阴必阳,重阳必阴:其意义与"重寒则热,重热则寒"相似。

语译

大自然的变化,有春、夏、秋、冬四时的交替,有木、火、土、金、水五行的变化,因此,产生了寒、暑、燥、湿、风的气候,它影响了自然界的万物,形成了生、长、化、收、藏的规律。人有肝、心、脾、肺、肾五脏,五脏之气化生五志,产生了喜、怒、悲、忧、恐五种不同的情志活动。喜怒等情志变化,可以伤气,寒暑外侵,可以伤形。突然大怒,会损伤阴气,突然大喜,会损伤阳气。气逆上行,充满经脉,则神气浮越,离去形体了。所以喜怒不加以节制,寒暑不善于调适,生命就不能牢固。阴极可以转化为阳,阳极可以转化为阴。所以冬季受了寒气的伤害,春天就容易发生温病;春天受了风气的伤害,夏季就容易发生飧泄;夏季受了暑气的伤害,秋天就容易发生疟疾;秋季受了湿气的伤害,冬天就容易发生咳嗽。

按语

此节说明了致病因素,可分为外因和内因两方面,外因如寒、暑、燥、湿、风,内因如喜、怒、悲、忧、恐。

帝曰:余闻上古圣人,论理人形,列别藏府,端络经脉①,会通六合②,各从其经;气穴③所发,各有处名;豀谷属骨④,皆有所起;分部逆从⑤,各有条理;四时阴阳,尽有经纪⑥;外内之应,皆有表里。其信然乎?

注释

① 端络经脉:高世栻:"端,直也;络,横也。"经脉,指十二经脉。
② 会通六合:张介宾:"两经交至谓之会,他经相贯谓之通。"张志聪:"六合,谓十二经脉之合也。"按即十二经之会合。太阴、阳明为一合,少阴、太阳为二合,厥阴、少阳为三合,手足之脉各三合,共为六合。
③ 气穴:经气所注之孔穴。
④ 豀谷属骨:《气穴论》:"肉之大会为谷,肉之小会为豀。"属骨,为与骨相连属处。
⑤ 分部逆从:逆,是反;从,是顺。分部逆从,就是各有其正常分部所属。张志聪:"分部者,皮之分部也。皮部中之浮络,分三阴三阳,有顺有逆,各有条有理也。"
⑥ 经纪:张志聪:"经纬纪纲。"

语译

黄帝问道:我听说上古时代的圣人,讲求人体的形态,分辨内在的脏腑,了解经脉的分布,交会、贯通有六合,各依其经之循行路线;气穴之处,各有名称;肌肉空隙以及关节,各有其起点;分属部位的或逆或顺,各有条理;与天之四时阴阳,都有经纬纪纲;外面的环境与人体内部的互相关联,都有表有里。这些说法都正确吗?

岐伯对曰:东方生风①,风生木,木生酸,酸生肝,肝生筋,筋生心,肝主目。其在天为玄②,在人为道③,在地为化④。化生五味,道生智,玄生神⑤。神在天为风,在地为木,在体为筋,在藏为肝,在色为苍⑥,在音为角,在声为呼,在变动为握,在窍为目,在味为酸,在志为怒。怒伤肝,悲胜怒;风伤筋,燥胜风;酸伤筋,辛胜酸。

注释

① 东方生风:张志聪:"风乃东方春生之气。"东方生风,即按季节而讲,也是意味着春天的气候,是一种具有日初东升的温和象征。

② 玄:张介宾:"玄,深微也。天道无穷,东为阳生之方,春为发生之始,故曰玄。"

③ 道:道理。张介宾:"道者,天地之生意也,人以道为生,而知其所生之本,则可与言道矣。"

④ 化:生化。张介宾:"有生化而后有万物,有万物而后有终始,凡自无而有,自有而无,总称曰化。"

⑤ 神:变化出乎自然,非人力所能左右的称为神,所谓"阴阳不测之谓神。"

⑥ 苍:青色。

语译

岐伯回答说:东方应春,阳升而日暖风和,草木生发,木气能生酸味,酸味能滋养肝气,肝气又能滋养于筋,筋膜柔和则又能生养于心,肝气关联于目。它在自然界是深远微妙而无穷的,在人能够知道自然界变化的道理,在地为生化万物。大地有生化,所以能产生一切生物;人能知道自然界变化的道理,就能产生一切智慧;宇宙间的深远微妙,是变化莫测的。变化在天空中为风气,在地面上为木气,在人体为筋,在五脏为肝,在五色为苍,在五音为角,在五声为呼,在病变的表现为握,在七窍为目,在五味为酸,在情志的变动为怒。怒气能伤肝,悲能够抑制怒;风气能伤筋,燥能够抑制风;过食酸味能伤筋,辛味能抑制酸味。

南方生热,热生火,火生苦,苦生心,心生血,血生脾,心主舌。其在天为热,在地为火,在体为脉,在藏为心,在色为赤,在音为徵,在声为笑,在变动为忧,在窍为舌,在味为苦,在志为喜。喜伤心,恐胜喜;热伤气,寒胜热;苦伤气,咸胜苦。

语译

南方应夏,阳气盛而生热,热甚则生火,火气能产生苦味,苦味能滋长心气,心气能化生血气,血气充足,则又能生脾,心气关联于舌。它的变化在天为热气,在地为火气,在人体为血脉,在五脏为心,在五色为赤,在五音为徵,在五声为笑,在病变的表现为忧,在窍为舌,在五味为苦,在情志的变动为喜。喜能伤心,以恐惧抑制喜;热能伤气,以寒气抑制热;苦能伤气,咸味能抑制苦味。

中央生湿,湿生土,土生甘,甘生脾,脾生肉,肉生肺,脾主口。其在天为湿,在地为土,在体为肉,在藏为脾,在色为黄,在音为宫,在声为歌,在变动为哕①,在窍为口,在味为甘,在志为思。思伤脾,怒胜思;湿伤肉,风胜湿;甘伤肉,酸胜甘。

注释

① 哕(yuě):干呕,呃逆。

语译

中央应长夏,长夏生湿,湿与土气相应,土气能产生甘味,甘味能滋养脾气,脾气能滋养肌肉,肌肉丰满,则又能养肺,脾气关联于口。它的变化在天为湿气,在地为土气,在人体为肌肉,在五脏为脾,在五色为黄,在五音为宫,在五声为歌,在病变的表现为哕,在窍为口,在五味为甘,在情志的变动为思。思虑伤脾,以怒气抑制思虑;湿气能伤肌肉,以风气抑制湿气;甘味能伤肌肉,酸味能抑制甘味。

西方生燥,燥生金,金生辛,辛生肺,肺生皮毛,皮毛生肾,肺主鼻。其在天为燥,在地为金,在体为皮毛,在藏为肺,在色为白,在音为商,在声为哭,在变动为咳,在窍为鼻,在味为辛,在志为忧。忧伤肺,喜胜忧;热伤皮毛,寒胜热;辛伤皮毛,苦胜辛。

语译

西方应秋,秋天气急而生燥,燥与金气相应,金能产生辛味,辛味能滋养肺气,肺气能滋养皮毛,皮毛润泽则又能养肾,肺气关联于鼻。它的变化在天为燥气,在地为金气,在人体为皮毛,在五脏为肺,在五色为白,在五音为商,在五声为哭,在病变的表现为咳,在窍为鼻,在五味为辛,在情志的变动为忧。忧能伤肺,以喜抑制忧;热能伤皮毛,寒能抑制热;辛味能伤皮毛,苦味能抑制辛味。

北方生寒,寒生水,水生咸,咸生肾,肾生骨髓,髓生肝,肾主耳。其在天为寒,在地为水,在体为骨,在藏为肾,在色为黑,在音为羽,在声为呻,在变动为栗,在窍为耳,在味为咸,在志为恐。恐伤肾,思胜恐;寒伤血,燥①胜寒;咸伤血,甘胜咸。

注释

① 燥:新校正:"按《太素》燥作湿"。

语译

北方应冬，冬天生寒，寒气与水气相应，水气能产生咸味，咸味能滋养肾气，肾气能滋长骨髓，骨髓充实，则又能养肝，肾气关联于耳。它的变化在天为寒气，在地为水气，在人体为骨髓，在五脏为肾，在五色为黑，在五音为羽，在五声为呻，在病变的表现为战栗，在窍为耳，在五味为咸，在情志的变动为恐。恐能伤肾，思能够抑制恐；寒能伤血，燥（湿）能够抑制寒；咸能伤血，甘味能抑制咸味。

按语

以上五节，是古人运用五行学说，说明自然界的万物变化和人体的关系，并进一步说明了人身脏腑、五体、五志等相互之间的关系。这种五行归类法，与《金匮真言论》中五脏应四时的内容基本相似，把人体看成是一个多层次的系统。我们如能用系统观点去看待人体和疾病，则对疾病的诊治，就会思路开阔，提高诊治的水平。其中怒伤肝，悲胜怒；思伤脾，怒胜思；恐伤肾，思胜恐；喜伤心，恐胜喜；忧伤肺，喜胜忧，是传统的"五志相胜"疗法，亦可称为以情治情法，属于心理疗法的范畴，在古今医案医话中颇多记载。

例如"恐胜喜"案：某殿撰（即状元）在殿试中（经皇帝金殿面试），皇帝钦点为头名状元。在荣归途中忽得病，神志似明似昧，常喃喃自语，侍从人员一片惊慌。归途过镇江，有人建议，镇江有一高僧精医道，可请其一诊。高僧细询仆从人等，悉发病经过，再行望问闻切四诊后，未予处方而书数语予之，曰："汝病已危，无药石能疗，请速归，三四日犹可回至家中，见父母妻儿，不然死于途中矣。"殿撰接此数语，沮丧至极。临行高僧又书一束，授予仆从，嘱至家时拆视。在归途中急行，三日至家，安然无恙。仆从出柬与视。书曰："汝因考中后大喜伤心，非药石所能治，故以恐胜之，今必无恙矣。"至此殿撰深佩不已。

例二：怒胜思案。浙江某富商女，忽得怪病，终日不语，亦不思食，常面壁而卧，其父遍请名医诊治，俱无效。最后请浙江义乌名医朱丹溪诊治。丹溪至，问其发病经过，知其婿经商外出久而不归等。丹溪入房见其仍卧而不语，丹溪视之久，未予处方，突然掌其面，并责其不应有外思。女闻言，号哭呼冤而思食。丹溪告其父曰："此病因思虑过度，致脾气不开，乃《内经》所谓'思则气结'，唯激其怒，怒能胜思也。但现虽能思食，还须请人伪造其婿归期之书以慰其心。"女接书甚喜慰，且不久其夫真的返回，其病彻底告愈。

以上两案例均见《怪病奇治》。故对"五志相胜"是值得临床工作者借鉴。现在有不少情志病，治之药石无效者，多数求助心理医生之言语疏导，若能结合"五志相胜"的原则，或许更有利情志病的康复。

故曰：天地者，万物之上下也；阴阳者，血气之男女①也；左右②者，阴阳之道路也；水火者，阴阳之征兆③也；阴阳者，万物之能始④也。故曰：阴在内，阳之守⑤也；阳在外，阴之使⑥也。

注释

① 男女：此处是借男女形容相对意义。张志聪："其在人则为男为女，在体则为气为血。"

② 左右：即东西，太阳与月亮总是由东方升起，西方坠落，前人取象自然，所以说左右是阴阳之道路。王冰："阴阳间气，左右循环，故左右为阴阳之道路也。"

③ 征兆：就是象征。火性炎上属热，水性润下属寒。马莳："言水火之

寒热,彰信阴阳之先兆也。"

④ 能始:一切能力的原始或发源。王冰:"能始,为变化生成之元始也。"

⑤ 守:镇守的意思。王冰:"阴静,故为阳之镇守。"

⑥ 使:《礼记》注:"指事使人也。"王冰:"阳动,故为阴之役使。"又有护卫的意思。

语译

所以说:天地是在万物的上下;阴阳如血气与男女之相对待;左右为阴阳运行不息的道路;水性寒,火性热,是阴阳的象征;阴阳的变化,是万物生成的原始能力。所以说:阴阳是互相为用的,阴在内,为阳之镇守;阳在外,为阴之役使。

按语

此节是进一步解释阴阳的意义,同时说明了阴阳互根的道理。阴阳两者之间是相互联系、相互依存的。

帝曰:法①阴阳奈何?岐伯曰:阳胜则身热,腠理闭,喘粗为之俯仰②,汗不出而热,齿干以烦冤③,腹满死,能④冬不能夏。阴胜则身寒、汗出,身常清,数栗而寒,寒则厥,厥则腹满死,能夏不能冬。此阴阳更胜⑤之变,病之形能⑥也。

注释

① 法:张介宾:"法,则也,以辨病之阴阳也。"就是取法、运用的意思。

② 俯仰:俛,即俯字。俛仰,是形容呼吸困难。马莳:"喘息粗气,不得其平,故身为之俯仰。"

③ 烦冤:即烦闷。张介宾:"冤,郁而乱也。"

④ 能:通耐。

⑤ 更胜:张介宾:"更胜,迭为胜负也,即阴胜阳病、阳胜阴病之义。"

⑥ 病之形能：能，与态通，此处作疾病的形态（症状）。

语译

黄帝道：阴阳的法则怎样运用于医学上呢？岐伯回答说：如阳气太过，则身体发热，腠理紧闭，气粗喘促，呼吸困难，身体亦为之俯仰摆动，无汗发热，牙齿干燥，烦闷，如见腹部胀满，是死症，这是属于阳胜之病，所以冬天尚能支持，夏天就不能耐受了。阴气胜则身发寒而汗多，或身体常觉冷而不时战栗发寒，甚至手足厥逆，如见手足厥逆而腹部胀满的，是死症，这是属于阴胜的病，所以夏天尚能支持，冬天就不能耐受了。这就是阴阳互相胜负变化所表现的病态。

帝曰：调此二者①奈何？岐伯曰：能知七损八益②，则二者可调，不知用此，则早衰之节也。年四十而阴气自半也，起居衰矣；年五十，体重，耳目不聪明矣；年六十，阴萎，气大衰，九窍不利③，下虚上实，涕泣俱出矣。故曰：知之则强，不知则老，故同出而名异耳。智者察同，愚者察异。愚者不足，智者有余；有余则耳目聪明，身体轻强，老者复壮，壮者益治。是以圣人为无为之事，乐恬憺之能，从欲快志于虚无之守，故寿命无穷，与天地终。此圣人之治身也。

注释

① 二者：指阴阳。张介宾："帝以阴阳为病俱能死，故问调和二者之道。"

② 七损八益：女子以七为纪，月经宜于按时而下，所以称为"损"。男子以八为纪，精气宜于充满，所以称为"益"。七损八益，就是《上古天真论》中关于男女生长发育的规律。

③九窍不利：即九窍功能衰减。张志聪："九窍为水注之气，精水竭而精气衰，则九窍为之不利也。精竭于下，水泛于上，而涕泣俱出矣。"

语译

黄帝问道：调摄阴阳的办法怎样？岐伯说：如果懂得了七损八益的养生之道，则人身的阴阳就可以调摄，如其不懂得这些道理，就会发生早衰现象。一般的人，年到四十，阴气已经自然的衰减一半了，其起居动作，亦渐渐衰退；到了五十岁，身体觉得沉重，耳目也不够聪明了；到了六十岁，阴气萎弱，肾气大衰，九窍不能通利，出现下虚上实的现象，会常常流着眼泪鼻涕。所以说：知道调摄的人身体就强健，不知道调摄的人身体就容易衰老；本来是同样的身体，结果却出现了强弱不同的两种情况。懂得养生之道的人，能够注意共有的健康本能；不懂得养生之道的人，只知道强弱的异形。不善于调摄的人，常感不足，而重视调摄的人，就常能有余；有余则耳目聪明，身体轻强，即使已经年老，亦可以身体强壮，当然本来强壮的就更好了。所以圣人不做勉强的事情，不胡思乱想，有乐观愉快的旨趣，常使心旷神怡，保持着宁静的生活，所以能够寿命无穷，尽享天年。这是圣人保养身体的方法。

按语

"七损八益"这个论点，在历来医学家的注释大多以女子七为纪，男子八为纪，再联系女子的月经，男子的精气生理功能来理解。但原文中"调此"和"用此"。此，指的什么呢？而不知用此，又为什么引起早衰呢？因女子月经四十九经绝；男子五十六精少，这是生理上自然衰退之象，不得言早衰。在最近数年中笔者先后看到了长沙马王堆汉墓竹简中的《天道至道谈》、《素女经·玉房秘诀》也有"八益"和"七损"的篇章，《玉房秘诀》中除了释"八益"和"七损",还有动作的描述。其七损、八益具体内容,大同小异。"七损"具体是:一损曰闭,具体是性交时阴茎疼痛精道不通(不射精),称为闭;二损曰泄,是指性交时大汗淋漓,阳气外泄;三损曰竭,是指性生活不加节制,使肾精消耗太过,故曰竭;四损曰勿,是指性交时阳萎不举,故曰勿;五损曰烦,指交接时呼吸急促,气喘嘘嘘,心中懊恼,故曰烦;六曰绝,是指女方无性欲要求而男方性暴,强行交合,使性生活不协调,若一旦怀孕,为产下劣质婴儿,故曰绝;七曰费,是指性生活时,使如急风暴雨,使精液排泄过多,故曰费。

八益的具体内容是:一曰活气,是指在性交前调整呼吸,使全身气血流畅,故曰活气;二益曰致沫,是指舌下含津液,不时吞服,可以滋补身体,同时亦使女方阴液增多,故曰致沫;三曰知时,要掌握交合时机,故曰知时;四曰蓄气,即交合在排精时要适当控制;五曰和沫,是指交合时上吞唾液,还有在交合时,不可急速粗暴,当轻柔和顺,使阴道分泌物浓稠而滑润,故曰和沫;六曰积气,是指交合应适可而止,不可精疲力竭,有利于精气的积蓄;七曰待盈,即交合时,不可一而再,保持精气能及时充盈,做到不伤元气,故曰待盈;八曰定顷,指两性交合时,男方不要恋欢不止,双方都要安神定志,心平气和,在顷刻之间,恢复常态。

从上以观,"七损"和"八益"是古代性知识和性保健的有关知识,即在今日来说仍有其借鉴的价值。尤其八益,是性生活和谐基本要素,所以在夫妻生活中,切不可犯"七损"。要做到趋利避害。现在科学研究,和谐的性生活。可以提高人体的抵抗能力,增强免疫功能,故原文中指出:"不知用此,则早衰之节也"。若能正确地运用"八益",则有利于延年益寿。

天不足西北,故西北方阴也,而人右耳目不如左明也;地不满东南,故东南方阳也,而人左手足不如右强也。

帝曰：何以然？岐伯曰：东方阳也，阳者其精并①于上，并于上，则上明而下虚，故使耳目聪明，而手足不便②也；西方阴也，阴者其精并于下，并于下，则下盛而上虚，故其耳目不聪明，而手足便也。故俱感于邪，其在上则右甚，在下则左甚，此天地阴阳所不能全也，故邪居之。

注释

① 并：张介宾："并，聚也。"即聚合的意思。
② 便：顺也，利也，如言便利。

语译

天气是不足于西北方的，所以西北方属阴，而人的右耳目也不及左边的聪明；地气是不足于东南方的，所以东南方属阳，而人的左手足也不及右边的强。黄帝问道，这是什么道理？岐伯说：东方属阳，阳性向上，所以人体的精气集合于上部，集合于上部则上部聪明而下部虚弱，所以使耳目聪明，而手足不便利；西方属阴，阴性向下，所以人体的精气集合于下部，集合于下部则下部强盛而上部虚弱，所以耳目不聪明而手足便利。如虽左右同样感受了外邪，但在上部则身体的右侧较重，在下部则身体的左侧较重，这是天地阴阳之所不能全，而人身亦有阴阳左右之不同，所以邪气就能乘虚而居留了。

按语

"天不足西北，地不满东南"的说法，是根据祖国的地理形势和宇宙阴阳而分的。东南属阳，所以天气较热；而西北属阴，所以天气较冷。天不足西北，因为西北方多高山峻岭；而东南方却是汪洋大海，所以称"地不满东南"了。

故天有精①，地有形；天有八纪②，地有五里③，故能为万物之父母。清阳上天，浊阴归地，是故天地之动静，神明为之纲纪，故能以生长收藏，终而复始。惟贤人上配天以养头，下象地以养足，中傍人事以养五藏。天气通于肺，地气通于嗌④，风气通于肝，雷气通于心，谷⑤气通于脾，雨气通于肾。六经⑥为川，肠胃为海，九窍为水注之气。以天地为之阴阳，阳之汗，以天地之雨名之；阳之气，以天地之疾风名之。暴气⑦象雷；逆气象阳。故治不法天之纪，不用地之理，则灾害至矣！

注释

① 精：《春秋繁露》："气之清者为精。"

② 八纪：是立春、立夏、立秋、立冬、春分、秋分、夏至、冬至八节之大纪。

③ 五里：高世栻："东、南、西、北、中，五方之道理也。"

④ 嗌：喉下之食管处。《甲乙经》："嗌作咽。"

⑤ 谷：两山间通水之道路称为"谷"，在人体肌肉与肌肉之间亦称为谷。张志聪："谷气，山谷之通气也。"

⑥ 六经：即太阳、阳明、少阳、少阴、太阴、厥阴，是气血循行的道路。张介宾："三阴三阳也。同流气血，故为人之川。"即是指十二经脉。

⑦ 暴气：忿怒暴躁之气。张介宾："天有雷霆，火郁之发也；人有刚暴，怒气之逆也。故语曰'雷霆之怒'。"

语译

所以天有精气，地有形体；天有八节之纲纪，地有五方的道理，因此天地是万物生长的根本。无形的清阳上升于天，有形的浊阴下归于地，所以天地的运动与静止，是由阴阳的神妙变化为纲纪，而能使万物春生、夏长、秋收、冬藏，终而复始，循环不休。

懂得这些道理的人,他把人体上部的头来比天,下部的足来比地,中部的五脏来比人事以调养身体。天的轻清之气通于肺,地的水谷之气通于嗌,风木之气通于肝,雷火之气通于心,溪谷之气通于脾,雨水之气通于肾。六经犹如河流,肠胃犹如大海,上下九窍以水津之气贯注。如以天地来比类人体的阴阳,则阳气发泄的汗,像天的下雨;人身的阳气,像天地的疾风。人的暴怒之气,像天有雷霆;逆上之气,像阳热的火。所以调养身体而不取法于自然的道理,那么疾病就要发生了。

按语

本节以天地人相应的观念,从自然现象以取象比类,说明人体各部分的功能。文中有"雷气通心",雷声如何能通心?似乎不可思议。去年夏一日夜晚,突然乌云密布,顷刻闻雷声大作,雨下如注。翌晨知院内有三人(一女两男)素有心脏病,同时发病,其中有一人系冠心病猝发,家人情急之下,冒大雨送至医院抢救,方转危为安。于此可见所云"雷气通心"之说,不能说其凭空臆说,亦可能古人亦见有此种现象而记载的。至于其机理如何,尚待进一步研究。

故邪风[①]之至,疾如风雨。故善治者治皮毛,其次治肌肤,其次治筋脉,其次治六府,其次治五藏。治五藏者,半死半生也。

故天之邪气,感则害人五藏;水谷之寒热,感则害于六府;地之湿气,感则害皮肉筋脉。

注释

① 邪风:统指外感致病因素。马莳:"即《上古天真论》之虚邪贼风。"

语译

所以外感致病因素伤害人体,急如疾风暴雨。善于治病的医生,于邪在皮毛的时候,就给予治疗;技术较差的,至邪在肌肤才治疗;更差的,至邪在筋脉才治疗;又其差的,至邪在六腑才治疗;又更差的,至邪在五脏才治疗。假如病邪传入到五脏,就非常严重,这时治疗的效果,只有半死半生了。

所以自然界中的邪气,侵袭了人体就能伤害五脏;饮食之或寒或热,就会损害人的六腑;地之湿气,感受了就能损害皮肉筋脉。

按语

此节有三个重点:一是说明了感受外邪,必须早期治疗,否则病邪会由浅而入深,由轻而转重,终至不可医治的境地。二是指出了外感疾病的发展(经文叫做"传次")规律,是由皮毛而肌肤,由肌肤而筋脉,由筋脉而六腑,由六腑而五脏;所谓"从外到内,由浅入深",这是"六经"、"三焦"等辨证方法的基础。三是说明了致人于疾病的,除外邪而外,尚有饮食不节的内伤原因。

故善用针者,从阴引阳,从阳引阴;以右治左,以左治右①;以我知彼,以表知里;以观过与不及之理,见微得过②,用之不殆。

注释

① 从阴引阳……以左治右:张志聪:"夫阴阳气血外内左右交相贯通,故善用针者,从阴而引阳分之邪,从阳而引阴分之邪;病在右,取之左,病在左,取之右,即缪刺之法也。"

② 见微得过:微,作"疾病之微萌"解释。过,为过失,即疾病之所在。

见微得过,是说在疾病初起的时候,便能知道病邪之所在。

语译

所以善于运用针法的,病在阳,从阴以诱导之,病在阴,从阳以诱导之;取右边以治疗左边的病,取左边以治疗右边的病;以自己的正常状态来比较病人的异常状态,以在表的症状,了解里面的病变;并且判断太过或不及,就能在疾病初起的时候,便知道病邪之所在,此时进行治疗,不致使病情发展到危险的地步了。

善诊者,察色按脉,先别阴阳;审清浊,而知部分;视喘息、听音声,而知所苦;观权衡规矩①,而知病所主;按尺寸②,观浮沉滑涩③,而知病所生。以治无过,以诊则不失矣!

注释

① 观权衡规矩:谓诊察四时的色脉是否正常。马莳:"春应中规,言阳气柔软,如规之圆也;夏应中矩,言阳气之强盛,如矩之方也;秋应中衡,言阴升阳降,高下必平;冬应中权,言阳气居下,如权之重也。"

② 尺寸:指寸口脉。又尺指尺肤,寸指寸口。

③ 浮沉滑涩:是四种脉象,详见后《脉要精微论》。

语译

所以善于诊治的医生,通过诊察病人的色泽和脉搏,先辨别病症的属阴属阳;审察五色的浮泽或重浊,而知道病的部位;观察呼吸,听病人发出的声音,可以得知所患的病苦;诊察四时色脉的正常与否,来分析为何脏何腑的病,诊察寸口的脉,从它的浮、沉、滑、涩,来了解疾病所产生之原因。这样在诊断上就不会有差错,治疗也没有过失了。

故曰：病之始起也，可刺而已；其盛，可待衰而已①。故因其轻而扬之②；因其重而减之③；因其衰而彰之④。形不足者，温之以气；精不足者，补之以味。其高者，因而越之⑤；其下者，引而竭之⑥；中满者，写之于内；其有邪者，渍形以为汗⑦；其在皮者，汗而发之；其慓悍者，按而收之⑧；其实者，散而写之。审其阴阳，以别柔刚⑨，阳病治阴，阴病治阳；定其血气，各守其乡⑩，血实宜决之⑪，气虚宜掣⑫引之。

注释

① 其盛，可待衰而已：邪正相争，病势正盛的时候，刺之会伤正气，要待病势稍衰而后刺之，病即可痊愈。如《疟论》：“方其盛时必毁，因其衰也，事必大昌，此之谓也。”

② 因其轻而扬之：病在初起，可因其来势轻浅而用宣散的方法。张介宾：“轻者浮于表，故宜扬之。扬者，散也。”

③ 因其重而减之：病势严重的，在治疗步骤上，宜于逐步使其轻减。张介宾：“重者实于内，故宜减之。减者，写也。”

④ 因其衰而彰之：王冰：“因病气衰，攻令邪去，则真气坚固，血色彰明。”即《灵枢·逆顺》“刺其已衰，事必大昌”的意思。

⑤ 其高者，因而越之：病在上，应用吐法。张介宾：“越，发扬也，谓升散之，吐涌之。”

⑥ 其下者，引而竭之：病在下，应用疏导之法。张介宾：“竭，祛除也，谓涤荡之，疏利之。”

⑦ 渍形以为汗：以汤液浸渍使其出汗。张介宾：“渍，浸也，言令其出汗如渍也。”

⑧ 其慓悍者，按而收之：慓悍，喻其急猛。薛生白：“此兼表里而言，凡邪气之急剧者，按得其状，则可收而制之矣。”

⑨ 柔刚：刚指外来的阳邪，柔指饮食所伤的阴邪。又张介宾：“形证有刚柔，脉色有刚柔，气味尤有刚柔，柔者属阴，刚者属阳。”

⑩ 各守其乡：张介宾：“病之或在血分，或在气分，当各察其处而不可乱也。”

⑪ 血实宜决之：指血气实，用放血的治法。张介宾："决为泄去其血，如决水之义。"

⑫ 掣：作挈，即引导的意思。马莳："宜挈引之，谓导引其气。"

语译

所以说：病在初起的时候，可用刺法而愈；及其病势正盛，必须待其稍为衰退，然后刺之而愈。所以病轻的，使用发散轻扬之法治之；病重的，使用削减之法治之；其气血衰弱的，应用补益之法治之。形体虚弱的，当以温补其气；精气不足的，当补之以厚味。如病在上的，可用吐法；病在下的，可用疏导之法；病在中为胀满的，可用泻下之法；其邪在外表，可用汤药浸渍以使出汗；邪在皮肤，可用发汗，使其外泄；病势急暴的，可用按得其状，以制伏之；实证，则用散法或泻法。观察病的在阴在阳，以辨别其刚柔，阳病应当治阴，阴病应当治阳；确定病邪在气在血，更防其血病再伤及气，气病再伤及血，所以血实宜用泻血法，气虚宜用导引法。

按语

本节列举了许多治疗原则，而其主要精神，在于辨别其病之属阴属阳，属气属血，在上在下，在表在里，以及疾病之轻重，正气之虚实，从而决定其治疗原则，如补泻、宣通、汗散等等，辨证论治，取用无穷。

本 篇 要 点

一、阐发了阴阳五行的基本规律，并指出它们在各方面的运用情况。

二、取法阴阳,阐明病理及调治大法。
三、取法阴阳,论述诊治大法。
四、概述阴阳、气血、上下、表里等病变的治疗原则。

阴阳离合论篇第六

题解

本篇论述了阴阳对立统一的法则。合而言之,则阴阳为一气;分而言之,则有十、百、千、万,乃至无穷无尽之数。人身经脉也是这样。分而言之谓之离,三阴经有太阴、厥阴、少阴和三阳经有太阳、阳明、少阳之分;并而言之谓之合,表里同归一气,三阴经的太、厥、少和三阳经的太、明、少之间,又必须相互协调,故其篇名为"阴阳离合论"。

黄帝问曰:余闻天为阳,地为阴,日为阳,月为阴,大小月三百六十日成一岁,人亦应之。今三阴三阳,不应阴阳,其故何也? 岐伯对曰:阴阳者,数①之可十,推②之可百,数之可千,推之可万,万之大,不可胜③数,然其要一也。天覆地载,万物方生,未出地者,命曰阴处④,名曰阴中之阴;则出地者,命曰阴中之阳。阳予之正,阴为之主⑤,故生因春,长因夏,收因秋,藏因冬。失常则天地四塞⑥。阴阳之变,其在人者,亦数之可数⑦。

注释

① 数(shǔ):点数;计算。
② 推:是推广演绎的意思。

③ 胜(shēng)：尽。

④ 阴处：即伏居于地下。马莳："方其未出地者,地之下为阴,处于阴之中,命曰阴处。"

⑤ 阳予之正,阴为之主：予,同"与"。正与主,为互词。高诱："正,主。"指阴阳各司其责。有阳气,万物才能生长；有阴气,万物才能成形。

⑥ 天地四塞：是指自然界中四时阴阳之气失常。张介宾："四塞者,阴阳否隔,不相通也。"

⑦ 数(shù)之可数(shǔ)：前"数"字为数目,后"数"字同注①。即其数目是可以计算的。

语译

黄帝问道：我听说天属阳,地属阴,日属阳,月属阴,大月和小月合起来三百六十天而成为一年,人体也与此相应。如今听说人体的三阴三阳,和天地阴阳之数不相符合,这是什么道理？岐伯回答说：天地阴阳的范围,极其广泛,在具体运用时,经过进一步推演,则可以由十到百,由百到千,由千到万,再演绎下去,甚至是数不尽的,然而其总的原则仍不外乎对立统一的阴阳道理。天地之间,万物初生,未长出地面的时候,叫做居于阴处,称之为阴中之阴；若已长出地面的,就叫做阴中之阳。有阳气,万物才能生长,有阴气,万物才能成形。所以万物的发生,因于春气的温暖,万物的盛长,因于夏气的炎热,万物的收成,因于秋气的清凉,万物的闭藏,因于冬气的寒冷。如果四时阴阳失序,气候无常,天地间的生长收藏的变化就要失去正常。这种阴阳变化的道理,在人来说,也是有一定的规律,并且可以推测而知的。

帝曰：愿闻三阴三阳之离合也。岐伯曰：圣人南面而立,前曰广明①,后曰太冲②,太冲之地,名曰少阴③,少阴之上,名曰太阳④,太阳根起于至阴⑤,结于命门⑥,名曰阴中之阳。中身而上,名曰广明,广明之下,名曰太阴,太阴之前,名曰阳明,阳明根起于厉兑⑦,名曰阴中之阳。厥阴之表,名曰少阳,少阳根起于窍阴⑧,名曰阴中之少阳。是故三阳之离合也,太阳为开,阳明为阖,少阳为枢⑨。三经者,不得相失也,抟而勿浮⑩,命曰一阳⑪。

注释

① 广明:阳盛的意思,指属阳的部位。以一身前后言,则前为广明;以一身上下言,则身半以上为广明。张志聪:"人皆面南而背北……南面为阳,故曰广明。"

② 太冲:指属阴的部位。张志聪:"背北为阴,故曰太冲。"

③ 少阴:张介宾:"冲脉并少阴而行,故太冲之地为少阴。"

④ 少阴之上,名曰太阳:少阴与太阳为表里,少阴为里,太阳为表,阴气在下,阳气在上,故说"少阴之上,名曰太阳。"

⑤ 太阳根起于至阴:根,指经脉的下端。至阴,穴名,在足小趾外侧端,为足太阳经起始穴位。

⑥ 结于命门:结,指经脉在上的一端。命门,指睛明穴。《灵枢·根结》:"命门者,目也。"

⑦ 厉兑:穴名,在足大趾侧次趾之端,为足阳明经最下端的穴位。

⑧ 窍阴:穴名,在小趾侧次趾之端,是足少阳经最下端的穴位。

⑨ 太阳为开,阳明为阖(hé 盒),少阳为枢:是指太阳主表,阳气发于外,阳明主里,阳气蓄于内,少阳介于表里之间,阳气可出可入的意思。张介宾:"太阳为开,谓阳气发于外,为三阳之表也;阳明为阖,谓阳气蓄于内,为三阳之里也;少阳为枢,谓阳气在表里之间,可出可入,如枢机也。"

⑩ 抟(tuán 团)而勿浮:抟,聚。浮,漂散,不固定。阳脉多浮,此勿浮是指不过于浮。抟而勿浮,就是结合而不散的意思。

⑪ 一阳:三阳开、阖、枢,是相互为用,密切联系的,所以合起来称为"一阳"。

语译

黄帝说:我愿意听你讲讲三阴三阳的离合情况。岐伯说:圣人面向南方站立,前方名叫广明,后方名叫太冲,行于太冲部位的经脉,叫做少阴,在少阴经上面的经脉,名叫太阳,太阳经的下端起于足小趾外侧的至阴穴,其上端结于睛明穴,因太阳为少阴之表,故称为阴中之阳。再以人身上下而言,上半身属阳,称为广明,广明之下称为太阴,太阴前面的经脉,名叫阳明,阳明经的下端起于足大趾侧次趾之端的厉兑穴,因阳明是太阴之表,故称为阴中之阳。厥阴为里,少阳为表,故厥阴经之表为少阳经,少阳经下端起于窍阴穴,因少阳居厥阴之表,故称为阴中之少阳。因此,三阳经的离合,分开来说,太阳主表为开,阳明主里为阖,少阳介于表里之间为枢。但三者之间,不是各自为政,而是相互紧密联系着的,所以合起来称为一阳。

帝曰:愿闻三阴。岐伯曰:外者为阳,内者为阴,然则中为阴,其冲①在下,名曰太阴,太阴根起于隐白②,名曰阴中之阴。太阴之后,名曰少阴,少阴根起于涌泉③,名曰阴中之少阴。少阴之前,名曰厥阴,厥阴根起于大敦④,阴之绝⑤阳,名曰阴之绝阴。是故三阴之离合也,太阴为开,厥阴为阖,少阴为枢⑥。三经者,不得相失也,抟而勿沉⑦,名曰一阴⑧。

阴阳𩑶𩑶⑨,积传⑩为一周,气里形表而为相成也。

注释
① 其冲:指行于太冲脉部位的少阴经。
② 隐白:穴名,在足大趾内侧端,是足太阴经的起始穴位。
③ 涌泉:穴名,在足心下屈趾宛宛中,为足少阴经的起始穴位。
④ 大敦:穴名,在足大趾外侧端,为足厥阴经的起始穴位。
⑤ 绝:作"尽"字讲。
⑥ 太阴为开,厥阴为阖,少阴为枢:指太阴为三阴之表,厥阴为三阴之里,少阴为太、厥表里出入之间。张介宾:"太阴为开,居阴分之表也;厥阴为阖,居阴分之里也;少阴为枢,居阴分之中也。开者主出,阖者主入,枢者主

出入之间。"

⑦ 勿沉：阴脉皆沉，但不得过于沉。
⑧ 一阴：三阴经气协调统一，合称"一阴"。
⑨ 氜(chōng冲)氜：形容阴阳之气运行不息。张介宾："言阴阳之气，运动无已也"。
⑩ 积传：积，聚。传，指阴阳经气之流传。张介宾："积传为一周，言诸经流传相积，昼夜五十荣而为一周也。"

语译

黄帝说：愿意再听你讲讲三阴的离合情况。岐伯说：在外的为阳，在内的为阴，所以在里的经脉称为阴经，行于少阴经前面的称为太阴，太阴经的根起于足大趾之端的隐白穴，称为阴中之阴。太阴的后面，称为少阴，少阴经的根起于足心的涌泉穴，称为阴中之少阴。少阴的前面，称为厥阴，厥阴经的根起于足大趾之端的大敦穴，由于两阴相合而无阳，厥阴又位于最里，所以称之为阴之绝阴。因此，三阴经之离合，分开来说，太阴为三阴之表为开，厥阴为三阴之里为阖，少阴位于太、厥表里之间为枢。但三者之间，不能各自为政，而是相互协调紧密联系着的，所以合起来称为一阴。

阴阳之气，运行不息，递相传注于全身，气运于里，形立于表，这就是阴阳离合、表里相成的缘故。

按语

对"太阳主开"、"太阴主开"的"开"字说法有异，本书及《灵枢·根结》、《甲乙经》俱作"开"，而《太素》作"关"。杨上善："三阳离合为关阖枢以营于身也。夫为门者具有三义：一者门关，主禁者也，膀胱足太阳脉主禁津液及于毛孔，故为关也。二者门阖，谓是门扇，主关闭也，胃足阳明脉令真气止息，复无留滞，故名为阖也。三者门枢,主转动者也,胆足少阳脉主筋,纲维诸骨,令其转动,故为枢也……。"此义可资参考。

本篇要点

一、阐明了自然界的阴阳虽变化万千,无限可分,但其要领只有一个,即一阴一阳的道理。

二、论述了三阴三阳经的离合和所行部位及起迄点。

三、指出了三阴三阳经的作用特点——开、阖、枢。

阴阳别论篇第七

题解

本篇运用阴阳的道理,讨论脉象及其主病,并按照经脉脏腑的分属,论证病情和决断预后,是一篇脉学的专论。由于本篇所论阴阳与一般所说的阴阳不同,所以篇名为"阴阳别论"。

黄帝问曰:人有四经①十二从②,何谓?岐伯对曰:四经应四时,十二从应十二月,十二月应十二脉③。

注释

① 四经:是四时的正常脉象,即春脉弦、夏脉洪、秋脉浮、冬脉沉。

② 十二从:从,顺从的意思。十二从,指手足三阴三阳之十二经脉,从肺手太阴经起顺行至足厥阴肝经,与一年十二月相应。

③ 十二月应十二脉:有两种说法:一、马莳:"应十二脉者,春应肝胆,夏应心与小肠,秋应肺与大肠,冬应肾与膀胱,而辰戌丑未之月,则合四经而兼之脾与胃也"。二、张志聪:"应十二月者,手太阴应正月寅,手阳明应二月卯,足阳明应三月辰,足太阴应四月巳,手少阴应五月午,手太阳应六月未,足太阳应七月申,足少阴应八月酉,手厥阴应九月戌,手少阳应十月亥,足少阳应十一月子,足厥阴应十二月丑。"

语译

黄帝问道:人有四经十二从,这是什么意思?岐伯回答说:四经,是指与四时相应的正常脉象,十二从,是指与十二月相应的十二经脉。

脉有阴阳,知阳者知阴,知阴者知阳。凡阳有五①,五五二十五阳②。所谓阴者,真藏③也,见则为败,败必死也。所谓阳者,胃脘之阳④也。别于阳者,知病处也;别于阴者,知死生之期。三阳在头⑤,三阴在手⑥,所谓一也。别于阳者,知病忌时⑦;别于阴者,知死生之期。谨熟阴阳,无与众谋。

注释

① 凡阳有五:阳,阳脉。脉有胃气,称为阳脉。五,指五脏之脉,犹言五脏之脉皆有胃气。

② 五五二十五阳:指五时各有五脏之正常脉象。高世栻:"肝脉应春,心脉应夏,脾脉应长夏,肺脉应秋,肾脉应冬。春时,而肝、心、脾、肺、肾之脉,皆有微弦之胃脉;夏时……皆有微钩之胃脉;长夏……皆有微缓之胃脉;秋时……皆有微毛之胃脉;冬时……皆有微石之胃脉。是五五二十五阳。"

③ 真藏:指真藏脉,即五脏无胃气之脉。张介宾:"阴者,无阳之谓。无阳者,即无阳明之胃气,而本藏之阴脉独见,如但弦但钩之类,是为真藏,胃气败也,故必死。"

④ 胃脘之阳:脉有胃气,是胃脘所生的阳气。张介宾:"胃脘之阳,言胃中阳和之气,即胃气也。"

⑤ 三阳在头:头,指人迎脉。诊人迎脉可以测知三阳经的虚实。张介宾:"阳明动脉曰人迎,在结喉两傍一寸五分,故曰三阳在头。"

⑥ 三阴在手:手,指两手的寸口脉。诊寸口脉可以测知三阴经的虚实。张介宾:"《五脏别论》:五味入口,藏于胃以养五藏气,而变见于气口,气口亦太阴也。故曰三阴在手。"

⑦ 忌时:指时令气候和疾病的宜忌。

语译

脉有阴有阳,能了解什么是阳脉,就能知道什么是阴脉,能了解什么是阴脉,也就能知道什么是阳脉。阳脉有五种,就是春微弦,夏微钩,长夏微缓,秋微毛,冬微石。五时各有五脏的阳脉,所以五时配合五脏,则为二十五种阳脉。所谓阴脉,就是脉没有胃气,称为真脏脉象。真脏脉是胃气已经败坏的象征,败象已见,就可以断其必死。所谓阳脉,就是指有胃气之脉。辨别阳脉的情况,就可以知道病变的所在;辨别真脏脉的情况,就可以知道死亡的时期。三阳经脉的诊察部位,在结喉两傍的人迎穴,三阴经脉的诊察部位,在手鱼际之后的寸口。一般在健康状态之下,人迎与寸口的脉象是一致的。辨别属阳的胃脉,能知道时令气候和疾病的宜忌;辨别属阴的真脏脉,能知道病人的死生时期。临证时应谨慎而熟练地辨别阴脉与阳脉,就不致疑惑不决而众议纷纭了。

所谓阴阳者,去者为阴,至者为阳①;静者为阴,动者为阳;迟②者为阴,数③者为阳。

注释

① 去者为阴,至者为阳:去和至,是指脉搏起、落的动态,凡脉起者为至属阳,脉落者为去属阴。

② 迟、数(shuò 朔):指脉搏跳动的快慢。医者一呼一吸,病者脉来不足四至,名为迟脉;若脉来五至以上,名为数脉。

语译

脉象的所谓阴阳,脉去为阴,脉来为阳;脉静为阴,脉动为阳;脉迟为阴,脉数为阳。

凡持真脉之藏脉者①,肝至悬绝②急③,十八日④死;心至悬绝,九日④死;肺至悬绝,十二日④死;肾至悬绝,七日④死;脾至悬绝,四日④死。

注释

① 真脉之藏脉者:即真藏之脉者。王冰:"真脉之藏脉者,谓真藏之脉也。"《太素》直作"凡持真藏之脉者"。

② 悬绝：悬，无依无靠。绝，断绝。悬绝，指胃气孤悬将绝。张志聪："悬绝者，真藏孤悬而绝，无胃气之阳和也。"

③ 急：指脉象劲急，无冲和之象。张志聪："急者，肝死脉来急益劲，如张弓弦状也。"

④ 十八日、九日、十二日、七日、四日：王冰："十八日者，金木成数之余也；九日者，水火生成数之余也；十二日者，金火生成数之余也；七日者，水土生数之余也；四日者，木生数之余也。"

语译

凡诊得无胃气的真藏脉，例如：肝脉来的形象，如一线孤悬，似断似绝，或者来得弦急而硬，十八日当死；心脉来时，孤悬断绝，九日当死；肺脉来时，孤悬断绝，十二日当死；肾脉来时，孤悬断绝，七日当死；脾脉来时，孤悬断绝，四日当死。

按语

"凡持真脉之藏脉者"所言五脏之死期。所谓真藏（脏）之脉象，是指无胃气之脉（见后《玉机真藏论》），其中有见真脏脉曰死。但目前医学在不断发展，有先进的科学技术，见真藏脉未必就是死症。但见真藏脉者，病属危重可以无疑，不能掉以轻心。

曰：二阳①之病发心脾，有不得隐曲②，女子不月。其传为风消③，其传为息贲④者，死不治。

注释

① 二阳：张介宾："二阳，阳明也，为胃与大肠二经。然大肠小肠，皆属于胃，故此节所言，则独重在胃耳。"

② 隐曲：曲折难言的隐情。王冰："隐蔽委曲之事也。"

③ 风消：因热生风而津液消竭，肌肉枯瘦。马莳："血枯气郁而热生，热极则风生，而肌肉自尔消烁矣，故谓之风消也。"

④ 息贲(bēn 奔)：喘息气逆。马莳："火乘肺金而喘息上贲。"

语译

一般地说：胃肠有病，则可影响心脾，病人往往有难以告人的隐情，如果是女子就会月经不调，甚至经闭。若病久传变，或者形体逐渐消瘦，成为"风消"，或者呼吸短促，气息上逆，成为"息贲"，就不可治疗了。

按语

"二阳之病发心脾"。寥寥数语，却是妇女血枯经闭的病因、病机及其传变和预后。其经闭的原因是在二阳（胃），而二阳之病又是源于心、脾，心脾之病，又源于情绪之郁结，有羞于启齿的难言之隐。故而在治疗上不能轻率用破血通经之药。正确的治疗应从调胃着手，同时还应开导其思想中郁结。至于具体的治法，近代名医张锡纯所著的《医学衷中参西录·方论》第八卷女科方资生通脉汤，在其方解中即以此经文，进行阐述，并附有数则治愈的验案。至于传变为风消、息贲者乃经闭进一步发展，形体日渐消瘦，进一步发展咳喘气逆。病至此，已成为过去习称"干血痨"（肺结核），治之确有一定难度。

曰：三阳①为病，发寒热②，下为痈肿，及为痿厥③腨痛④。其传为索泽⑤，其传为㿗疝⑥。

注释

① 三阳：即太阳，指小肠与膀胱二经。
② 发寒热：太阳主表，故症见寒热。张志聪："太阳之气主表，邪之中人，始于皮毛，邪正相搏，发为寒热之病矣。"
③ 痿厥：足膝逆冷而萎弱无力。张介宾："足膝无力曰痿，逆冷曰厥。"
④ 腨（shuàn 涮，又读 chuǎi 揣）痟（yuān 渊）：腨，即腓肠肌，俗称小腿肚，是足太阳经的循行部位。痟，酸痛。

⑤ 索泽：索，离散。泽，润泽。索泽，皮肤干燥而不润泽。马莳："精血枯涸，故皮肤润泽之气皆散尽矣。"

⑥ 颓疝：即㿉疝。睾丸下坠，阴囊肿大，或痛或不痛者，皆属颓疝。

语译

一般地说：太阳经发病，多有寒热的症状，或者下部发生痈肿，或者两足痿弱无力而逆冷，腿肚酸痛。若病久传化，或为皮肤干燥而不润泽，或变为颓疝。

曰：一阳①发病，少气，善咳，善泄。其传为心掣②，其传为隔③。

注释

① 一阳：即少阳，指三焦与胆二经。

② 心掣：心虚掣动。张志聪："心虚而掣痛。"张介宾："心动不宁，若有所引，名曰心掣。"冯兆张(《锦囊秘录》)："古无怔忡之名，名曰心掣者是也。"

③ 隔：隔塞不通，即饮食不下，大便不通之症。

语译

一般地说：少阳经发病，生发之气即减少，或易患咳嗽，或易患泄泻。若病久传变，或为心虚掣痛，或为饮食不下，隔塞不通。

二阳一阴①发病，主惊骇，背痛，善噫②，善欠③，名曰风厥④。二阴⑤一阳发病，善胀，心满，善气⑥。三阳三阴⑦发病，为偏枯痿易⑧，四支不举。

注释

① 一阴：即厥阴，指肝与心包络二经。

② 噫：嗳气。

③ 欠：呵欠。

④ 风厥：指风木犯胃，肝气上逆之病。这里作为惊骇、背痛、善噫、善欠诸证的概括。张介宾："风厥之义不一，如本篇者，言二阳一阴发病，名曰风厥，言胃与肝也；其在《评热病论》者，言太阳少阴病也；在《五变篇》者，曰人之善病风厥漉汗者，肉不坚，腠理疏也。"

⑤ 二阴：即少阴，指心与肾二经。

⑥ 善气：时常太息。

⑦ 三阴：即太阴，指肺与脾二经。

⑧ 痿易：痿，痿弱无力。易，谓变易。王冰："易，谓变易常用而痿弱无力也。"张志聪："偏枯者，半身不遂；痿易者，痿弃而不能如常之动作也。"

语译

阳明与厥阴发病，主病惊骇，背痛，常常嗳气、呵欠，名曰风厥。少阴和少阳发病，腹部作胀，心下满闷，时欲叹气。太阳和太阴发病，则为半身不遂的偏枯症，或者变易常用而痿弱无力，或者四肢不能举动。

鼓①一阳②曰钩③，鼓一阴②曰毛，鼓阳胜急曰弦③，鼓阳至而绝曰石，阴阳相过曰溜④。

注释

① 鼓：即鼓动。

② 一阳、一阴：这里所谓"阴阳"，是指脉搏的形态而说的，如有力为阳，无力为阴，故称稍有力为一阳，稍无力为一阴。

③ 钩、弦：张志聪："钩当作弦，弦当作钩。此论四经之脉，以应四时也。……一阳之气初升，故其脉如弦之端直，以应春生之气也；一阴之气初升，故其脉如毛之轻柔，以应秋阴之气也。"此注为是。

④ 阴阳相过曰溜：张志聪："溜，滑也。阴阳相过，其脉则滑。长夏之时，阳气微下，阴气微上，阴阳相过，故脉滑也。"

语译

脉搏鼓动于指下，来时有力，去时力衰，叫做钩脉；稍无力，来时轻虚而浮,叫做毛脉;有力而紧张,如按琴瑟的弦,叫做弦脉;有力而必须重按,轻按不足,叫做石脉;既非无力,又不过于有力,一来一去,脉象和缓,流通平顺,叫做滑脉。

按语

本节经文据丹波元简称:"按'鼓一阳'以下二十九字,与上下文不相顺接,是他篇错简在此尔。"此说备考。

阴争于内,阳扰于外,魄汗未藏①,四逆而起,起则熏肺,使人喘鸣②。

阴之所生,和本③曰和。是故刚与刚,阳气破散,阴气乃消亡;淖④则刚柔不和,经气乃绝。

注释

① 魄汗未藏:肺主藏魄,外合皮毛,肺失治节,卫表不固,汗液外泄。马莳:"肺经内主藏魄,外主皮毛,魄汗外泄,未能闭藏。"张志聪:"汗者,血之液也;魄汗,肺之汗也。……如魄汗未藏,是夺汗而伤其精血矣。"

② 起则熏肺,使人喘鸣:张介宾:"魄汗未藏者,表不固也;四逆而起者,阳内竭也;甚至正不胜邪,则上熏及肺,令人气喘声鸣。此以营卫下竭,孤阳上浮,其不能免矣。"

③ 和本:本,指阴阳。和本,即阴阳平衡。张志聪:"阴之所生之阳脉,与所本之阴脉相和,而始名曰和。"

④ 淖(nào 闹):濡润。此指阴盛。吴崑:"此言偏阴之害。淖,谓阴气太过,而潦淖也。"

语译

阴阳失去平衡,以致阴气争盛于内,阳气扰乱于外,汗出不止,四肢厥冷,下厥上逆,浮阳熏肺,发生喘鸣。

阴之所以能生化,由于阴阳的平衡,是谓正常。如果以刚与刚,则阳气破散,阴气亦必随之消亡;倘若阴气独盛,则寒湿偏胜,亦为刚柔不和,经脉气血亦致败绝。

死阴①之属,不过三日而死;生阳①之属,不过四日而已②。所谓生阳、死阴者,肝之心,谓之生阳;心之肺,谓之死阴;肺之肾,谓之重阴;肾之脾,谓之辟阴③,死不治。

注释

① 死阴、生阳:病邪在五脏的传变,以五行相克次序而传的,称为死阴;以五行相生次序而传的,称为生阳。张志聪:"五脏相克而传谓之死阴,相生而传谓之生阳。"

② 已:原作"死"。新校正云:"按别本作'四日而生',全元起注本作'四日而已',俱通。详上下文义,作'死'者非。"又《太素》作"四日而已"。今据新校正引全元起本及《太素》而改。

③ 辟(pì 劈)阴:辟,此有反克之义。肾属水,脾属土,土本克水,今肾反伤脾,故称为"辟阴"。张介宾:"辟,放辟也。土本制水,而水反侮脾,水无所畏,是为辟阴。"

语译

属于死阴的病,不过三日就要死;属于生阳的病,不过四天就会痊愈。所谓生阳、死阴:例如肝病传心,为木生火,得其生气,叫做生阳;心病传肺,为火克金,金被火消亡,叫做死阴;肺病传肾,以阴传阴,无阳之候,叫做重阴;肾病传脾,水反侮土,叫做辟阴,是不治的死症。

结①阳者,肿四支;结阴者,便血一升,再结二升,三结三升;阴阳结斜②,多阴少阳曰石水③,少腹肿;二阳结谓之消;三阳结谓之隔;三阴结谓之水;一阴一阳结谓之喉痹④。

注释

① 结：气血郁结不疏畅。马莳："结者，气血不疏畅也。"
② 斜：同"邪"。
③ 石水：病名，水肿病之一种。《金匮要略》："石水，其脉自沉，外证腹满不喘。"
④ 喉痹：病名，喉肿而闭塞。张介宾："痹者，闭也。"

语译

邪气郁结于阳经，则四肢浮肿，以四肢为诸阳之本；邪气郁结于阴经，则大便下血，以阴络伤则血下溢，初结一升，再结二升，三结三升；阴经阳经都有邪气郁结，而偏重于阴经方面的，就会发生"石水"之病，少腹肿胀；邪气郁结于二阳（足阳明胃、手阳明大肠），则肠胃俱热，多为消渴之症；邪气郁结于三阳（足太阳膀胱、手太阳小肠），则多为上下不通的隔症；邪气郁结于三阴（足太阴脾、手太阴肺），多为水肿臌胀的病；邪气郁结于一阴一阳（指厥阴和少阳），多为喉痹之病。

阴搏阳别①，谓之有子；阴阳虚，肠澼死；阳加于阴谓之汗；阴虚阳搏谓之崩②。

注释

① 阴搏阳别：阴指尺脉，阳指寸脉。阴脉搏击于指下，与阳脉有显著的区别。王冰："阴，谓尺中也。搏，谓搏触于手也。尺脉搏击与寸口殊别，阳气挺然，则有妊之兆。"
② 崩：下血多而速，谓之"崩"，是形容血下如山之崩。马莳："尺脉既虚，阴血已损，寸脉搏击，虚火愈炽，谓之曰崩，盖火迫而血妄行也。"

语译

阴脉搏动有力，与阳脉有明显的区别，这是怀孕的现象；阴阳脉（尺脉、寸脉）俱虚而患痢疾的，是为死征；阳脉加倍于阴脉，当有汗出；阴脉虚而阳脉搏击，火迫血行，在妇人为血崩。

三阴俱搏，二十日夜半死；二阴俱搏，十三日夕时死；一阴俱搏，十日死；三阳俱搏且鼓，三日死；三阴三阳俱搏，心腹满，发尽，不得隐曲①，五日死；二阳俱搏，其病温，死不治，不过十日死。

注释
① 隐曲：此处指大小便。

语译

三阴（指手太阴肺、足太阴脾）之脉，俱搏击于指下，大约到二十天半夜时死亡；二阴（指手少阴心、足少阴肾）之脉俱搏击于指下，大约到十三天傍晚时死亡；一阴（指手厥阴心包络、足厥阴肝）之脉俱搏击于指下，大约十天就要死亡；三阳（指足太阳膀胱、手太阳小肠）之脉俱搏击于指下，而鼓动过甚的，三天就要死亡；三阴三阳之脉俱搏，心腹胀满，阴阳之气发泄已尽，大小便不通，则五日死；二阳（指足阳明胃、手阳明大肠）之脉俱搏击于指下，患有温病的，无法治疗，不过十日就要死了。

按语

本节文义以及所言死亡日期，是以五行生克和生成之数来解释的，较难理解，也缺乏临床验证，主要是领会其精神实质，提出死期的病证，是属于重笃之证，临床需重视，不必在死期的具体时间上加以深究。

本篇要点

一、指出四时正常脉象和十二经脉的变化，与四时十二月的自然变迁,是必须顺应的。

二、以阴阳学说来辨别脉象、诊断疾病、推测预后。

三、六经发病的常见脉象、症状及其预后。

灵兰秘典论篇第八

题解

灵兰,即灵台兰室,是古代帝王藏书之所。秘典,即秘藏之典籍。本篇讨论了十二脏腑的各别功能及其相互关系,特别强调了心的"君主"作用,这对养生益寿,乃至治理天下,都是非常重要的。将其藏于灵兰之室,保藏以传后世,故篇名为"灵兰秘典论"。

黄帝问曰:愿闻十二藏①之相使②,贵贱③何如?岐伯对曰:悉乎哉问也!请遂言之。心者,君主之官也,神明④出焉。肺者,相傅之官,治节⑤出焉。肝者,将军之官,谋虑出焉。胆者,中正之官,决断出焉。膻中⑥者,臣使⑦之官,喜乐出焉。脾胃者,仓廪⑧之官,五味出焉。大肠者,传道⑨之官,变化出焉。小肠者,受盛之官,化物⑩出焉。肾者,作强⑪之官,伎巧⑫出焉。三焦者,决渎⑬之官,水道出焉。膀胱者,州都之官,津液⑭藏焉,气化⑮则能出矣。凡此十二官者,不得相失⑯也。故主明则下安,以此养生则寿,殁世不殆⑰,以为天下则大昌;主不明则十二官危,使道⑱闭塞而不通,形乃大伤,以此养生则殃⑲,以为天下者,其宗⑳大危。戒之戒之!

注释

① 十二藏：是指心、肺、肝、脾、肾、膻中、胆、胃、大肠、小肠、三焦、膀胱十二脏器。张介宾："藏，去声。分言之，阳为府，阴为藏；合言之，皆可称藏，犹言库藏之藏，所以藏物者。"

② 相使：互相之间的关系和使用。张介宾："辅相臣使之谓。"

③ 贵贱：此处作重要与次要解。吴崑："清者为贵，浊者为贱。"张介宾："君臣上下之分。"

④ 神明：泛指精神、意识、思维活动。张介宾："聪明智慧，莫不由之。"

⑤ 治节：治理、调节。张介宾："节，制也。肺主气，气调则营卫藏府无所不治，故曰'治节出焉'。"

⑥ 膻中：在此指心脏之外围组织，又称心包络。

⑦ 臣使：即内臣，因膻中贴近于心，故为心的臣使。《灵枢·胀论》："膻中者，心主之宫城也。"

⑧ 仓廪(lǐn凌)：贮藏粮食的仓库。《荀子·富国篇》杨倞注："谷藏曰仓，米藏曰廪。"

⑨ 传道：道，同"导"。传道，转送运输。《韩诗外传》："大肠者，转输之府也。"

⑩ 化物：化，消化、化生。物，食物。化物，指小肠对食物进行消化，并吸收精华的功能。

⑪ 作强：作用强力，即指能力充实。张志聪："肾藏志，志立则强于作用。"

⑫ 伎巧：作用精巧。张介宾："伎、技同。"吴崑："伎，多能也。巧，精巧也。"

⑬ 决渎：张介宾："决，通也。渎，水道也。上焦不治，则水泛高原；中焦不治，则水留中脘；下焦不治，则水乱二便。三焦气治，则脉络通而水道利，故曰'决渎之官'。"

⑭ 津液：此指尿液。《诸病源候论》："津液之余者，入胞则为小便。"

⑮ 气化：指气的运动而产生的生理变化。

⑯ 相失：相互之间失去协调。马莳："上下相使，彼此相济，不得相失。"

⑰ 殁(mò墨)世不殆：殁，通"没"，即终。殆，危。殁世不殆，指终身没有疾危。张志聪："终身而不致危殆。"

⑱ 使道：脏腑相使之道，即十二脏相互联系的道路、途径。

⑲ 殃：危险、祸害。

⑳宗:宗庙。引申为国家的统治地位。

语译

黄帝问道:希望听你讲讲十二个脏器相互之间的关系和功能,有没有重要与次要的分别? 岐伯回答说:你问得真详细呀!请让我尽量的告诉你。心比如君主,人的精神意识、思维活动皆从之而出。肺比如丞相,调节全身气的活动。肝好比智勇的将军,发挥一切计谋和推测考虑。胆性正直而刚毅,具有正确的判断能力。膻中象内臣,负责传达君主的喜乐意志。脾和胃好像仓库,贮藏和消化食物,吸收食物的营养成分。大肠管理输送,能使糟粕变化成粪便由此排出。小肠是接受贮盛经胃初步消化的食物,并化生出食物的精华,以营养全身。肾的能力充实,能增进智慧,作出精巧的动作。三焦疏通水液,主持周身水道。膀胱是尿液会聚之处,经气化作用则尿液排出体外。以上十二个器官之间,必须相互协调;但起决定作用的是心官君主的神明正常,则各器官的活动就正常,这样来保养生命,就可以使人长寿,终身不会有疾危,以此来治理天下,国家就一定能够兴盛繁荣。若神明不正常,则各器官就要受到祸害,相互联系的途径闭塞不通,形体就大受损伤,这样对于生命就会受到危险,以此来治理天下,国家的政权就会发生危险。这是应该谨慎又谨慎的啊!

按语

十二脏之相使与贵贱,阐明了六脏六腑的主要功能及相互关系,既强调每一脏的功能作用,又重视相互之间的协作关系,体现了藏象学说的基本特点:即以脏为中心的整体观。人体五脏之间,六腑之间,五脏与六腑之间,脏腑与形体官窍之间,都存在着结构上或功能上的多种联系,从而形成一个完整而又统一的机体,以进行正常而又协调的生理活动。而在整个藏象系统中,又特别强调脏的核心作用,这就形成了以脏为中心,配合六腑,联系形体官窍等各组织器官的五脏系统。这一理论,对于临床诊治疾病有着重要的指导意义。

关于心主神明,自从西方医学传入我国后,对心主神明(即思考)予否定,认为人的所有思考在于大脑而不在心,而近年来,有人用血液的循环系统和高级神经系统联系起来发现两者之间有着密不可分的关系。现代名中医邓铁涛写了一篇"心主神明的科学性"见《碥石集》第四集的第一篇文章。最近美国科学家通过研究发现,人类的心脏也许确有某种思考和记忆功能。在这篇报道中,记载了数例接受心脏移植的患者,突然性格大变,据调查发现,其改变的性格,完全与捐赠者的性格相似。报道中举了一个退休货车司机的例子,他本是文化水平很低,大字只识几个的人。自从换了心脏后,向他妻子写起了情书和情诗。后经了解这个捐赠心脏者,是出身书香门第、自己就是爱写诗者。

至道在微,变化无穷,孰知其原?窘①乎哉!消②者瞿瞿③,孰知其要?闵闵④之当,孰者为良?恍惚⑤之数,生于毫氂⑥,毫氂之数,起于度量,千之万之,可以益大,推之大之,其形乃制⑦。

注释

① 窘(jiǒng 迥):困难。张介宾:"穷也。"
② 消:消削瘦弱。张介宾:"精神日消。"
③ 瞿瞿:惊疑的样子。张介宾:"不审貌……莫审其故。"
④ 闵闵:忧愁貌。高世栻:"闵,忧也。闵闵,忧之深也。"
⑤ 恍惚:似有似无。王冰:"恍惚者,谓似有似无也。"张志聪:"心神之萌动。"
⑥ 毫氂:氂,同"厘"。毫氂,形容极微小。

⑦ 其形乃制：张介宾："积而不已，而形制益多也。"

语译

医学的道理是微妙的，变化没有穷尽的，怎样才能知道它的本始呢？困难得很！形体日渐消削的人，虽然很是惊疑，怎么才能明白它的原因呢？纵然对自己的身体非常担忧，但也不知道应当怎样才好？病情的起源，是极微极小的，甚至是似有似无的，但毫厘虽然是微小的数目，要是日积月累，就需要尺度斗量，病情也是这样逐渐扩大的，扩大到一定程度，就形证明显，病情复杂，而为害严重了。

黄帝曰：善哉！余闻精光①之道，大圣之业②，而宣明③大道，非斋戒④择吉日，不敢受也。黄帝乃择吉日良兆，而藏灵兰之室，以传保⑤焉。

注释

① 精光：精纯而又明彻。张志聪："精，纯粹也。光，光明也。"
② 大圣之业：高世栻："主明下安，犹之大圣之业也。"这是以治国的道理来称谓医道的，即"医道通治道"的意思。
③ 宣明：通达明白。
④ 斋戒：诚心诚意。张介宾："洗心曰斋，远欲曰戒。"
⑤ 传保：高世栻："以传后世，而保守弗失焉。"

语译

黄帝道：好得很！听到了一番精细明白的论说，这是大圣人的事业，我已通达这些道理了，若不诚心诚意选择吉日，是不敢随便接受的。于是黄帝就选择了吉日良辰，把这些道理贮藏在灵兰之室，借以很好保存，流传后世。

本篇要点

一、以当时政府官职作比喻,论述了人体六脏六腑的功能特点,说明人体内脏机能既分工又合作的相互关系。

二、指出心在十二脏中的主宰地位,强调"主明则下安","主不明则十二官危"的重要作用。

六节藏象论篇第九

题解

节,指度数,古人以甲子纪天度,一个甲子之数六十日为一节,一年三百六十日为六节。藏象,指内脏居于体内,其机能活动表现于外的征象。本篇首先讨论六六之节和九九制会,属于运气学说;其次又讨论藏象,阐述脏腑的功能及与四时的关系。由于内容有这两个重点,故以"六节藏象论"名篇。

黄帝问曰:余闻天以六六①之节,以成一岁,人以九九制会②,计人亦有三百六十五节③,以为天地久矣,不知其所谓也? 岐伯对曰:昭④乎哉问也! 请遂言之。夫六六之节、九九制会者,所以正天之度⑤、气之数⑥也。天度者,所以制日月之行也;气数者,所以纪⑦化生之用也。天为阳,地为阴,日为阳,月为阴,行有分纪⑧,周有道理⑨,日行一度,月行十三度而有奇⑩焉,故大小月三百六十五日而成岁,积气余而盈闰⑪矣。立端⑫于始,表正于中⑬,推余于终,而天度毕矣。

注释

① 六六:古人以天干配地支计日,六十日称为一个甲子。六六,就是六个甲子。

②人以九九制会：人，后文作"地"。九九，在地指九野、九州，在人指九窍、九脏等。制会，制谓准度，会谓配合。人以九九制会，谓人与地以九窍、九州为准度，以配合天之六六之节。

③节：指腧穴，是人体气血交会出入的地方。《灵枢·九针十二原》："节之交，三百六十五会……所言节者，神气之所游行出入也。"

④昭：明、详。

⑤度：指周天三百六十五度。

⑥数：一年二十四节气的常数。

⑦纪：与"记"通，有标志的意思。

⑧行有分纪：指日月是按照天体中所划分的方位、度数运行的。

⑨周有道理：周，指环周。道理，谓轨道。谓日月环周有一定轨道。

⑩奇（jī基）：与"余"或"零"字同义。

⑪积气余而盈闰：阴历的月份，以朔望来计算，每月平均得 29.5 日。节气以地球绕日 15 度来计算，每个节气平均得 15 日左右，每月相当两个节气。因此，月份常不足，节气常有余，计每月余 1 日弱，积 3 年则余 1 月强，故 3 年必有 1 个闰月，约 19 年间有 7 个闰月，则节气与月份复归一致。

⑫立端：立，确立。端，指岁首，即冬至节。立端，即确定岁首。

⑬表正于中：表，即圭表，古代天文仪器之一。正，是校正或确实。表正于中，即以圭表测量日影的长短变化，计算日月的运度，来校正时令节气。

语译

黄帝问道：我听说天体的运行以六个甲子日成为一年，人与地以九窍、九州为准度，与之配合，而人又有三百六十五节，相应于天地，这种天地人相配合的说法，已经听到很久了，但是还不知是什么道理？岐伯回答说：问得真高明啊！我尽量的告诉你。六六之节和九九制会，是用以确定天度和气数的。天度，是计算日月行程迟速的；气数，是标志万物化生之用的。天在上为阳，地在下为阴，日行于白昼为阳，月行于夜晚为阴，日月运行在天体上有一定的部位，它的环周亦有一定的道路，每昼夜日行周天一度，月行十三度有余，所以有月大月小，而三百六十五日为一年，因为有了月大月小余气积累，于是就产生了闰月。这个推算方法，只要首先确定该年第一个节气的开始,用圭表测量日影的长短变化,来校正一年之中的时令节气,和计算日月进程,推算余闰,如此,天度就完全可以计算出来了。

帝曰:余已闻天度矣,愿闻气数何以合之?岐伯曰:天以六六为节,地以九九制会;天有十日①,日六竟而周甲②,甲六复而终岁,三百六十日法也。夫自古通天者,生之本,本于阴阳。其气九州、九窍,皆通乎天气,故其生五,其气三。三而成天,三而成地,三而成人,三而三之,合则为九,九分为九野,九野为九藏,故形藏四,神藏五③,合为九藏以应之也。

注释

① 天有十日:天,指天干。十日,即指甲、乙、丙、丁、戊、己、庚、辛、壬、癸十个天干。

② 日六竟而周甲:即十个天干与十二个地支(子、丑、寅、卯、辰、巳、午、未、申、酉、戌、亥)相合,凡六十日为甲子的一周。

③ 形藏四,神藏五:张志聪:"形藏者,藏有形之物也。神藏者,藏五脏之神也。藏有形之物者,胃与大肠、小肠、膀胱也。藏五脏之神者,心藏神、肝藏魂、脾藏意、肺藏魄、肾藏志也。"

语译

黄帝道:我已明白天度了,愿进一步了解气数是怎样与天度配合的?岐伯说:天是以六六之数为节度,地和人是以九九之数来配合六六之节的;天有十干,代表十日,六个十干是六十日,称为一个周甲,六个周甲为一年,这就是三百六十日的计算方法。从古以来,懂得这种天度的,知道自然界的一切生物,都是和天气息息相通,它们都是以天地之阴阳变化为生命的根本。因此,不论地之九州、人之九窍,均与天气有着密切的关系,就是由于它们的生长是禀受了自然界的五行和三阴三阳之气的缘故。天有三气,地有三气,人亦有三气,三三合成九气,在地上分为九野,在人体分为九脏,那就是形脏四,神脏五,合成九脏,以应天的六六之数。

帝曰:余已闻六六九九之会也,夫子言积气盈闰,愿闻何谓气?请夫子发蒙解惑①焉!岐伯曰:此上帝②所秘,先师②传之也。帝曰:请遂闻之。岐伯曰:五日谓之候③,三候谓之气④,六气谓之时,四时谓之岁,而各从其主治⑤焉。五运⑥相袭⑦,而皆治之,终期⑧之日,周而复始,时立气布⑨,如环无端,候亦同法。故曰:不知年之所加,气之盛衰,虚实之所起,不可以为工矣。

注释

① 发蒙解惑:启发蒙昧,解释疑惑。

② 上帝、先师:王冰:"上帝,谓上古帝君也。先师,岐伯祖之师僦贷季,上古之理色脉者也。"

③ 候:物候,即万物随时令变化情况。如《礼记·月令》:"立春节,初五日,东风解冻;次五日,蛰虫始振;后五日,鱼陟负冰"之类。故五日谓之"候"。

④ 气:指节气,三候为一节气。

⑤ 主治:主管,当令。四时各有当令之主气,如木旺于春,火旺于夏等。

⑥ 五运:木火土金水五行之气的运行。

⑦ 相袭:相互承袭。

⑧ 终期(jī基):这里作"一周年"解。

⑨ 时立气布:指一年之中分立四时,四时之中分布节气。

语译

黄帝道:我已经明白六六九九配合的道理了,但先生说积累余气成为闰月,可是什么叫气,我还不明白,请你解释一下,来启发我的蒙昧,解除我的疑惑!岐伯说:这是上帝所不曾明言,我的老师懂得这个道理,传授给我的。黄帝说:请尽量告诉我。岐伯说:五日为一候,三候为一个节气,六个节气为一时,四时为一年,一年四时之中,各有当旺之气。五行气运相互递承,皆有它的当旺之时,到了年终之日,再从头开始。一年分立四时,四时分布节气,循环往复,如圆环而无端绪,五日一候的推移,也是这个样子。所以说,不知道当年主、客气的加临,节气的盛衰,病气虚实的起因等问题,就不能算为一个良医。

帝曰:五运之始,如环无端,其太过不及何如?岐伯曰:五气更立①,各有所胜,盛虚之变,此其常也。帝曰:平气何如?岐伯曰:无过②者也。帝曰:太过不及奈何?岐伯曰:在经③有也。

注释

① 五气更立:五运之气,更迭主时。即上文"五运相袭"、"时立气布"之义。

② 无过:没有太过不及。张介宾:"过,过失之谓,凡太过不及皆为过也。"

③ 经:指经书。一说指"气交变大论"、"五常政大论"等篇。盖此篇乃岁运之提纲,而以后"气交变大论"诸篇是详细讨论这个问题的,所以说"在经有也"。

语译

黄帝道:五行运气,终而复始,如环无端,这个道理是懂得了,但是它的运行过程中,有太过不及是怎样的呢?岐伯曰:五行运气,更迭主时,各有所胜,互为盛虚之变化,这是正常的现象。黄帝道:平气怎样?岐伯说:是无太过,亦无不及。黄帝道:太过和不及的情况怎样？岐伯说：在经书中是有记载的。

帝曰：何谓所胜？岐伯曰：春胜长夏，长夏胜冬，冬胜夏，夏胜秋，秋胜春，所谓得五行时之胜，各以气命其藏①。帝曰：何以知其胜？岐伯曰：求其至也，皆归始春②。未至而至③，此谓太过，则薄④所不胜⑤，而乘⑥所胜⑤也，命曰气淫⑦。不分邪僻内生工不能禁⑧。至而不至，此谓不及，则所胜妄行，而所生受病，所不胜薄之也，命曰气迫⑨。所谓求其至者，气至之时也。谨候其时，气可与期⑩；失时反候，五治不分，邪僻⑪内生，工不能禁⑫也。

注释

① 各以气命其藏：张志聪："春木合肝，夏火合心，长夏土合脾，秋金合肺，冬水合肾，各以四时五行之气，以名其藏焉。"

② 始春：王冰："始春，谓立春之日也。春谓四时之长，故候气皆归于立春前之日也。"张介宾："一曰在春前十五日，当大寒节为初气之始，亦是。"

③ 未至而至：前一个"至"字指时令，后一个"至"字指气候。未至而至，就是未到其时令而有其气候，例如未到春天而春暖的气候已到。

④ 薄：同"迫"，有侵犯的意思。

⑤ 所不胜、所胜：五行之气相克关系，又叫所胜、所不胜，我克者为所胜，克我者为所不胜。举木为例，木克土，土对木来讲，就为所不胜；金克木，金对木来讲，就为所胜。

⑥ 乘：欺凌。

⑦ 气淫：淫，太过。气淫，指气太过为害。

⑧ 不分邪僻内生工不能禁：根据各家注解，此十字系错简，乃下文之辞，误重于此，故不作语译。

⑨ 气迫：迫，不及。气迫，指主气不及。

⑩ 气可与期：谓春木、夏火、长夏土、秋金、冬水。或者说春时之气，可期而温；夏时之气，可期而热；秋时之气，可期而凉；冬时之气，可期而寒。

⑪ 邪僻：不正之气。

⑫ 禁：禁止，制止。

语译

黄帝道：什么叫做所胜？岐伯说：春胜长夏（木克土），长夏胜冬（土克水），冬胜夏（水克火），夏胜秋（火克金），秋胜春（金克木），这是四时五行之气以时相胜的情况，而四时五行之气对人的五脏又发生影响。黄帝道：怎样可以知道它的所胜呢？岐伯说：要知道所胜，必先推求气候到来的时间，一般以立春为标准。如果时令未到而气候先到，就称为太过，太过则侵犯原来自己所不胜的气，而欺凌它所能胜的气，这种情况叫做"气淫"。时令已到而相应的气候不到，这称为不及，不及则己所胜之气因缺乏制约而妄行，所生之气因缺乏资助而受病，并受着所不胜之气的迫害，这种情况叫做"气迫"。所谓"求其至"，就是从时令来推求气候来到的早晚。谨慎地观察春、夏、秋、冬的时令，气候的变化是可以预期的；假如失误了时令而违反气候，分不出五运化气的旺时，那么病人感受邪气而生病，即使是好医生也无能为力了。

帝曰：有不袭乎？岐伯曰：苍天之气，不得无常也。气之不袭，是谓非常，非常则变矣。帝曰：非常而变奈何？岐伯曰：变至则病，所胜则微，所不胜则甚①，因而重感于邪，则死矣。故非其时则微，当其时则甚也。

注释

① 所胜则微，所不胜则甚：所胜与所不胜，是指主气与变气之间的关系。微与甚，指病的轻重。主气所胜的变气至，病就轻微，主气所不胜的变气至，病就严重。张志聪："如春木主时，其变为骤注，是主气为风木，变气为湿土，变气为主气之所胜，而民病则微；如变为肃杀，是主气为风木，变气为燥金，变气为主气之所不胜，而民病则甚。"

语译

黄帝道：五行气运有不以次序承袭的时候吗？岐伯说：自然界的气运四时代序，不可能没有常规的。如果失掉这个承袭的常规，就是反常，反常就要变异为害了。黄帝道：反常而变怎样？岐伯说：气候反常便能使人发生疾病，假定主气所胜的变气至，患病就轻；如果主气所不胜的变气至，则病就重；若此时重复感受了其他邪气，就会有死亡的危险。所以说，反常的气候出现，不当克我的时候，病比较轻；假如当直克我的时候，病就重了。

按语

以上经文都是讨论天以六六之节，人与地以九九制会的道理。它的主要精神，是说明天、地、人三者的密切关系，即"天人相应"的整体观。作为医生，必须掌握自然界的气候变化及其与人体发病的关系。如1955年，石家庄地区流行乙型脑炎，根据当年火气偏旺的气候特点，按暑温证以白虎汤治疗，取得显效。第二年，北京地区也流行乙型脑炎，仍以白虎汤治疗，效果却不佳。蒲辅周老中医，根据北京当年雨水较多，湿气偏重的气候特点，按湿温证以苍术白虎汤加减治疗，而收到卓效。

帝曰：善。余闻气合而有形，因变以正名。天地之运，阴阳之化，其于万物，孰少孰多，可得闻乎？岐伯曰：悉哉问也！天之广不可度，地之大不可量，大神灵问①，请陈其方②。草生五色，五色之变，不可胜视；草生五味，五味之美，不可胜极。嗜欲不同，各有所通。天食③人以五气④，地食人以五味。五气入鼻，藏于心肺，上使五色修明，音声能彰；五味入口，藏于肠胃，味有所藏，以养五气,气和而生,津液相成,神乃自生。

注释

① 大神灵问：大神灵,指道理广泛深奥。大神灵问,所提问题是涉及天地阴阳、变化莫测、微妙难穷的大问题。
② 陈其方：陈,申述。方,大略。吴崑："陈其方,言其略也。"
③ 食（sì 四）：同"饲"。
④ 五气：指自然界风、热、湿、燥、寒五气。亦有谓臊气、焦气、香气、腥气、腐气。

语译

黄帝道：讲得好。我听说万物皆由天地之气化合而成形体,由于天地之气变化多端,所以万物的形态各异,而有很多名称。天地之气运和阴阳的变化对万物谁多谁少,可以告诉我吗？岐伯说：你问得很详细！但天极广阔,不容易测度之,地极博大,不容易度量之,你提出这样广泛而深奥的问题,我不能做详尽的解答,仅能申述其大略。各种植物有五色,五色的变化夺目,难以看遍；各种植物有五味,五味的优美适口,亦难能尝遍。人们对色、味的嗜欲各有不同,而各种色味是能通达各个脏腑的。天在上以供给人们五气,地在下以供给人们五味。五气由鼻吸入,贮藏于心肺,心主荣面色,肺主音声,因而能使面部的五色明润,音声洪亮；五味由口食入,藏于肠胃,经过消化,吸收其精微,内注五藏,以养五脏之气,五脏之气与五味的谷气相和合,就能产生津液,润泽脏腑,补益精髓,因而神气也就自然健旺了。

帝曰：藏象①何如？岐伯曰：心者,生之本,神之变②也；其华在面,其充在血脉,为阳中之太阳③,通于夏气。肺者,气之本,魄之处也；其华在毛,其充在皮,为阳中之太阴,通于秋气。肾者,主蛰④,封藏⑤之本,精之处也；其华在发,其充在骨,为阴中之少阴,通于冬气。肝者,罢极⑥之本,魂之居也;其华在爪,其充在筋,以生血气,其味酸,其色苍⑦,此为阳中之少阳⑧,通于春气。脾、胃、大肠、小肠、三焦、膀胱者,仓廪之本,营之居也,名曰器,能化糟粕,转味而入出者也;其华在唇四白⑨,其充在肌,其味甘,其色黄,此至阴之类,通于土气。凡十一藏,取决于胆⑩也。

注释

① 藏象:藏,同"脏"。象,形象。王冰:"象,谓所见于外,可阅者也。"张介宾:"象,形象也。藏居于内,形见于外,故曰藏象。"

② 变:新校正云:"详神之变,全元起本并《太素》作神之处。"律以下文,作"神之处"为是。

③ 阳中之太阳:《灵枢·九针十二原》:"阳中之太阳,心也。"前面一个"阳"字,指部位,如就胸腹而言,则胸为阳,腹为阴。太阳,是以五脏分阴阳,心位于上焦,为阳脏,故为阳中之太阳。这里的太、少、至等与六经不同,是在阴阳中再分阴阳,可参"金匮真言论"的"阴中有阴,阳中有阳"文。

④ 蛰(zhé哲):藏也,如虫类之伏藏于土中。肾主水,是龙雷蛰藏之所,故说"肾者主蛰"。

⑤ 封藏:贮藏。

⑥ 罢(pí疲)极:罢,通疲。疲极,疲累劳困。马莳:"肝主筋,故劳倦罢极,以肝为本。"又,李今庸认为:罢(羆)极的"罢"字当为"能"字,读为"耐"。其"极"字则训为"疲困"。所谓"能极"就是"耐受疲劳"。人之运动,在于筋力,肝主筋,而司人体运动,故肝为"能极之本"。后人不识"能"读为"耐"和"能极"之义,徒见古有"罢极"之词,遂于"能"上妄加"四"头而成"罷"(罢),今应改正。

⑦ 其味酸,其色苍:根据新校正,此六字及下文"其味甘,其色黄"六字,并当去之,似妥。

⑧ 阳中之少阳:根据新校正当作"阴中之少阳",似是。"金匮真言论"五脏分阴阳文可参。

⑨ 唇四白:口唇四周的白肉。

⑩ 取决于胆：李杲："胆者，少阳春升之气，春气升则万化安，故胆气春升，则余藏安之，所以十一藏取决于胆也。"

语译

黄帝道：人体内脏功能所表现于外的现象怎样？岐伯说：心是生命的根本，智慧变化的起源；它的荣华显露在面部，它的功用充实于血脉，位居膈上，其脏为阳，故为阳中之太阳，以时令而言，与夏气相应。肺是一身之气的根本，是藏魄的所在；它的荣华表现在毫毛，它的功用充实于肤表，肺位最高，其脏为阴，故为阳中之太阴，以时令而言，与秋气相应。肾主蛰伏，是收藏的根本，为五脏六腑精气储藏的所在；它的荣华表现于头发，它的功用充实于骨髓，肾在至下，其脏属阴，故为阴中之少阴，以时令而言，与冬气相应。肝是劳倦疲极的根本，又是藏魂的所在；它的荣华表现于爪甲，它的功用充实于筋力，而且能生养血气，位居于腹，其脏为阳，故为阴中之少阳，以时令而言，与春气相应。脾、胃、大肠、小肠、三焦、膀胱，是水谷仓库的根本，是营气产生的地方，称之为器，它们能吸取水谷的精华，排泄水谷的糟粕，所以它们是转化五味而主吸收、排泄的；它们的荣华表现在口唇四周，它的功用充实于肌肉，这些脏器都在腹部，而且是承受水谷五味浊阴之物，所以都是至阴之类，以时令而言，与长夏土气相应。因为胆主少阳春升之气，如胆气升发正常，则其余十一脏生机勃发，欣欣向荣，所以说十一脏的表现如何，皆取决于胆。

按语

关于藏象理论，上篇"灵兰秘典论"重点讨论了十二脏的功能特点及其相互之间的关系，本篇又进一步论述五脏的基本性能，如"心者，生之本，神之处也"等。同时还着重论述了五脏"其华"、

"其充"、阴阳区分,以及与季节气候特点的联系关系。说明了人体内脏之间、内脏与形体组织之间,以及机体与自然环境之间是一个有机联系的统一体,从而使藏象理论更臻完善。

关于文中"肝者,罢极之本",在注释中引李今庸的意见,认为"罢"本应为能、与"耐"通,释为耐受疲劳,以人之运动,在于筋,肝主筋,能司人体运动,故"肝为能极之本"。这是从肝的生理功能而言。近阅《蒲辅周医疗经验集》中医话篇中有低烧的治疗经验说:"内伤低烧病我本着'肝为罢极之本',结合'阳气者,烦劳则张'为指导,取得了较为满意的疗效。其低烧的特点,举一年近七十的病人,低烧八年,自诉多开会或烦劳之后,必然体温升高。其总体病为"肝脾不和"。以肝喜条达而易寒易热,故精神过度紧张,而致肝脾不和亦能引起低烧。这是从肝的病理而言的。录此亦供阅者参考。

故人迎①一盛②病在少阳,二盛病在太阳,三盛病在阳明,四盛已③上为格阳④。寸口①一盛病在厥阴,二盛病在少阴,三盛病在太阴,四盛已上为关阴⑤。人迎与寸口俱盛四倍已上为关格⑥,关格之脉赢⑦,不能极于天地之精气,则死矣。

注释

① 人迎、寸口:切脉的部位。人迎在颈部结喉两侧颈总动脉搏动处。寸口在手腕部桡动脉搏动处。
② 一盛:盛,指脉大。一盛是大一倍,二盛是大二倍。
③ 已:通"以"。
④ 格阳:气血盛溢于三阳,与三阴格拒不相交通。张介宾:"四盛已上者,以阳脉盛极而阴无以通,故曰格阳。"
⑤ 关阴:气血盛溢于三阴,与三阳隔绝,不相交通。张介宾:"四盛已上者,以阴脉盛极而阳无以交,故曰关阴。"

⑥ 关格：此处指的脉象，为阴阳俱盛之脉。阴关于内，阳格于外。

⑦ 嬴：音义同"盈"，作"有余"或"大过"解。嬴，原本作"赢"。新校正云："详赢当作嬴，脉盛四倍已上，非赢也，乃盛极也，古文嬴与盈通用。"据此而改。

语译

人迎脉搏大一倍，病在少阳；大两倍，病在太阳；大三倍，病在阳明；大四倍以上为格阳于外。寸口脉搏大一倍，病在厥阴；大两倍，病在少阴；大三倍，病在太阴；大四倍以上称为关阴。若人迎与寸口脉俱大于常人四倍，便为关格，关格之脉为阴阳亢极而不和，先天后天之精气将因而耗竭，精气耗竭便会死亡。

本 篇 要 点

一、以"六六之节"、"九九之会"说明天地日月运行以成岁月的规律，及其与人的关系。指出五运失常，时序变异，会给人带来灾害。

二、叙述内脏的功能、外在表现，及其与外界环境、时令的密切关系。

三、从人迎与寸口脉象的异常亢盛，说明疾病可能发生在什么经脉，并指出亢极则有危险的可能。

五藏生成篇第十

题解

本篇主要从五脏与五体、五味、五色、五脉的关系上,阐述了诊色脉以察五脏的问题,以及色脉诊在临床上的具体应用。因为外在的色脉是内在五脏的气血所生成的,故名为"五藏生成篇。"又,王冰谓:"此篇直记五藏生成之事,而无问答之辞,故不云论,后皆仿此。"

心之合①脉也,其荣②色也,其主③肾也。肺之合皮也,其荣毛也,其主心也。肝之合筋也,其荣爪也,其主肺也。脾之合肉也,其荣唇也,其主肝也。肾之合骨也,其荣发也,其主脾也。

注释
① 合:即配合。心、肝、脾、肺、肾五脏在内,脉、筋、肉、皮、骨五体在外,外内表里相合,所以叫心合脉、肺合皮等。
② 荣:荣华,五脏精华表现于外的色泽。
③ 主:受制约的意思。以五行相克理论说明五脏之间有相互制约的作用。

语译

与心脏相配合的是脉,它的荣华表现于面部的色泽,制约心脏的是肾。与肺脏相配合的是皮,它的荣华表现于毫毛,制约肺脏的是心。与肝脏相配合的是筋,它的荣华表现于爪甲,制约肝脏的肺。与脾脏相配合的是肉,它的荣华表现于口唇,制约脾脏的是肝。与肾脏相配合的是骨,它的荣华表现于发,制约肾脏的是脾。

按语

古人把五脏分属于五行,如心火、肺金、脾土、肝木、肾水,又运用五行生克的理论来说明五脏之间的相互资生和相互制约的关系,而脉、皮、筋、肉、骨和色、毛、发、爪、唇等又分别和五脏相配合。因此,从体表的变化可以知道内脏的病变,而内脏的变化亦可以影响体表的表现,这是中医临证时"从内知外,以外测内"的理论根据。

是故多食咸,则脉凝泣①而变色;多食苦,则皮槁而毛拔;多食辛,则筋急而爪枯;多食酸,则肉胝胎②而唇揭③;多食甘,则骨痛而发落。此五味之所伤也。故心欲苦,肺欲辛,肝欲酸,脾欲甘,肾欲咸。此五味之所合也。

注释

① 脉凝泣:泣,音义同"涩"。脉凝泣,就是血脉流行不畅通。
② 胝(zhī 知)胎(zhòu 咒):胝,皮厚。胎,皱也。胝胎,即皮厚而皱缩。
③ 揭:掀起。

语译

所以多吃咸味的,能使血脉流行凝涩不畅,并且色泽会发生变使;多吃苦味的,能使皮肤枯槁,而毫毛也会脱落;多吃辛味的,能化筋脉劲急,而爪甲也会枯槁;多吃酸味的,能使肌肉变厚皱缩，而嘴唇也会掀起；多吃甜味的，能使骨骼发生疼痛，而头发也会脱落。这些变化，都是由于饮食五味的偏嗜而受到的伤害。所以心脏喜欢苦味，肺脏喜欢辛味，肝脏喜欢酸味，脾脏喜欢甜味，肾脏喜欢咸味。这就是由于五味与五脏相宜的缘故。

按语

古人认为饮食需要调和五味，方能对人有益；如果偏嗜，经常食用某一种食味，那就会造成脏气的偏胜，发生疾病。

五藏之气，故色见青如草兹①者死，黄如枳实②者死，黑如炲③者死，赤如衃血④者死，白如枯骨者死，此五色之见死也。青如翠⑤羽者生，赤如鸡冠者生，黄如蟹腹者生，白如豕膏⑥者生，黑如乌羽者生，此五色之见生也。生于心，如以缟⑦裹朱；生于肺，如以缟裹红⑧，生于肝，如以缟裹绀⑨；生于脾，如以缟裹栝楼实⑩；生于肾，如以缟裹紫。此五藏所生之外荣也。

注释
① 草兹：是指死草色，为青中带有枯黑之色。
② 枳实：药名，色黑黄而不泽，为落叶灌木枳的果实。
③ 炲（tái 台）：煤烟的尘灰，其色黑而带黄。
④ 衃（pī 丕）血：凝血。王冰："败恶凝聚之血，色赤黑也。"
⑤ 翠：即翠鸟，其羽毛呈青色。
⑥ 豕膏：猪的脂肪，其色白而光润。
⑦ 缟（gǎo 稿）：白色的生绢。
⑧ 缟裹红：是白里隐红的颜色。
⑨ 绀：是深青泛赤色的丝织品，其色青而含赤。
⑩ 栝楼实：药名，色黄，是一种属于葫芦科多年生的蔓草的果实。

语译

五脏各有气色见于面部，如若见到青色如死草，黄色如枳实，黑色如煤灰，红色如凝血，白色如枯骨，这些色泽，都是死症的征象。倘使见到青色如翠鸟的羽毛，红色如鸡冠，黄色如蟹腹，白色如猪脂，黑色如乌鸦的羽毛，这些色泽，都是有生气的表现。凡心脏有生气的色泽，像白绢包朱砂一样；肺脏有生气的色泽，像白绢包红色的东西一样；肝脏有生气的色泽，像白绢包绀色的东西一样；脾脏有生气的色泽，像白绢包栝楼实一样；肾脏有生气的色泽，像白绢包紫色的东西一样。这些色泽都是五脏的生气显露于外的荣华。

按语

观察面部气色的关键：凡枯焦晦暗的为凶，光华泽润的为佳。但颜色又不能过于显露，过于显露，没有含蓄，也不是好的征象。这里提出，青、黄、赤、白、黑五色都要有一种似缟裹的外观，就是五色表现有含蓄的意思。观察面部五色的变化，推断五脏之气的盛衰，是中医诊断学的重要内容之一。

色味当[①]五藏：白当肺、辛，赤当心、苦，青当肝、酸，黄当脾、甘，黑当肾、咸。故白当皮，赤当脉，青当筋，黄当肉，黑当骨。

注释
① 当：合宜，此指色味之主与五脏相合。

语译

五色、五味之主与五脏相合，白色主合于肺脏与辛味，赤色主合于心脏与苦味，青色主合于肝脏与酸味，黄色主合于脾脏与甘味，黑色主合于肾脏与咸味。所以白色又主合于皮，赤色又主合于脉，青色又主合于筋，黄色又主合于肉，黑色又主合于骨。

按语

此节经文是以上三节经文的小结。第一节重点在五体，第二节重点在五味，第三节重点在五色，而此节又把五脏、五体、五味、五色归总起来论述。

诸脉者，皆属于目；诸髓者，皆属于脑；诸筋者，皆属于节①；诸血者，皆属于心；诸气者，皆属于肺。此四支八谿②之朝夕也。故人卧血归于肝，肝③受血而能视，足受血而能步，掌受血而能握，指受血而能摄④。卧出而风吹之，血凝于肤者为痹，凝于脉者为泣⑤，凝于足者为厥，此三者，血行而不得反其空⑥，故为痹厥也。人有大谷⑦十二分，小谿⑧三百五十四名，少十二俞⑨，此皆卫气之所留止，邪气之所客也，针石缘⑩而去之。

诊病之始⑪，五决为纪⑫，欲知其始，先建其母⑬。所谓五决者，五脉也。

注释

① 节：骨节。
② 八谿：指两臂的肘、腕和两腿的踝、膝关节，共计八处，故称"八谿"。
③ 肝：《脾胃论》作"目"，较妥。
④ 摄：以手取物称为"摄"。
⑤ 泣：音义同"涩"。
⑥ 空(kǒng 孔)：同"孔"。即孔穴，为血气循行出入之所。
⑦ 大谷：肉之大会。
⑧ 小谿：肉之小会。

⑨ 少十二俞：十二俞，即心俞、肝俞等十二个俞穴。"少十二俞"四字，上下文义不续，恐是后人旁注，误入正文。
⑩ 缘：作"因"字或"循"字解。
⑪ 始：是始终或始末的意思。
⑫ 五决为纪：决，判断。五决，是根据五脏之脉息来判断疾病。纪，纲领。王冰："谓以五脏之脉为决生死之纲纪也。"
⑬ 先建其母：建，是建立或确立的意思。母，谓应时之旺气。先建其母，就是先确知应时之旺气，而后乃求邪正之气。

语译

五脏六腑之精，通过十二经脉，皆上注于目；所有的精髓，皆上属于脑；所有的筋，皆联属于骨节；所有的血液，皆统属于心；所有的气，皆归属于肺。而四肢八谿，又都是诸脉、髓、筋、血、气所出入而运行不离的。肝为藏血之所，人当夜晚静卧之时，则血归于肝脏，目得到血养，才能看东西；足得到血养，才能行走；手掌得到血养，才能把握；手指得到血养，才能持拿物品。如果睡了刚刚起床而被风邪所侵袭，则血液凝涩在肤表，就要发生麻木不仁的痹证；如凝涩于经脉，就会使血液运行迟滞；如凝涩在足部，就会发生下肢厥冷。这三种疾患，都是由于血气循环未达到某些谿谷孔穴，所以风邪得而客之，发为痹、厥等病。人身有大会十二处，小会三百五十四处（少十二俞），这些都是卫气之所到而存留的地方，同时也是容易被外邪侵犯的门户，如果受了邪气的侵袭，便用针刺、砭石之法，因其所客，取而去之。

在诊病的始终，必定要拿五脏之脉为纲纪，要知道五脏之脉的始末，必先懂得五气的旺时。上文所说的"五决"，就是依据五脏之脉来决断疾病的。

是以头痛巅疾，下虚上实，过①在足少阴、巨阳，甚则入肾。徇蒙招尤②，目冥耳聋，下实上虚，过在足少阳、厥阴,甚则入肝。腹满膜胀,支鬲胠胁③,下厥上冒④,过在足太阴、阳明。咳嗽上气,厥⑤在胸中,过在手阳明、太阴。心烦头痛⑥,病在鬲中,过在手巨阳、少阴。

注释

① 过:过失。此指病变。马莳:"过者,病也。"

② 徇蒙招尤:徇,与"眴"通,"眴"与"眩",古通用。蒙,通"朦"。徇蒙,即眩晕。招,掉摇。尤,是甚的意思。招尤,谓头振掉而不定。徇蒙招尤,是指头晕眼花,振掉不定。

③ 支鬲胠胁:支,支撑。鬲,通"膈",指胸膈。胠胁,腋下为胠,胠下为胁,即胁肋部。

④ 下厥上冒:下厥,指气血逆上而四肢逆冷。上冒,指浊气不降而胸腹膜胀。马莳:"气从下上,而上焦昏冒,其病在脾胃也。"

⑤ 厥:气逆。又《甲乙经》作"病"字。

⑥ 心烦头痛:此句疑误。按《甲乙经》云:"胸中痛,支满,腰背相引而痛,过在手少阴、太阳也。"可参。

语译

凡是头痛等巅顶的疾病,由于下虚上实的关系,病在足少阴、太阳两经,如病势加剧,则可传入肾脏。眼花头眩、目暗耳聋等疾病,由于下实上虚的关系,病在足少阳、厥阴两经,如病势加剧,则可传入肝脏。腹满胀起,支撑胸膈胁肋,由于下厥上冒的关系,病在足太阴、阳明两经。咳嗽喘急,气逆于胸中,病在手阳明、太阴两经。心烦头痛,病在膈中,病在手太阳、少阴两经。

按语

此段经文,文律不一,疑有脱误。如第一、二、三节有下虚上实、下实上虚、下厥上冒之文,而第四、五节没有。又第一、二节有入肾、入肝之文,而第三、四、五节没有。又第五节心烦头痛,误更明显。

夫脉之小、大、滑、涩、浮、沉，可以指别；五藏之象，可以类推；五藏相音①，可以意识；五色微诊，可以目察。能合脉色，可以万全。

赤，脉之至也，喘②而坚，诊曰有积气在中，时害于食，名曰心痹③，得之外疾，思虑而心虚，故邪从之。白，脉之至也，喘而浮，上虚下实，惊，有积气在胸中，喘而虚，名曰肺痹，寒热，得之醉而使内也。青，脉之至也，长而左右弹，有积气在心下，支胠，名曰肝痹，得之寒湿，与疝同法，腰痛足清头痛。黄，脉之至也，大而虚，有积气在腹中，有厥气，名曰厥疝④，女子同法⑤，得之疾使四支，汗出当风。黑，脉之至也，上坚而大，有积气在小腹与阴，名曰肾痹，得之沐浴清水而卧。

注释

① 相音：张介宾："相，形象也。音，五音也。相音，如阴阳二十五人篇所谓木形之人比于上角之类。如肝音角，心音徵，脾音宫，肺音商，肾音羽。"

② 喘：张志聪："急疾也。"此处是形容脉象搏动急疾。

③ 痹：闭塞不通。

④ 厥疝：高世栻："腹中，脾部也，有厥气，乃土受木克，土气厥逆而不达也，土受木克，故不名曰脾痹，而名曰厥疝。疝，肝病也。"

⑤ 女子同法：张志聪："男女气血相同，受病亦属同法，故于中央土藏，而曰男女同法者，欲类推于四藏也。"高世栻："女子无疝，肝木乘脾之法，则同也。"

语译

脉搏的小、大、滑、涩、浮、沉等形象，是可以在医者的手指下辨别出来的；五脏的生理功能和病理变化表现于外的征象，是可以从各方面来比类推测的；五脏的形相和五音，是可以意会而认识的；五色精微的诊断，是可以用目觉察的。能够把气色与脉搏参合起来分析，对疾病的认识和处理，就可以说是万全了。

如若外见赤色，同时脉搏又是急疾而坚强的，诊断可以说是由于病气积聚在中脘，所以常常妨害饮食，这种病名叫心痹，它的致病原因，是由于外邪侵袭，而又思虑过度，使心气内虚，因此外邪能够从而乘虚侵入之。如果外见白色，同时脉搏又是急疾而浮，上虚下实，并且作惊，这是病气积聚在胸中，所以气喘而肺虚，这种病名叫肺痹，时发寒热，它的病因是由于酒醉而行房事。如果外见青色，而脉来颇长，并且左右弹指，这是病气积聚在心下，支撑胠胁，这种病名叫肝痹，它的致病原因，是受了寒湿，它的病理和疝气相同，有腰痛、足冷、头痛等症状。如果外见黄色，同时脉搏大而虚，这是病气积聚在腹中，自觉有一股逆气撑痛，这种病名叫厥疝，女子亦同样有这种情况，它的得病原因，是由于剧烈劳动，汗出当风，劳动伤脾，风气通肝，肝木乘脾，所以腹中有厥气而成厥疝。如果外见黑色，他的脉搏又是坚而大，这是病气积聚在小腹与前阴，这种病名叫肾痹，它的致病原因是由于冷水洗浴后就睡觉所得的。

按语

这段经文是综合色脉等诊法，来推知某一脏所发生的疾患，同时说明各脏有不同的病气积聚部位和所以会造成正气痹塞的原因。并强调"能合色脉，可以万全"，在临床诊治疾病中有重要意义。

凡相五色之奇脉[①]，面黄目青，面黄目赤，面黄目白，面黄目黑者，皆不死也。面青目赤，面赤目白，面青目黑，面黑目白，面赤目青，皆死也。

注释

① 五色之奇脉：王冰："奇脉，谓与色不相偶合也。"又《甲乙经》无"之奇脉"三字，较妥。因这里只谈色而未谈脉，可从改。

语译

大凡观察五色，面黄目青，面黄目赤，面黄目白，面黄目黑的，皆不是死的征象。如见面青目赤，面赤目白，面青目黑，面黑目白，面赤目青的，皆为死亡之征象。

按语

这段经文，是指望色的时候，必须注意黄色的有无。黄色是有胃气之色，面部带有黄色，预后比较良好；如果面部没有丝毫黄的气色，则胃气已败，预后不良。说明了"人以胃气为本"的重要性，临证时不可忽视。

本 篇 要 点

一、五脏与其所合的脉、筋、皮、肉、骨以及色、毛、发、爪、唇等方面的密切关系。

二、叙述了五味、五色、五脉与五脏之间的相互关系。

三、说明脉、髓、筋、血、气在生理上的所属关系，以及血液一般功能和发生病变的情况。

四、说明大谷、小豁皆是卫气所留止的部位，运用五决的方法、根据五脏的脉搏来诊断疾病。

五、举例说明色诊、脉诊在临床上的应用，以及色脉合参在诊断上的重要性。

五藏别论篇第十一

题解

本篇主要是讨论奇恒之腑与五脏六腑的功能特点及其区别,讨论方法与"六节藏象论"和"五藏生成篇"均有所不同,所以名曰"五藏别论"。

黄帝问曰:余闻方士①,或以脑髓为藏,或以肠胃为藏,或以为府。敢问更相反,皆自谓是。不知其道,愿闻其说。

注释

① 方士:王冰:"谓明悟方术之士也。"这里指医生。

语译

黄帝问道:我听见有些懂得方术的人,对脏和腑的解释不同。如有的把脑和髓称为脏,有的把肠和胃亦称为脏,但有的呢,认为这些应该称之为腑。假使有人提出和他们相反的意见来质问,他们又都认为自己的说法是对的。不知到底谁说的正确,希望听你谈谈这个问题。

岐伯对曰:脑、髓、骨、脉、胆、女子胞①,此六者,地气之所生也,皆藏于阴而象于地,故藏而不写,名曰奇恒之府②。夫胃、大肠、小肠、三焦、膀胱，此五者，天气之所生也，其气象天，故写而不藏，此受五藏浊气，名曰传化之府，此不能久留，输写者也。魄门③亦为五藏使，水谷不得久藏。

注释

① 女子胞：张介宾："子宫是也。"亦称胞宫。

② 奇恒之府：张介宾："奇，异也。恒，常也。"奇恒之府，即异于一般的腑。

③ 魄门：王冰："肛之门也。内通于肺，故曰魄门。"魄，通"粕"，肛门为排泄糟粕的门户，故称魄门。

语译

岐伯回答说：脑、髓、骨、脉、胆、女子胞，这六者是禀承地气而生的，都能贮藏阴精，而它们的作用，也就像大地能够藏化万物一样，所以它们总的功能是藏而不泻的，因此名之为"奇恒之府"。至于胃、大肠、小肠、三焦、膀胱，这五者是禀承了天气而生的，它们的作用，是像天的健运不息一样，所以是泻而不藏，它们受纳五脏的浊气，因此名之为"传化之府"，这是因为它们受纳水谷浊气之后，不能长久停留，要在一定时间之内，把精华输送到五脏，把糟粕泻出体外的。肛门也为五脏行使排泄作用，使水谷糟粕不能久藏体内。

所谓五藏者，藏精气而不写也，故满而不能实①。六府者，传化物而不藏，故实而不能满也。所以然者，水谷入口，则胃实而肠虚；食下，则肠实而胃虚。故曰实而不满，满而不实也。

注释

① 满而不能实：王冰："精气为满，水谷为实。"

语译

我们所说的五脏，它是贮藏精气而不泻的，所以它常常精气充满，而不像肠胃那样，有水谷充实。至于六腑，它是将食物消化、吸收、传送而不贮藏，所以它虽常常有水谷充实，却没有精气充满的。这个道理，是因为水谷入口以后，胃中虽实而肠中是空虚的；及至食物下达，则肠中变实，而胃中又空虚了。所以说：六腑是"实而不满"，五脏是"满而不实"的。

按语

本节以"藏"与"泻"、"满"与"实"来论述五脏与六腑的功能特点。其中，六腑是传化物，泻而不藏，实而不满。言其实，即指水谷充实，然而又不能全部实，当是胃实肠虚，肠虚胃实（食之所在为实，食之所不在为虚），虚实更替，保持着"泻"（通）的状态，即后世所说"六腑以通为用"。近年来，此理论运用于临床，对某些六腑不通的病证，如急性阑尾炎、急性肠梗阻等，采用通腑攻下的方法治疗，使六腑保持通畅，取得显著疗效。

帝曰：气口①何以独为五藏主？岐伯曰：胃者，水谷之海，六府之大源也。五味入口，藏于胃，以养五藏气，气口亦太阴也。是以五藏六府之气味，皆出于胃，变见于气口。故五气入鼻，藏于心肺，心肺有病，而鼻为之不利也②。凡治病必察其下③，适④其脉，观其志意，与其病也⑤。拘于鬼神者，不可与言至德⑥；恶于针石者，不可与言至巧⑦；病不许治者，病必不治，治之无功矣。

注释

① 气口：又称寸口、脉口。指两手桡骨内侧桡动脉的诊脉部位。张介宾："气口之义，其名有三：手太阴肺经脉也，肺主诸气，气之盛衰见于此，故曰气口；肺朝百脉，脉之大会聚于此，故曰脉口；脉出太渊，其长一寸九分，故曰寸口。是名虽三，而实则一耳。"

② 故五气入鼻……不利也：《素问绍识》："琦曰：此与上文义不属，有遗脱也。"备考。

③ 下：吴崑："下，谓二便也。"

④ 适：张介宾："适，测也。"

⑤ 必察其下……与其病也：新校正云："按《黄帝内经太素》作'必察其上下，适其脉候，观其志意，与其病能'。"文理似是。

⑥ 至德：至深的道理。此指医学理论。

⑦ 至巧：最精的技巧。此指针石医疗技术。

语译

黄帝问道：单独诊察气口之脉，何以能够知道五脏的变化呢？岐伯说：胃是水谷之海，为六腑的泉源。凡是饮食入口，都储留在胃，通过脾的运化转输，以滋养五脏之气，气口为手太阴肺经所过之处，与足太阴脾经相联系。所以五脏六腑的气和味，都是来源于胃，而反映于气口的。同时，五气入鼻，也贮藏于心肺，所以心肺有病，而鼻每因之不利。凡是医治疾病，必须问清楚病人的二便情况，详细辨别脉象，观察病人的精神状态，以及所表现的其他症状。如若一个病人是迷信于鬼神的，就不要与他谈论医学的道理；如若一个病人是不愿接受针石治疗的，就无须向他说明针石的技巧；如若一个病人有了病而不许医治的，那病也必定不能治好，就是勉强给他治疗，也不会收到预期的功效。

本 篇 要 点

一、说明了奇恒之腑与传化之腑的区别，并指出脏与腑的功能特点。

二、说明诊脉独取寸口的道理。

三、指出医生临证时的正确做法,并阐明了不信鬼神和相信医学的科学思想。

异法方宜论篇第十二

题解

本篇论述了居住在不同地方的人,由于受自然环境及生活条件的影响,形成了生理上、体质上的不同特点,因而产生的疾病各异,在治疗时就必须采取不同的方法,才能做到因地、因人制宜,故篇名为"异法方宜论"。

黄帝问曰:医之治病也,一病而治各不同,皆愈,何也?岐伯对曰:地势①使然也。

故东方之域②,天地之所始生③也,鱼盐之地,海滨傍水。其民食鱼而嗜咸,皆安其处,美其食。鱼者使人热中④,盐者胜血⑤,故其民皆黑色疏理⑥,其病皆为痈疡,其治宜砭石。故砭石者,亦从东方来。

注释

① 地势:地理形势。王冰:"地势,谓法天地生长收藏及高下燥湿之势也。"

② 域:地区。

③ 始生:开始发生。因东方法春,故生发之气自东开始。

④ 热中:热积于中。因鱼性属火,多食之则热积于中而痈发于外。

⑤ 盐者胜血:盐味咸入血,少则养,过则害。多食伤血,故谓"盐者胜血"。

⑥ 疏理：皮肤腠理疏松。

语译

黄帝问道：医生治疗疾病，同病而采取各种不同的治疗方法，但结果都能痊愈，这是什么道理？岐伯回答说：这是因为地理形势不同，而治法各有所宜的缘故。

例如东方得天地始生之气，气候温和，是出产鱼和盐的地方，由于地处海滨而接近于水。该地的人们，多吃鱼类，而喜欢咸味，他们安居在这个地方，以鱼盐为美食。但由于多吃鱼类，鱼性属火，会使人热积于中，过多的吃盐，因为咸能走血，又会耗伤血液，所以该地的人们，大都皮肤色黑，肌理松疏，该地多发痈疡之类的疾病，对其治疗，大都宜用砭石刺法。因此，砭石的治病方法，也是从东方传来的。

西方者，金玉之域，沙石之处①，天地之所收引②也。其民陵居③而多风，水土刚强，其民不衣而褐荐④，其民华食⑤而脂肥，故邪不能伤其体，其病生于内⑥，其治宜毒药⑦。故毒药者，亦从西方来。

注释

① 金玉之域，沙石之处：张介宾："地之刚在西方，故多金玉砂石。"

② 收引：收敛引急，说明秋天的气象。张介宾："天地之气，自西而降，故为天地之收引，而在时则应秋。"

③ 陵居：谓依山陵而居。

④ 褐(hè贺)荐：褐，毛布。荐，草席。褐荐，此指用毛布为衣，细草为席的生活习惯。

⑤ 华食：王冰："华，谓鲜美，酥酪骨肉之类也。以食鲜美，故人体脂肥。"

⑥ 病生于内：谓疾病的产生，由于内伤，如饮食不调、房事不节、情志波动过度等。

⑦ 毒药：张介宾："毒药者,总括药饵而言,凡能除病者,皆可称为毒药。"汪机："药,谓草木鱼虫禽兽之类,以能攻病,皆谓之毒。"

语译

西方地区,是多山旷野,盛产金玉,遍地沙石,这里的自然环境,像秋令之气,有一种收敛引急的现象。该地的人们,依山陵而住,其地多风,水土的性质又属刚强,而他们的生活,不甚考究衣服,穿毛布,睡草席,但饮食却都是鲜美酥酪骨肉之类,因此体肥,外邪不容易侵犯他们的形体,他们发病,大都属于内伤类疾病,对其治疗,宜用药物。所以药物疗法,是从西方传来的。

北方者,天地所闭藏之域也,其地高陵居,风寒冰冽。其民乐野处而乳食①,藏寒生满病②,其治宜灸焫③。故灸焫者,亦从北方来。

注释

① 乐野处而乳食：高世栻："处,暂处也。乐野处而乳食,盖是一种游牧生活。"
② 藏寒生满病：张介宾："地气寒,乳性亦寒,故令人藏寒。藏寒多滞,故生胀满等病。"即是内脏受寒,而发生胀满的疾病。
③ 灸焫（ruò 弱）：焫,烧。灸焫,即灸法。王冰："火艾烧灼,谓之灸焫。"

语译

北方地区,自然的气候,如同冬天的闭藏气象,地形较高,人们依山陵而居住,经常处在风寒冰冽的环境中。该地的人们,喜好游牧生活,四野临时住宿,吃的是牛羊乳汁,因此内脏受寒,易生胀满的疾病,对其治疗,宜用艾火烧灼。所以艾火烧灼的治疗方法,是从北方传来的。

南方者，天地所长养①，阳之所盛处也，其地下，水土弱，雾露之所聚也。其民嗜酸而食胕②，故其民皆致理而赤色，其病挛痹③，其治宜微针。故九针④者，亦从南方来。

注释
① 长养：谓南方法夏气，气候水土适宜于长养万物。
② 胕（fǔ府）：同"腐"，指经过发酵腐熟的食物。张介宾："胕，腐也。物之腐者，如豉鲊曲酱之属是也。"
③ 挛痹：挛，是筋脉拘急。痹，是麻木不仁。此为湿热浸淫所致的病证。
④ 九针：镵针、员针、鍉针、锋针、铍针、员利针、毫针、长针、大针九种（见《灵枢·九针十二原》），是古代针具的种类。

语译

南方地区，像自然界万物长养的气候，阳气最盛的地方，地势低下，水土薄弱，因此雾露经常聚集。该地的人们，喜欢吃酸类和腐熟的食品，其皮肤腠理致密而带红色，易发生筋脉拘急、麻木不仁等疾病，对其治疗，宜用微针针刺。所以九针的治病方法，是从南方传来的。

中央者，其地平以湿，天地所以生万物也众①。其民食杂②而不劳，故其病多痿厥寒热，其治宜导引按蹻③。故导引按蹻者，亦从中央出④也。

故圣人杂合以治，各得其所宜。故治所以异而病皆愈者，得病之情⑤，知治之大体⑥也。

注释
① 生万物也众：是说中央土地平原，气候适宜，物产丰富。王冰："法土德之用，故生物众。"

② 食杂：王冰："四方辐辏，而万物交归，故人食纷杂而不劳也。"是说中央地方，不仅本身物产丰富，而东南西北的产物，又皆交流于中央，所以这里人们吃的食物种类繁多。

③ 导引按蹻：是古代用来保健和治病的方法，类似于现在的气功、按摩、健身操等。王冰："导引，谓摇筋骨，动肢节。按，谓抑按皮肉。蹻，谓捷举手足。"

④ 出：高世栻："四方会聚，故曰来；中央四布，故曰出。"

⑤ 得病之情：能了解病情。病情与天时、方土、生活等有关。张志聪："得病之情者，知病之因于天时，或因于地气，或因于人之嗜欲，得病之因情也。"

⑥ 知治之大体：指能掌握治疗的大法，如某病用某法，各有所宜，因人而施。

语译

中央之地，地形平坦而多潮湿，物产丰富，所以人们的食物种类很多，生活比较安逸，这里发生的疾病，多是痿弱、厥逆、寒热等病，这些病的治疗，宜用导引按蹻的方法。所以导引按蹻的治法，是从中央地区推广出去的。

从以上情况来看，一个高明的医生，是能够将这许多治病方法综合起来，根据具体情况，随机应变，灵活运用，使之各得适宜治疗。所以治法尽管有各种不同，而结果是疾病都能痊愈，这是由于医生能够了解病情，并掌握了治疗大法的缘故。

本 篇 要 点

一、说明东、南、西、北、中央五方的地理环境、自然气候的差异，以及人们生活习惯的不同，对人体生理活动和疾病发生的密切关系。

二、指出医生在临床上，要能了解病情，掌握治疗大法，必须结合具体情况，因地、因人制宜，灵活运用。

移精变气论篇第十三

题解

移精变气,即运用某种治疗方法,转变病人的精神,改变其气血紊乱的病理状态,从而达到治疗疾病的目的。由于篇首是从"古之治病,惟其移精变气,可祝由而已"谈起的,所以篇名"移精变气论"。

黄帝问曰:余闻上古之治病,惟其移精变气①,可祝由②而已。今世治病,毒药治其内,针石治其外,或愈或不愈,何也?岐伯对曰:往古人居禽兽之间,动作以避寒,阴居以避暑,内无眷慕之累,外无伸官③之形,此恬憺之世,邪不能深入也。故毒药不能治其内,针石不能治其外,故可移精祝由而已。当今之世不然,忧患缘其内,苦形伤其外,又失四时之从,逆寒暑之宜,贼风数至,虚邪朝夕,内至五藏骨髓,外伤空窍肌肤,所以小病必甚,大病必死,故祝由不能已也。

注释

① 移精变气:王冰:"移为移易,变为改变,皆使邪不伤正,精神复强而内守也。生气通天论曰:圣人传精神,服天气。上古天真论曰:精神内守,病安从来是也。"

② 祝由：是古代"毒药未兴，针石未起"时，对疾病求助于"神"的一种方法，用以改变病人的精神状态，相似于今日的精神疗法。王冰："祝说病由，不劳针石而已。"

③ 伸官：吴崑："伸官，求进于官也。"

语译

黄帝问道：我听说古时治病，只要对病人移易精神和改变气的运行，用一种"祝由"的方法，病就可以好了。现在医病，要用药物治其内，针石治其外，疾病还是有好、有不好，这是什么缘故呢？岐伯回答说：古时候的人们，生活简单，巢穴居处，追逐生存于禽兽之间，寒天到了，利用活动以除寒冷，暑热来了，就到阴凉的地方避免暑气，在内没有眷恋羡慕的情志牵挂，在外没有奔走求官的劳累形役，这是处在一个安静淡薄、不谋势利、精神内守的意境里，邪气是不可能深入侵犯的。所以既不须要药物治其内，也不须要针石治其外，即使有疾病的发生，亦只要对病人移易精神和改变气的运行，用一种"祝由"的方法，病就可以好了。现在的人就不同了，内则为忧患所牵累，外则为劳苦所形役，又不能顺从四时气候的变化，常常遭受到"虚邪贼风"的侵袭，正气先馁，外邪乘虚而客袭之，内侵犯五脏骨髓，外伤害孔窍肌肤，这样轻病必重，重病必死，所以用祝由的方法就不能医好疾病了。

按语

祝由，即祝（咒）说疾病之由来，是在古代一定历史时期用以治病的医疗方法之一，是一种精神疗法。在古代医药不发达的条件下，通过祝说病由，调整病人的精神活动，以达到治疗某些疾病的目的，类似于今日临床仍然应用的精神疗法、安慰疗法、暗示疗法等，含有一定的科学意义。在药物治疗的同时，进行"祝由"疗法,对提高疗效,也有一定的辅助作用。当然,对"祝由"方法治病,必须与巫神迷信方术加以区别。

帝曰:善! 余欲临病人,观死生,决嫌疑,欲知其要,如日月光,可得闻乎? 岐伯曰:色脉者,上帝之所贵也,先师之所传也。上古使僦贷季①,理色脉而通神明,合之金木水火土、四时、八风、六合②,不离其常,变化相移,以观其妙,以知其要。欲知其要,则色脉是矣。色以应日,脉以应月,常求其要,则其要也。夫色之变化,以应四时之脉,此上帝之所贵,以合于神明也,所以远死而近生。生道以长,命曰圣王。

注释

① 僦(jiù 就)贷季:是古时的名医,相传是岐伯之祖师。王冰:"谓岐伯祖世之师。"

② 八风、六合:八风,指东、南、西、北、东南、西南、西北、东北八方的风。六合,指东、南、西、北、上、下。

语译

黄帝道:很好! 我想要临诊病人,能够察其死生,决断疑惑,掌握要领,如同日月之光一样的心中明了,这种诊法可以讲给我听吗? 岐伯曰:在诊法上,色和脉的诊察,是上帝所珍重,先师所传授的。上古有位名医叫僦贷季,他研究色和脉的道理,通达神明,能够联系到金木水火土,以及四时、八风、六合,从正常的规律和异常的变化,来综合分析,观察它的变化奥妙,从而知道其中的要领。我们如果要能懂得这些要领,就只有研究色脉。气色是像太阳而有阴晴,脉息是像月亮而有盈亏,从色脉中得其要领,正是诊病的关键。而气色的变化,与四时的脉象是相应的,这是上古帝王所十分珍重,若能明白原理,心领神会,便可运用无穷,所以他能从这些观察中间,掌握情况,知道去回避死亡而达到生命的安全。要能够做到这样就可以长寿,而人们亦将称奉你为"圣王"了。

中古之治病,至而治之,汤液①十日,以去八风五痹②之病,十日不已,治以草苏草荄之枝,本末为助③,标本已得④,邪气乃服。暮世之治病也则不然,治不本四时,不知日月⑤,不审逆从,病形已成,乃欲微针治其外,汤液治其内,粗工凶凶⑥,以为可攻,故病未已,新病复起。

注释

① 汤液:古代用五谷制作的清酒之类。
② 五痹:指风痹、肉痹、筋痹、骨痹、脉痹五种痹病。
③ 治以草苏草荄(gāi 该)之枝,本末为助:马莳:"苏者,叶也;荄者,根也;枝者,茎也。荄为本,枝、叶为末,即后世之煎剂也。"
④ 标本已得:病人为本,医工为标。标本已得,指医生的诊断与处理,和病人的病情变化相符合。
⑤ 不知日月:张志聪:"不识阴阳色脉也。"
⑥ 粗工凶凶:王冰:"粗,谓粗略也;凶凶,谓不料事宜之可否也。"是形容技术不高明的医生,工作粗枝大叶,不能深入考虑问题。

语译

中古时候的医生治病,多在疾病一发生就能及时治疗,先用汤液十天,祛除"八风"、"五痹"的病邪,如果十天不愈,再用草药治疗,医生还能掌握病情,处理得当,所以邪气就被征服,疾病也就痊愈。至于后世的医生治病,就不是这样了,治病不能根据四时的变化,不知道阴阳色脉的关系,也不能够辨别病情的顺逆,等到疾病已经形成了,才想用微针治其外,汤液治其内,医术浅薄,工作粗枝大叶的医生，还认为可以用攻法，不知病已形成，非攻可愈，以致原来的疾病没有痊愈，加上治疗的错误，又产生了新的疾病。

帝曰：愿闻要道。岐伯曰：治之要极，无失色脉，用之不惑，治之大则。逆从倒行，标本不得，亡神失国！去故就新，乃得真人①。帝曰：余闻其要于夫子矣，夫子言不离色脉，此余之所知也。岐伯曰：治之极于一。帝曰：何谓一？岐伯曰：一者因得之②。帝曰：奈何？岐伯曰：闭户塞牖，系之病者，数问其情，以从其意，得神者昌，失神者亡。帝曰：善。

注释

① 去故就新，乃得真人：张介宾："去故者，去其旧习之陋。就新者，进其日新之功。新而又新，则圣贤可以学至，而得真人之道矣。"

② 因得之：因，作"由"字解。因得之，是谓从问而得其病情。王冰："因问而得之也。"

语译

黄帝道：我愿听听有关临证方面的重要道理。岐伯说：诊治疾病极重要的关键，在于不要搞错色脉，能够运用色脉而没有丝毫疑惑，这是临证诊治的最大原则。假使色脉的诊法不能掌握，则病情的顺逆无从理解，而处理亦将有倒行逆施的危险，医生与病情不能取得一致，这样去做，用以治病，要损害病人，若用以治国，是要使国家灭亡的！因此晚世的医生，赶快去掉旧习的简陋知识，对崭新的色脉学问要钻研，努力进取，是可以达到上古真人的地步的。黄帝道：我已听到你讲的这些重要道理，你说的主要精神是不离色脉，这是我已知道的。岐伯说：诊治疾病的主要关键,还有一个。黄帝道:是一个什么关键?岐伯说:一个关键就是从与病人的接触中间,问得病情。黄帝道:怎样问法?岐伯说:选择一个安静的环境,关好门窗,与病人取得密切联系,耐心细致的询问病情,务使病人毫无顾虑,尽情倾诉,而得知其中的真情,并观察病人的神色,有神气的,预后良好,没有神气的,预后不良。黄帝说:讲得很好。

按语

文中所讲的"闭户塞牖,系之病者,数问其情,以从其意",这一点在临床时应予重视。尤其是那些情志病,有不可告人难以启齿的隐私,如不得其真实思想,在治疗上便难以中的。但要了解其真正的内心活动,在众目睽睽之下,病人是绝对不会吐露其内心的活动。故而医生必须以亲和态度,选择适合场所,以关怀诚恳和其谈话,这样病人就会敞开心扉,原原本本地告诉你内心活动和癥结所在,得其实情,一方面可以进行疏导,一方面再服药治疗。常言道"草木无情不能医有情之病","心病还须心药医",现在的心理医生就非常注意这一点的。

本 篇 要 点

一、指出时代不同,生活环境不同,因而疾病的发生情况也不同。

二、色脉合参,并结合四时、五行来综合分析,是临床诊断的一个重要原则。

三、详细的问诊,又是诊断的一个关键。

汤液醪醴论篇第十四

题解

汤液醪醴,都是由五谷制成的酒类,其中清稀淡薄的叫做汤液,稠浊味厚的叫做醪醴。本篇首先是论述汤液醪醴的制法和治疗作用;其次是指出严重病情和情志内伤之病,非药石所能见功;最后介绍了一个水气病的病情和治疗。由于开首是从汤液醪醴谈起的,所以篇名"汤液醪醴论"。

黄帝问曰:为五谷①汤液及醪醴②,奈何?岐伯对曰:必以稻米,炊之稻薪,稻米者完,稻薪者坚。帝曰:何以然?岐伯曰:此得天地之和,高下之宜,故能至完;伐取得时,故能至坚也③。

注释

① 五谷:《金匮真言论》以麦、黍、稷、稻、豆为五谷。

② 汤液及醪(láo 劳)醴(lǐ 李):都是用五谷制成的酒类,古人常用以治疗疾病。张介宾:"汤液、醪醴,皆酒之属。"

③ 得天地之和……故能至坚也:张志聪:"天地有四时之阴阳,五方之异域,稻得春生、夏长、秋收、冬藏之气,具天地阴阳之和者也,为中央之土谷,得五方高下之宜,故能至完,以养五藏。天地之政令,春生秋杀,稻薪至秋而刈,故伐取得时,金曰坚成,故能至坚也。"

语译

黄帝问道：用五谷来做成汤液及醪醴，应该怎样？岐伯回答说：必须要用稻米作原料，以稻秆作燃料，因为稻米之气完备，稻秆又很坚劲。黄帝问道：何以见得？岐伯说：稻禀天地之和气，生长于高下适宜的地方，所以得气最完；收割在秋时，故其秆坚实。

帝曰：上古圣人作汤液醪醴，为而不用，何也？岐伯曰：自古圣人之作汤液醪醴者，以为备耳，夫上古作汤液，故为而弗服也。中古之世，道德①稍衰，邪气时至，服之万全。帝曰：今之世不必已，何也？岐伯曰：当今之世，必齐毒药攻其中，镵石②、针艾③治其外也。

注释

① 道德：道，这里指养生之道。德，指人应遵循的理法和行为。张志聪："天真论曰，夫道者，能却老而全形，所以年度百岁，而动作不衰者，以其德全不危也。"

② 镵（chán 馋）石：就是石针。

③ 针艾：针刺及艾灸。

语译

黄帝道：上古时代有学问的医生，制成汤液和醪醴，但虽然制好，却备在那里不用，这是什么道理？岐伯说：古代有学问的医生，他做好的汤液和醪醴，是以备万一的，因为上古太和之世，人们身心康泰，很少疾病，所以虽制成了汤液，还是放在那里不用的。到了中古时代，养生之道稍衰，人们的身心比较虚弱，因此外界邪气时常能够乘虚伤人，但只要服些汤液醪醴，病就可以好了。黄帝道：现在的人，虽然服了汤液醪醴，而病不一定好，这是什么缘故呢？岐伯说：现在的人和中古时代又不同了，一有疾病，必定要用药物内服，砭石、针灸外治，其病才能痊愈。

按语

此节经文，应与上篇往古、中古、暮世治病之文互参。

帝曰：形弊血尽①而功不立者何？岐伯曰：神不使②也。帝曰：何谓神不使？岐伯曰：针石，道也。精神不进，志意不治③，故病不可愈。今精坏神去，荣卫不可复收。何者？嗜欲无穷，而忧患不止，精气弛坏④，荣泣卫除⑤，故神去之而病不愈也。

注释

① 形弊血尽：弊，是坏或困乏的意思。尽，是竭的意思。形弊血尽，指病情已很严重，到了形体弊坏、气血竭尽的程度。

② 神不使：使，是作用的意思。神不使，是谓严重病人的神气，已经不能发生它的应有作用了。张介宾："神不使，凡治病之道，攻邪在乎针药，行药在乎神气，故施治于外，则神应于中，使之升则升，使之降则降，是其神之可使也。若以药剂治其内，而藏气不应，针艾治其外，而经气不应，此其神已去，而无可使矣。虽竭力治之，终成虚废已尔，即是所谓不使也。"

③ 精神不进，志意不治：是指严重病人，精神已经散越，志意已经散乱。又《黄帝内经太素》作"精神越，志意散"，义较明显。

④ 精气弛坏：弛，同"弛"，毁坏。坏，是败坏。形容精气衰微到了严重程度。

⑤ 荣泣卫除：荣，是荣血。泣，同"涩"。卫，是卫气。除，是撤除。荣泣卫除，是荣血枯涩，而卫气的作用亦消失了。

语译

黄帝道：一个病情发展到了形体弊坏、气血竭尽的地步，治疗就没有办法见效，这里有什么道理？岐伯说：这是因为病人的神气不能发挥它的应有作用的关系。黄帝道:什么叫做神气不能发生它的应有作用?岐伯说:针石治病,这不过是一种方法而已。现在病人的神气散越,志意散乱,纵然有好的方法,神气不起应有作用,则病不能好。况且病人病情严重,到了精神败坏,神气离去,荣卫不可以再恢复的地步了。为什么病情会发展到这样地步的呢?由于不懂得养生之道,嗜好欲望没有穷尽,忧愁患难又没有止境,以至于一个人的精气败坏,荣血枯涩,卫气作用消失,所以神气失去应有的作用,对治疗上的方法已失却反应,当然病就不会好。

帝曰:夫病之始生也,极微极精①,必先入结于皮肤,今良工皆称曰病成,名曰逆,则针石不能治,良药不能及也。今良工皆得其法,守其数,亲戚兄弟远近,音声日闻于耳,五色日见于目,而病不愈者,亦何暇不早乎?岐伯曰:病为本,工为标,标本不得,邪气不服,此之谓也。

注释

① 极微极精:马莳:"凡病始生,虽极精微,难以测识,然必先入于皮肤。"高世栻"微,犹轻也。精,犹细也。"

语译

黄帝道:凡病初起,固然是精微难测,但大致情况,是必先侵袭于皮肤,所谓表证。现在经过医生一看,都说是病已经成,而且发展和预后很不好,用针石不能治愈,吃汤药亦不能达到病所了。现在医生都能懂得法度,操守术数,与病人像亲戚兄弟一样亲近,声音的变化每日都能听到,五色的变化每日都能看到,然而病却医不好,这是不是治疗得不早呢?岐伯说:这是因为病人为本,医生为标,病人与医生不能很好合作,病邪就不能制服,道理就在这里。

按语

在病人和医生的关系上,强调重视病人的内在因素,提出"病为本,工为标"的论点。因此,治疗疾病,必须发挥医患两个积极性,才能达到如"移精变气论"所说的"标本已得,邪气乃服"。

帝曰:其有不从毫毛而生,五藏阳以竭也,津液充郭①,其魄独居,孤精于内,气耗于外②,形不可与衣相保,此四极③急而动中,是气拒于内,而形施于外,治之奈何?岐伯曰:平治于权衡④,去宛陈莝⑤,微动四极,温衣,缪刺⑥其处,以复其形。开鬼门,洁净府⑦,精⑧以时服,五阳已布,疏涤五藏。故精自生,形自盛,骨肉相保,巨气⑨乃平。帝曰:善。

注释

① 津液充郭:是说水气充满于皮肤之内。张介宾:"津液,水也;郭,形体胸腹也。胀论曰:夫胸腹,藏府之郭也。"

② 其魄独居,孤精于内,气耗于外:魄,此指阴精。精得阳则化气行水,今阳气衰竭,体内阴精过剩,水液停潴,所以说"其魄独居"。阴盛则阳愈衰,所以说"孤精于内,气耗于外"。这是病理上的连锁关系。

③ 四极:就是四肢。

④ 权衡:秤锤与秤杆,此指衡量轻重。

⑤ 去宛陈莝(cuò错):宛,通"郁",郁积。莝,铡草。去宛陈莝,就是去掉堆积的陈草,在人体是说驱除郁积已久的水液废物。

⑥ 缪(miù谬)刺:病在左而刺右、病在右而刺左的针治方法。

⑦ 开鬼门,洁净府:鬼门,指汗孔。开鬼门,即发汗。净府,指膀胱。洁净府,即利小便。

⑧ 精:与上文"孤精于内"的"精"字同义,指阴精。

⑨ 巨气:是大气,在人体指的正气。

语译

黄帝道：有的病不是从外表毫毛而生的，是由于五脏的阳气衰竭，以致水气充满于皮肤，而阴气独盛，独居于内，则阳气耗于外，形体浮肿，不能穿着原来的衣服，四肢肿急而影响到内脏，这是阴气格拒于内，而水气弛张于外，对这种病的治法怎样呢？岐伯说：要平复水气，当根据病情，衡量轻重，祛除体内的积水，并叫病人四肢做些轻微运动，令阳气渐次宣行，穿衣服带温暖一些，助其肌表之阳，而阴凝易散，用缪刺方法，针刺肿处，去水以恢复原来的形态。用发汗和利小便的方法，开汗孔，泻膀胱，使阴精归于平复，五脏阳气输布，以疏通五脏的郁积。这样，精气自会生成，形体也强盛，骨骼与肌肉保持着常态，正气也就恢复正常了。黄帝道：讲得很好。

按语

本节论述水肿病的病因病机和主要症状，提出"去宛陈莝"的治疗原则。具体治法，一是"微动四极，温衣，缪刺"，以通畅阳气；一是"开鬼门，洁净府"，以排除积水。这些理论与治法，对后世的启迪较大，据此张仲景进一步提出了腰以上肿当发汗，腰以下肿当利小便之法，对今日临床水肿病的辨证施治仍具有重要的指导意义。

本篇要点

一、论述汤液醪醴的制造和应用。

二、说明病至形弊血尽，神气不使，则虽有针石方法，亦无能为力了。

三、指出病者与医生的标本关系，两者必须密切协作，发挥两个积极性，才能制服病邪。

四、讨论水肿病的病机、症状、治疗原则和治疗方法。

玉版论要篇第十五

题解

论要,即重要的论述。此篇是讨论"揆度奇恒"的运用方法,并以色、脉为例。由于"揆度奇恒"方法是很宝贵的,所以"著之玉版";又由于岐伯对"揆度奇恒"的道理说得很透彻,所以说"论要毕矣"。因此篇名"玉版论要",实是指出"揆度奇恒"方法的重要。

黄帝问曰:余闻《揆度①》、《奇恒①》,所指不同②,用之奈何?岐伯对曰:《揆度》者,度病之浅深也。《奇恒》者,言奇病③也。请言道之至数④,《五色》、《脉变》、《揆度》、《奇恒》,道在于一⑤。神转不回,回则不转,乃失其机⑥!至数之要,迫近以微⑦。著之玉版⑧,命曰合玉机⑨。

注释

① 揆(kuí奎)度(duó夺)、奇恒:揆度,是衡量和比较。奇,就是异常。恒,就是正常。

② 所指不同:即所指内容不是单一的。张介宾:"所指不同,有言疾病者,有言脉色者,有言藏府者,有言阴阳者。"

③ 奇病:就是异常的病。

④ 至数:至,极、最。数,理。《老子》:"数,谓理数也。"至数,盖谓重要的理数(道理),在这里是指色脉。

⑤ 道在于一：一，指神。马莳："一者何也？以人之有神也。"意谓道理只有一个，即是神。

⑥ 神转不回，回则不转，乃失其机：王冰："血气者，神气也。《八正神明论》曰：'血气者，人之神，不可不谨养也。'夫血气应顺四时，递迁囚王，循环五气，无相夺伦，是则神转不回也。回，谓却行也。然血气随王，不合却行，却行则反常，反常则回而不转也，回而不转，乃失生气之机矣。"

⑦ 迫近以微：是指色脉的诊察，虽浅近，而微妙却关于神机。

⑧ 玉版：玉石做成的版。

⑨ 合玉机：王冰："玉机，篇名也。言以此回转之要旨，著之玉版，合同于《玉机论》文也。"

语译

黄帝问道：我听说《揆度》、《奇恒》的诊法，运用的地方很多，而所指是不同的，究竟怎样运用呢？岐伯回答说：一般来讲，《揆度》是用以衡量疾病的深浅。《奇恒》是辨别异于正常的疾病。请允许我从诊病的主要理数说起，《五色》、《脉变》、《揆度》、《奇恒》等，虽然所指不同，但道理只有一个，就是色脉之间有无神气。人体的气血是随着四时的递迁，永远向前运转而不回折的，如若回折了，就不能运转，就失却生机了！这个道理很重要，诊色脉是浅近的事，而微妙之处却在于察神机。把它记录在玉版上，可以与《玉机真藏论》合参的。

按语

本节首先指出"揆度奇恒"这一诊察疾病的方法。并以色脉为例，来辨别疾病的浅深常变，虽以诊察五色和脉象的变化为主，实际却强调了神的重要作用。"血气者，人之神，"色脉的变化是神气的外现，故色脉贵在有神。

容色①见上下左右，各在②其要。其色见浅者，汤液主治,十日已;其见深者,必齐③主治,二十一日已;其见大深者,醪酒主治,百日已;色夭面脱,不治,百日尽已。脉短气绝④,死;病温虚甚⑤,死。

注释
① 容色:为面容之色泽。
② 在:丹波元简:"在,察也,见《尔雅·释诂》。"
③ 齐:作"剂"字讲,就是药剂。
④ 脉短气绝:脉气短而阳气虚脱。
⑤ 病温虚甚:是指温热病而正气大虚。

语译

面容的五色变化,呈现在上下左右不同的部位,应分别其深浅顺逆之要领。如色见浅的,其病轻,可用五谷汤液调理,约十天就可以好了;其色见深的,病重,就必须服用药剂治疗,约二十一天才可恢复;如果其色过深,则其病更为严重,必定要用药酒治疗,须经过一百天左右,才能痊愈;假如神色枯槁,面容瘦削,就不能治愈,到一百天就要死了。除此以外,如脉气短促而阳气虚脱的,必死;温热病而正气虚极的,亦必死。

色见上下左右,各在其要。上为逆①,下为从①;女子右为逆,左为从;男子左为逆,右为从②。易③,重阳④死,重阴④死。阴阳反他⑤,治在权衡相夺⑥,《奇恒》事也,《揆度》事也。

注释
① 逆、从:逆,预后不良。从,预后良好。马莳:"以色见于上,病势方炎,故为逆。色见于下,病势已衰,故为从。"
② 女子右为逆,左为从;男子左为逆,右为从:此指女子为阴,右亦为

阴，故色见于右侧为逆，见于左侧为顺；男子为阳，左亦为阳，故色见于左侧为逆，见于右侧为顺。

③ 易：是变更，指变更了常道。

④ 重阳、重阴：王冰："男子（病）色见于左，是曰重阳；女子（病）色见于右，是曰重阴。"

⑤ 阴阳反他：是阴阳相反。《阴阳应象大论》："阴阳反作。"

⑥ 权衡相夺：就是衡量病势的轻重，而决定采取适当的治疗。张介宾："谓度其轻重，而夺之使平。"

语译

面色见于上下左右，必须辨别观察其要领。病色向上移的为逆，向下移的为顺；女子病色在右侧的为逆，在左侧的为顺；男子病色在左侧的为逆，在右侧的为顺。如果病色变更，倒顺为逆，那就是重阳、重阴了，重阳、重阴的预后不好。假如到了阴阳相反之际，应尽快衡量其病情，果断的采用适当的治法，使阴阳趋于平衡，这就在于《揆度》《奇恒》的运用了。

搏脉痹躄①，寒热之交。脉孤为消气②，虚泄为夺血③。孤为逆，虚为从④。行《奇恒》之法，以太阴始⑤，行所不胜曰逆，逆则死；行所胜曰从，从则活⑥。八风四时之胜，终而复始⑦，逆行一过⑧，不复可数。论要毕矣。

注释

① 搏脉痹(bì闭)躄(bì闭)：搏，搏击。搏脉，即脉搏击于指下。痹躄，病名。肢体痛重为痹；足跛不能行为躄。张介宾："痹，顽痹也。躄，音碧，足不能行也。"

② 脉孤为消气：脉孤，指毫无冲和胃气之真脏脉。消气，指阳气耗损。高世栻："脉者血之先，脉孤则阳气内损，故为消气。孤，谓弦、钩、毛、石，少胃气也。"

③ 虚泄为夺血：虚泄，是脉虚而兼泄利。夺血，为伤夺了阴血。

④ 孤为逆，虚为从：高世栻："脉孤而无胃气，真元内脱，故为逆；虚泄

而少血液,则血可渐生,故为从。"

⑤ 以太阴始:是指手太阴肺脉,就是寸口,可以诊得邪正盛衰及气血的虚实。王冰:"以气口太阴之脉,定四时之正气。"

⑥ 行所不胜曰逆,逆则死;行所胜曰从,从则活:此指四时、脉象与五行的关系。行所不胜,即克我者,如春见秋脉,夏见冬脉,此为逆,故预后不良;行所胜,即我克者,如春见长夏脉,夏见秋脉,此为顺,故预后良好。

⑦ 八风四时之胜,终而复始:此指四时正常气候。吴崑:"八风,八方之风。四时,春夏秋冬也。胜,各以所王之时而胜也。终而复始,主气不变也。言天之常候如此。"

⑧ 逆行一过:是指四时气候的失常。张介宾:"设或气令失常,逆行一过,是为回则不转,而至数紊乱无复可以胜计矣。过,失也,喻言人之色脉,一有失调,则奇恒反作,变态百出。"

语译

脉象搏击于指下,是邪盛正衰之象,或为痹证,或为躄证,或为寒热之气交合为病。如脉见孤绝,是阳气损耗;如脉见虚弱,而又兼下泄,为阴血损伤。凡脉见孤绝,预后都不良;脉见虚弱,预后当好。在诊脉时运用《奇恒》之法,从手太阴经之寸口脉来研究,如所见之脉在四时、五行来说,是不胜现象来见的(如春见秋脉,夏见冬脉),为逆,预后不良;如所见之脉是所胜现象(如春见长夏脉,夏见秋脉),为从,预后良好。至于八风、四时之间的相互胜复,是循环无端,终而复始的,假如四时气候失常,就不能用常理来推断了。至此,则揆度奇恒之要点都论述完了。

按语

上节言奇恒之色,此节言奇恒之脉,即是揆度奇恒法在望色和诊脉方面的运用。同时论及了辨别脉象的正常与反常要结合自然界的变化来分析。

由于面色、脉象与内脏具有内在联系,故望面部色泽可以了解脏腑气血之盛衰以及邪气之所在，诊察脉象可以判断疾病的病位与推断疾病的预后。因此本文的论述对于临床是有一定的指导意义的。

本篇要点

一、说明诊断首先要辨别正常和反常情况，进一步再分别轻重浅深，而给以适当的治疗。

二、根据病色出现的部位，以及脉与四时的关系，作了详细的分析，来说明"揆度奇恒"的运用，使人在临床上有所遵循。

诊要经终论篇第十六

题解

诊要,即诊治疾病的要道;经终,谓十二经脉之气终绝。此篇的重点有二:一是阐明诊察要道与天地人之间的相互关系及其与针刺方法的关系,并强调"治不本四时,必内伤于五藏"的重要;二是论述十二经脉终绝的情况,并具体地描写了临死时的症候。因此,篇名"诊要经终论"。

黄帝问曰:诊要何如? 岐伯对曰:正月、二月,天气始方①,地气始发,人气在肝;三月、四月,天气正方②,地气定发②,人气在脾③;五月、六月,天气盛,地气高④,人气在头;七月、八月,阴气始杀,人气在肺;九月、十月,阴气始冰,地气始闭,人气在心⑤;十一月、十二月,冰复⑥,地气合⑦,人气在肾⑧。故春刺散俞⑨及与分理,血出而止,甚者传气,间者环也⑩。夏刺络俞⑪,见血而止,尽气闭环⑫,痛病必下。秋刺皮肤,循理,上下同法,神变而止。冬刺俞窍于分理⑬,甚者直下,间者散下⑭。

注释

① 方:王冰:"方,正也。言天地气正发生其万物也。"吴崐:"方,谓气方升也,岁方首也,人事方兴也。"

② 正方、定发：定，正也。定发，指地气正在发生。王冰："天气正方，以阳气明盛也。地气定发，为万物华而欲实也。"吴崑："正方者，以时正暄也，生物正升也，岁时正兴也。"

③ 人气在脾：张琦："按本文言人气所在，与《金匮真言论》《四时刺逆从论》诸义不同。三月、四月之在脾，九月、十月之在心，尤难曲解，故依王义说之，以俟知者。"

④ 高：上升的意思。

⑤ 人气在心：吴崑："去秋入冬，阴气始凝，地气始闭，阳气在中。人以心为中，故人气在心也。"姚止庵："天地之气，由阳返阴，人气之火，尽摄合而还于心。"本句"人气在心"不易理解，此引吴、姚二家注释以供参考。

⑥ 冰复：高世栻："复，犹伏也。水冰气伏，故冰复。"

⑦ 合：吴崑："合，闭而密也。"

⑧ 人气在肾：王冰："夫气之变也，故发生于木，长茂于土，盛高而上，肃杀于金，避寒于火，伏藏于水，斯皆随顺阴阳气之升沉也。"

⑨ 散俞：指经脉的一般腧穴，即散在各经的一般经穴。新校正："按《四时刺逆从论》云：春气在经脉。此散俞即经脉之俞也。又《水热穴论》云：春取络脉分肉。"

⑩ 甚者传气，间者环也：甚，指病重；间，指病轻；传，指针刺时需候经气传布；环，即循环。吴崑："病甚者，久留其针，待其传气，日一周天而止。少差而间者，暂留其针，伺其经气环一周身而止。"张介宾："传，布散也。环，周也。病甚者，针宜久留，故必待其传气；病稍间者，但候其气行一周于身，约二刻许可止针也。"

⑪ 络俞：张介宾："谓诸经浮络之穴，以夏气在孙络也。"就是指浅在络脉间的俞穴。

⑫ 尽气闭环：尽气，邪气尽去之意；闭环，以手扪闭针孔，经气即可正常循环运转。吴崑："尽气，尽其邪气也。闭环，扪闭其穴，伺其经气循环一周于身，约二刻许。"张介宾："闭环，谓去针闭穴，须气行一周之顷也。"

⑬ 刺俞窍于分理：张介宾："孔穴之深者曰窍。冬气在骨髓中，故当深取俞窍于分理间也。"张志聪："分理者，分肉之腠理，乃豀谷之会。豀谷属骨，而外连于皮肤。是以春刺分理者，外连皮肤之腠理也；冬刺俞窍于分理者，近筋骨之腠理也。"

⑭ 甚者直下，间者散下：直下，直刺而深取。散下，针刺入皮肤后，向上、下、左、右不同方向刺之，不如直下所刺那样深。张介宾："甚者直下，察邪所在而直取其深处也。间者散下，谓或左右上下散布其针，而稍宜缓也。"

语译

黄帝问道:诊病的关键是什么?岐伯回答说:重要点在于天、地、人相互之间的关系。如正月、二月,天气开始有一种升发的气象,地气也开始萌动,这时候的人气在肝;三月、四月,天气正当明盛,地气也正是华茂而欲结实,这时候的人气在脾;五月、六月,天气盛极,地气上升,这时候的人气在头部;七月、八月,阴气开始发生肃杀的现象,这时候的人气在肺;九月、十月,阴气渐盛,开始冰冻,地气也随着闭藏,这时候的人气在心;十一月、十二月,冰冻更甚而阳气伏藏,地气闭密,这时候的人气在肾。由于人气与天地之气皆随顺阴阳之升沉,所以春天的刺法,应刺经脉俞穴,及于分肉腠理,使之出血而止,如病比较重的应久留其针,其气传布以后才出针,较轻的可暂留其针,候经气循环一周,就可以出针了。夏天的刺法,应刺孙络的俞穴,使其出血而止,使邪气尽去,就以手指扪闭其针孔伺其气行一周之顷,凡有痛病,必退下而愈。秋天的刺法应刺皮肤,顺着肌肉之分理而刺,不论上部或下部,同样用这个方法,观察其神色转变而止。冬天的刺法应深取俞窍于分理之间,病重的可直刺深入,较轻的,可或左右上下散布其针,而稍宜缓下。

按语

这一节说明了用针刺方法治病,应注意四时气候的变化,因为四时气候的升、降、浮、沉,与人体有着密切的关系。古人认为不同时令的不同气候,就内应于人体的不同脏器。所谓天气、地气、人气是相应相合的,也正是"天人相应"的道理。在治疗上,当然也必须按照天、地、人三气的变化而有所适应,故春刺散俞、夏刺络俞……是用针刺方法治病必须遵循的一个原则。

诊要经终论篇第十六 [151]

　　春夏秋冬，各有所刺，法其所在。春刺夏分，脉乱气微，入淫骨髓，病不能愈，令人不嗜食，又且少气；春刺秋分，筋挛，逆气环为咳嗽，病不愈，令人时惊，又且哭；春刺冬分，邪气著藏，令人胀，病不愈，又且欲言语。

　　夏刺春分，病不愈，令人解㑊①；夏刺秋分，病不愈，令人心中欲无言②，惕惕③如人将捕之；夏刺冬分，病不愈，令人少气，时欲怒④。

　　秋刺春分，病不已，令人惕然欲有所为，起而忘之；秋刺夏分，病不已，令人益嗜卧，又且善梦；秋刺冬分，病不已，令人洒洒时寒。

　　冬刺春分，病不已，令人欲卧不能眠，眠而有见⑥；冬刺夏分，病不愈，气上，发为诸痹；冬刺秋分，病不已，令人善渴。

注释

① 解㑊：马莳："解、懈同。㑊、惰同。"
② 心中欲无言：吴崑："肺主声，刺秋分而伤肺，故欲无言。"
③ 惕惕：惊恐貌。吴崑："恐为肾志，肺金受伤，肾失其母，虚而自恐也。"
④ 令人少气，时欲怒：张介宾："夏伤其肾，则精虚不能化气，故令人少气。水亏则木失所养，而肝气益强，故欲怒也。"
⑤ 洒洒时寒：洒洒(xiǎn)，寒栗貌。使人时时寒栗发冷。吴崑："肾水主冬，刺冬分而伤肾，则肝木失其养，不能行夫阳和之政，故洒洒时寒。"
⑤ 眠而有见：张介宾："肝藏魂，肝气受伤，则神魂散乱，故令人欲卧不能眠，或眠而有见，谓怪异等物也。"

语译

　　春夏秋冬，各有所宜的刺法，须根据气之所在，而确定刺的部位。如果春天刺了夏天的部位，伤了心气，可使脉乱而气微弱，邪气反而深入，浸淫于骨髓之间，病就很难治愈，心火微弱，火不生土，又使人不思饮食，而且少气了；春天刺了秋天的部位，伤了肺气，春病在肝，发为筋挛，邪气因误刺而环周于肺，则又发为咳嗽，病不能愈，肝气伤，将使人时惊，肺气伤，且又使人欲哭；春天刺了冬天的部位，伤了肾气，以致邪气深着于内脏，使人胀满，其病不但不愈，肝气日伤，而且使人多欲言语。

夏天刺了春天的部位，伤了肝气，病不能愈，反而使人筋力倦怠；夏天刺了秋天的部位，伤了肺气，病不能愈，反而使人肺气伤而声不出，心中不欲言，肺金受伤，肾失其母，故虚而自恐，惕惕然好像有人来逮捕的样子；夏天刺了冬天的部位，伤了肾气，病不能愈，反而使人精不化气而少气，水不涵木而时常要发怒。

秋天刺了春天的部位，伤了肝气，病不能愈，反而使人血气上逆，惕然不宁，且又善忘；秋天刺了夏天的部位，伤了心气，病不能愈，心气伤，火不生土，反而使人嗜卧，心不藏神，又且多梦；秋天刺了冬天的部位，伤了肾气，病不能愈，反使人肾不闭藏，血气内散，时时发冷。

冬天刺了春天的部位，伤了肝气，病不能愈，肝气少，魂不藏，使人困倦而又不得安眠，即便得眠，又像目中见到事物的形状；冬天刺了夏天的部位，伤了心气，病不能愈，反使人脉气发泄，而邪气痹闭于脉，发为诸痹；冬天刺了秋天的部位，伤了肺气，病不能愈，化源受伤，反使人常常作渴。

按语

这一节申述了违反治疗法度，如春刺夏分、夏刺春分等，不应刺而刺之，非但原来的病没有治愈，反使病势更加深入或恶化了。所以治病必须及于病所，不可太过或不及，恰如分际，临症时最宜注意。

凡刺胸腹者,必避五藏。中心者,环①死;中脾者,五日死;中肾者,七日死;中肺者,五日死;中鬲者,皆为伤中,其病虽愈,不过一岁必死。刺避五藏者,知逆从也。所谓从者,鬲与脾肾之处,不知者反之。刺胸腹者,必以布憿②著之,乃从单布上刺,刺之不愈,复刺。刺针必肃,刺肿摇针③,经刺勿摇。此刺之道也。

注释

① 环:吴崑:"心为天君,不可伤损,刺者误中其心,则经气环身一周而人死矣。凡人一日一夜,营卫之气五十度周于身,以百刻计之,约二刻而经气循环一周也。"又,张介宾:"按《刺禁论》所言五藏死期,尤为详悉,但与本节稍有不同。此节止言四藏,独不及肝,必脱简耳。"

② 憿(jiǎo 皎):马莳:"憿,当作幨。幨者,巾也。

③ 摇针:针刺的一种手法,目的是扩大针孔,以泻其邪气。张介宾:"摇大其窍,写之速也。"

语译

凡于胸腹之间用针刺,必须注意避免刺伤了五脏。假如中伤了心脏,经气环身一周便死了;假如中伤了脾脏,五日便死了;假如中伤了肾脏,七日便死了;假如中伤了肺脏,五日便死了;假如中伤膈膜的,皆为伤中,当时病虽然似乎好些,但不过一年其人必死。刺胸腹而注意避免中伤五脏,主要是要知道下针的逆从。所谓从,就是要明白膈和脾肾等处,应该避开;如不知其部位不能避开,就会刺伤五脏,那就是逆了。凡刺胸腹部位,应先用布巾覆盖其处,然后从单布上进刺,如果刺之而不愈,可以再刺,这样就不会把五脏刺伤了。在用针刺治病的时候,必须注意安静严肃,以候其气;如刺脓肿的病,可以用摇针手法以出脓血;如刺经脉的病,就不要摇针。这是刺法的一般规矩。

按语

这一节重点交代了刺胸腹部位,必须注意避免中伤五脏,指出因误刺而中伤五脏所导致的恶果,并提出了避免中伤的方法和刺针时"必肃"的告诫。对于刺中内脏的死期,其实质是说明误刺为害的轻重,应结合具体情况,不必拘泥具体的时间。本节所论与《素问·刺禁论》、《素问·刺四时逆从论》的论述可以互参。

帝曰:愿闻十二经脉之终奈何? 岐伯曰:太阳之脉,其终也,戴眼①,反折,瘛疭②,其色白,绝汗③乃出,出则死矣。少阳终者,耳聋,百节皆纵,目睘④绝系⑤,绝系一日半死;其死也,色先青,白乃死矣。阳明终者,口目动作,善惊,妄言,色黄,其上下经盛,不仁,则终矣。少阴终者,面黑,齿长⑥而垢,腹胀闭,上下不通而终矣。太阴终者,腹胀闭不得息,善噫,善呕,呕则逆,逆则面赤,不逆则上下不通,不通则面黑,皮毛焦而终矣。厥阴终者,中热嗌干,善溺,心烦,甚则舌卷,卵⑦上缩而终矣。此十二经之所败也。

注释

① 戴眼:张介宾:"戴者,戴于上也,谓目睛仰视而不能转也。"

② 反折,瘛(chì 翅)疭(zòng 纵):反折,身背反张。瘛疭,手足抽掣。马莳:"谓手足身体反张。"成无己:"瘛,筋脉急也。疭,筋脉缓也。急者则引而缩,缓者则纵而伸,或缩或伸,动而不止,名曰瘛疭。"

③ 绝汗:王冰:"谓汗暴出而不流,旋复干也。"盖气将绝则汗出如珠,着身不流;气散则汗出如油,喘而不休。皆为死证,所以称之为"绝汗"。

④ 目睘(qióng 琼):睘,目惊视。目睘,即两眼直视惊恐的样子。王冰:"谓直视如惊貌。"

⑤ 绝系：系，指目系，又名眼系目本。即眼球内连于脑的脉络。《灵枢·大惑论》："裹撷筋骨血气之精而与脉并为系，上属于脑，后出于项中。"目睘绝系，盖谓目直视而目系属脑之气已绝。

⑥ 齿长：张介宾："肾主骨，肾败则骨败，故齿根不固，长而垢也。"盖由于牙龈收削而牙齿似乎增长。

⑦ 卵：睾丸。

语译

黄帝问道：请你告诉我十二经气绝的情况是怎样的？岐伯回答说：太阳经脉气绝的时候，病人两目上视，身背反张，手足抽掣，面色发白，出绝汗，绝汗一出，便要死亡了。少阳经脉气绝的时候，病人耳聋，遍体骨节松懈，两目直视如惊，到了目珠不转，一日半便要死了；临死的时候，面色先见青色，再由青色变为白色，就死亡了。阳明经脉气绝的时候，病人口眼牵引歪斜而瞤动，时发惊惕，言语胡乱失常，面色发黄，其经脉上下所过的部分，都表现出盛躁的症状，由盛躁而渐至肌肉麻木不仁，便死亡了。少阴经脉气绝的时候，病人面色发黑，牙龈收削而牙齿似乎变长，并满积污垢，腹部胀闭，上下不相通，便死亡了。太阴经脉气绝的时候，腹胀闭塞，不利呼吸，常欲嗳气，并且呕吐，呕则气上逆，气上逆则面赤，假如气不上逆，又变为上下不通，不通则面色发黑，皮毛枯憔而死了。厥阴经脉气绝的时候，病人胸中发热，咽喉干燥，时时小便，心胸烦躁，渐至舌卷，睾丸上缩，便要死了。以上就是十二经脉气绝败坏的症候。

按语

这一节是说明十二经脉气绝时所表现的败坏症状。其根本原因是脏腑阴阳气血先行衰竭，不能荣养经脉，因此，在某一脏腑发生了严重的病变时，则脏腑所属的经脉经气便终绝，在经气绝的同时,表现出与经脉循行路线有关的各种症状。对于这些症状的出现,在临床时应给予足够的重视,因为它是死候的征兆。此段文字亦见于《灵枢·终始》。本节之三阴经气绝与《灵枢·经脉》之五阴气绝其意略同,可以互参。

本 篇 要 点

一、指出针刺治疗应结合四时气候,而有轻重浅深的分寸。因为天气、地气、人气是密切关联的,如果违反了这个规律,非但不能愈病,反而会造成不良后果。

二、针刺胸腹部位,要注意避免误伤五脏,并指出了避免的方法和误伤五脏的死期。说明只有了解内在脏器的部位以及正确掌握针刺的手法,才能避免医疗事故的发生。

三、十二经脉气绝时的症状。

脉要精微论篇第十七

题解

此篇是专门讨论诊断方法的,如望诊的精明、五色,以及五府的形态变化;闻诊的声音变化;问诊的大小便和各种梦境;切诊的脉象、诊法,以及与时令、疾病的关系等等。内容丰富多采,已具备了中医诊断学的初步规模。而经文之中,特别强调了望色、切脉的重要性,并论述了脉诊的要领,以及望色等有关问题的精湛微妙的道理,所以篇名"脉要精微论"。

黄帝问曰:诊法①何如?岐伯对曰:诊法常以平旦②,阴气未动,阳气未散③,饮食未进,经脉未盛,络脉调匀,气血未乱,故乃可诊有过之脉④。

切脉动静,而视精明⑤,察五色,观五藏有余不足,六府强弱,形之盛衰。以此参伍⑥,决死生之分。

注释

① 诊法:张琦:"凡切脉、望色、审问病因,皆可言诊,而此一节以诊脉为言。"

② 平旦:张介宾:"平旦者,阴阳之交也。阳主昼,阴主夜,阳主表,阴主里。凡人身营卫之气,一昼一夜五十周于身,昼则行于阳分,夜则行于阴分,迨至平旦,复皆会于寸口。《营卫生会篇》曰:平旦阴尽,而阳受气矣。日中而阳陇,日西而阳衰,日入阳尽,而阴受气矣。故诊法当于平旦初寤之

时。"按平旦即清晨的时候。

③ 阴气未动,阳气未散:滑寿:"谓平旦未劳于事,是以阴气未扰动,阳气未耗散。"张志聪:"阴静而阳动,有所动作,则静者动而动者散乱矣。"

④ 有过之脉:马莳:"盖人之有病,如事之有过误,故曰有过之脉。"张介宾:"有过,言脉不得中,而有过失也。"有过之脉,就是有病之脉。

⑤ 精明:即目之精光。张介宾:"视目之精明,诊神气也。"

⑥ 参伍:交互错杂;错综比类。张介宾:"夫参伍之义,以三相较谓之参,以五相类谓之伍。盖彼此反观,异同互证,而必欲搜其隐微之谓。如《易》曰:参伍以变,错综其数,通其变……即此谓也。"

语译

黄帝问道:诊脉的方法怎样?岐伯回答说:诊脉最好是在"平旦"时分。因为那时人还没有劳动,阴气未曾扰动,阳气未曾耗散,饮食未进,经脉之气未亢盛,络脉之气亦调匀,气血亦未扰乱,在这种环境之下,就容易诊察出有病的脉象。

在诊脉时,一方面诊察脉搏的动静变化,另一方面应该注意病人面目之间的神气,观察五色的表现,认识五脏的有余不足,六腑的强弱,形体的盛衰。把这些方法相互参合,来决断生或死。

按语

诊脉,最好是在早上。因为环境平静,饮食未进之际,其所得的结果,是比较准确的。现在医家,虽然并不强调一定要在早上,但是非常重视切脉的环境,如行路及饮食之后,必须休息一定时间,才给予诊察,这正是基于平旦安静的道理。本节又说明了脉诊必须和望诊及脏腑、形体情况相结合,进行四诊合参,才能使诊断更正确。

夫脉者,血之府也①。长则气治②;短则气病③;数则烦心④;大则病进⑤;上盛则气高;下盛则气胀⑥;代则气衰⑦；细则气少⑧；涩则心痛⑨；浑浑革至如涌泉⑩，病进而色弊⑪；绵绵其去如弦绝⑫，死。

注释

① 血之府也：王冰："府，聚也，言血之多少，皆聚见于经脉之中也。"李中梓："营行脉中，故为血府。然行是血者，实气为之司也。《逆顺篇》云：脉之盛衰者，所以候血气之虚实。则知此举一血，而气在其中，即下文气治、气病，义益见矣。"

② 长则气治：长，是指长脉，如循长竿，过于本位。气治，就是气平，代表健康状态。

③ 短则气病：短，是指短脉，与长脉相对，短而不及本位。气病，可作"气虚"解。

④ 数则烦心：数，指数脉，一呼一吸脉搏五至以上。烦心，是热性病的烦躁症状。

⑤ 大则病进：大，是脉象满指而大，表示邪气方张，病情在进展。

⑥ 上盛则气高，下盛则气胀：本文所谓上下，诸注不一。张介宾："上为寸，上盛者，邪壅于上也；气高者，喘满之谓。关尺为下，下盛者，邪滞于下，故腹为胀满。"丹波元简："按诸家以上下为尺寸之义，而《内经》有寸口之称，无分三部而为寸关尺之说，乃以《难经》以降之见读斯经，并不可从。此言上下者，指上部下部之诸脉，详见《三部九候论》。"气高、气胀，张介宾注可从。

⑦ 代则气衰：代，是指代脉，来数中止，不能自还。气衰，是元气衰弱。

⑧ 细则气少：细，是指细脉，应指极细。气少，与气虚意义相似。

⑨ 涩则心痛：涩，是指涩脉，搏动涩滞而不滑利，主血少气滞，所以出现心痛症状。

⑩ 浑浑革至如涌泉：王冰："浑浑，言脉气浊乱也。革至，《脉经》作'革革'，似是，谓脉来弦而大、实而长也。如涌泉者，言脉汨汨但出而不返也。"

⑪ 色弊：气色败坏。张志聪："夫色出于血，病进于脉，而色亦败恶矣。"色，《脉经》作"危"。

⑫ 绵绵其去如弦绝：绵绵，《脉经》作"绰绰"。王冰："言微微似有而不甚应手也。如弦绝者，言脉卒断如弦之绝去也。"

语译

脉道是血液归聚的地方,血在里面循环流动;而血能流行,又赖于气的推动。所以若见长脉,是表示气分流畅;若见短脉,是气分有病;若见数脉,则病烦心;若见大脉,是病势正在进展;若上部脉搏旺盛的,是气逆于上;下部旺盛的,是气胀于下;若见代脉,是为气衰;脉见细小的,是为气少;脉见涩滞的,是病心痛;脉来混乱如涌泉,又急又坚的,是病势加剧,必形色败坏;若脉来微微似有而不甚应手,忽然又如弦绝的样子,是死亡的象征。

按语

以上两节,是着重讨论脉诊。本节始言"夫脉者,血之府也"句,可见血府系脉之代辞。清代王清任《医林改错》有血府逐瘀汤,为专治经脉中气血瘀滞,其方名实本于此。其下对脉象主病,论述得较为具体,通过不同的脉象反映出邪气与正气的盛衰情况,这些对临床诊断都具有重要意义。文中气高、气胀之气,是指亢盛的邪气;气病、气衰、气少之气,是指虚衰的正气。

夫精明①五色者,气之华也。赤欲如白裹朱②,不欲如赭③;白欲如鹅羽,不欲如盐;青欲如苍璧之泽④,不欲如蓝;黄欲如罗裹雄黄⑤,不欲如黄土;黑欲如重漆色,不欲如地苍⑥。五色精微象见矣⑦,其寿不久也。夫精明者,所以视万物、别白黑、审短长;以长为短、以白为黑,如是则精衰矣。

注释

① 精明:此言五色的欲与不欲,未曾说到"精明"部分。下文说"夫精明者所以视万物",则此"精明"二字当为下文的误重,可以节去。

② 白裹朱：马莳："白，当作帛。"张介宾："白裹朱，隐然红润而不露也。"
③ 赭：张介宾："赭，代赭也，色赤而紫。"
④ 苍璧之泽：璧，是玉。苍璧之泽，谓色泽青而明润。
⑤ 罗裹雄黄：罗，是丝织物，轻软而有疏孔，如生罗、熟罗之类。罗裹雄黄，马莳："色黄而明润。"
⑥ 地苍：张介宾："地之苍黑，枯暗如尘。"
⑦ 五色精微象见矣：吴崑："真元精微之气，化作色相，毕现于外，更无藏蓄，是真气脱也，故寿不久。"

语译

凡是面部可以见到的五色外形，都是内脏精气表现出来的一种光华。如赤色，应该像绸帛裹着朱砂，红润而不显露，不要如赭石那样色赤而带紫，没有光泽；如白色，要像鹅的羽毛，白而光泽，不要如食盐那样白带灰暗色；如青色，要像苍璧的青而润泽，不要如蓝色那样青而带沉暗；如黄色，要像罗裹雄黄，黄而明润，不要如黄土那样黄带沉滞色；如黑色，要像重漆色般黑而明润，不要如地苍那样枯暗如尘。假如五色精微现象暴露了，那这个人的寿命也不久了。两目精明，是能够观察万物、辨别黑白、审察长短的；如果视觉失常了，长短不分、白黑颠倒，这是精气衰竭了。

按语

此一节是叙述面、目的望诊。

五色的欲与不欲，主要是辨别其润泽及枯槁，凡润泽的预后多良好，枯槁的预后多不良。然而润泽之中尚须有含蓄，如见到五色精微之象，是预后极坏之兆。

人之两目有神，视物清晰，皆为精气充足表现，所以说精明是由精气而产生；如果精气衰败，则视觉失常。

五藏者，中之守也①。中盛藏满，气胜伤恐者②，声如从室中言,是中气之湿也;言而微,终日乃复言者,此夺气也;衣被不敛,言语善恶不避亲疏者,此神明之乱也;仓廪不藏者,是门户不要③也;水泉不止④者,是膀胱不藏也。得守者生,失守者死。

注释

① 五藏者,中之守也:中,体内。守,职守。盖谓五脏在人体内,都有它的一定职守。守职则脏象正常,人体安和,失守则病态百出,生命危险了。

② 中盛藏满,气胜伤恐者:马莳:"腹中甚盛,藏气胀满,气胜而喘,善伤于恐,其声如室中所言,混浊难闻,是乃中气之湿所致也。"丹波元简:"按推下文例,'者'字当在'言'下。"

③ 仓廪不藏者,是门户不要也:张介宾:"要,约束也。幽门、阑门、魄门,皆仓廪之门户;门户不能固,则肠胃不能藏,所以泄利不禁,脾藏之失守也。"

④ 水泉不止:即小便不禁。

语译

人的五脏,在体内都有它的职守。如果腹中甚盛,脏气胀满,气胜而喘,善伤于恐,讲话声音又重浊不清的,这是中气失权,而有湿邪为病;如果讲话的声音低微,而讲的又是重重复复的,这是一种"郑声",由于正气已经衰夺了;如果病人烦扰,衣被不知敛盖,言语错乱,不管亲疏远近的,这是由于神明错乱所致;如果肠胃不能藏纳水谷,大便不禁的,这是门户不能约束的关系;如果小便不禁的,这是膀胱不能藏津液的关系。这些疾病,假如五脏能够恢复它的功能,虽病可以复生;五脏失职,病情不能挽回,人也就死了。

按语

这一节"声如从室中言"、"言而微"、"言语善恶不避亲疏",是叙述闻诊；"门户不要"、"水泉不止"，是叙述问诊。

对于"五脏者，中之守也"的"中"，尚有异议，认为"中"，应指中气。守，则是维持、维护之意。因为五脏正常的功能是靠脾胃的中气来维持的。此种见解可作参考。

夫五藏者，身之强也①。头者，精明之府②，头倾视深③，精神将夺矣；背者，胸中之府④，背曲肩随，府将坏矣；腰者，肾之府⑤，转摇不能，肾将惫⑥矣；膝者，筋之府⑦，屈伸不能，行则偻附⑧，筋将惫矣；骨者，髓之府⑨，不能久立，行则振掉，骨将惫矣。得强则生，失强则死。

注释

① 五藏者，身之强也：五藏：作"五府"为妥。吴崑："下文所言五府者，乃人身恃之以强健。"

② 头者，精明之府：张介宾："五藏六府之精气，皆上升于头，以成七窍之用，故头为精明之府。"高世栻："人身精气，上会于头，神明上出于目，故头者精明之府。"

③ 头倾视深：张介宾："头倾者，低垂不能举也。视深者，目陷无光也。"

④ 背者，胸中之府：马莳："胸在前，背在后，而背悬五藏，实为胸中之府。"

⑤ 腰者，肾之府：张志聪："两肾在于腰内，故腰为肾之外府。"

⑥ 惫：困惫，衰惫。

⑦ 膝者，筋之府：张志聪："筋会阳陵泉，膝，乃筋之会府也。"

⑧ 行则偻附：偻，吴崑："曲其身也。"附，马莳作"俯"。

⑨ 骨者，髓之府：张志聪："髓藏于骨，故骨为髓之府。"

语译

人的五脏（府）是身体强健的基础。头为精明之府，若见到头部低垂，不能抬起，并且目陷无光的，是精神即将衰败了；背为胸中之府,若见到背弯曲而肩下垂,是胸中之气即将败坏了;腰为肾之府,若见到不能转动,是肾脏将要衰惫了;膝为筋之府,若见到屈伸不能,行动要曲身下俯,是筋将衰惫了;骨为髓之府,若见到不能久立,行动则振摇不稳,是骨将衰惫了。所有这些病情,假如五府能够恢复强健的,则虽病可以复生;五府不能复强,病情不能挽回,人也就死了。

按语

以上两节从闻诊、问诊方面叙述,这一节是从望诊讨论,主要望形态的变化以了解病情。文中五脏,据文义应为五府。乃府舍之府,而非脏腑之腑。五府即精明之府、胸中之府、肾之府、筋之府、髓之府。此节较具体地描述了头、背、腰、膝、骨与脑、心、肺、肾、筋、髓等在生理、病理上的密切关系。

岐伯曰:反四时者①,有余为精②,不足为消③。应太过,不足为精;应不足,有余为消。阴阳不相应,病名曰关格④。

注释

① 反四时者:张介宾:"此言四时阴阳脉之相反者,亦为关格也。"
② 有余为精:有余,为邪气之有余。有余为精,是邪气有余而胜精气。
③ 不足为消:不足,为正气之不足。不足为消,是正气不足由于血气消损。
④ 关格:指阴阳气血不相顺从,而关格不通的病变。非指上为呕吐、下为二便不通的关格病。王冰:"阴阳之气不相应合,不得相营,故曰关格也。"

语译

岐伯说:脉气有时会与四时之气相反的,如相反的形象为有余,这是邪气胜了精气,相反的形象为不足,这是由于血气先已消损。按照时令来讲,脏气当旺,脉气应有余,却反见不足的,这是邪气胜了精气;脉气应不足,却反见有余的,这是正不胜邪,血气消损而邪气猖獗。这种阴阳气血不相顺从、邪正不相适应的情况,发生的疾病名叫关格。

按语

丹波元简:"按此一项三十九字,与前后文不相顺承,疑是他篇错简;且'精'、'消'二字,其义不大明。"

帝曰:脉其四时动奈何?知病之所在奈何?知病之所变奈何?知病乍在内奈何?知病乍在外奈何?请问此五者,可得闻乎?岐伯曰①:请言其与天运转大②也。万物之外,六合之内,天地之变,阴阳之应,彼春之暖,为夏之暑,彼秋之忿,为冬之怒③。四变之动,脉与之上下,以春应中规,夏应中矩,秋应中衡,冬应中权④。是故冬至四十五日,阳气微上,阴气微下;夏至四十五日,阴气微上,阳气微下。阴阳有时,与脉为期,期而相失,知脉所分,分之有期,故知死时⑤。微妙在脉,不可不察,察之有纪,从阴阳始⑥,始之有经⑦,从五行生,生之有度,四时为宜,补写勿失,与天地如一,得一之情,以知死生。是故声合五音⑧,色合五行⑨,脉合阴阳。

是知阴盛则梦涉大水恐惧,阳盛则梦大火燔灼,阴阳俱盛则梦相杀毁伤;上盛则梦飞,下盛则梦堕;甚饱则梦予,甚饥则梦取;肝气盛则梦怒,肺气盛则梦哭;短虫多则梦聚众,长虫多则梦相击毁伤。

是故持脉有道,虚静为保。春日浮,如鱼之游在波;夏日在肤,泛泛乎万物有馀;秋日下肤,蛰虫将去;冬日在骨,蛰虫周密,君子居室。故曰:知内者按而纪之,知外者终而始之⑩。此六者,持脉之大法。

注释

① 岐伯曰:新校正:"详此对与问,不甚相应,脉四时动,病之所在,病之所变,按文颇对病在内在外之说,后文殊不相当。"

② 天运转大:高世栻:"人之阴阳升降,如天运之环转广大,故曰请言其与天运转大也。"

③ 彼秋之忿,为冬之怒:忿,指秋气劲急。怒,指冬气寒杀。成无己:"秋忿为冬怒,从肃而至杀也。"忿、怒,在此以喻秋气与冬气,即凉、寒的代词。

④ 春应中规,夏应中矩,秋应中衡,冬应中权:中,是"合"的意思。马莳:"春脉软弱轻虚而滑,如规之象,圆活而动,故曰春应中规也;夏脉洪大滑数,如矩之象,方正而盛,故曰夏应中矩也;秋脉浮毛轻涩而散,如衡之象,其取在平,故曰秋应中衡也;冬脉如石,兼沉而滑,如权之象,其势下垂,故曰冬应中权也。"张介宾:"凡兹规矩权衡者,皆发明阴阳升降之理,以合乎四时脉气之变象也。"丹波元简:"按《淮南·时则训》云:制度阴阳,大制有六度,天为绳,地为准,春为规,夏为衡,秋为矩,冬为权。虽与此章不同者,而以规矩权衡配四时,当时已有其说,不唯医经也。"

⑤ 期而相失……故知死时:张介宾:"期而相失者,谓春规、夏矩、秋衡、冬权,不合于度也。知脉所分者,谓五藏之脉,各有所属也。分之有期者,谓衰王各有其时也。知此者,则知死生之时矣。"

⑥ 察之有纪,从阴阳始:指诊察研究脉象有一个纲领,即先从辨别阴阳开始。

⑦ 始之有经:吴崑:"始之有经常之道。"丹波元简:"按'始之'以下三十三字,《甲乙》无之。又是知'阴盛则梦'以下七十八字亦同。新校正有误置之说,今删此一百字,则文意贯通,似《甲乙》为正。论梦一节,见《灵枢·淫邪发梦》及《列子·穆王篇》。"

⑧ 声合五音:声,即呼、笑、歌、哭、呻五声。五音,即角、徵、宫、商、羽。声与音两相配合的意思。

⑨ 色合五行：五色，即青、黄、赤、白、黑。配合五行，即青合木、黄合土、赤合火、白合金、黑合水。

⑩ 知内者按而纪之，知外者终而始之：张介宾："内，言藏气，藏象有位，故可按而纪之。外，言经气，经脉有序，故可终而始之。"

语译

黄帝问道：四时的脉象怎样？从诊脉以知道病的所在怎样？从诊脉以知道病的变化怎样？从诊脉以知道病的忽在内怎样？从诊脉以知道病的忽在外怎样？请问这五个问题，可以告诉我吗？岐伯说：请允许我解释这个道理，人体的阴阳升降，与天气运行的环转广大关系是很密切的。万物之外，六合之内，自然界的变化，阴阳的反应，如春天的气候暖和，发展为夏天的气候暑热，秋天的劲急之气，发展为冬天的杀厉之气。这种四时气候的变动，人体的脉象也是随着它而升降浮沉的，所以春脉之应合中于规，夏脉之应合中于矩，秋脉之应合中于衡，冬脉之应合中于权。四时阴阳的一般情况，冬至到立春的四十五天，阳气微升，阴气微降；夏至到立秋的四十五天，阴气微升，阳气微降。阴阳之气的升降，是有一定的时期，人体脉象的变化，亦有一定的时期，假如脉象与时期不相适应，就可以从脉象的变化而知道病属何脏，推求脉象的属脏，就从四时衰旺来了解，能够如此了解，就可以掌握病的死期了。所以诊脉是最精妙的技术，不可不细心研究，研究有一定的纲领，先从辨别阴阳开始，进一步根据五行来分析，分析的方法，是看它与四时是否相应。不及用补，太过用泻，补泻之法不差，使人体的活动与天地之阴阳取得一致，知道了这些，就能预决死生了。所以诊察方法，听声音要合五音来分析；看气色要合五行，辨生克；诊脉象要合阴阳，辨浮沉。

阴气盛则梦渡大水而恐惧，阳气盛则梦见大火烧灼，阴阳俱盛，则梦相互残杀毁伤；上部盛则梦上飞，下部盛则梦下堕；如过饱的时候,则梦送物予人,如过饥的时候,则梦欲取物;肝气盛,则梦发怒,肺气盛,则梦哭泣;如腹中短虫多,则梦见众人集聚,长虫多,则梦见打架损伤。

所以诊脉是有道理的,应该虚心宁静,才能保证诊察的正确。一般脉象:春天上浮,似乎鱼浮游于水波;夏天充满在皮肤,泛泛乎像万物茂盛那样;秋天稍下于皮肤,似冬眠的虫将要蛰伏了;冬天脉沉在骨,似乎虫的伏藏已很周密,人们的深居于内室。因此说:能够知道内脏的,按其部位而定纲纪;知道经气的,按其次序而定终始。这春、夏、秋、冬、内、外六点,是诊脉必须注意的大法。

按语

新校正:"详此前对帝问脉其四时动奈何之事。"又其中论梦一段,当是问诊范围内事。

心脉搏坚而长①,当病舌卷不能言;其耎而散①者,当消环自已②。肺脉搏坚而长,当病唾血;其耎而散者,当病灌汗③,至令不复散发也④。肝脉搏坚而长,色不青,当病坠若搏,因血在胁下,令人喘逆;其耎而散,色泽⑤者,当病溢饮⑥。溢饮者,渴暴多饮,而易⑦入肌皮肠胃之外也。胃脉搏坚而长,其色赤,当病折髀⑧;其耎而散者,当病食痹⑨。脾脉搏坚而长,其色黄,当病少气;其耎而散,色不泽者,当病足胻肿⑩,若水状也。肾脉搏坚而长,其色黄而赤者,当病折腰;其耎而散者,当病少血⑪,至令不复也。

注释

① 搏坚而长、耎而散:徐春甫:"搏、坚,皆为太过。耎而散,皆为不及。

五藏各因太过不及而病也。"

② 消环自已：张介宾："消，尽也。环，周也。谓期尽一周，即病自已矣。"

③ 灌汗，《脉经》作"漏汗"，今从之。因肺脉软而散是肺虚，肺合皮毛，肺虚则皮毛不固，故自汗或盗汗。

④ 至令不复散发也：张介宾："汗多亡阳，故不可更为发散也。"《脉经》无"也"字，注："六字疑衍"。

⑤ 色泽：张志聪："《金匮要略》云：夫水病人，面目鲜泽。盖水溢于皮肤，故其色润泽也。"

⑥ 溢饮：病名，水气外溢于皮肤四肢。

⑦ 易：《甲乙经》作"溢"。

⑧ 折髀(bì 毕)：髀，是股部。折髀，是股部疼痛如折。

⑨ 食痹：病名。丹波元简："《至真要大论》王注云：食痹，谓食已心下痛，隐隐然不可名也，不可忍也，吐出乃止。此为胃气逆，而不下流也。"又，张介宾："食痹者，食入不化，入则闷痛呕汁，必吐出乃止"。

⑩ 足骱(héng 衡)肿：骱，与"胫"同。足骱肿，是下腿连及足部浮肿。

⑪ 少血：是精血虚少。

语译

心脉搏坚而长的，乃心经邪盛，当病舌卷而不能言语；如其脉软而散，则刚脉渐柔，当完了一周的时候，病自痊愈。肺脉搏坚而长的，乃肺气火盛，当病唾血；如其脉软而散，则肺虚皮毛不固，当病漏汗，不能再用发散的方法治疗了。肝脉搏坚而长，面部不见青色的，当为跌伤或击伤等病，因瘀血积在胁下，并且使人喘逆；如其脉软而散，面色反鲜泽的，当病溢饮，这是由于口渴暴饮，肝不疏泄，以致水气流入肌肉皮肤之间、肠胃之外所引起。胃脉搏坚而长，面色泛赤，当病髀痛如折；如其脉软而散，则胃气不足，当病食痹。脾脉搏坚而长，面色泛黄，是脾气虚极，当病少气；如其脉软而散，面色不泽，脾虚湿胜，当病足胫浮肿，像水肿之状。肾脉搏坚而长，面部黄而带赤，是心脾干肾，肾受客伤，当病腰痛如折;如其脉软而散,当病精血虚少,使身体不能恢复健康。

帝曰:诊得心脉而急,此为何病?病形何如?岐伯曰:病名心疝①,少腹当有形也。帝曰:何以言之?岐伯曰:心为牡藏②,小肠为之使③,故曰少腹当有形也。帝曰:诊得胃脉,病形何如?岐伯曰:胃脉实则胀,虚则泄④。

注释

① 心疝:病名。《圣济总录》:"夫藏病必传于府。今心不受邪,病传于府,故小肠受之,为疝而痛,少腹当有形也。"

② 心为牡藏:张介宾:"牡,阳也。心属火,而居于膈上,故曰牡藏。"

③ 小肠为之使:心与小肠相表里,所以称小肠为心之使。

④ 胃脉实则胀,虚则泄:高世栻:"胃脉有余而实,则胀。胀,腹胀,脾实之病也。胃脉不足而虚,则泄。泄,溏泄,脾虚之病也。举胃与脾,则凡府与藏合之脉,可类推,其因府病藏矣。"

语译

黄帝问道:诊得心脉劲急,这是什么病?病的形态又怎样?岐伯说:病名叫做心疝,少腹部位当有形征出现。黄帝道:这是什么道理?岐伯说:由于心为阳脏,与小肠相表里,小肠位在少腹中,所以说少腹当有形征出现。黄帝道:诊得胃脉有病,它的症状怎样?岐伯说:如果胃脉强实,实则气有余,其病为腹胀满;胃脉虚的,则胃气不足,其病为泄泻。

按语

新校正:"详此前对帝问知病之所在。"

帝曰:病成而变①何谓?岐伯曰:风成为寒热②;瘅成为消中③;厥成为巅疾④;久风为飧泄⑤;脉风成为疠⑥。

病之变化,不可胜数。

注释

① 病成而变:谓病的成因及其变化。
② 风成为寒热:王冰:"《生气通天论》曰:因于露风,乃生寒热。故风成为寒热也。"
③ 瘅成为消中:吴崑:"瘅,热邪也。积热之久,善食而饥,名曰消中。"
④ 厥成为巅疾:吴崑:"巅、癫同,古通用。气逆上而不已,则上实而下虚,故令忽然癫仆,今世所谓五痫也。"
⑤ 久风为飧(cān 餐)泄:飧:音义同餐。飧泄,病名,指泄泻完谷不化。张志聪:"风乃木邪,久则内干脾土,而成飧泄矣。故曰:春伤于风,邪气留连,乃为洞泄。"
⑥ 脉风成为疠:疠,疠风,即麻风病。《风论》:"风寒客于脉而不去,名曰疠风。""疠风者,有荣气热腐,其气不清,故使其鼻柱坏而色败,皮肤疡溃。风寒客于脉者是也。"

语译

黄帝道:疾病的成因及其变化怎样? 岐伯说:因于风邪,则变为寒热;因于热邪,则变为消中;气逆不已,则变为巅疾;久风入中,则变为飧泄;风寒客于脉而不去,则变为疠风。疾病的变化多端,甚至数不清。

按语

新校正:"详此前对帝问知病之所变奈何。"

帝曰:诸痈肿筋挛骨痛①,此皆安生? 岐伯曰:此寒气之肿,八风之变也。帝曰:治之奈何? 岐伯曰:此四时之病,以其胜治之②愈也。

注释

① 痈肿筋挛骨痛：痈肿，为外科之疮疡。筋挛，为筋脉之拘挛。骨痛，为骨节疼痛。

② 以其胜治之：张志聪："以胜治之者，以五行气味之胜治之而愈也。如寒淫于内，治以甘热；如东方生风，风生木，木生酸，辛胜酸之类。"

语译

黄帝道：各种痈肿、筋挛、骨痛，是怎样产生的？岐伯说：这是由于寒气、风邪的侵袭而变成的，伤血则为痈肿，伤筋则为拘挛，伤骨则为骨痛。黄帝又问：怎样治疗？岐伯说：这是四时之邪所引起的疾病，用五行相胜的法则来治疗，可以痊愈。

帝曰：有故病五藏发动，因伤脉色，各何以知其久暴至之病乎？岐伯曰：悉乎哉问也！征①其脉小色不夺②者，新病也；征其脉不夺，其色夺者，此久病也；征其脉与五色俱夺者，此久病也；征其脉与五色俱不夺者，新病也。肝与肾脉并至，其色苍赤，当病毁伤③，不见血；已见血，湿若中水④也。

注释

① 征：吴崑："验也。"即验看、检查的意思。

② 夺：训失，谓失于正常状态。又，张琦："色发于五藏，故久病色必夺；脉兼经络，故新病脉即夺。"

③ 当病毁伤：当病，为暴病。毁伤，是损伤的意思。

④ 湿若中水：若，作"或"字解。中，与中风、中暑之"中"字同义。湿若中水，即湿邪或水气所伤。又，张介宾："凡毁伤筋骨者，无不见血；已见血，其血必凝，其经必滞，气血凝滞，形必肿满，或如湿气在经，而同于中水之状也。"

语译

黄帝道：有旧病从五脏发动，因而影响到脉色，怎样区别它是久病还是新得的病呢？岐伯说：你问得真详细啊！区别新病久病的方法，验看它的脉色，就可以区别出来：如脉虽小而气色不失于正常的，是为新病；如脉不失于正常而色已失于正常的，是为久病；如脉与色俱失于正常的，是为久病；如脉与色俱不失于正常的，是为新病。如肝脉与肾脉并至而见沉弦之脉象，它的皮色见苍赤色的，这是因为暴病损伤，不见血的也好，已见血的也好，它的经脉必滞，血气必凝，血凝而经滞，形体必肿，有似乎因于湿邪或水气中伤的现象，成为一种瘀血肿胀。

尺内①两傍，则季胁②也，尺外以候肾，尺里以候腹。中附上③，左外以候肝，内以候鬲；右外以候胃，内以候脾。上附上④，右外以候肺，内以候胸中；左外以候心，内以候膻中。前以候前，后以候后⑤。上竟上者⑥，胸喉中事也；下竟下者⑦，少腹腰股膝胫足中事也。

注释

① 尺内：指的尺部脉。

② 季胁：胸肋之下部。

③ 中附上：指的关部脉。

④ 上附上：指的寸部脉。

⑤ 前以候前，后以候后：按寸、关、尺三部脉时，手指向掌侧移少许按之，称为"前"，以候人体之前半面；以手指向臂侧移少许按之，称为"后"，以候人体之后半面。

⑥ 上竟上者：以按寸部脉的手指向上（掌侧）移。

⑦ 下竟下者：以按尺部脉的手指向下（臂侧）移。

语译

尺部的脉两旁以候季胁，尺外以候肾，尺内以候腹。关部脉，左外以候肝，内以候膈；右外以候胃，内以候脾。寸部脉，右外以候肺,内以候胸中;左外以候心,内以候膻中。前以候前,后以候后。上竟上,以候胸喉之疾病;下竟下,以候少腹、腰、股、膝、胫、足的疾病。

按语

这节经文,语译为脉诊。又日人丹波元简认为这节经文是诊尺肤法,非寸、关、尺诊脉之法,并列举《内经》及王冰注以证。考《灵枢·论疾诊尺》设有专篇,一开始就谈到"余欲无视色持脉,独调其尺,以言其病,以外知内,为之奈何"这样的发问,可以清楚地看到视色、持脉、调尺,俱是诊察的方法。并附于此,以备进一步研讨。

麤大①者,阴不足,阳有余,为热中②也。来疾去徐③,上实下虚,为厥巅疾;来徐去疾,上虚下实,为恶风④也,故中恶风者,阳气受也。有脉俱沉细数者,少阴厥⑤也。沉细数散者,寒热也。浮而散者,为眴仆⑥。诸浮不躁⑦者,皆在阳,则为热;其有躁者在手⑧。诸细而沉者,皆在阴,则为骨痛;其有静者在足⑧。数动一代者,病在阳之脉也,泄及便脓血。诸过者切之⑨,涩者,阳气有余也;滑者,阴气有余也。阳气有余,为身热无汗;阴气有余,为多汗身寒;阴阳有余,则无汗而寒。推而外之⑩,内而不外,有心腹积也;推而内之,外而不内,身有热也;推而上之,上而不下⑪,腰足清也;推而下之,下而不上⑫,头项痛也。按之至骨,脉气少者,腰脊痛而身有痹也。

注释

① 麤大:麤,同"粗"。粗大,就是洪大。

② 热中：张介宾："阳实阴虚，故为内热。"
③ 来疾去徐：来，是脉搏起应于指。去，是脉如波浪下落。疾，是快。徐，是慢。来疾去徐，就是脉来急而去缓。
④ 恶风：就是疠风病。高世栻："恶风，疠风也。"
⑤ 少阴厥：少阴，指足少阴肾经。姚止庵："沉细兼数，是阴虚水亏而火上逆，各曰少阴厥。厥，逆而上也。所谓阴虚火动是矣。"
⑥ 眴仆：眴，与"眩"通。仆，是跌倒。王冰："头眩而仆倒也。"
⑦ 躁：与"静"相反，为躁疾之象。
⑧ 其有躁者在手、其有静者在足：张介宾："脉浮为阳，而躁则阳中之阳，若浮而兼躁，乃为阳极，故当在手，谓手三阳经也；若沉细而静，乃为阴极，故当在足，谓足三阴经也。"
⑨ 诸过者切之：过，是有过之脉。切，是切脉。
⑩ 推而外之：王冰："脉附臂筋，取之不审，推筋令远，使脉外行。"
⑪ 上而不下：新校正："《甲乙经》作'下而不上'。"
⑫ 下而不上：新校正："《甲乙经》作'上而不下'。"

语译

脉象洪大的，是由于阴不足而阳有余，见于热中之病。脉象来急疾而去徐缓的，是由于上部实而下部虚，见于厥逆和癫仆等病；脉象来徐缓而去疾急的，是由于上部虚而下部实，见于疠风之病，因为中了恶风，是阳气先受病。有脉象沉细数的，是足少阴经厥逆之病。如见沉细数散的，是寒热之病。脉浮而散，是为眩晕仆倒之病。凡是浮脉而不躁急的，其病在表，则为发热，病在足三阳经；如浮而躁，则病在手三阳经了。凡是细脉而沉的，其病在里，发为骨节疼痛，病在手三阴经；如果细沉而静，病在足三阴经了。数脉而有歇止的，其病在阳，见泄泻及大便带脓血。诊得各种有过之脉，如见涩象，是阳气有余；滑象，为阴气有余。阳气有余，则身发热而无汗；阴气有余，则身多汗而发冷；阴气阳气均有余，则无汗而身寒。假如推动筋脉而进一步探求其变化，如推脉向外，而脉气内而不外的，是心腹有积聚在内的关系；如果推脉向内,而脉气又外而不内,是身形有外热之病;如推而向上,而脉又下而不上的,是腰足之间清冷的关系;如推而下之,而脉又上而不下的,是头项之间痛的关系。假如重按至骨,而脉气少的,是腰脊痛而身有痹病的关系。

按语

本节从脉象来诊候人体阴阳之盛衰、邪正之虚实,并详细举例以说明其复杂多变之疾病,这是脉诊中的重要部分。诊脉是中医诊断疾病时的重要一环,历代医家都非常重视,通过临床实际,不断发展了脉学理论。近年来有人采用仪器进行研究,并已获得正常人典型的脉搏波,并以此作为标准数据,可供临床参考。

本 篇 要 点

一、诊法常以平旦和持脉为大法,因脉搏与周围环境以及饮食后均有一定的影响。

二、切脉要结合视精明,察五色、脏腑、形体等各方面参伍比较,才能使诊断更加正确。

三、脉是气血运行的反映,诊脉可以了解整体气血循环的变化。

四、五色的善恶,为望诊中的一个重点。

五、脉与四时的关系,以及色脉合参的诊断价值。

六、闻病人的声音和问大小便及各种梦境的变化。

七、根据切脉的部位,来了解内脏的病变;并举例引述各种脉象主病,以资临床参考。

平人气象论篇第十八

题解

平人,是气血和平的人。气是指脉气,古人说脉不自行,随气而至。象是指脉的形象。本篇内容以讨论脉象为主,论述的方法从平人、病人加以对比分析,得出脉象主病概况,因此以"平人气象论"名篇。

黄帝问曰:平人何如?岐伯对曰:人一呼脉再动,一吸脉亦再动,呼吸定息①脉五动,闰以太息②,命曰平人。平人者,不病也。常以不病调病人,医不病,故为病人平息以调之为法。人一呼脉一动,一吸脉一动,曰少气。人一呼脉三动,一吸脉三动而躁,尺热③曰病温;尺不热脉滑曰病风;脉涩曰痹。人一呼脉四动以上曰死④;脉绝不至曰死;乍疏乍数曰死。

注释

① 呼吸定息:张介宾:"出气曰呼,入气曰吸。一呼一吸,总名一息。呼吸定息,谓一息既尽,而换息未起之际也。"
② 闰以太息:张介宾:"闰,余也,犹闰月之谓。言平人常息之外,间有一息甚长者,是谓闰以太息。"
③ 尺热:尺肤热,即腕关节至肘关节之间皮肤上发热。
④ 人一呼脉四动以上曰死:一呼脉四动以上,是一息八至以上,《难

经》谓之"夺精",是精气衰夺的意思,故曰死。

语译

黄帝问道:无病之人的脉象是怎样的?岐伯回答说:平人的脉搏,一呼脉跳动两次,一吸脉亦跳动两次,一呼一吸叫做一息,一息是脉动四次,有时一息脉动五次,是因为呼吸较长的缘故,这是指平人而说的。所谓平人,就是无病的人。诊脉的法则,应以平人的呼吸,来调候病人的脉息,医生是无病的人,所以调匀呼吸以候病人的脉搏至数。如果一呼与一吸,脉各跳动一次,是正气衰少的现象。一呼与一吸,脉各跳动三次而忽躁,而且尺中皮肤发热,这是温病;如尺中皮肤不热,而脉象滑的,是为风病;脉象涩的,是为痹症。如一呼脉跳动四次以上,叫做死脉;脉气断绝不至,亦是死脉;忽快忽慢,亦是死脉。

平人之常气禀于胃,胃者平人之常气也;人无胃气曰逆,逆者死。春胃①微弦曰平,弦多胃少曰肝病,但弦无胃曰死;胃而有毛曰秋病,毛甚曰今病。藏真②散③于肝,肝藏筋膜之气也。夏胃微钩④曰平,钩多胃少曰心病,但钩无胃曰死;胃而有石曰冬病,石甚曰今病。藏真通于心,心藏血脉之气也。长夏胃微耎弱曰平,弱多胃少曰脾病,但代无胃曰死;耎弱有石曰冬病,弱甚曰今病。藏真濡于脾,脾藏肌肉之气也。秋胃微毛⑤曰平,毛多胃少曰肺病,但毛无胃曰死;毛而有弦曰春病,弦甚曰今病。藏真高于肺,以行荣卫阴阳也。冬胃微石⑥曰平,石多胃少曰肾病,但石无胃曰死;石而有钩曰夏病,钩甚曰今病。藏真下于肾,肾藏骨髓之气也。

注释

① 胃：指脉中的胃气。《玉机真藏论》："脉弱以滑，是有胃气。"《终始》篇："邪气来也，紧而疾；谷气来也，徐而和。"是皆胃气之谓。脉有胃气，是有柔和的现象。

② 藏真：指五脏所藏的真气。姚止庵："五藏既以胃气为本，是胃者五藏之真气也，故曰藏真。无病之人，胃本和平，其气随五藏而转。是故入于肝，则遂其散发之机，于是肝得和平之气以养其筋膜而无劲急之患。"

③ 散：吴崑："肝气喜散。春时肝木用事，故五藏天真之气，皆散于肝。"

④ 钩：王冰："前曲后居，如操带钩也。"即脉洪大有来盛去衰的现象。

⑤ 毛：王冰："秋脉也。谓如物之浮，如风吹毛也。"即脉来轻虚以浮，指端的感觉有如按在毛上。

⑥ 石：马莳："冬时肾脉必主于石，如石之沉于水也。"即脉来如石沉水。

语译

平人脉息正常之气，是来源于胃，所以有胃气，就是平人脉息的正常之气；一个人的脉息而无胃气，则是逆象，见逆象的是死证。春时的脉象，弦中带有柔和的胃气，叫做平脉，如果弦多胃少，主肝脏有病，纯弦而没有柔和之象，就要死亡；若虽有胃气而兼见毛脉，是春见秋脉，预测到了秋天就要生病，倘若毛脉太甚，立即就会发病。春时五脏之真气舒散于肝，肝主藏筋膜之气。夏时脉象钩中带有柔和的胃气，叫做平脉，如果钩多胃少，是心脏有病，纯见钩脉而无和缓之象，就要死亡；如虽有胃气而兼见沉象的石脉，是夏令见冬脉，预测到了冬天就要生病，倘若石脉太甚，立即就会发病。夏时五脏之真气通于心，心主藏血脉之气。长夏时的脉象，微软弱而有胃气，叫做平脉，如果弱多胃少，主脾脏有病，但见代脉而无胃气，就要死亡；软弱脉中兼见沉石之象，预测到冬天就要生病，倘若软弱太甚，立即就会发病。长夏五脏真气濡养于脾，脾主藏肌肉之气。秋时的脉象，微毛而有柔和之象的，叫做平脉，如果毛多胃少，主肺脏有病，纯毛脉而无胃气，就要死亡；毛脉中兼见弦脉，预测到了春天就要生病，倘若弦甚，立即就会发病。秋时五脏真气上藏于肺，肺位高居上焦，主运行营卫阴阳之气。冬时的脉沉石中有柔和之象的，叫做平脉，倘若石多胃少，主肾脏有病，纯石脉而无柔和之象，就要死亡；沉石脉中兼见钩脉，预测到了夏天，就要生病，倘若钩脉太甚，立即就会发病。冬时五脏真气下藏于肾，肾是藏骨髓之气的。

按语

文中反复强调脉中胃气的重要，说明要在四时应见脉中带有冲和之气（胃气），才是平脉。胃气少就为病脉，无胃气（真脏脉见）就为死脉。各脏病的主脉多与临床实际相符，从脉象来推测何时发病，其根据为五行的乘侮关系。

脉诊仅为四诊之一，因此，诊断疾病的死亡，不能单凭脉诊。

胃之大络，名曰虚里①。贯鬲络肺，出于左乳下，其动应衣②，脉宗气③也。盛喘数绝者，则病在中；结而横④，有积矣；绝不至曰死。乳之下，其动应衣，宗气泄也。

注释

① 虚里：《沈氏经络全书》："乳根穴分也。"在左乳下，心尖搏动处。
② 其动应衣：《甲乙经》作"其动应手"，为是，可从改。
③ 宗气：王冰："宗，尊也，主也，谓十二经络之尊主也。"即水谷所生之精气，加上肺吸入自然之清气，积于胸中，为脉之所宗，故称"宗气"。
④ 结而横：结，脉象。吴崑："脉来迟，时一止，曰结。横，横格于指下也。"指虚里脉气横斜，动应指下。

语译

胃经的大络，叫做虚里。它的脉系，从胃贯膈，上络于肺，出现于左乳下,跳动可以应手,这是脉的宗气。倘若跳动甚剧,好像喘气一般地快速,而中间有断绝之象,这是病在胸中的证候;若见结脉样跳动,位置横移的,主有积滞;如绝而不至,就要死亡。假如虚里跳动而外可应见于衣,这是宗气失藏而外泄之象。

按语

从"虚里"处的搏动来测验宗气的有无,与从脉搏测胃气的意义相同,这是古人的一种诊察方法。

欲知寸口①太过与不及。寸口之脉中手②短者,曰头痛。寸口脉中手长者,曰足胫痛。寸口脉中手促上击者,曰肩背痛。寸口脉沉而坚者,曰病在中。寸口脉浮而盛者,曰病在外。寸口脉沉而弱,曰寒热及疝瘕、少腹痛。寸口脉沉而横,曰胁下有积,腹中有横积痛。寸口脉沉而喘,曰寒热。脉盛滑坚者,曰病在外。脉小实而坚者,病在内。脉小弱以涩,谓之久病。脉滑浮而疾者,谓之新病。脉急者,曰疝瘕少腹痛。脉滑曰风。脉涩曰痹。缓而滑曰热中。盛而紧曰胀。脉从阴阳,病易已;脉逆阴阳,病难已。脉得四时之顺,曰病无他;脉反四时及不间藏③,曰难已。臂多青脉,曰脱血。尺脉缓涩,谓之解㑊④安卧。脉盛,谓之脱血。尺涩脉滑,谓之多汗。尺寒脉细,谓之后泄。脉尺麤常热者,谓之热中。肝见庚辛死,心见壬癸死,脾见甲乙死,肺见丙丁死,肾见戊己死,是谓真藏见皆死。

注释

① 寸口:亦称脉口或气口。在这里是概括寸、关、尺三部而言的。

② 中手：指脉息应指而言。

③ 不间藏：张介宾："间藏者，传其所生也。"如肝不传脾而传心，心不传肺而传脾，其气相生，虽病亦微。不间藏，指相克而传。如心病传肺，肺病传肝，肝病传脾，脾病传肾或肾病传心等，故曰难已。

④ 解㑊：高世栻："解、懈同。㑊，音亦。"张志聪："懈惰也。"即懈怠懒动。

语译

切脉要知道寸口脉的太过和不及。寸口脉象应指而短，为阳气不足，其病头痛。寸口脉应指而长，为阴不足，其病足胫痛。寸口之脉促而有力，上搏指下，为阳盛于上，主肩背痛。寸口脉沉而坚硬，其过在阴，主病在内。寸口脉浮而盛，其过在阳，主病在外。寸口脉沉而弱，沉候始见，举之则无，为里病，主寒热及疝瘕积聚、少腹疼痛。寸口脉沉而有横斜的形状，为阴气内结，胁下当有积聚，或腹中有横积作痛。寸口脉沉而急促，脉兼阴阳，主病寒热。脉象盛滑而坚为阳，主病在外。脉来小实而坚为阴，主病在内。脉来小弱涩滞，为虚，主久病。脉来浮滑而疾，为实，主新病。脉来弦急，乃肝脉，是疝瘕在内而少腹痛。脉来滑利，为阳脉，主病风。脉来涩滞，为阴脉，主病痹。脉来缓而滑，是脾脉，主病热甚于中。脉来盛而紧，是阴阳相搏，主病腹胀。脉与病之阴阳相顺，为易愈；脉与病之阴阳相逆，为难愈。脉与四时相应为顺，即使患病，亦无其他危险；如脉与四时相反，及不间藏而传变的病，是难愈的。臂多青脉，乃由于失血。尺肤缓而脉来涩，主气血不足，多倦怠乏力，但欲安卧。脉来盛，是火盛于内，主有大脱血。尺肤涩而其脉滑，为阳气有余于内，主多汗。尺肤寒而脉细，为寒气在内，主大便泄泻。脉见粗大而尺肤常热的，主热气在中。肝之真脏脉出现，至庚辛日死；心之真脏脉出现，至壬癸日死；脾之真脏脉出现，至甲乙日死；肺之真脏脉出现，至丙丁日死；肾之真脏脉出现,至戊己日死。这就是真脏脉出现死亡的日期。

按语

脉象是人体内脏生理、病理变化反映于外部的一种征象。疾病千变万化,不同的疾病可出现同一种脉象,同一种疾病又可出现不同的脉象,故临床上有"舍脉从证"和"舍证从脉"的区别。因此,文中何脉主何病不是绝对的,而是相对的,可作为诊断时的参考。

真脏脉死期,是按照五行生克之义推断的。

颈脉①动喘疾咳,曰水。目裹②微肿,如卧蚕起之状③,曰水。溺黄赤,安卧者,黄疸。已食如饥者,胃疸④。面肿曰风。足胫肿曰水。目黄者曰黄疸。

妇人手少阴脉动甚者,妊子也。脉有逆从四时,未有藏形⑤,春夏而脉瘦⑥,秋冬而脉浮大,命曰逆四时也。风热而脉静,泄而脱血脉实,病在中脉虚,病在外脉涩坚者,皆难治,命曰反四时也。

人以水谷为本,故人绝水谷则死,脉无胃气亦死。所谓无胃气者,但得真藏脉,不得胃气也。所谓脉不得胃气者,肝不弦,肾不石也。太阳⑦脉至,洪大以长;少阳⑦脉至,乍数乍疏,乍短乍长;阳明⑦脉至,浮大而短。

注释

① 颈脉:王冰:"谓耳下及结喉旁人迎脉者也。"就是颈动脉,古人称为"人迎脉"。

② 目裹:即上下眼胞。

③ 卧蚕起之状:蚕眠之后必脱皮,脱皮之后其皮色润泽有光。

④ 胃疸:病名。其已食如饥,实系胃热所致。《金匮要略·黄疸病脉

证并治》第二条:"趺阳脉紧而数,数则为热,热则消谷"语可以佐证。故胃疸,是指胃热。

⑤ 未有藏形:马莳:"未有正藏之脉相形,而他藏之脉反见。"

⑥ 春夏而脉瘦:瘦,小也。新校正:"按《玉机真藏论》作'沉涩'。"

⑦ 太阳、少阳、阳明:少阳主正月、二月,阳明主三月、四月,太阳主五月、六月。

语译

颈部脉搏动甚,并见气喘急促咳嗽,主水病。目胞浮肿如蚕眠后之状,也是水病。小便颜色黄而发红,而且嗜卧,是黄疸。饮食后就觉得饥饿,是胃疸病。面部浮肿的,为风水病。足胫肿的,是水肿病。目珠发黄的,是黄疸。

妇人手少阴脉动甚的,是怀孕征象。脉有不顺从四时的,即当其时而不出现正脏的脉形,却反见他脏之脉,如春天、夏天的脉反瘦小,秋天、冬天的脉反浮大,这叫做逆四时。风热病的脉宜躁,反见沉静;泄泻、脱血的病,脉应虚,反见实脉;病在内的,脉应实,反见虚脉;病在外的,脉宜浮滑,反见涩坚:皆是难治之病,称之为反四时。

人以水谷为本,所以断绝水谷,就要死亡,脉象没有胃气,亦要死亡的。所谓无胃气,是单见真脏脉,而不见柔和的胃气脉。所谓不得胃气,例如肝脉不是有胃而微弦,肾脉不是有胃而微石。太阳主时,脉来是洪大而长;少阳主时,脉来是忽快忽慢,忽长忽短;阳明主时,脉来是浮大而短。

按语

从"颈脉动喘疾咳,曰水"至"目黄者曰黄疸"。寥寥数语,要言不繁。可作为此数病的诊断和鉴别诊断,希读者勿轻忽略过。

又按关于妊娠脉的论述,本节云"妇人手少阴脉动甚者,妊子也"。《阴阳别论篇》又有"阴搏阳别,谓之有子"。而《金匮要略》:"妇人得平脉,阴脉小弱,其人渴(呕),不能食,无寒热,名妊娠"。总之妊娠之脉象,各家论说不完全一致。亦可能是因人而异。还要结合经水情况和经水不至后的有关体征和症状,不能拘泥脉诊一项。

夫平心脉来,累累如连珠,如循琅玕①,曰心平,夏以胃气为本;病心脉来,喘喘②连属,其中微曲,曰心病;死心脉来,前曲后居③,如操带钩,曰心死。

平肺脉来,厌厌聂聂④,如落榆荚⑤,曰肺平,秋以胃气为本;病肺脉来,不上不下,如循鸡羽⑥,曰肺病;死肺脉来,如物之浮,如风吹毛,曰肺死。

平肝脉来,耎弱招招⑦,如揭长竿末梢,曰肝平,春以胃气为本;病肝脉来,盈实而滑,如循长竿,曰肝病;死肝脉来,急益劲,如新张弓弦,曰肝死。

平脾脉来,和柔相离,如鸡践地⑧,曰脾平,长夏以胃气为本;病脾脉来,实而盈数,如鸡举足⑨,曰脾病;死脾脉来,锐坚如乌之喙⑩,如鸟之距⑪,如屋之漏⑫,如水之流⑬,曰脾死。

平肾脉来,喘喘累累如钩,按之而坚,曰肾平,冬以胃气为本;病肾脉来,如引葛⑭,按之益坚,曰肾病;死肾脉来,发如夺索⑮,辟辟如弹石⑯,曰肾死。

注释

① 琅(láng郎)玕(gān):张介宾:"《说文》曰:琅玕似珠。言其盛满滑利,即微钩之义也。"即似珠和美玉,有柔滑之意。

② 喘喘:马莳:"其来如喘,又喘而连属,且中手而偃曲,有钩多胃少之

义。"形容脉来如喘气急促的样子。

③ 前曲后居：是形容心脉失却冲和之气，但钩无胃之象。张介宾："前曲者，谓轻取则坚强而不柔。后居者，谓重取则实牢而不动。"

④ 厌厌聂聂：吴崑："翩翩之状，浮薄而流利也。"

⑤ 如落榆荚：马莳："有轻虚以浮之意。"形容脉象的轻浮和缓。

⑥ 如循鸡羽：吴崑："如循鸡羽，涩而难也。"

⑦ 招招：马莳："招招者，迢迢也。迢迢然长竿末梢，最为软弱，揭之则似弦而甚和。"形容脉象的柔弱和软。"

⑧ 如鸡践地：张介宾："从容轻缓也。此即充和之气。"形容如鸡足踏地，和缓徐行的脉象。

⑨ 如鸡举足：汪机："践地，是鸡不惊而徐行也。举足，被惊时疾行也。况实数与轻缓相反，彼此对看，尤见明白。"形容脉象疾而不缓。

⑩ 如乌之喙(huì汇)：张介宾："喙音诲，作'嘴'字讲。"如乌之喙，是坚曲的意思。

⑪ 如鸟之距：张介宾："距，权与切，鸡足钩距也。"言如鸟距有钩。

⑫ 如屋之漏：王冰："屋漏，谓时动复住。"形容脉象如屋漏水，点滴无伦次。

⑬ 如水之流：张介宾："去而不返也"。如水流去而不返的意思。

⑭ 如引葛：高世栻："如引葛藤之上延，散而且蔓，不若钩之有本矣。"形容脉象的坚搏牵连。

⑮ 发如夺索：吴崑："两人争夺其索，引长而坚劲也。"即长而坚劲的意思。

⑯ 辟辟如弹石：高世栻："辟辟，来去不伦也。如弹石，圆硬不软也。此但石无胃，故曰肾死。"形容脉象的坚实。

语译

正常的心脉来时，像一颗颗珠子，连续不断地流过，如抚摩琅玕美玉般地滑润，此为心脏的平脉，夏时以胃气为本；如果脉来喘喘促促，连串急数之中，带有微曲之象，这是心的病脉；如果脉前曲后直，如摸到带钩一般，全无和缓之意，是心的死脉。

正常的肺脉，脉来轻浮虚软，不疾不徐，如落榆荚一般地和缓，此为肺的平脉，秋时以胃气为本；如果脉来不上不下，如抚摩鸡毛一样,这是肺的病脉;如果脉来如物浮在水上,如风吹动毛羽般,飘忽不定,散动无根,这是肺的死脉。

正常的肝脉来时,如长竿的末梢一样地柔软摆动,此为肝的平脉,春时以胃气为本;如果脉来满指滑实,如抚摩着长竿样的坚硬,这是肝的病脉;如果脉来一若新张弓弦,急而有力,这是肝的死脉。

正常的脾脉,脉来和柔相济,从容而匀,好像鸡足缓缓落地一般,是脾的平脉,长夏以胃气为本;如果脉来充实而数,强急不和,如鸡之举足一样急疾,是为脾的病脉;如果脉来如乌的嘴、鸟的爪距一样的坚锐,如屋漏水一样地点滴无伦,如水流去而不返,是脾的死脉。

正常的肾脉,脉来喘喘累累,速而圆滑,有如心之钩脉,按之沉石,是肾的平脉,冬时以胃气为本;如果脉来如牵引葛藤,愈按愈坚,这是肾的病脉;如果脉来像夺索一般,长而坚硬劲急,或坚实如弹石,这是肾的死脉。

按语

本节以具体生动的比喻来说明四时五脏之平脉、病脉、死脉的区别,以胃气的多少、有无为主要依据,其目的是强调"人以胃气为本"的重要的意义。

本 篇 要 点

一、说明正常人的脉息至数及从至数的变化诊断疾病。

二、说明脉来应有胃气,有胃气的为平脉,胃气少的为病脉,无胃气的为死脉。而人体与天地、四时相应,故具体指出四时五脏的平脉、病脉、死脉的脉象。

三、叙述了胃之大络"虚里"在切诊上的价值。

四、提出多种疾病的脉象和诊察方法,并举水肿、黄疸的特征,以及妊娠的脉象等。

玉机真藏论篇第十九

题解

玉机，有珍重意；真藏，指脉来无胃气。本篇论五脏脉与四时的关系、脉有胃气的状态、五脏疾病的传变、五脏的虚实，以及一些其他诊察方法等。其中尤以论脉为重点；而脉息的变化，又以有胃气为最紧要，"有胃则生，无胃则死"。无胃气之脉，叫做真脏脉，真脏脉见，是为死征。之所以篇名为"玉机真藏"，张介宾认为："玉机，以璇玑玉衡，可窥天道，而此篇神理，可窥人道，故以并言，而实则珍重之辞也。"

黄帝问曰：春脉如弦，何如而弦？岐伯对曰：春脉者肝也，东方木也，万物之所以始生也，故其气来，耎弱轻虚而滑，端直以长，故曰弦，反此者病。帝曰：何如而反？岐伯曰：其气来实而强，此谓太过，病在外；其气来不实而微，此谓不及，病在中。帝曰：春脉太过与不及，其病皆何如？岐伯曰：太过则令人善忘[①]，忽忽眩冒而巅疾[②]；其不及，则令人胸痛引背，下则两胁胠[③]满。帝曰：善！

注释

① 善忘：张志聪："气并于上，乱而善忘。"王冰："忘，当为'怒'字之误也。《灵枢经》曰：肝气实则怒。"新校正："按《气交变大论》云：木太过，甚则

忽忽善怒,眩冒颠疾。则'忘'当作'怒'。"录此以备参考。

② 眩冒而巅疾:王冰:"眩,谓目眩,视如转也。冒,谓冒闷也。"巅疾,头顶疾病。

③ 胠(qū驱):张介宾:"胠,音区,腋下胁也。"即指胁下空软处。

语译

黄帝问道:春时的脉象如弦,怎样才算弦?岐伯回答说:春脉主应肝脏,属东方之木,在这个季节里,万物开始生长,因此脉气来时,软弱轻虚而滑,端直而长,所以叫做弦,假如违反了这种现象,就是病脉。黄帝道:怎样才称反呢?岐伯说:其脉气来,应指实而有力,这叫做太过,主病在外;如脉来不实而微弱,这叫做不及,主病在里。黄帝道:春脉太过与不及,发生的病变怎样?岐伯说:太过会使人记忆力衰退,精神恍惚,头昏而两目视物眩转,而发生巅顶疾病;其不及会使人胸部作痛,牵连背部,往下则两侧胁肋部位胀满。黄帝道:讲得对!

夏脉如钩,何如而钩?岐伯曰:夏脉者心也,南方火也,万物之所以盛长也,故其气来盛去衰,故曰钩,反此者病。帝曰:何如而反?岐伯曰:其气来盛去亦盛,此谓太过,病在外;其气来不盛,去反盛,此谓不及,病在中。帝曰:夏脉太过与不及,其病皆何如?岐伯曰:太过则令人身热而肤痛,为浸淫①;其不及,则令人烦心,上见咳唾,下为气泄②。帝曰:善!

注释

① 浸淫:吴崑:"热不得去,浸渍而淫,邪热渐深之名。"张志聪:"肤受之疮"。故解作疮名。因其渐渐蔓延扩大,故称为"浸淫"。

② 气泄:高世栻:"后气下泄也。"即指矢气,俗称放屁。

语译

夏时的脉象如钩,怎样才算钩？岐伯说:夏脉主应心脏,属南方之火,在这个季节里,万物生长茂盛,因此脉气来时充盛,去时轻微,犹如钩之形象,所以叫做钩脉,假如违反了这种现象,就是病脉。黄帝道:怎样才称反呢？岐伯说:其脉气来盛去亦盛,这叫做太过,主病在外;如脉气来时不盛,去时反充盛有余,这叫做不及,主病在里。黄帝道:夏脉太过与不及,发生的病变怎样？岐伯说:太过会使人身体发热,皮肤痛,热邪浸淫成疮;不及会使人心虚作烦,上部出现咳唾涎沫,下部出现矢气下泄。黄帝道:讲得对!

秋脉如浮,何如而浮？岐伯曰:秋脉者肺也,西方金也,万物之所以收成也,故其气来,轻虚以浮,来急去散,故曰浮,反此者病。帝曰:何如而反？岐伯曰:其气来毛而中央坚,两傍虚,此谓太过,病在外;其气来毛而微,此谓不及,病在中。帝曰:秋脉太过与不及,其病皆何如？岐伯曰:太过则令人逆气,而背痛愠愠然①;其不及,则令人喘,呼吸少气而咳,上气见血,下闻病音②。帝曰:善!

注释

① 愠愠(yùn 运)然:马莳:"不舒畅也。"就是郁闷而不舒畅的样子。
② 下闻病音:张介宾:"谓喘息则喉下有声也。"就是指喘息时喉间有声音。

语译

秋天的脉象如浮,怎样才算浮？岐伯说:秋脉主应肺脏,属西方之金,在这个季节里,万物收成,因此脉气来时轻虚以浮,来急去散,所以叫做浮。假如违反了这种现象,就是病脉。黄帝道:怎样才称反呢? 岐伯说:其脉气来浮软而中央坚,两傍虚,这叫做太过,主病在外;其脉气来浮软而微,这叫做不及,主病在里。黄帝道:秋脉太过与不及,发生的病变怎样? 岐伯说:太过会使人气逆,背部作痛,愠愠然郁闷而不舒畅;其不及会使人呼吸短气,咳嗽气喘,气上逆而出血,喉间有喘息声音。黄帝道:讲得对!

冬脉如营①,何如而营? 岐伯曰:冬脉者肾也,北方水也,万物之所以合藏也,故其气来,沉以搏,故曰营,反此者病。帝曰:何如而反? 岐伯曰:其气来如弹石者,此谓太过,病在外;其去如数者,此谓不及,病在中。帝曰:冬脉太过与不及,其病皆何如? 岐伯曰:太过则令人解㑊,脊脉痛而少气,不欲言;其不及则令人心悬如病饥,䏚②中清,脊中痛,少腹满,小便变。帝曰:善!

注释

① 冬脉如营:言冬时脉气营居于内,即指沉脉而言。吴崑:"营,营垒之营,兵之守者也。冬至闭藏,脉来沉石。如营兵之守也。"

② 䏚(miǎo 渺):张介宾:"季胁下空软之处曰䏚中。"即胁骨之末梢空软处。

语译

冬时的脉象如营,怎样才算营? 岐伯说:冬脉主应肾脏,属北方之水,在这个季节里,万物闭藏,因此脉气来时沉而搏手,所以叫做营,假如违反了这种现象,就是病脉。黄帝道:怎样才称反呢? 岐伯说:其脉来如弹石一般坚硬,这叫做太过,主病在外;如脉去虚数,这叫做不及,主病在里。黄帝道:冬脉太过与不及,发生的病变怎样? 岐伯说:太过会使人精神不振,身体懈怠,脊骨疼痛,气短,懒于说话;不及则使人心如悬,如同腹中饥饿之状,季胁下空软部位清冷,脊骨作痛,少腹胀满,小便变常。黄帝道:讲得对!

帝曰:四时之序,逆从之变异也,然脾脉独何主?岐伯曰:脾脉者,土也,孤藏以灌四傍者也①。帝曰:然则脾善恶,可得见之乎?岐伯曰:善者不可得见,恶者可见②。帝曰:恶者何如可见?岐伯曰:其来如水之流者,此谓太过,病在外;如鸟之喙者,此谓不及,病在中。帝曰:夫子言脾为孤藏,中央土以灌四傍,其太过与不及,其病皆何如?岐伯曰:太过则令人四支不举;其不及则令人九窍不通,名曰重强③。帝瞿然④而起,再拜而稽首曰:善!吾得脉之大要,天下至数。《五色》、《脉变》、《揆度》、《奇恒》,道在于一。神转不回,回则不转,乃失其机。至数之要,迫近以微,著之玉版,藏之藏府,每旦读之,名曰《玉机》。

注释

① 孤藏以灌四傍者也:张介宾:"脾属土,土为万物之本,故运行水谷,化津液以灌溉于肝心肺肾四藏者也。土无定位,分王四季,故称为孤藏。"

② 善者不可得见,恶者可见:正常的脾脉,体现于四季之脉象中有柔软和缓之象,而不能单独出现,所以说"善者不可得见"。有病的脾脉,则可单独出现,所以说"恶者可见"。

③ 重强:脾病则身体皆重,舌本强,所以说四肢不举及九窍不通。王冰:"《八十一难经》曰:五藏不和,则九窍不通。重,谓藏气重垒。强,谓气不和顺。"

④ 瞿然:张介宾:"敬肃貌。"张志聪:"惊悟貌。"

语译

黄帝道:春夏秋冬四时的脉象,有逆有从,其变化各异,但独未论及脾脉,究竟脾脉主何时令?岐伯说:脾脉属土,位居中央为孤脏,以灌溉四旁。黄帝道:脾脉的正常与异常可以得见吗?岐伯说:正常的脾脉不可能见到,有病的脾脉是可以见到的。黄帝道:有病的脾脉怎样?岐伯说:其来如水之流散,这叫做太过,主病在外;其来坚锐如鸟之喙,这叫做不及,主病在中。黄帝道:先生说脾为孤脏,位居中央属土,以灌溉四旁,它的太过和不及各发生些什么病变?岐伯说:太过会使人四肢不能举动,不及则使人九窍不通,名叫重强。黄帝惊悟肃然起立,敬个礼道:很好!我懂得诊脉的要领了,这是天下极其重要的道理。《五色》、《脉变》、《揆度》、《奇恒》等书,阐述的道理都是一致的,总的精神在于一个"神"字。神的功用运转不息,向前而不能回却,倘若回而不转,就失掉它的生机了。极其重要的道理,往往迹象不显而近于微妙,把它著录在玉版上面,藏于枢要内府,每天早上诵读,称它为《玉机》。

五藏受气于其所生①,传之于其所胜②,气舍于其所生③,死于其所不胜④。病之且死,必先传行至其所不胜,病乃死。此言气之逆行也,故死。肝受气于心,传之于脾,气舍于肾,至肺而死。心受气于脾,传之于肺,气舍于肝,至肾而死。脾受气于肺,传之于肾,气舍于心,至肝而死。肺受气于肾,传之于肝,气舍于脾,至心而死。肾受气于肝,传之于心,气舍于肺,至脾而死。此皆逆死也。一日一夜五分之⑤,此所以占死生⑥之早暮也。

黄帝曰:五藏相通,移皆有次。五藏有病,则各传其所胜;不治,法三月,若六月,若三日,若六日⑦,传五藏而当死,是顺传所胜之次⑧。故曰:别于阳者,知病从来;别于阴者,知死生之期。言知至其所困而死。

注释

① 受气于其所生：王冰："谓受病气于己之所生者也。"气，指病气；所生，是指为我所生者。受气于其所生，就是病受气于自己所生之脏，也就是子来犯母，如肝受气于心。

② 传之于其所胜：马莳："乃我之所克者也"。是以相克之次序而传，如肝病传之于脾。

③ 气舍于其所生：张介宾："舍，留止也。"所生，指所生我者。气舍于其所生，就是病气留止于其母处，如肝病气舍于肾。

④ 死于其所不胜：王冰："谓死于克己者之分位也。"不胜，指所克我者。死于其所不胜，就是最后传至克己者而死，如肝病传至肺而死。

⑤ 一日一夜五分之：一日一夜划分为五个阶段，配合五脏：如平旦属肝，日中属心，薄暮属肺，夜半属肾，午后属脾。

⑥ 死生：新校正："按《甲乙经》'生'作'者'字，云占死者之早暮。"

⑦ 法三月，若六月，若三日，若六日：张介宾："病不早治，必互相传，远则三月、六月，近则三日、六日。"这是说患病之后传变的时间有快慢的不同，有半个月传一脏的，即三个月传遍五脏，有一个月传一脏的，即六个月传遍五脏；有半天传一脏的，即三天传遍五脏，有一天传一脏的，即六天传遍五脏。

⑧ 是顺传所胜之次：新校正谓是王注错出，宜删去。

语译

五脏疾病的传变，是受病气于其所生之脏，传于其所胜之脏，病气留舍于生我之脏，死于我所不胜之脏。当病到将要死的时候，必先传行于相克之脏，病者乃死。这是病气的逆传，所以会死亡。例如：肝受病气于心脏，而又传行于脾脏，其病气留舍于肾脏，传到肺脏而死。心受病气于脾脏，传行于肺脏，病气留舍于肝脏，传到肾脏而死。脾受病气于肺脏，传行于肾脏，病气留舍于心脏，传到肝脏而死。肺受病气于肾脏，传行于肝脏，病气留舍于脾脏，传到心脏而死。肾受病气于肝脏，传行于心脏，病气留舍于肺脏，传到脾脏而死。凡此都是病气之逆传，所以死。以一日一夜划分为五个阶段,分属五脏,就可以推测死候的早晚时间。

黄帝道:五脏是相互通连的,病气的转移,都有一定的次序。假如五脏有病,则各传其所胜;若不能掌握治病的时机,那末三个月或六个月,或三天,或六天,传遍五脏就当死了,这是相克的顺传次序。所以说:能辨别三阳的,可以知道病从何经而来;能辨别三阴的,可以知道病的死生日期,这就是说,知道他至其所不胜而死。

按语

本节主要论述了疾病传变的规律,根据五行生克来推论疾病传变的次序,预测疾病的预后。至于病气逆传到某一脏时必死之说,未必准确,理解为难治可也。

是故风者,百病之长①也。今风寒客于人,使人毫毛毕直,皮肤闭而为热,当是之时,可汗而发也;或痹不仁肿痛,当是之时。可汤熨及火灸刺而去之。弗治,病入舍于肺,名曰肺痹,发咳上气;弗治,肺即传而行之肝,病名曰肝痹,一名曰厥,胁痛出食,当是之时,可按若刺耳;弗治,肝传之脾,病名曰脾风发瘅②,腹中热,烦心出黄,当此之时,可按、可药、可浴;弗治,脾传之肾,病名曰疝瘕,少腹冤热③而痛,出白④,一名曰蛊⑤,当此之时,可按、可药;弗治,肾传之心,病筋脉相引而急,病名曰瘛,当此之时,可灸、可药;弗治,满十日法当死。肾因传之心,心即复反传而行之肺,发寒热,法当三岁⑥死,此病之次也。然其卒发者,不必治于传;或其传化有不以次,不以次入者,忧恐悲喜怒,令不得以其次,故令人有大病矣。因而喜大虚,则肾气乘矣,怒则肝气乘矣,悲则肺气乘矣,恐则脾气乘矣,忧则心气乘矣,此其道也。故病有五,五五二十五变,及其传化。传,乘之名也。

注释

① 风者,百病之长:王冰:"言先百病而有之。"盖六淫之气始于风,故称之为"长"。

② 脾风发瘅(dàn,又读 dǎn疸):吴崐:"瘅,热中之名。"王冰:"肝气应风木,胜脾土,土受风气,故曰脾风,盖为风气通肝而为名也。脾之为病,善发黄瘅,故发瘅也。"

③ 冤热:马莳:"烦冤作热"。即热极而烦闷。

④ 出白:吴崐:"白,淫浊也。"按《痿论》:"发为筋痿,及为白淫。"即小便出白色的浊液。

⑤ 蛊(gǔ古):吴崐:"其亦病邪深入,令人丧志之称乎。"

⑥ 三岁:滑寿:"三岁,当作'三日'。"

语译

风为六淫之首,是百病之长。风寒中人,使人毫毛直竖,皮肤闭而发热,在这个时候,可用发汗的方法治疗;至风寒入于经络,发生麻痹不仁或肿痛等症状,此时可用汤熨(热敷)及火罐、艾灸、针刺等方法来祛散。如果不及时治疗,病气内传于肺,叫做肺痹,发生咳嗽上气的症状;不及时治疗,就会传行于肝,叫做肝痹,又叫做肝厥,发生胁痛、吐食的症状,在这个时候,可用按摩或者针刺等方法;如不及时治疗,就会传行于脾,叫做脾风,发生黄疸,腹中热,烦心,小便黄色等症状,在这个时候,可用按摩、药物或热汤沐浴等方法;如再不治,就会传行于肾,叫做疝瘕,少腹烦热疼痛,小便色白而混浊,又叫做蛊病,在这个时候,可用按摩,或用药物;如再不治,病即由肾传心,发生筋脉牵引拘挛,叫做瘛病,在这个时候,可用灸法,或用药物;如再不治,十日之后,当要死亡。倘若病邪由肾传心,心又复反传于肺脏,发为寒热,法当三日即死,这是疾病传行的一般次序。假如骤然暴发的病,就不必根据这个相传的次序而治;有些病不依这个次序传变的,是忧、恐、悲、喜、怒情志之病,病邪就不能依照这个次序相传,因而使人生大病了。如因喜极伤心,心虚则肾气相乘;或因大怒,则肝气乘脾;或因悲伤,则肺气乘肝;或因惊恐,则肾气内虚,脾气乘肾;或因大忧,则肺气内虚,心气乘肺:这是五志激动,使病邪不依次序传变的道理。所以病虽有五,及其传化,就有五五二十五变。所谓传化,就是相乘的名称。

按语

文中指出病传的原因有二:一是"弗治",一是"大虚",但关键在于正气不足,病气才有可乘之机。因此时时固护正气,防止病气传变,这对于防治疾病有着重要的指导意义。

大骨枯槁①,大肉陷下②,胸中气满,喘息不便,其气动形,期六月死,真藏脉见,乃予之期日。大骨枯槁,大肉陷下,胸中气满,喘息不便,内痛引肩项,期一月死,真藏见,乃予之期日。大骨枯槁,大肉陷下,胸中气满,喘息不便,内痛引肩项,身热,脱肉破䐃③,真藏见,十月④之内死。大骨枯槁,大肉陷下,肩髓内消⑤,动作益衰,真藏来见⑥,期一岁死,见其真藏,乃予之期日。大骨枯槁,大肉陷下,胸中气满,腹内痛,心中不便,肩项身热,破䐃脱肉,目眶陷,真藏见,目不见人,立死;其见人者,至其所不胜之时则死。急虚身中卒至⑦,五藏绝闭,脉道不通,气不往来,譬于堕溺⑧,不可为期。其脉绝不来,若人一息⑨五六至,其形肉不脱,真藏虽不见,犹死也。

真肝脉至,中外急,如循刀刃责责然⑩,如按琴瑟弦,色青白不泽,毛折⑪乃死;真心脉至,坚而搏,如循薏苡子⑫累累然,色赤黑不泽,毛折乃死;真肺脉至,大而虚,如以毛羽中人肤,色白赤不泽,毛折乃死;真肾脉至,搏而绝,如指弹石辟辟然,色黑黄不泽,毛折乃死;真脾脉至,弱而乍数乍疏,色黄青不泽,毛折乃死。诸真藏脉见者,皆死不治也。

注释

① 大骨枯槁:张介宾:"如肩、脊、腰、膝,皆大骨也。"大骨枯槁,是形容瘦弱无力。

② 大肉陷下:张介宾:"尺肤、臀肉,皆大肉也。"如腿、臂、臀等处的肌肉都叫大肉。陷下,即形容消瘦枯削。

③ 脱肉破䐃(jūn菌):王冰:"䐃者,肉之标。脾主肉,故肉如脱尽,䐃如破败也。"脱肉,形容遍体肌肉消瘦。肘、膝、髀、厌高起处肌肉为䐃。破䐃,形容䐃部破败。

④ 十月:滑寿:"真藏见,恐当作未见。若见,则十月之内,当作十日之内。"张介宾:"五藏俱伤,而真藏又见,当十日内死。十日者,天干尽而旬气易也。月字误,当作日。"

⑤ 肩髓内消:张志聪:"肩髓者,大椎之骨髓,上会于脑,是以项骨倾者'死不治也。"肩髓内消,可作"骨髓内消,肩膀不振"解释。

⑥ 来见:新校正:"来,当是'未'字之误。"

⑦ 急虚身中卒至:高世栻:"急虚,正气一时暴虚也。身中,外邪陡中于身也。卒,同'猝'。卒至,是外邪猝至于藏也。"

⑧ 堕溺:落水淹没为溺。高处失足为堕。王冰:"譬于堕坠没溺,不可与为死日之期也。"

⑨ 一息:新校正:"按人一息脉五、六至,何得为死。必'息'字误,'息'当作'呼'乃是。"

⑩ 责责然:锋利可畏的样子。

⑪ 毛折:吴崑:"皮毛得卫气而充,毛折则卫气败绝。"

⑫ 如循薏苡子:薏苡子,即薏米。如循薏苡子,是形容脉象短实而坚。

语译

大骨软弱，大肉瘦削，胸中气满，呼吸困难，呼吸时身体振动，为期六个月就要死亡，见了真脏脉，就可以预知死日。大骨软弱，大肉瘦削，胸中气满，呼吸困难，胸中疼痛，牵引肩项，为期一个月就要死亡，见了真脏脉，就可以预知死日。大骨软弱，大肉瘦削，胸中气满，呼吸困难，胸中疼痛，上引肩项，全身发热，脱肉破䐃，真脏脉现，十个月之内就要死亡。大骨软弱，大肉瘦削，两肩下垂，骨髓内消，动作衰颓，真脏脉未出现，为期一年死亡，若见到真脏脉，就可以预知死日。大骨软弱，大肉瘦削，胸中气满，腹中痛，心中气郁不舒，肩项身上俱热，破䐃脱肉，目眶下陷，真脏脉出现，精脱目不见人，立即死亡；如尚能见人，是精未全脱，到了它所不胜之时，便死亡了。如果正气暴虚，外邪陡然中人，仓卒获病，五脏气机闭塞，周身脉道不通，气不往来，譬如从高堕下，或落水淹溺一样，猝然的病变，就无法预测死期了。其脉息绝而不至，或跳动异常疾数，一呼脉来五、六至，虽然形肉不脱，真脏不见，仍然要死亡的。

肝脏之真脏脉至，中外劲急，如像按在刀口上一样的锋利，或如按在琴弦上一样硬直，面部显青白颜色而不润泽，毫毛枯焦，就要死亡。心脏的真脏脉至，坚硬而搏手，如循薏苡子那样短而圆实，面部显赤黑颜色而不润泽，毫毛枯焦乃死。肺脏的真脏脉至，大而空虚，好像毛羽着人皮肤一般地轻虚，面部显白赤颜色而不润泽，毫毛枯焦，就要死亡。肾脏的真脏脉至，搏手若转索欲断，或如以指弹石一样坚实，面部显黑黄颜色而不润泽，毫毛枯焦，就要死亡。脾脏的真脏脉至，软弱无力，快慢不匀，面部显黄青颜色而不润泽，毫毛枯焦，就要死亡。凡是见到五脏真脏脉，皆为不治的死候。

黄帝曰：见真脏曰死，何也？岐伯曰：五藏者，皆禀气于胃①，胃者五藏之本也；藏气者，不能自致于手太阴，必因于胃气，乃至于手太阴也。故五藏各以其时，自为而至于手太阴也。故邪气胜者，精气衰也；故病甚者，胃气不能与之俱至于手太阴，故真藏之气独见，独见者，病胜藏也，故曰死。帝曰：善！

注释

① 禀气于胃：《甲乙经》："人常禀气于胃，脉以胃气为本。"

语译

黄帝道：见到真脏脉象，就要死亡，是什么道理？岐伯说：五脏的营养，都赖于胃腑水谷之精微，因此胃是五脏的根本。故五脏之脉气，不能自行到达于手太阴寸口，必须赖借胃气的敷布，才能达于手太阴。所以五脏之气能够在其所主之时，出现于手太阴寸口，就是有了胃气。如果邪气胜，必定使精气衰；所以病气严重时，胃气就不能与五脏之气一齐到达手太阴，而为某一脏真脏脉象单独出现，真脏独见，是邪气胜而伤脏气，所以说是要死亡的。黄帝道：讲得对！

黄帝曰：凡治病察其形气色泽，脉之盛衰，病之新故，乃治之，无后其时。形气相得①，谓之可治；色泽以浮②，谓之易已；脉从四时，谓之可治；脉弱以滑，是有胃气，命曰易治，取之以时。形气相失③，谓之难治；色夭不泽④，谓之难已；脉实以坚，谓之益甚；脉逆四时，为不可治。必察四难⑤，而明告之。

所谓逆四时者，春得肺脉，夏得肾脉，秋得心脉，冬得脾脉，其至皆悬绝沉涩者，命曰逆四时。未有藏形⑥，于春夏而脉沉涩，秋冬而脉浮大，名曰逆四时也。

病热脉静；泄而脉大；脱血而脉实；病在中，脉实坚；病在外，脉不实坚⑦者：皆难治。

注释

① 形气相得：马莳："形，则形体也。气，主正气。"言病者形盛气亦盛，形虚气亦虚，谓之形气相得。

② 色泽以浮：张介宾："泽，润也。浮，明也。颜色明润者，病必易已也。"

③ 形气相失：王冰："形盛气虚，气盛形虚，皆相失也。"

④ 色夭不泽：王冰："夭，谓不明而恶。不泽，谓枯燥也。"即颜色枯晦不润泽。

⑤ 必察四难：即指形气相失、色夭不泽、脉实以坚、脉逆四时四种难治之证。

⑥ 未有藏形：言五脏脉气未能随四时变化现形于外。

⑦ 病在中，脉实坚；病在外，脉不实坚：新校正："按《平人气象论》云：病在中，脉虚；病在外，脉涩坚。与此相反。此经误，彼论为得。"

语译

黄帝道：大凡治病，必先诊察形体盛衰，气之强弱，色之润枯，脉之虚实，病之新久，然后及时治疗，不能错过时机。病人形气相称，是可治之症；面色光润鲜明，病亦易愈；脉搏与四时相适应，亦为可治；脉来弱而流利，是有胃气的现象，病亦易治，必须抓紧时间，进行治疗。形气不相称，此谓难治；面色枯槁，没有光泽，病亦难愈；脉实而坚，病必加重；脉与四时相逆，为不可治。必须审察这四种难治之证，清楚地告诉病家。

所谓脉与四时相逆，是春见到肺脉，夏见到肾脉，秋见到心脉，冬见到脾脉，其脉皆悬绝无根，或沉涩不起，这就叫做逆四时。

如五脏脉气不能随着时令表现于外,在春夏的时令,反见沉涩的脉象,秋冬的时令,反见浮大的脉象,这也叫做逆四时。

热病脉宜洪大而反静;泄泻脉应小而反大;脱血脉应虚而反实;病在中而脉不实坚;病在外而脉反实坚:这些都是症脉相反,皆为难治。

按语

从形、气、色、脉之间的关系来辨别疾病治疗的难易及预后的好坏,并重点强调了脉逆四时和脉证不符的病证皆难治,这对于临床诊治疾病都有一定的指导意义。关于正常的脉象,除与四时气候有一定的联系外,与男女性别、年龄大小、身体强弱及形体肥瘦等,也有一定的关系,所以诊脉要把以上各种因素结合起来,才比较准确。

黄帝曰:余闻虚实以决死生,愿闻其情?岐伯曰:五实死,五虚死。帝曰:愿闻五实、五虚?岐伯曰:脉盛,皮热,腹胀,前后不通,闷瞀①,此谓五实。脉细,皮寒,气少,泄利前后,饮食不入,此谓五虚。帝曰:其时有生者何也?岐伯曰:浆粥入胃,泄注止,则虚者活;身汗得后利,则实者活。此其候也。

注释

① 闷瞀(mào 冒):高世栻:"闷,郁也。瞀,目不明也。"即昏闷而目不明。

语译

黄帝道:我听说根据虚实的病情可以预决死生,希望告诉我其中道理!岐伯说:五实死,五虚亦死。黄帝道:请问什么叫做五实、五虚？岐伯说：脉盛是心受邪盛，皮热是肺受邪盛，腹胀是脾受邪盛，二便不通是肾受邪盛，闷瞀是肝受邪盛，这叫做五实。脉细是心气不足，皮寒是肺气不足，气少是肝气不足，泄利前后是肾气不足，饮食不入是脾气不足，这叫做五虚。黄帝道：五实、五虚，有时亦有痊愈的，又是什么道理？岐伯说：能够吃些粥浆，慢慢地胃气恢复，大便泄泻停止，则虚者也可以痊愈；如若原来身热无汗的，而现在得汗，原来二便不通的，而现在大小便通利了，则实者也可以痊愈。这就是五虚、五实能够痊愈的机转。

本 篇 要 点

一、四时五脏脉象的不同，是受着气候影响的缘故，也就是人体适应气候的表现。但由于病邪侵袭和正气虚实的变化，可以形成太过与不及的脉象，并举出了太过与不及的病症。

二、疾病的传变，有一定次序，但五志或猝发之病，与外感六淫的传变不同。

三、详细描写了真脏脉象，并根据真脏脉的出现，预决死期。同时又解释了真脏脉的出现，所以会导致死亡的道理。

四、临证要在病邪由浅入深的过程中，掌握及时治疗，否则病邪深入，不仅疗效不高，疾病发展，预后就不良。

五、诊断运用望、闻、问、切四诊，要从病人身上去体验，并要把气候的变迁和周围环境都结合起来分析。

六、说明五虚、五实的症状和预后，并指出实者能够邪去，虚者胃气恢复，便能转危为安。

三部九候论篇第二十

题解

本篇主要是讨论三部九候的诊脉法。三部指诊脉的部位即头、手、足上中下三部；九候是指每一部中又分为天、地、人三候，三部综合，共得九候。从三部九候的脉象分析，以了解病情和判断预后，故篇名《三部九候论》。

黄帝问曰：余闻九针于夫子，众多博大，不可胜数。余愿闻要道，以属①子孙，传之后世，著之骨髓，藏之肝肺②，歃血③而受，不敢妄泄，令合天道，必有终始，上应天光④，星辰历纪⑤，下副四时五行，贵贱更互⑥，冬阴夏阳，以人应之奈何？愿闻其方。岐伯对曰：妙乎哉问也！此天地之至数。

注释

① 属：马莳："属，同'嘱'。"即嘱咐的意思。

② 著之骨髓，藏之肝肺：张介宾："著，纪也。"是形容深刻记忆不忘的意思。

③ 歃（shà 霎）血：古时盟誓，以血涂口旁，叫做"歃血"，要求盟者严守誓约，决不违背。

④ 天光：王冰："谓日月星也。"即指日月星光。

⑤ 星辰历纪：王冰："谓日月行历于二十八宿，三百六十五度之分纪

也。"纪,作"标志"讲,言一年之中星辰周历于天体,各有标志。

⑥ 贵贱更互:王冰:"以王者为贵,相者为贱也。"即言四时五行之气,当令为贵,失时为贱,交替主令为更互。又"互"守山阁本作"立"。

语译

黄帝问道:我听先生讲了九针道理后,觉得丰富广博,不可尽述。我想了解其中的主要道理,以嘱咐子孙,传于后世,铭心刻骨,永志不忘,并严守誓言,不敢妄泄,如何使这些道理符合于天体运行的规律,有始有终,上应于日月星辰周历天度之标志,下符合四时五行阴阳盛衰的变化,人是怎样适应这些自然规律的呢?希望你讲解这方面的道理。岐伯回答说:问得多好啊!这是天地间至为深奥的道理。

帝曰:愿闻天地之至数,合于人形血气,通决死生,为之奈何?岐伯曰:天地之至数,始于一,终于九①焉。一者天,二者地,三者人;因而三之,三三者九,以应九野②。故人有三部,部有三候,以决死生,以处百病,以调虚实,而除邪疾。

帝曰:何谓三部?岐伯曰:有下部,有中部,有上部;部各有三候,三候者,有天,有地,有人也。必指而导之,乃以为真。上部天,两额之动脉③;上部地,两颊之动脉④;上部人,耳前之动脉⑤;中部天,手太阴⑥也;中部地,手阳明⑦也;中部人,手少阴⑧也;下部天,足厥阴⑨也;下部地,足少阴⑩也;下部人,足太阴⑪也。故下部之天以候肝,地以候肾,人以候脾胃之气。

帝曰:中部之候奈何?岐伯曰:亦有天,亦有地,亦有人。天以候肺,地以候胸中之气,人以候心。帝曰:上部以何候之？岐伯曰：亦有天，亦有地，亦有人。天以候头角之气，地以候口齿之气，人以候耳目之气。三部者，各有天，各有地，各有人；三而成天，三而成地，三而成人，三而三之，合则为九。九分为九野，九野为九藏；故神藏五，形藏四⑫，合为九藏。五藏已败，其色必夭，夭必死矣。

注释

① 天地之至数，始于一，终于九：王冰："至数，谓至极之数也；九，奇数也。故天地之数，斯为极矣。"按所谓至数，言天地虽大，万物虽多，都离不开数，所以称为至数。数是开始于一，而终止于九，九加一则为十，十又是一的开端，所以说始于一终于九。

② 野：分野，区域的意思。九野乃上应天象列宿所当之区域。张志聪："九野者，九洲分野上应二十八宿也。"

③ 两额之动脉：张介宾："额旁动脉，当颔厌之分，足少阳经脉所行也。"

④ 两颊之动脉：大迎穴分，在下颌角前，为足阳明经脉。

⑤ 耳前之动脉：即耳门穴分，在耳前陷中，为手少阳三焦经脉。

⑥ 手太阴：即两手气口，经渠穴分，为手太阴肺经脉。

⑦ 手阳明：大指次指歧骨间动脉，合谷之次分，为手阳明大肠经脉。

⑧ 手少阴：神门之次，在腕关节小指侧锐骨之端，为手少阴心经脉。

⑨ 足厥阴：在大腿内侧上端五里穴分，为足厥阴经脉，妇人取太冲穴，在足背大趾次趾之间，行间后一寸。

⑩ 足少阴：在足内踝后太溪穴分，为足少阴经脉。

⑪ 足太阴：在大腿内侧前上方箕门穴分，为足太阴经脉。

⑫ 神藏五，形藏四：神藏是藏五脏之神；形藏是藏有形之物。王冰："所谓神藏者，肝藏魂，心藏神，脾藏意，肺藏魄，肾藏志也。以其皆神气居之，故云神藏五也。"张志聪："胃主化水谷之津液，大肠主津，小肠主液，膀胱者津液之所藏，故以四腑为形藏。"

语译

黄帝道：我愿闻天地的至数，与人的形体气血相通，以决断死生,是怎样一回事?岐伯说:天地的至数,开始于一,终止于九。一奇数为阳,代表天,二偶数为阴,代表地,人生天地之间,故以三代表人;天地人合而为三,三三为九,以应九野之数。所以人有三部,每部各有三候,可以用它来决断死生,处理百病,从而调治虚实,祛除病邪。

黄帝道:什么叫做三部呢?岐伯说:有下部,有中部,有上部。每部各有三候,所谓三候,是以天、地、人来代表的。必须有老师的当面指导,方能懂得部候准确之处。上部天,即两额太阳穴处动脉;上部地,即两颊大迎穴处动脉;上部人,即耳前耳门穴处动脉。中部天,即两手太阴气口,经渠穴处动脉;中部地,即两手阳明经合谷处动脉;中部人,即两手少阴经神门处动脉。下部天,即足厥阴经五里穴或太冲穴处动脉;下部地,即足少阴经太溪穴处动脉;下部人,即足太阴经箕门穴处动脉。故而下部之天以候肝脏之病变,下部之地以候肾脏之病变,下部之人以候脾胃之病变。

黄帝道:中部之候怎样?岐伯说:中部亦有天、地、人三候。中部之天以候肺脏之病变,中部之地以候胸中之病变,中部之人以候心脏之病变。黄帝道:上部之候又怎样?岐伯说:上部也有天、地、人三候。上部之天以候头角之病变,上部之地以候口齿之病变,上部之人以候耳目之病变。三部之中,各有天,各有地,各有人。三候为天,三候为地,三候为人,三三相乘,合为九候。脉之九候,以应地之九野,地之九野,以应人之九脏。所以人有肝、肺、心、脾、肾五神脏,和膀胱、胃、大肠、小肠四形脏,合为九脏。若五脏已败,必见神色枯槁,枯槁者是病情危重,乃至死亡征象。

按语

本段文中所言"三部九候"当与《难经·十八难》:"三部者,寸关尺也。九候者,浮中沉也。"加以区别。

帝曰：以候奈何？岐伯曰：必先度其形之肥瘦，以调其气之虚实，实则写之，虚则补之。必先去其血脉①，而后调之，无问其病，以平为期。

注释

① 去其血脉：吴崑："谓去其瘀血之在脉者"，"盖瘀血壅塞脉道，必先去之，而后能调其气之虚实也。"

语译

黄帝道：诊察的方法怎样？岐伯说：必先度量病人的身形肥瘦，了解它的正气虚实，实证用泻法，虚证用补法。但必先去除血脉中的凝滞，而后调补气血的不足，不论治疗什么病，都是以达到气血平调为准则。

帝曰：决死生奈何？岐伯曰：形盛脉细，少气不足以息者危；形瘦脉大，胸中多气者死。形气相得者生；参伍不调①者病；三部九候皆相失者死；上下左右之脉相应如参舂②者，病甚；上下左右相失不可数者死；中部之候虽独调，与众藏相失者死；中部之候相减者死；目内陷者死③。

注释

① 参伍不调：指脉搏参差不齐，三五不调的意思。张介宾："三以相参，伍以相类，谓之不调。凡或大或小，或迟或疾，往来出入而无常度者，皆病脉也。"

② 参舂（chōng 冲）：脉来数大鼓指，如舂杵捣谷，上下参差不齐。王冰："如参舂者，谓大数而鼓，如参舂杵之上下也。"

③ 目内陷者死：指五脏精气俱绝的征象。张介宾："五脏六腑之精气，皆上注于目而为之精。目内陷者，阴精脱矣，故必死。"

语译

黄帝道:怎样决断死生? 岐伯说:形体盛,脉反细,气短呼吸困难的危险;如形体瘦弱,脉反大,胸中喘满而多气的是死亡之征。一般而论:形体与脉一致的主生;若脉来三五不调者主病,三部九候之脉与疾病完全不相适应的,主死;上下左右之脉,相应鼓指如春杵捣谷,参差不齐,病必严重;若见上下左右之脉相差甚大,而又息数错乱不可计数的,是死亡征候;中部之脉虽然独自调匀,而与其他众脏不相协调的,也是死候;中部之脉衰减,与其他各部不相协调的,也是死候;目内陷的为正气衰竭现象,也是死候。

按语

本节从脉证相参来推断多种病证的预后。示人在临床判断疾病的轻重和推断疾病的预后时要从整体出发,脉证合参,全面分析,才能作出准确的判断。若单凭三部九候的脉象是不可"处百病,决死生的"。

帝曰:何以知病之所在? 岐伯曰:察九候独小者病,独大者病,独疾者病,独迟者病,独热者病,独寒者病,独陷下者病。

以左手足上,上①去踝五寸按之,庶右手足②当踝而弹之,其应过五寸以上,蠕蠕然③者,不病;其应疾,中手浑浑然④者病;中手徐徐然⑤者病;其应上不能至五寸,弹之不应者死。

是以脱肉、身不去⑥者死。中部乍疏乍数⑦者死。其脉代而钩者,病在络脉。九候之相应也,上下若一,不得相失。一候后则病；二候后则病甚；三候后则病危。所谓后者,应不俱⑧也。察其府藏,以知死生之期。必先知经脉,然后知病脉,真藏脉见者,胜死。足太阳气绝者,其足不可屈伸,死必戴眼⑨。

注释

① 以左手足上,上：《甲乙经》"手"下有"于左"二字,无一"上"字。故应释为以左手按于左足上。

② 庶右手足：《甲乙经》"庶"作"以",无"足"字。

③ 蠕(rú 儒)蠕然：蠕,虫行貌。张介宾："谓其软滑而匀和也。"

④ 浑浑然：浑,与"混"通用。王冰："浑浑,乱也。"

⑤ 徐徐然：王冰："徐徐,缓也。"缓慢的意思,为气虚不及。

⑥ 身不去：王冰："去,犹行去也。"按作"行"字解。又："谷气外衰,则肉如脱尽。天真内竭,故身不能行。"盖言体弱不能行动。

⑦ 乍疏乍数：形容脉律不齐,气脉败乱之兆。张介宾："中部,两手脉也。乍疏乍数者,气脉败乱之兆也,故死。"

⑧ 应不俱：不俱,即不一致。王冰："俱,犹同也,一也。"

⑨ 戴眼：张介宾："睛上视而瞪也。"即目睛上视而不转动。

语译

黄帝道：怎样知道病的部位呢？岐伯说：从诊察九候脉的异常变化,就能知病变部位。九候之中,有一部独小,或独大,或独疾,或独迟,或独热,或独寒,或独陷下(沉伏),均是有病的现象。

以左手加于病人的左足上,离内踝五寸处按着,以右手指在病人足内踝上弹之,医者之左手即有振动的感觉,如其振动的范围超过五寸,蠕蠕而动,为正常现象；如其振动急剧而大,应手快速而混乱不清的,为病态；若振动微弱,应手迟缓,应为病态；如若振动不能上及五寸,用较大的力量弹之,仍没有反应,是为死候。

身体极度消瘦,体弱不能行动,是死亡之征。中部之脉或快或慢，无规律，为气脉败乱之兆，亦为死征。如脉代而钩，为病在络脉。九候之脉，应相互适应，上下如一，不该有参差。如九候之中有一候不一致，就是病态；二候不一致，则病重；三候不一致，则病危。所谓不一致，脉动的不相适应。诊察病邪所在之脏腑，以知死生的时间。临症诊察，必先知道正常之脉，然后才能知道有病之脉，若见到真脏脉象，胜己的时间，便要死亡。足太阳经脉气绝，则两足不能屈伸，死亡之时，必目睛上视。

帝曰：冬阴夏阳奈何？岐伯曰：九候之脉，皆沉细悬绝者为阴，主冬，故以夜半死[1]；盛躁喘数者为阳，主夏，故以日中死[1]。是故寒热病者，以平旦死[1]；热中及热病者，以日中死[1]；病风者，以日夕死[1]；病水者，以夜半死[1]；其脉乍疏乍数、乍迟乍疾者，日乘四季死[1]；形肉已脱，九候虽调，犹死；七诊[2]虽见，九候皆从者，不死。所言不死者，风气之病及经月之病[3]，似七诊之病而非也，故言不死。若有七诊之病，其脉候亦败者死矣，必发哕噫。

必审问其所始病，与今之所方病，而后各切循其脉，视其经络浮沉，以上下逆从循之。其脉疾者，不病；其脉迟者病；脉不往来者死；皮肤著者死[4]。

注释

[1] 平旦死、日中死、日夕死、夜半死、日乘四季死：此是以昼夜来划分四时，如以寒热交作之病，死于平旦（象征春）；阳极无阴的热中及热病死于日中（象征夏）；肝经病风死于日夕（象征秋）；阴极无阳的病水死于夜半（象征冬）；脾脏居中，属土，寄旺于四季，日乘四季，指辰、戌、丑、未之时。若脉乍疏、乍数、乍疾、乍迟，是土气败，其死必以日乘四季死。

[2] 七诊：独小，独大，独疾，独迟，独热，独寒，独陷下。

③ 经月之病：有二说：一指月经病与妊娠，王冰："月经之病，脉小以微。"一指经年累月之病，张介宾："经月者，常期也。"

④ 皮肤著者死：著，同"着"。张介宾："血液已尽，谓皮肤枯槁着骨也。"即言久病肉脱，皮肤干枯着骨，故死。

语译

黄帝道：冬为阴，夏为阳，脉象与之相应如何？岐伯说：九候的脉象，都是沉细悬绝的，为阴，冬令死于阴气极盛之夜半；如脉盛大躁动喘而疾数的，为阳，主夏令，所以死于阳气旺盛之日中；寒热交作的病，死于阴阳交会的平旦之时；热中及热病，死于日中阳极之时；病风死于傍晚阳衰之时；病水死于夜半阴极之时；其脉象忽疏忽数，忽迟忽急，乃脾气内绝，死于辰戌丑未之时，也就是平旦、日中、日夕、夜半、日乘四季的时候；若形坏肉脱，虽九候协调，犹是死亡的征象；假使七诊之脉虽然出现，而九候都顺于四时的，就不一定是死候。所说不死的病，指新感风病，或月经之病，虽见类似七诊之病脉，而实不相同，所以说不是死候。若七诊出现，其脉候有败坏现象的，这是死征，死的时候，必发呃逆等。治病必须详细询问它的起病情形和现在症状，然后按各部分，切其脉搏，以观察其经络的浮沉，以及上下逆顺。如其脉来流利的，不病；脉来迟缓的，是病；脉不往来的，是死候；久病肉脱，皮肤干枯着于筋骨的，亦是死候。

按语

自然界四时气候变化对疾病的预后、病人之死亡有一定影响。本节以一日分四时来预测疾病的死亡时间，临床有一定价值，其机理有待进一步探讨。

帝曰：其可治者奈何？岐伯曰：经病者，治其经；孙络①病者，治其孙络血；血病身有痛者，治其经络。其病者在奇邪②，奇邪之脉，则缪刺③之。留瘦不移④，节而刺之。上实下虚，切而从之，索其结络脉，刺出其血，以见通之⑤。瞳子高⑥者，太阳不足。戴眼者，太阳已绝。此决死生之要，不可不察也。手指及手外踝上五指留针⑦。

注释

① 孙络：《灵枢·脉度》篇："支而横者为络，络之别者为孙。"即经脉别出的细小分支。

② 奇邪：客于大络之邪为奇邪。张介宾："奇邪者，不入于经而病于络也。邪客大络，则左注右，右注左，其气无常处，故当缪刺之。"

③ 缪刺：是针刺中左病刺右，右病刺左的方法之一。

④ 留瘦不移：张介宾："留，病留滞也。瘦，形消瘦也。不移，不迁动也。"盖言病邪久留而不移动。

⑤ 以见通之：新校正："《甲乙经》作'以通其气'。"

⑥ 瞳之高：张介宾："目上视也。"盖即两目微有上视，但不若戴眼之定直不动。

⑦ 手指及手外踝上五指留针：王冰："错简文也。"

语译

黄帝道：那些可治的病，应怎样治疗呢？岐伯说：病在经的，刺其经；病在孙络的，刺其孙络使它出血；血病而有身痛症状的，则治其经与络。若病邪留在大络，则用右病刺左、左病刺右的缪刺法治之。若邪气久留不移，当于四肢八溪之间、骨节交会之处刺之。上实下虚，当切按其脉，而探索其脉络郁结的所在，刺出其血，以通其气。如目上视的，是太阳经气不足。目上视而又定直不动的，是太阳经气已绝。这是判断死生的要诀，不可不认真研究。

本 篇 要 点

一、确切记载了三部九候的部位及所属之脏腑。

二、七诊与九候合参以判断疾病的预后。

三、篇末论述了不同病变(经病、孙络病、血病、奇邪)所采取的不同针刺治疗手法。

经脉别论篇第二十一

题解

本篇主要讨论六经病脉、症状、治法及其饮食物的生化过程。因与常论不同,所以叫作"别论"。正如吴崑说:"言经脉别有论,出于常谈之外也。"

黄帝问曰:人之居处、动静、勇怯①,脉亦为之变乎?岐伯对曰:凡人之惊恐恚劳动静,皆为变也。是以夜行则喘出于肾,淫气②病肺;有所堕恐,喘出于肝,淫气②害脾;有所惊恐,喘出于肺,淫气②伤心;度水跌仆,喘出于肾与骨。当是之时,勇者气行则已;怯者则着而为病也。故曰:诊病之道,观人勇怯、骨肉、皮肤,能知其情,以为诊法也。

注释

① 居处、动静、勇怯:居处,指居住环境。动静,指劳逸。勇怯,指身体强弱。
② 淫气:气之有余而为害,称淫气。张介宾:"过用曰淫"。

语译

黄帝问道:人的居住环境,劳逸情况和身体之强弱有所不同,其经脉血气也会随之起变化吗?岐伯回答说:大凡人在惊恐、忿怒、劳累、活动或安静的情况下,经脉血气都会受到影响,而发生变化。所以夜晚远行,则气喘出于肾脏;倘若气淫为病,就要伤害肺脏;或因堕坠而恐,则气喘出于肝脏;倘若气淫为病,就要伤害脾脏;或者由于惊恐,则气喘出于肺脏;倘若气淫为病,就要伤害心脏;或因渡水跌仆,则气喘出于肾与骨。在这种情况下,如果身体强壮,气血畅行,病就自愈;假如身体衰弱,气血滞留,则邪气留着而为病了。所以说:诊病的道理,必须观察人的身体强弱,骨肉和皮肤的形态,从而了解病情,这是诊断上的大法。

故饮食饱甚,汗出于胃;惊而夺精①,汗出于心;持重远行,汗出于肾;疾走恐惧,汗出于肝;摇体劳苦②,汗出于脾。故春秋冬夏,四时阴阳,生病起于过用,此为常也。

注释

① 惊而夺精:因心主血藏神,汗为心液,惊恐使精神受到刺激而汗出,故曰:"惊而夺精,汗出于心"。张志聪:"血乃心之精,汗乃血之液,惊伤心气,汗出于心,故曰夺精。"

② 摇体劳苦:摇体指辛勤用力劳作,劳力过度的意思。

语译

所以饮食过饱的时候,食气蒸发而汗出于胃;受到惊恐,神气浮越而汗出于心;负重远行,劳骨气越而汗出于肾;奔跑恐惧,伤筋失魄而汗出于肝;劳力过度,四肢肌肉受伤而汗出于脾。因此在春秋冬夏四时阴阳变化之中,生病的原因,多由于体力、饮食、劳累、精神等过度所致,这是通常的道理。

按语

以上两节叙述了环境、情志、勇怯、劳逸等因素都会引起经脉气血的变化,这是符合生理、病理变化情况的。但喘出于肝,汗出于肾其机制还有待进一步探讨。文中言及"生病起于过用",提醒人们平素为了预防疾病,必须要注意劳逸结合。

食气入胃,散精于肝,淫①气于筋。食气入胃,浊气②归心,淫精于脉;脉气流经,经气归于肺;肺朝百脉③,输精于皮毛;毛脉合精,行气于府④;府精神明,留于四藏,气归于权衡;权衡以平,气口成寸,以决死生。饮入于胃,游溢精气,上输于脾;脾气散精,上归于肺;通调水道,下输膀胱;水精四布,五精并行,合于四时五藏阴阳,揆度以为常也。

注释

① 淫:作滋润、浸淫解。王冰:"淫溢精微入于脉。"即是浸淫溢满的意思。

② 浊气:指水谷精微中稠厚的部分,与自然界中的清气相比而言。《灵枢·阴阳清浊》:"受谷者浊,受气者清。"

③ 肺朝百脉:朝,朝向,会合的意思。意指全身血液经百脉而流注于肺,再由肺输送到全身。

④ 府:血之所聚之处,指脉而言。《脉要精微论》:"夫脉者,血之府也。"

语译

食物入胃,经过消化把一部分精微输散到肝脏,经过肝的疏泄,将浸淫满溢的精气滋养于筋。食物入胃,化生的另一部分浓厚的精气,注入于心,再由心输入血脉;血气流行在经脉之中,上达于肺;肺又将血气送到全身百脉,直至皮毛;皮毛和经脉的精气会合,仍还流归入于脉;脉中精气的循环,周流于四脏,这些生理活动,取决于阴阳气血平衡;其平衡的变化,能从气口的脉象上表现出来,气口脉搏变化,可判断疾病的预后。水液入胃,流溢布散精气,上输于脾,经脾气的布散向上输送到肺;肺气通调水道,下行输入膀胱;水精四布,流行于五脏经脉,并随着四时寒暑的变迁和五脏阴阳的规律,作出适当的调节,这就是经脉的正常的生理现象。

按语

本节详细阐述了饮食物的消化、吸收、转输的生理过程,这一过程是在各脏腑的严格分工、密切合作下进行的。文中又言及"肺朝百脉"与"气口成寸,以决死生"的理论,为诊脉"独取寸口"奠定了理论基础。

太阳藏独至①,厥喘虚气逆,是阴不足、阳有余也,表里②当俱写,取之下俞③。阳明藏独至,是阳气重并④也,当泻阳补阴,取之下俞。少阳藏独至,是厥气也,蹻前卒大,取之下俞。少阳独至者,一阳⑤之过也。太阴藏搏者,用心省真,五脉气少,胃气不平,三阴也,宜治其下俞,补阳泻阴。一阳独啸,少阳厥也⑥,阳并于上,四脉争张,气归于肾,宜治其经络,泻阳补阴。一阴⑦至,厥阴之治也,真虚痟⑧心,厥气留薄,发为白汗⑨,调食和药,治在下俞。

注释

① 独至:张介宾:"言藏气不和而有一藏太过者,气必独至。"就是偏盛的意思。

② 表里:指经脉之表里,此指太阳和少阴。

③ 下俞:指该经之下俞。下俞是足经之俞穴,这里指足太阳经俞穴束骨穴,足少阴经俞穴太溪穴。

④ 重并:张志聪:"两阳合于前,故曰阳明。阳明之独至,是太少重并

于阳明,阳盛故阴虚矣。"

⑤ 一阳:就是少阳。

⑥ 一阳独啸,少阳厥也:新校正:"详此上明三阳,此言三阴,今此再言少阳而不及少阴者,疑此一阳二阴之误也。"关于"啸"字有两种解释,王冰:"啸谓耳中鸣,如啸声也。"张介宾:"独啸,独炽之谓。"综观前后文,后者义胜。

⑦ 一阴:就是足厥阴肝经。

⑧ 痟(yuān 渊):真气大虚,心中酸痛不适。

⑨ 白汗:马莳:"肝虚为金所乘也。"吴崑:"白汗者,气为阳,其色白也。"又,白与魄古通,故白汗同魄汗。对于白汗诸注均似牵强,唯《淮南子·修务训》:"挈一石之尊则白汗交流。"白汗即大汗出。

语译

太阳经脉偏盛,则其脉气独盛,就要发生厥逆、喘息、虚气上逆等症状,这是阴不足、阳有余的缘故,应该表里都用泻法,取足太阳经的束骨穴和足少阴经的太溪穴。阳明经脉偏盛,则其脉气独盛,是太阳、少阳之气俱趋于阳明,当泻足阳明经的陷谷穴,补足太阴经的太白穴。少阳经脉偏盛,则其脉气独盛,就要发生厥气上逆,厥气必从足下开始,所以阳蹻脉前的少阳脉,猝然而大,当取足少阳本经的临泣穴。少阳经脉的偏盛,就是少阳的太过。太阴经脉鼓搏有力,应该细心省察真脏脉,若非真脏,是五脏脉气减少,胃气不能平和,这是太阴太过的缘故,当用补阳泻阴的治疗方法,补足阳明之陷谷穴,泻足太阴之太白穴。二阴经脉的偏盛,是为少阴热厥,虚阳并越于上部,心、肺、肝、脾四脉都受到影响,其病根源于肾脏,应该治其表里的经络,泻足太阳的经穴昆仑、络穴飞扬,补足少阴的经穴复溜、络穴大钟。一阴经脉的偏盛,是厥阴经脉所主,真气虚弱,心中酸疼不适,厥气留于经脉与正气相搏而大汗出。应该注意饮食调养和药物的治疗,并针刺厥阴的太冲穴,以泻其邪。

帝曰：太阳藏何象？岐伯曰：象三阳而浮①也。帝曰：少阳藏何象？岐伯曰：象一阳也。一阳藏者，滑而不实也。帝曰：阳明藏何象？岐伯曰：象大浮也。太阴藏搏，言伏鼓②也；二阴搏至，肾沉不浮也。

注释

① 象三阳而浮：象者，像也。形容太阳之脉象阳气浮越于外。张志聪："三阳，阳盛之气也。言太阳之藏脉，象阳盛之气而浮也。"

② 伏鼓：是指脉象虽伏而仍鼓击于指下。马莳："太阴则入于阴分，脉虽始伏，而实鼓击于手，未全伏也。"

语译

黄帝道：太阳经脉象怎样？岐伯说：太阳象三阳之气极盛，所以脉浮。黄帝道：少阳经脉象怎样？岐伯说：少阳象一阳的阳气初生。其脉滑而不实。黄帝道：阳明经脉象怎样？岐伯说：是一种大而浮的脉象。太阴经脉搏动，脉虽伏而指下仍鼓动有力；二阴经脉搏动，是沉而不浮的脉象。

按语

新校正："详前脱'二阴'，此无'一阴'，阙文可知。"

本篇要点

一、说明环境、情志的变动和体力的劳逸，都影响着脉搏。示人临床诊断，必须结合观察病人身体的强弱、骨肉皮肤的形态等，才能正确地了解病情。

二、详细地阐述了饮食物的消化、吸收、输布等过程，指出其主要是依靠脾的运化和肺的输布,得以营养全身。

三、最后叙述了六经偏盛所发生的症状和治法,同时阐述了气逆所出现的脉象。

藏气法时论篇第二十二

题解

藏气法时即五脏之气的生克制化，象法于四时五行。本篇指出人体五脏之气的生理活动及发病时的变化、治疗、预后、宜忌等均与四时五行有着密切关系，正如马莳："五脏之气，必应天时，而人之治藏气者，当法天时。"故篇名"藏气法时论"。

黄帝问曰：合人形以法四时五行而治①，何如而从？何如而逆？得失之意，愿闻其事。岐伯对曰：五行者，金、木、水、火、土也，更贵更贱②，以知死生，以决成败，而定五藏之气，间甚③之时，死生之期也。

注释

① 法四时五行而治：张志聪："法于四时五行，而为救治之法。"意思是说，按照四时五行生克的规律，而制定治疗原则。
② 更贵更贱：指五行衰旺变化。旺时为贵，衰时为贱。高世栻："贵者，木旺于春，火旺于夏。贱者，木败于秋，火灭于冬。更贵更贱者，生化迭乘，寒暑往来也。"
③ 间甚：指疾病的轻重。病减轻为间，病加重为甚。

语译

黄帝问道：结合人体五脏之气，按照四时五行的规律，而作出治疗疾病的法则,怎样是从?怎样是逆?逆从得失的意义,请问这是怎么一回事?岐伯回答说:所谓五行,就是金、木、水、火、土,配合时令气候,有衰旺的变化,从这些变化中可以研究疾病的预后,分析医事的成败,从而确定五脏之气的盛衰,疾病轻重的时间,以及死生的日期。

帝曰:愿卒①闻之。岐伯曰:肝主春,足厥阴、少阳主治,其日甲乙②;肝苦③急,急食甘以缓之。心主夏,手少阴、太阳主治,其日丙丁;心苦缓,急食酸以收之。脾主长夏,足太阴、阳明主治,其日戊己;脾苦湿,急食苦以燥之④。肺主秋,手太阴、阳明主治,其日庚辛;肺苦气上逆,急食苦以泄之。肾主冬,足少阴、太阳主治,其日壬癸;肾苦燥,急食辛以润之。开腠理,致津液,通气也⑤。

注释

① 卒:马莳:"卒,尽也。"

② 其日甲乙:甲乙丙丁戊己庚辛壬癸,称为"十干",古人用来纪日、纪月、纪年。甲乙属木,木分阴阳,甲为阳木,乙为阴木,阳木内应足少阳胆经,阴木内属足厥阴肝经,故胆旺于甲日,肝旺于乙日,故曰"其日甲乙"。余脏类推。

③ 苦:患也,困也,也就是难以忍受的意思。

④ 急食苦以燥之:脾为阴土,喜燥而恶湿,湿气甚,易致脾运失健,即所谓"湿困脾虚",治当以苦燥之。因苦能燥湿。若寒湿困脾,当用苦温之剂;若属湿热,当用苦寒之剂。故曰脾苦湿,急食苦以燥之。

⑤ 开腠理,致津液,通气也:滑寿:"此一句九字,疑原是注文。"

语译

黄帝道:请你详尽地告诉我。岐伯说:肝属木,旺于春,肝与胆为表里,所以春天是足厥阴和足少阳主治的时间,甲乙属木,所以肝胆旺日为甲乙;肝性苦拘急,急宜食甜味药以缓和之。心属火,旺于夏,心与小肠为表里,所以夏天为手少阴和手太阳主治的时间,丙丁属火,所以心与小肠旺日为丙丁;心性苦弛缓,急宜用酸味药以收敛之。脾属土,旺于长夏,脾与胃相表里,所以长夏为足太阴和足阳明主治的时间,戊己属土,所以土旺日为戊己;脾性苦湿,急宜用苦味药以燥其湿。肺属金,旺于秋,肺与大肠相表里,所以秋天为手太阴和手阳明主治的时间,庚辛属金,所以肺与大肠旺日为庚辛;肺性苦于气上逆,急宜用苦泄之药以宣泄其气。肾属水,旺于冬,肾与膀胱相表里,所以冬天为足太阴和足太阳主治的时间,壬癸属水,所以肾与膀胱旺日为壬癸;肾性苦于干燥,急宜用辛润之药以润其燥。这样可以开发腠理,运行津液,而通畅五脏之气。

病在肝,愈于夏;夏不愈,甚于秋;秋不死,持①于冬,起于春,禁当风②。肝病者,愈在丙丁;丙丁不愈,加于庚辛;庚辛不死,持于壬癸,起于甲乙。肝病者,平旦慧③,下晡④甚,夜半⑤静。肝欲散,急食辛以散之,用辛补之,酸写之⑥。

注释

① 持:汪机:"犹言无加无减而平定也。"所以相持,是病情无甚加减,而稳定一个时期的意思。

② 禁当风:就是禁止风吹。

③ 慧:就是明了清爽。

④ 下晡:午后申、酉两个时辰为晡,下晡为这两个时辰末,将要进入下一个时辰(戌时)的时候。

⑤ 夜半:指水旺于子的时候。

⑥ 用辛补之,酸写之:吴崑:"顺其性为补,反其性为泻。肝木喜辛散,而恶酸收,故辛为补,而酸为泻也。"丹波元简:"此节专就五藏之本性而言补泻,不拘五行相克之常理也,下文心之咸亦同。"

语译

肝脏有病,愈于夏天;若至夏天不愈,到秋天病情就要加重;如秋天不死,至冬天病情就相对稳定,到了明年春天才能好转,应禁忌吹风。肝病患者,痊愈当于丙丁日;丙丁日如果不好,到庚辛日病情就要加重;庚辛日不死,到壬癸日呈相持状态,到了甲乙日才能好转。患肝病的人,每天清晨神志比较清爽,到了傍晚时候,病情就比较重,半夜时便安静了。肝喜条达恶抑郁,宜急用辛味药来发散,以辛味补之,酸味泻之。

病在心,愈在长夏;长夏不愈,甚于冬;冬不死,持于春,起于夏,禁温食热衣。心病者,愈在戊己;戊己不愈,加于壬癸;壬癸不死,持于甲乙,起于丙丁。心病者,日中①慧,夜半甚,平旦②静。心欲耎,急食咸以耎之③,用咸补之,甘写之④。

注释

① 日中:午时,为火旺之时。
② 平旦:木旺于寅卯的时候。
③ 心欲耎,急食咸以耎之:耎同软。张介宾:"心火太过则为燥越,故宜食咸以耎之,盖咸从水化,能相济也。"
④ 用咸补之,甘写之:吴崑:"心火喜软而恶缓,故咸为补,甘为泻也。"意思是说,火性烈,甘则反其性而缓之,故泻心用甘;火欲软,咸则顺其性而软之,故补心用咸。

语译

心脏有病,愈于长夏;若长夏不愈,到了冬季病情就要加重;假如冬季不死,至明年春天病情就相对稳定,到了夏天才能好转,应禁忌热性食物,衣服不能穿得太暖。心病的人,病愈当在戊己日;戊己日假如不好,到了壬癸日病情就要加重;壬癸日不死,至甲乙日呈相持状态,到了丙丁日才能好转。患心病的人,在中午时神志比较清爽,到了半夜时病症就比较严重,到了天亮时便安静了。心脏病需要软,宜急用咸味药来软坚,以咸味补之,以甘味泻之。

病在脾,愈在秋;秋不愈,甚于春;春不死,持于夏,起于长夏,禁温食饱食、湿地濡衣。脾病者,愈在庚辛;庚辛不愈,加于甲乙;甲乙不死,持于丙丁,起于戊己。脾病者,日昳①慧,日出②甚,下晡静。脾欲缓,急食甘以缓之,用苦写之,甘补之③。

注释

① 日昳(dié 蝶):未时,在中午之后,为脾旺之时。

② 日出:新校正:"按《甲乙经》'日出'作'平旦',虽日出与平旦时等……盖日出于冬夏之期有早晚,不若平旦之为得也。"

③ 用苦写之,甘补之:脾喜燥恶湿,苦性燥,故脾以苦为泻;脾欲缓,甘则顺其性而缓之,故补脾用甘。

语译

脾脏有病,愈于秋天;若秋天不愈,到春天病情就要加重;春季如果不死,至夏季病情就要相对稳定,到了长夏才能好转,应禁食温热性食物及吃得过饱,或者居湿地、穿湿衣等。脾病的人,其病愈当在庚辛日;庚辛日假如不好,到了甲乙日病情就要加重;甲乙日不死,至丙丁日病情就相对稳定,到了戊己日才能好转。患脾病的人,在午后神志比较清爽,到了日出时,病情就比较重,到了傍晚时,便安静了。脾欲缓和,甘能缓中,故宜急食甘味以缓之,用苦泻之,用甘味补之。

病在肺,愈在冬;冬不愈,甚于夏;夏不死,持于长夏,起于秋,禁寒饮食寒衣。肺病者,愈在壬癸;壬癸不愈,加于丙丁;丙丁不死,持于戊己,起于庚辛。肺病者,下晡慧,日中甚,夜半静①。肺欲收,急食酸以收之,用酸补之,辛写之②。

注释

① 夜半静:丹波元简:"据前后文例,当是云'日昳静'。"
② 用酸补之,辛写之:金性敛,辛反其性而散,故为泻。金欲收,酸则顺其性而收,故补肺用酸。

语译

肺脏有病,愈于冬天;若冬天不愈,到了夏季病情就要加重;如果夏季不死,到长夏时病情就会相对稳定,到了秋季才能好转,应禁寒冷饮食及衣服穿得太少。肺病的人,其病愈于壬癸日;壬癸日假若不好,到丙丁日病情就要加重;如果丙丁日不死,至戊己日病情就会相对稳定,到了庚辛日才能好转。患肺病的人,在傍晚时神志比较清爽,到了中午时,病症就比较重,午后时便安静了。肺脏病需要收敛的,宜急食酸味药以收之,用酸味补之,辛味泻之。

病在肾,愈在春;春不愈,甚于长夏;长夏不死,持于秋,起于冬,禁犯焠烧热食①温灸衣②。肾病者,愈在甲乙;甲乙不愈,甚于戊己;戊己不死,持于庚辛,起于壬癸。肾病者,夜半慧,四季甚③,下晡静。肾欲坚,急食苦以坚之,用苦补之,咸写之④。

注释

① 焠(cuì 脆)烧(āi 哀)热食:指炙煿过热的食物。焠,烧也。烧,热

甚也。

② 温炙衣：指经火烘烤过的衣服。高世栻："温炙衣，火焙之衣也。"

③ 四季甚：王冰："土旺则甚。"这里指辰、戌、丑、未四个时辰，以作一日中的四季。

④ 用苦补之，咸写之：王冰："苦补取其坚也，咸泻取其软也。"水性凝，咸则反其性而软，故为泻。水欲坚，苦则顺其性而坚，故补肾用苦。

语译

肾脏有病，愈于春天；若春天不愈，到了长夏病症就要加重；如果长夏不死，至秋天病情相对稳定，到了冬季才能好转，应禁食过热的食物和穿火烘过的衣服。肾病的人，病愈当在甲乙日；甲乙日假如不好，在戊己日病情就要加重；如戊己日不死，至庚辛日病情就会相对稳定，到了壬癸日才能好转。患肾病的人，在半夜时神志比较清爽，当辰、戌、丑、未四个时辰病势加重，在傍晚时便安静了。肾脏病需要坚，宜急食苦味药以坚之，用苦味补之，咸味泻之。

按语

"肾欲坚，急食苦以坚之……咸以泻之"。坚，是指肾生理功能之一，即指主"闭藏"的功能。以《辞海》：坚，有坚守之意。肾主闭藏，是指藏精气也。若肾失其闭藏之功，如临床上常见相火旺而致遗精、溲黄，则可谓肾不坚的表现。此种遗精，不可用补肾固涩之剂，就宜用苦寒之品以泻相火。如常用封髓丹或龙胆泻肝汤，若属阴虚火旺者宜知柏地黄丸。凡用黄柏者宜用盐水炒；若服知柏地黄丸者亦宜淡盐汤送服。若此即"苦补、咸泻"之意。用苦补之补，盖用苦之品，治愈遗精便是其间接起到了补益作用，故曰用苦补之。

夫邪气之客于身也，以胜相加①，至其所生而愈②，至其所不胜而甚③,至于所生而持④,自得其位而起⑤。必先定五藏之脉⑥,乃可言间甚之时,死生之期也。

注释

① 以胜相加:就是以强凌弱。加,侵侮之意。如风胜则脾病(木克土)。余脏类推。

② 至其所生而愈:至其所生的时日而愈,如肝病愈于夏、愈于丙丁,为木生火。其他各脏以此类推。

③ 至其所不胜而甚:至被克的时日而病加重,如肝病甚于秋,加于庚辛,为金克木。其他各脏以此类推。

④ 至于所生而持:至生己的时日而病情相对稳定,如肝病持于冬、持于壬癸,为水能生木。其他各脏以此类推。

⑤ 自得其位而起:就是到本脏当旺的时日,如肝病起于春、起于甲乙,甲乙与春均为木旺之时。其他各脏类推。

⑥ 五藏之脉:就是五脏的脉象,如肝脉弦,心脉钩,脾脉缓,肺脉毛,肾脉石。

语译

大凡邪气侵袭于人身,都是以强凌弱,病至其所生之时而愈,至其所不胜之时而甚,至于生己之时而持,自得当旺之时而起。但必须先确定五脏的平脉,才可以推论病证轻重的时间,以及预决死生的日期。

按语

本节中所言的五脏苦欲补泻,都是根据脏气的性能特点而定的,顺其性者为补,逆其性者为泻,与一般补虚泻实概念不同。

肝病者,两胁下痛引少腹,令人善怒;虚则目眈眈无所见①,耳无所闻,善恐,如人将捕之。取其经,厥阴与少阳。气逆则头痛,耳聋不聪,颊肿,取血者②。

注释

① 目䀮(huāng荒)䀮无所见：就是眼睛昏花而看不清东西。
② 取血者：在经血盛处放血。

语译

肝病的症状，是两胁下疼痛，牵引少腹，并且使人好怒，这是属于肝实的症状；如果肝虚，则两眼昏花，看不清东西，耳朵也听不清声音，容易恐惧，好像有人来捕捉他一样。治疗方法，取用厥阴和少阳两经穴位。假如肝气上逆，则有头痛、耳聋不聪、颊肿等症状，应该取厥阴、少阳经脉，在其经血盛处放血。

心病者，胸中痛，胁支满，胁下痛，膺背肩甲间痛，两臂内痛；虚则胸腹大，胁下与腰相引而痛。取其经，少阴、太阳、舌下血者。其变病，刺郄①中血者。

注释

① 郄(xì隙)：指阴郄穴。马莳："手少阴之郄，曰阴郄穴者，在掌后脉中去腕半寸。"

语译

心病的症状，是胸中疼痛，胁部支满，胁下疼痛，膺背肩胛间痛，两臂内侧疼痛，这是属于心实的症状；如果心虚，则出现胸腹胀大，胁下和腰部牵引作痛。治疗方法，取用少阴和太阳两经穴位，并在舌下廉泉穴刺出血。如果疾病有变化，则刺阴郄穴出血。

脾病者，身重，善肌①肉痿，足不收行，善瘛②，脚下痛；虚则腹满肠鸣，飧泄食不化。取其经，太阴、阳明、少阴血者。

注释

① 肌:指肌肉痿软无力。
② 瘈:张介宾:"手足掉瘈也。"《玉机真藏论》:"筋脉相引而急,病名曰瘈。"

语译

脾病的症状,是身体沉重,肌肉痿软无力,足不能举步,或筋脉牵引,脚下疼痛,这是属于脾实的症状;如脾虚,则腹中胀满、肠鸣、泄泻、完谷不化。治疗方法,取用太阴、阳明、少阴经穴,刺出其血。

肺病者,喘咳逆气,肩背痛,汗出,尻①阴股膝髀②腨③胻④足皆痛;虚则少气不能报息⑤,耳聋嗌干,取其经,太阴、足太阳之外厥阴内⑥血者。

注释

① 尻(kāo 考阴):脊骨的尽处。
② 髀(bì 婢):指髋骨。
③ 腨(shuàn 涮,又读 chuǎi 揣上):指腓肠肌。
④ 胻(héng 恒):指脚胫。
⑤ 不能报息:张介宾:"报,复也。不能报息,谓呼吸气短,难于接续也。"
⑥ 厥阴内:《甲乙经》"内"字下有"少阴"二字。

语译

肺病的症状,是咳喘气逆,肩背疼痛,出汗,尻、阴、股、膝、髀、腨、胻、足等处都有疼痛,这是属于肺实的症状;如果肺虚,就有短气,呼吸不能接续,耳聋不聪,咽部干燥。治疗方法,取用太阴、足太阳经脉的外侧,厥阴经脉的内侧少阴经,刺出其血。

肾病者,腹大胫肿,喘咳身重,寝汗出①,憎风②;虚则胸中痛,大腹、小腹痛,清厥③,意不乐。取其经,少阴、太阳血者。

注释
① 寝汗出:即盗汗。
② 憎风:张介宾:"憎,音曾,恶风也。"
③ 清厥:指厥冷。

语译

肾病的症状,是腹大胫肿,喘咳,身体沉重,睡中出汗,恶风,这是属于肾实的症状;如果肾虚,就有胸中疼痛,大腹、小腹疼痛,四肢厥冷,心中不乐。治疗方法,取用少阴和太阳经穴,刺出其血。

按语

以上五节,论述了五脏虚实病证,及其表里两经针刺治疗原则。这里讨论的五脏病证仅是举例而言,还必须结合"玉机真藏论"、"平人气象论"等篇才能全面的理解。虚实两证用针刺相应穴位而解决病痛。至今仍有治疗价值,特别是痛证疗效尤佳。

肝色青,宜食甘,粳米、牛肉、枣、葵皆甘。心色赤,宜食酸,小豆、犬肉、李、韭皆酸。肺色白,宜食苦,麦、羊肉、杏、薤皆苦。脾色黄,宜食咸,大豆、豕肉、栗、藿皆咸。肾色黑,宜食辛,黄黍、鸡肉、桃、葱皆辛。辛散、酸收、甘缓、苦坚、咸耎。毒药①攻邪,五谷②为养,五果③为助,五畜④为益,五菜⑤为充⑥,气味合而服之,以补精益气。此五者,有辛、酸、甘、苦、咸,各有所利,或散、或收、或缓、或急、或坚、或耎,四时五藏,病随五味所宜也。

注释

① 毒药:药物之统称。与今之毒药概念不同,药物性味各有所偏,这种药性所偏,古人称之谓毒性。
② 五谷:王冰:"谓粳米、小豆、麦、大豆、黄黍也。"
③ 五果:就是桃、李、杏、栗、枣。
④ 五畜:就是牛、羊、豕(猪)、鸡、犬。
⑤ 五菜:就是葵、藿、薤、葱、韭。又《广雅·释草》:"豆角谓之荚,其叶谓之藿。"
⑥ 充:吴崑:"充实于藏府也。"

语译

肝脏主青色,宜食甜味,粳米、牛肉、枣子、葵菜都是甜的。心脏主赤色,宜食酸味,小豆、犬肉、李子、韭菜都是酸的。肺脏主白色,宜食苦味,麦、羊肉、杏子、薤都是苦的。脾脏主黄色,宜食咸味,大豆、猪肉、栗子、藿都是咸的。肾脏主黑色,宜食辛味,黄黍、鸡肉、桃子、大葱都是辛的。食物五味功用,辛能发散,酸能收敛,甘能缓急,苦能坚燥,咸能软坚。凡毒药是用以攻邪,五谷是用以营养,五果是作为辅助,五畜之肉是用以补益,五菜是用以充养,气味和合而服食,可以补益精气。这五类东西,各有辛、酸、甘、苦、咸的味道,各有利于某一脏气,或散、或收、或缓、或急、或坚、或软等作用,配合四时五脏,用以治病要根据五味所宜。

按语

本节中五藏宜食的谷、肉、果、菜,揆之实际,未必合乎补养五藏(脏)。宜取其意可也。唯其中"毒药攻邪,五谷为养……气味合而服之以补益精气"一段话,甚为精辟,至今仍有其指导意义。且本段论述可和后文《五常政大论》中的"大毒治病,十去其六……谷肉果菜,食养尽之,无使过之,伤其正也"结合起来理解。说明凡病在急性期宜以药治为主;康复期则食疗、食补为宜。可以起到扶正祛邪的良好作用。

又按其言的"谷肉果菜,气味合而服之,以补益精气"的观点,与现代营养学的观点,可以说不谋而合。现在营养学家提出科学的合理的膳食,叫做"杂食"观点,只有这样,才能使我们的营养全面。所以又称此谓"平衡膳食",或曰"合理膳食"。现在世界卫生组织提出健康的四大基石中,其中第一基石就是"合理膳食"。

本篇要点

一、论述"合人形以法四时五行而治"的道理。

二、阐明五脏病"愈"、"加"、"持"、"起"的时间、禁忌与治则。

三、五脏虚实的症状及具体治法。

四、论述五色、五味及五谷、五果、五畜、五菜对五脏之所宜。

宣明五气篇第二十三

题解

宣明,宣扬阐明。五气,指五脏之气。本篇承上篇五脏之气,法象四时的理论,宣扬阐明了人体五脏之气的生理、病理等活动变化规律,并结合病因、脉象、药物、性味、饮食宜忌等方面,按照五行法则,加以分类归纳,从而作为临床诊治的指导原则。因无问答形式,故不称论而叫"宣明五气篇"。

五味所入:酸入肝,辛入肺,苦入心,咸入肾,甘入脾。是谓五入。

语译

五味入胃后,各归其所喜的脏器,酸味入于肝,辛味入于肺,苦味入于心,咸味入于肾,甜味入于脾。这就是五味入五脏的一般规律。

五气①所病:心为噫②,肺为咳,肝为语③,脾为吞④,肾为欠⑤、为嚏⑤,胃为气逆、为哕、为恐,大肠、小肠为泄,下焦溢为水⑥,膀胱不利为癃⑦、不约⑧为遗溺,胆为怒。是谓五病。

注释

① 五气:马莳:"五藏邪气,各有所病也。"

② 噫：即嗳气。张介宾："噫，嗳气也。偏考本经，绝无嗳气一证，而惟言噫者，盖即此也。"

③ 语：语，多言。是因受到不良刺激后，肝气郁结，故欲多言以伸诉其委曲。其表现特点为：其人平时较内向，而突然语言甚多，亦有独自一人亦自言自语者属之。

④ 吞：张志聪："脾主为胃行其津液，脾气病而不能灌溉于四脏，则津液反溢于脾窍之口，故为吞咽之证。"

⑤ 欠、嚏：欠，张口舒气，即呵气。嚏，即鼻中气喷作声。

⑥ 水：高世栻："下焦病不能决渎，则汛溢而为水。"此处指水肿病。

⑦ 癃(lóng 隆)：小便不通。马莳："水道不通之病也。"

⑧ 约：约束节制。

语译

　　五脏之气，各有所病：心气不舒则嗳气；肺气不宣则咳嗽；肝气不散则多言；脾气不运则吞酸；肾气不足则呵欠、喷嚏；胃气不降则上逆，甚则呃逆，有恐惧感；大肠、小肠为病则泄泻；下焦分利失职，水液泛溢于皮肤，则为水肿；膀胱之气不化，则小便不通为癃闭，其不能约束，则为遗尿；胆病则易发怒。是五脏六腑之气失调所引起的病变。

按语

　　本段自"胃为气逆"至"胆为怒"，可能是后人注语，误入正文，否则下文不当言"是谓五病"。而且与上下文例不合，通篇所论五脏，未言六腑，故存疑待考。

　　五精①所并②：精气并于心则喜，并于肺则悲，并于肝则忧，并于脾则畏，并于肾则恐。是谓五并，虚而相并者也。

注释

① 五精：是指五脏之精气。

② 并：合或聚的意思。吴崑："并，合而入之也。五藏精气，各藏其脏则不病；若合而并于一脏，则邪气实之，各显其志。"

语译

五脏之精气相并于一脏而发生疾病：并于心则喜笑，并于肺则悲哀，并于肝则忧虑，并于脾则畏惧，并于肾则惊恐。这就是所谓五并。由于五脏乘虚相并，因而引起精气之病。

五藏所恶①：心恶热，肺恶寒，肝恶风，脾恶湿，肾恶燥。是谓五恶。

注释
① 恶（wù 误）：与喜、好相反，憎厌的意思。

语译

五脏各有所厌恶：心厌恶热，肺厌恶寒，肝厌恶风，脾厌恶湿，肾厌恶燥。这就是所谓五恶。

五藏化液①：心为汗，肺为涕，肝为泪，脾为涎，肾为唾。是为五液。

注释
① 五藏化液：高世栻："化液者，水谷入口，津液各走其道，五藏受水谷之精，淖注于外窍，而化为五液也。"

语译

五脏所化生的液体是：心化汗，肺化涕，肝化泪，脾化涎，肾化唾。这就是五脏化五液。

按语

五藏化液虽寥寥数语，但对临床的诊治，有其重要的指导意义。例如脾为涎，肾为唾。凡临床上证见口水多，甚者流涎不止，睡醒后湿透枕巾者，尤以小儿为多见。常为脾、肾两虚者较多，宗脾为涎，肾为唾之旨，治以理中或四君子汤合缩泉丸，效果颇为明显。希读者毋忽。

五味所禁[1]：辛走气，气病无多食辛；咸走血，血病无多食咸；苦走骨，骨病无多食苦；甘走肉，肉病无多食甘；酸走筋，筋病无多食酸。是谓五禁，无令多食。

注释

[1] 禁：是避免和禁忌的意思。

语译

五脏之病各有所禁忌：辛味走气，气病不可多食辛味；咸味走血，血病不可多食咸味；苦味走骨，骨病不可多食苦味；甘味走肉，肉病不可多食甘味；酸味走筋，筋病不可多食酸味。这就是所谓五禁，不可使之多食。

按语

本节以五味各归所喜之脏为依据，阐述饮食和药物的禁忌。从文中提及"无令多食"可见五味所禁乃是指不可多食、偏食，这在临床上具有重要指导意义。

五病所发[1]：阴病发于骨，阳病发于血，阴病发于肉，阳病发于冬，阴病发于夏。是谓五发。

注释

① 五病所发:指五脏的疾病,各有好发的部位和时间。

语译

五脏病的发生:阴病发生在骨,阳病发生在血,阴病发生在肉,阳病发生在冬季,阴病发生在夏季。这是所谓五脏发病的特点。

五邪所乱:邪入于阳则狂,邪入于阴则痹,搏①阳则为巅疾②,搏阴则为瘖③,阳入之阴则静,阴出之阳则怒。是谓五乱。

注释

① 搏:侵入搏击的意思。
② 巅疾:巅,指巅顶。巅疾,《方盛衰论》:"气上不下,头痛巅疾。"即是头部疾患。
③ 瘖(yīn 阴):发音不扬或音哑。

语译

五脏受邪气之扰乱而发病:邪入于阳则热扰神志而发狂,邪入于阴则血脉阻滞而成为痹证,邪搏于阳则生头部疾患,邪搏于阴则发为音哑,病邪由阳而入于阴则静,由阴而出于阳则怒。这就是所谓五乱。

五邪所见:春得秋脉,夏得冬脉,长夏得春脉,秋得夏脉,冬得长夏脉,各曰阴出之阳,病善怒①,不治。是谓五邪。皆同命,死不治。

注释

① 阴出之阳,病善怒:新校正:"按'阴出之阳病善怒',已见前条,此再言之,文义不伦,必古文错简也。"

语译

五邪脉象：春季而见秋令的毛脉，夏季而见冬令的石脉，长夏而见春令的弦脉，秋季而见夏令的钩脉，冬季而见长夏的缓脉。这就是所谓的五邪脉。其预后是相同的，都是不治的死症。

五藏所藏：心藏神，肺藏魄，肝藏魂，脾藏意，肾藏志。是谓五藏所藏。

语译

五脏各有所藏：心脏藏神，肺脏藏魄，肝脏藏魂，脾脏藏意，肾脏藏志。这就是五脏所藏。

按语

人的精神活动与五脏的生理变化密切相关，它是以五脏精气为其物质基础的。精神因素既能是内伤致病因素，亦能调整人的精神状态，作为养生及治病的方法，临床上有其重要的指导意义。

五藏所主①：心主脉，肺主皮，肝主筋，脾主肉，肾主骨。是谓五主。

注释

① 五藏所主：主，主宰，亦有相互关联的意思。

语译

五脏所主五体：心与脉相关联，肺与皮毛相关联，肝与筋相关联，脾与肌肉相关联，肾与骨相关联。这就是所谓五主。

五劳①所伤：久视伤血，久卧伤气，久坐伤肉，久立伤骨，久行伤筋。是谓五劳所伤。

注释
① 劳：疲劳过度。

语译

五种过度的疲劳对人体的损伤：过度的目视，可以伤血；过度的卧眠，可以伤气；过度的坐着，可以伤肉；过度的站立，可以伤骨；过度的行走，可以伤筋。就是所谓五劳所伤。

五脉应象：肝脉弦，心脉钩，脾脉代①，肺脉毛，肾脉石。是谓五藏之脉。

注释
① 代：王冰："代，软而弱也。"这里的代脉，与动而中止不能自还的代脉不同。

语译

五脏应四时的脉象：肝脉端直以长应春而弦，心脉来盛去衰应夏而钩，脾脉濡软应长夏而代，肺脉轻浮应秋而毛，肾脉沉坚应冬而石。这就是所谓五脏平脉。

本 篇 要 点

本篇以五脏为中心，运用五行学说，把人的日常生活、发病因素、脏腑功能、病情变化、脉搏形象、药物性味、饮食宜忌等，进行分类归纳。

血气形志篇第二十四

题解

本篇内容,是论述六经的气血多少、出气出血的治疗所宜、三阴三阳的相为表里、形志苦乐的各种证治等。而其中以血气多少与形志疾病为重点,故名"血气形志"篇。

夫人之常数①,太阳常多血少气,少阳常少血多气,阳明常多气多血,少阴常少血多气,厥阴常多血少气,太阴常多气少血。此天之常数。

注释

① 常数:气血多少的正常数。

语译

人身气血多少的正常数是:太阳经常多血少气,少阳经常少血多气,阳明经常多气多血,少阴经常少血多气,厥阴经常多血少气,太阴经常多气少血。这是先天禀赋人身气血多少的正常数。

按语

《灵枢·五音五味》:"少阴常多血少气,厥阴常多气少血。"《九针》:"太阴常多血少气。"与本论不同。马莳认为《灵枢》多误,当以此节为正。观末节出血气之多少,正与此节相应。

足太阳与少阴为表里①,少阳与厥阴为表里,阳明与太阴为表里,是为足阴阳也。手太阳与少阴为表里,少阳与心主②为表里,阳明与太阴为表里,是为手之阴阳也。今知手足阴阳所苦③。凡治病必先去其血,乃去其所苦,伺④之所欲,然后写⑤有馀,补⑤不足。

注释

① 表里:指经脉之间相互关系,阳为表,阴为里。
② 心主:即心包络,为手厥阴经。
③ 苦:病苦,即疾病。
④ 伺:诊察的意思。
⑤ 写、补:指两种不同的针刺手法。

语译

足太阳膀胱经和足少阴肾经为表里,足少阳胆经和足厥阴肝经为表里,足阳明胃经和足太阴脾经为表里,这是足三阳经和足三阴经之间的关系。手太阳小肠经和手少阴心经为表里,手少阳三焦经和手厥阴心包经为表里,手阳明大肠经和手太阴肺经为表里,这是手三阳经和手三阴经之间的关系。这样配合,就能够知道手足阴阳十二经脉的疾病。大凡治疗的方法,血脉壅盛的,必须先行刺出其血,以减轻其痛苦,然后观察其所欲,根据病情的虚实,运用"泻其有余,补其不足"的原则治疗。

欲知背俞,先度①其两乳间,中折之,更以他草度去半已,即以两隅②相柱③也,乃举以度其背,令其一隅居上,齐脊大椎,两隅在下,当其下隅者,肺之俞也。复下一度④,心之俞也。复下一度,左角肝之俞也,右角脾之俞也。复下一度,肾之俞也。是谓五藏之俞,灸刺之度也。

注释

① 度:是尺量的意思。
② 隅:两边相交处称"隅",即今人所谓"角"。例如三角形有三隅,故"一隅居上","两隅在下"。
③ 柱(zhù 驻):支撑的意思。
④ 一度:三角形的上角至底的垂直线长度作为一度。

语译

要确定病人背上五脏俞穴部位,先用一根草尺量病人两乳头之距离,相等的长度正中对折,再用另一根同样长度的草,折掉一半之后,拿来支撑第一根草的两头,使成一个等边三角形,然后用它量病人的背部,使一只角朝上,和脊背大椎穴相平,两只角在下,在下左右两角所指的部位,就是肺俞。再把上角移下一度,左右两角是心俞。再移下一度,左角是肝俞,右角是脾俞。再移下一度,左右两角是肾俞。这就是五脏俞穴的部位,也就是针灸取穴的法度。

按语

本篇的草度法与《灵枢》背俞的取穴法,除所取的肺俞、心俞是一致外,其他俞穴则有很大出入,后世医家及现代针灸学对五脏俞穴的定位,不用草度法,均以《灵枢》背俞和《甲乙经》的取穴法为标准。

形乐志苦①,病生于脉,治之以灸刺;形乐志乐,病生于肉,治之以针石;形苦志乐,病生于筋,治之以熨引②;形苦志苦,病生于咽嗌,治之以百药③;形数惊恐,经络不通,病生于不仁,治之以按摩醪药。是谓五形志也。

注释

① 形乐志苦:形,指形体。乐,在形体方面,是指逸居饱暖,不参加劳役;在精神方面,是指心情愉快,无忧愁思虑。志,指情志、精神。苦,在形体方面,是指身形劳苦;在精神方面,是指思虑忧郁苦闷。

② 熨引:熨,是古时用以治病的温罨法,有药熨、汤熨、酒熨、铁熨、葱熨、土熨等。引,是指导引法。

③ 百药:多种药物的意思。新校正:"百药作甘药。"

语译

形乐志苦的人,病患大都生于经脉,治疗宜用针灸;形乐志乐的人,病患大都生在肌肉,治疗宜用针刺砭石;形苦志乐的人,病患大都生于筋骨之间,治疗宜用温熨、导引等方法;形苦志苦的人,病患大都生在咽嗌,治疗宜用药物;屡受惊恐的人,经络气血运行不畅,病患大都是肌肤麻木不仁,治疗宜用按摩和药酒。这就是五种形志之病。

按语

本节在论述"五形志"时,指出七情与劳倦均可成为致病因素。但原意不是单纯地叙述"五形志",而是强调在诊断治疗疾病时,要注意运用整体观念和辨证论治的基本原则。

刺阳明,出血气;刺太阳,出血恶①气;刺少阳,出气恶血;刺太阴,出气恶血②;刺少阴,出气恶血;刺厥阴,出血恶气也。

注释

① 恶:此处含有不宜或不应当的意思。

② 刺太阴,出气恶血:《黄帝内经太素》作"刺太阴,出血气",并注云:"阳明太阴虽为表里,其气血俱盛,故并写血气也。"

语译

刺阳明经,可以出血出气;刺太阳经,只可出血,不宜伤气;刺少阳经,只可出气,不宜出血;刺太阴经,只可出气,不宜出血;刺少阴经,只可出气,不宜出血;刺厥阴经,只可出血,不宜伤气。

按语

新校正:"此'刺阳明'一节,宜续前'写有余补不足'下,不当隔在'草度法'、'五形志'后。"

本 篇 要 点

一、指出人体在生理情况下,六经气血各有多少,此为临证针刺补泻的依据之一。

二、说明形志苦乐所造成的疾病各有不同,其治疗方法亦宜区别。

三、指出了五脏俞穴在背部的部位,并说明取穴的计算方法。

宝命全形论篇第二十五

题解

宝,与保通,即珍惜的意思。全,即保全之意。本篇内容,说明天地之间,万物悉备,莫贵于人;而人体的能够保命全形,又与天地的变化密切关系着。作为一个医生,应处处注意这种气血虚实与天地阴阳变化的关系,如运用针刺,就必须深明这种道理。由于前人非常重视这种道理,所以篇名"宝命全形论"。

黄帝问曰:天覆地载,万物悉备,莫贵于人。人以天地之气生,四时之法成,君王众庶,尽欲全形,形之疾病,莫知其情,留淫日深,著于骨髓,心私虑之。余欲针除其疾病,为之奈何?岐伯对曰:夫盐之味咸者,其气令器津泄;弦绝者,其音嘶败;木敷者,其叶发①;病深者,其声哕。人有此三②者,是为坏府③,毒药无治,短针无取,此皆绝皮伤肉,血气争黑④。

注释

① 木敷者,其叶发:张介宾:"敷,内溃也。"意思是说,虽枝叶繁茂,毕竟是外盛中空,不可常久。
② 三:张琦:"'三'字疑衍。"
③ 坏府:内脏严重的损伤。
④ 血气争黑:气色暗晦枯槁不泽的意思。吴崑:"绝皮伤肉,形脱也。

血气争黑,色败也。此言形色皆不可治。"

语译

黄帝问道:天地之间,万物俱备,没有一样东西比人更宝贵了。人依靠天地之大气和水谷之精气生存,随着四时生长收藏的规律而生活着,上至君主,下至平民,任何人都想保全形体的健康,但是往往有了病,却因病轻而难于察知,让病邪稽留、发展,日益深沉,乃至深入骨髓,我为之甚感忧虑。我要想解除他们的痛苦,应该怎样办才好?岐伯回答说:比如盐味是咸的,当贮藏在器具中的时候,看到渗出水来,这就是盐气外泄;比如琴弦将要断时,就会发出嘶败的声音;内部已溃的树木,其枝叶好像很繁茂,实际上外盛中空,极容易萎谢;人在疾病深重的时候,就会产生呃逆。人要是有了这样的现象,说明内脏已有严重损坏,药物和针灸都失去治疗作用,因为皮肤肌肉受伤败坏,血气枯槁,就很难挽回了。

帝曰:余念其痛,心为之乱惑,反甚其病,不可更代①,百姓闻之,以为残贼,为之奈何?岐伯曰:夫人生于地,悬命于天,天地合气,命之曰人。人能应四时者,天地为之父母;知万物者,谓之天子。天有阴阳,人有十二节;天有寒暑,人有虚实。能经天地阴阳之化者,不失四时,知十二节之理者,圣智不能欺也;能存八动之变,五胜更立②,能达虚实之数者,独出独入,呿吟③至微,秋毫在目。

注释

① 不可更代:指上文之病,"留淫日深"、"毒药无治"、"短针无取",而又不能代之以更好的办法。

② 五胜更立:即五行相胜,各有衰旺的时间。王冰:"五胜,谓五行之

气相胜,立,谓当其旺时。"

③ 呿(qū区)吟:呿,呵欠。吟,呻吟。

语译

黄帝道:我同情病人的痛苦,但思想上有些慌乱疑惑,因治疗不当反使病势加重,又没有更好的替代方法,人们看起来,会认为我残忍粗暴,究竟怎么好呢?岐伯说:人的生活,和自然界是密切相关联的。人能适应四时变迁,则自然界的一切,都成为他生命的泉源;能够知道万物生长收藏之道理的人,就有条件承受和运用万物。所以天有阴阳,人有十二经脉;天有寒暑,人有虚实盛衰。能顺应天地阴阳的变化,不违背四时的规律,了解十二经脉的道理,就能明达事理,不会被疾病现象弄糊涂了;掌握八风的演变,五行的衰旺,通达病人虚实的变化,就一定能有独到的见解,哪怕病人的呵欠呻吟极微小的动态,也能够明察秋毫,洞明底细。

按语

以上两节论述了宝命全形的道理。即不管养生还是治病都必须顺应自然界的变化,知天时地理与人体脏腑肢节的关系,才能明察人体细微的变化,知病虚实深浅。反之则病著于形而"莫知其情"。反映了祖国医学中"天人相应"的整体观念。

帝曰:人生有形,不离阴阳,天地合气,别为九野,分为四时,月有小大,日有短长。万物并至,不可胜量,虚实呿吟,敢问其方?岐伯曰:木得金而伐,火得水而灭,土得木而达,金得火而缺,水得土而绝。万物尽然,不可胜竭。故针有悬布天下者五,黔首共余食①,莫知之也。一曰治神,二曰知养身,三曰知毒药为真,四曰制砭石小大,五曰知府藏血气之诊。五法俱立,各有所先。今末世之刺也,虚者实之,满者泄之,此皆众工所共知也。若夫法天则地,随应而动,和之者若响,随之者若影,道无鬼神,独来独往。

注释

① 黔(qián 钳)首共余食:张介宾:"黔首,黎民也。共,皆也。余食,犹食之弃余,皆不相顾也。"即老百姓对"悬布于天"的五种方法,如同丢弃剩食一样不予顾及。

语译

黄帝道:人生而有形体,离不开阴阳的变化,天地二气相合,从经纬上来讲,可以分为九野,从气候上来讲,可以分为四时,月行有小大,日行有短长,这都是阴阳消长变化的体现,天地间万物的生长变化更是不可胜数,根据患者微细呵欠及呻吟,就能判断出疾病的虚实变化,请问运用什么方法,能够提纲挈领,来加以认识和处理呢?岐伯说:可根据五行变化的道理来分析:木遇到金,就能折伐;火受到水,就能熄灭;土被木殖,就能疏松;金遇到火,就能熔化;水遇到土,就能遏止。这种变化,万物都是一样,不胜枚举。所以用针刺来治疗疾病,能够嘉惠天下人民的,有五大关键,但人们都弃余不顾,不懂得这些道理。所谓五大关键:一是要精神专一,二是要了解养身之道,三是要熟悉药物真正的性能,四要注意制取砭石的大小,五是要懂得脏腑血气的诊断方法。能够懂得这五项要道,就可以掌握缓急先后。近世运用针刺,一般的用补法治虚,泻法治满,这是大家都知道的;若能按照天地阴阳的道理,随机应变,那末疗效就能更好,如响之应,如影随形,医学的道理并没有什么神秘,只要懂得这些道理,就能运用自如了。

帝曰：愿闻其道。岐伯曰：凡刺之真，必先治神，五藏已定，九候已备，后乃存针；众脉①不见，众凶②弗闻，外内相得，无以形先，可玩③往来，乃施于人。人有虚实，五虚④勿近，五实⑤勿远，至其当发，间不容瞚⑥。手动若务⑦，针耀⑧而匀，静意视义⑨，观适⑩之变。是谓冥冥⑪，莫知其形，见其乌乌⑫，见其稷稷⑬，从⑭见其飞，不知其谁，伏如横弩⑮，起如发机⑯。

注释

① 众脉：指真脏脉。吴崑："众脉不见，无真脏死脉也。"
② 众凶：五脏败绝的现象。
③ 玩：熟习。
④ 五虚：脉细，皮寒，气少，泄利前后，饮食不入，谓之"五虚"。见《玉机真藏论》。
⑤ 五实：脉盛，皮热，腹胀，二便不通，闷瞀，谓之"五实"。见《玉机真藏论》。
⑥ 瞚（shùn舜）：同"瞬"，是一眨眼的意思。
⑦ 务：专力。
⑧ 耀：明亮洁净的意思。
⑨ 义：适当的意思。
⑩ 适：之也，往也，至也，到达的意思。
⑪ 冥冥（míng明）：幽深貌，形容气之无形可见。
⑫ 乌乌：云集貌，形容气聚像乌云集合一样。
⑬ 稷稷：形容气盛象稷一样繁茂。
⑭ 从：同"纵"。
⑮ 弩：机巧有强力的弓。
⑯ 机：弩上的机钮，拨动机钮，箭就连续快速的射出。形容起针之迅速，如放箭之发机样快。

语译

黄帝道：希望听你讲讲用针的道理。岐伯说：凡用针的关键，必先集中思想,了解五脏的虚实,三部九候脉象的变化,然后下针;还要注意有没有真脏脉出现,五脏有无败绝现象,外形与内脏是否协调,不能单独以外形为依据,更要熟悉经脉血气往来的情况,才可施针于病人。病人有虚实之分,见到五虚,不可草率下针治疗,见到五实,不可轻易放弃针刺治疗,应该要掌握针刺的时机,不然在瞬息之间就会错过机会。针刺时手的动作要专一协调,针要洁净而均匀,平心静意,看适当的时间,观察针气所达到的变化。那血气之变化虽不可见,而气至之时,好像乌云一样集合,气盛之时,好像稷一样繁茂。气之往来,正如见鸟之飞翔,而无从捉摸他形迹的起落。所以用针之法,当气未至的时候,应该留针候气,正如横弩之待发,气应的时候,则当迅速起针,正如弩箭之疾出。

帝曰:何如而虚?何如而实?岐伯曰:刺虚者须其实,刺实者须其虚;经气已至,慎守勿失。深浅在志,远近若一①,如临深渊,手如握虎,神无营②于众物。

注释

① 远近若一:取穴无论远近,候针取气的道理是一样的。吴崑:"穴在四肢者为远,穴在腹背者为近,取气一也。"

② 神无营:营,同淫,有"惑"或"乱"的意思。神无营,即精神专一,不左顾右盼。

语译

黄帝道:怎样治疗虚证?怎样治疗实证?岐伯说:刺虚证,须用补法,刺实证,须用泻法;当针下感到经气至,则应慎重掌握,不失时机地运用补泻方法。针刺无论深浅,全在灵活掌握,取穴无论远近,候针取气的道理是一致的,针刺时都必须精神专一,好像面临万丈深渊,小心谨慎,又好像手中捉着猛虎那样坚定有力,全神贯注,不为其他事物所分心。

本篇要点

一、说明治病之道,养身之法均离不开内外环境的统一;天人相应的整体观念,是医生必须掌握的基本原则。

二、具体阐述针刺必须懂得五个关键问题,及候气的重要意义。

三、指出医务工作者的临证态度,应该审察至微,全神贯注,谨慎用针。

八正神明论篇第二十六

题解

本篇内容有二：一是从四时八正、日月星辰的变化，说明它与人体气血虚实和针刺补泻有密切的关系；一是论望闻问切四诊应结合阴阳四时虚实，来分析病情和诊断疾病。由于它讨论了这两个重点，所以篇名就叫做"八正神明论"。

黄帝问曰：用针之服①，必有法则焉，今何法何则？岐伯对曰：法天则地，合以天光②。帝曰：愿卒闻之。岐伯曰：凡刺之法，必候日月星辰，四时八正③之气，气定乃刺之。是故天温日明，则人血淖④液，而卫气浮，故血易写，气易行；天寒日阴，则人血凝泣，而卫气沉。月始生，则血气始精，卫气始行；月郭⑤满，则血气实，肌肉坚；月郭空，则肌肉减，经络虚，卫气去，形独居。是以因天时而调血气也。是以天寒无刺，天温无疑，月生无写，月满无补，月郭空无治。是谓得时而调之。因天之序，盛虚之时，移光定位，正立而待之⑥。故曰：月生而写，是谓藏虚；月满而补，血气扬溢，络有留血，命曰重实；月郭空而治，是谓乱经。阴阳相错，真邪不别，沉以留止，外虚内乱，淫邪乃起。

注释

① 服：王冰："服，事也。"意思是指用针的技术。
② 天光：指日月星辰。
③ 八正：二分（春分、秋分）、二至（夏至、冬至）、四立（立春、立夏、立秋、立冬）。
④ 淖（nào 闹）：滑润的意思。
⑤ 郭：轮廓的意思。
⑥ 移光定位，正立而待之：是古代天文家用圭表测量日影的长短，以定时序的方法。

语译

黄帝问道：用针的技术，必然有它一定的方法准则，究竟有什么方法，什么准则呢？岐伯回答说：要在一切自然现象的演变中去体会。黄帝道：愿详尽的了解一下。岐伯说：凡针刺之法，必须观察日月星辰盈亏消长及四时八正之气候变化，方可运用针刺方法。所以气候温和，日色晴朗时，则人的血液流行滑润，而卫气浮于表，血容易泻，气容易行；气候寒冷，天气阴霾，则人的血行也滞涩不畅，而卫气沉于里。月亮初生的时候，血气开始流利，卫气开始畅行；月正圆的时候，则人体血气充实，肌肉坚实；月黑无光的时候，肌肉减弱，经络空虚，卫气衰减，形体独居。所以要顺着天时而调血气。因此天气寒冷，不要针刺；天气温和，不要迟疑；月亮初生的时候，不可用泻法。月亮正圆的时候，不可用补法；月黑无光的时候，不要针刺。这就是所谓顺着天时而调治气血的法则。因天体运行有一定顺序，故月亮有盈亏盛虚，观察日影的长短，可以定四时八正之气。所以说：月牙初生时而泻，就会使内脏虚弱；月正圆时而补，使血气充溢于表，以致络脉中血液留滞，这叫做重实；月黑无光的时候用针刺，就会扰乱经气，叫做乱经。这样的治法必然引起阴阳相错，真气与邪气不分，使病变反而深入，致卫外的阳气虚竭,内守的阴气紊乱,淫邪就要发生了。

按语

本节叙述天气之寒温,月之盈亏变化对人体气血的影响,提出因"天时而调气血"的针刺补泻原则。"因时制宜"的治疗原则,在临床实践中是有重要指导意义的。

帝曰:星辰八正何候?岐伯曰:星辰者,所以制日月之行也。八正者,所以候八风之虚邪,以时至者也。四时者,所以分春秋冬夏之气所在,以时调之也,八正之虚邪而避之勿犯也。以身之虚而逢天之虚,两虚相感,其气至骨,入则伤五藏。工①候救之,弗能伤也。故曰:天忌不可不知也。帝曰:善!

注释

① 工:指医生。

语译

黄帝道:星辰八正观察些什么?岐伯说:观察星辰的方位,以定出日月循行的度数。观察八节常气的交替,以测出异常八方之风,是什么时候来的,是怎样为害于人的。观察四时,可以分别春夏秋冬正常气候之所在,以便随时序来调养,以避免八方不正之气候,不受其侵犯。假如虚弱的体质,再遭受自然界虚邪贼风的侵袭,两虚相感,邪气就可以侵犯筋骨,再深入一步,就可以伤害五脏。懂得气候变化的医生,就能及时挽救病人,不致受到严重的伤害。所以说天时的宜忌,不可不知。黄帝道:讲得好!

其法星辰者,余闻之矣,愿闻法往古者。岐伯曰:法往古者，先知《针经①》也。验于来今者②，先知日之寒温，月之虚盛，以候气之浮沉，而调之于身，观其立有验也。观其冥冥者③，言形气荣卫之不形于外，而工独知之，以日之寒温，月之虚盛，四时气之浮沉，参伍相合而调之，工常先见之，然而不形于外，故曰观于冥冥焉。通于无穷者，可以传于后世也，是故工之所以异也。然而不形见于外，故俱不能见也。视之无形，尝之无味，故谓冥冥，若神髣髴④。

虚邪者，八正之虚邪气也。正邪者，身形若用力，汗出腠理开，逢虚风。其中人也微，故莫知其情，莫见其形。上工救其萌牙，必先见三部九候之气，尽调不败而救之，故曰上工。下工救其已成，救其已败。救其已成者，言不知三部九候之相失，因病而败之也。知其所在者，知诊三部九候之病脉处而治之，故曰守其门户⑤焉，莫知其情，而见邪形也。

注释

① 针经：一般认为即《灵枢经》。
② 验于来今者：验，指针刺经验。意指把"针经"的针刺方法与经验应用于现在。
③ 观其冥冥者：隐晦不清的意思。
④ 髣髴(fǎng fú 仿佛)：即仿佛、好像的意思。
⑤ 门户：指三部九候。张介宾："三部九候即病脉游行出入之所，故曰门户。"

语译

关于取法于星辰的道理，我已经知道了，希望你讲讲怎样效法于前人？岐伯说：要取法和运用前人的学术，先要懂得《针经》。要想把古人的经验验证于现在，必先要知道日之寒温，月之盈亏，四时气候的浮沉，而用以调治于病人，就可以看到这种方法是确实有效的。所谓观察其冥冥，就是说荣卫气血的变化虽不显露于外，而医生却能懂得，他从日之寒温，月之盈亏，四时气候之浮沉等，进行综合分析，做出判断，然后进行调治，因此医生对于疾病，每有先见之明，然而疾病并未显露于外，所以说这是观察于冥冥。能够运用这种方法，通达各种事理，他的经验就可以流传于后世，这是学识经验丰富的医生不同于常人的地方。然而病情是不显露在表面，所以常人都不容易发现，看不到形迹，尝不出味道，所以叫做冥冥，好像神灵一般。

虚邪，就是四时八节的虚邪贼风。正邪，就是人在劳累时汗出腠理开，偶而遭受的虚风。正邪伤人轻微，没有明显的感觉，也无明显病状表现，所以一般医生观察不出病情。技术高明的医生，在疾病初起，三部九候之脉气都调和而未败坏之时，就给以早期救治，所以称为"上工"。"下工"临证，是要等疾病已经形成，甚或至于恶化阶段，才进行治疗。所以说下工要等到病成阶段才能治疗，是因为不懂得三部九候的相得相失，致使疾病发展而恶化了。要明了疾病之所在，必须从三部九候的脉象中详细诊察，知道疾病的变化，才能进行早期治疗，所以说掌握三部九候，好像看守门户一样的重要，虽然外表尚未见到病情，而医者已经知道疾病的形迹了。

帝曰：余闻补写，未得其意。岐伯曰：写必用方。方者，以气方盛也，以月方满也，以日方温也，以身方定也，以息方吸而内针[①]；乃复候其方吸而转针[②]，乃复候其方呼而徐引针[③]。故曰写必用方，其气而行焉。补必用员。员者，行也。行者，移也，刺必中其荣[④]，复以吸排针[⑤]也。

故员与方,非针也。故养神者,必知形之肥瘦,荣卫血气之盛衰。血气者,人之神,不可不谨养。

注释

① 内针:内,同"纳"。内针,即进针。
② 转针:捻转针体。
③ 引针:即出针。
④ 荣:同"荥",重要的经穴。
⑤ 排针:排,是除的意思。排针,是排除其针。

语译

黄帝道:我听说针刺有补泻二法,不懂得它的意义。岐伯说:泻法必须掌握一个"方"字。所谓"方",就是正气方盛,月亮方满,天气方温和,身心方稳定的时候,并且要在病人吸气的时候进针;再等到他吸气的时候转针,还要等他呼气的时候慢慢的拔出针来。所以说泻必用方,才能发挥泻的作用,使邪气泄去而正气运行。补法必须掌握一个"圆"字。所谓"圆",就是行气。行气就是导移其气以至病所,刺必要中其荥穴,还要在病人吸气时拔针。所谓"圆"与"方",并不是指针的形状。一个技术高超有修养的医生,必须明了病人形体的肥瘦,营卫血气的盛衰。因为血气是人之神的物质基础,不可不谨慎的保养。

按语

《灵枢·官能》篇说:"泻必用员,补必用方",与此相反。彼处是指"法"而言,此处是指"用"而言,字同而意义各别。

帝曰:妙乎哉论也!合人形于阴阳四时,虚实之应,冥冥之期,其非夫子,孰能通之!然夫子数言形与神,何谓形？何谓神？愿卒闻之。岐伯曰：请言形。形乎形，目冥冥，问其所病，索之于经，慧然①在前，按之不得，不知其情，故曰形。帝曰：何谓神？岐伯曰：请言神。神乎神，耳不闻，目明心开而志先②，慧然独悟，口弗能言③，俱视独见④，适若昏，昭然独明，若风吹云，故曰神。三部九候为之原，九针之论，不必存也。

注释

① 慧然：清爽或明白的意思。
② 心开而志先：心，指神明之心，志，指情志。意思是说人的精神充沛，情志畅达，意识清晰。
③ 口弗能言：张志聪："不可以言语形容也。"
④ 俱视独见：大家共同察看，唯有他能看见，张介宾："与众俱视，唯吾独见。"

语译

黄帝道：多么奥妙的论述啊！把人身变化和阴阳四时虚实联系起来，这是非常微妙的结合，要不是先生，谁能够弄得懂呢！然而先生屡次说到形和神，究竟什么叫形？什么叫神？请你详尽的讲一讲。岐伯说：请让我先讲形。所谓形，就是反映于外的体征，体表只能察之概况，但只要问明发病的原因，再仔细诊察经脉变化，则病情就清楚的摆在面前，要是按寻之仍不可得，那么便不容易知道他的病情了，因外部有形迹可察，所以叫做形。黄帝道：什么叫神？岐伯说：请让我再讲神。所谓神，就是望而知之，耳朵虽然没有听到病人的主诉，但通过望诊，眼中就明了它的变化，亦已心中有数，先得出这一疾病的概念，这种心领神会的迅速独悟，不能用言语来形容，有如观察一个东西，大家没有看到，但他能运用望诊，就能够独自看到，有如在黑暗之中，大家都很昏黑，但他能运用望诊,就能够昭然独明,好像风吹云散,所以叫做神。诊病时,若以三部九候为之本原,就不必拘守九针的理论了。

按语

这一节突出地讨论了望、闻、问、切四诊结合阴阳四时虚实的诊察方法。

本篇要点

一、阐明四时八正对人体气血盛衰,针刺补泻的关系。

二、"上工救其萌牙","下工救其已成",说明了早期诊断、早期治疗的重要意义;同时指出了三部九候的诊断价值,不但要注意外在的形征,更重要的要分析它的本质。

三、阐明针刺补泻,必须掌握"方"、"圆"的关键;并指出更要注意病人形体的肥瘦和营卫气血的盛衰,给以适当的治疗。

四、指出诊断疾病,要把望闻问切四诊结合阴阳四时虚实来加以分析,并要掌握到"形"和"神"的病变以及其症状。

离合真邪论篇第二十七

题解

本篇讨论真气与邪气之离合。真气与邪气尚未结合,应及早用泻,病可立已;若真气与邪气已经结合,应诊察三部九候之盛虚而调之。为达到早期治疗的要求,必须先识病,本篇强调了三部九候诊察方法的重要性,又详细的讨论了针刺补泻的宜忌和方法,而总的精神,是说明真邪离合于临证上应密切注意,所以篇名"离合真邪论"。

黄帝问曰:余闻九针九篇,夫子乃因而九之,九九八十一篇,余尽通其意矣。《经》言气之盛衰,左右倾移,以上调下,以左调右①,有余不足,补写于荥输,余知之矣。此皆荣卫之倾移,虚实之所生,非邪气从外入于经也,余愿闻邪气之在经也,其病人何如?取之奈何?岐伯对曰:夫圣人之起度数,必应于天地。故天有宿度②,地有经水,人有经脉。天地温和,则经水安静;天寒地冻,则经水凝泣;天暑地热,则经水沸溢;卒风暴起,则经水波涌而陇③起。夫邪之入于脉也,寒则血凝泣,暑则气淖泽,虚邪因而入客,亦如经水之得风也,经之动脉,其至也亦时陇起。其行于脉中,循循然,其至寸口中手也,时大时小,大则邪至,小则平,其行无常处,在阴与阳,不可为度,从而察之,三部九候,卒然逢之,早遏其路④。吸则内针,无令气忤⑤;静以久留,无令邪布;吸则转针,以得气⑥为故;候呼引针,呼尽乃去。大气⑦皆出,故命曰写。

注释

① 以上调下,以左调右:是针灸的治疗法则。

② 宿度:宿,星宿。古代天文学按星宿的位置划周天为三百六十五度,谓之"宿度"。

③ 陇:同"隆"。聚集高起。

④ 卒然逢之,早遏其路:王冰:"逢谓逢遇,遏谓遏绝。三部之中,九候之位,卒然逢遇,当按而止之,即而写之,径路既绝,则大邪之气无能为也。"

⑤ 忤(wǔ午):逆的意思。

⑥ 得气:针灸术语,即针感。在针刺穴位后,发生痠、麻、胀、重等感觉。

⑦ 大气:此指邪气。

语译

黄帝问道:我听说九针有九篇文章,而先生又从九篇上加以发挥,演绎成为九九八十一篇,我已经完全领会它的精神了。《针经》上说的气之盛衰,左右偏胜,取上以调下,取左以调右,有余不足,在荥输之间进行补泻,我亦懂得了。这些变化,都是由于荣卫的偏胜、气血虚实而形成的,并不是邪气从外侵入经脉而发生的病变。我现在希望知道邪气侵入经脉之时,病人的症状怎样? 又怎样来治疗? 岐伯回答说:一个有修养的医生,在制定治疗法则时,必定体察于自然的变化。如天有宿度,地有江河,人有经脉,其间是互相影响,可以比类而论的。如天地之气温和,则江河之水安静平稳;天气寒冷,则水冰地冻,江河之水凝涩不流;天气酷热,则江河之水沸腾扬溢;要是暴风骤起,则使江河之水,波涛汹涌。因此病邪侵入了经脉，寒则使血行滞涩，热则使血气滑润流利，要是虚邪贼风的侵入，也就像江河之水遇到暴风一样，经脉的搏动，则出现波涌隆起的现象。虽然血气同样依次在经脉中流动，但在寸口处按脉，指下就感到时大时小，大即表示病邪盛，小即表示病邪退，邪气运行，没有一定的位置，或在阴经或在阳经，就应该更进一步，用三部九候的方法检查，一旦察之邪气所在，应及早治疗，以阻止它的发展。治疗时应在吸气时进针，进针时勿使气逆，进针后要留针静候其气，不让病邪扩散；当吸气时转捻其针，以得气为目的；然后等病人呼气的时候，慢慢地起针，呼气尽时，将针取出。这样，大邪之气尽随针外泄，所以叫做泻。

帝曰：不足者补之奈何？岐伯曰：必先扪而循之①，切而散之②，推而按之③，弹而怒之④，抓而下之⑤，通而取之⑥，外引其门，以闭其神⑦。呼尽内针，静以久留，以气至为故。如待所贵，不知日暮，其气以⑧至，适而自护，候吸引针，气不得出；各在其处，推阖其门，令神气存，大气⑨留止，故命曰补。

注释

① 扪而循之：是循着穴位抚摸，使血气舒缓。王冰："扪循，谓手摸。"
② 切而散之：马莳："谓以指切揿其穴，使气之布散也。"
③ 推而按之：张介宾："再以指揉按其肌肤，欲针道之流利也。"
④ 弹而怒之：以手指弹动穴位，脉络膜满而怒起，气能随至。
⑤ 抓而下之：掐正了穴位进针。
⑥ 通而取之：等气脉流通，而取出其针。
⑦ 外引其门，以闭其神：门，指穴孔。神，指经气。外引其门，以闭其神，即右手拔针，左手随即按闭进针的孔穴，使针孔周围的皮肤回复原位，遮盖针孔不让真气外泄。
⑧ 以：同"已"。
⑨ 大气：王冰："然此大气，谓大经之气，流行营卫者。"

语译

黄帝道：不足之虚证怎样用补法？岐伯说：首先用手抚摸穴位，然后以指按压穴位，再用手指揉按穴位周围肌肤，进而用手指弹其穴位，令脉络怒张，左手掐正穴位，右手下针，等气脉流通而取出其针，出针时，右手拔针，左手按闭孔穴，不让正气外泄。进针方法，是在病人呼气将尽时进针，静候其气，稍久留针，以得气为目的。进针候气，要像等待贵客一样，忘掉时间的早晚，当得气时，要好好守护，等病人吸气时候，拔出其针，那末气就不致外出了；出针以后，应在其孔穴上揉按，使针孔关闭，真气存内，大经之气留于营卫而不泄，这便叫做补。

帝曰：候气奈何？岐伯曰：夫邪去络入于经也，舍于血脉之中，其寒温未相得，如涌波之起也，时来时去，故不常在。故曰方其来也，必按而止之，止而取之，无逢其冲①而写之。真气者，经气也。经气太虚，故曰其来不可逢，此之谓也。故曰候邪不审，大气已过，写之则真气脱，脱则不复，邪气复②至，而病益蓄。故曰其往不可追③，此之谓也。不可挂以发④者，待邪之至时，而发针写矣，若先若后者，血气已尽，其病不可下⑤。故曰知其可取如发机，不知其取如扣椎⑥。故曰知机道者，不可挂以发，不知机者，扣之不发，此之谓也。

注释

① 无逢其冲：《甲乙经》"逢"作"迎"。不要迎着邪气最盛的时候用泻法。高世栻："邪气冲突，宜避其锐。"

② 复：《甲乙经》作"益"。

③ 其往不可追：张介宾："《小针解》曰：其往不可追者，气虚不可

写也。"

④ 不可挂以发：是间不容发的意思，也就是说掌握时间，不能稍有迟疑。
⑤ 下：高世栻："下，犹退也。"
⑥ 扣椎：张介宾："椎，木椎也……顽钝难入，如扣椎之难也。"

语译

黄帝道：对邪气怎样诊候呢？岐伯说：当邪气从络脉而进入经脉，留舍于血脉之中，这时邪正相争，或寒或温，真邪尚未相合，所以脉气波动，忽起忽伏，时来时去，无有定处。所以说诊得邪气方来，必须按而止之，阻止它的发展，用针泻之，但不要正当邪气冲突，遂用泻法。因为真气，就是经脉之气，邪气冲突，真气大虚，这时而用泻法，反使经气大虚，所以说气虚的时候不可用泻，就是指此而言。因此，诊候邪气而不能审慎，当大邪之气已经过去，而用泻法，则反使真气虚脱，真气虚脱，则不能恢复，而邪气益甚，那病更加重了。所以说，邪气已经随经而去，不可再用泻法，就是指此而言。阻止邪气，使用泻法，是间不容发的事，须待邪气初到的时候，随即下针去泻，在邪至之前，或在邪去之后用泻法，都是不适时的，非但不能去邪，反使血气受伤，病就不容易退了。所以说，懂得用针的，像拨动弩机一样，机智灵活，不善于用针的，就像敲击木椎，顽钝不灵了。所以说，识得机宜的，一霎那时毫不迟疑，不知机宜的，纵然时机已到，亦不会下针，就是指此而言。

帝曰：补写奈何？岐伯曰：此攻邪也。疾出以去盛血，而复其真气，此邪新客，溶溶①未有定处也，推之则前，引之则止，逆而刺之，温血②也，刺出其血，其病立已。帝曰：善！然真邪以合，波陇不起，候之奈何？岐伯曰：审扪循三部九候之盛虚而调之。察其左右上下相失及相减者，审其病藏以期之。不知三部者，阴阳不别，天地不分，地以候地,天以候天,人以候人,调之中府③,以定三部。故曰:刺不知三部九候病脉之处,虽有大过且至,工不能禁也。诛罚无过④,命曰大惑⑤,反乱大经⑥,真不可复,用实为虚,以邪为真,用针无义,反为气贼,夺人正气,以从为逆,荣卫散乱,真气已失,邪独内著⑦,绝人长命,予人夭殃。不知三部九候,故不能久长;因不知合之四时五行,因加相胜,释邪攻正,绝人长命。邪之新客来也,未有定处,推之则前,引之则止,逢而写之,其病立已。

注释

① 溶溶:张介宾:"溶溶,流动貌。"

② 温血:吴崑:"温血,毒血也。"

③ 中府:吴崑:"中府,胃也,土主中宫,故曰中府。调之中府者,言三部九候,皆以冲和胃气调息之。"

④ 诛罚无过:不掌握泻的方法,不当泻而泻之,反伤正气,称为诛罚无过。

⑤ 惑:迷乱也。

⑥ 大经:五脏六腑的大经脉。

⑦ 著:同"着",留着不去的意思。

语译

黄帝道:怎样进行补泻呢?岐伯说:应以攻邪为主。应该及时刺出盛血,以恢复正气,因为病邪刚刚侵入,流动未有定处,推之则前进,引之则留止,迎其气而泻之,以出其毒血,血出之后,病就立即会好。黄帝道:讲得好!假如到了病邪和真气并合以后,脉气不现波动,那么怎样诊察呢?岐伯说:仔细审察三部九候的盛衰虚实而调治。检查的方法,在它左右上下各部分,观察有无不相称或特别减弱的地方,就可以知道病在那一脏腑,待其气至而刺之。假如不懂得三部九候，则阴阳不能辨别，上下也不能分清，更不知道从下部脉以诊察下，从上部脉以诊察上，从中部脉以诊察中，结合胃气多少有无来决定疾病在那一部。所以说，针刺而不知三部九候以了解病脉之处，则虽然有大邪为害，这个医生也没有办法来加以事先防止的。如果诛罚无过，不当泻而泻之，这就叫做"大惑"，反而扰乱脏腑经脉，使真气不能恢复，把实证当作虚证，邪气当作真气，用针毫无道理，反助邪气为害，剥夺病人正气，使顺症变成逆症，使病人荣卫散乱，真气散失，邪气独存于内，断送病人的性命，给人家带来莫大的祸殃。这种不知三部九候的医生，是不能够久长的；因为不知配合四时五行因加相胜的道理，会放过了邪气，伤害了正气，以致断绝病人性命。病邪新侵入人体，没有定着一处，推它就向前，引它就阻止，迎其气而泻之，其病是立刻可以好的。

按语

以上两节言及"逢而泻之"和"无逢其冲而泻之"。对于"无逢其冲而泻之"。诸医家解释差异很大，唯高世栻："邪气冲突，宜避其锐。"其说为是。

本篇要点

一、病邪初入人体，真邪未合，未有定处，及早治疗，可以使病尽早痊愈。

二、针刺补泻的宜忌和操作方法。

三、医生运用针刺，一定要懂得三部九候的诊法，结合天地四时阴阳来分析病情，认识疾病，突出地说明了"要能治病，必先识病"的道理。

通评虚实论篇第二十八

题解

本篇讨论"虚实"的概念,及其在各方面的运用,如四时、五脏、经络、气血、脉证、治疗等等,都贯串着一个"虚实"精神。然中心虽是一个,而涉及的内容却很广,所以篇名"通评虚实论",正如高世栻所谓"犹言统论虚实也"。

黄帝问曰:何谓虚实?岐伯对曰:邪气盛则实,精气夺则虚①。帝曰:虚实何如?岐伯曰:气虚者,肺虚也;气逆者,足寒也。非其时则生,当其时则死②。余藏皆如此。

注释

① 邪气盛则实,精气夺则虚:邪气,指风寒暑湿之邪,邪盛则实。精气,指人体之正气。夺是失的意思,精气不足则为虚。《太素》:"风寒暑湿客身盛满为实,五脏精气夺失为虚也。"

② 非其时则生,当其时则死:马莳:"非相克之时则生,如春秋冬是也;如遇相克之时则死,如夏时之火是也。"又张志聪:"如值其生旺之时则生,当其胜克之时则死。"

语译

黄帝问道:什么叫虚实?岐伯回答说:所谓虚实,是指邪气和正气相比较而言的。如邪气方盛,是为实证;若精气不足,就为虚证了。黄帝道:虚实变化的情况怎样?岐伯说:以肺脏为例:肺主气,气虚的,是属于肺脏先虚;气逆的,上实下虚,两足必寒。肺虚若不在相克的时令,其人可生;若遇克贼之时,其人就要死亡。其他各脏的虚实情况亦可类推。

帝曰:何谓重实?岐伯曰:所谓重实者,言大热病,气热、脉满,是谓重实。

帝曰:经络俱实何如?何以治之?岐伯曰:经络皆实,是寸脉急而尺缓①也,皆当治之。故曰②:滑则从,涩则逆也。夫虚实者,皆从其物类始,故五藏骨肉滑利,可以长久也。

帝曰:络气不足,经气有余,何如?岐伯曰:络气不足,经气有余者,脉口热③而尺寒也。秋冬为逆,春夏为从,治主病者。帝曰:经虚络满何如?岐伯曰:经虚络满者,尺热满,脉口寒涩也。此春夏死,秋冬生也。帝曰:治此者奈何?岐伯曰:络满经虚,灸阴刺阳;经满络虚,刺阴灸阳。

帝曰:何谓重虚?岐伯曰:脉气上虚尺虚④,是谓重虚。帝曰:何以治之?岐伯曰:所谓气虚者,言无常⑤也;尺虚者,行步恇然⑥;脉虚者,不象阴也⑦。如此者,滑则生,涩则死也。

注释

① 寸脉急而尺缓:寸指寸口。尺指尺肤。此处指寸口脉急而尺肤缓纵的情况。

② 故曰:丹波元简:"按以下至'可以长久也'三十一字,疑是错简,若

移于下文'滑则生,涩则死也'之下,则文理顺接焉。"

③ 脉口热:丹波元简:"按脉口热,依下文'寒涩而推之',谓脉滑也。"

④ 脉气上虚尺虚:新校正:"按《甲乙经》作'脉虚气虚尺虚,是谓重虚',此少一'虚'字,多一'上'字。"

⑤ 言无常:张志聪:"言无常者,宗气虚,而语言无接续也。"按《脉要精微论》有"言而微,终日乃复言者,此夺气也。"据此"言无常"乃为气虚的一种表现。

⑥ 尺虚者,行步恇(kuāng 匡)然:丹波元简:"尺虚谓尺肤脆弱。"张介宾:"恇然,怯弱也。"

⑦ 脉虚者,不象阴也:吴崑:"脉者,血之府。脉虚者,亡血可知,故云不象阴也。"张介宾:"脉虚者,阴亏之象。"脉虚则血虚,血虚脉浮大无力,不像沉细欲绝的阴脉。

语译

黄帝道:什么叫重实? 岐伯说:所谓重实,如大热病人,邪气甚热,而脉象又盛满,内外俱实,便叫重实。

黄帝道:经络俱实是怎样情况? 用什么方法治疗? 岐伯说:所谓经络俱实,是指寸口脉急而尺肤弛缓,经和络都应该治疗。所以说:凡是滑利的就有生机为顺,涩滞的缺少生机为逆。因为一般所谓虚实,人与物类相似,如万物有生气则滑利,万物欲死则枯涩。若一个人的五脏骨肉滑利,是精气充足,生气旺盛,便可以长寿。

黄帝道:络气不足,经气有余的情况怎样? 岐伯说:所谓络气不足,经气有余,是指寸口脉滑而尺肤却寒。秋冬之时见这样现象的,为逆,在春夏之时,就为顺了,治疗必须结合时令。黄帝道:经虚络满的情况怎样? 岐伯说:所谓经虚络满,是指尺肤热而盛满,而寸口脉象迟而涩滞。这种现象,在春夏则死,在秋冬则生。黄帝道:这两种病情应怎样治疗呢? 岐伯说:络满经虚,灸阴刺阳;经满络虚,刺阴灸阳。

黄帝道：什么叫重虚？岐伯说：脉虚、气虚、尺虚，称为重虚。黄帝道：怎样辨别呢？岐伯说：所谓气虚，是由于精气虚夺，而语言低微，不能接续；所谓尺虚，是尺肤脆弱，而行动怯弱无力；所谓脉虚，是阴血虚少，不似有阴的脉象。所有上面这些现象的病人，可以总的说一句，脉象滑利的，虽病可生，要是脉象涩滞，就要死亡了。

帝曰：寒气暴上，脉满而实，何如？岐伯曰：实而滑则生，实而逆则死。帝曰：脉实满，手足寒，头热何如？岐伯曰：春秋则生，冬夏则死①。脉浮而涩②，涩而身有热者死。帝曰：其形尽满③何如？岐伯曰：其形尽满者，脉急大坚，尺涩而不应也④。如是者，故从则生，逆则死。帝曰：何谓从则生，逆则死？岐伯曰：所谓从者，手足温也；所谓逆者，手足寒也。

注释

① 春秋则生，冬夏则死：张介宾："春秋为阴阳和平之候，得其和气，故可以生，冬夏乃阴阳偏胜之时，阳剧于夏，阴剧于冬，故死。"

② 脉浮而涩：张琦："此为阳病见阴脉。脉浮宜汗解，涩为血少，不能作汗，故死。"

③ 形尽满：高世栻："形，身也。满，犹实也。"张志聪："肾为水脏在气为寒，上节论寒气暴上，此复论其水体泛溢，故其形尽满也。"后者义胜。

④ 脉急大坚，尺涩而不应也：丹波元简："按尺肤涩，与脉急大坚不相应也。《邪气藏府病形篇》：色脉与尺之相应也，如桴鼓影响之相应也。"

语译

黄帝道：有一种病证，寒气骤然上逆，脉象盛满而实，它的预后怎样呢？岐伯说：脉实而有滑利之象的生；脉实而涩滞，这是逆象，主死。黄帝道：有一种病证，脉象实满，手足寒冷，头部热的预后又怎样呢？岐伯说：这种病人，在春秋之时可生，若在冬夏便要死了。又一种脉象浮而涩，脉涩而身有发热的，亦死。黄帝道：身形肿满的将会怎样呢？岐伯说：所谓身形肿满的脉象急而大坚，而尺肤却涩滞，与脉不相适应。像这样的病情，从则生，逆则死。黄帝道：什么叫从则生，逆则死？岐伯说：所谓从，就是手足温暖；所谓逆，就是手足寒冷。

帝曰：乳子①而病热，脉悬小者何如？岐伯曰：手足温则生，寒则死②。帝曰：乳子中风热，喘鸣肩息者，脉何如？岐伯曰：喘鸣肩息者，脉实大也。缓则生，急则死③。

注释

① 乳子：《说文》："人及鸟生子曰乳，兽曰产。"张璐："乳子言产后以乳哺子时，非婴儿也。"

② 手足温则生，寒则死：张志聪："四肢皆禀气于胃，故阳受气于四末。是以手足温者，胃气尚盛，故生。寒则胃气已绝，故死。"

③ 缓则生，急则死：张志聪："夫脉之所以和缓者，得阳明之胃气也，急则胃气已绝，故死。"

语译

黄帝道：乳子而患热病，脉象悬小，它的预后怎样？岐伯说：手足温暖的可生，若手足厥冷，就要死亡。黄帝道：乳子而感受风热，出现喘息有声，张口抬肩症状，它的脉象怎样？岐伯说：感受风热而喘息有声，张口抬肩的，脉象应该实大。如实大中具有缓和之气的，尚有胃气，可生；要是实大而弦急，是胃气已绝，就要死亡。

帝曰：肠澼便血①，何如？岐伯曰：身热则死，寒则生。帝曰：肠澼下白沫②，何如？岐伯曰：脉沉则生，脉浮则死。帝曰：肠澼下脓血③，何如？岐伯曰：脉悬绝则死，滑大则生。帝曰:肠澼之属,身不热,脉不悬绝,何如? 岐伯曰:滑大者曰生,悬涩者曰死,以藏期之④。

注释

① 肠澼便血:肠澼,即痢疾,亦名滞下。吴崑:"肠澼,滞下也,利而不利之谓。便血,赤痢也。"马莳:"此言肠澼之属,有便血者,有下白沫者,有下脓血者,随证、随脉而可以决其死生也。肠澼者,大小肠有所辟积而生诸证,故肠澼为总名,而下三者为诸证也。"

② 肠澼下白沫:舟波元简:"按《诸病源候论》云:痢色白,食不消,谓之寒中也。诊其脉沉则生,浮则死。知巢氏以下白沫为寒痢也。"

③ 肠澼下脓血:吴崑:"赤白并下也。"

④ 以藏期之:以五脏相克之时而定死期。张志聪:"以藏期之:肝至悬绝,十八日死;心至悬绝,九日死;肺至悬绝,十二日死;肾至悬绝,七日死;脾至悬绝,四日死。悬绝者,绝无阳明之胃气,而真藏孤悬也。"

语译

黄帝道:赤痢的变化怎样? 岐伯说:痢兼发热的,则死;身寒不发热的,则生。黄帝道:痢疾而下白沫的变化怎样? 岐伯说:脉沉则生,脉浮则死。黄帝道:痢疾而下脓血的怎样? 岐伯说:脉悬绝者死;滑大者生。黄帝道:痢疾病,身不发热,脉搏也不悬绝,预后如何? 岐伯说:脉搏滑大者生;脉搏悬涩者死。五脏病各以相克的时日而预测死期。

按语

这一节经文是讨论三种痢疾的预后变化,赤痢分别在发热有无,白痢分别在脉的浮沉,赤白痢分别在脉的悬绝或滑大。而总的来说,脉象的滑大、悬涩,是痢疾共同的死生关键。

帝曰:癫疾①何如? 岐伯曰:脉搏大滑,久自已;脉小坚急,死不治。帝曰:癫疾之脉,虚实何如? 岐伯曰:虚则可治,实则死②。

注释

① 癫疾:此处作"癫痫"解。

② 虚则可治,实则死:马莳:"搏大,滑中带虚,可治;若带实,则邪气有余,乃死候也。"丹波元简:"按上文云坚急,乃实之谓。"

语译

黄帝道:癫疾的预后怎样? 岐伯说:脉来搏而大滑,其病慢慢的会自己痊愈;要是脉象小而坚急,是不治的死证。黄帝道:癫疾脉象虚实变化怎样? 岐伯说:脉虚的可治,脉实的主死。

按语

此节上文云:"脉搏大滑,久自已。"下文云:"虚则可治,实则死。"上下文义相反,疑有误。

帝曰:消瘅①虚实何如? 岐伯曰:脉实大,病久可治;脉悬小坚,病久不可治。

注释

① 消瘅:消,消耗。瘅,内热。消瘅即消渴病。吴崑:"消瘅,消中而热,善饮善食。"

语译

黄帝道:消渴病脉象的虚实怎样? 岐伯说:脉见实大,病虽长久,可以治愈;假如脉象悬小而坚,病拖长了,那就不可治疗。

按语

以上四节论述了乳子、肠澼、癫疾、消瘅等病的虚实表现,并指出正气不虚,脉证相从,其病为顺,易治,正虚邪盛,脉证相反为逆证,病重难治。文中言及"死"、"不治"、"不可治"与"生"均相对而言,不可机械理解。

帝曰:形度,骨度,脉度,筋度①,何以知其度也?

注释

① 形度,骨度,脉度,筋度:度,测度的意思。形度,是测度形体的盛衰。骨度,是测度骨骼的大小。脉度,是测度经脉的长短。筋度,是测度筋络的强弱。

语译

黄帝道:形度,骨度,脉度,筋度,怎样才测量得出来呢?

按语

本节经文有问无答,上下不相连属,当是错简。

帝曰:春亟治经络;夏亟治经俞;秋亟治六府;冬则闭塞,闭塞者,用药而少针石也①。所谓少针石者,非痈疽之谓也,痈疽不得顷时回。

痈不知所,按之不应手,乍来乍已,刺手太阴傍三痏②,与缨脉③各二。掖④痈大热,刺足少阳五;刺而热不止,刺手心主三,刺手太阴经络者、大骨之会⑤各三。暴痈筋缓⑥,随分而痛,魄汗不尽,胞气不足⑦,治在经俞。

腹暴满,按之不下,取手太阳经络者,胃之募⑧也,少阴俞去脊椎三寸傍五,用员利针。霍乱,刺俞傍五,足阳明及上傍三。刺痫惊脉五,针手太阴各五,刺经⑨,太阳五,刺手少阴经络傍者一,足阳明一,上踝五寸,刺三针。

注释

① 春亟(qì气、jí急)治络……用药而少针石也:丹波元简:"亟,盖孟子亟问亟馈鼎肉之亟,音唭,频数也。"张志聪:"伯言五藏之气合于四时,而刺度之各有浅深也。亟,急也。春气生升,故亟取络脉;夏取分腠,故宜治经俞,盖经俞隐于肌腠间也;治六府者,取之于合也,……秋气降收,渐入于内,故宜取其合,以治六府也;冬时之气,闭藏于内,故宜用药而少针石,盖针石治外,毒药治内者也。"

② 痏(wěi委):原意指疮口,这里指针灸施术后的穴位瘢痕,针刺一次叫一痏。

③ 缨(yīng婴)脉:头部系冠带的部位。缨脉,胃经近缨之脉。

④ 掖:同腋。

⑤ 大骨之会:马莳:"当是手太阳小肠经之肩贞穴也。"

⑥ 緛(ruǎn软):此处有挛缩之意。

⑦ 胞气不足:胞,同"脬",即膀胱。胞气不足,就是膀胱经气不足。

⑧ 募:通膜,胸腹部经气结聚之穴。指足阳明胃经的募穴中脘。

⑨ 刺经:吴崑:"凡言其经而不及其穴者,本经皆可取,不必拘其穴也。"

语译

黄帝道:春季治病多取各经的络穴;夏季治病多取各经的俞穴;秋季治病多取六腑的合穴;冬季主闭藏,人体的阳气也闭藏在内,治病应多用药品,少用针刺砭石。但所谓少用针石,不包括痈疽等病在内,若痈疽等病,是一刻也不可徘徊迟疑的。

痈毒初起,不知它发在何处,摸又摸不出,疼痛无定处,此时可针刺手太阴经穴三次,和颈部左右各二次。生腋痈的病人,高热,应该针足少阳经穴五次,针过以后,热仍然不退,可针手厥阴心包经穴三次,针手太阴经的络穴和大骨之会各三次。急性的痈肿,筋肉挛缩,随着痈肿的发展而疼痛加剧,痛得厉害,汗出不止,这是由于膀胱经气不足,应该刺其经的俞穴。

腹部突然胀满,按之不减,应取手太阳经的络穴,即胃的募穴和脊椎两傍三寸的少阴肾俞穴各刺五次,用员利针。霍乱,应针肾俞旁志室穴五次,和足阳明胃俞及胃仓穴各三次。治疗惊风,要针五条经上的穴位,取手太阴的经穴各五次,太阳的经穴各五次,手少阴通里穴傍的手太阳经支正穴一次,足阳明经之解溪穴一次,足踝上五寸的少阴经筑宾穴三次。

按语

本节诸病刺法,言经而未及穴,吴崑:"凡言其经而不及其穴者,本经皆可取,不必拘其穴也。"有关穴位诸注又所指不一,当存疑待考。后世"宁失其穴,不失其经。"之说颇为可取。

凡治消瘅、仆击①、偏枯②、痿厥、气满发逆③,肥贵人则高梁之疾也。隔塞、闭绝,上下不通,则暴忧之病也。暴厥而聋,偏塞闭不通,内气暴薄也。不从内,外中风之病,故瘦留著也④。蹠跛⑤,寒风湿之病也。

注释

① 仆击:指卒中风,突然仆倒。楼英:"其卒然仆倒者,经称为击仆,世又称为卒中风是也。"

② 偏枯:谓半身不遂。

③ 气满发逆:吴崑:"气满,气急而粗也。发逆,发为上逆也。"

④ 不从内……故瘦留著也:指因邪气留著不去而形体消瘦。王冰:"病气淹留,形容消瘦。"

⑤ 蹠(zhí 只)跛(bǒ 播上):张志聪:"蹠,足也。跛,行不正而偏废也。"

语译

凡诊治消瘅、仆击、偏枯、痿厥、气粗急发喘逆等病,如肥胖权贵人患这种病,则是由于偏嗜肉食厚味所造成的。凡是郁结不舒,气粗上下不通,都是暴怒或忧郁所引起的。突然厥逆,不知人事,耳聋,大小便不通,都是因为情志骤然激荡,阳气上迫所致。有的病不从内发,而由于外中风邪,因风邪留恋不去,伏而为热,消烁肌肉,着于肌肉筋骨之间,以致两脚偏跛,是由于风寒湿侵袭而成的疾病。

黄帝曰:黄疸、暴痛、癫疾、厥狂,久逆之所生也。五藏不平,六府闭塞之所生也。头痛耳鸣,九窍不利,肠胃之所生也。

语译

黄帝道:黄疸、骤然的剧痛、癫疾、厥狂等证,是由于经脉之气,久逆于上而不下行所产生的。五脏不和,是六腑闭塞不通所造成的。头痛耳鸣,九窍不利,是肠胃的病变所引起的。

本篇要点

一、重点论述虚实的定义、病机,并以脏腑为例加以具体说明,指出"邪气盛则实,精气夺则虚",是疾病虚实的基本病机。

二、推论各种虚实,如五脏的虚实、四时的虚实、血气的虚实、重实、重虚、经虚络满、经满络虚、脉症虚实、病情虚实等等。

三、叙述了四时针刺的所宜部位,并介绍痈肿、霍乱、惊风等疾患的针刺治疗方法,以及消瘅、偏枯、痿厥、黄疸、暴厥、癫狂等疾患的病因及所表现的症状。

太阴阳明论篇第二十九

题解

本篇主要是阐述太阴、阳明两经的表里关系。文中首先着重讨论二经的异位、异病,继而讨论脾旺于四时,以及脾主四肢,为胃行其津液的道理。因这两经表里相从,故合而论之,以"太阴阳明论"名篇。

黄帝问曰:太阴、阳明为表里,脾胃脉也,生病而异者何也?岐伯对曰:阴阳异位①,更虚更实,更逆更从②,或从内,或从外③,所从不同,故病异名也。帝曰:愿闻其异状也。岐伯曰:阳者,天气也,主外;阴者,地气也,主内。故阳道实,阴道虚④。故犯贼风虚邪者,阳受之;饮食不节,起居不时者,阴受之。阳受之,则入六府;阴受之,则入五藏⑤。入六府,则身热,不时卧⑥,上为喘呼;入五藏,则䐜满闭塞,下为飧泄,久为肠澼。故喉主天气,咽主地气⑦。故阳受风气,阴受湿气。故阴气从足上行至头,而下行循臂至指端;阳气从手上行至头,而下行至足。故曰:阳病者,上行极而下;阴病者,下行极而上⑧。故伤于风者,上先受之;伤于湿者,下先受之。

注释

① 阴阳异位：阳明属表居阳位，太阴属里居阴位。张介宾："脾为藏，阴也；胃为腑，阳也。阳主外，阴主内；阳主上，阴主下，是阴阳异位也。"

② 更虚更实，更逆更从：春夏阳气偏盛，阴气偏衰，故阳明为实、为顺，太阴为虚、为逆；秋冬阴气偏盛，阳气偏衰，故太阴为实、为顺，阳明为虚、为逆。此言脾胃两经的虚实逆从，是随着四时阴阳之气的变化而变更的。

③ 或从内，或从外：阳主外，阴主内。贼风虚邪从外而来，多犯阳经而为阳病；饮食起居从内而生，多犯阴经而为阴病。

④ 阳道实，阴道虚：阳性刚而主外，外邪侵入，多正盛邪实而见实证；阴性柔而主内，内伤致病，多正气损伤而见虚证。

⑤ 阳受之……则入五藏：腑属阳，贼风虚邪从外而感，故阳受之而入腑；脏属阴，饮食起居从内而伤，故阴受之而入脏。此言病邪性质不同，侵犯的部位亦不同。按《阴阳应象大论》云："天之邪气，感则害人五藏；水谷之寒热，感则害于六府。"与此节虽相反而义实相成。张琦："以形气言，邪气无形故入藏，水谷有形故入府；以表里言，府阳主外，故贼风虚邪从外而受，藏阴主内，故食饮不节从内而受。实则府藏皆当有之。盖内外之邪，病情万变，非一端可尽，故广陈其义耳"。

⑥ 不时卧：不得安卧。《甲乙经》卷七第一上作"不得眠"。

⑦ 喉主天气，咽主地气：喉为肺所主，为天阳之气呼吸的通道；咽为胃所主，为地气所化的饮食五味受纳的道路。

⑧ 阳病者……下行极而上：指邪气的传变、转归随着经气循行的位置而上下有别。邪犯阳经多上受，久而随气下行；邪犯阴经多下受，久而随气上逆。

语译

黄帝问道：太阴、阳明两经，互为表里，是脾胃所属的经脉，而所生的疾病不同，是什么道理？岐伯回答说：太阴属阴经，阳明属阳经，两经循行的部位不同，四时的虚实顺逆不同，病或从内生，或从外入，发病原因也有差异，所以病名也就不同。黄帝道：我想知道它们不同的情况。岐伯说：人身的阳气，犹如天气，主卫护于外；阴气，犹如地气，主营养于内。所以阳气性刚多实，阴气性柔易虚。凡是贼风虚邪伤人,外表阳气先受侵害;饮食起居失调,内在阴气先受损伤。阳分受邪,往往传入六腑;阴气受病,每多累及五脏。邪入六腑,可见发热不得安卧,气上逆而喘促;邪入五脏,则见脘腹胀满,闭塞不通,在下为大便泄泻,病久而产生痢疾。所以喉司呼吸而通天气,咽吞饮食而连地气。因此阳经易受风邪,阴经易感湿邪。手足三阴经脉之气,从足上行至头,再向下沿臂膊到达指端;手足三阳经脉之气,从手上行至头,再向下行到足。所以说,阳经的病邪,先上行至极点,再向下行;阴经的病邪,先下行至极点,再向上行。故风邪为病,上部首先感受;湿邪成疾,下部首先侵害。

帝曰:脾病而四支不用,何也?岐伯曰:四支皆禀气于胃,而不得至经①,必因于脾,乃得禀也。今脾病不能为胃行其津液,四支不得禀水谷气,气日以衰,脉道不利,筋骨肌肉皆无气以生,故不用焉。

注释

① 至经:《黄帝内经太素》卷六脏腑气液作"径至",意为直接到达。可从。丹波元坚:"至经,从《太素》作'径至'为胜。"

语译

黄帝道:脾病会引起四肢功能丧失,这是什么道理?岐伯说:四肢都要承受胃中水谷精气以濡养,但胃中精气不能直接到达四肢经脉,必须依赖脾气的转输,才能营养四肢。如今脾有病不能为胃运化水谷精气,四肢失去营养,则经气日渐衰减,经脉不能畅通,筋骨肌肉都得不到濡养,因此四肢便丧失正常的功能了。

按语

本节以四肢皆禀气于胃,以及脾病而四肢不用的生理病理现象,说明了脾胃在人体生命活动中的重要作用。脾胃同为后天之本,气血生化之源。临床上治疗肌肉痿弱的病证,从脾胃入手,常能取得较好的疗效。

帝曰:脾不主时,何也?岐伯曰:脾者土也,治①中央,常以四时长②四藏,各十八日寄治③,不得独主于时也。脾藏者,常著④胃土之精也。土者,生万物而法天地。故上下至头足,不得主时也⑤。

注释

① 治:主管。王冰:"主也。"
② 长(zhǎng掌):长养。
③ 各十八日寄治:土气于四时之中,各于季终寄旺十八日。即在立春、立夏、立秋、立冬之前各十八日,为土旺之时。寄,暂居。
④ 著:显明。高世栻:"著,昭著也。胃土水谷之精,昭著于外,由脾藏之气运行。"
⑤ 上下至头足,不得主时也:张介宾:"土为万物之本,脾胃为藏腑之本,故上至头,下至足,无所不及,又岂得独主一时而已哉?"

语译

黄帝道:脾脏不单独主旺一个时季,是什么道理?岐伯说:脾属土,主管中央之位,分旺于四时以长养四脏,故脾在四季之末各寄旺十八日,而不单独主旺于一个时季。由于脾脏经常为胃土转输水谷精气,譬如天地养育万物一样,所以它能从上到下,从头到足,输送水谷之精于全身,而不专主旺于一个时季。

按语

五脏之中肝、心、肺、肾分别各主春、夏、秋、冬四时,脾脏却不独主于一时,而寄旺于四时之末,这是着重强调了脾在维持人体生命活动中的重要作用。脾为后天之本,位居中央,可以运化水谷以灌溉四脏,有助于其余四脏功能的正常发挥,故四时五脏之中都不能无土气。张仲景继承了《内经》的理论,明确提出"四季脾旺不受邪",认为脾脏不虚,则肝、心、肺、肾四脏气旺,不为外邪所侮,从而可以免生疾病。

帝曰:脾与胃,以膜相连耳,而能为之行其津液,何也?岐伯曰:足太阴者,三阴也①,其脉贯胃、属脾、络嗌,故太阴为之行气于三阴②;阳明者,表也,五藏六府之海也,亦为之行气于三阳③。藏府各因其经④而受气于阳明,故为胃行其津液。四支不得禀水谷气⑤,日以益衰,阴道不利⑥,筋骨肌肉无气以生,故不用焉。

注释

① 足太阴者,三阴也:三阴,指太阴。厥阴为一阴,少阴为二阴,太阴为三阴。但据下文"阳明者,表也"一句,似应作"里也"为妥。

② 太阴为之行气于三阴:指脾为胃行气于三阴,即运化胃中精气入于太阴、少阴、厥阴三阴。

③ 亦为之行气于三阳:指脾也可通过阳明经而为胃行气于阳明、少阳、太阳三阳。张介宾:"阳明者,太阴之表也,主受水谷以溉藏府,故为五藏六府之海。虽阳明行气于三阳,然亦赖脾气而后行,故曰亦也。"

④ 各因其经:因,依据。张志聪:"三阴三阳所以受气于太阴阳明者,气也。如藏府四支受水谷之津液者,各因其经脉而通于太阴阳明也"。张介宾:"因其经,因脾经也。藏府得禀于阳明者,以脾经贯胃,故能为胃行其津液也。"两义互参。

⑤ 四支不得禀水谷气:丹波元简:"以下二十八字,与上文复,正是衍文。"

⑥ 阴道不利:即脉道不利。

语译

黄帝道:脾与胃仅以一膜相连,而脾能为胃转输津液,这是什么道理？岐伯说：足太阴脾经，属三阴，它的经脉贯通到胃，连属于脾，环绕咽喉，故脾能把胃中水谷之精气输送到手足三阴经；足阳明胃经，为脾经之表，是供给五脏六腑营养之处，故脾也可通过阳明经而把胃中水谷之精气输送到手足三阳经。五脏六腑各通过脾经以接受胃中的精气，所以说脾能为胃运行津液。如四肢得不到水谷精气的滋养，经气便日趋衰减，脉道不通，筋骨肌肉都失却营养，因而四肢也就丧失正常的功用了。

按语

论以"太阴、阳明"名篇，实即论脾胃在人体生存中所起的重要作用。论中有"土者，生万物而法天地"。指出人身中的脾胃与自然界的土地相似，自然界中一切生物，都不能没有泥土为依附。金元时期的李东恒著《脾胃论》其立论根据可以说是从《太阴阳明论》而加以阐发的。所以后人称李东恒为"补土派"。

本篇要点

一、论述了太阴、阳明表里两经在阴阳异位、虚实逆从等方面的不同变化，进而推至三阴三阳六经及其所属脏腑的发病规律，外感六淫之邪则阳受之而多病在六腑，饮食起居不节则阴受之而多病在五脏。

二、脾不主时，是因其属土，位居中央，分旺于四时以长四脏。

三、脾主四肢，是由于脾为胃行其津液以濡养四肢，脏腑亦各因脾经而受气于阳明，故脾病则四肢不用。

阳明脉解篇第三十

题解

此篇是解释阳明经脉的病理变化和症状表现,所以篇名"阳明脉解"。吴崑说:"解,释也。此篇皆所以释阳明脉为病之义。"

黄帝问曰:足阳明之脉病,恶①人与火,闻木音则惕然而惊,钟鼓不为动。闻木音而惊,何也?愿闻其故。岐伯对曰:阳明者,胃脉也。胃者,土也。故闻木音而惊者,土恶木也②。帝曰:善!其恶火何也?岐伯曰:阳明主肉,其脉血气盛,邪客之则热,热甚则恶火。帝曰:其恶人何也?岐伯曰:阳明厥则喘而惋③,惋则恶人。帝曰:或喘而死者,或喘而生者,何也?岐伯曰:厥逆连藏则死,连经则生④。帝曰:善!病甚则弃衣而走,登高而歌,或至不食数日,逾垣⑤上屋,所上之处,皆非其素所能也,病反能者何也?岐伯曰:四支者,诸阳之本也⑥。阳盛则四支实,实则能登高也。帝曰:其弃衣而走者何也?岐伯曰:热盛于身,故弃衣欲走也。帝曰:其妄言骂詈⑦,不避亲疏而歌者,何也?岐伯曰:阳盛则使人妄言骂詈,不避亲疏,而不欲食,不欲食,故妄走也⑧。

注释

① 恶(wù务)：厌烦。
② 土恶木也：木克土，而阳明胃脉属土，故恶木也。
③ 悒(yù郁)：指心胸郁闷不舒。《甲乙经》卷七第二作"闷"，《黄帝内经太素》卷八阳明脉解作"悒"，义皆同。
④ 厥逆连藏则死，连经则生：厥逆，在此指气逆。连，牵连、波及。逆气连及五神脏者，则神去而死；连及经脉者，病较轻浅，故生。
⑤ 逾(yú于)垣(yuán元)：越墙而过。逾，超越。垣，墙也。
⑥ 四支者，诸阳之本也：章楠："四肢禀气于脾胃，胃为藏府之海，而阳明行气于三阳，故四肢为诸阳之本。"
⑦ 骂詈(lì利)：皆指骂人。韵会云："正斥曰骂，旁之曰詈。"
⑧ 而不欲食……妄走也：《甲乙经》卷七第二无此十一字。《黄帝内经太素》卷八阳明脉解作"阳盛则使人不欲食，故妄言"。《吴注素问》改为"而歌也"。若与帝问合，似当从吴。今仍其旧，待考。

语译

黄帝问道：足阳明的经脉发生病变，厌恶人声与火光，听到木器响动的声音就受惊，但听到敲打钟鼓的声音却不为惊动。为什么听到木音就惊惕？我希望听听其中道理。岐伯回答说：足阳明是胃的经脉，属土。所以听到木音而惊惕，是因为土恶木克的缘故。黄帝道：好！那么恶火是为什么呢？岐伯说：足阳明经主肌肉，其经脉多血多气，外邪侵袭则发热，热甚则所以恶火。黄帝道：其恶人是何道理？岐伯说：足阳明经气上逆，则呼吸喘促，心中郁闷，所以不喜欢见人。黄帝道：有的阳明厥逆喘促而死，有的虽喘促而不死，这是为什么呢？岐伯说：经气厥逆若累及于内脏，则病深重而死；若仅连及外在的经脉，则病轻浅可生。黄帝道：好！有的阳明病重之时，病人把衣服脱掉乱跑乱跳，登上高处狂叫唱歌，或者数日不进饮食，并能够越墙上屋，而所登上之处，都是其平素所不能的，有了病反能够上去，这是什么原因？岐伯说：四肢是阳气的根本。阳气盛则四肢充实，所以能够登高。黄帝道:其不穿衣服而乱跑,是为什么? 岐伯说:"身热过于亢盛,所以不要穿衣服而到处乱跑。黄帝道:其胡言乱语骂人,不避亲疏而随便唱歌,是什么道理? 岐伯说:阳热亢盛而扰动心神,故使其神志失常,胡言乱语,斥骂别人,不避亲疏,并且不知道吃饭;不知道吃饭,所以便到处乱跑。

按语

文中有"病甚则弃衣而走,登高而歌,或至不食数日,逾垣上屋,所上之处,皆非其素所能也"。从所描述的表现来看,乃后世所称的狂症;《难经》中第五十九对狂症亦有描述:"狂疾之始发,少卧而不饥,自高贤也,自辨智也,自倨贵也,妄笑好歌乐,妄行不休是也。"两者结合而观,则狂症之症状更为全面。但《难经》未言其病机,本论对其症状之产生,都归咎于阳明热盛。后世研究,由阳明邪热炽盛,邪热内炽,炼液成痰,痰火互结,扰于心神而为狂。现代医学称为精神分裂症。中医治疗根据病机及症状的表现或用白虎承气汤,痰火甚者有用滁痰汤,甚则用礞石滚痰丸。这些方虽名滁痰、化痰,但不离清火泻热之品,以火为痰之本、痰为火之标也。而火之形成,还与阳明热盛有关。

本 篇 要 点

本篇是解释阳明经脉的实热症状和病理变化,可与《灵枢·经脉》篇参看。

热论篇第三十一

题解

本篇对热病的概念、成因、主证、传变规律、治疗大法、禁忌和预后等作了较为系统的论述，是一篇研究热病的重要文献。所以名"热论篇"。

黄帝问曰：今夫热病者，皆伤寒之类也。或愈或死，其死皆以六、七日之间，其愈皆以十日以上者何也？不知其解，愿闻其故。岐伯对曰：巨阳[①]者，诸阳之属[②]也。其脉连于风府[③]，故为诸阳主气也。人之伤于寒也，则为病热，热虽甚不死；其两感[④]于寒而病者，必不免于死。

注释

① 巨阳：即太阳。巨，大也。大，通"太"。
② 诸阳之属：指太阳统率一身之阳，为六经之藩篱。张介宾："太阳为六经之长，统摄阳分，故诸阳皆其所属。太阳经脉，复于巅背之表，故主诸阳之气分。"又，张志聪："属，会也。谓太阳为诸阳之会。"
③ 风府：穴名，在项后入发际一寸，属督脉经。为足太阳、督脉、阳维之会。
④ 两感：阴阳表里两经同时受病，如太阳、少阴同病；阳明、太阴同病；少阳、厥阴同病。

语译

黄帝问道：一般外感发热的疾病，都属于伤寒一类。其中有的痊愈，有的死亡，死亡的往往在六七天之间，痊愈的多在十天以上，这是为什么？我不能理解，希望讲讲其中的道理。岐伯回答说：足太阳经，是诸阳的统率。它的经脉连于风府，复于巅背之表，所以统主一身之阳气，为三阳之表。人体被寒邪侵袭以后，就会发热，因其病变在表，故发热虽重也不会死亡；如其阴阳表里两经同时感受寒邪为病，那么就不免于死亡了。

按语

本节所说的伤寒，是广义的伤寒，其中包括了由于感受外邪而引起的各种热病。《难经》谓："伤寒有五，有中风，有伤寒，有湿温，有热病，有温病，其所苦各不同"，正是对广义伤寒的具体说明。

帝曰：愿闻其状。岐伯曰：伤寒一日①，巨阳受之，故头项痛，腰脊强；二日阳明受之，阳明主肉，其脉挟鼻，络于目，故身热②，目疼而鼻干，不得卧③也；三日少阳受之，少阳主胆④，其脉循胁络于耳，故胸胁痛而耳聋。三阳经络皆受其病，而未入于藏⑤者，故可汗而已。四日太阴受之，太阴脉布胃中，络于嗌，故腹满而嗌干；五日少阴受之，少阴脉贯肾，络于肺，系舌本，故口燥舌干而渴；六日厥阴受之，厥阴脉循阴器而络于肝，故烦满而囊缩⑥。三阴三阳、五藏六府皆受病，荣卫不行，五藏不通，则死矣。

注释

① 一日：所谓一日，其实质是指疾病传变次第，并非日期。高世栻："一日受、二日受者，乃循次言之，非一定不移之日期也。"余二日、三日……均同此义。

② 身热：张介宾："伤寒多发热，而独此云身热者，盖阳明主肌肉，身热尤甚也。"

③ 不得卧：邪在阳明，胃气阻滞不和，故不得安卧。《素问·逆调论》云："阳明逆，不得从其道，故不得卧也。《下经》曰：胃不和则卧不安。"与此同义，可合参。

④ 少阳主胆：新校正："按全元起本'胆'作'骨'。"《甲乙经》、《黄帝内经太素》等并作"骨"。丹波元简："盖太阳主皮肤，阳明主肉，少阳主骨，从外而内，殆是半表半里之部分，故改'胆'作'骨'，于义为长。"

⑤ 未入于藏：指邪未入于三阴之里，仍在形体之表，故可发汗而解。新校正云："按全元起本'藏'作'府'。《太素》亦作府。"然马莳注："所谓藏者，非内藏也，即后三阴经也。以三阴属五藏，故以藏字言。"若此，则作"藏"亦无不可。

⑥ 烦满而囊缩：心中烦闷而阴囊挛缩。满，同"懑"，指烦闷。

语译

黄帝道：我想知道伤寒的发病状况。岐伯说：伤寒病一日，太阳经感受寒邪，所以头项痛，腰脊牵强不舒；二日传于阳明经受邪，阳明主肌肉，其经脉夹鼻，络于目，所以身热，眼痛，鼻干，不能安卧；三日传于少阳经受邪，少阳主胆，其经脉循行于两胁，上络于耳，所以胸胁疼痛而耳聋。如三阳经络皆受病，而未入于三阴之里时，都可用发汗的方法治愈。四日邪传太阴，太阴经脉散布于胃中，上络于咽，所以腹中胀满而咽干；五日邪传少阴，少阴经脉贯肾，络肺，连接于舌根，所以口燥舌干而渴；六日邪传厥阴，厥阴经脉环绕阴器而络于肝，所以烦闷而阴囊收缩。如三阴三阳经、五脏六腑都受到病邪的侵害，以致营卫不能流行，五脏精气不得通畅，于是就死亡了。

按语

本节论述了六经热病的病机、传变次第及主要症状,为后世外感热病学的滥觞。张仲景所著《伤寒论》的六经辨证的理论体系,谅即导源于此,并在此基础上,对热病的循经、越经、直中以及合病、并病等,作了进一步的发展和充实。

其不两感于寒者,七日巨阳病衰,头痛少愈;八日阳明病衰,身热少愈;九日少阳病衰,耳聋微闻;十日太阴病衰,腹减如故,则思饮食;十一日少阴病衰,渴止不满①,舌干已而嚏②;十二日厥阴病衰,囊纵,少腹微下,大气③皆去,病日已矣。帝曰:治之奈何?岐伯曰:治之各通其藏脉④,病日衰已矣。其未满三日者,可汗而已;其满三日者,可泄⑤而已。

注释

① 不满:不再烦闷。喜多村直宽:"按下文两感条云,巨阳与少阴俱病,则头痛口干而烦满。此不满谓烦满,非腹满也。"又丹波元简:"《甲乙》、《伤寒例》并无'不满'二字,上文不言腹满,此必衍文。"可合参。

② 嚏:《灵枢·口问》云:"阳气和利,满于心,出于鼻,故为嚏"。可见病后得嚏,多为阳气调和,病情将愈之兆。孙鼎宜注,"心"当作"胸"。作胸是。

③ 大气:即邪气。王冰:"大气,谓大邪之气也。"泛指外感六淫之邪而言。

④ 治之各通其藏脉:指辨清疾病所在的脏腑经脉,分别予以通利调治。张介宾:"谓当随经分治也。"

⑤ 泄:一指用针刺以泄热,一指泻下法。可互参。

语译

如果不是两感于寒邪的热病,至七日太阳病衰退,头痛稍愈;

八日阳明病衰退,身热渐凉;九日少阳病衰退,耳聋好转;十日太阴病衰退,腹满消失如常而思饮食;十一日少阴病衰退,口不渴,无烦满,舌不干,能打喷嚏;十二日厥阴病衰退,阴囊松弛,少腹渐觉舒畅,至此外邪尽去,病也痊愈。黄帝道:怎样治疗呢?岐伯说:应根据疾病所在的脏腑经脉,分经施治,病就日渐衰退而痊愈了。一般的原则,受病未满三日而邪在表者,可发汗而愈;已满三日而邪入里者,可泻下而愈。

帝曰:热病已愈,时有所遗①者,何也?岐伯曰:诸遗者,热甚而强食之,故有所遗也。若此者,皆病已衰而热有所藏,因其谷气相薄②,两热相合③,故有所遗也。帝曰:善!治遗奈何?岐伯曰:视其虚实,调其逆从④,可使必已矣。帝曰:病热当何禁之?岐伯曰:病热少愈,食肉则复⑤,多食则遗,此其禁也。

注释

① 遗:指余热遗留不清。杨上善:"遗,余也。大气虽去,犹有残热在藏府之内外。"

② 薄:音义同"搏",指互相交迫。

③ 两热相合:指病之余热与新食谷气之热相结合。

④ 逆从:盖谓逆治和从治,这是治疗疾病的两大治法。又所谓逆从,是说根据病情而予以适当的治疗。又,高世栻:"视其经脉之虚实,调其阴阳之逆从。"

⑤ 复:复发。张介宾:"复者病复作,遗则延久也。"

语译

黄帝问:热病已经痊愈,而有时余热不清,为什么呢?岐伯说:一般余热不清的病人,都是因为发热重时勉强进食,所以热不能退清而有遗留。因这种病人,病势虽已衰减,但尚有余热蕴藏于内,这时如勉强进食,则食物不能消化而生热,并与余热互相搏结,所以就出现余热不清的现象。黄帝道:好! 如何治疗余热呢? 岐伯说:应观察病人的虚实,宜补宜泻,而给以适当的治疗,便可使疾病得到痊愈。黄帝道:热病应当有些什么禁忌? 岐伯说:病人发热稍退,如给以肉类等难消化的食物,吃了就要复发;如果进食过多,可使余热遗留不清,这些都是热病应当禁忌的。

按语

本节讨论了热病愈后,余热不清和复发的病机,并指出对于热病患者,必须注意饮食方面的护理和禁忌,其后《伤寒论》中关于"食复"、"劳复"的理论与此基本是一致的。

又按

关于"食复"和"食遗"多属病后康复期易犯的通病,但食复是指病愈而复发,而食遗是指疾病的后遗症,即缠绵不易康复。在一般病者家属,特别是现在生活水平提高的情况下在疾病初愈或将愈之际,都有希望患者能早日身强体壮的心情,多喜欢给予高营养的食品、食物,结果往往适得其反,酿成食复、食遗的情况为数不少。病者和家属们不知,医者应知,要主动告诫之,并说明其机理。这是非常重要的一环。

帝曰:其病两感于寒者,其脉应与其病形何如? 岐伯曰:两感于寒者,病一日,则巨阳与少阴俱病,则头痛,口干而烦满;二日则阳明与太阴俱病,则腹满,身热,不欲食,谵言[①];三日则少阳与厥阴俱病,则耳聋,囊缩而厥。水浆不入,不知人,六日死。帝曰:五藏已伤,六府不通,荣卫不行,如是之后,三日乃死,何也? 岐伯曰:阳明者,十二经脉之长也。其血气盛,故不知人。三日,其气乃尽,故死矣②。

注释

① 谵(zhān沾)言:指神志不清,妄言乱语。

② 阳明者……故死矣:阳明为水谷之海,五脏六腑之大源,所以说阳明是十二经脉之长。又阳明多血多气,所以说其血气盛。血气盛则感邪热愈盛,病愈甚,故易不知人。而三日之际,阳明之气尽,气血化源绝,诸经无所受气,则人即死亡。据本节文义,当是三日邪气传遍阴阳诸经,又三日阳明之气竭尽而死。

语译

黄帝道:表里两感于寒的热病,其受邪经脉和相应症状怎样?岐伯说:两感于寒的病人,一日太阳和少阴两经同病,症状是头痛,口干,烦闷;二日阳明和太阴两经同病,症状是腹中胀满,身体发热,不想饮食,并且神志不清,妄言乱语;三日少阳和厥阴两经同病,症状是耳聋,阴囊收缩,四肢逆冷。如果这些病情发展到水浆不能饮入、神昏不能识人的地步,那么到第六日便要死亡。黄帝道:病至五脏已伤,六腑不通,荣卫气血的流行停滞,为什么三天后便死亡呢? 岐伯说:阳明经是十二经脉之长,其血气最盛,故感邪后热势必重,易神识昏迷。三日以后,阳明经脉的血气已经衰竭,所以就死亡了。

凡病伤寒而成温①者,先夏至日者为病温,后夏至日者为病暑②。暑当与汗皆出,勿止③。

注释

① 温:指温热病。

② 先夏至日者……为病暑:吴瑭:"温者,暑之渐也。先夏至,春候也。

春气温,阳气发越,阴精不足以承之,故为病温。后夏至,温盛为热,热盛则湿动,热与湿搏而为暑也。"丹波元简:"温病、暑病,皆是热病,以时异其名耳。"两说互补。

③ 暑当与汗皆出,勿止:暑为阳邪,其性发泄,故暑病多汗。热随汗解,邪有出路,故不可止暑病之汗。又张琦:"暑当与汗八字有脱误。"待考。

语译

大凡伤于寒邪而引起的温热病,发于夏至日以前的为温病,发于夏至日以后的为暑病。暑邪应当与汗一同排出,不可止汗。

本 篇 要 点

一、这是一篇系统而又比较全面的论述热病的文献,它把热病的原因、症状、变化、预后、禁忌、治疗等一系列问题,都作出了创造性的阐发,对指导后世临床学术的发展,起着重要的作用。

二、指出一切外感热病,都属于伤寒一类的疾病,但由于发病季节的不同,又有伤寒、温病、暑病等的区别。

三、论述了"两感"热病的脉证特点及预后,并指出决定预后好坏的关键在于"胃气"的存亡。

四、热病的一般治疗原则,是汗、下两大法。

五、指出病遗、食复的原因、症状、治疗;申明热病禁忌的重要。

刺热篇第三十二

题解

本篇是叙述刺热病的方法，包括取穴、护理等。为了恰当应用刺法，又详细地叙述五脏热病的症状、诊断、预后等，突出所谓"治病必先识病"。但主要内容，是论热病的刺法，所以篇名"刺热篇。"

肝热病者，小便先黄，腹痛多卧①，身热。热争②则狂言及惊，胁满痛，手足躁，不得安卧；庚辛甚，甲乙大汗③，气逆则庚辛死④。刺足厥阴、少阳。其逆则头痛员员⑤，脉引冲头也。

心热病者，先不乐，数日乃热。热争则卒心痛⑥，烦闷善呕，头痛面赤，无汗；壬癸甚，丙丁大汗，气逆则壬癸死。刺手少阴、太阳。

脾热病者，先头重，颊痛，烦心，颜⑦青，欲呕，身热。热争则腰痛⑧，不可用俯仰，腹满泄，两颔痛；甲乙甚，戊己大汗，气逆则甲乙死。刺足太阴、阳明。

肺热病者，先淅然⑨厥，起毫毛，恶风寒，舌上黄，身热。热争则喘咳，痛走胸膺⑩背，不得大息，头痛不堪，汗出而寒；丙丁甚，庚辛大汗，气逆则丙丁死。刺手太阴、阳明,出血如大豆,立已⑪。

肾热病者,先腰痛䯒痠,苦渴数饮,身热。热争则项痛而强,䯒寒且痠,足下热,不欲言,其逆则项痛员员澹澹然⑫;戊己甚,壬癸大汗,气逆则戊己死。刺足少阴、太阳。诸汗者,至其所胜日汗出也⑬。

注释

① 多卧:张琦:"肝胆同气,胆热故好眠。"眠,作入睡解。胆热岂能好眠?下有"热争……不得安卧";则此"卧"字,应属卧床休息而言,非好眠也。

② 争:谓热邪和正气相争,即邪正相争。

③ 庚辛甚,甲乙大汗:肝属木,庚辛属金,金能克木,故肝病逢庚辛日则加重。甲乙属木,为肝旺之日,肝病逢甲乙日则气旺,正能胜邪,故可大汗出而热退。此据五行生克之理,推测疾病的转归。余四脏均属此义。

④ 气逆则庚辛死:指邪热内淫而肝气逆乱,又遇庚辛所不胜之日,故死。

⑤ 员员:指眩晕。张志聪:"员员,周转也。"

⑥ 卒心痛:卒,同"猝"。卒心痛,指突然发作心痛。

⑦ 颜:指额部,又称庭。《灵枢·五色》曰:"庭者,颜也。"

⑧ 腰痛:张介宾:"腰者,肾之府。热争于脾,则土邪乘肾,必注于腰,故为腰痛。"

⑨ 淅然:突然感到凛寒的样子。

⑩ 胸膺:胸之两旁高起处叫膺,两膺之间为胸。

⑪ 出血如大豆,立已:据高世栻注,这七个字应移在"刺足少阴、太阳"之下。丹波元简:"余藏热病,不言出血,独于肺热病而言之,实为可疑,高说近是。"

⑫ 澹澹然:水波摇动起伏状。澹澹,亦作"淡淡"。

⑬ 诸汗者,至其所胜日汗出也:张介宾:"气王之日,即所胜也。王则胜邪,故汗出而病愈。"又《黄帝内经太素》卷二十五五藏热病无此十一字。高世栻:"此衍文也。下文云:诸当汗者,至其所胜日汗大出也。误重于此。"此说可参。

语译

肝脏发生热病，病人小便先发黄，腹痛，多卧，身体发热。热邪和正气相争（以下简称邪正相争）时，就会出现狂言惊骇，胁肋胀满而痛，手足骚动不安，不能安卧；逢庚辛日则病情加重，逢甲乙日则大汗出而热退，如果邪气胜脏，病更严重，庚辛日当死。治法刺足厥阴和足少阴两经。如其肝气上逆，则病人头痛昏晕，这是热邪由肝脉上引而冲于头的关系。

心脏发生热病，病人先觉不愉快，过数日后发热。邪正相争时，出现突然心痛，烦闷，时时作呕，头痛，面赤，无汗；逢壬癸日则病情加重，逢丙丁日则大汗出而热退，如果邪气胜脏，病更严重，壬癸日当死。治法刺手少阴和手太阳两经。

脾脏发生热病，病人先觉得头重，面颊痛，心烦，额部发青，想呕吐，身体发热。邪正相争时，则发腰痛不能俯仰，腹胀满而泄泻，两颔疼痛；逢甲乙日则病情加重，逢戊己日则大汗出而热退，如邪气胜脏，病更严重，甲乙日当死。治法刺足太阴和足阳明两经。

肺脏发生热病，病人先有突然凛寒，皮肤栗起，汗毛毕直的现象，怕风寒，舌上发黄，身体发热。邪正相争时，则发气喘咳嗽，疼痛走窜胸膺背部，不能深呼吸，头痛厉害，汗出怕冷；逢丙丁日则病情加重，逢庚辛日则大汗出而热退，如果邪气胜脏，病更严重，丙丁日当死。治法刺手太阴和手阳明两经，使其出血如黄豆大，则热从血泄，病即痊愈。

肾脏发生热病，病人先觉腰痛，小腿发痠，口很渴，常欲饮水，身体发热。邪正相争时，则发项痛而强，小腿发冷而痠，足心发热，不欲言语，如其肾气上逆，则发颈项疼痛，头晕掉摇不定；逢戊己日则病情加重，逢壬癸日则大汗出而热退，如邪气胜脏，病更严重,戊己日当死。治法刺足少阴和足太阳两经。以上所说的诸脏大汗出,都是在五脏各自当旺之日,正胜邪却,故病可汗出而愈。

按语

以上五节,首先讨论了五脏热病的早期症状和邪正相争时的情况,继而根据五行生克的规律,推断其预后转归,最后提出了表里两经并刺的治疗方法。这些理论对于后世临床温热病的诊治,具有一定的启迪作用。

肝热病者,左颊先赤;心热病者,颜先赤;脾热病者,鼻先赤;肺热病者,右颊先赤;肾热病者,颐先赤。病虽未发,见赤色者刺之,名曰治未病。热病从部所①起者,至期②而已;其刺之反者,三周而已;重逆③则死。诸当汗者,至其所胜日汗大出也。

注释
① 部所:指五脏病色在面部所反映的部位,如心颜、脾鼻、肾颐等。
② 期:谓所胜日。
③ 重逆:指治疗上的一误再误。

语译

肝热病人,左颊先见赤色;心热病人,额部先见赤色;脾热病人,鼻部先见赤色;肺热病人,右颊先见赤色;肾热病人,颐部先见赤色。病虽没有发作,见到面部的赤色,就给以针刺治疗,这叫做"治未病"。热病起始,只表现于五脏部所,病尚轻浅,给以及时治疗,则到所胜之日,脏气当旺,就可汗出而愈;如果刺法错误,应补而反用泻,应泻而反用补,势必延长病程,以至过"三周"以后,才能病愈;如果一误再误,那就一定会使病情恶化而造成死亡。总之,热病应当汗出,必须掌握正确的治疗方法,到所胜之日,才能够汗大出而痊愈。

按语

这一节说明通过色诊,可以测知热病的病位所在,注意早期治疗,在没有发作之前,即进行针刺,这种"治未病"的观点是含有预防为主的积极意义。此外,正确的施治也不可忽视。如治未病,即迅速痊愈;如误治则病情加重,延迟愈期;如一误再误,则病势恶化,造成死亡。这三种不同的治疗结果,必须引起医者的足够重视。

诸治热病,以①饮之寒水,乃刺之;必寒衣之,居止寒处,身寒而止也。

注释

① 以:《甲乙经》卷七第一上作"先"。可参。

语译

凡治疗热病,应先给以清凉的饮料,以解里热,然后运用刺法;并且应使病人衣服少穿,居处凉爽,以解除其表热,这样才能使热退身凉而病愈。

按语

这节说明热病的治疗方法,不仅注意于针石,同时也应注意到病人的衣食居处。这种配合治疗的护理方法,是值得重视的。

热病先胸胁痛,手足躁,刺足少阳,补足太阴①,病甚者为五十九刺②。热病始手臂痛者,刺手阳明、太阴,而汗出止。热病始于头首者,刺项太阳而汗出止。热病始于足胫者,刺足阳明而汗出止③。热病先身重,骨痛,耳聋,好瞑④,刺足少阴,病甚为五十九刺。热病先眩冒而热,胸胁满,刺足少阴、少阳。

注释

① 刺足少阳,补足太阴:张志聪:"刺足少阳以泻阳分之热,补足太阴以御外入之邪。盖邪在少阳,三阳为尽,太阴当受邪也。"

② 五十九刺:指治热病的五十九穴,见《水热穴论篇》。根据王冰的注解,五十九刺所取穴位如下:上星、囟会、前顶、百会、后顶(计五穴),五处、承光、通天、络却、玉枕、临泣、目窗、正营、承灵、脑空(左右合二十穴),以上二十五穴,可以散泄诸阳经上逆之热邪。大杼、膺俞、缺盆、背俞,左右计八穴,可以泻泄胸中之热邪。气街、三里、巨虚上下廉,左右计八穴,可以泻泄胃中之热邪。云门、髃骨、委中、髓空,计八穴,可以泻泄四肢之热邪。魄户、神堂、魂门、意舍、志室,计十穴,可以泻泄五脏之热邪。

③ 刺足阳明而汗出止:吴崑:"不言孔穴,而混言其经者,取穴不泥于一,但在其经酌之可也。汗出止者,经气和也。"

④ 瞑(míng 明):通"眠"。指小睡、假寐。

语译

热病先发现胸胁痛,手足躁动不安,是病发于少阳之经,应刺足少阳经,补足太阴经,若病较重的,用"五十九刺"的方法。热病开始时手臂痛的,是病在上而发于阳,应刺手阳明、手太阴两经的穴位,得汗出而热止。热病症状起于头部的,是太阳为病,可刺足太阳经在项部的穴位,得汗出而热止。热病起于足胫的,是发于阳而始于下,可刺足阳明经,得汗出而热止。热病先觉身体重,骨节痛,耳聋,昏倦喜睡,是病发于阴而为热病,当刺足少阴经,如病重的,用"五十九刺"的方法。热病先出现头昏眩冒而后发热,胸胁胀闷的,是病发于少阳,将传入于里阴,应刺足少阴和足少阳两经,使邪从枢转而外出。

太阳之脉,色荣颧骨①,热病也,荣未交②,曰今且得汗,待时③而已;与厥阴脉争见④者,死期不过三日,其热病内连肾。少阳之脉色也⑤。少阳之脉,色荣颊前,热病也,荣未交,曰今且得汗,待时而已;与少阴脉争见者,死期不过三日。

注释

① 色荣颧骨:指赤色显现于颧骨部位。荣,指光耀,显现。
② 荣未交:新校正:"按《甲乙经》、《太素》作'荣未夭',下文'荣未交'亦作'夭'。"按《玉机真藏论》:"色夭不泽,谓之难已。"王冰:"夭谓不明而恶。"据此,荣未夭是谓色泽未恶,病气尚浅,故可汗而已。
③ 待时:是指其当旺之时,也即上文所谓"所胜日"。
④ 与厥阴脉争见:张介宾:"六经热病之序,其始太阳,其终厥阴,今始终争见,则六经两感俱已传遍,故当三日而死。证之下文,义尤明显。"张琦:"'厥阴'当作'少阴'。若与少阴脉争见,则是一日府藏俱病,三日遍六经而死。缘其热本自肾发,故病内连肾也。"两说皆通。
⑤ 少阳之脉色也:新校正:"旧本无'少阳之脉色也'六字,乃王氏所添。"《甲乙经》卷七第一、《黄帝内经太素》卷二十五五藏热病均无。疑衍。

语译

太阳经脉之病,赤色显现于颧骨部位,是热病的象征,若荣色未恶,是病邪尚浅,至其当旺之时,就可得汗而愈;如果同时又见到少阴经的脉证,则属于阴阳两感,脏腑同病,那末不过三日便要死亡,因为热病已内连于肾脏了。少阳经脉之病,赤色显现于面颊的前方,是少阳经脉热病之征,若荣色未恶,是病邪尚浅,至其当旺之时,就可得汗而愈;若同时兼见厥阴经的脉症,那死期就不过三日。

按语

这一节主要是说热邪在表,荣色未恶,则病轻而易愈;若热邪深入,出现表里脏腑同病,病情就较复杂而严重,预后不良。

热病气穴[①]:三椎下间主胸中热;四椎下间主鬲中热[②];五椎下间主肝热;六椎下间主脾热;七椎下间主肾热。荣在骶也[③]。项上三椎陷者中也[④]。颊下逆颧为大瘕[⑤];下牙车[⑥]为腹满;颧后为胁痛;颊上者,鬲上也。

注释

① 热病气穴:指治疗热病所取用的俞穴。
② 鬲中热:《甲乙经》卷七第一作"胃中热"。可参。
③ 荣在骶(dǐ 底)也:骶,指脊椎末端的尾骶骨,有长强穴。张介宾:"盖既取阳邪于上,仍当补阴于下,故曰荣在骶也。"高世栻:"荣为阴主下,若荣血之热病,其穴在脊骨尽处,故曰荣在骶也。"
④ 项上三椎陷者中也:张介宾:"此取脊椎之大法也。项上三椎者,乃项骨三节,非脊椎也,三椎之下陷者中,方是第一节,穴名大椎"。丹波元简:"荣在骶也,项上三椎陷者中也,此二句义未太明。"
⑤ 大瘕(jiǎ 假):此指大瘕泄,是下利的一种,症状为腹泻里急后重而茎中痛。
⑥ 牙车:即颊车,在颊的下侧。

语译

治疗热病的穴位:第三脊椎下面,主治胸中的热病;第四脊椎下面,主治膈中的热病;第五脊椎下面,主治肝热病;第六脊椎下面,主治脾热病;第七脊椎下面,主治肾热病。治疗热病,既取穴于上,以泻阳邪,当再取穴于下,以补阴气,在下取穴在尾骶骨处。颈项第三椎以下的凹陷中央,是大椎穴,也是脊椎的开始。又诊察面部之色,可以推知腹部的病,如面颊赤色由下上逆到颧骨的,为"大瘕泄"病;赤色自颊下行至颊车的,为腹部胀满;赤色见于颧骨的后部,为胁肋痛;赤色见于颊上的,为病在膈上。

按语

这一段经文的上半节,是谈热病的取穴方法,仅讲了以脊椎为标志,而未及其他;下半节,又谈面部色诊,从而推知腹中之病,亦仅举一斑而已。可作用诊断中参考。

本 篇 要 点

一、五脏热病的症状、演变、预后,及其针刺疗法。

二、热病的色诊,可以从外知内,善为运用,确能做到早期诊断和早期治疗,有预防的积极意义。

三、刺热病的孔穴以及护理方法,如五十九刺、脊椎诸穴,和饮之寒水、寒衣、寒处等。

评热病论篇第三十三

题解

本篇详细讨论了阴阳交、风厥、劳风、肾风等几种病的成因和病机、预后等；而这些病的成因，皆由于风和热的乘虚侵袭，病情是属于热病之类，所以篇名"评热病论"。

黄帝问曰：有病温者，汗出辄复热，而脉躁疾①，不为汗衰，狂言不能食，病名为何？岐伯对曰：病名阴阳交②，交者死也。帝曰：愿闻其说？岐伯曰：人所以汗出者，皆生于谷，谷生于精。今邪气交争于骨肉而得汗者，是邪却而精胜也。精胜，则当能食而不复热。复热者，邪气也。汗者，精气也。今汗出而辄复热者，是邪胜也。不能食者，精无俾③也。病而留者，其寿可立而倾④也。且夫《热论》⑤曰：汗出而脉尚躁盛者死。今脉不与汗相应，此不胜其病也，其死明矣。狂言者，是失志，失志者死。今见三死⑥，不见一生，虽愈必死也。

注释

① 脉躁疾：指脉搏跳动急速不静。
② 阴阳交：指热邪（阳邪）深入阴分，消烁精气，以致阴阳错乱，热邪盛而阴精竭。尤怡："交，非交通之谓，乃错乱之谓也。"

③ 俾：音义同裨，作补益解。
④ 倾：坍倒，这里含有危险、败坏之意。
⑤《热论》：张介宾："指《灵枢·热病》篇也。"《灵枢·热病》云："热病已得汗而脉尚躁盛，此阴脉之极也，死。"
⑥ 三死：马莳："身热而不能食者，一死也；脉躁盛者，二死也；狂言者，三死也。"

语译

黄帝问道：有的温热病人，当汗出之后，随即又发热，而且脉搏躁动疾速，病情不因汗出而衰减，甚至出现狂言乱语，饮食不进，这叫什么病名？岐伯回答说：这种病叫阴阳交，是一种死症。黄帝说：请问其中的道理？岐伯说：人体所以能够出汗，是由于水谷入胃，化生精微，水谷精微之气旺盛，便能够战胜邪气而作汗。现在邪正相争于骨肉之间而能够出汗，是邪气退而精气胜。精气胜，就应该能进食而不再发热。再发热的，是由于邪气尚留。汗出的，是由于精气胜邪。现在汗出而随即复发热，是邪气胜于正气。不能饮食，则精气缺乏后继。病势若再逗留不退，立刻就有生命危险了。况且在《热论》上也曾说过：汗出而脉仍躁盛的，是死症。现在脉象与出汗不相适应，可见精气不能战胜其病邪，死亡的征象已经很明显了。言语狂妄，是神志失常，神志失常的也是死症。现在出现了三种死候，却不见一丝生机，虽然有时汗出病减，但终究是必死无疑。

按语

本节讨论了温热病中阴阳交的危重病证，着重指出了阴精不能战胜阳热之邪，是导致其必死的原因。这一理论，为后世温病学中强调治温病宜时时顾护津液的观点，奠定了理论基础。

帝曰：有病身热，汗出烦满，烦满不为汗解，此为何病？岐伯曰：汗出而身热者，风也；汗出而烦满不解者，厥①也；病名曰风厥②。帝曰：愿卒③闻之。岐伯曰：巨阳主气，故先受邪，少阴与其为表里也，得热则上从之④，从之则厥也。帝曰：治之奈何？岐伯曰：表里刺之⑤，饮之服汤。

注释

① 厥：指下气上逆。
② 风厥：张介宾："风厥之义不一，如本篇者，言太阳少阴病也。其在《阴阳别论》者，云二阳一阴发病，名曰风厥，言胃与肝也。……在《五变》篇者，曰人之善病风厥漉汗者，肉不坚，腠理疏也。……俱当参辨其义。"
③ 卒：详尽。
④ 上从之：指少阴之气随从太阳之气而上逆。
⑤ 表里刺之：指刺法当泻足太阳，补足少阴。张介宾："阳邪盛者阴必虚，故当泻太阳之热，补少阴之气，合表里而刺之也。"

语译

黄帝道：有些病人身体发热，汗出，烦闷，烦闷不因汗出而解，这是什么病？岐伯说：汗出而身体发热的，是感受了风邪；汗出而烦闷不解的，是由于下气上逆，这个病名叫做风厥。黄帝道：请详细的告诉我。岐伯说：太阳经主宰诸阳之气，为一身之表，所以其首先感受外邪的侵袭，而少阴和太阳为表里，少阴经气受到太阳经热邪的影响，从而随之上逆，便成为厥。黄帝道：怎样治疗？岐伯说：刺太阳、少阴表里两经的穴位，并配合内服汤药。

帝曰：劳风①为病何如？岐伯曰：劳风法在肺下②。其为病也，使人强上冥视③，唾出若涕④，恶风而振寒，此为劳风之病。帝曰：治之奈何？岐伯曰：以救俯仰⑤。巨阳引精者⑥三日，中年者五日，不精者七日。咳出青黄涕，其状如脓，大如弹丸，从口中若鼻中出，不出则伤肺，伤肺则死也。

注释

① 劳风：张介宾："因劳伤风也。"
② 法在肺下：指患病部位常在于肺。法，《尔雅》释诂："常也。"
③ 强（jiàng匠）上冥（míng明）视：指头项强直，目眩而视物不清。
④ 唾出若涕：即唾吐出稠浊之痰。丹波元简："古无'痰'字，此云唾出如涕，谓吐黏痰也。"
⑤ 以救俯仰：尤怡："肺主气而司呼吸，风热在肺，其液必结，其气必壅，是以俯仰皆不顺利，故曰当救俯仰也。救俯仰者，即利肺气、散邪气之谓乎。"张琦："以救俯仰，谓通利气道，使呼吸得达。"
⑥ 巨阳引精者：吴崑："巨阳与少阴肾为表里，肾者精之府。精，阴体也，不能自行，必巨阳之气引之，乃能施泄。故曰巨阳引精，是为少壮人也，水足以济火，故三日可愈。中年者精虽未竭，比之少壮则弱矣，故五日可愈。老年之人，天癸竭矣，故云不精，不精者，真阴衰败，水不足以济火，故治之七日始愈。"

语译

黄帝道：劳风病是怎样的？岐伯说：劳风之病，受邪部位常在肺下。这种病的症状，使人头项强直，眼目昏眩，唾出黏痰，恶风而身体寒战，这就是劳风病。黄帝道：怎样治疗？岐伯说：首先要通利肺气，使其呼吸调畅，俯仰自如。若是精气充盛，太阳之气能引发肾精施布的青年人，通过适当的治疗，三日可以病愈；如精气较弱的中年人，五日方可病愈；而老年人或一般精气衰减之人，须七日才能痊愈。这种病人，咳出的痰涕，颜色青黄像脓，并凝结成块，大如弹丸，这种痰应使之从口中或鼻中排出，若不能排出，就要伤肺，肺脏受伤，就要死亡了。

帝曰：有病肾风者，面胕①疣然②壅③，害于言，可刺不④？岐伯曰：虚不当刺。不当刺而刺，后五日其气必至⑤。帝曰：其至何如？岐伯曰：至必少气时热，时热从胸背上至头，汗出手热，口干苦渴，小便黄，目下肿，腹中鸣，身重难以行⑥，月事不来，烦而不能食，不能正偃⑦，正偃则咳，病名曰风水⑧，论在刺法⑨中。

注释

① 胕(fú扶)：通"浮"，指浮肿。
② 痝(máng茫)然：肿起貌。
③ 壅：形容下眼睑浮肿。王冰："壅，谓目下壅如卧蚕形也。"
④ 不：同否。
⑤ 不当刺而刺，后五日其气必至：张介宾："虚者本不当刺，若谓肿为实，以针泻之，则真气愈虚，邪必乘虚而至。后五日者，藏气一周而复至其所伤之藏，病气因而甚矣。"又王冰："至，谓病气来至也。然谓藏配一日，而五日至肾。夫肾已不足，风内薄之，谓肿为实，以针大泄，反伤藏气，真气不足，不可复，故刺后五日其气必至也。"两说互参。
⑥ 身重难以行：张介宾："胃主肌肉，其脉行于足，水气居于肉中，故身重不能行。"
⑦ 正偃(yǎn演)：仰卧。
⑧ 风水：张介宾："肾主水，风在肾经，即名风水。"按风水病名，与上文肾风，是词异而实一。
⑨ 刺法：王冰："篇名，今经亡。"

语译

黄帝道：有一种肾风的病人，面部浮肿，目下壅起如卧蚕，妨害言语，这种病可以用刺法吗？岐伯说：虚证不能用刺法。如果不应当用刺法而误刺，五日之后，邪气必然传至于肾而病情加重。黄帝道：邪气来至的情况怎样？岐伯说：邪气来至时一定会感到呼吸气少，时常发热，热势从胸背上至头部，汗出手热，口干作渴，小便色黄,目下浮肿,腹中鸣响,身体沉重,行动困难,若是妇女则出现月经停止,胸中烦闷,不能进食,也不能仰卧,仰卧则发生咳嗽,这种病叫做风水,在"刺法"中有详细的论述。

帝曰:愿闻其说。岐伯曰:邪之所凑[1],其气必虚。阴虚者阳必凑之,故少气时热而汗出也。小便黄者,少腹中有热也。不能正偃者,胃中不和也。正偃则咳甚,上迫肺也。诸有水气者,微肿先见于目下也。帝曰:何以言?岐伯曰:水者阴也,目下亦阴也,腹者至阴之所居,故水在腹者,必使目下肿也。真气上逆[2],故口苦舌干,卧不得正偃,正偃则咳出清水也。诸水病者,故不得卧,卧则惊,惊则咳甚也。腹中鸣者,病本于胃也。薄脾则烦不能食。食不下者,胃脘隔也。身重难以行者,胃脉在足也。月事不来者,胞脉闭也。胞脉者,属心而络于胞中[3]。今气上迫肺,心气不得下通,故月事不来也。帝曰:善!

注释

[1] 凑(còu 腠):音义与辏同,聚合。意谓多种邪气侵袭人体。

[2] 真气上逆:张介宾:"真气者,藏真之心气也。心属火,而恶水邪,水气上乘,则迫其心气上逆,是以口苦舌干。"

[3] 胞脉者,属心而络于胞中:高世栻:"胞脉主冲任之血,月事不来者,乃胞脉闭也。中焦取汁,奉心化赤,血归胞中。故胞脉者,属心而络于胞中。"

语译

黄帝道:我想了解它的道理,请你详细解释。岐伯说:被邪气侵犯的人,他的正气必定是虚弱的。肾脏属阴,风邪属阳,肾阴不足,风阳便乘虚而侵入,所以呼吸少气,时常发热而汗出。小便黄,是少腹中有热。不能仰卧,是胃中不和。仰卧后咳嗽加剧,是水气上迫肺脏。一般有水气病的,目下必先见微肿。黄帝道:为什么?岐伯说:水属于阴,目下也是属阴的部位,腹部为至阴脾脏所居之处,脾又主眼睑,所以腹中有水,必使目下浮肿。心气上逆,所以口苦舌干,不得仰卧,仰卧就咳吐清水。一般水气病人,原是不能仰卧的,因为卧后水气必然上迫于心肺,以至惊悸不安,咳嗽亦加剧。腹中鸣响,是胃肠中有水气。如果影响到脾脏,就烦闷而不能饮食。食物不进,是胃中阻隔。身重行动困难,是因为胃的经脉行于足部。妇女月经不来,是因为水气阻滞,胞脉闭塞不通的缘故。胞脉是隶属于心脏,而下络于胞中。现在水气上逆逼迫肺脏,使心气不得下通,血气不行,所以月经就不来了。黄帝道:讲得好!

按语

本节详细说明了肾风的症状及其病因、病理,论中特别提出了"邪之所凑,其气必虚"的精辟见解,强调机体正气的强弱是决定疾病发生与否的关键,这是中医发病学中一个极其重要的论点,正如丹波元简所云:"此语足以尽邪气伤人之理矣。"

本 篇 要 点

一、疾病是邪正相争的一个过程,病人的痊愈与死亡,取决于邪正斗争的胜负,正能胜邪则生,邪胜正衰则死。

二、指出阴阳交、风厥、劳风、肾风等四种热病的病因、病理、症状、治法及其预后。

三、邪气侵犯人体,必定先有正气的不足之处。

逆调论篇第三十四

题解

逆调,即失调、逆乱之意。本篇讨论了寒热、骨痹、肉苛、逆气等几种病变,而这些病变的由来,都是因为阴阳、水火、营卫、气血、脏腑经络的失于和调。人身阴阳,和调则顺,逆乱则病,所以篇名"逆调论"。

黄帝问曰:人身非常①温也,非常热也,为之热而烦满者,何也?岐伯对曰:阴气少而阳气胜②,故热而烦满也。帝曰:人身非衣寒③也,中非有寒气也④,寒从中生⑤者何也?岐伯曰:是人多痹气⑥也,阳气少,阴气多,故身寒如从水中出。

注释

① 非常:异于正常。此谓内伤病的温热症状,异于一般的外感温热病症。
② 阴气少而阳气胜:指阴虚而阳偏盛。马莳:"阴气者,诸阴经之气及营气也。阳气者,诸阳经之气及卫气也。"
③ 衣寒:衣服单薄,感受外寒。
④ 中非有寒气也:张琦:"按'中非'二字应互倒,当作'非中',中即'伤'的意思。"全句意谓非由体外寒气所伤害而引起的寒冷。
⑤ 寒从中生:指寒冷的感觉,好像从体内发生。
⑥ 痹气:指因阳虚气少,气机闭滞,以致血液凝涩不能运行。吴崑:

"痹气者,气不流畅而痹著也。"

语译

黄帝问道:人体有不是一般的外感温邪或热邪为病,然而出现发热、烦闷的症状,是什么缘故? 岐伯回答说:这是由于阴气虚少,阳气偏胜,所以发热而烦闷。黄帝道:有的人不是由于衣服单薄,感受外寒,亦不是受了外在寒气的伤害,然却感到寒冷从内部产生,这是什么原因? 岐伯说:这种人多痹气,阳气少,阴气多,阳虚阴胜,所以感到身体发冷,像从冷水中出来的一样。

帝曰:人有四支热,逢风寒如灸如①火者,何也? 岐伯曰:是人者,阴气虚,阳气盛。四支者,阳也。两阳相得②,而阴气虚少,少水③不能灭盛火④,而阳独治⑤。独治者,不能生长也,独胜而止耳。逢风而如灸如火者,是人当肉烁⑥也。

注释

① 如:意如"于"。新校正:"《太素》云:如灸于火。"
② 两阳相得:马莳:"四支属阳,风亦属阳,一逢风寒,两阳相得。"又高世栻:"热者,阳气也。是人有热者,乃阴气虚,阳气盛。身在内,四肢在外,故四肢者,阳也。以气盛之阳,合四肢之阳,两阳相得,而阴气虚少。"前者从外感风邪解,后者从阴虚阳盛解,于义皆通。
③ 少水:阴气衰少。
④ 盛火:阳气亢盛。
⑤ 阳独治:指阴虚之极,而阳气独旺于一身。治,旺盛。
⑥ 肉烁(shuò 朔):指肌肉干枯瘦削。王冰:"烁,言消也,言久久此人当肉消削也。"

语译

黄帝道:有一种人四肢发热,遇到风寒,热得更加厉害,如同炙于火上一般,这是什么缘故? 岐伯说:这种人是阴气虚少,阳气偏盛。四肢属阳。属阳的四肢感受属阳的风邪,以致阴气更虚少,阳气更亢盛,衰少的阴气不能熄灭旺盛的阳火,便形成阳气独旺的局面。阳气独旺,便不能生长,因为阳气独胜则生机息灭。这种四肢热而遇风如炙于火的病人,必然会使肌肉逐渐消瘦干枯。

帝曰:人有身寒,汤火不能热,厚衣不能温,然不冻栗①,是为何病? 岐伯曰:是人者,素肾气胜,以水为事②,太阳气衰,肾脂枯不长,一水不能胜两火③。肾者水也,而生于骨,肾不生,则髓不能满,故寒甚至骨也。所以不能冻栗者,肝一阳也,心二阳也④,肾孤藏⑤也,一水不能胜二火,故不能冻栗,病名曰骨痹,是人当挛节⑥也。

注释

① 冻栗:寒冷而战栗。
② 以水为事:张琦:"以水为事,涉水、游泳之类。恃其肾气之胜,而冒涉寒水,水气通于肾,肾得水寒,则肾中阳衰,太阳之气亦衰。肾主骨髓,而髓之生长,惟恃乎气,寒湿在内,反消真精,肾气既衰,则脂枯不长。《痿论》亦有以水为事之文,指湿言也。"按好饮茶酒,内湿偏盛,亦以水为事也。
③ 一水不能胜两火:高世栻:"七字在下,误重于此,衍文也。"
④ 肝一阳也,心二阳也:阳,是火的互词,所以下文云"一水不能胜二火"。高世栻:"肾水生肝木,肝为阴中之阳,故肝一阳也。少阴合心火,心为阳中之阳,故心二阳也。"
⑤ 肾孤藏:指肾为单独一水脏。
⑥ 挛节:挛,拘挛。节,指骨节。

语译

黄帝道:有一种病人,身体寒冷,虽用热汤温熨或向火,仍不觉热,虽多穿衣服,也不能温,但却没有寒战,这是什么病呢? 岐伯说:这种人,肾气素来偏胜,因从事水中作业,致使太阳经气虚衰,肾脂得不到阳气的温煦而枯耗不长。肾是水脏,而生长骨髓,肾的脂膏不生,骨髓就不能充满,以致感到寒冷至骨。其所以不发生寒战,是因为肝是一阳,心是二阳,肾是孤脏,一个肾水不能制胜肝心二阳之火的缘故,所以其人虽然寒冷,也不发生战栗,此病名叫"骨痹",这种人必然骨节拘挛。

按语

以上三节根据阴阳相互制约的理论,讨论了阴阳水火不相协调的几种病证,反复强调了人体阴阳,贵于平衡,不能有偏。如阴虚阳胜则发热,阳虚阴胜则寒冷。孤阴不生,独阳不长。并指出阴阳的不平衡,与内脏的虚实有关,如肾水不足,阴不胜阳,形成一水不能胜二火的现象,可致精枯髓少,而成骨痹之证。

帝曰:人之肉苛①者,虽近衣絮,犹尚苛也,是谓何疾?岐伯曰:荣气虚,卫气实也②。荣气虚则不仁③,卫气虚则不用③,荣卫俱虚,则不仁且不用,肉如故也④,人身与志不相有⑤,曰死。

注释

① 肉苛:指肌肉麻木不仁之证。张介宾:"苛者,顽木沉重之谓。"

② 荣气虚,卫气实也:丹波元简:"下文云:荣气虚则不仁,卫气虚则不用,荣卫俱虚,则不仁且不用。则此七字不相冒,恐是衍文。"

③ 不仁、不用:张介宾:"不仁,不知痛痒寒热也。不用,不能举动也。"马莳:"此肉苛者,荣气虚则荣不能生血,而血无以充其形,故不仁。卫气虚则卫不能温分肉,充皮肤,肥腠理,司开阖,故不用。"

④ 肉如故也:《黄帝内经太素》卷二十八痹论作"肉如苛也。"根据本段开始帝问"肉苛"之证,则"故"字当作"苛"。

⑤ 人身与志不相有:指人的形体与神志活动已不相协调。张介宾:"人之身体在外,五志在内,虽肌肉如故,而神气失守,则外虽有形,而中已无

主,若彼此不相有也,故当死。"

语译

黄帝道:有一种人,他的皮肉麻木沉重,虽然穿了棉衣,仍旧麻木不减,这是什么病?岐伯说:这是营卫气虚的缘故。荣气虚弱,就会使皮肉麻木不仁;卫气虚弱,则肢体不能举动;荣卫俱虚,则既麻木不仁,又举动不便,肌肉就更加顽木沉重了。若此病发展到人的形体与神志活动不相适应时,其结果是要死亡的。

帝曰:人有逆气,不得卧而息①有音者;有不得卧而息无音者;有起居如故而息有音者;有得卧,行而喘者;有不得卧,不能行而喘者;有不得卧,卧而喘者。皆何藏使然?愿闻其故。岐伯曰:不得卧而息有音者,是阳明之逆也。足三阳者下行,今逆而上行,故息有音也。阳明者,胃脉也,胃者,六府之海,其气亦下行。阳明逆,不得从其道,故不得卧也。《下经》曰:胃不和则卧不安②。此之谓也。夫起居如故而息有音者,此肺之络脉逆也,络脉不得随经上下,故留经而不行。络脉之病人也微,故起居如故而息有音也。夫不得卧,卧则喘者,是水气之客也。夫水者,循津液而流也。肾者,水藏,主津液,主卧与喘③也。帝曰:善!

注释

① 息:一呼一吸,谓之一息。
② 卧不安:张介宾:"反复不宁之谓。今人有过于饱食,或病胀满者,卧必不安,此皆胃气不和之故。"
③ 主卧与喘:水气为病,其本在肾,其标在肺,今水寒射肺,标本俱病,故喘息不得卧。

语译

黄帝道：病逆气的人，有的不能平卧，而且呼吸有声音；有的虽然不能平卧，但呼吸却没有声音；有的起居如常，然呼吸有声；有的能够平卧，行动则气喘；有的不能卧，也不能行动，而气喘；有的不能卧，卧则气喘。这种种不同情况，是什么脏腑有了病变才发生的？请说明它的道理。岐伯说：不能卧而呼吸有声的，是阳明经脉之气上逆。足三阳经脉之气，从头走足，原是下行的，现在逆而上行，所以就呼吸不利而有声音了。阳明是胃脉，胃是六腑之海，胃气也以下行为顺。若阳明经气上逆，胃气就不能循常道而下行，所以就不能平卧。《下经》曾说：胃不和则卧不安。就是这个意思。若起居如常而呼吸有声音的，这是肺的络脉不顺，络脉之气不能随着经脉之气谐调上下，故其气留着于经脉而不行于络脉。但络脉的病比较轻，所以虽然呼吸不利有声，但起居仍能如常。若不能卧，卧则呼吸喘促的，是水气侵犯的缘故。水气是循着津液运行的道路而流动的。肾是水脏，主司津液，现肾病不能主水，水气上泛而侵肺，所以气喘而不能平卧。黄帝说：讲得好！

按语

本节重点讨论逆气的各种情况，指出主要病因是由于肺、胃、肾三脏之气逆乱所致。在上为肺络之气不调，在中为胃气不能下行，在下为水气上迫于肺。其中所云"胃不和则卧不安"一语，对指导临床实践有较大意义。凡因某种原因引起脾胃升降失调，转枢不利的失眠病证，每从调治脾胃而获愈。

此外，本节帝问者有六，所答者仅三，对此注家意见不一。王冰、吴崑等认为经文有脱简，张介宾、高世栻等认为义有同类，故不复答。

本篇要点

一、讨论了因为阴阳失调而引起的各种寒热病变,说明人体的阴阳必须保持平衡。

二、指出阴阳的不平衡与内脏的虚实有关。

三、阐明"肉苛"是由于营卫虚弱不调而形成的。

四、经气上下不调为逆气,并指出了在上为肺络之逆,在中为胃气之不能下行,在下为肾水上迫于肺等不同的病理变化。

疟论篇第三十五

题解

本篇讨论了疟疾的病因、病理、症状和治疗等,既系统又详明。由于是疟疾专论,所以篇名"疟论"。

黄帝问曰:夫痎疟皆生于风,其蓄作①有时者何也?岐伯对曰:疟之始发也,先起于毫毛,伸欠②乃作,寒栗鼓颔③,腰脊俱痛;寒去则内外皆热,头痛如破,渴欲冷饮。

注释

① 蓄作:不发之谓"蓄",发作之谓"作"。
② 伸欠:张介宾:"伸者,伸其四体,邪动于经也。欠,呵欠也,阴阳争引而然。"
③ 寒栗鼓颔:因寒冷而全身发抖,下颌骨也随之鼓动。栗,战栗、发抖。颔,指下巴骨。

语译

黄帝问道:一般说来,疟疾都由于感受了风邪而引起,它的休作有一定时间,这是什么道理?岐伯回答说:疟疾开始发作的时候,先起于毫毛竖立,继而四体不舒,欲得引伸,呵欠连连,乃至寒冷发抖,下颔鼓动,腰脊疼痛;及至寒冷过去,便是全身内外发热,头痛有如破裂,口渴喜欢冷饮。

按语

本节叙述了疟疾发作时的一般情况。

帝曰：何气使然？愿闻其道。岐伯曰：阴阳上下交争①，虚实更作②，阴阳相移③也。阳并于阴，则阴实而阳虚，阳明虚则寒栗鼓颔也④；巨阳虚则腰背头项痛⑤；三阳俱虚，则阴气胜，阴气胜则骨寒而痛，寒生于内，故中外皆寒。阳盛则外热，阴虚则内热，外内皆热，则喘而渴，故欲冷饮也。此皆得之夏伤于暑，热气盛，藏于皮肤之内，肠胃之外，此荣气之所舍也。此令人汗空疏，腠理开，因得秋气，汗出遇风，及得之以浴，水气舍于皮肤之内，与卫气并居；卫气者，昼日行于阳，夜行于阴，此气得阳而外出，得阴而内薄，内外相薄，是以日作⑥。

注释

① 阴阳上下交争：张介宾："阳气者，下行极而上；阴气者，上行极而下，邪气入之，则阴阳上下交争矣。"

② 虚实更作：因为阴阳交争，阴胜则阳虚，阳胜则阴虚，疟疾发作时，阴阳更替相胜，故有寒有热，虚实更作。

③ 阴阳相移：指阳并于阴，阴并于阳，虚实互相移易转化的意思。

④ 阳明虚则寒栗鼓颔也：阳明主肌肉，其经脉交于颔下，故虚则恶寒战栗而颔动。

⑤ 腰背头项痛：滑寿："此下当有'少阳虚'一节。"

⑥ 是以日作：张介宾："风寒自表而入，则与卫气并居，故必随卫气以为出入。卫气一日一周，是以新感之疟，亦一日一作。"

语译

黄帝道：这是什么原因引起的？请说明它的道理。岐伯说：

这是由于阴阳上下相争,虚实交替而作,阴阳相互移易转化的关系。阳气并入于阴分,使阴气实而阳气虚,阳明经气虚,就寒冷发抖乃至两颔鼓动;太阳经气虚,便腰背头项疼痛;三阳经气都虚,则阴气更胜,阴气胜则骨节寒冷而疼痛,寒从内生,所以内外都觉寒冷。如阴气并入阳分,则阳气实而阴气虚。阳主外,阳盛就发生外热,阴主内,阴虚就发生内热,因此外内都发热,热甚的时候就气喘口渴,所以喜欢冷饮。这都是由于夏天伤于暑气,热气过盛,并留藏于皮肤之内,肠胃之外,亦即荣气居留的所在。由于暑热内伏,使人汗孔疏松,腠理开泄,一遇秋凉,汗出而感受风邪,或者由于洗澡时感受水气,风邪水气停留于皮肤之内,与卫气相合;而卫气白天行于阳分,夜里行于阴分,邪气也随之循行于阳分时则外出,循行于阴分时则内搏,阴阳内外相搏,所以每日发作。

帝曰:其间日而作者何也?岐伯曰:其气之舍深,内薄于阴,阳气独发,阴邪内著,阴与阳争不得出,是以间日而作也。帝曰:善!

其作日晏与其日早者,何气使然?岐伯曰:邪气客于风府,循膂而下①,卫气一日一夜大会于风府,其明日日下一节,故其作也晏,此先客于脊背也。每至于风府,则腠理开,腠理开则邪气入,邪气入则病作,以此日作稍益晏也。其出于风府,日下一节,二十五日下至骶骨②;二十六日入于脊内,注于伏膂之脉③;其气上行,九日出于缺盆④之中。其气日高,故作日益早也。其间日发者⑤,由邪气内薄于五藏,横连募原⑥也,其道远,其气深,其行迟,不能与卫气俱行,不得皆出,故间日乃作也。

注释

① 循膂(lǚ吕)而下：指病邪沿着脊骨而向下。膂，脊椎骨。

② 骶(dǐ底)骨：指尾骶骨。

③ 伏膂之脉：即冲脉。《甲乙经》作"太冲之脉"。《黄帝内经太素》卷二十五疟解作"伏冲之脉"。丹波元简："太冲、伏冲、伏膂，皆一脉耳。"

④ 缺盆：丹波元简："缺盆非阳明胃经之缺盆。《灵枢·本输》云：缺盆之中，任脉也，名曰天突。乃指任脉天突穴而言耳。"

⑤ 其间日发者：由此至"故间日乃作也"，此四十四字，高世栻移前，为"帝曰：其间日而作者何也"之答语，置于"其气之舍深"之上，谓此段旧本在"故作日益早"之下，今改正于此。丹波元简亦谓："此一节乃前节答语，其为错简明矣。"此说可参。

⑥ 募原：又名膜原。考历代医家释募原大致有二：一指胸腹肉理之间的空隙处；一指脏腑之外，与胃相近之脂膜，乃半表半里部位。

语译

黄帝道：疟疾有隔日发作的，为什么？岐伯说：因为邪气舍留之处较深，向内迫近于阴分，致使阳气独行于外，而阴分之邪留着于里，阴邪与阳气相争而不能即出，所以隔一天才发作一次。黄帝道：讲得好！

疟疾发作的时间，有逐日推迟，或逐日提前的，是什么缘故？岐伯说：邪气从风府穴侵入之后，循脊骨逐日逐节下移，卫气是一昼夜会于风府，而邪气却每日向下移行一节，所以其发作时间也就一天迟一天，这是由于邪气先侵袭于脊骨的关系。每当卫气会于风府时，则腠理开发，腠理开发则邪气侵入，邪气侵入与卫气交争，病就发作，因邪气日下一节，所以发病时间就日益推迟了。这种邪气侵袭风府，逐日下移一节而发病的，约经二十五日，邪气下行至骶骨；二十六日，又入于脊内，而流注于伏冲脉；再沿冲脉上行，至九日上至于缺盆之中。因为邪气日见上升，所以发病的时间也就一天早一天。至于隔一天发病一次的，是因为邪气内迫于五脏,横连于膜原,它所行走的道路较远,邪气深藏,循行迟缓,不能和卫气并行,邪气与卫气不得同时皆出,所以隔一天才能发作一次。

帝曰:夫子言卫气每至于风府,腠理乃发,发则邪气入,入则病作。今卫气日下一节,其气之发也,不当风府,其日作者奈何?岐伯曰:此邪气客于头项①,循膂而下者也,故虚实不同,邪中异所,则不得当其风府也。故邪中于头项者,气②至头项而病;中于背者,气至背而病;中于腰脊者,气至腰脊而病;中于手足者,气至手足而病;卫气之所在,与邪气相合,则病作。故风无常府③,卫气之所发④,必开其腠理,邪气之所合,则其府也⑤。帝曰:善!

注释

① 此邪气客于头项:新校正:"按全元起本及《甲乙经》、《太素》自'此邪气客于头项'至下'则病作故'八十八字并无。"丹波元简:"以下八十八字,《外台》有,此疑古注文。"

② 气:指卫气。

③ 风无常府:马莳:"风之所感无常所,则无常府。府者,凡物之所聚,皆可以言府也,非风府之府也。"

④ 卫气之所发:《灵枢》、《巢氏病源》"发"作"应"。丹波元简:"按下文云:卫气应乃作。发,当作'应'。"

⑤ 则其府也:府,指风邪侵袭集聚之处。新校正云:"按《甲乙经》、巢元方,'则其府也'作'则其病作'。"可参。

语译

黄帝道:您说卫气每至于风府时,腠理开发,邪气乘机袭入,邪气入则病发作。现在又说卫气与邪气相遇的部位每日下行一节,那么发病时,邪气就并不恰在于风府,而能每日发作一次,是何道理？岐伯说：以上是指邪气侵入于头项，循着脊骨而下者说的，但人体各部分的虚实不同，而邪气侵犯的部位也不一样，所以邪气所侵，不一定都在风府穴处。例如：邪中于头项的，卫气行至头项而病发；邪中于背部的，卫气行至背部而病发；邪中于腰脊的，卫气行至腰脊而病发；邪中于手足的，卫气行至手足而病发；凡卫气所行之处，和邪气相合，那病就发作。所以说风邪侵袭人体没有一定的部位，只要卫气与之相应，腠理开发，邪气得以凑合，这就是邪气袭入的地方，也就是发病的所在。黄帝道：讲得好！

按语

以上两节，是讨论疟疾一日发、间日发、日晏、日早等情况的病机。

夫风之与疟也，相似同类，而风独常在，疟得有时而休者，何也？岐伯曰：风气留其处，故常在；疟气随经络沉①以内薄，故卫气应乃作。

帝曰：疟先寒而后热者，何也？岐伯曰：夏伤于大暑，其汗大出，腠理开发，因遇夏气凄沧②之水寒，藏于腠理皮肤之中，秋伤于风，则病成矣。夫寒者，阴气也；风者，阳气也。先伤于寒而后伤于风，故先寒而后热也，病以时作，名曰寒疟。

帝曰：先热而后寒者，何也？岐伯曰：此先伤于风，而后伤于寒，故先热而后寒也，亦以时作，名曰温疟。

其但热而不寒者，阴气先绝，阳气独发，则少气烦冤③，手足热而欲呕，名曰瘅④疟。

注释

① 沉:深也。
② 凄沧:寒凉之意。王冰:"凄沧,薄寒也。"
③ 冤:郁闷。《黄帝内经太素》卷二十五三疟作"悗"。义同。
④ 瘅(dān单):王冰:"瘅,热也,极热为之也。"

语译

风病和疟疾相似而同属一类,为什么风病的症状持续常在,而疟疾却发作有休止呢? 岐伯说:风邪为病是稽留于所中之处,所以症状持续常在;疟邪则是随着经络循行,深入体内,必须与卫气相遇,病才发作。

黄帝道:疟疾发作有先寒而后热的,为什么? 岐伯说:夏天感受了严重的暑气,因而汗大出,腠理开泄,再遇着寒凉水湿之气,便留藏在腠理皮肤之中,到秋天又伤了风邪,就成为疟疾了。所以水寒,是一种阴气,风邪是一种阳气。先伤于水寒之气,后伤于风邪,所以先寒而后热,病的发作有一定的时间,这名叫寒疟。

黄帝道:有一种先热而后寒的,为什么? 岐伯说:这是先伤于风邪,后伤于水寒之气,所以先热而后寒,发作也有一定的时间,这名叫温疟。

还有一种只发热而不恶寒的,这是由于病人的阴气先亏损于内,因此阳气独旺于外,病发作时,出现少气烦闷,手足发热,要想呕吐,这名叫瘅疟。

按语

本节讨论疟疾的类型,有寒疟、温疟、瘅疟之分,并将疟病与风病的病机作了鉴别。

帝曰:夫经言①有余者写之,不足者补之。今热为有余,寒为不足。夫疟者之寒,汤火不能温也,及其热,冰水不能寒也。此皆有余不足之类。当此之时,良工不能止,必须其自衰乃刺之,其故何也?愿闻其说。岐伯曰:经言①无刺熇熇之热,无刺浑浑②之脉,无刺漉漉③之汗,故为其病逆,未可治也。夫疟之始发也,阳气并于阴,当是之时,阳虚而阴盛,外无气④,故先寒栗也;阴气逆极,则复出之阳,阳与阴复并于外,则阴虚而阳实,故先热而渴。夫疟气者,并于阳则阳胜,并于阴则阴胜;阴胜则寒,阳胜则热。疟者,风寒之气不常也,病极则复⑤。至病之发也,如火之热,如风雨不可当也。故经言曰:方其盛时必毁⑥,因其衰也,事必大昌⑦。此之谓也。夫疟之未发也,阴未并阳,阳未并阴,因而调之,真气得安,邪气乃亡。故工不能治其已发,为其气逆也。帝曰:善!

注释

① 经言:张介宾:"引《灵枢·逆顺》篇也。"丹波元简:"出《灵枢·逆顺第五十五》篇,下同。"

② 浑浑:形容脉象纷乱。张介宾:"阴阳虚实未定也。"

③ 漉漉(lù鹿):形容汗出不止。

④ 外无气:吴崑:"外无气,谓卫气并入于阴而表虚也。"

⑤ 病极则复:说明正邪交争,阴阳胜复的规律。疟疾的发作是阴阳之气俱逆极,但极则病衰,经过一个休止时期再复发。下文云:"极则阴阳俱衰,卫气相离,故病得休;卫气集,则复病也。"就是病极则复的意思。

⑥ 方其盛时必毁:盛,指邪气盛。毁,指正气受伤。这是说当邪气盛时不可攻邪,攻之则正气受伤,因为疟邪是与正气相并而居的。

⑦ 大昌:含有胜利成功的意思,此指邪去康复。

语译

黄帝道:医经上说有余的应泻,不足的应补。今发热是有余,发冷是不足。而疟疾的寒冷,虽然用热水或向火,亦不能使之温暖,及至发热,即使用冰水,也不能使之凉爽。这些寒热都是有余不足之类。但当其发冷、发热的时候,良医也无法制止,必须待其病势自行衰退之后,才可以施用针刺治疗,这是什么缘故?请你告诉我。岐伯说:医经上说过,有高热时不能刺,脉搏纷乱时不能刺,汗出不止时不能刺,因为这正当邪盛气逆的时候,所以不可立即治疗。疟疾刚开始发作,阳气并于阴分,此时是阳虚而阴盛,外表阳气虚,所以先寒冷发抖;至阴气逆乱已极,势必复出于阳分,于是阳气与阴气相并于外,此时阴分虚而阳分实,所以先热而口渴。因为疟疾并于阳分,则阳气胜,并于阴分,则阴气胜;阴气胜则发寒,阳气胜则发热。由于疟疾感受的风寒之气变化无常,所以其发作至阴阳之气俱逆极时,则寒热休止,停一段时间,又重复发作。当其病发作的时候,像火一样的猛烈,如狂风暴雨一样迅不可当。所以医经上说:当邪气盛极的时候,不可攻邪,攻之则正气必然受伤,应该乘邪气衰退的时候而攻之,必然获得成功,便是这个意思。因此治疗疟疾,应在未发的时候,阴气尚未并于阳分,阳气尚未并于阴分,便进行适当的治疗,则正气不至于受伤,而邪气可以祛除。所以医生不能在疟疾发作时进行治疗,就是因为此时正当正气和邪气交争逆乱的缘故。黄帝道:讲得好!

攻之奈何?早晏何如?岐伯曰:疟之且①发也,阴阳之且①移也,必从四末始也②。阳已伤,阴从之,故先其时坚束其处③,令邪气不得入,阴气不得出;审候见之,在孙络盛坚而血者,皆取之,此真往而未得并者也。

注释

① 且:将要,将近。
② 必从四末始也:张介宾:"阴阳且移,必从四末始者,以十二经井原

之气,皆本于四支也。故凡疟之将发,则四支先有寒意,此即其候。"

③ 坚束其处:因疟之将发,必从四末开始,故于发作之前,用细绳紧捆手足十指,使邪气不得入,阴气不得出。这可能是古代的治疟方法。《千金方》:"先其时一食顷,用细左索紧束其手足十指,令邪气不得入,阴气不得出,过时乃解。"

语译

疟疾究竟怎样治疗？时间的早晚应如何掌握？岐伯说:疟疾将发,正是阴阳将要相移之时,它必从四肢开始。若阳气已被邪伤,则阴分也必将受到邪气的影响,所以只有在未发病之先,以索牢缚其四肢末端,使邪气不得入,阴气不得出,两者不能相移;牢缚以后,审察络脉的情况,见其孙络充实而郁血的部分,都要刺出其血,这是当真气尚未与邪气相并之前的一种"迎而夺之"的治法。

按语

此上二节是讨论疟疾的治疗。

帝曰:疟不发,其应何如？岐伯曰:疟气者,必更盛更虚,当气之所在也,病在阳,则热而脉躁;在阴,则寒而脉静;极则阴阳俱衰,卫气相离,故病得休;卫气集,则复病也。

语译

黄帝道:疟疾在不发作的时候,它的情况应该怎样？岐伯说:疟气留舍于人体,必然使阴阳虚实,更替而作,当邪气所在的地方是阳分,则发热而脉搏躁急;病在阴分,则发冷而脉搏较静;病到极期,则阴阳二气都已衰惫,卫气和邪气互相分离,病就暂时休止；若卫气和邪气再相遇合，则病又发作了。

帝曰：时有间二日或至数日发，或渴或不渴，其故何也？岐伯曰：其间日者，邪气与卫气客于六府①，而有时相失，不能相得，故休数日乃作也。疟者，阴阳更胜也，或甚或不甚，故或渴或不渴。

注释

① 客于六府：丹波元简："考上文并无'客于六府'之说，疑是'风府'之讹。"可从。

语译

黄帝道：有些疟疾隔二日，或甚至隔数日发作一次，发作时有的口渴，有的不渴，是什么缘故？岐伯说：其所以隔几天再发作，是因为邪气与卫气相会于风府的时间不一致，有时不能相遇，不得皆出，所以停几天才发作。疟疾发病，是由于阴阳更替相胜，阳胜于阴则热甚，阴胜于阳则寒甚，所以有的口渴，有的不渴。

帝曰：论言夏伤于暑，秋必病疟，今疟不必应者，何也？岐伯曰：此应四时者也。其病异形者，反四时也。其以秋病者寒甚，以冬病者寒不甚，以春病者恶风，以夏病者多汗。

语译

黄帝道：医经上说夏伤于暑，秋必病疟，而有些疟疾，并不是这样，是什么道理？岐伯说：夏伤于暑，秋必病疟，这是指和四时发病规律相应的而言。亦有些疟疾形症不同，与四时发病规律相反的。如发于秋天的，寒冷较重；发于冬天的，寒冷较轻；发于春天的,多恶风;发于夏天的,汗出得很多。

帝曰:夫病温疟与寒疟,而皆安舍? 舍于何藏? 岐伯曰:温疟者,得之冬中于风寒,气藏于骨髓之中,至春则阳气大发[1],邪气不能自出,因遇大暑,脑髓烁[2],肌肉消,腠理发泄,或有所用力,邪气与汗皆出。此病藏于肾,其气先从内出之于外也。如是者,阴虚而阳盛,阳盛则热矣,衰则气复反入,入则阳虚,阳虚则寒矣,故先热而后寒,名曰温疟。帝曰:瘅疟何如? 岐伯曰:瘅疟者,肺素有热,气盛[3]于身,厥逆上冲,中气实而不外泄,因有所用力,腠理开,风寒舍于皮肤之内、分肉之间而发,发则阳气盛,阳气盛而不衰,则病矣。其气不及于阴,故但热而不寒,气内藏于心,而外舍于分肉之间,令人消烁脱肉、故命曰瘅疟。帝曰:善!

注释

[1] 阳气大发:春天气候渐暖,一切生物都有生发的气象,人体功能也随着时令的生气而活跃,这种情况,称之为"阳气大发"。

[2] 脑髓烁:指暑热上熏,使人头脑昏沉,精神疲倦。烁,消熔。

[3] 气盛:肺热则肺气实,所以说气盛。下面所说的中气实,正是由于气盛上冲所致。

语译

黄帝道:有病温疟和寒疟,邪气如何侵入? 逗留在哪一脏? 岐伯说:温疟是由于冬天感受风寒,邪气留藏在骨髓之中,虽到春天阳气生发活跃的时候,邪气仍不能自行外出,及至夏天,因暑热炽盛,使人精神倦怠,脑髓消烁,肌肉消瘦,腠理发泄,皮肤空疏,或由于劳力过甚,邪气才乘虚与汗一齐外出。这种病邪原是伏藏于肾,故其发作时,是邪气从内而出于外。这样的病,阴气先虚,而阳气偏盛,阳盛就发热,热极而衰,则邪气又回入于阴,邪入于阴则阳气又虚,阳气虚便出现寒冷,所以这种病是先热而后寒,名叫温疟。黄帝道:瘅疟的情况怎样?岐伯说:瘅疟是由于肺脏素来有热,肺气壅盛,气逆而上冲,以致胸中气实,不能发泄,适因劳力之后,腠理开泄,风寒之邪便乘机侵袭于皮肤之内、肌肉之间而发病,发病则阳气偏盛,阳气盛而不见衰减,于是病就但热不寒了。为什么不寒?因邪气不入于阴分,所以但热而不恶寒,这种病邪内伏于心脏,而外出则留连于肌肉之间,能使人肌肉瘦削,所以名叫瘅疟。黄帝道:讲得好!

按语

此节又详细的讨论温疟与瘅疟的病因和邪伏的部位。

本篇要点

一、本篇对疟疾的病因、病理、症状、治法等作了详细的讨论。其中包括一日发、间日发、数日发以及寒热多少、但热不寒和日晏、日早等各种情况。

二、疟疾的形成,大都由于感受风寒、水气、暑热等病因所致。受邪先后不同,则寒热情况亦异。瘅疟,则是由于肺素有热的关系,所以但热不寒。

三、疟邪在人体内,必和卫气相逢才能发病;病至极期,阴阳气衰,邪气和卫气相离,病才休止。因邪气所中有浅深,与卫气相逢的时间就有差别,因而有日发、间日发、数日一发以及渐迟、渐早的不同。

四、发作时的寒热交作,是由于阴阳上下交争,虚实更作,阴阳相并所致。

五、疟疾发作有两种情况：一种是与四时发病规律相应的，所谓夏伤于暑，秋必病疟，这叫做应四时；另一种是与此不同，四时皆发，这就叫做反四时。

六、疟疾的治疗，攻邪应在未发病之前，或已衰之后，正当发作时不能进行针刺，恐邪未去而正先受伤。

刺疟篇第三十六

题解

此篇是承接上篇而讨论刺疟之法,并按照经络脏腑系统详细地记载了六经、脏腑疟疾的症状和治疗方法。因本篇的重点是讨论针刺治疟,所以篇名"刺疟"。

足太阳之疟,令人腰痛头重,寒从背起,先寒后热,熇熇喝喝①然,热止汗出,难已,刺郄中②出血。足少阳之疟,令人身体解㑊,寒不甚,热不甚,恶见人,见人心惕惕然③,热多,汗出甚,刺足少阳。足阳明之疟,令人先寒,洒淅洒淅④,寒甚久乃热,热去汗出,喜见日月光火气⑤,乃快然,刺足阳明跗上⑥。足太阴之疟,令人不乐,好大息⑦,不嗜食,多寒热汗出,病至则善呕,呕已乃衰,即取之⑧。足少阴之疟,令人呕吐甚,多寒热,热多寒少,欲闭户牖而处,其病难已⑨。足厥阴之疟,令人腰痛,少腹满,小便不利,如癃状,非癃也,数便,意恐惧,气不足,腹中悒悒⑩,刺足厥阴。

注释

① 熇熇(hè贺)喝喝(yē噎):皆热势炽盛貌。
② 郄(xì戏)中:委中穴别名,在膝弯中央横纹中。

③ 惕惕然：恐惧的样子。
④ 洒(xiǎn显)淅(xī希)：恶寒的感觉。
⑤ 喜见日月光火气：阳明本多气多血，热邪甚应恶火热，而今反喜见火气，是因为阳明感受阴邪，胃气虚弱，故喜暖。
⑥ 跗上：指足背上，正当冲阳穴。
⑦ 大息：即太息，指深长的呼吸。
⑧ 即取之：丹波元简："《甲乙》此下有'足太阴'三字，依上文例，当有此三字。"
⑨ 其病难已：丹波元简："《甲乙》此下有'取太溪'三字，依上文例，当有此三字。"
⑩ 悒悒(yì意)：不舒畅貌。

语译

足太阳经的疟疾，使人腰痛头重，寒冷从脊背而起，先寒后热，热势很盛，热止汗出，这种疟疾，不易痊愈，治疗方法，刺委中穴出血。足少阳经的疟疾，使人身倦无力，恶寒发热都不甚厉害，怕见人，看见人就感到恐惧，发热的时间比较长，汗出亦很多，治疗方法，刺足少阳经。足阳明经的疟疾，使人先觉怕冷，逐渐恶寒加剧，很久才发热，退热时便汗出，这种病人，喜欢亮光，喜欢向火取暖，见到亮光以及火气，就感到爽快，治疗方法，刺足阳明经足背上的冲阳穴。足太阴经的疟疾，使人闷闷不乐，时常要叹息，不想吃东西，寒热多发，汗出亦多，病发作时容易呕吐，吐后病势减轻，治疗方法，取足太阴经的孔穴。足少阴经的疟疾，使人发生剧烈呕吐，寒热多发，热多寒少，常常喜欢紧闭门窗而居，这种病不易痊愈。足厥阴经的疟疾，使人腰痛，少腹胀满，小便不利，似乎癃病，而实非癃病，只是小便频数不爽，病人心中恐惧，气分不足，腹中郁滞不畅，治疗方法，刺足厥阴经。

肺疟者，令人心寒①，寒甚热，热间善惊，如有所见者，刺手太阴、阳明。心疟者，令人烦心甚，欲得清水，反寒多,不甚热②,刺手少阴。肝疟者,令人色苍苍然,太息③,其状若死者,刺足厥阴见血。脾疟者,令人寒,腹中痛,热则肠中鸣,鸣已汗出④,刺足太阴。肾疟者,令人洒洒然⑤,腰脊痛宛转⑥,大便难,目眴眴然⑦,手足寒,刺足太阳、少阴。胃疟者,令人且病⑧也,善饥而不能食,食而支满⑨腹大,刺足阳明、太阴横脉⑩出血。

注释

① 心寒:张介宾:"肺者,心之盖也。以寒邪而乘所不胜,故肺疟者令人心寒。"

② 反寒多,不甚热:因热郁不越,阴气格外,故反而寒多不甚热。马莳:"惟其热甚则反寒多,盖热极生寒也。"

③ 苍苍然,太息:苍苍,深青貌。丹波元简:"《甲乙》无'太息'二字,据下文'如死者'三字,必剩文。"

④ 鸣已汗出:张介宾:"寒已而热,则脾气行,故肠中鸣,鸣已则阳气外达,故汗出而解也。"

⑤ 洒洒然:形容寒冷。

⑥ 宛转:犹展转,转侧。

⑦ 眴眴(xuàn 漩)然:目眩状。张介宾:"眴眴然,眩动貌。目视不明,水之亏也。"

⑧ 且病:新校正云,"太素且病作疸病。"可参。

⑨ 支满:胀满而有支撑感。

⑩ 横脉:当为足内踝前横行的足太阴经脉。张介宾:"盖即商丘也。"

语译

肺疟,使人心里感到发冷,冷极则发热,热时容易发惊,好像见到了可怕的事物,治疗方法,刺手太阴、手阳明两经。心疟,使人心中烦热得很厉害,想喝冷水,但身上反觉寒多而不太热,治疗方法,刺手少阴经。肝疟,使人面色苍青,时欲太息,厉害的时候,形状如死,治疗方法,刺足厥阴经出血。脾疟,使人发冷,腹中痛,待到发热时,则脾气行而肠中鸣响,肠鸣后阳气外达而汗出,治疗方法,刺足太阴经。肾疟,使人洒淅寒冷,腰脊疼痛,难以转侧,大便困难,目视眩动不明,手足冷,治疗方法,刺足太阳、足少阴两经。胃疟,发病时使人易觉饥饿,但又不能进食,进食就感到脘腹胀满膨大,治疗方法,取足阳明、足太阴两经横行的络脉,刺出其血。

疟发身方热,刺跗上动脉,开其空,出其血,立寒;疟方欲寒,刺手阳明太阴、足阳明太阴。疟脉满大急,刺背俞,用中针傍伍胠俞①各一,适肥瘦,出其血也。疟脉小实急,灸胫少阴、刺指井②。疟脉满大急③,刺背俞,用五胠俞、背俞各一,适行至于血也。疟脉缓大虚,便宜用药,不宜用针。凡治疟,先发如食顷④,乃可以治,过之则失时也。诸疟而脉不见,刺十指间出血,血去必已;先视身之赤如小豆⑤者,尽取⑥之。十二疟⑦者,其发各不同时,察其病形,以知其何脉之病也。先其发时如食顷而刺之,一刺则衰,二刺则知,三刺则已;不已,刺舌下两脉出血;不已,刺郄中盛经⑧出血,又刺项已下侠脊者,必已。舌下两脉者,廉泉也。

注释

① 伍胠俞:脊背上五脏俞穴的两旁,靠近胁处的五个俞穴:魄户、神堂、魂门、意舍、志室,称为"五胠俞"。
② 井:指井穴,即四肢最远端之孔穴。
③ 疟脉满大急:新校正认为此下二十二字与前重复,当删。
④ 如食顷:约一顿饭的时间。
⑤ 赤如小豆:疟热内盛,迫及营血,故皮肤上出血点如赤小豆一样。

⑥ 取：是"刺"的意思。
⑦ 十二疟：指上文六经疟、五脏疟和胃疟。
⑧ 盛经：血盛的经络。张志聪："郄中盛经者，谓血气盛于此也。"

语译

治疗疟疾，在刚要发热的时候，刺足背上的动脉，开其孔穴，刺出其血，可立即热退身凉；如疟疾刚要发冷的时候，可刺手阳明、太阴和足阳明、太阴的俞穴。如疟疾病人的脉搏满大而急，刺背部的俞穴，用中等针按五胠俞各取一穴，并根据病人形体的胖瘦，确定针刺出血的多少。如疟疾病人的脉搏小实而急的，灸足胫部的少阴经穴，并刺足趾端的井穴。如疟疾病人的脉搏满大而急，刺背部俞穴，取五胠俞、背俞各一穴，并根据病人体质，刺之出血。如疟疾病人的脉搏缓大而虚的，应该用药治疗，不宜用针刺。大凡治疗疟疾，应在病没有发作之前约一顿饭的时候，予以治疗，过了这个时间，就会失去时机。凡疟疾病人脉沉伏不见的，急刺十指间出血，血出病必愈；若先见皮肤上发出像赤小豆色的红点，应都用针刺去。上述十二种疟疾，其发作各有不同的时间，应观察病人的症状，从而了解病属于哪一经脉。如在没有发作以前约一顿饭的时候就给以针刺，刺一次病势衰减，刺二次病就显著好转，刺三次病即痊愈；如不愈，可刺舌下两脉出血；如再不愈，可取委中血盛的经络，刺出其血，并刺项部以下夹脊两旁的经穴，这样，病一定会痊愈。上面所说的舌下两脉，就是指的廉泉穴。

按语

治疟大法，是"先其发时如食顷而刺之"。但亦有方热、方寒之时的刺法，这是从权达变的刺法。

刺疟者，必先问其病之所先发者，先刺之。先头痛及重者,先刺头上及两额、两眉间出血。先项背痛者,先刺之。先腰脊痛者,先刺郄中出血。先手臂痛者,先刺手少阴、阳明十指间。先足胫痠痛者,先刺足阳明十指间出血。风疟,疟发则汗出恶风,刺三阳经背俞之血者。骱痠痛甚,按之不可,名曰胕髓病①,以镵针②针绝骨出血,立已。身体小痛,刺至阴。诸阴之井,无出血,间日一刺。疟不渴,间日而作,刺足太阳;渴而间日作,刺足少阳;温疟汗不出,为五十九刺。

注释

① 胕髓病:胕,通"附"。因邪深伏于骨髓,故谓胕髓病。
② 镵(chán 馋)针:古时九针之一,其状头大而锐。

语译

凡刺疟疾,必先问明病人发作时最先感觉症状的部位,给以先刺。如先发头痛头重的,就先刺头上及两额、两眉间出血。先发颈项脊背痛的,就先刺颈项和背部。先发腰脊痛的,就先刺委中出血。先发手臂痛的,就先刺手少阴、手阳明的十指间的孔穴。先发足胫痠痛的,就先刺足阳明十趾间出血。风疟,发作时是汗出怕风,可刺三阳经背部的俞穴出血。小腿痠痛剧烈而拒按的,名叫胕髓病,可用镵针刺绝骨穴出血,其痛可以立止。如身体稍感疼痛,刺至阴穴。但应注意,凡刺诸阴经的井穴,皆不可出血,并应隔日刺一次。疟疾口不渴而间日发作的,刺足太阳经;如口渴而间日发作的,刺足少阳经;温疟而汗不出的,用"五十九刺"的方法。

本 篇 要 点

一、详细讨论以针刺方法治疗各种疟疾,并对疟疾症状作了具体描述。其中虽着重用针,但也提示对于正气虚弱的病人,不宜用针,宜用药物治疗。

二、论述了疟有六经疟、五脏疟、胃疟等十二种。并说明根据经络脏腑的体系而加以鉴别,临床上掌握了这些发病规律,便于作出确当的治疗。

三、指出用针刺治疗疟疾,须根据疟疾发作的不同情况而采取不同的治疗措施,特别要注意在疟疾未发作之前,或发作时最先感觉症状的部位进行针刺。

气厥论篇第三十七

题解

本篇论述了脏腑之气逆而不顺,因而寒热相移,演为种种疾病,所以篇名"气厥论"。

黄帝问曰:五藏六府,寒热相移①者何?岐伯曰:肾移寒于脾②,痈肿,少气③。脾移寒于肝,痈肿,筋挛。肝移寒于心,狂,隔中④。心移寒于肺,肺消⑤;肺消者,饮一溲二,死不治。肺移寒于肾,为涌水⑥;涌水者,按腹不坚,水气客于大肠,疾行则鸣濯濯⑦,如囊裹浆,水之病也。脾移热于肝,则为惊衄。肝移热于心,则死。心移热于肺,传为鬲消⑧。肺移热于肾,传为柔痓⑨。肾移热于脾,传为虚⑩,肠澼死,不可治。胞⑪移热于膀胱,则癃,溺血。膀胱移热于小肠,鬲肠不便,上为口糜。小肠移热于大肠,为虙瘕⑫,为沉⑬。大肠移热于胃,善食而瘦人⑭,谓之食亦⑮。胃移热于胆,亦曰食亦。胆移热于脑,则辛頞⑯鼻渊;鼻渊者,浊涕下不止也,传为衄蔑⑰瞑目。故得之气厥⑱也。

注释

① 相移:互相转移、传变。张介宾:"相移者,以此病而移于彼也。"
② 脾:新校正云:"按全元起本作:肾移寒于脾。……《甲乙经》亦作移

寒于脾。"王冰注本作"肝"字,误,今从《甲乙经》改正。

③ 痈肿,少气:痈,通"壅"。痈肿在此似作浮肿为长。张介宾:"痈者,壅也。肾以寒水之气,反传所胜,侵侮脾土,故壅为浮肿。少气者,寒盛则阳虚于下,阳虚则无以化气也。"

④ 隔中:病名。指中焦隔塞不通,其主要表现是饮食入而复吐出。《灵枢·邪气藏府病形》:"隔中,食饮入而还出,后沃沫。"张琦:"膻中为气化之府,阴气凝塞,阳不能化,故中焦之气隔而不通。"

⑤ 肺消:病名,属消渴病之一。张介宾:"心火不足,则不能温养肺金,肺气不温,则不能行化津液,故饮虽一而溲则倍之。夫肺者,水之母也,水去多,则肺气从而索矣,故曰肺消。门户失守,本元日竭,故死不能治。"

⑥ 涌水:张介宾:"涌水者,水自下而上,如泉之涌也。水者,阴气也,其本在肾,其末在肺,肺移寒于肾,则阳气不化于下,阳气不化,则水泛为邪,而客于大肠,以大肠为肺之合也。"

⑦ 濯濯(zhuó浊):流水激荡声。此指肠鸣。王冰:"肠鸣而濯濯有声。"

⑧ 鬲消:指热熏膈间,气津消烁,久为消渴病变。张介宾:"鬲消者,鬲上焦烦,饮水多而善消也。按上文言肺消者因于寒,此言鬲消者因于热,可见消有阴阳二证,不可不辨。"

⑨ 柔痓(chì翅):痓,亦作痉,是病名。其证见卒口噤,背反张而瘛疭。柔痓,属痉病的一种,指筋脉拘急,项背强直,发热汗出等。可参《金匮》痉病。

⑩ 虚:张琦以"虚"字为衍文,因各经转移,均未言虚实。

⑪ 胞:指精室与胞宫。吴崑:"胞,阴胞也。在男则为精室,在女则为血室。"

⑫ 虙(fù伏)瘕:指沉伏于腹中的积块。虙,同"伏"。瘕,腹中积块。

⑬ 沉:张志聪:"沉,痔也。"又高世栻本"沉"下有"痔"字。《灵枢·邪气藏府病形》说:"肾脉……微涩为不月、沉痔。"

⑭ 入:新校正按《甲乙经》改入为又,诸本多从新校正。但姚止庵注:"瘦人,王本作瘦人,义既难通;《甲乙经》入作又,读连下文,上无所谓,何得言'又'?理亦不合。余谓'入'者'人'字之讹,读瘦人,较通。"观下文所云食亦病,虽消谷善食,而形体消瘦,与今消渴病同类,若此,则姚注可参。

⑮ 食亦:病名。亦,指懈怠无力。食亦,即善食而体瘦无力。

⑯ 辛頞(è遏):頞,指鼻梁。辛頞,即鼻梁内有辛辣之感。

⑰ 衄衊(miè灭):皆指鼻中出血。

⑱ 故得之气厥：此总结全篇之义，盖诸症皆因气逆而得之。气厥，即气逆。

语译

黄帝问道：五脏六腑的寒热互相转移的情况是怎样的？岐伯说：肾移寒于脾，则病浮肿和少气。脾移寒于肝，则病痈肿和筋挛。肝移寒于心，则病发狂和胸中隔塞。心移寒于肺，则为肺消；肺消病的症状是饮水一分，小便排二分，属无法治疗的死证。肺移寒于肾，则为涌水；涌水病的症状是腹部按之不甚坚硬，但因水气留居于大肠，故快走时肠中濯濯鸣响，如皮囊装水样，这是水气之病。脾移热于肝，则病惊骇和鼻衄。肝移热于心，则引起死亡。心移热于肺，日久则为鬲消。肺移热于肾，日久则为柔痓。肾移热于脾，日久渐成虚损，若再患肠澼，便易成为无法治疗的死证。胞移热于膀胱，则病小便不利和尿血。膀胱移热于小肠，使肠道隔塞，大便不通，热气上行，以至口舌糜烂。小肠移热于大肠，则热结不散，成为伏瘕，或为痔疮。大肠移热于胃，则消谷善食而体瘦无力，病为食㑊。胃移热于胆，也病食㑊。胆移热于脑，则鼻梁内感觉辛辣而成为鼻渊；鼻渊症状，是常流浊涕不止，日久可致鼻中流血，两目不明。以上各种病证，皆由于寒热之气厥逆，在脏腑中互相移传而引起。

按语

五脏六腑，寒热相移所表现的种种症状，关于其预后，有曰"死不治"，或曰"则死"，或曰"不可治"。其实质应理解为病情严重，治疗有一定困难。例如"肺消"，系糖尿病中的上消，但已涉及于下，故有"饮一溲二"，但未必就死不治。昔民国时期文人胡适，患糖尿病甚重，协和医院已诿为不治。后经友人劝说，转请中医诊治,重用黄芪、党参等药,治疗两月后痊愈。因此对《内经》中,言疾病预后者类此语者不鲜,务必不能拘泥于句下。

又按:文中有大肠移热于胃及胃移热于胆的"食亦"症,其症状的特点为善食而消瘦,在临床上亦有此种病况,观此则知其病机是在于胃火,火甚则最易伤阴烁津,故形瘦或倦怠乏力。

再有胆移热于脑,则辛䪼鼻渊……传为衄衊瞑目。鼻渊,现代医学称之为鼻炎、鼻窦炎,病位在鼻。按中医理论讲,鼻为肺之窍,与肺有密切关系,而此提出胆移热于脑的病理观点。笔者认为鼻渊之形成与肺的关系,并不排除,而此应是鼻渊在发展过程中所产生的症状。因辛䪼,指鼻梁内有辛辣感,也有觉刺痛者便是,若见此只知治肺无益也。后之医者为治此症,制藿胆丸,专治鼻渊牵延而症见流黄脓涕,甚者有腥气之症,甚有效果。

本篇要点

本篇是讨论寒热之气在脏腑之间相移传化而发生的各种病变。它一方面说明寒热之气厥逆,可为患多端;另一方面也说明了脏腑之间有密切联系,脏腑有病,可互相影响,互相传变。

咳论篇第三十八

题解

本篇讨论了各种咳嗽的成因、症状、传变、治疗等；特别是指出了咳嗽虽然为肺病，而五脏六腑之病，皆能犯肺作咳。因为本篇是专论咳嗽，所以篇名"咳论。"

黄帝问曰：肺之令人咳，何也？岐伯对曰：五藏六府皆令人咳①，非独肺也。帝曰：愿闻其状。岐伯曰：皮毛者，肺之合也；皮毛先受邪气，邪气以从其合也。其寒饮食入胃，从肺脉上至于肺则肺寒②，肺寒则外内合邪，因而客之，则为肺咳。五藏各以其时③受病，非其时，各传以与之。

人与天地相参④，故五藏各以治时⑤感于寒则受病，微则为咳，甚则为泄、为痛。乘秋则肺先受邪，乘春则肝先受之，乘夏则心先受之，乘至阴则脾先受之，乘冬则肾先受之。

注释

① 五藏六府皆令人咳：肺主气而朝百脉，与五脏六腑息息相通。故其他脏腑病变，可上干于肺而使之宣降失职，发为咳嗽；反之，肺久咳不愈，也可累及其他脏腑，出现有关兼证。张志聪："肺主气而位居最高，受百脉之朝

会,是咳虽肺证,而五藏六府之邪,皆能上归于肺而为咳。"

②其寒饮食入胃……则肺寒:张介宾:"肺脉起于中焦,循胃口,上鬲属肺,故胃中饮食之寒,从肺脉上于肺也。所谓形寒寒饮则伤肺,正此节之谓。"

③各以其时:指五脏各有所主的时令,如春肝、夏心、长夏脾、秋肺、冬肾。

④参:相合、相应。

⑤治时:即五脏所主的时令,也叫旺时。

语译

黄帝问道:肺脏有病,能使人咳嗽,这是什么道理?岐伯回答说:五脏六腑有病,都能使人咳嗽,不单是肺病如此。黄帝道:请告诉我各种咳嗽的症状。岐伯说:皮毛与肺是相配合的,皮毛先感受了外邪,邪气就会影响到肺脏。再由于吃了寒冷的饮食,寒气在胃循着肺脉上行于肺,引起肺寒,这样就使内外的寒邪相结合,停留于肺脏,从而成为肺咳。这是肺咳的情况。至于五脏六腑之咳,是五脏各在其所主的时令受病,并非在肺的主时受病,而是各脏之病传给肺的。

人和自然界是相应的,五脏在其所主的时令受了寒邪,便能得病,若轻微的发生咳嗽,严重的寒气入里就成为泄泻、腹痛。所以当秋天时,肺先受邪;当春天时,肝先受邪;当夏天时,心先受邪;当长夏太阴主时,脾先受邪;当冬天时,肾先受邪。

按语

本节讨论了咳嗽的成因和病机,不仅着重强调了"五脏六腑皆令人咳,非独肺也"的理论,而且指出外感邪气、内伤冷饮是引起肺咳的主要原因之一,这些阐述与临床实践无疑是相吻合的。

又按,《宣明五气篇》中有:五气所病,指出"肺为咳",而本篇又提出"五脏六腑皆能令人咳"。前者"肺为咳"乃指咳嗽的病位，后者乃指导致咳嗽的病机，即五脏六腑的失调一旦涉及于肺，皆令人咳也。这一论点的提出，可令临床工作者对咳嗽的治疗，开阔了视野，扩开了思路。在诊断上，对五脏六腑中何脏何腑而致咳，必须结合下文中五脏六腑所表现的各种症状而确定。

帝曰：何以异之？岐伯曰：肺咳之状，咳而喘息有音，甚则唾血。心咳之状，咳则心痛，喉中介介①如梗状，甚则咽肿喉痹。肝咳之状，咳则两胁下痛，甚则不可以转，转则两胠②下满。脾咳之状，咳则右胁下痛，阴阴③引肩背，甚则不可以动，动则咳剧。肾咳之状，咳则腰背相引而痛，甚则咳涎④。

注释

① 介介：形容喉中如有物梗塞状。
② 胠(qū区)：胁下空软部位。
③ 阴阴：即隐隐。
④ 咳涎(xián咸)：泛指咳吐痰液。丹波元简："涎，即今之稠痰也。"张琦："肾主五液，入脾为涎，浊阴上填，故咳而多涎。"

语译

黄帝道：这些咳嗽怎样鉴别呢？岐伯说：肺咳的症状，咳而气喘，呼吸有声，甚至唾血。心咳的症状，咳则心痛，喉中好像有东西梗塞一样，甚至咽喉肿痛闭塞。肝咳的症状，咳则两侧胁肋下疼痛，甚至痛得不能转侧，转侧则两胁下胀满。脾咳的症状，咳则右胁下疼痛，并隐隐然疼痛牵引肩背，甚至不可以动，一动就会使咳嗽加剧。肾咳的症状，咳则腰背互相牵引作痛，甚至咳吐痰涎。

帝曰：六府之咳奈何？安所受病？岐伯曰：五藏之久

咳，乃移于六府。脾咳不已，则胃受之；胃咳之状，咳而呕，呕甚则长虫①出。肝咳不已，则胆受之；胆咳之状，咳呕胆汁。肺咳不已，则大肠受之；大肠咳状，咳而遗失②。心咳不已，则小肠受之；小肠咳状，咳而失气③，气与咳俱失。肾咳不已，则膀胱受之；膀胱咳状，咳而遗溺。久咳不已，则三焦受之④；三焦咳状，咳而腹满，不欲食饮。此皆聚于胃，关于肺，使人多涕唾而面浮肿气逆也⑤。

帝曰：治之奈何？岐伯曰：治藏者，治其俞；治府者，治其合；浮肿者，治其经。帝曰：善！

注释

① 长虫：即蛔虫。

② 遗失：《甲乙经》卷九第三、《黄帝内经太素》卷二十九咳论均作"遗矢"，可从。矢是"屎"的本字。遗矢，是大便失禁而自遗。

③ 失气：与"矢气"同，俗称"放屁"。

④ 久咳不已，则三焦受之：久咳，泛指以上各种咳嗽。因三焦总司上下内外之气化功能，故久咳不已，皆可传入三焦。

⑤ 此皆聚于胃……而面浮肿气逆也：马莳："夫五藏六府之咳如此，然皆聚之于胃，以胃为五藏六府之主也。关之于肺，以肺先受邪，而后传于别藏别府也。使人多涕唾，而面浮肿，皆以气逆于上故耳。此乃藏府咳疾之总语也。

语译

黄帝道：六府咳嗽的症状如何？是怎样受病的？岐伯说：五藏咳嗽日久不愈，就要传移于六府。例如脾咳不愈，则胃就受病；胃咳的症状，咳而呕吐，甚至呕出蛔虫。肝咳不愈，则胆就受病；胆咳的症状，咳而呕吐胆汁。肺咳不愈，则大肠受病；大肠咳的症状，咳而大便失禁。心咳不愈，则小肠受病；小肠咳的症状，咳而矢气，而且往往是咳嗽与矢气同时发生。肾咳不愈，则膀胱受病；膀胱咳的症状，咳而遗尿。以上各种咳嗽，如经久不愈，则使三焦受病；三焦咳的症状，咳而腹满，不想饮食。凡此咳嗽，不论由于哪一脏腑的病变，其邪必聚于胃，并循着肺的经脉而影响及肺，才能使人多痰涕，面部浮肿，咳嗽气逆。

黄帝道：治疗的方法怎样？岐伯说：治五脏的咳，取其俞穴；治六腑的咳，取其合穴；凡咳而浮肿的，可取有关脏腑的经穴而分治之。黄帝道：讲得好！

按语

上两节讨论了五脏六腑各种咳嗽的症状、病机以及治疗方法。证之于临床，咳嗽虽均与肺有关，但其病因亦可由其他脏腑功能失调引起。如脾虚生湿，上渍于肺；肝火上冲，气逆犯肺；肾虚水泛，水饮射肺等，皆能影响肺气的宣降而导致咳嗽。因此在治疗时，应当辨证求因，审因论治。

本 篇 要 点

一、咳嗽的病变，固属于肺，而五脏六腑的病变，又都能影响于肺，使之功能失常，发为咳嗽。

二、咳嗽发病与四时有很大关系。

三、咳嗽日久不愈，脏病可以移腑。

四、指出咳嗽的治疗原则。

举痛论篇第三十九

题解

本篇运用举例的方法,说明诸诊法的具体运用,并对"九气"致病的病机和症状作了论述。由于篇中列举了多种卒痛证候,对其病因病机详加分析,占了大部分篇幅,故名"举痛论"。亦有认为"举"乃"卒"字之误,篇名当为"卒痛论"。

黄帝问曰:余闻善言天者,必有验于人;善言古者,必有合于今;善言人者,必有厌①于己。如此则道不惑而要数②极,所谓明也。今余问于夫子,令言而可知,视而可见,扪而可得,令验于己而发蒙解惑,可得而闻乎?岐伯再拜稽首③对曰:何道之问也?帝曰:愿闻人之五藏卒④痛,何气使然?岐伯对曰:经脉流行不止,环周不休。寒气入经而稽迟⑤,泣⑥而不行,客⑦于脉外则血少,客于脉中则气不通,故卒然而痛。

注释

① 厌(yā 鸦):适合。
② 要数:数,技术。要数,重要技术。
③ 稽(qǐ 启)首:古时一种跪拜礼,叩头至地,是九拜中最恭敬者。
④ 卒(cù 醋):同"猝"。突然。
⑤ 寒气入经而稽迟:《黄帝内经太素》卷二十七邪客作"寒气入焉,经

血稽迟。"义胜。《说文》:"稽,留止也。""迟,徐行也。"稽迟,即滞留而运行不畅的意思。

⑥ 泣:通"涩"。

⑦ 客:侵犯的意思。

语译

黄帝问道:我听说善于论述自然规律的,必定能联系到人体;善于论述古代理论的,必定能结合现代实际;善于论述人体的,必定能适合于自身情况。只有这样,才能把握住事物的变化规律而不致疑惑,对重要技术的掌握能达到最高水平,这就是所谓明达事理。现在我请问先生,能否把有关问诊、望诊、切诊了解病情的知识告诉我,使我能结合自身情况而解除疑惑?岐伯恭敬地回答说:你要问哪些道理?黄帝道:希望了解人体五脏突然作痛,是受了什么邪气所致?岐伯回答说:人体经脉中的气血,是周流全身,循环不息的。寒邪侵入了经脉,气血就会滞留而运行不畅,假如寒邪侵犯到脉外,则血脉缩蜷而血流量减少,若侵入于脉中,则脉气亦不能畅通,所以就会突然作痛。

按语

经文中指出:"经脉流行不止,环周不休",乃是人身气血在经脉中的正常运行。而一旦有寒邪客于经脉,影响了气血的正常运行,形成滞涩不通(循环障碍)便会形成疼痛之病机,常言道"不通则痛"。但"不通则痛"是疼痛共有的病机,而临床上所有痛证,非仅寒邪一端,本文中所举的"寒气入经",应视为举例而已,不可一见疼痛,即拘泥为寒邪。观后文有:"炅气相薄则脉满,满则痛而不可按也",可知。

帝曰:其痛或卒然而止者;或痛甚不休者;或痛甚不

可按者；或按之而痛止者；或按之无益者；或喘动①应手者；或心与背相引而痛者；或胁肋与少腹相引而痛者；或腹痛引阴股②者；或痛宿昔③而成积者；或卒然痛死不知人，有少间复生者；或痛而呕者；或腹痛而后④泄者；或痛而闭不通者。凡此诸痛，各不同形，别之奈何？

注释

① 喘动：蠕动。丹波元简："盖此指腹中筑动而言。"
② 阴股：指大腿内侧近前阴处。杨上善："髀内为股，阴下之股为阴股也。"
③ 宿昔：经久。张志聪："稽留久也。"
④ 后：《黄帝内经太素》卷二十七邪客作"复"。

语译

黄帝道：疼痛有的突然停止；有的却剧痛不止；有的剧痛而拒按；有的揉按疼痛部位可使痛止；有的揉按而不见缓解；有的在痛处按上去有蠕动感；有的则心与背相互牵引作痛；有的是胁肋和少腹相互牵引作痛；有的腹痛牵引阴股；有的痛久不愈而形成积块；有的因突然剧痛引起昏厥不省人事，稍停片刻便苏醒的；有的是痛时伴有呕吐；有的是腹痛伴有泄泻；有的是疼痛伴有大便闭结不通。这许多疼痛病证，表现各不相同，如何加以区别呢？

岐伯曰：寒气客于脉外则脉寒，脉寒则缩蜷①，缩蜷则脉绌急②，绌急则外引小络，故卒然而痛，得炅③则痛立止；因重中于寒，则痛久矣。寒气客于经脉之中，与炅气相薄则脉满，满则痛而不可按也④。寒气稽留，炅气从上⑤，则脉充大而血气乱，故痛甚不可按也。寒气客于肠胃之间，膜原⑥之下，血不得散，小络急引，故痛；按之则血气散，故按之痛止。寒气客于侠脊之脉⑦则深，按之不能及，故按之无益也。寒气客于冲脉，冲脉起于关元，随腹直上，寒气客则脉不通，脉不通则气因之，故喘动应手矣。寒气客于背俞之脉⑧则脉泣，脉泣则血虚，血虚则痛，其俞注于心，故相引而痛。按之则热气至，热气至则痛止矣⑨。寒气客于厥阴之脉，厥阴之脉者，络阴器，系于肝，寒气客于脉中，则血泣脉急，故胁肋与少腹相引痛矣。厥气⑩客于阴股，寒气上及少腹，血泣在下相引，故腹痛引阴股。寒气客于小肠膜原之间，络血之中，血泣不得注于大经，血气稽留不得行，故宿昔而成积矣。寒气客于五藏，厥逆上泄，阴气竭，阳气未入，故卒然痛死不知人，气复反⑪则生矣。寒气客于肠胃，厥逆上出，故痛而呕也。寒气客于小肠，小肠不得成聚，故后泄腹痛矣。热气留于小肠，肠中痛，瘅热焦渴⑫，则坚干不得出，故痛而闭不通矣。

注释

① 缩蜷（quán 拳）：收缩不伸。

② 绌（chù 触）急：绌，屈曲。急，拘急。

③ 炅（jiǒng 炯）：热。

④ 满则痛而不可按也：滑寿："此当作痛甚不休也。"

⑤ 上：疑为"之"字之误。篆文"之"与"上"形似易误。

⑥ 膜原：指胸膜与膈肌之间的部位。又指肠胃间脂膜。

⑦ 侠脊之脉：指脊柱两旁的经脉。侠，通"挟"。

⑧ 背俞之脉：指足太阳经脉。因该经行于背部的直干部分有五脏六腑之俞穴，故称其为"背俞之脉"。

⑨ 按之则热气至，热气至则痛止矣：高世栻本将此十三字移于上文"故按之痛止"之下。义胜。

⑩ 厥气：指阴寒厥逆之气。按前后文义，"厥气"似应与下句"寒气"互

易,作"寒气客于阴股,厥气上及少腹"方是。

⑪ 反:通"返"。

⑫ 瘅(dàn旦)热焦渴(jié竭):指津液因盛热而涸竭。瘅,热气盛。焦,比喻干燥到极点。渴,通"竭",水干涸。

语译

岐伯说:寒邪侵犯到经脉之外,使经脉因受寒而收缩,导致经脉屈曲拘急,并牵引在外的细小络脉,于是发生突然疼痛,但只要得到热气则疼痛可立刻停止;假如重复感受寒邪,那么疼痛就会久延不止。寒邪侵犯到经脉之中,与经脉中的热气相搏结,就会使血脉阻滞而充满,由于邪气充满,所以痛甚而无休止。由于寒邪留滞,迫使热气与之相从而搏结,使得血脉充盛满大,气血逆乱,所以剧痛而拒按。如果寒邪侵犯到肠胃之间,膜原之下,使血气不得布散,小络脉拘急收引,因而产生疼痛;若以手揉按,则瘀滞的血气得以消散,所以揉按则痛止,这是因为揉按时热气应手而至,热气到达病所则疼痛停止。寒邪侵犯到挟脊的经脉,由于部位较深,揉按的作用达不到病所,所以用揉按的方法无效。寒邪侵犯到冲脉,冲脉从关元穴起循腹上行,寒邪侵犯则脉不通,脉不通则气的流动也随之受阻,所以痛处蠕动应手。寒邪侵犯到背俞之脉,经脉因而凝滞不通,脉涩不通可导致局部血虚,血虚则经脉失养而疼痛,因背俞和心相连,所以痛时心与背相互牵引而痛。寒邪侵犯到厥阴经脉,厥阴经脉环络前阴,上系于肝,寒邪留滞于脉中,则血凝涩而经脉拘急,所以出现胁肋和少腹相互牵引疼痛。寒邪侵犯到阴股,迫使经气逆乱,上逆于少腹,寒凝血滞,经脉牵引,所以腹痛牵引阴股。寒邪侵犯到小肠膜原之间的血络之中,致使血液凝滞不能回流到大经脉,气血瘀积日久则可形成积块。寒邪侵犯到五脏,迫使五脏气机厥逆而上越,导致五脏阴气内竭,阳气不入于阴,阴阳相离,所以突然剧痛而昏厥不省人事;如果阴阳之气复返，就可以苏醒了。寒邪侵犯到肠胃，迫使肠胃气机上逆，所以疼痛伴有呕吐。寒邪侵犯到小肠，使小肠不能正常受盛化物，所以腹痛伴有泄泻。如果热邪滞留于小肠，亦可导致腹中疼痛，由于肠中炽热灼津，津液涸竭，使大便干燥坚硬而难解，所以腹痛伴有大便闭结不通。

帝曰：所谓言而可知者也。视而可见奈何？岐伯曰：五藏六府，固尽有部，视其五色，黄赤为热，白为寒，青黑为痛，此所谓视而可见者也。帝曰：扪而可得奈何？岐伯曰：视其主病之脉，坚而血及陷下者①，皆可扪而得也。帝曰：善！

注释

① 坚而血及陷下者：坚而血，指邪气结聚，瘀血留滞，脉络按之坚实或充血怒张。陷下，指血气不足，脉络空虚陷下。

语译

黄帝道：上面所说的是通过问诊以察知病情的方法。用望诊来察知病情是怎样的呢？岐伯说：五脏六腑在面部都有固定的望色部位，通过观察各相应部位的五色变化，可以察知病情，如黄色和红色主热，白色主寒，青色和黑色主痛，这就是通过望诊来察知病情的。黄帝道：怎样通过切诊察知病情呢？岐伯说：观察他主病的脉象，如脉象坚实，是有邪气结聚；脉络充血怒张，是有瘀血留阻；脉搏空虚陷下，是血气不足，这些都可通过切诊而得知。黄帝道：讲得好！

余知百病生于气也。怒则气上，喜则气缓，悲则气消，恐则气下，寒则气收，炅则气泄，惊则气乱，劳则气耗，思则气结，九气不同，何病之生？岐伯曰：怒则气逆，甚则呕血及飧泄,故气上矣。喜则气和志达,荣卫通利,故气缓矣。悲则心系急,肺布叶举①,而上焦不通,荣卫不散,热气在中,故气消矣。恐则精却②,却则上焦闭,闭则气还,还则下焦胀,故气不行③矣。寒则腠理闭,气不行④,故气收矣。炅则腠理开,荣卫通,汗大泄,故气泄。惊则心无所倚,神无所归,虑无所定,故气乱矣。劳则喘息汗出,外内皆越⑤,故气耗矣。思则心有所存,神有所归,正气留而不行,故气结矣。

注释

① 肺布叶举:布,展开。张志聪:"肺脏布大而肺叶上举。"
② 精却:指精气衰退而不能上行。
③ 气不行:新校正:"详'气不行'当作'气下行'也。"如此则与帝问正合,为是。
④ 气不行:《甲乙经》卷一第一作"营卫不行",与下文"炅则腠理开,营卫通"相对应,义胜。
⑤ 外内皆越:越,散越。马莳:"人有劳役,则气动而喘息,其汗必出于外。夫喘则内气越,汗出则外气越,故气以之而耗散也。"

语译

我知道许多疾病的发生与气机失调有关。暴怒则气上逆,喜悦则气舒缓,悲哀则气消散,恐惧则气下却,寒则气收敛,热则气外泄,受惊则气紊乱,过劳则气耗损,思虑则气郁结,气的九种不同变化,会引起什么疾病?岐伯说:大怒导致气机上逆,严重的可以引起呕血及飧泄,所以说"怒则气上"。喜悦则气和顺而志畅达,营卫之气通利,所以说"喜则气缓"。悲哀过度则心系急迫,肺脏扩张而肺叶上举,导致上焦不得宣通,营卫之气不得散布,热郁于胸中而气耗,所以说"悲则气消"。恐惧则使精气下却,精却不能上行遂致上焦郁闭不通,上焦郁闭则气还归于下,气郁于下则引起下焦胀满,所以说"恐则气下"。寒凉能使腠理闭塞,营卫之气不能宣达而收敛于内,所以说:"寒则气收"。温热使腠理开泄,营卫通畅,汗液大量外泄,气随汗泄,所以说"炅则气泄"。受惊则心悸动荡,神不守舍,疑虑不定,以致心气紊乱,所以说"惊则气乱"。过劳则气喘汗出,喘则气从内散越,汗出则气从外散越,内外之气皆泄越,所以说"劳则气耗"。思虑太过则心事留存而不忘怀,精神过分集中,使正气留结而不行,所以说"思则气结"。

按语

"百病皆生于气",可谓是内伤病致病的重要因素。在后《调经论》中有"气血不和百病乃变化而生";后人有"气血调和,百病不生"之说。气血不和其因有:七情和寒热之不同,七情则伤及五脏,寒热之邪则伤及肌表、腠理,症情则不同。可根据所表现之不同而分别治之。本文对临床的诊治,颇有指导意义,希望读者谨记。

本 篇 要 点

一、本篇开首"善言天者,必有验于人……"一段,阐述了理论必须与实践相结合的观点。

二、举例说明问诊、望诊、切诊的具体方法,示人以诸诊法宜合参运用。

三、指出寒邪入侵是痛证的主要原因;寒邪侵犯经脉,引起气血运行受阻,是产生痛证的主要病机;并列举了疼痛的多种临床表现,进行对比分析。

四、论述了九气致病的症状和机制,提出"百病皆生于气"的观点。

腹中论篇第四十

题解

本篇主要是讨论臌胀、血枯、伏梁、热中、消中、厥逆等腹中疾患,故篇名"腹中论"。

黄帝问曰:有病心腹满,旦食则不能暮食,此为何病?岐伯对曰:名为鼓胀①。帝曰:治之奈何?岐伯曰:治之以鸡矢醴②,一剂知③,二剂已④。帝曰:其时有复发者,何也?岐伯曰:此饮食不节,故时有病也。虽然其病且已,时故当病⑤,气聚于腹也。

注释

① 鼓胀:即臌胀。是一种以腹部胀大如鼓,皮色萎黄,脉络显露为特征的病证。

② 鸡矢醴:矢,通"屎"。醴,酒的一种。鸡矢醴,是古人用来治疗臌胀的药酒方名。方用鸡屎白,晒干,焙黄,一两,米酒三碗,煎数沸,去滓,过滤,澄清,空腹热服,一日二次。

③ 知:见效的意思。

④ 已:此处作"病愈"解。

⑤ 时故当病:《甲乙经》卷八第四作"因当风"。《黄帝内经太素》卷二十九胀论作"时当痛"。张琦认为"有脱误或衍文",似是。

语译

黄帝问道:有人患脘腹胀满,早上进了饮食,晚上便不能再进食,这是什么病? 岐伯回答说:病名为臌胀。黄帝又问:如何治疗呢? 岐伯说:用鸡矢醴治疗,一剂就可见效,两剂就能治愈。黄帝道:此病有时会复发,是何原因? 岐伯说:这是由于饮食没有节制,所以不时发病。这种病经过治疗,虽在表面上是好了,但病根未除,若因饮食不节,病气就会再度聚于腹中,于是病就复发了。

按语

臌胀是指腹部胀大如鼓的一类病证。其临床表现本篇仅举"心腹满"和"旦食则不能暮食"是很不够的,当与其他篇目中有关论述互参。如《灵枢·水胀》:"鼓胀……腹胀身皆大,大与肤胀等也,色苍黄,腹筋起,此其候也。"后世医家对本病的认识和防治续有阐发,认为其病理总属肝、脾、肾三脏失调,气、血、水停聚腹中所致,并按其病因和临床特征,分为气臌、血臌、水臌、虫臌等。前人将臌胀列为风、痨、臌、膈四大疑难重症之一,说明本病虚实错杂,在治疗上较为困难,当掌握标本虚实,正确施治。鸡矢醴一方,亦当视病情适宜者,方可使用。如张介宾说:"鸡矢之性,能消积下气,通利大小二便,盖攻伐实邪之剂也。……凡鼓胀由于停积及湿热有余者,皆宜用之。若脾肾虚寒发胀及气虚中满等证,最所忌也,误服则死。"本文中之鼓胀,与后世所说的臌胀,名虽同而其病机有不同。本文中的鼓胀,其形成之因,多因饮食不节,伤及脾胃,造成严重的消化不良,故旦食则暮不能食,与《金匮要略》中脾伤症相似。其曰:"脾伤则不磨,朝食暮吐,暮食朝吐,宿谷不化,名曰胃反"。脾伤及胃则吐,胃气未伤则心腹满也。据此则所谓鼓胀,节饮食,亦是非常重要的一环。

帝曰:有病胸胁支满者,妨于食,病至则先闻腥臊臭①,出清液②,先唾血,四支清,目眩,时时前后血,病名为何? 何以得之? 岐伯曰:病名血枯。此得之年少时有所大脱血,若醉入房中,气竭肝伤,故月事衰少不来也。帝曰:治之奈何? 复以何术? 岐伯曰:以四乌鲗骨③一藘茹④,二物并合之,丸以雀卵⑤,大如小豆;以五丸为后饭⑥,饮以鲍鱼⑦汁,利肠中⑧及伤肝也。

注释

① 臭(xiù嗅):气味。

② 出清液:液,《甲乙经》卷十一第七作"涕"。出清液,张介宾:"吐清液也";吴崑:"出清冷鼻液"。于义均通。

③ 乌鲗(zé责)骨:即乌贼骨,又名海螵蛸。

④ 藘(lú驴)茹:即茜草。张介宾:"藘茹亦名茹藘,即茜草也。"

⑤ 雀卵:即麻雀卵。气味甘温,能补肾阳,益精血,治男子阳萎,女子血枯。

⑥ 后饭:即于饭前服药。

⑦ 鲍鱼:即鳆鱼,又名石决明肉。为鲍科动物九孔鲍或盘大鲍的肉,可煮食或煎汤。《随息居饮食谱》:"体坚难化,脾弱者饮汁为宜。"能补肝肾,益精明目,开胃养营。

⑧ 肠中:《黄帝内经太素》卷三十血枯作"胁中",与前文"病胸胁支满"相应,似是。

语译

黄帝道:有人患胸胁支撑胀满的病,妨碍饮食,病将发作时,可先闻到腥臊气味,口泛清水,先见吐血,逐渐四肢清冷,眼花,时常大小便出血,这是什么病? 是什么原因引起的? 岐伯说:病名为血枯。是由于少年时期曾有过大出血,或因醉酒后恣行房事,使精气耗竭,肝脏损伤,所以月经衰少,甚至闭经。黄帝道:怎样治疗? 用什么方法使其恢复? 岐伯说:用四份乌鲗骨,一份藘茹,二药混合,用麻雀卵和制成丸,如小豆般大小。于饭前服五丸,用鲍鱼汤送服,以有益于胁胀和补益受伤的肝脏。

按语

四乌鲗骨一藘茹丸之功效,《本草纲目》:乌鲗骨"厥阴血分药也,其味咸而走血……诸血病皆治之。""藘茹即茜根,其色赤而气温,味微酸而带咸,色赤入营,气温行滞,味酸入肝而咸走血,手足厥阴血分药也,专于行血活血。"二物合用,功专祛瘀生新。雀卵、鲍鱼为血肉有情之品,能补益精血。所以本方能益精化血、去瘀生新。对于大出血后的瘀血留滞,或血枯证,用之切合病机。故常为后世医家所采用,如《圣济总录》、《妇人大全良方》等均有用本方治愈血枯证的记载。当代名医蒲辅周先生"师其法而不泥其方",在《蒲辅周医案》中,记载有仅取乌贼骨、茜草的去瘀生新,另伍以地黄、当归、阿胶、川断、杜仲等代替雀卵、鲍鱼的补益精血,治愈崩漏的经验,为本方的活用作了示范。

帝曰:病有少腹盛①,上下左右皆有根,此为何病?可治不②?岐伯曰:病名曰伏梁③。帝曰:伏梁何因而得之?岐伯曰:裹大脓血,居肠胃之外,不可治,治之每切按之致死。帝曰:何以然?岐伯曰:此下则因④阴,必下脓血;上则迫胃脘,生⑤鬲,侠⑥胃脘内痈。此久病也,难治。居齐上为逆,居齐下为从,勿动亟夺⑦。论在刺法中。

注释

① 盛:满的意思。
② 不:同"否"。
③ 伏梁:古病名。指脘腹部痞满肿块一类疾患。多由气血结滞而成。张介宾:"伏,藏伏也。梁,彊(强)梁坚硬之谓。"其症状表现,除本篇所言外,《灵枢·邪气脏腑病形》和《灵枢·经筋》亦有记载,病名同而病情有异。另据一九七二年甘肃武威旱滩坡出土文物《武威汉代医简》载有"治伏梁裹脓在胃肠之外治方",又说明伏梁是指体内的痈疡,可参。

④ 因：依傍。高世栻："因，犹依也。"
⑤ 生：《黄帝内经太素》卷三十伏梁病作"出"。王冰："生当为出，传文误也。"
⑥ 侠：《黄帝内经太素》卷三十伏梁病作"使"。义胜。
⑦ 勿动亟夺：亟，急。夺，削除。勿动亟夺，意指不可用按摩以求伏梁病立即消除。高世栻："勿动亟夺，犹言勿用急切按摩以夺之。不当亟夺而妄夺，必真气受伤而致死。"

语译

黄帝道：有一种病，少腹部盛满坚硬，病位四周按之有明显的界限，这是什么病？能否治愈？岐伯说：病名叫伏梁。黄帝道：这是什么原因引起的？岐伯说：病处包裹着大量脓血，停聚于肠胃之外，这种病不易治愈，诊治时每因切按过重而引起死亡。黄帝道：为什么会这样呢？岐伯说：这种病如果生在下腹部，则接近阴部，按之必然使脓血从下部穿溃排出；如果在上腹部，则靠近胃脘，按之使脓血上迫，穿出横膈，并使胃脘发生内痈。这是缠绵已久的病，难于治愈。病位在脐以上的危重，在脐以下的预后良好，总之不可按摩以求病灶立即消除。详细的论述记载在"刺法"中。

帝曰，人有身体髀股䯒皆肿，环齐而痛，是为何病？岐伯曰：病名伏梁，此风根①也。其气溢于大肠，而著②于肓，肓之原③在齐下，故环齐而痛也。不可动之，动之为水溺④涩之病。

注释
① 风根：指宿受风寒之邪。张介宾："风根，即寒气也。如百病始生篇曰：'积之始生，得寒乃生，厥乃成积。'即此谓也。"
② 著："着"的本字。
③ 肓之原：原，指原穴。据《灵枢·九针十二原》，肓之原穴为脖胦（yāng秧）穴，即任脉经的气海穴，位于脐下1.5寸处。

④ 水溺(niào尿)：即小便。

语译

黄帝道：有的人髀、股、胻部位都肿，而且绕脐疼痛，这是什么病？岐伯说：病名叫伏梁，是宿受风寒之邪所致。邪气充斥，溢于大肠，留着于肓膜，肓的原穴位于脐下，所以绕脐疼痛。不可用攻下方法扰乱腑气，误用而扰乱之，则发生小便涩滞的病变。

帝曰：夫子数言热中、消中①，不可服高粱②、芳草、石药，石药发瘨③，芳草发狂。夫热中、消中者，皆富贵人也，今禁高粱，是不合其心，禁芳草、石药，是病不愈，愿闻其说。岐伯曰：夫芳草之气美，石药之气悍，二者其气急疾坚劲，故非缓心和人，不可以服此二者。帝曰：不可以服此二者，何以然？岐伯曰：夫热气慓悍④，药气亦然，二者相遇，恐内伤脾。脾者土也而恶木，服此药者，至甲乙日更论⑤。帝曰：善！

注释

① 热中、消中：即后世所谓的三消病。王冰："多饮数溲，谓之热中。多食数溲，谓之消中。"
② 高粱：《甲乙经》卷十一第六作"膏粱"，义同。
③ 瘨："癫"的本字。
④ 慓悍：比喻轻捷勇猛。
⑤ 更论：《甲乙经》卷十一第六作"当愈甚"。义胜。

语译

黄帝道：先生屡次说热中、消中病人不可以吃肥甘厚味，也不可以服用芳香的草药和金石类药物，因金石类药物能使人发癫，芳香的草药会使人发狂。大凡患热中、消中病的,多是富贵之人,现在不准吃肥甘厚味,这不合乎他们的要求,禁忌芳香和金石药物,这病又不能治愈,这种两难之事该如何处理?希望听听您的见解。岐伯答:芳香草药多辛窜,金石药物多猛烈,这两类药物都具有急猛、刚劲的药性,所以不是性情和缓之人,不宜服用这两类药物。黄帝问:不可以服用这两类药的原因是什么?岐伯说:内热的性质是慓悍的,药物的性质又是这样的话,内热遇药热,恐怕要损伤脾气。脾属土而恶木乘,服用这类药物的病人,逢到肝木主令的甲日和乙日时,病情就更加严重了。黄帝道:讲得对!

按语

本节经文重在讲"热中"和"消中"病的禁忌。夫"热中"、"消中",即三消症,又名消渴,即今之糖尿病。上消多饮,中消多食,下消多溲。本文之"热中"、"消中",应以胃火旺盛多食为主症,以其言"中",胃属中焦可知也。其中指出发病的人群——"皆富贵人也"。以富贵之人常以鸡鸭鱼肉、生猛海鲜作为美味佳肴,且配以美酒,故膏粱厚味,实为糖尿病发生的重要因素之一。在后《奇病论》中亦有论及消渴病之成因有:"此人必数食甘美而多肥也。肥者令人内热,甘者令人中满,故其气上溢,转为消渴。"故在治疗上,首先提出"不可服高粱",确是中之之言。故对糖尿病的治疗和调养,世界卫生组织提出一个调治的公式,即合理膳食(控制主食,多吃蔬菜)+适度运动+对症用药+调节心态。在这个公式中,首先一点就是合理膳食,可见饮食合理对糖尿病的控制是处于非常重要的地位。

有病膺肿颈痛,胸满腹胀,此为何病?何以得之?岐伯曰:名厥逆①。帝曰:治之奈何?岐伯曰:灸之则瘖②,石③之则狂,须其气并,乃可治也。帝曰:何以然?岐伯曰：阳气重上，有余于上，灸之则阳气入阴，入则瘖④；石之则阳气虚，虚则狂⑤。须其气并而治之，可使全也。帝曰：善！

注释

① 厥逆：张介宾："此以阴并于阳，下逆于上，故病名厥逆。"
② 瘖（yīn 阴）："喑"的异体字。失音。
③ 石：指针刺。王冰："谓以石针开破之。"
④ 灸之则阳气入阴，入则瘖：张介宾："阳气有余于上而复灸之，是以火济火也。阳极乘阴，则阴不能支，故失声为瘖。"
⑤ 石之则阳气虚，虚则狂：张介宾："阳并于上，其下必虚，以石泄之，则阳气随刺而去，气去则上下俱虚而神失其守，故为狂也。"

语译

有人患膺肿、颈痛、胸满、腹胀，这是什么病？什么原因引起的？岐伯说：病名厥逆。黄帝问：怎样治疗？岐伯说：若用灸法则引起失音，若用针刺则引起发狂，须待阴阳之气上下交合，才能进行治疗。黄帝道：为什么？岐伯说：上部属阳，阳气又逆于上，则上部阳有余，若再用灸法，是以火济火，阳极伤阴则为失音；若用针刺，则阳气随刺而外泄致虚，阳气虚则神志失常而发狂。必须候其阴阳之气上下交合，而后进行治疗，才可以使其痊愈。黄帝道：讲得对！

何以知怀子之且生也？岐伯曰：身有病而无邪脉也。

语译

怎样才能诊知妇女怀孕并且将要分娩呢？岐伯说：身体不适，似乎有病，却切不到病脉。

帝曰：病热而有所痛者，何也？岐伯曰：病热者，阳脉也,以三阳之动①也。人迎一盛少阳,二盛太阳,三盛阳明②。入阴也③,夫阳入于阴,故病在头与腹,乃䐜胀而头痛也④。帝曰:善!

注释

① 三阳之动:三阳,指少阳、太阳、阳明。动,《甲乙经》卷七第一作"盛",可互参。三阳之动,指三阳之脉盛大而动较甚。
② 人迎一盛少阳……三盛阳明:参见《素问·六节藏象论》末段注释。
③ 入阴也:《甲乙经》卷七第一无。似是。
④ 夫阳入于阴……乃䐜胀而头痛也:张介宾:"头主阳,腹主阴,阳邪在头则头痛,及其入于阴分则腹为䐜胀也。"

语译

黄帝道:发热兼有疼痛是何缘故?岐伯说:外感热病是阳经的病变,因而三阳脉盛大而搏动较甚。人迎脉属阳,故人迎脉比寸口脉大一倍为病在少阳,大两倍为病在太阳,大三倍为病在阳明。如病邪由阳入阴,则病位在头与腹部,于是出现腹部䐜胀而头痛的症状。黄帝道:讲得对!

本 篇 要 点

一、对䐜胀、血枯、伏梁、热中、消中、厥逆等腹中疾患的病因、症状、治法、禁忌等进行了讨论和分析。

二、介绍了鸡矢醴和四乌鲗骨一䕡茹丸两个方剂。这是研究古代方剂学的很有价值的资料。

三、对妊娠与腹中疾患指出了鉴别要点。

刺腰痛篇第四十一

题解

本篇讨论了许多经脉病变所引起腰痛病的临床表现和针刺治疗方法,故篇名"刺腰痛"。

足太阳脉令人腰痛,引项脊尻①背如重状,刺其郄中②太阳正经出血,春无③见血。少阳令人腰痛,如以针刺其皮中,循循然④不可以俯仰,不可以顾,刺少阳成骨⑤之端出血,成骨在膝外廉之骨独起者,夏无见血。阳明令人腰痛,不可以顾,顾如有见者,善悲,刺阳明于骱⑥前三痏⑦,上下和之出血,秋无见血。足少阴令人腰痛,痛引脊内廉⑧,刺少阴于内踝上⑨二痏,春无见血,出血太多,不可复也。厥阴之脉令人腰痛,腰中如张弓弩弦,刺厥阴之脉,在腨踵鱼腹之外,循之累累然⑩,乃刺之,其病令人善言默默然不慧⑪,刺之三痏。

注释

① 尻(kāo 考阴):脊骨的末端;臀部。
② 郄(xì 戏)中:指委中穴。
③ 无:通"毋",不要。下同。
④ 循循然:循,抚摩。循循然,形容腰痛而抚摩不止的样子。

⑤ 成骨：指胫骨。
⑥ 骱(héng 衡)：小腿。
⑦ 痏(wěi 委)：针灸施术后穴位上的瘢痕，引伸作针灸次数解。
⑧ 廉：《黄帝内经太素》卷三十腰痛作"痛"。
⑨ 内踝上：指复溜穴。
⑩ 累累然：如串珠状。
⑪ 其病令人善言默默然不慧：指厥阴腰痛常使人精神抑郁不爽慧。《黄帝内经太素》卷三十腰痛、全元起本均无"善"字，当是。

语译

足太阳经脉病变使人腰痛时，疼痛牵引到颈项、脊背和臀部，背部如负重物，应当刺太阳经正经上的委中穴，使其出血，但在春季勿刺出血。足少阳经脉病变使人腰痛时，痛势如用针刺入皮肤一样，病人抚摩痛处，不能弯腰俯仰和转腰顾盼，应当刺少阳经循行经过的成骨上端部位出血，即刺成骨在膝外侧的突起部位，但在夏天勿刺出血。足阳明经脉病变使人腰痛时，不能转腰回顾，勉强回顾则眼花缭乱，容易产生悲伤情绪，应当刺阳明经在骱前的穴位三次，并配合以该部位上下的穴位，要刺出血，但在秋季勿刺出血。足少阴经脉病变使人腰痛时，疼痛牵引脊骨内侧，应当刺少阴经在足踝之上的复溜穴两次，但在春季勿刺出血。足厥阴经脉病变使人腰痛时，腰部似弓弩上弦般地拘急，应当刺厥阴经，取腿肚与足跟之间鱼腹状突出处外侧，摸上去有串珠样硬结的部位针刺，这种病常使人沉默寡言而精神不爽慧，应针刺三次。

解脉①令人腰痛，痛引肩，目䀮䀮然②，时遗溲，刺解脉，在膝筋肉分间郄外廉之横脉出血，血变而止。解脉令人腰痛如引带，常如折腰状，善恐，刺解脉，在郄中结络如黍米，刺之血射以黑，见赤血而已。

注释

① 解脉：指足太阳经的分支。足太阳经自头下行到项部后，分为两支夹脊下行，如绳分解为两股，所以称为解脉。

② 肓（huāng 荒）肓然：视物不清貌。

语译

解脉病变使人腰痛时，疼痛牵引到肩部，眼睛视物不清，有时遗尿，应当刺解脉在膝弯筋肉分界处，委中穴外侧横见的血脉，使其出血，候血色由紫黑变红才停止。解脉病变使人腰痛时，痛势如同牵挽腰带一样，常有折断腰样的感觉，常常产生恐惧感，应当刺解脉，在委中穴部位寻找有黍米样结滞的血络刺之，刺后有黑色血液射出，候血色变赤为止。

同阴之脉①令人腰痛，痛如小锤②居其中，怫然③肿，刺同阴之脉，在外踝上绝骨④之端，为三痏。

阳维之脉令人腰痛，痛上怫然肿⑤，刺阳维之脉，脉与太阳合腨下间，去地一尺所⑥。

衡络之脉⑦令人腰痛，不可以俯仰，仰则恐仆，得之举重伤腰，衡络绝，恶血归之，刺之在郄阳⑧、筋之间⑨，上郄数寸，衡居，为二痏出血。

注释

① 同阴之脉：指足少阳经的别络。王冰："足少阳之别络也，并少阳经上行，去足外踝上同身寸之五寸，乃别走厥阴，并经下络足跗，故曰同阴脉也"。

② 锤：《黄帝内经太素》卷三十腰痛作"针"。

③ 怫（bó 勃）然：怒张貌。张介宾："怫然，怒意，言肿突如怒也。"

④ 绝骨：指外踝上三寸许腓骨凹陷处，腓骨至此被腓骨长肌所掩盖而形似断绝，故称为绝骨。

⑤ 肿：《黄帝内经太素》卷三十腰痛作"脉肿"。

⑥ 去地一尺所：指承山穴。
⑦ 衡络之脉：衡，通"横"。衡络之脉，即带脉。张志聪："衡，横也。带脉横络于腰间，故曰横络之脉。"
⑧ 郄阳：王冰："郄阳，谓浮郄穴上侧委阳穴也。"
⑨ 筋之间：王冰："筋之间，谓膝后腘上两筋之间，殷门穴也。"

语译

同阴之脉病变使人腰痛时，痛势如同有小锤梗塞在腰中，经脉怒张肿起，应当在外踝上绝骨部位刺同阴之脉三次。

阳维脉病变使人腰痛时，痛处经脉怒胀肿起，应当刺阳维脉，取阳维脉和太阳经在腿肚下端会合处离地一尺左右的承山穴。

衡络之脉病变使人腰痛时，不能弯腰俯仰，后仰则痛剧而恐怕跌倒，得病原因是用力举重时伤及腰部，使衡络之脉阻绝不通，瘀血留阻其中，应当在委阳穴处和位于委中穴上数寸两筋之间的殷门穴处刺衡络之脉，视血络横居盛满者刺两次，使之出血。

会阴之脉①令人腰痛，痛上漯漯然②汗出，汗干令人欲饮，饮已欲走，刺直阳之脉③上三痏，在蹻上郄下五寸横居④，视其盛者出血。

飞阳之脉⑤令人腰痛，痛上拂拂然⑥，甚则悲以恐，刺飞阳之脉，在内踝上五寸，少阴之前，与阴维之会。

注释

① 会阴之脉：指足太阳之中经。王冰："足太阳之中经也，其脉循腰下会于后阴，故曰会阴之脉。"
② 漯(tà榻)漯然：汗出不断貌。《甲乙经》卷九第八作"溅然"，义同。
③ 直阳之脉：指足太阳经脉在下肢直行的一段经脉。王冰："直阳之脉，则太阳之脉，侠脊下行贯臀，下至腘中，下循腨过外踝之后，条直而行者，故曰直阳之脉。"
④ 蹻上郄下五寸横居：指承筋穴。张介宾："蹻为阳蹻，即申脉也。郄

即委中也。此脉上之穴,在踹之上,郄之下,相去约五寸,而横居其中,则承筋穴也。"

⑤ 飞阳之脉:指足太阳经之别络飞扬。《灵枢·经脉》:"足太阳之别,名曰飞阳。"

⑥ 拂拂然:《甲乙经》卷九第八作"怫然",吴崐、张介宾、张志聪、高世栻等均改为"怫怫然",为是。

语译

会阴之脉病变使人腰痛,疼痛发作时则不断地出汗,汗止则口渴欲饮水,饮水后又坐卧不安,应刺直阳之脉上的穴位三次,在承筋穴部位,视血络充盈者则刺之使其出血。

飞阳之脉病变使人腰痛时,痛处的经脉突然怒张肿胀,痛甚则产生悲伤感和恐惧感,应当刺飞扬之脉在内踝上五寸,足少阴经之前与阴维脉交会之处。

昌阳之脉①令人腰痛,痛引膺,目䀮䀮然,甚则反折②,舌卷不能言,刺内筋③为二痏,在内踝上大筋前,太阴后上踝二寸所。

注释

① 昌阳之脉:马莳:"昌阳,系足少阴肾经穴名,又名复溜。"故昌阳之脉,当为足少阴肾经之别称。

② 反折:腰向后弯曲不能向前屈。

③ 内筋:指复溜穴。张介宾:"内筋,筋之内也,即复溜穴,在足太阴经之后,内踝上二寸所,此阴蹻之郄也。"

语译

昌阳之脉病变使人腰痛时,疼痛牵引胸膺,眼睛视物昏花,严重的腰背向后反折,不能前屈,舌头卷缩,不能言语,应当刺位于筋内侧的复溜穴两次,其部位在内踝之上,大筋之前,足太阴经之后,踝上二寸左右处。

散脉①令人腰痛而热,热甚生烦,腰下如有横木居其中,甚则遗溲,刺散脉,在膝前骨肉分间,络外廉束脉,为三痏。

肉里之脉②令人腰痛,不可以咳,咳则筋缩急,刺肉里之脉为二痏,在太阳之外,少阳绝骨之后。

注释

① 散(sǎn 伞)脉:指足太阴经之别络,因其散开上行,故名散脉。王冰:"足太阴之别也,散行而上,故以名焉。"
② 肉里之脉:王冰:"肉里之脉,少阳所生,则阳维之脉气所发也。"

语译

散脉病变使人腰痛发热,热势厉害则引起烦躁不安,腰下好像有根横木梗阻其中,严重的会引起遗尿,治疗应针刺散脉,在膝前缘骨与肉之间部位,对横络外侧呈缠束状的脉,刺三次。

肉里之脉病变使人腰痛时,痛则不敢咳嗽,咳嗽则引起筋脉挛缩拘急,治疗应当刺肉里之脉两次,其位置在足太阳经的外侧,足少阳经绝骨穴的后面。

腰痛侠脊而痛至头几几然①,目䀮䀮欲僵仆,刺足太阳郄中出血。腰痛上寒,刺足太阳、阳明;上热,刺足厥阴;不可以俯仰,刺足少阳;中热而喘,刺足少阴,刺郄中出血②。

注释

① 几(shū 殊)几然:几,象形字,像短羽之鸟,伸颈欲飞不能。几几然,形容项背拘急不舒之状。

② 出血：《甲乙经》卷九第八作"血络"。可互参。

语译

腰痛牵扯到脊柱两侧作痛，上及头项，拘急不舒，眼目昏花，好像要跌倒，应当刺足太阳经的委中穴出血。腰痛时上半身恶寒的，应刺足太阳、阳明两经；腰痛时上身发热的，应刺足厥阴经；不能俯仰的，应刺足少阳经；内有热且喘促的，应刺足少阴经，并刺委中穴处的血络出血。

腰痛上寒不可顾，刺足阳明；上热，刺足太阴；中热而喘，刺足少阴；大便难，刺足少阴；少腹满，刺足厥阴；如折不可以俯仰，不可举，刺足太阳；引脊内廉，刺足少阴①；腰痛引少腹控䏚②，不可以仰，刺腰尻交者③，两髁胂④上。以月生死为痏数⑤，发针立已，左取右，右取左。

注释

① 腰痛上寒……刺足少阴：疑为衍文。新校正："按全元起本及《甲乙经》并《太素》自'腰痛上寒'至此并无，乃王氏所添也。"

② 控䏚（miǎo 秒）：控，牵引，牵掣。䏚，季胁下空软处。

③ 腰尻交者：指位于骶后孔的上髎、次髎、中髎、下髎左右共八穴，因足太阴、厥阴、少阳三脉交会于此，故名腰尻交。王冰："腰尻交者，谓髁下尻骨两旁四骨空，左右八穴，俗呼此骨为八髎骨也。此腰痛取腰髁下第四髎，即下髎穴也。足太阴、厥阴、少阳三脉，左右交结于中，故曰腰尻交者也。"

④ 两髁（kē 棵，又读 kuà 跨）胂（shèn 慎）：髁，大腿骨。胂，指高起丰满的肌肉群。张介宾："两髁胂，谓腰髁骨下坚肉也。"

⑤ 以月生死为痏数：按照月亮的圆缺变化计算针刺次数之义。王冰："月初向圆为月生，月半向空为月死，死月刺少，生月刺多。《缪刺论》曰：'月生一日一痏，二日二痏，渐多之；十五日十五痏，十六日十四痏，渐少之。'其痏数多少，如此即知也。"

语译

腰痛时上身寒冷，不能左右顾盼的，宜刺足阳明经；上身发热的，宜刺足太阴经；内有热且喘促的，宜刺足少阴经；兼有大便困难的，宜刺足少阴经；兼少腹胀满的，宜刺足厥阴经；腰痛如折，不能俯仰，举动不便的，宜刺足太阳经；疼痛牵掣脊柱内缘的，宜刺足少阴经；腰痛牵掣少腹和胁下部位，不能后仰的，可刺腰尻部位的下髎穴，其穴在两髁骨肌肉群的上方。若按照月亮的盈亏计算针刺的次数，可即收效，取穴方法是左侧痛取右侧穴，右侧痛取左侧穴。

本 篇 要 点

一、本篇着重论述了正经、奇经、别络等经络发生病变所致腰痛病的临床表现和针刺治疗方法。

二、关于腰痛的针刺治疗，重点介绍了循经取穴的方法，同时对针刺出血与否，缪刺取穴，以及根据月亮盈亏决定针刺次数等法则，也有所论及。

三、对腰痛兼有上寒、上热、中热而喘等复杂病症的取穴方法，作了一般性介绍。

风论篇第四十二

题解

本篇论述了风邪的性质、致病特点,以及多种风病的病因、病机、分类、症状和诊察方法。由于专论风之为病,故篇名为"风论"。

黄帝问曰:风之伤人也,或为寒热,或为热中①,或为寒中②,或为疠风③,或为偏枯④,或为风也⑤。其病各异,其名不同,或内至五藏六府,不知其解,愿闻其说。岐伯对曰:风气藏于皮肤之间,内不得通,外不得泄;风者善行而数变,腠理开则洒然⑥寒,闭则热而闷,其寒也则衰食饮,其热也则消肌肉,故使人怢慄⑦而不能食,名曰寒热。风气与阳明入胃,循脉而上至目内眦,其人肥,则风气不得外泄,则为热中而目黄;人瘦,则外泄而寒,则为寒中而泣出。风气与太阳俱入,行诸脉俞,散于分肉之间⑧,与卫气相干,其道不利,故使肌肉愤䐜⑨而有疡;卫气有所凝而不行,故其肉有不仁也。疠者,有⑩荣气热胕⑪,其气不清,故使其鼻柱坏而色败,皮肤疡溃。风寒客于脉而不去,名曰疠风,或名曰寒热⑫。

注释

① 热中：病名。此指风邪侵入人体，因腠理致密，邪气不得外泄而从热化，表现为身热、目黄的病症。

② 寒中：病名。此指腠理疏松之人，感受风邪后，因风性疏泄，阳气外泄，因而出现阴寒性病变，表现为畏寒、泪出的病症。

③ 疠风：病名。又称"大风"、"癞风"、"大麻风"。即今之麻风病。

④ 偏枯：病名。亦称"偏瘫"、"半枯"、"半身不遂"。指一侧肢体瘫痪，多见于中风后遗症。

⑤ 或为风也：风，泛指脑风、目风、内风、首风、肠风、泄风等各种风病。丹波元简："恐'为风'之间有脱字。"可参。

⑥ 洒（xiǎn 显）然：寒栗貌。

⑦ 忾（tū 突）栗：王冰："振寒貌"。新校正："详'忾栗'全元起本作'失味'，《甲乙经》作'解㑊'。"

⑧ 分肉之间：肌肉与肌肉之间。又指近骨之肉与骨相分之处。

⑨ 愤䐜（chēn 嗔）：肿胀。吴崑："愤䐜，肿起也。"

⑩ 有：《黄帝内经太素》无。

⑪ 胕：通"腐"。张介宾："胕，腐同。"

⑫ 或名曰寒热：丹波元简："此衍文，诸注属强解。"

语译

黄帝问道：风邪侵犯人体，或引起寒热病，或成为热中病，或成为寒中病，或引起疠风病，或引起偏枯病，或成为其他风病。由于病变表现不同，所以病名也不一样，甚至侵入到五脏六腑，我不知如何解释，愿听你谈谈其中的道理。岐伯说：风邪侵犯人体常常留滞于皮肤之中，使腠理开合失常，经脉不能通调于内，卫气不能发泄于外；然而风邪来去迅速，变化多端，若使腠理开张则阳气外泄而洒淅恶寒，若使腠理闭塞则阳气内郁而身热烦闷，恶寒则引起饮食减少，发热则会使肌肉消瘦，所以使人振寒而不能饮食，这种病称为寒热病。风邪由阳明经入胃，循经脉上行到目内眦，假如病人身体肥胖，腠理致密，则风邪不能向外发泄，稽留体内郁而化热,形成热中病,症见目珠发黄;假如病人身体瘦弱,腠理疏松,则阳气外泄而感到畏寒,形成寒中病,症见眼泪自出。风邪由太阳经侵入,遍行太阳经脉及其腧穴,散布在分肉之间,与卫气相搏结,使卫气运行的道路不通利,所以肌肉肿胀高起而产生疮疡;若卫气凝涩而不能运行,则肌肤麻木不知痛痒。疠风病是营气因热而腐坏,血气污浊不清所致,所以使鼻柱蚀坏而皮色衰败,皮肤生疡溃烂。病因是风寒侵入经脉稽留不去,病名叫疠风。

以春甲乙伤于风者为肝风①;以夏丙丁伤于风者为心风;以季夏②戊己伤于邪③者为脾风;以秋庚辛中于邪③者为肺风;以冬壬癸中于邪③者为肾风。

注释

① 以春甲乙伤于风者为肝风:春,春季。甲乙,指甲日与乙日(古代以天干纪日)。春季、甲日、乙日均属木,故于此时伤于风则肝应之,成为肝风。下心风、脾风、肺风、肾风四句按此类推。高世栻:"各以五行之时日受邪,而五脏之气应之,则为五脏之风。"

② 季夏:指农历六月,即长夏。

③ 邪:此指风邪。

语译

在春季或甲日、乙日感受风邪的,形成肝风;在夏季或丙日、丁日感受风邪的,形成心风;在长夏或戊日、己日感受风邪的,形成脾风;在秋季或庚日、辛日感受风邪的,形成肺风;在冬季或壬日、癸日感受风邪的,形成肾风。

按语

生命活动的整体观是贯穿于《内经》的基本学术思想之一。《内经》中认为:自然环境是人类生存的条件,自然环境的变化能直接或间接影响人体生命活动的过程；自然环境的变动，有些具有周期性，如年、月、日等；人类在这种有周期性变动的环境中长期生存，其生理活动和病理变化必然要产生与之相适应的周期性节律。《内经》的许多篇章都以这种整体观为指导思想，以五行学说为说理工具，以五脏为中心，对五脏生理、病理与天时变化相应的周期节律作了具体阐述，提出了年周期节律（肝主春、心主夏、脾主长夏、肺主秋、肾主冬）、月周期节律（肝主甲乙日、心主丙丁日、脾主戊己日、肺主庚辛日、肾主壬癸日）、日周期节律（肝主平旦、心主日中、脾主日昳、肺主下晡、肾主夜半）的观点。不仅五脏生理与此相应，五脏病理在一定程度上与此节律也有关系，如本节论述的风病，由于感受风邪的季节、时日不同，则所侵内脏就有区别，病变随之而异。虽然运用五行学说进行推演比较机械，带有一定的主观臆测性，但其主要精神是注重环境对人体的影响，探讨人和环境之间相互关系的时间模式。这种从宏观的整体水平对人体进行研究的方法，至今仍有重要意义，已被越来越多的人所接受。

风中五藏六府之俞，亦为藏府之风，各入其门户①，所中则为偏风②。

注释

① 门户：指俞穴。
② 偏风：义同"偏枯"。《神巧万全方》："指风则谓之偏风，指疾则谓之半身不遂，其肌肉偏小者呼为偏枯。"盖偏风系风邪偏中于人体一侧所致，言偏风是为了强调病因。吴崑："此明风为偏枯之故。"

语译

风邪侵入五脏六腑的俞穴，沿经络内传，也可成为五脏六腑的风病。俞穴是机体与外界相通的门户，若风邪入侵，或左或右中于一侧,则成为偏风病。

风气循风府而上,则为脑风①;风入系头②,则为目风眼寒;饮酒中风,则为漏风③;入房汗出中风,则为内风④;新沐⑤中风,则为首风⑥;久风入中,则为肠风、飧泄⑦;外在腠理,则为泄风。故风者,百病之长也。至⑧其变化,乃为他病也,无常方,然致有风气也。

注释

① 脑风:病名。吴崑:"脑风,脑痛也。"张杲:"脑风,头旋偏痛。"姚止庵:"脑风者,风入于脑,触风则头晕微痛,时流清涕,与鼻渊相似也。"可互参。

② 系头:丹波元简:"《甲乙》注一本作'头系',……今据《甲乙》注改'头系'。头系,乃头中之目系。"目系,眼球与脑相连的脉络。

③ 漏风:病名。张介宾:"酒性温散,善开玄府,酒后中风则汗漏不止,故曰漏风。《病能论》谓之酒风。"

④ 内风:病名。张志聪:"入房则阴精内竭,汗出则阳气外弛,是以中风则风气直入于内而为内风也。"

⑤ 沐:洗头。

⑥ 首风:病名。张志聪:"以水灌首曰沐。新沐则首之毛腠开,中风则风入于首之皮肤,而为首风也。"

⑦ 久风入中,则为肠风、飧(sūn 孙)泄:中,指胃肠。肠风,病名,多因风热或湿热蕴结大肠,损伤阴络所致,常见大便下血如溅,血色鲜红等症。飧泄,病名,指泄泻完谷不化,因脾胃气虚阳弱,或风、湿、寒、热诸邪客犯肠胃所致。张介宾:"久风不散,传变而入于肠胃之中,热则为肠风下血,寒则水谷不化而为飧泄泻痢。"

⑧ 至:《甲乙经》卷十第二上、《黄帝内经太素》卷二十八诸风数类并作"故"。义胜。

语译

风邪由风府穴上行入脑,就成为脑风病;风邪侵入头部累及目系,就成为目风病,两眼畏惧风寒;饮酒之后感受风邪,成为漏风病;行房汗出时感受风邪,成为内风病;刚洗过头时感受风邪,成为首风病;风邪久留不去,内犯肠胃,则形成肠风或飧泄病;风邪停留于腠理,则成为泄风病。所以,风邪是引起多种疾病的首要因素。故当它侵入人体而产生变化,就能引起其他疾病,且无一定的常规,然而总不外是风邪入侵所致。

帝曰:五藏风之形状不同者何?愿闻其诊及其病能①。岐伯曰:肺风之状,多汗恶风,色胼②然白,时咳短气,昼日则差③,暮则甚,诊在眉上④,其色白。心风之状,多汗恶风,焦绝⑤,善怒吓⑥,赤色,病甚则言不可快,诊在口⑦,其色赤。肝风之状,多汗恶风,善悲,色微苍,嗌干善怒,时憎女子,诊在目下,其色青。脾风之状,多汗恶风,身体怠惰,四支不欲动,色薄微黄,不嗜食,诊在鼻上⑧,其色黄。肾风之状,多汗恶风,面㾓然⑨浮肿,脊痛⑩不能正立,其色炲⑪,隐曲不利⑫,诊在肌⑬上,其色黑。胃风之状,颈多汗,恶风,食饮不下,鬲塞不通,腹善满,失衣则䐜胀,食寒则泄,诊形瘦而腹大。首风之状,头面多汗⑭,恶风,当先风一日则病甚,头痛不可以出内,至其风日,则病少愈。漏风之状,或多汗,常不可单衣,食则汗出,甚则身汗⑮,喘息恶风,衣常⑯濡,口干善渴,不能⑰劳事。泄风之状,多汗,汗出泄衣上,口中干,上渍⑱,其风不能⑰劳事,身体尽痛则寒。帝曰:善!

注释

① 病能(tài态):能,通"态"。病能,即病态。
② 胼(pěng捧):浅白色。

③ 差(chài瘥)：同"瘥"。病势减轻。
④ 眉上：指两眉间之处，亦称阙中，为肺在面部的望诊部位。
⑤ 焦绝：因津血枯焦而唇舌焦燥的意思。
⑥ 善怒吓(hè贺)：吓，怒叱声。善怒吓，即易发怒。
⑦ 口：《素问直解》作"舌"，高世栻："舌，旧本讹口，今改。"
⑧ 鼻上：即鼻准，为脾在面部的望诊部位。
⑨ 痝(máng芒)然：臃肿貌。
⑩ 脊痛：《甲乙经》卷十第二上、《黄帝内经太素》卷二十八诸风状论并作"腰脊痛"。
⑪ 炲(tái台)：煤烟灰。
⑫ 隐曲不利：此指小便不利。
⑬ 肌：《黄帝内经太素》卷二十八诸风状论作"颐"。杨上善："颐上，肾部也。有本为'肌上'，误也。"
⑭ 头面多汗：《甲乙经》卷十第二上作"头痛，面多汗"。
⑮ 身汗：《素问直解》作"自汗"。高世栻："自汗，旧本讹'身汗'，今改。"
⑯ 常：《黄帝内经太素》卷二十八诸风状论作"裳"。
⑰ 能(nài耐)：通"耐"。
⑱ 上渍：腰以上多汗如水渍一样。

语译

黄帝问道：五脏风证的临床表现有何不同？希望你讲讲诊断要点和病态表现。岐伯回答道：肺风的症状，是多汗恶风，面色淡白，不时咳嗽气短，白天减轻，傍晚加重，诊察时要注意眉上部位，往往眉间可出现白色。心风的症状，是多汗恶风，唇舌焦燥，容易发怒，面色发红，病重则言语謇涩，诊察时要注意舌部，往往舌质可呈现红色。肝风的症状，是多汗恶风，常悲伤，面色微青，咽喉干燥，易发怒，有时厌恶女性，诊察时要注意目下，往往眼圈可发青色。脾风的症状，是多汗恶风，身体疲倦，四肢懒于活动，面色微微发黄，食欲不振，诊察时要注意鼻尖部，往往鼻尖可出现黄色。肾风的症状，是多汗恶风，颜面痝然而肿，腰脊痛不能直立，面色黑如煤烟灰,小便不利,诊察时要注意颐部,往往颐部可出现黑色。胃风的症状,是颈部多汗,恶风,吞咽饮食困难,隔塞不通,腹部易作胀满,如少穿衣,腹即䐜胀,如吃了寒凉的食物,就发生泄泻,诊察时可见形体瘦削而腹部胀大。首风的症状,是头痛,面部多汗,恶风,每当起风的前一日病情就加重,以至头痛得不敢离开室内,待到起风的当日,则痛势稍轻。漏风的症状,是汗多,不能少穿衣服,进食即汗出,甚至自汗出,喘息恶风,衣服常被汗浸湿,口干易渴,不耐劳动。泄风的症状,是多汗,汗出湿衣,口中干燥,上半身汗出如水渍一样,不耐劳动,周身疼痛发冷。黄帝道:讲得好!

本 篇 要 点

一、论述了风邪的性质和致病特点。风性主动,变化最快,具有"善行而数变"的性质,故风邪致病,具有病证变化多端的特点。风邪还是引起多种疾病的首要因素,有"百病之长"之称。文中列举了五脏风、胃风、首风、漏风、泄风等多种风病,并阐明以上机理。

二、论述了多种风病的病因、症状、诊断要点,并介绍了五脏风病的面诊部位和相应色泽。

三、所论各种风证,虽然临床症状千差万别,但都由风邪所致,故均有汗出恶风的共同症状,这对于临床辨证具有重要意义。

痹论篇第四十三

题解

痹，闭也，闭阻不通之义。痹病为邪气侵袭于肌肉骨节经络之间，导致气血运行不畅或闭阻不通，引起肢节疼痛、麻木、屈伸不利的病证；还包括邪气入于脏腑所引起的全身性的多种疾病在内。由于本篇系统论述了痹病的病因、病机、症状、分类、治法和预后等，所以篇名叫做"痹论"。

黄帝问曰：痹之安生？岐伯对曰：风寒湿三气杂至，合而为痹也。其风气胜者为行痹①，寒气胜者为痛痹②，湿气胜者为著痹③也。

帝曰：其有五者何也？岐伯曰：以冬遇此者为骨痹；以春遇此者为筋痹；以夏遇此者为脉痹；以至阴④遇此者为肌痹；以秋遇此者为皮痹。

注释

① 行痹：以肢节游走性疼痛为特点。因"风者善行而数变"，所以风气胜者为行痹，亦称"风痹"。

② 痛痹：以疼痛较重而部位固定为特点。此病因寒邪偏胜所致，故称"寒痹"。寒性收引凝滞，气血得寒则凝涩不通，故疼痛较剧。

③ 著痹：著，"着"的本字。留着难去之义。著痹以疼痛较轻，肢体沉重，或顽麻不仁为特点。此病以湿邪偏胜所致，故亦称"湿痹"。湿性重着粘

滞,故肢节酸重,病程缠绵。

④ 至阴:指长夏。

语译

黄帝问道:痹病是怎样产生的? 岐伯回答说:由风、寒、湿三种邪气杂合伤人而形成痹病。其中风邪偏胜的叫行痹,寒邪偏胜的叫痛痹,湿邪偏胜的叫着痹。

黄帝问道:痹病又可分为五种,为什么? 岐伯说:在冬天得病的称为骨痹;在春天得病的称为筋痹;在夏天得病的称为脉痹;在长夏得病的称为肌痹;在秋天得病的称为皮痹。

帝曰:内舍①五藏六府,何气使然? 岐伯曰:五藏皆有合②,病久而不去者,内舍于其合也。故骨痹不已,复感于邪,内舍于肾;筋痹不已,复感于邪,内舍于肝;脉痹不已,复感于邪,内舍于心;肌痹不已,复感于邪,内舍于脾;皮痹不已,复感于邪,内舍于肺。所谓痹者,各以其时重感于风寒湿之气也。

注释

① 内舍:舍,稽留。内舍,即病邪侵入机体后稽留于体内的意思。

② 五藏皆有合:合,应合。指五脏都有与其相应合的组织器官。如《素问·五藏生成篇》所说的:"心之合脉也……肺之合皮也……肝之合筋也……脾之合肉也……肾之合骨也。"即属此义。

语译

黄帝问道:痹病的病邪又有内侵而累及五脏六腑的,是什么道理? 岐伯说:五脏都有与其相合的组织器官,若病邪久留不除,就会内犯于相合的内脏。所以,骨痹不愈,再感受邪气,就会内舍于肾;筋痹不愈,再感受邪气,就会内舍于肝;脉痹不愈,再感受邪气,就会内舍于心;肌痹不愈,再感受邪气,就会内舍于脾;皮痹不愈,再感受邪气,就会内舍于肺。总之,这些内脏痹证是各脏在所主季节里重复感受了风、寒、湿气所造成的。

凡痹之客五藏者:肺痹者,烦满喘而呕。心痹者,脉不通,烦则心下鼓①,暴上气而喘,嗌干善噫,厥气上则恐。肝痹者,夜卧则惊,多饮数②小便,上为引如怀③。肾痹者,善胀,尻以代踵,脊以代头④。脾痹者,四支解堕,发咳呕汁,上为大塞。肠痹者,数饮而出不得,中气喘争⑤,时发飧泄。胞痹⑥者,少腹膀胱按之内痛,若沃⑦以汤,涩于小便,上为清涕。

注释

① 心下鼓:心下鼓动,即心悸。
② 数(shuò 朔):屡次;频繁。
③ 上为引如怀:谓肝脉牵引少腹作痛,痛如怀孕之状。马莳:"上引少腹而痛,如怀妊之状也。"
④ 尻以代踵(zhǒng 肿),脊以代头:踵,足跟。尻以代踵,谓足不能行,行步时臀部着地。脊以代头,谓脊柱曲屈高耸于头部,呈驼背畸形。
⑤ 中气喘争:指腹中有气攻窜而肠鸣。
⑥ 胞痹:即膀胱痹。张介宾:"胞,膀胱之脬也。"
⑦ 沃:灌。

语译

凡痹病侵入到五脏,症状各有不同:肺痹的症状是烦闷胀满,喘逆呕吐。心痹的症状是血脉不通畅,烦躁则心悸,突然气逆上壅而喘息,咽干,易嗳气,厥逆气上则引起恐惧。肝痹的症状是夜眠多惊,饮水多而小便频数,疼痛循肝经由上而下牵引少腹如怀孕之状。肾痹的症状是腹部易作胀,骨萎而足不能行,行步时臀部着地,脊柱曲屈畸形,高耸过头。脾痹的症状是四肢倦怠无力,咳嗽,呕吐清水,上腹部痞塞不通。肠痹的症状是频频饮水而小便困难,腹中肠鸣,时而发生完谷不化的泄泻。膀胱痹的症状是少腹膀胱部位按之疼痛,如同灌了热水似的,小便涩滞不爽,上部鼻流清涕。

阴气①者,静则神藏,躁则消亡。饮食自倍,肠胃乃伤。淫气②喘息,痹聚在肺;淫气忧思,痹聚在心;淫气遗溺,痹聚在肾;淫气乏竭③,痹聚在肝;淫气肌绝,痹聚在脾。诸痹不已,亦益内④也。其风气胜者,其人易已也。

注释

① 阴气:指五脏之精气。脏为阴,故称其精气为阴气。
② 淫气:指致痹之邪气。
③ 乏竭:阴血亏耗,疲乏力竭的意思。
④ 益内:病变进一步向内发展。益,更加。

语译

五脏精气,安静则精神内守,躁动则易于耗散。若饮食过量,肠胃就要受损。致痹之邪引起呼吸喘促,是痹发生在肺;致痹之邪引起忧伤思虑,是痹发生在心;致痹之邪引起遗尿,是痹发生在肾;致痹之邪引起疲乏衰竭,是痹发生在肝;致痹之邪引起肌肉瘦削,是痹发生在脾。总之,各种痹病日久不愈,病变就会进一步向内深入。其中风邪偏盛的容易痊愈。

帝曰:痹,其时有死者,或疼久者,或易已者,其故何也? 岐伯曰:其入藏者,死;其留连筋骨间者,疼久;其留皮肤间者,易已。

帝曰:其客于六府者,何也? 岐伯曰:此亦①其食饮居处,为其病本也。六府亦各有俞,风寒湿气中其俞,而食饮应之,循俞而入,各舍其府也。

帝曰:以针治之奈何? 岐伯曰:五藏有俞②,六府有合③,循脉之分,各有所发,各随其过,则病瘳④也。

注释

① 亦:此后《黄帝内经太素》卷二十八痹论有"由"字。
② 俞:针灸穴位分类名。指井、荥、输、经、合五类穴位中的输穴。
③ 合:针灸穴位分类名。指井、荥、输、经、合五类穴位中的合穴。
④ 瘳(chōu抽):病愈。

语译

黄帝问道:患了痹病后,有的死亡,有的疼痛经久不愈,有的容易痊愈,这是什么缘故? 岐伯说:痹邪内犯到五脏则死,痹邪稽留在筋骨间的则疼久难愈,痹邪停留在皮肤间的容易痊愈。

黄帝问道:痹邪侵犯六腑是何原因? 岐伯说:这也是以饮食不节、起居失度为导致腑痹的根本原因。六腑也各有俞穴,风寒湿邪在外侵及它的俞穴,而内有饮食所伤的病理基础与之相应,于是病邪就循着俞穴入里,留滞在相应的腑。

黄帝问道:怎样用针刺治疗呢? 岐伯说:五脏各有输穴可取,六腑各有合穴可取,循经脉所行的部位,可发现发病的征兆,根据病邪所在的部位,取相应的输穴或合穴行针刺,病就可以痊愈。

帝曰:荣卫之气,亦令人痹乎? 岐伯曰:荣者,水谷之精气也,和调于五藏,洒陈①于六府,乃能入于脉也,故循脉上下,贯五藏,络六府也。卫者,水谷之悍气也,其气慓疾滑利②,不能入于脉也,故循皮肤之中,分肉之间,熏于肓膜③,散④于胸腹。逆其气则病,从其气则愈。不与风寒湿气合,故不为痹。帝曰:善!

注释

① 洒陈:散布的意思。

② 慓疾滑利:慓疾,急疾的意思。慓疾滑利,形容卫气运行急疾而滑利。

③ 肓膜:指体腔内脏之间及肌肉纹理之间的筋膜。张介宾:"凡腔腹肉理之间,上下空隙之处,皆谓之肓。……膜,筋膜也。"

④ 散:《甲乙经》卷十第一上作"聚"。

语译

黄帝问道:营卫之气亦能使人发生痹病吗?岐伯说:营是水谷所化生的精气,它平和协调地运行于五脏,散布于六腑,然后汇入脉中,所以营气循着经脉上下运行,起到连贯五脏、联络六腑的作用。卫是水谷所化生的悍气,它流动迅疾而滑利,不能进入脉中,所以循行于皮肤肌肉之间,熏蒸于肓膜之间,敷布于胸腹之内。若营卫之气的循行逆乱,就会生病,只要营卫之气顺从和调了,病就会痊愈。总的来说,营卫之气若不与风寒湿邪相合,则不会引起痹病。黄帝说:讲得好!

痹,或痛,或不痛,或不仁,或寒,或热,或燥,或湿,其故何也?岐伯曰:痛者,寒气多也,有寒,故痛也。其不痛、不仁者,病久入深,荣卫之行涩,经络时疏①,故不通②;皮肤不营,故为不仁。其寒者,阳气少,阴气多,与病相益③,故寒也。其热者,阳气多,阴气少,病气胜,阳遭阴④,故为痹热。其多汗而濡者,此其逢湿甚也,阳气少,阴气盛,两气相感,故汗出而濡也。

注释

① 疏：空虚的意思。

② 通：《黄帝内经太素》卷二十八痹论、《甲乙经》卷十第一下并作"痛"。义胜。

③ 益：增益、增加、助长的意思。

④ 病气胜，阳遭阴：遭，《甲乙经》卷十第一下作"乘"。张琦从之，并注云："本阳气多，复遇风胜，两阳相合而乘阴，故热也。"

语译

痹病，有的疼痛，有的不痛，有的麻木不仁，有的表现为寒，有的为热，有的皮肤干燥，有的湿润，这是什么缘故？岐伯说：痛是寒邪偏胜，有寒才痛。不痛而麻木不仁的，系患病日久，病邪深入，营卫之气运行涩滞，致使经络中气血空虚，所以不痛；皮肤得不到营养，则麻木不仁。表现为寒象的，是由于机体阳气不足，阴气偏盛，阴气助长寒邪之势，则表现为寒象。表现为热象的，是由于机体阳气偏盛，阴气不足，偏胜的阳气与偏胜的风邪相合而乘阴分，则出现热象。多汗而皮肤湿润的，是由于感受湿邪太甚，加之机体阳气不足，阴气偏盛，湿邪与偏盛的阴气相合，则汗出而皮肤湿润。

帝曰：夫痹之为病，不痛何也？岐伯曰：痹在于骨则重；在于脉则血凝而不流；在于筋则屈不伸；在于肉则不仁；在于皮则寒。故具此五者，则不痛也。凡痹之类，逢寒则虫①，逢热则纵②。帝曰：善！

注释

① 虫：《黄帝内经太素》卷二十八痹论、《甲乙经》卷十第一下均作"急"，拘急之义，与下句"纵"字对应为是。

② 纵：弛缓。

语译

黄帝问道：痹病而不甚疼痛的是什么缘故？岐伯说：痹发生在骨则身重；发生在脉则血凝涩而不畅；发生在筋则屈曲不能伸；发生在肌肉则麻木不仁；发生在皮肤则寒冷。如果具有这五种情况，就不甚疼痛。凡痹病一类疾患，遇寒则筋脉拘急，遇热则筋脉弛缓。黄帝道：讲得好！

本 篇 要 点

一、论述了风寒湿三邪杂合伤人是痹病的主要成因。由于感受风寒湿三邪的轻重有别，以及邪气侵犯的部位和体质的不同，因此就产生了不同的病证。

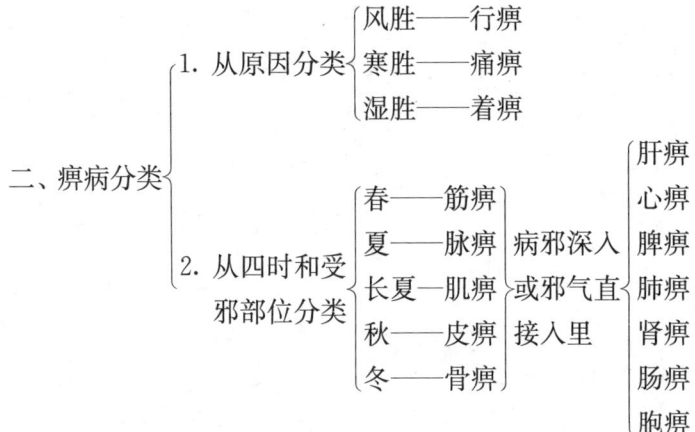

三、论述了风寒湿邪侵入脏腑为痹的径路：一是由五体之痹日久不愈，内传所合的五脏；二是由病邪循五脏六腑之俞直接侵入体内，形成五脏六腑之痹。

四、强调痹病的发生还和机体内部的失调有关。如果营卫运行正常,"不与风寒湿气合",就不会引起痹病。只有在营卫运行失常的情况下,复感风寒湿邪,才会致病。

五、指出了病邪性质、发病部位和痹病的预后关系:"其风气胜者,其人易已";"其留皮肤间者,易已";"其留连筋骨间者,疼久";"其入脏者,死"。

痿论篇第四十四

题解

痿，是指肢体软弱无力，不能随意活动，日久肌肉萎缩的病证。本篇以五脏与五体相合的理论为根据，分别论述了痿躄、脉痿、筋痿、肉痿、骨痿等五种痿证的病因、病机、证候、鉴别要点及治疗原则，所以篇名叫做"痿论"。

黄帝问曰：五藏使人痿，何也？岐伯对曰：肺主身之皮毛，心主身之血脉，肝主身之筋膜，脾主身之肌肉，肾主身之骨髓。故肺热叶焦，则皮毛虚弱急薄①，著则生痿躄②也；心气热，则下脉厥而上，上则下脉虚，虚则生脉痿，枢折挈③，胫纵④而不任地也；肝气热，则胆泄口苦，筋膜干，筋膜干则筋急而挛，发为筋痿；脾气热，则胃干而渴，肌肉不仁，发为肉痿；肾气热，则腰脊不举，骨枯而髓减，发为骨痿。

注释

① 急薄：形容皮肤干枯不润的状态。
② 痿躄（bì壁）：四肢痿废不用的统称。
③ 枢折挈：枢，门户的转轴，这里指关节。折，断。挈，提举。枢折挈，是形容关节活动失灵，不能提举，犹如枢轴折断一般。"挈"上疑脱"不"字。
④ 胫纵：足胫弛缓无力。

语译

黄帝问道：五脏都能使人发生痿病，是什么道理呢？岐伯回答说：肺主全身皮毛，心主全身血脉，肝主全身筋膜，脾主全身肌肉，肾主全身骨髓。所以肺有邪热，灼伤津液，则肺叶枯焦，皮毛也呈虚弱、干枯不润的状态，热邪不去，则变生痿躄；心有邪热，可使气血上逆，气血上逆就会引起在下的血脉空虚，血脉空虚就会变生脉痿，使关节如折而不能提举，足胫弛缓而不能着地行路；肝有邪热，可使胆汁外溢而口苦，筋膜失养而干枯，以至筋脉挛缩拘急，变生筋痿；脾有邪热，则灼耗胃津而口渴，肌肉失养而麻木不仁，变生肉痿；肾有邪热，热灼精枯，致使髓减骨枯，腰脊不能举动，变生骨痿。

帝曰：何以得之？岐伯曰：肺者，藏之长也①，为心之盖也。有所失亡②，所求不得，则发肺鸣③，鸣则肺热叶焦，故曰：五藏因肺热叶焦，发为痿躄，此之谓也。悲哀太甚，则胞络④绝，胞络绝，则阳气内动，发则心下崩⑤，数溲血也。故《本病》⑥曰：大经空虚，发为肌⑦痹，传为脉痿。思想无穷，所愿不得，意淫⑧于外，入房太甚，宗筋弛纵⑨，发为筋痿，及为白淫⑩。故《下经》曰：筋痿者，生于肝，使内⑪也。有渐⑫于湿，以水为事，若有所留，居处相⑬湿，肌肉濡渍⑭，痹而不仁，发为肉痿。故《下经》曰：肉痿者，得之湿地也。有所远行劳倦，逢大热而渴，渴则阳气内伐⑮，内伐则热舍于肾，肾者水藏也，今水不胜火，则骨枯而髓虚，故足不任身，发为骨痿。故《下经》曰：骨痿者，生于大热也。

注释

① 肺者,藏之长也：内脏中肺的位置最高,主气,朝百脉而行气于诸脏腑,故为诸脏之长。

② 失亡：指事不顺心。

③ 肺鸣：指喘息有声。张介宾："肺志不伸,则气郁生火,故喘息有声,发为肺鸣。"

④ 胞络：心包之络脉。杨上善："胞络者,心上胞络之脉。"

⑤ 心下崩：即心血下崩的意思。

⑥《本病》：古医书名。

⑦ 肌：《黄帝内经太素》卷二十五五脏痿作"脉",可参。

⑧ 淫：惑乱。

⑨ 宗筋弛纵：指阳痿。宗筋,指男性生殖器；又指许多筋在前阴汇聚而成的大筋。

⑩ 白淫：指男子滑精、女子带下病。马莳"在男子为滑精,在女子为白带。"

⑪ 使内：指房事。

⑫ 渐(jiān尖)：浸渍。

⑬ 相：《甲乙经》卷十第四作"伤"。义胜。

⑭ 濡渍：浸润的意思。

⑮ 伐：攻伐伤害的意思。

语译

黄帝问道：痿证是怎样引起的？岐伯说：肺是诸脏之长,又是心脏的华盖。遇有失意的事情,要求得不到满足,则使肺气郁而不畅,于是出现喘喝有声,进而则气郁化热,使肺叶枯焦,精气因此而不能敷布于周身,所以说,五脏都是因肺热叶焦得不到营养而发生痿躄的,说的就是这个道理。如果悲哀过度,就会因气机郁结而使心包络隔绝不通,心包络隔绝不通则导致阳气在内妄动,逼迫心血下崩,于是屡次尿血。所以《本病》中说：大经脉空虚,可以发生肌痹,进一步传变为脉痿。如果无穷尽地胡思乱想而欲望又不能达到,或意念受外界影响而惑乱,房事不加节制,这些都可致使阳萎不举,形成筋痿或白淫之类疾患。所以《下经》中说:筋痿之病发生于肝,是由于房事太过所致。有的人是受湿邪浸渍而致病的,如从事于水湿环境中的工作,水湿滞留体内,或居处潮湿,肌肉受湿邪浸渍,导致了湿邪痹阻而肌肉麻木不仁,最终则发展为肉痿。所以《下经》中说:肉痿是久居湿地引起的。如果长途跋涉劳累太甚,又逢炎热天气而口渴,于是阳气化热内扰,内扰的邪热侵入肾脏,肾为水脏,如水不胜火,灼耗阴精,就会骨枯髓空,致使两足不能支持身体,形成骨痿。所以《下经》中说:骨痿是由于大热所致。

帝曰:何以别之? 岐伯曰:肺热者,色白而毛败;心热者,色赤而络脉溢①;肝热者,色苍而爪枯;脾热者,色黄而肉蠕②动;肾热者,色黑而齿槁。

注释

① 络脉溢:指浅表血络充盈而显现。丹波元简:"此以外候言,乃孙脉浮见也。"

② 蠕(rú 如):张介宾:"微动貌,又曰虫行貌。"

语译

黄帝问道:怎么来鉴别五种痿证呢? 岐伯说:肺有热的痿,面色白而毛发衰败;心有热的痿,面色红而浅表血络充盈显现;肝有热的痿,面色青而爪甲枯槁;脾有热的痿,面色黄而肌肉蠕动;肾有热的痿,面色黑而牙齿枯槁。

帝曰:如夫子言可矣,论①言治痿者独取阳明,何也? 岐伯曰:阳明者,五藏六府之海,主闰②宗筋,宗筋主束骨而利机关③也。冲脉者,经脉之海也,主渗灌溪谷④,与阳阴合于宗筋,阴阳揔⑤宗筋之会,会于气街⑥,而阳明为之长，皆属于带脉，而络于督脉。故阳明虚，则宗筋纵，带脉不引，故足痿不用也。

注释

① 论：指古代某医书，已无从查考。有的注家据《灵枢·根结》有"痿疾者取之阳明"的记载，推测"论"即指该篇而言。
② 闰：通"润"，濡养之义。
③ 机关：指大关节。
④ 溪谷：指肌肉间的缝隙或凹陷部位。大的缝隙处称谷，小的凹陷处称溪。《素问·气穴论》中有："肉之大会为谷，肉之小会为溪"的记载。
⑤ 揔（zǒng总）：同"总"。
⑥ 气街：穴名，又名气冲，属足阳明经，位于脐下五寸，旁开二寸处。

语译

黄帝道：先生以上所说是合宜的，医书中说：治痿应独取阳明，这是什么道理呢？岐伯说：阳明是五脏六腑营养的源泉，能濡养宗筋，宗筋主管约束骨节，使关节运动灵活。冲脉为十二经气血汇聚之处，输送气血以渗透灌溉肌肉间隙，与足阳明经会合于宗筋，阴经阳经都总会于宗筋，再会合于足阳明经的气街穴，故阳明经是它们的统领，诸经又都连属于带脉，系络于督脉。所以阳明经气血不足则宗筋失养而弛缓，带脉也不能收引诸脉，就使两足痿弱不用了。

帝曰：治之奈何？岐伯曰：各补其荥①，而通其俞①，调其虚实，和其逆顺；筋脉骨肉，各以其时受月②，则病已矣。帝曰：善！

注释

① 荥、俞：荥，指荥穴。俞，指输穴。为十二经脉分布在四肢肘膝关节

以下的五输穴中的两种。

② 各以其时受月：即治疗应根据各脏所主季节而进行。高世栻："肝主之筋,心主之脉,肾主之骨,脾主之肉,各以其四时受气之月而施治之则病已矣。受气者,筋受气于春,脉受气于夏,骨受气于冬,肉受气于长夏也。"

语译

黄帝问道：怎样治疗呢？岐伯说：调补各经的荥穴,疏通各经的输穴,以调机体之虚实,和气血之逆顺；无论筋脉骨肉的病变,只要在其所合之脏当旺的月份进行治疗,病就会痊愈。黄帝道：很对！

按语

本篇是关于痿病的专论,对其病因、病机、治疗等方面均作了详细的论述,是后世研究痿证的主要依据。关于本病的形成机理,根据原文分析,一是在多种致病因素的作用下,导致五脏有热而耗伤气血津液,不能濡养五体而成。由于肺有敷布精气营养全身的功能,故肺热叶焦,在内可使五脏无所禀受,在外可致四肢痿废不用,因此经文强调"肺热叶焦"是形成五脏痿证的重要机理。其次,阳明属胃,为水谷之海,气血生化之源,五脏六腑及皮肉筋脉骨皆赖脾胃之水谷精气濡养,才能充实健用,由于各种原因导致阳明虚,亦可使五脏无所禀受,五体失养,于是宗筋弛缓,不能束骨利机关而形成痿证。总之,无论是五脏有热引起痿证,还是阳明虚弱引起痿证,其共同的病理基础是气血津液的不足。所以在治疗上,重视补益后天,使五脏滋养五体的气血津液得以充足,当为治痿的关键性措施。原文提出"治痿独取阳明",并非治痿只取阳明一端而不及其余,原文紧接着提到要"各补其荥而通其俞,调其虚实,和其逆顺",可见"独取"只是着重的意思,即在辨证治疗的同时,要重视阳明后天之本,方合经旨。

本 篇 要 点

一、以五脏与五体相合理论为立论基础,论述了痿躄、脉痿、筋痿、肉痿、骨痿的病因、病机,论证了"五脏使人痿"的基本观点。

二、提出了五种痿证的鉴别方法。

三、论述了治痿独取阳明的道理及其他治痿原则。

厥论篇第四十五

题解

厥证是阴阳失调，气机逆乱所致的病证。《内经》有关厥证的论述散见于四十余篇之中，由于本篇比较集中地论述了厥证的成因、分类、病机、证候等问题，是论厥证的专篇，所以篇名为"厥论"。

黄帝问曰：厥之寒热者，何也？岐伯对曰：阳气衰于下，则为寒厥；阴气衰于下，则为热厥①。帝曰：热厥之为热也，必起于足下者，何也？岐伯曰：阳气起于足②五指之表③，阴脉者④，集于足下而聚于足心，故阳气胜，则足下热也。帝曰：寒厥之为寒也，必从五指而上于膝者，何也？岐伯曰：阴气起于五指之里③，集于膝下而聚于膝上，故阴气胜，则从五指至膝上寒，其寒也，不从外，皆从内也。

注释

① 阳气衰于下，则为寒厥；阴气衰于下，则为热厥：王冰："阳，谓足之三阳脉。阴，谓足之三阴脉。下，谓足也。"意为三阳脉之气衰于下，则阳气少而阴气盛，阴盛则寒，发为寒厥；三阴脉之气衰于下，则阴气少而阳气盛，阳盛则热，发为热厥。

② 起于足：新校正："按《甲乙经》阳气'起于足'，作'走于足'，'起'当作'走'。"

③ 五指之表、五指之里：指，通"趾"。表，指外侧。里，指内侧。"五指之里"前按上文例当有"足"字。
④ 阴脉者：《黄帝内经太素》卷二十六寒热厥、《诸病源候论》卷十二寒热厥候均无此三字。从上下文义分析，当无。

语译

黄帝问道：厥证有寒有热，是怎样形成的？岐伯答道：阳气衰竭于下，发为寒厥；阴气衰竭于下，发为热厥。黄帝问道：热厥证的发热，一般从足底开始，这是什么道理？岐伯答道：阳经之气循行于足五趾的外侧端，汇集于足底而聚汇到足心，所以若阴经之气衰竭于下而阳经之气偏胜，就会导致足底发热。黄帝问道：寒厥证的厥冷，一般从足五趾渐至膝部，这是什么道理？岐伯答道：阴经之气起于足五趾的内侧端，汇集于膝下后，上聚于膝部，所以若阳经之气衰竭于下而阴经之气偏胜，就会导致从足五趾至膝部的厥冷，这种厥冷，不是由于外寒的侵入，而是由于内里的阳虚所致。

按语

本篇所说的"热厥"与后世所说的热厥名称虽同，所指迥异。本篇所说的"热厥"是阴虚阳亢证；病机是"阴气衰于下"而"阳气胜"；病证特点是"手足为之热"；治疗原则是"壮水之主，以制阳光"。张仲景等后世医家所说的热厥是实热证；病机是邪热壅盛，阳气被遏，不能外达温煦四肢；病证特点是"手足逆冷"，与寒厥相同；治疗原则是清泄邪热。二者一虚一实，不可混淆。

帝曰：寒厥何失而然也？岐伯曰：前阴者，宗筋之所聚，太阴、阳明之所合也。春夏则阳气多而阴气少，秋冬则阴气盛而阳气衰。此人者质壮，以秋冬夺于所用①，下气上争不能复②,精气溢下,邪气因从之而上也。气因于中③,阳气④衰,不能渗营⑤其经络,阳气日损,阴气独在,故手足为之寒也。

注释

① 夺于所用:夺,丧失。用,过用,如纵欲、过劳。
② 下气上争不能复:争,《说文》:"引也"。段玉裁注:"凡言争者,谓引之使归于己也。"张介宾:"精虚于下则取足于上,故下气上争也。去者太过,生者不及,故不能复也。"
③ 气因于中:《黄帝内经太素》卷二十六寒热厥作"气居于中"。杨上善:"寒邪之气因虚上乘,以居其中。"即阴寒邪气上逆,停聚于中焦脾胃。
④ 阳气:此指胃气。张介宾:"阳气者,即阳明胃气也。"
⑤ 渗营:渗,渗透、灌溉。营,营养。

语译

黄帝问道:寒厥是损耗了何种精气而形成的?岐伯说:前阴是许多经脉聚汇之处,也是足太阴和足阳明经脉会合之处。一般来说,人体在春夏季节是阳气偏多而阴气偏少,秋冬季节是阴气偏盛而阳气偏衰。有些人自恃体质强壮,在秋冬阳气偏衰的季节纵欲、过劳,使肾中精气耗损,精气亏虚于下则上争脾胃之气来补充,虽力争亦不能迅速恢复,精气不断溢泄于下,元阳亦随之而虚,阳虚生内寒,阴寒之邪随从上争之气而上逆,邪气停聚于中焦,使胃气虚衰,不能化生水谷精微以渗灌营养经络,以致阳气日益亏损,阴寒之气独胜于内,所以手足厥冷。

帝曰:热厥何如而然也?岐伯曰:酒入于胃,则络脉满而经脉虚①。脾主为胃行其津液者也,阴气虚则阳气入,阳气入则胃不和,胃不和则精气竭,精气竭则不营其四支也。此人必数醉若饱以入房,气聚于脾中不得散,酒气与谷气相薄,热盛于中,故热遍于身,内热而溺赤也。夫酒气盛而慓悍,肾气有[2]衰,阳气独胜,故手足为之热也。

注释

① 酒入于胃,则络脉满而经脉虚:张志聪:"《灵枢经》云:'饮酒者,卫气先行皮肤,先充络脉。'夫卫气者,水谷之悍气也,酒亦水谷悍热之液,故从卫气先行于皮肤,从皮肤而充于络脉。是不从脾气而行于经脉,故络脉满而经脉虚也。"

② 有:《甲乙经》卷七第三作"日"。义胜。

语译

黄帝问道:热厥是怎样形成的?岐伯答道:酒入于胃,由于酒性慓悍径行皮肤络脉,则络脉中血液充满,而经脉反而空虚。脾的功能是主管输送胃中的津液营养,若饮酒过度,脾无所输送则阴津亏虚,阴津亏虚则慓悍的酒热之气乘虚入扰于内,导致胃气不和,则阴精化生无源而枯竭,阴精枯竭就不能营养四肢。这种人必然经常酒醉或饱食太过之后行房纵欲,致使酒食之气郁聚于脾中不得宣散,酒气与谷气相搏结,酝酿成热,热盛于中焦,进而波及周身,因有内热而小便色赤。酒性是慓悍浓烈的,肾的精气必受其损伤而日益虚衰,阴虚阳胜,形成阳气独盛于内的局面,所以手足发热。

帝曰:厥或令人腹满,或令人暴不知人[1],或至半日,远至一日乃知人者,何也?岐伯曰:阴气盛于上则下虚,下虚则腹胀满[2];阳气盛于上则下气重[3]上,而邪气[4]逆,逆则阳气乱,阳气乱则不知人也。帝曰:善!

注释

① 暴不知人：猝然不省人事。王冰："暴，犹卒也，言卒然冒闷不醒觉也。不知人，谓闷甚不知识人也，或谓尸厥。"

② 阴气盛于上则下虚，下虚则腹胀满：尤怡："所谓阴气者，下气也，下气而盛于上，则下反无气矣，无气则不化，故腹胀满也。"

③ 重：张介宾："重，并也。"

④ 邪气：指逆乱之气。

语译

黄帝问道：厥证有的使人腹部胀满，有的使人猝然不知人事，或者半天，甚至长达一天时间才能苏醒，这是什么道理？岐伯答道：下部之气充盛于上，下部就空虚，下部气虚则水谷不化而引起腹部胀满；阳气偏盛于上，若下部之气又并聚于上，则气机失常而逆乱，气机逆乱则扰乱阳气，阳气逆乱就不省人事了。黄帝道：对！

愿闻六经脉之厥状病能①也。岐伯曰：巨阳之厥，则肿首头重，足不能行，发为眴仆②。阳明之厥，则癫疾欲走呼，腹满不得卧，面赤而热，妄见而妄言。少阳之厥，则暴聋，颊肿而热，胁痛，胻不可以运。太阴之厥，则腹满䐜胀，后不利③，不欲食，食则呕，不得卧。少阴之厥，则口干溺赤，腹满心痛。厥阴之厥，则少腹肿痛，腹胀，泾溲④不利，好卧屈膝，阴缩肿⑤，胻内热。盛则写之，虚则补之，不盛不虚以经取之。

注释

① 病能（tài 态）：能，通"态"。病能，即病态。

② 眴（xuàn 炫）仆：眴，通"眩"，眼花。眴仆，眼花跌倒。

③ 后不利：指大便滞涩不爽。

④ 泾溲：王冰："泾，大便。溲，小便。"
⑤ 肿：《甲乙经》卷七第三无，疑衍。

语译

希望听听六经厥证的病态表现。岐伯说：太阳经厥证，头面肿而头重，足不能行走，发作时眼花跌倒。阳明经厥证，可出现疯癫样表现，奔跑呼叫，腹部胀满不得安卧，面部赤热，神志模糊，出现幻觉，胡言乱语。少阳经厥证，可突发性耳聋，面颊肿而发热，两胁疼痛，小腿不能运动。太阴经厥证，可腹部胀满，大便不爽，不思饮食，食则呕吐，不能安卧。少阴经厥证，可出现口干，小便色赤，腹胀满，心痛。厥阴经厥证，可少腹肿痛，腹胀满，大小便不利，喜欢采取屈膝的体位睡卧，前阴萎缩，小腿内侧发热。厥证的治则是：实证用泻法，虚证用补法，虚实偏颇不明显的从本经取穴治疗。

太阴厥逆①，䯒急挛，心痛引腹，治主病者②。少阴厥逆，虚满呕变，下泄清，治主病者。厥阴厥逆，挛腰痛，虚满前闭③，谵言，治主病者。三阴俱逆，不得前后，使人手足寒，三日死。太阳厥逆，僵仆，呕血善衄，治主病者。少阳厥逆，机关不利④，机关不利者，腰不可以行，项不可以顾，发肠痈，不可治，惊者死。阳明厥逆，喘咳身热，善惊衄呕血。

注释

① 太阴厥逆：《黄帝内经太素》卷二十六经脉厥作"足太阴脉厥逆"。下少阴、厥阴、太阳、少阳，阳明均仿此类推。按作"足太阴脉厥逆"于义为胜，与下节"手太阴厥逆"对应。

② 治主病者：即取受病之经主病的腧穴进行治疗的意思。盖厥证治则是"盛则写之，虚则补之，不盛不虚以经取之"，所谓治主病者，也即"不盛

不虚以经取之"的意思。

③ 前闭：小便不通。

④ 机关不利：指关节活动不灵。

语译

足太阴经的经气厥逆，小腿拘急痉挛，心痛牵引腹部，当取本经主病的腧穴治疗。足少阴经的经气厥逆，腹部虚满，呕逆，大便泄泻清稀，当取本经主病的腧穴治疗。足厥阴经的经气厥逆，腰部拘挛疼痛，腹部虚满，小便不通，胡言乱语，当取本经主病的腧穴治疗。若足三阴经都发生厥逆，则大小便不通，病人手足寒冷，三天就要死亡。足太阳经的经气厥逆，身体僵直跌倒，呕血，容易鼻出血，当取本经主病的腧穴治疗。足少阳经的经气厥逆，关节活动不灵，关节不利则腰部不能活动，颈项不能回顾，如果伴发肠痈，就为不可治的危证，如若发惊，就会死亡。足阳明经的经气厥逆，喘促咳嗽，身发热，容易惊骇，鼻出血，呕血。

手太阴厥逆，虚满而咳，善呕沫，治主病者。手心主①、少阴厥逆，心痛引喉，身热，死不可治②。手太阳厥逆，耳聋泣出，项不可以顾，腰不可以俯仰，治主病者。手阳明、少阳厥逆，发喉痹，嗌肿，痓③，治主病者。

注释

① 手心主：指手厥阴心包经。

② 身热，死不可治：《黄帝内经太素》卷二十六经脉厥作"身热死，不热可治"。

③ 痓：全元起本作"痉"，颈项强直义。姚止庵："全元起本作'痉'，王本误作'痓'，后人遂以'痉'为'痓'，盖乃此误也。"又，《甲乙经》卷四第一作"痛"，连上句读，于义亦通。

语译

手太阴经的经气厥逆,胸中虚满而咳嗽,常常呕吐涎沫,当取本经主病的腧穴治疗。手厥阴和手少阴经的经气厥逆,心痛连及咽喉,身体发热,是不可治的死证。手太阳经的经气厥逆,耳聋流泪,颈项不能回顾,腰不能前后俯仰,当取本经主病的腧穴治疗。手阳明经和手少阳经的经气厥逆,发为喉部痹塞,咽部肿痛,颈项强直,当取本经主病的腧穴治疗。

本 篇 要 点

一、对寒厥和热厥的成因、病机、病证特点分别作了说明。

二、论述了昏厥的表现和病机。

三、提出厥证的治则:盛则泻之,虚则补之,不盛不虚以经取之。

四、论述了六经厥证和十二经厥逆的病态表现。

病能论篇第四十六

题解

能,同"态"。病能,即疾病的状态。本篇以胃脘痈、卧不安、不得偃卧、厥腰痛、颈痈、阳厥、酒风等病为例,着重论述了临证观察病态、分析病情的方法和意义,故篇名"病能论"。

黄帝问曰:人病胃脘痈者,诊当何如?岐伯对曰:诊此者,当候胃脉,其脉当沉细,沉细者气逆,逆者人迎甚盛,甚盛则热。人迎者,胃脉也,逆而盛,则热聚于胃口而不行,故胃脘为痈也。帝曰:善!

人有卧而有所不安者,何也?岐伯曰:藏有所伤,及精有所之寄则安①,故人不能悬②其病也。

帝曰:人之不得偃卧③者,何也?岐伯曰:肺者,藏之盖也,肺气盛则脉大,脉大则不得偃卧。论在《奇恒阴阳》④中。

注释

① 及精有所之寄则安:本句与《甲乙经》、《黄帝内经太素》均不相同,与帝问亦不相合,依照上下文关系推断,当有脱误。《甲乙经》卷十二第三作"情有所倚,则卧不安",倚,作"偏"解,文义较通顺,今从之。盖卧不安病因有二,一是脏有所伤,一是情志过于偏激,如过喜过悲等。

② 悬:遥远,引申为远绝、断绝。

③ 偃卧：仰卧。
④《奇恒阴阳》：王冰："上古经篇名，世本阙。"

语译

黄帝问道：患有胃脘痈的病人，应当如何诊断呢？岐伯回答说：诊断这种病应当诊察他的胃脉，其脉应当沉而细，沉细表示胃气上逆，上逆则人迎脉过盛，过盛表示有热。人迎脉属于胃经动脉，气逆脉盛，说明热气聚结于胃口而不得散，所以胃脘发生痈肿。黄帝道：很对！

有人睡眠不安宁，这是什么缘故？岐伯说：这是因为五脏有所损伤，或情志过于偏颇，神明被扰，所以睡眠不安宁。人若不能消除这两种原因，便不能断绝卧不安的病。

黄帝又问道：人不能仰卧，是什么缘故？岐伯说：肺脏位居最高，为内脏的华盖，如果肺内邪气充盛，则脉络胀大，肺的脉络胀大，就不能仰卧。在《奇恒阴阳》中有这方面的论述。

帝曰：有病厥者，诊右脉沉而紧，左脉浮而迟，不然①病主安在？岐伯曰：冬诊之，右脉固当沉紧，此应四时；左脉浮而迟，此逆四时。在左当主病在肾，颇关在肺，当腰痛也。帝曰：何以言之？岐伯曰：少阴脉贯肾络肺，今得肺脉②，肾为之病，故肾为腰痛之病也。帝曰：善！

有病颈痈者，或石治之，或针灸治之，而皆已，其真安在③？岐伯曰：此同名异等④者也。夫痈气之息⑤者，宜以针开除去之；夫气盛血聚者，宜石而写之。此所谓同病异治也。

注释

① 不然：《甲乙经》卷九第八作"不知"。于义为顺。

② 肺脉：指浮迟脉。王冰："左脉浮迟，非肺来见，以左肾不足，而脉不能沉，故得肺脉，肾为病也。"

③ 其真安在：真，《甲乙经》卷十一第九作"治"。即其治疗的道理何在？

④ 异等：高世栻："等，类也。颈痈之名虽同，而在气在血则异类也。"

⑤ 息：留止、积滞。

语译

黄帝问道：有因气逆而病的患者，诊得右手脉搏沉而紧，左手浮而迟，不知主要病变在何处？岐伯说：在冬天，右脉本来应当沉紧，这是和四时相适应的脉象；左手脉搏浮而迟，这是和四时相违背的脉象。此脉出现在左手，当是主要病变在肾脏，与肺亦颇有关连，当出现腰痛的症状。黄帝又问道：为什么这样说呢？岐伯说：足少阴脉贯串肾脏，并络于肺络。今冬天反诊得浮而迟的肺脉，说明肾有病变。腰为肾之府，所以出现腰痛。黄帝道：很对！

颈部患有痈肿的病人，有的用砭石治疗，有的用针灸治疗，而都能痊愈，它的道理何在？岐伯答道：这是由于病名相同，而病变的类型不一样的缘故。对于因气郁停滞而成的痈肿，宜采用针刺的方法开导除去它；对于气盛壅结而血液随之郁聚的痈肿，宜用砭石来泻其郁血。这就是所谓同病异治。

按语

同病异治，是指同一疾病，可因人、因时、因地之异，或因处于不同的病变阶段，在治疗上分别采取不同的治法。是中医学诊治疾病的重要原则，体现了中医治疗上的灵活性。

帝曰：有病怒狂①者，此病安生？岐伯曰：生于阳也。帝曰：阳何以使人狂？岐伯曰：阳气者，因暴折而难决，故善怒也，病名曰阳厥②。帝曰：何以知之？岐伯曰：阳明者常动③,巨阳、少阳不动④,不动而动大疾,此其候也。帝曰:治之奈何？岐伯曰:夺其食即已。夫食入于阴,长气于阳⑤,故夺其食即已。使之服以生铁洛⑥为饮,夫生铁洛者,下气疾也。帝曰:善！

注释

① 怒狂：张介宾："怒狂者,多怒而狂也,即骂詈不避亲疏之谓。"

② 阳气者,因暴折而难决,故善怒也,病名曰阳厥：折,挫折。难决,马莳："事有难决,志不得伸"。此指因突然受到精神挫折,思想疙瘩一时难以解开,由于精神打击既强烈又持久,致使阳气被郁,逆而上行,所以容易发怒。因病由阳气厥逆所致,故病名阳厥。

③ 阳明者常动：指正常情况下,阳明经的大迎、人迎、冲阳等处的动脉搏动明显。

④ 巨阳、少阳不动：指正常情况下,太阳经、少阳经之脉的搏动不明显。

⑤ 食入于阴,长气于阳：张介宾："五味入口而化于脾,食入于阴也。藏于胃以养五脏气,长气于阳也。"

⑥ 生铁洛：即生铁落。张介宾："即炉冶间锤落之铁屑,用水研浸,可以为饮。其属金,其气寒而重,最能坠热开结,平木火之邪。"

语译

黄帝问道:有患发怒狂躁病的,这种病是怎样产生的？岐伯说:发生于阳气逆乱。黄帝又问道:阳气为何能使人发狂？岐伯说:阳气因突然受到精神挫折,郁而不畅,若内心的苦闷一时难解,则气郁化火而上逆,所以容易发怒,病名叫做"阳厥"。黄帝又问道:靠什么方法知道的呢？岐伯说:正常人阳明经脉是搏动明显的,而太阳、少阳经脉是搏动不明显的,如果本当搏动得不明显的脉,反而搏动得盛大急疾,这就是阳厥的证候。黄帝又问道:如何治疗？岐伯说:限止饮食,即可痊愈。因为饮食物经过脾的运化,能够助长阳气,所以限止饮食,便会痊愈。再用生铁落煎水给他服,因为生铁落有降气开结的作用。黄帝道:很对!

有病身热解①㑊,汗出如浴,恶风少气,此为何病?岐伯曰:病名曰酒风。帝曰:治之奈何? 岐伯曰:以泽泻、术②各十分③,麋衔④五分③,合以三指撮⑤,为后饭。

注释

① 解(xiè械):通"懈"。
② 泽泻、术:泽泻,药名,味甘淡,性微寒,能渗利湿热。术,指白术,药名,味甘苦,性温,燥湿止汗,健脾胃。
③ 分(fèn奋):亦作"份"。整体中的一部。
④ 麋(mí迷)衔:药名。又名薇啣、无心草、无风草,即今之鹿衔草。味苦平,微寒,主治风湿。
⑤ 三指撮:用三个指头撮取药末以计算药量。

语译

有人患周身发热,四肢倦怠,汗出如洗浴状,怕风,呼吸微弱短促,这是什么病? 岐伯回答说:病名叫酒风。黄帝又问道:如何治疗? 岐伯说:用泽泻和白术各十份,麋衔五份,合研为末,每次服三指撮的量,在饭前服下。

所谓深之细者,其中手如针也,摩之切之,聚者坚也;博者大也。《上经》①者,言气之通天也;《下经》①者,言病之变化也;《金匮》①者,决死生也;《揆度》①者,切度之也;《奇恒》①者,言奇病也。所谓奇者,使奇病不得以四时死也;恒者,得以四时死也。所谓揆者,方切求之也,言切求其脉理也;度者,得其病处,以四时度之也。

注释

①《上经》、《下经》、《金匮》、《揆度》、《奇恒》：都是古时医书名称。

语译

所谓深按而得细脉的，其脉在指下细小如针，必须仔细地揣摩和切脉，凡脉气聚而不散的是坚脉；搏击于指下的是大脉。《上经》是论述人体与自然的统一关系的；《下经》是论述疾病变化的；《金匮》是论述疾病的诊断与预后的；《揆度》是阐述切脉方法的；《奇恒》是论述特殊疾病的。所谓奇病，就是病人死亡与四时不相应；所谓常病，就是病人死亡与四时相应。所谓揆，是说通过切脉以推求疾病的所在及其病机；所谓度，是指把切脉获得的病位资料，结合四时气候的影响进行分析，以推断疾病的轻重宜忌及预后。

按语

本节文义上下不相连属，与篇名亦不相符合，各注家大都认为古文错简，虽亦有作文字前后移易者，义亦难通，当存疑待考。

本 篇 要 点

一、本篇举出胃脘痈、卧不安、不得偃卧、厥腰痛、颈痈、阳厥、酒风等病证的病因、病机、症状、诊断和治法，主要示人以临床上分析病情的方法。

二、举颈痈病因类型不同而治法各异为例，示人以同病异治的诊治原则。

三、介绍了生铁落饮和泽泻饮两个方剂的主治病证。

奇病论篇第四十七

题解

奇病，泛指奇特少见的疾病。本篇论述了十种少见而异于寻常的疾病的病因病机、临床表现、治法和预后，故名"奇病论"。

黄帝问曰：人有重身①，九月而瘖，此为何也？岐伯对曰：胞之络脉绝②也。帝曰：何以言之？岐伯曰：胞络者，系于肾，少阴之脉，贯肾系舌本，故不能言。帝曰。治之奈何？岐伯曰：无治也，当十月复。刺法曰：无损不足、益有余，以成其疹③，然后调之④。所谓无损不足者，身羸瘦，无用镵石⑤也。无益其有余者，腹中有形而泄之，泄之则精出而病独擅中，故曰疹成也。

注释

① 重（chóng 崇）身：怀孕。张介宾："妇人怀孕，则身中有身，故曰重身。"

② 胞之络脉绝：胞，女子胞。绝，阻隔不通。张介宾："胎怀九月，儿体已长，故能阻绝胞中之络脉。"

③ 疹（chèn 趁）：通"疢"，病。

④ 然后调之：《甲乙经》卷十二第十、《黄帝内经太素》卷三十重身病均无此四字。新校正认为这四字非《素问》原文，而是全元起的注文误入正文，当删。

⑤ 镵(chán馋)石：镵，指镵针，古代使用的九种针具之一，长1寸6分，头部膨大，末端尖锐，形如箭头。石，指砭石，经磨制而成的尖石或石片，是我国最古的医疗工具，后被九针逐渐替代。

语译

黄帝问道：有的妇女怀孕九月，说话发不出声音，这是什么缘故？岐伯回答说：这是因为胞宫的络脉被胎儿压迫而阻塞不通所致。黄帝道：根据什么这样说？岐伯说：胞宫的络脉连系于肾脏，而足少阴肾脉是贯串肾而上系于舌根的，所以胞宫络脉被阻，说话就发不出声音了。黄帝道：如何治疗呢？岐伯说：不需要治疗，等到足月分娩后，声音就会自行恢复的。针刺法则上说：不要损伤不足的正气、补益有余的邪气，以免造成更复杂的病变。所谓"毋损不足"，就是身体羸弱消瘦的，不要用针石治疗；"毋益其有余"，是指腹中有孕而妄用攻下，结果只会使精气耗散而反增疾病。所以说盲目的处理，是会造成新的病变的。

按语

临床上妇女怀孕而音哑的，往往没有好的治疗方法。本节告诉我们，由妊娠而哑的，是因为胎儿的发育长大，阻碍了胞络与肾的联系，因此主张不要作无谓的治疗，否则会伤害母体和胎儿。这些理论是古人在临床实践中得来，在今天来说，还是有一定意义的。

帝曰：病胁下满，气逆，二三岁不已，是为何病？岐伯曰：病名曰息积①，此不妨于食，不可灸刺，积②为导引③服药，药不能独治也。

帝曰：人有身体髀股胻皆肿，环齐而痛，是为何病？岐伯曰：病名曰伏梁，此风根也。其气溢于大肠，而著于肓,肓之原在齐下,故环齐而痛也。不可动之,动之为水溺涩之病也④。

注释

① 息积:古病名。因系邪气稽留不去,日积月累而成,故名息积。《灵枢·百病始生》:"稽留而不去,息而成积。"

② 积:久。

③ 导引:我国古代的一种健身治病方法。通过肢体运动,调节呼吸和自我按摩等,达到祛病延年的目的。

④ 帝曰:人有身体髀股胻皆肿……动之为水溺涩之病也:此节文字与《腹中论》重,注详该篇。王冰:"此一问答之义,与'腹中论'同,以为奇病,故重出于此。"

语译

黄帝问:胁下胀满,气上逆,二三年不好的,是什么病? 岐伯说:病名叫息积,这种病不妨碍饮食,切不可用艾灸、针刺治疗,应长期以导引法疏通气血,结合药物调治,单纯用药物是不能治愈的。

黄帝问:有的人髀、股、胻部都肿胀,而且环脐疼痛,是什么病? 岐伯说:病名叫做伏梁,这是因为宿受风寒而产生的。风寒之气充溢于大肠,留着于肓膜,肓之原穴在脐下,所以绕脐疼痛。不可用攻下方法扰乱腑气,误用而扰乱之,就会发生小便涩滞的病变。

帝曰:人有尺脉数甚,筋急而见,此为何病? 岐伯曰:此所谓疹筋①,是人腹必急,白色黑色见,则病甚。

帝曰:人有病头痛以数岁不已,此安得之,名为何病? 岐伯曰:当有所犯大寒,内至骨髓,髓者以脑为主,脑逆②,故令头痛,齿亦③痛,病名曰厥逆④,帝曰:善!

注释

① 疢（chèn 趁）筋：即筋病。
② 脑逆：指寒邪上逆于脑。
③ 亦：《黄帝内经太素》卷三十头齿痛"亦"下有"当"字。
④ 厥逆：古病名。指由于寒邪犯脑所致的一种顽固性头痛。

语译

黄帝问道：有的人尺部脉跳动很频数，筋脉拘急而显露，这是什么病？岐伯说：这就是所谓"疢筋"病，此人腹部必然紧急，如果面部显现白颜色或黑颜色，则病情就更为严重了。

黄帝问：有人患头痛已数年不愈，这是怎么得病的？叫做什么病？岐伯说：曾有感受大寒的病史，寒邪内侵骨髓，髓以脑为主宰，寒邪上逆于脑，所以使人头痛，牙齿也痛，病名叫厥逆。黄帝说：对！

帝曰：有病口甘者，病名为何？何以得之？岐伯曰：此五气①之溢也，名曰脾瘅②。夫五味入口，藏于胃，脾为之行其精气。津液在脾，故令人口甘也。此肥美③之所发④也。此人必数食甘美而多肥也。肥者令人内热，甘者令人中满，故其气上溢，转为消渴⑤。治之以兰⑥，除陈气也。

注释

① 五气：水谷五味之气。张介宾："五气，五味之所化也，即五味所化之精气。"
② 脾瘅（dān 丹）：瘅，热。脾瘅，指脾热而谷气上溢所致的口中甜腻之病。
③ 肥美：泛指肥甘味美之食物。
④ 发：《黄帝内经太素》卷三十脾瘅消渴作"致"。
⑤ 消渴：病名，以口渴、易饥、小便多为其特征。古人认为由于内热日

久，伤及阴分所致。

⑥ 兰：兰草。张介宾："兰草性味甘寒，能利水道，辟不祥，除胸中痰癖；其气清香，能生津止渴，润肌肉，故可除陈积蓄热之气。"

语译

黄帝问：有的人口中发甜，病名叫什么？怎样得病的？岐伯说：这是由于五味的精气向上泛溢所致，病名叫脾瘅。大凡饮食入口，贮藏在胃中，经脾的作用而转输其精气。今脾运失健，津液停留在脾，迫使胃中的五味之精气上溢，所以使人口中发甜。这种病大都是过食肥甘厚味造成的。患此病的人，必然是经常吃甘美而肥腻的食品。肥厚食物可使人产生内热，过甜食可使人中焦气机滞满，所以精气上溢，日久还可能转化为消渴病。应当用兰草进行治疗，以祛除郁积日久的邪热之气。

帝曰：有病口苦，取阳陵泉①。口苦者，病名为何？何以得之？岐伯曰：病名曰胆瘅②。夫肝者，中之将也，取决于胆③，咽为之使④。此人者，数谋虑不决，故胆虚⑤，气上溢而口为之苦。治之以胆募、俞⑥，治在《阴阳十二官相使》⑦中。

注释

① 口苦，取阳陵泉：新校正："按全元起本及《太素》无'口苦取阳陵泉'六字，详前后文义，疑此为误。"今从不译。

② 胆瘅：病名。因口苦之病，为胆热而气上溢所致，故名胆瘅。

③ 夫肝者，中之将也，取决于胆：张介宾："肝者将军之官，谋虑出焉。胆者中正之官，决断出焉。夫谋虑在肝，无胆不断，故肝为中之将而取决于胆也。"又新校正："按《甲乙经》曰：'胆者，中精之府，五脏取决于胆，咽为之使。'疑此文误。"

④ 咽为之使：张介宾："足少阳之脉上挟咽，足厥阴之脉循喉咙之后，上入颃颡。是肝胆之脉皆会于咽，故咽为之使。"

⑤ 胆虚：《甲乙经》卷九第五无"虚"字，"胆"字连下读。丹波元简："数谋虑不决，宜胆气怫郁，《甲乙》似是。"

⑥ 胆募、俞：募、俞，针灸穴位分类名，指脏腑之气积聚于胸腹部的募穴和输注于背部的背俞穴而言。它们是治疗脏腑疾病的重要穴位。胆俞穴在第十胸椎棘突下旁开一寸五分。胆募穴即日月穴，位于乳头正下方，第七肋间隙处。

⑦《阴阳十二官相使》：古医书名。王冰："言治法具于彼篇，今经已亡。"

语译

黄帝问：有的人口中发苦，病名叫什么？怎样得病的？岐伯说：病名叫胆瘅。肝为将军之官主谋虑，胆为中正之官主决断，肝谋虑后还取决于胆之决断，咽部又受肝胆支配。这种病人，因经常谋虑而不决，导致胆气不足，胆汁向上泛溢，于是口中发苦。治疗应针刺胆募穴和胆俞穴。治疗方法记载在《阴阳十二官相使》之中。

帝曰：有癃①者，一日数十溲，此不足也。身热如炭，颈膺如格，人迎躁盛，喘息，气逆，此有余也。太阴脉②微细如发者，此不足也。其病安在？名为何病？岐伯曰：病在太阴，其盛在胃，颇在肺，病名曰厥，死不治。此所谓得五有余、二不足也。帝曰：何谓五有余、二不足？岐伯曰：所谓五有余者，五病之气有余也；二不足者，亦病气之不足也。今外得五有余，内得二不足，此其身不表不里，亦正死明矣③。

注释

① 癃(lóng 龙)：小便不利。
② 太阴脉：指手太阴肺经之动脉，即寸口脉。

③ 亦正死明矣:《甲乙经》卷九第十一作"亦死证明矣"。义较顺。

语译

黄帝道:有患小便不利的,一天要小便几十次,这是正气不足所致。若见身热如炭火,颈部和胸膺之间有格拒不通的感觉,人迎脉躁动急数,呼吸喘促,肺气上逆,这又是邪气有余的现象。如寸口脉微细如发,这也是正气不足的表现。这种病的病位在哪里?叫什么病?岐伯说:病位在太阴脾脏,由于热邪炽盛于胃,而且与肺亦很有关系,病名叫做厥,是无法治疗的死证。这就是所谓"五有余,二不足"的病证。黄帝问:什么叫五有余,二不足呢?岐伯说:所谓"五有余",就是指身热如炭、颈膺如格、人迎躁盛、喘息、气逆五种病气有余的脉症;"二不足",就是指癃而一日数十溲、脉细如发两种正气不足的脉症。现在外表有五种有余的脉症,内里有两种不足的脉症,对这种病既不能从表治,又不能从里治,所以必死无疑了。

帝曰:人生而有病巅疾①者,病名曰何?安所得之?岐伯曰:病名为胎病②,此得之在母腹中时,其母有所大惊,气上而不下,精气并居③,故令子发为巅疾也。

帝曰:有病痝然如有水状,切其脉大紧,身无痛者,形不瘦,不能食,食少,名为何病?岐伯曰:病生在肾,名为肾风。肾风而不能食,善惊,惊已④,心气痿者死。帝曰:善!

注释

① 巅疾:在此指癫痫。《甲乙经》卷十一第二、《黄帝内经太素》卷三十巅疾均作"癫疾"。

② 胎病:先天性疾病。张介宾:"盖儿之初生,即有病癫痫者,今人呼

为胎里疾者即此。"

③ 精气并居：气，指因大惊而逆乱之气。精气并居，谓精气与逆乱之气相并。张介宾："惊则气乱而逆：故气上不下。气乱则精亦从之，故精气并及于胎，令子为癫痫疾也。"

④ 善惊，惊已：《甲乙经》卷八第五作"善惊不已"。义胜。

语译

黄帝问：有的婴儿生下来就患癫痫，病名叫什么？是怎样得的呢？岐伯说：病名叫做胎病，这种病是胎儿在母腹中时就得了的，由于其母曾受到很大的惊吓，气机逆乱，上而不下，精随气逆，影响了胎儿的发育，所以使婴儿生下来就患有癫痫。

黄帝问：有人浮肿象有水状，切其脉搏大而紧，身无痛处，形体不消瘦，不能够饮食，或吃得很少，这叫什么病？岐伯说：这种病发于肾脏，名叫肾风。肾风病人到了不能饮食，经常惊悸不已，心气衰竭的阶段，就要死亡。黄帝说：对！

本 篇 要 点

一、论述了妊娠九月而喑、息积、伏梁、疹筋、厥逆头痛、脾瘅、胆瘅、癃病、胎病、肾风等病的病因、病机、症状、治法及预后等。其中许多内容至今仍有指导临床实践的意义。

二、提出了"无损不足、益有余"的治疗原则，这不仅指刺法而言，也是药物等疗法必须遵循的原则。如果违背了这一原则，就会导致不良后果。

三、关于小儿先天性癫痫发病原因的论述，是中医学中关于先天性疾病的最早记载，对后世医学有深远的影响。

大奇论篇第四十八

题解

本篇着重从脉象的变化来分析某些疾病的病机和预后,因所论述的亦都是比较特殊而少见的奇病、奇脉,扩大了上一篇"奇病论"的内容,故篇名"大奇论"。

肝满①、肾满、肺满皆实,即为肿。肺之雍②,喘而两胠③满。肝雍,两胠满,卧则惊,不得小便。肾雍,脚④下至少腹满,胫有大小,髀胻大跛,易偏枯。心脉满大,痫瘛筋挛⑤。肝脉小急,痫瘛筋挛。肝脉骛暴⑥,有所惊骇,脉不至若瘖,不治自已。肾脉小急,肝脉小急,心脉小急,不鼓皆为瘕⑦。

注释

① 满:指邪气壅滞而胀满。
② 雍:同"壅"。
③ 胠(qū驱):腋下胁上部分。
④ 脚:上古时指胫,即小腿,《说文》:"脚,胫也"。《甲乙经》卷十一第八、《黄帝内经太素》卷十五五脏脉诊均作"胻"。新校正:"按《甲乙经》'脚下'作'胻下','脚'当作'胻',不得言'脚下至少腹'也。"可参。
⑤ 痫瘛筋挛:痫,癫痫。瘛,瘛纵,即抽搐。筋挛,筋脉拘挛。
⑥ 骛(wù务)暴:骛,乱驰;交驰。骛暴,喻脉搏急疾而乱。
⑦ 瘕(jiǎ假):病名。由气聚而成,有聚散无常、推之游移不定、痛无定

处的特点。马莳："瘕者,假也,块似有形,而隐见不常,故曰瘕。"

语译

肝、肾、肺经脉被邪气壅滞而胀满的都为实证,当即发生壅肿的征象。肺脉壅塞,则喘息而两胠部位胀满。肝脉壅塞,则两胠部位胀满,睡眠则惊骇不宁,小便不通。肾脉壅塞,则从胫下到小腹部胀满,两胫肿胀程度不同,大小不一,髀部和胫部肿大,以至活动不便而跛行。日久容易发展为半身不遂。心脉满大,是内热盛,会引起癫痫抽搐和筋脉拘挛。肝脉小而急,是肝脏虚寒,亦会引起癫痫抽搐和筋脉拘挛。如果肝脉搏动急疾而乱,或受到惊骇后脉搏一时按不到,好像失音一样静无声息,这是受惊气逆的表现,不治疗也会自愈。肾、肝、心三脉细小急疾而不鼓击于指下,是气聚在腹内,皆当发为瘕病。

肾、肝并沉为石水①,并浮为风水②,并虚为死,并小弦欲惊。肾脉大急沉,肝脉大急沉,皆为疝。心脉搏滑急为心疝③;肺脉沉搏为肺疝④。三阳急为瘕;三阴急为疝;二阴急为痫厥⑤;二阳急为惊。脾脉外鼓沉,为肠澼,久自已。肝脉小缓,为肠澼,易治。肾脉小搏沉,为肠澼,下血,血温身热者死⑥。心肝澼亦下血,二藏同病者,可治。其脉小沉涩为肠澼,其身热者死,热见⑦七日死。

注释

① 石水:水肿证候之一,水肿偏于腹部。见于《素问·阴阳别论》、《灵枢·邪气藏府病形》等篇。

② 风水:水肿证候之一,浮肿以头面为甚。见于《素问·评热病论》、《素问·水热穴论》等篇。

③ 心疝:古病名,系寒邪侵犯心经所引起的疝病。见于《素问·脉要精微论》等篇。

④ 肺疝：古病名，系寒邪侵犯肺经所引起的疝病。
⑤ 瘖厥：昏迷不知人事。
⑥ 血温身热者死：尤怡："'温'当作'溢'……血既流溢，复见身热，则阳过亢而阴受逼，有不尽不已之势，故死。"
⑦ 见：《甲乙经》卷四第一下作"甚"。

语译

肾脉、肝脉并见沉象的是石水证，并见浮脉的是风水证，并见虚象的是死候，并见微弦之象的则将要发惊。肾脉出现非常沉紧之象，或肝脉出现非常沉紧之象，都是疝病。心脉搏动滑利急疾的是心疝；肺脉沉而搏击于指下的是肺疝。膀胱和小肠脉紧的是瘕病，肺和脾脉紧的是疝病；心和肾脉紧的则病瘖厥；胃和大肠脉紧的则病惊骇。脾脉虽沉但又有向外鼓动之象的是肠澼病，邪有外出之机，日久能自愈。肝脉见稍缓脉象的是肠澼病，邪气轻微而易治。肾脉见沉而稍稍搏动于指下的是肠澼便血，血溢于外复见身热则是死候。心、肝二脏引起的肠澼亦见便血，若二脏同病，木火相生，可以治愈。若脉见小而沉涩的肠澼，兼有身热不退的，预后不良，如高热持续七天就会死亡。

胃脉沉鼓①涩，胃外鼓大，心脉小坚急，皆属偏枯。男子发左，女子发右，不瘖舌转，可治，三十日起；其从者②瘖，三岁起；年不满二十者，三岁死。脉至而搏，血衄身热者死。脉来悬钩浮③为常脉。脉至如喘④，名曰暴厥；暴厥者，不知与人言。脉至如数，使人暴惊，三四日自已。

注释

① 鼓：疑衍。沉脉与鼓浮于外脉性质相反，不可相兼。
② 其从者：指男子病在右，女子病在左。人身左为阳，右为阴，男子属

阳而病发于左,女子属阴而病发于右,均为逆,反之则为从。《素问·玉版论要篇》:"女子右为逆,左为从;男子左为逆,右为从。"

③ 悬钩浮:张介宾:"悬者,不高不下,不浮不沉,如物悬空之义。谓脉虽浮钩,而未失中和之气也。"

④ 脉至如喘:喘,通"湍"。形容脉来如水流般湍急。

语译

  胃脉沉涩,或者浮而大,以及心脉稍坚紧,皆为气血阻隔不通,半身不遂的征象。若男子偏瘫在左侧,女子偏瘫在右侧,而说话正常、舌转灵活的,可以治疗,约经三十天就能痊愈;如果男子偏瘫在右,女子偏瘫在左,说话发不出声音的,大约需要三年才能恢复;如果这种情况发生在年龄不满二十岁的患者身上,往往三年即死。脉来搏指有力,伴见衄血、身热,就有死亡的危险。如脉来浮如悬钩之象,才是失血病应有的脉象。脉来似水流般湍急的,是暴厥的脉象;暴厥患者一时不省人事,不能言语。脉来似有数象,往往是由于突然受惊所致,三四日即可自愈。

  脉至浮合①,浮合如数,一息十至以上,是经气予②不足也,微见九十日死;脉至如火薪然③,是心精之予夺④也,草干而死;脉至如散叶,是肝气予虚也,木叶落而死;脉至如省客⑤,省客者,脉塞而鼓⑥,是肾气予不足也,悬去枣华⑦而死;脉至如丸泥,是胃精予不足也,榆荚落⑧而死;脉至如横格⑨,是胆气予不足也,禾熟而死;脉至如弦缕⑩,是胞⑪精予不足也,病善言,下霜而死,不言,可治;脉至如交漆⑫,交漆者,左右傍至也,微见三十日死;脉至如涌泉,浮鼓肌中,太阳气予不足也,少气,味韭英而死⑬。

注释

① 浮合：形容脉象如水波，浮荡不定，忽分忽合，极难分辨。王冰："如浮波之合，后至者凌前，速疾而动，无常候也。"

② 予：作语气助词，无义。下同。

③ 如火薪然：火，烧。薪，柴火。如火薪然，喻脉象如同烧柴火一样，火焰或明或灭，其形不定。

④ 心精之予夺：《甲乙经》卷四第一下"精"下无"之"字。似是，与上下体例合。

⑤ 省(xǐng醒)客：省，探望。形容脉象时而不见，时而复来，有如探视之客或去或来。

⑥ 脉塞而鼓：言脉搏时而闭塞不至，时而应指有力。

⑦ 悬去枣华(huā花)：指初夏枣花开落之时。华，同"花"。张介宾："枣华之候，初夏时也。悬者，华之开；去者，华之落。言于枣华开落之时。"

⑧ 榆荚落：指春季榆树结挂榆荚之时。

⑨ 横格：形容脉象长而坚硬，如长枝条横于指下。格，树木的长枝条。

⑩ 弦缕：缕，线。弦缕，即弦线。形容脉象紧张而细，似绷紧的弦线，即弦细脉。马莳："如弓弦之缕，犹俗之所谓弦线也，主坚急不和。"

⑪ 胞：诸注不一，或指为心胞，或指为膀胱，或指为胞宫，或指为精室，或指为胞脉。存疑待考。

⑫ 交漆：交，通"绞"。形容脉搏如绞滤漆汁，四面流散。

⑬ 味韭英而死：英，花。韭英，韭菜花。意为当死于尝到韭花之时。韭花生于长夏。

语译

脉来如水波，浮荡分合不定，这种"浮合"脉如同数脉一样频数，一呼一吸跳动十次以上，这是经脉中精气不足之象，从微微显现这种脉象起，大约经过九十日便要死亡；脉来如燃薪之火，或明或灭，其形不定，这是心脏精气脱失之象，预计至秋尽冬初草枯之时便要死亡；脉来如散落的树叶，浮泛无根，这是肝脏精气亏虚之象，预计到秋天树木落叶时节死亡；脉来去不定，如省亲的客人一样往返不居，这种"省客"脉，时而闭塞不至，时而应指有力，这是肾脏精气不足之象,预计到初夏枣花开落的时节死亡;脉来如泥丸滚动,虽有圆象,但不柔软,这是胃腑精气不足之象,预计到春季榆树上结挂榆荚的时节死亡;脉来长而坚硬,如长枝条横于指下,这是胆腑精气不足之象,预计到秋天稻禾成熟的时节死亡;脉来如弦线般紧张而细,这是胞的精气不足之象,若患者神志错乱多言语,预计到下霜时节死亡,若不出现多言之症,尚可治疗。脉来如绞滤漆汁般四面流散,这种"绞漆"脉,左右旁流,按之无根,从微微显现这种脉象起,大约经过三十日就要死亡;脉来如泉水外涌,浮而有力,鼓动于肌肉之中,这是太阳经脉的精气不足之象,可见呼吸气短,预计当尝到韭菜花的时节死亡。

脉至如颓土①之状,按之不得,是肌气予不足也,五色先见黑,白垒②发死;脉至如悬雍③,悬雍者,浮揣切之益大,是十二俞之④予不足也,水凝而死;脉至如偃刀⑤,偃刀者,浮之小急,按之坚大急,五藏菀熟⑥,寒热独并于肾也,如此其人不得坐,立春而死;脉至如丸滑不直⑦手,不直手者,按之不可得也,是大肠气予不足也,枣叶生而死;脉至如华⑧者,令人善恐,不欲坐卧,行立常听,是小肠气予不足也,季秋而死。

注释

① 颓土:颓,倒塌。颓土,即土结构建筑物倒塌后的松土。形容脉象松散无根,虚大无力。

② 白垒:垒,通"蘽"。马莳:"垒,当作'蘽'。"蘽,即藤,蔓生植物名,有白藤、紫藤等多种。白垒,即白藤。

③ 悬雍:即悬雍垂,其形上大下小。形容脉象轻取尚大,重按即小。

④ 之:《甲乙经》卷四第一下"之"后有"气"字。义胜。

⑤ 偃刀:张志聪:"偃,仰也。脉如仰起之刀,口利锐而背坚厚,是以浮之小急而按之坚大也。"

⑥ 菀熟：菀，同"郁"。熟，应作"热"，形近之误。王冰："熟，热也。"《素问注证发微》、《类经》、《素问集注》、《素问直解》均改作"菀热"。《甲乙经》卷四第一下作"寒热"。

⑦ 直：《甲乙经》卷四第一下作"著"。义胜。

⑧ 华：同"花"。张介宾："如草木之花而轻浮柔弱也。"此以花的轻浮软弱来形容脉象。

语译

脉来如倒塌的松土虚大无力，重按即无，这是肌肉的精气不足之象，若面部先呈现五色中的黑色，是土败水侮的表现，预计到春天白藤发芽的时节死亡；脉来如悬雍垂一样，上大下小，这种"悬雍"脉，轻按浮取愈觉虚大，这是十二俞穴的精气不足之象，预计到水凝成冰的时节死亡；脉来如仰放着的刀，浮取脉小而急，重按脉大而坚，此乃五脏郁热，寒热交并于肾，这样的病人只能躺卧，不能坐起，预计到立春时节死亡；脉来如弹丸，滑小无根，按之即无，这是大肠精气不足之象，预计死于枣树生叶之时；脉来轻浮软弱如花絮，病人易惊恐，坐卧不宁，行走和站立时耳中常鸣响，这是小肠的精气不足之象，预计到深秋时节死亡。

本篇要点

一、论述了某些奇病的脉象，并据此分析其病机和预后。

二、对脏腑、经脉精气衰败而出现的十四种死证脉象作了形象化的说明，并预计了其相应的死期。

脉解篇第四十九

题解

脉解，即解脉。本篇具体阐述了三阴三阳经脉之气各有所主之时，并从时令阴阳变化的角度，解释了阴阳经气盛衰而致经脉病变的症状和机理，故名为"脉解篇"。

太阳所谓肿腰脽痛①者，正月太阳寅②，寅，太阳也，正月阳气出在上而阴气盛，阳未得自次③也，故肿腰脽痛也。病偏虚④为跛者，正月阳气冻解地气而出也，所谓偏虚者，冬寒颇有不足者，故偏虚为跛也。所谓强上引背⑤者，阳气大上而争，故强上也。所谓耳鸣者，阳气万物盛上而跃，故耳鸣也。所谓甚则狂巅疾者，阳尽在上而阴气从下，下虚上实，故狂巅疾也。所谓浮为聋者，皆在气也⑥。所谓入中⑦为瘖者，阳盛已衰，故为瘖也。内夺⑧而厥，则为瘖俳⑨，此肾虚也，少阴不至者，厥也。

注释

① 肿腰脽痛：脽（shuí 谁），臀部。肿腰脽痛，即腰部肿胀，臀部疼痛。

② 正月太阳寅：王冰："正月三阳生，主建寅。三阳谓之太阳，故曰：寅，太阳也。"按正月为一年之首，太阳为三阳主气，故三阳以太阳为首，所以正月属太阳；正月月建在寅，所以说正月太阳寅。古人以十二地支，按其先后顺序，从寅位开始，分配于十二月称月建，作为每个月的符号。古代天文

学家观察黄昏时北斗星斗柄所指之方位以定时令:正月斗柄指向东北寅位、二月指向东方卯位、三月指向东南辰位、四月指向东南巳位……十一月指向北方子位、十二月指向东北丑位。

③ 阳未得自次:次,次弟。自次,自己所居的位次。正月属太阳主时,本当阳旺,今未旺,故言阳未得自次。

④ 偏虚:指阳气不足,偏虚于一侧。

⑤ 强(jiàng匠)上引背:头项强硬并牵引及背。

⑥ 所谓浮为聋者,皆在气也:气逆上浮而耳聋,由阳气亢盛于上所致。高世栻:"是逆气上浮而为聋,皆在气也。"张介宾:"阳实于上,则气壅为聋"。

⑦ 入中:阳气入内。

⑧ 内夺:吴崑:"内,谓房劳也。夺,耗其阴也。"内夺,指色欲过度而使阴精内耗。

⑨ 瘖俳(féi肥):俳,通"痱"。瘖俳,指音哑不能说话,四肢瘫痪不能运动的病证。多由肾精亏损,以致肾气厥逆所致。高世栻:"瘖俳者,口无言而四肢不收。"

语译

太阳经有所谓腰臀肿胀疼痛的病证,因为正月属于太阳,而月建在寅,所以说正月太阳寅。正月是阳气升发的季节,但此时阴寒之气尚盛,使阳气暂且不能依顺自己应有的位次而逐渐旺盛,所以发生了腰臀肿胀疼痛。有病阳气偏虚而发为跛足的,因为正月里阳气促使冰冻解散,地气随之而出,由于冬寒之气的影响,使体内阳气颇感不足,所以阳气偏虚于一侧,发生了跛足的症状。所谓头项强硬牵引及背的症状,是由于阳气急剧上升互相争扰所导致的。所谓耳鸣的症状,是由于人体阳气像自然界万物生长那样,旺盛向上而活跃,阳气盛于上,所以发生了耳鸣。所谓阳气亢盛则发生癫狂之疾,是由于阳气尽集于上部,阴气从留在下部,阴阳不和,下虚而上实所造成的。所谓气逆上浮而耳聋,是由于阳气亢盛于上所导致的。所谓阳气入内而音哑不能言语,是由于此时阳气已由盛转衰,阳气不足,故致音哑不能言。色欲过度使精气内耗而厥逆,就会发为不能说话、四肢瘫痪的痦痱病,这是由于肾虚,少阴经气不能布散的缘故。

少阳所谓心胁痛者①,言少阳戌也,戌者,心之所表②也,九月阳气尽而阴气盛,故心胁痛也。所谓不可反侧③者,阴气藏物也,物藏则不动,故不可反侧也。所谓甚则跃④者,九月万物尽衰,草木毕落而堕,则气去阳而之阴⑤,气盛而阳之下长,故谓跃。

注释

① 少阳所谓心胁痛者:手少阳经脉络心包,足少阳经脉循胁里,所以少阳病可致心胁疼痛。

② 少阳戌也,戌者,心之所表:戌,原作"盛",《太素》卷八经脉病解作"戌"。根据本篇"正月太阳寅"、"阳明者午也"、"太阴子也"、"厥阴者辰也"文例,经脉下均配月建,故据《太素》改。少阳戌也,杨上善:"戌为九月,九月阳少,故曰少阳也。"此指少阳主九月,九月月建在戌。戌者,心之所表,杨上善:"戌少阳脉散络心包,故为心之所表。"

③ 反侧:转侧。

④ 跃:《辞海》:"跃,跳。"《说文解字》:"跳,蹶也,一曰跃也。""蹶,僵也。段玉裁注:方言跌蹶也。"据医理,跌蹶义胜。跌蹶,即跌倒的意思。

⑤ 气去阳而之阴:去,离开。之,往。指人体阳气由表(阳)入里(阴)。张介宾:"是天地之气去阳而之阴也,人身之气亦然。"

语译

少阳经有所谓心胁疼痛的症状,因为少阳主九月,月建在戌,少阳之脉散络于心包,故为心之表,九月是阳气将尽,阴气方盛之时,所以心胁部发生疼痛。所谓不能反侧的症状,是因为此时阴气渐盛,万物开始收藏,静而不动,人体少阳经气应之,所以不能转侧。所谓甚则跃的症状,是因九月万物衰退,草木凋零,人身之阳气亦由表入里,盛于阴分而活动于两足,所以容易发生跌倒的症状。

阳明所谓洒洒①振寒者,阳明者午也②,五月盛阳之阴③也,阳盛而阴气加之,故洒洒振寒也。所谓胫肿而股不收者,是五月盛阳之阴也,阳者,衰于五月,而一阴气上,与阳始争,故胫肿而股不收也。所谓上喘而为水者,阴气下而复上,上则邪客于藏府间,故为水也。所谓胸痛少气者,水气在藏府也,水者,阴气也,阴气在中,故胸痛少气也④。所谓甚则厥,恶人与火,闻木音则惕然而惊者,阳气与阴气相薄⑤,水火相恶⑥,故惕然而惊也。所谓欲独闭户牖⑦而处者,阴阳相薄也,阳尽而阴盛,故欲独闭户牖而居。所谓病至则欲乘高而歌,弃衣而走者,阴阳复争,而外并于阳,故使之弃衣而走也。所谓客孙脉则头痛鼻鼽⑧腹肿者,阳明并于上,上者则其孙络太阴也,故头痛鼻鼽腹肿也。

注释

① 洒洒(xiǎn 显):寒栗貌。

② 阳明者午也:张介宾:"五月阳气明盛,故曰阳明。"此指阳明主五月,五月月建在午。"

③ 五月盛阳之阴:五月阳气极盛而阴气始生。王冰:"五月夏至,一阴气上,阳气降下。"

④ 水者,阴气也,阴气在中,故胸痛少气也:水为阴邪,阴寒凝聚,使经脉、脏腑之气运行不畅,故致胸痛少气。

⑤ 薄(bó 帛):迫近。

⑥ 水火相恶(wù 悟):恶,憎恨、讨厌。水火相恶,即水火不相协调。

⑦ 户牖(yǒu 有):门窗。

⑧ 鼽(qiú 求):鼻塞。

语译

阳明经有所谓洒洒振寒的症状,因为阳明旺于五月而月建在午,五月是阳气极盛而阴气初生之时,人体亦与时令之气相应,阳气旺盛并有阴气相加,所以发生怕冷颤栗。所谓胻肿而股不收者,是因为五月阳盛极而阴初生,阳气由盛开始转衰,初生的阴气上升,与阳气相争,使阳明经气不和,所以发生小腿肿而大腿弛缓无力的症状。所谓由于水液停聚而致气逆喘息,是因为阴气自下而重行上升之时,水邪亦随之而行,停聚于人体脏腑之间的缘故。所谓胸痛少气者,也是由于水气停聚在脏腑之间,水液属阴气,阴气在内,所以发生胸痛呼吸气短的症状。所谓病甚则厥逆,不欲见人,厌恶火光,听到木击音就惊惕不安的症状,是由于阳气与阴气相迫近,水火不相协调的缘故。所谓欲独闭户牖而处者,是由于阴阳之气相迫,结果阳气衰而阴气盛,阴主静,所以病人喜欢闭门关窗而独居。所谓病至则欲乘高而歌,弃衣而走者,是由于阴阳二气反复相争,且向外并于阳经使阳气盛,所以导致病人发生登高而歌,弃衣而走等神志失常的症状。所谓客孙脉则头痛鼻衄腹肿者,是由于阳明经的邪气上逆,邪入于本经的细小络脉则发生头痛鼻塞,邪入于太阴之脉则发生腹部肿胀。

太阴所谓病胀者,太阴子也①,十一月万物气皆藏于中,故曰病胀。所谓上走心为噫②者,阴盛而上走于阳明,阳明络属心③,故曰上走心为噫也。所谓食则呕者,物盛满而上溢,故呕也。所谓得后与气④,则快然如衰者,十一月⑤阴气下衰,而阳气且⑥出,故曰得后与气则快然如衰也。

注释

① 太阴子也：太阴主十一月，十一月月建在子。吴崑："十一月阴气大盛，故云太阴。"王冰："阴气大盛，太阴始于子，故云子也。"

② 心为噫（ài 爱）：噫，嗳气。心与胃的经别相通，故心病者可见嗳气。

③ 阳明络属（zhǔ 主）心：属，连接。足阳明经别的循行，向上联络连接于心。《灵枢·经别》："足阳明之正，上至髀，入于腹里，属胃，散之脾，上通于心。"

④ 后与气：后，指大便。气，指屁气。

⑤ 十一月：原本作"十二月"，道藏本、周树峰本、朝鲜刻本、《太素》卷八经脉病解、《类经》以及张琦、吴崑本均作"十一月"，按其余五经脉病证文例，故据改。

⑥ 且：将要。

语译

太阴经有所谓病胀的症状，因为太阴应于十一月，月建在子，十一月阴气最盛，为万物收藏之季，若阴邪循脾经入腹伏藏，就会发生腹部胀满。所谓上走心为噫者，是因为阴邪盛，邪气循脾经向上侵入足阳明胃经，而足阳明胃经之经别又上通于心，阴气上犯心脏，所以发生嗳气的症状。所谓食则呕者，是因为食物过多，胃中盛满，不能消化而向上泛溢，所以发生呕吐的症状。所谓得后与气则快然如衰者，是因为十一月阴气由盛极转而始衰，阳气将要出动，人体也与此相应，腹中阴邪随大便与屁气下行，所以病人感到爽适舒服，好像病已大大减轻了一样。

少阴所谓腰痛者，少阴者申也①，七月②万物阳气皆伤，故腰痛也。所谓呕咳上气喘者，阴气在下，阳气在上，诸阳气浮，无所依从，故呕咳上气喘也。所谓邑邑③不能久立，久坐起则目䀮䀮④无所见者，万物阴阳不定未有主也⑤。秋气始至，微霜始下，而方杀万物，阴阳内夺，故目䀮䀮无所见也。所谓少气善怒者；阳气不治⑥，阳气不治则阳气不得出,肝气当治而未得,故善怒,善怒者,名曰煎厥⑦。所谓恐如人将捕之者,秋气万物未有毕去,阴气少,阳气入,阴阳相薄,故恐也。所谓恶闻食臭⑧者,胃无气⑨,故恶闻食臭也。所谓面黑如地色者,秋气内夺⑩,故变于色也。所谓咳则有血者,阳脉伤也,阳气未盛于上而脉满,满则咳,故血见于鼻也。

注释

① 少阴者申也:申,原本作"肾",据上文"太阳寅"、"少阳戌"、"阳明午"、"太阴子",则"肾"当为"申"之误,故改。少阴主七月,七月月建在申。

② 七月:原本作"十月",据《太素》卷八经脉病解改。杨上善:"七月秋气始至,故曰少阴。"与下文合。

③ 邑邑(yì 亿):原本作"色色",《太素》卷八经脉病解作"邑邑",新校正云:"详'色色'字疑误。"张介宾认为"色色,误也,当作邑邑,不安貌。"故据改。邑,古通"悒"。邑邑,即"悒悒",不舒适。《素问·刺疟篇》:"腹中悒悒。"王冰:"悒悒,不畅之貌。"

④ 䀮䀮(huāng 荒):目不明。

⑤ 万物阴阳不定未有主也:指此时自然界阴阳之气交替,尚未成定局。

⑥ 阳气不治:阳气,此指少阳经脉之气。治,原意是安定,引申为正常。少阳不治,即少阳经脉之气不得正常疏泄。

⑦ 煎厥:病名。是阳气亢盛,煎熬津液,使阴精耗竭而致气逆昏厥之证。

⑧ 食臭(xiù 嗅):臭,气味。食臭,即食物的气味。

⑨ 胃无气:指胃气衰败,失去消化功能。张介宾:"胃无气,胃气败也。"

⑩ 秋气内夺:秋气肃杀,耗伤内脏精气。

语译

少阴经有所谓腰痛的症状,因为少阴应于七月,月建在申,此乃万物阳气开始下降之时,人体与时令之气相应,阳气损伤,所以发生了腰痛。所谓呕咳上气喘者,是因为阴气盛于下,阳气皆浮越在上而无所依附,所以发生了呕吐、咳嗽、气逆喘息的症状。所谓身体不舒而不能久立,久坐起身则视物不清,目无所见者,是因为自然界阴阳二气交替不定,尚未形成主裁。此时秋天肃杀之气已经降临,微霜开始下降而克伐万物,人体阴阳之气被伐而衰,所以发生了视物不清、目无所见的症状。所谓少气善怒者,是因为少阳经脉之气不能正常疏泄,使阳气不得外出,肝气郁结,当疏而不疏,所以容易发怒,这种病名叫做煎厥。所谓恐如人将捕之者,是因为秋天肃杀之气初降,万物尚未尽衰,阴气初生而阳气入内,阴阳相互迫近,所以出现犹如将被逮捕一样恐惧不安的症状。所谓恶闻食臭者,是因为胃气衰败,失去消化功能,所以出现了厌闻食物气味的症状。所谓面黑如地色者,是因为秋气肃杀,耗伤了内脏精气,肾精不足,所以出现面发黑、色如泥土的症状。所谓咳则有血者,是因为上部(属阳)的络脉损伤,尽管阳气没有充盛于上,但因血液充满以致脉满,所以发生了咳嗽和鼻出血的症状。

厥阴所谓㿗疝①、妇人少腹肿者,厥阴者辰也②,三月阳中之阴,邪在中,故曰㿗疝少腹肿也。所谓腰脊痛不可以俛③仰者,三月一振④,荣华万物,一俛而不仰⑤也。所谓㿗癃疝肤胀⑥者,曰阴亦盛而脉胀不通,故曰㿗癃疝也。所谓甚则嗌⑦干热中⑧者,阴阳相薄而热,故嗌干也。

注释

① 㿗(tuì 退)疝:病名。疝气的一种,症见睾丸肿大坚硬,重坠胀痛或麻木不知痛痒。

② 厥阴者辰也:厥阴主三月,三月月建在辰。马莳:"厥阴者属木,为春三月,三月属辰。"

③ 俛:同"俯"。

④ 三月一振：指三月阳气开始振发。

⑤ 一俛而不仰：张志聪："草木繁茂，枝叶下垂，一惟俛而不仰，即偃偻之状。"形容腰脊疼痛，俯仰不便。

⑥ 癃㿗疝肤胀：指前阴肿痛，不得小便而致肌肤肿胀。张志聪："癃㿗疝者，阴器肿而不得小便也。"

⑦ 嗌（yì亿）：咽喉。

⑧ 热中：此指内热。

语译

厥阴经有所谓癃疝、妇人少腹肿的病症，因为厥阴应于三阴，月建在辰，三月阳气方长，阴气未尽，为阳中之阴，阴邪积聚在内，循厥阴肝经致病，所以发生疝气坠痛，少腹肿胀的症候。所谓腰脊痛不可以俯仰者，是因为三月阳气开始鼓动振发，使万物荣华茂盛，但由于阴气未尽，阳气被抑不能温养，所以腰脊疼痛而不能俯仰。所谓癃㿗疝肤胀者，也是因为阴邪尚盛以致厥阴经脉胀塞不通，所以发生前阴肿痛、不得小便、肌肤肿胀的病证。所谓嗌干热中者，是由于阴阳相争而致内热，所以出现咽喉发干的症状。

按语

本篇中对六经配合月份，与《内经》其他诸篇不同（其他诸篇均是始于厥阴而终于太阳）。提出：太阳为三阳之首，配合正月；阳明为阳之极，配合五月；少阳为阳之终，配合九月；太阴为阴中之至阴，配合十一月；少阴为阴之初，配合七月；厥阴为阴尽阳生，配合三月。从其配合顺序中，我们可以体会到三阴三阳六经与四时阴阳的相应关系。这是在"天人相应"思想指导下的又一种归类方法，对于研究《内经》理论体系的特点，有一定的参考价值。

本篇涉及的月建，是古人以北斗星斗柄所指的方位来确定时令的一种方法。

本篇要点

一、介绍了六经与月份的配合以及相应的月建。

二、分析了四时阴阳盛衰与六经病变的关系。

三、详细解释了六经病变症候的机理。

刺要论篇第五十

题解

刺要,即针刺的要领。本篇首先指出针刺必须明确疾病病位的深浅,进而强调针刺深浅适宜乃是针法的要领之一,故名为"刺要论"。

黄帝问曰:愿闻刺要。岐伯对曰:病有浮沉①,刺有浅深,各至其理,无过其道。过之则内伤,不及则生外壅,壅则邪从之。浅深不得,反为大贼②,内动五藏,后生大病。

故曰:病有在毫毛腠理者,有在皮肤者,有在肌肉者,有在脉者,有在筋者,有在骨者,有在髓者。是故刺毫毛腠理无伤皮,皮伤则内动肺③,肺动则秋病温疟,泝泝然④寒栗。刺皮无伤肉,肉伤则内动脾,脾动则七十二日四季之月⑤病腹胀烦,不嗜食。刺肉无伤脉,脉伤则内动心,心动则夏病心痛。刺脉无伤筋,筋伤则内动肝,肝动则春病热而筋弛⑥。刺筋无伤骨,骨伤则内动肾,肾动则冬病胀腰痛。刺骨无伤髓,髓伤则销铄⑦胻⑧酸,体解㑊⑨然不去⑩矣。

注释

① 浮沉：指病位的浅深。浮，病位浅，在表；沉，病位深，在里。
② 大贼：大害的意思。
③ 皮伤则内动肺：动，影响的意思。肺外合皮毛，故皮伤就会影响到在内的肺脏。下文动脾、动心等意义相同。
④ 泝泝(sù 诉)然：泝，同"溯"，逆流而上。泝泝然，张志聪："泝泝然者，气上逆而寒栗也。"即形容怕冷的样子。泝泝，《甲乙经》卷五第一下作"淅淅"。
⑤ 脾动则七十二日四季之月：《太阴阳明论》："脾者，土也，治中央，常以四时长四藏，各十八日寄治。"一年四季之中，每季的最后十八天为脾土寄旺之日，共七十二天。所以认为脾动之后，在这七十二天当中会发生相应的病变表现，如后文所说的腹胀烦，不嗜食。
⑥ 弛：同"弛"。
⑦ 销铄(shuò 朔)：指久病枯瘦。
⑧ 胻(hèng 衡)：脚胫。
⑨ 解㑊(xiè 械 yì 亦)：解，通"懈"。解㑊，懈怠无力。
⑩ 不去：张介宾："气虚则不能举动，是谓不去也。"

语译

黄帝问道：我想了解针刺方面的要领。岐伯回答说：疾病有在表在里的区别，刺法有浅刺深刺的不同，病在表应当浅刺，病在里应当深刺，各应到达一定的部位（疾病所在），而不能违背这一法度。刺得太深，就会损伤内脏；刺得太浅，不仅达不到病处，而且反使在表的气血壅滞，给病邪以可乘之机。因此，针刺深浅不当，反会给人体带来很大的危害，使五脏功能紊乱，继而发生严重的疾病。

所以说：疾病的部位有在毫毛腠理的，有在皮肤的，有在肌肉的，有在脉的，有在筋的，有在骨的，有在髓的。因此，该刺毫毛腠理的，不要伤及皮肤，若皮肤受伤，就会影响肺脏的正常功能，以致到秋天时，易患温疟病，发生恶寒战栗的症状。该刺皮肤的,不要伤及肌肉,若肌肉受伤,就会影响脾脏的正常功能,以致在每一季节的最后十八天中,发生腹胀烦满,不思饮食的病证。该刺肌肉的,不要伤及血脉,若血脉受伤,就会影响心脏的正常功能,以致到夏天时,易患心痛的病证。该刺血脉的,不要伤及筋脉,若筋脉受伤,就会影响肝脏的正常功能,以致到春天时,易患热性病,发生筋脉弛缓的症状。该刺筋的,不要伤及骨,若骨受伤,就会影响肾脏的正常功能,以致到冬天时,易患肿胀、腰痛的病证。该刺骨的,不要伤及骨髓,若骨髓被损伤而消减,不能充养骨骼,就会导致身体枯瘦,足胫发酸,肢体懈怠,无力举动的病证。

按语

本篇所言针刺不当的病变机理,主要是从五脏与五体的相合以及五脏与季节的相应关系来论述的(肺—皮毛—秋季、脾—肌肉—各季末十八天、心—脉—夏季、肝—筋—春季、肾—骨—冬季)。

关于针刺深浅的分寸,当根据病变部位来决定。应该指出的是,在人体某些重要部位和穴位针刺时,更须注意深浅适宜,否则,有可能造成生命危险。

本 篇 要 点

一、阐述了依据疾病所在部位确定适宜的进针深度的针刺要领。同时指出,违背了这一要领,就会给人体带来很大的危害。

二、分别说明人体各部因针刺深浅不当导致五脏在相应季节产生的种种病变。

刺齐论篇第五十一

题解

齐,定限。本篇具体讨论了针刺深浅的限度,故篇名"刺齐论"。

黄帝问曰:愿闻刺浅深之分。岐伯对曰:刺骨者无伤筋,刺筋者无伤肉,刺肉者无伤脉,刺脉者无伤皮,刺皮者无伤肉,刺肉者无伤筋,刺筋者无伤骨。

帝曰:余未知其所谓,愿闻其解。岐伯曰:刺骨无伤筋者,针至筋而去,不及骨也;刺筋无伤肉者,至肉而去,不及筋也;刺肉无伤脉者,至脉而去,不及肉也;刺脉无伤皮者,至皮而去,不及脉也。所谓刺皮无伤肉者,病在皮中,针入皮中,无伤肉也;刺肉无伤筋者,过肉中筋也;刺筋无伤骨者,过筋中骨也。此之谓反也。

语译

黄帝问道:我想了解针刺浅深的不同要求。岐伯回答说:针刺骨,就不要损伤筋;针刺筋,就不要损伤肌肉;针刺肌肉,就不要损伤脉;针刺脉,就不要损伤皮肤(以上四句指的是,应该深刺,则不能浅刺);针刺皮肤,则不要伤及肌肉;针刺肌肉,则不要伤及筋;针刺筋,则不要伤及骨(以上三句指的是,应该浅刺,则不能深刺)。

黄帝说：我不明白其中的道理，希望能听听对此的解释。岐伯说：所谓刺骨不要伤害筋，是说需刺至骨的，不可在仅刺到筋而未达骨的深度时，就停针拔出；刺筋不要伤害肌肉，是说需刺至筋的，不可在仅刺到肌肉而未达筋的深度时，就停针拔出；刺肌肉不要伤害脉，是说需刺至肌肉深部的，不可在仅刺到脉而未达肌肉深部时，就停针拔去；刺脉不要伤害皮肤，是说需刺至脉的，不可在仅刺到皮肤而未达脉的深度时，就停针拔去。所谓针刺皮肤不要伤及肌肉，是说病在皮肤之中，针就刺至皮肤，不要深刺伤及肌肉；刺肌肉不要伤及筋，是说针只能刺至肌肉，太过就会伤及筋；刺筋不要伤及骨，是说针只能刺至筋，太过就会伤及骨。以上这些，是说若针刺深浅不当，就会适得其反，带来不良后果。

按语

本篇与《刺要论》都是讨论针刺深浅适度的专篇。《刺要论》侧重于说明深浅失误带来的后果，本篇侧重在阐明掌握深浅适度的方法，两篇可以互参。

在临床施用针刺法治疗疾病时，既要强调治疗效果，亦须注意避免给人体带来伤害。这一方面是要选准穴位，另一方面，则应结合病人的年龄、形体、腧穴部位等等具体情况，掌握适宜的针刺深度。如年老气血衰退、小儿脏腑娇嫩、形体瘦弱者不宜深刺；头、胸、背等部位不宜深刺。年青气血充盛、形体壮实者可适当深刺；臂、腿、臀等部位可适当深刺，等等。

本 篇 要 点

本篇重点阐明掌握针刺深浅限度的具体方法，指出针刺深度太过或不及，都是违反针刺疗法原则的，都会给人体造成损害。

刺禁论篇第五十二

题解

本篇主要阐述针刺禁忌的要点,以及误刺后给人体造成的危害,故名为"刺禁论"。

黄帝问曰:愿闻禁数①。岐伯对曰:藏有要害,不可不察!肝生于左,肺藏于右②,心部于表③,肾治于里④,脾为之使⑤,胃为之市⑥。鬲肓⑦之上,中有父母⑧,七节之傍,中有小心⑨。从之有福,逆之有咎⑩。

注释

① 禁数(shù述):禁,禁忌。数,几。禁数,指禁刺之处有多少。
② 肝生于左,肺藏于右:肝主春生之气,应于东方,东方为左,故云"肝生于左";肺主秋收之气,应于西方,西方为右,故云"肺藏于右"。
③ 心部于表:部,安排布置,引申为调节。心在五行属火,心部于表,指心脏调节在表的阳气。
④ 肾治于里:治,管理、治理,引申为调节。肾在五行属水,肾治于里,指肾脏调节在里的阴气。
⑤ 脾为之使:使,指脾的转输功能。脾主运化,输送水谷精微以养全身,故云"脾为之使"。
⑥ 胃为之市:市,市场。形容胃受纳水谷犹如货物集中于市场,实即"胃为水谷之海"的意思。
⑦ 鬲肓:膈膜与肓膜的合称。膈膜,即横膈膜;肓膜,心下膈上的脂膜。
⑧ 父母:指心、肺二脏。

⑨ 小心：有二说：一指心包络，如马莳："心为君主，为大心；而包络为臣，为小心。"二指肾脏，如吴崑："此言七节，脊椎中部第七节也，其旁乃两肾所系，左为肾，右为命门。命门者，相火也，相火代君行事，故曰小心。"按《内经》无右肾为命门之说，且脊椎从下往上数，亦不合情理，故前者义胜。

⑩ 咎（jiù 旧）：灾祸。

语译

黄帝问道：我想了解人体禁刺的部位有多少。岐伯回答说：内脏各有要害之处，不能不细看详审！肝气生发于左，肺气肃降于右，心脏调节在表的阳气，肾脏管理在里的阴气，脾主运化，水谷精微赖以转输，胃主受纳，饮食水谷汇聚于此。膈肓的上面，有维持生命活动的心、肺两脏，第七椎旁的里面有心包络。上述部位都应该禁刺，遵循这个刺禁，就有利于治疗，违背了，则会给人体造成祸害。

刺中心，一日死，其动为噫。刺中肝，五日死，其动为语。刺中肾，六日死，其动为嚏。刺中肺，三日死，其动为咳。刺中脾，十日死，其动为吞。刺中胆，一日半死，其动为呕。刺跗上①，中大脉，血出不止，死。刺面，中溜脉②，不幸为盲。刺头，中脑户③，入脑立死。刺舌下④，中脉太过，血出不止为瘖。刺足下布络⑤，中脉，血不出为肿。刺郄中⑥大脉，令人仆脱色⑦。刺气街⑧，中脉，血不出为肿鼠仆⑨。刺脊间，中髓，为伛⑩。刺乳上⑪，中乳房，为肿根蚀⑫。刺缺盆⑬中内陷⑭，气泄，令人喘咳逆。刺手鱼腹⑮内陷，为肿。

注释

① 跗上：足背。

② 溜脉：指与目相流通的经脉。张介宾："溜，流也。凡血脉之通于目者，皆为溜脉。"
③ 脑户：穴位名称，位于枕骨上，强间穴后一寸五分处。
④ 舌下：指舌下廉泉穴。
⑤ 布络：指散布的络脉。
⑥ 郄(xì 细)中：即委中穴，位于腘窝正中处。
⑦ 仆脱色：仆，跌仆。脱色，面色苍白。
⑧ 气街：穴位名称，属足阳明胃经，又名气冲。位于腹中线脐下五寸，旁开二寸处（即腹股沟上方，股动脉内侧，耻骨联合旁二寸处）。
⑨ 鼠仆：即鼠蹊(xī 希)，腹股沟。
⑩ 伛(yǔ 羽)：曲背。
⑪ 乳上：即乳中穴，位于乳头中央。
⑫ 根蚀：根，乳根，此指乳房内部。蚀，腐蚀。
⑬ 缺盆：即锁骨上窝。
⑭ 内陷：指针刺太深。
⑮ 手鱼腹：手鱼，在掌面大拇指本节后肌肉圆突处，其形像鱼，故名。手鱼腹，即手鱼的中央，为手太阴肺经之鱼际穴处。

语译

刺中心脏，约一日即死，其病变症状为嗳气。刺中肝脏，约五日即死，其病变症状为多言多语。刺中肾脏，约六日即死，其病变症状为打喷嚏。刺中肺脏，约三日即死，其病变症状为咳嗽。刺中脾脏，约十日即死，其病变症状为频频吞咽。误刺中胆，约一日半即死，其病变症状为呕吐。针刺足背，误伤了大血管，若出血不止，便会死亡。针刺面部，误伤了与目相通的经脉，则可能使眼睛失明。针刺头部的脑户穴，若刺至脑髓，就会立即死亡。针刺廉泉穴，误伤了血管，若出血不止，可使喉哑失音。针刺足下布散的络脉，误伤了血管，瘀血内留而不出，可致局部肿胀。针刺委中穴太深，误伤了大经脉，可令人跌仆、面色苍白。针刺气街穴，误伤了血管，若瘀血留着不去，鼠蹊部就会肿胀。针刺脊椎间隙，误伤了脊髓,会使人背曲不伸。针刺乳中穴,伤及乳房,可使乳房肿胀,内部腐蚀溃脓。针刺缺盆中央太深,造成肺气外泄,可令人喘咳气逆。针刺手鱼际穴太深,可使局部发生肿胀。

按语

对本篇中"刺中心……其动为噫;刺中肝……其动为语;刺中肾……其动为嚏;刺中肺……其动为咳;刺中脾……其动为吞"等等,可以参考《宣明五气篇》"五气所病"的有关内容理解。

无刺大醉,令人气乱。无刺大怒,令人气逆。无刺大劳人,无刺新饱人,无刺大饥人,无刺大渴人,无刺大惊人。刺阴股,中大脉,血出不止,死。刺客主人①内陷,中脉,为内漏②为聋。刺膝膑③,出液为跛。刺臂太阴脉,出血多立死。刺足少阴脉,重虚④出血,为舌难以言。

注释

① 客主人:穴位名称。属足少阳胆经,又名上关,位于面部颧弓上缘稍上方,距耳廓前缘约一寸凹陷处。
② 内漏:耳内化脓而漏出。
③ 膝膑:膝盖骨。
④ 重(chóng 崇)虚:此指肾气原已虚弱,复加误刺,使肾气更虚。

语译

不要针刺饮酒大醉的人,否则会使气血紊乱。不要针刺正值勃然大怒的人,否则会使气机上逆。此外,对过度疲劳,刚刚饱食,过分饥饿,极度口渴,方受极大惊吓的人,皆不可以针刺。刺大腿内侧的穴位,误伤了大血管,若出血不止,便会死亡。刺上关穴太深,误伤了经脉,可使耳内化脓或致耳聋。刺膝膑部,若误伤以致流出液体,会使人发生跛足。刺手太阴经脉,若误伤出血过多,则立即死亡。刺足少阴经脉,误伤出血,可使肾气更虚,以致舌体失养转动不利而语言困难。

刺膺中陷,中肺,为喘逆仰息。刺肘中内陷,气归之①,为不屈伸。刺阴股下三寸内陷,令人遗溺②。刺掖③下胁间内陷,令人咳。刺少腹,中膀胱,溺出,令人少腹满。刺腨肠④内陷,为肿。刺匡上⑤陷骨中脉,为漏为盲⑥。刺关节中液出,不得屈伸。

注释

① 气归之:气归聚于局部。因针刺不当,使气血凝聚不散。
② 溺:同"尿"。
③ 掖:通"腋"。
④ 腨(chuǎi 揣)肠:穴位名称,属足太阳膀胱经,又名"承筋",位于小腿肚,腘横纹中点直下五寸处。
⑤ 匡上:匡,通"眶"。匡上,即眼眶。
⑥ 为漏为盲:漏,指流泪不止;盲,即失明。

语译

针刺胸膺部太深,伤及肺脏,就会发生气喘上逆、仰面呼吸的症状。针刺肘弯处太深,气便结聚于局部而不行,以致手臂不能屈伸。针刺大腿内侧下三寸处太深,使人遗尿。针刺腋下胁肋间太深,使人咳嗽。针刺少腹,误伤膀胱,使小便漏出流入腹腔,以致少腹胀满。针刺小腿肚太深,会使局部肿胀。针刺眼眶而深陷骨间,伤及脉络,就会造成流泪不止,甚至失明。针刺关节,误伤以致液体外流,则关节不能屈伸。

本 篇 要 点

一、明确指出脏腑要害部位应该禁针。

二、列举误刺人体某些部位造成的后果——轻者发生盲、瘖、肿、咳、聋、跛、遗尿等病,重者可致死亡。

三、指出在暴饮暴食、大饥大渴、过度疲劳以及情绪剧烈波动的情况下,不可立即进行针刺,而应在适当休息后,方可施术。

刺志论篇第五十三

题解

志,记的意思。本篇篇首论述掌握虚实的要领,篇末介绍针刺补泻的手法,示人应牢记不忘,故篇名"刺志论"。

黄帝问曰:愿闻虚实之要。岐伯对曰:气实形实,气虚形虚,此其常也,反此者病①;谷盛气盛,谷虚气虚,此其常也,反此者病;脉实血实,脉虚血虚,此其常也,反此者病。帝曰:如何而反?岐伯曰:气盛身寒②,气虚身热,此谓反也;谷入多而气少,此谓反也;谷不入而气多,此谓反也;脉盛血少,此谓反也;脉小血多,此谓反也。

注释

① 气实形实……反此者病:气,指人身之气;形,指人之形体。人之气与形,相称者为常态,相反者为病态。下文中谷与气、脉与血的关系亦如此。马莳:"凡气与形、谷与气、脉与血相称者为常,而相反者为病也。"

② 气盛身寒:原本无,据《甲乙经》卷四第一下补。

语译

黄帝问道:我想了解有关虚实的道理。岐伯回答说:气充实的,形体就壮实,气不足的,形体就虚弱,这是正常现象,若与此相反,就是病态;纳谷多的气盛,纳谷少的气虚,这是正常现象,若与此相反,就是病态;脉搏大而有力的,是血液充盛,脉搏小而细弱的,是血液不足,这是正常现象,若与此相反,就是病态。黄帝又问:反常现象是怎样的？岐伯说:气盛而身体反觉寒冷,气虚而身体反感发热的,是反常现象;饮食虽多而气不足,饮食不进而气反盛的,都是反常现象;脉搏盛而血反少,脉搏小而血反多的,也是反常现象。

气盛身寒,得之伤寒。气虚身热,得之伤暑。谷入多而气少者,得之有所脱血①,湿居下也②。谷入少而气多者,邪在胃及与肺也③。脉小血多者,饮中热也④。脉大血少者,脉有风气⑤,水浆不入⑥,此之谓⑦也。

注释

① 脱血:指失血。

② 湿居下也:脾虚失运,则纳入之水谷不化精微,反滞为湿,留居于人体下部。张介宾:"脱血者,亡其阴也。湿居下者,脾肾之不足,亦阴虚也。阴虚则无气,故谷虽入多而气则少也。"

③ 谷入少而气多者,邪在胃及与肺也:胃主纳,邪在胃则纳呆而谷入少;肺主气,司呼吸,邪在肺则肺气壅滞而气多。

④ 脉小血多者,饮中热也:高世栻:"夫脉小血反多者,其内必饮酒中热之病。酒入络脉,故血多行于外而虚于内,故脉小。"因酒性发散,血液充于络脉,络脉血多则经脉少,故脉小。

⑤ 风气:即邪气。

⑥ 脉大血少者……水浆不入:风为阳邪,侵入脉中故脉大;水浆不入,则血液无所化生,故血少。

⑦ 此之谓:《甲乙经》卷四第一下作"此谓反"。《素问释义》云:"三字衍。"后者义胜。

语译

气旺盛而身寒冷,是受了寒邪的伤害。气不足而身发热,是受了暑热的伤害。饮食虽多而气反少的,是由于失血或湿邪聚居于下部之故。饮食虽少而气反盛的,是由于邪气在胃和肺。脉搏小而血多,是由于病留饮而中焦有热。脉搏大而血少,是由于风邪侵入脉中且汤水不进之故。这些就是形成虚实反常的机制。

夫实者,气入也;虚者,气出也。气实者,热也;气虚者,寒也。入实者,左手开针空①也;入虚者,左手闭针空①也。

注释

① 开针空、闭针空:空(kǒng恐),同"孔"。开针空,指出针后不按闭针孔;闭针空,指出针后即按闭针孔。

语译

大凡实证,是由于邪气亢盛侵入人体;虚证,是由于人体正气外泄。气实的多表现为热象;气虚的多表现为寒象。针刺治疗实证,出针后左手不要按闭针孔,使邪气外泄;治疗虚证,出针后左手随即闭合针孔,使正气不得外散。

按语

一般情况下,人体气与形、谷与气、脉与血之间应该维持虚实相应的状态(即"气实形实,气虚形虚"、"谷盛气盛,谷虚气虚"、"脉实血实,脉虚血虚")。倘若出现了相反的情况,则属反常。这提示了疾病的变化是错综复杂的,不仅要掌握病变的一般规律,更需认识反常之特殊病变。对疾病转归而言,脉证相符者大多预后较好,脉证不符者大多预后较差。所以临床时,应全面观察和分析机体的各种表现,辨清虚实真假,抓住疾病的本质。

本 篇 要 点

一、阐述了气与形、谷与气、脉与血虚实关系中的正常与反常现象。并分析了产生这些反常现象的机制。

二、介绍了针刺治疗虚实证的手法。

针解篇第五十四

题解

本篇意在解释用针的道理,对针刺补泻手法、针刺时的注意事宜以及九针的选用等针刺中的具体问题,作了比较详细的说明,故名为"针解篇"。

黄帝问曰:愿闻九针之解①,虚实之道。岐伯对曰:刺虚则实之者,针下热也,气实乃热也;满而泄之者,针下寒也,气虚乃寒也。菀陈②则除之者,出恶血也。邪胜则虚之者,出针勿按。徐而疾则实者,徐出针而疾按之;疾而徐则虚者,疾出针而徐按之。言实与虚者,寒温气多少也。若无若有者,疾不可知也③。察后与先者,知病先后也。为虚与实者,工勿失其法。若得若失者,离其法也。虚实之要,九针最妙者,为其各有所宜也。补写之时者,与气开阖相合也④。九针之名,各不同形者,针穷其所当补写也。

注释

① 九针之解:马莳:"按《灵枢》有《九针十二原篇》,而《小针解篇》正所以解《九针十二原篇》之针法。"此篇与《小针解篇》大同小异。九针之解,就是对该篇文字的解释。

② 菀(yùn 运,又读 yù 遇)陈:菀,通"蕴",郁结;积滞。陈,陈旧。菀陈,在此指血液郁结日久。

③ 若无若有者,疾不可知也:疾,急速。马莳:"其寒温多少,至疾而速,正恍惚于有无之间,真不可易知也。"形容下针后,经气到来迅速,寒温感觉之快,不易掌握辨别。

④ 补写之时者,与气开阖相合也:写,"泻"的古字。阖,通"合",闭上。相合,相投契。意指针刺补泻的时间要与气的开阖相配合。马莳:"其针入之后,若当其气来谓之开,可以迎而泻之;气过谓之阖,可以随而补之,针与气开阖相合也。"

语译

黄帝问道:希望听你讲讲对九针的解释,以及虚实补泻的道理。岐伯回答说:针治虚证用补法,针下应有热感,因为正气充实了,针下才会发热;邪气盛满用泻法,针下应有凉感,因为邪气衰退了,针下才会发凉。血液郁积日久,要用放出恶血的方法来消除。邪盛用泻法治疗,就是出针后不要按闭针孔(使邪气得以外泄)。所谓徐而疾则实,就是慢慢出针,并在出针后迅速按闭针孔(使正气充实不泄);所谓疾而徐则虚,就是快速出针,而在出针后不要立即按闭针孔(使邪气得以外泄)。实与虚的根据,是指气至之时针下凉感与热感的多少。若有若无,是说下针后经气到来迅速而不易掌握辨别。审察先后,是指辨别疾病变化的先后。虚证用补法,实证用泻法。医生治病不可离开这个原则。若医生不能准确地把握,那么就会背离正确的治疗法则。虚实补泻的关键,在于巧妙地运用九针,因为九针各有不同的特点,适宜于不同的病证。针刺补泻的时间,应该与气的来去开阖相配合。九针的名称不同,形状也各有所异,所以能根据治疗需要,充分发挥各自的补泻作用。

按语

《灵枢·九针十二原》记载了九针的名称:一曰镵针,二曰员针,三曰𬭁针,四曰锋针,五曰铍针,六曰员利针,七曰毫针,八曰长针,九曰大针,并说明了它们的具体形状和治疗作用。故本节可与《灵枢·九针十二原》互参,并可结合《小针解》来理解。

刺实须其虚者,留针阴气隆至,乃去针也;刺虚须其实者,阳气隆至,针下热,乃去针也。经气已至,慎守勿失者,勿变更也。深浅①在志者,知病之内外也。近远如一②者,深浅其候等也。如临深渊者,不敢堕也。手如握虎者,欲其壮也。神无营③于众物者,静志观病人,无左右视也。义无邪下者④,欲端以正也。必正其神⑤者,欲瞻病人目,制其神,令气易行也。所谓三里者,下膝三寸也。所谓跗之⑥者,举膝分易见也。巨虚者,蹻⑦足𬂩⑧独陷者。下廉⑨者,陷下者也。

注释

① 深浅:指针刺的深浅。
② 近远如一:近远,指针刺的浅深。如一,指候气之法一样。
③ 营:围绕。
④ 义无邪下者:义,"仪"的古字,容貌、举止,此指针刺时手法的姿势。邪,通"斜"。义无邪下者,指下针时手法的姿势要端正,不能偏斜。
⑤ 正其神:正,端正,引申为控制。正其神,指控制病人的精神活动。
⑥ 跗之:张介宾:"当作'跗上',即足阳明冲阳穴也。"
⑦ 蹻:同"跷"(qiāo 敲),举足。
⑧ 𬂩:同"胻"(héng 衡),脚胫。
⑨ 下廉:此指下巨虚穴。

语译

针刺实证要达到泄邪的目的,下针后应留针,待针下出现明显的寒凉之感时,即可出针;针刺虚证要达到补气的目的,待针下出现明显的温热之感时，即可出针。经气已经到来，应谨慎守候不要失去，不要变更手法。决定针刺的深浅，就要先察明疾病部位的在内在外，针刺虽有深浅之分，但候气之法都是相同的。行针时，应似面临深渊、不敢跌落那样谨慎小心。持针时，应像握虎之势那样坚定有力。思想不要分散于其他事情，应该专心致志观察病人，不可左顾右盼。针刺手法要正确，端正直下，不可歪斜。下针后，务必注视病人的双目来控制其精神活动，使经气运行通畅。三里穴，在膝下外侧三寸之处。跗上穴，在足背上，举膝易见之处。巨虚穴，在跷足时小腿外侧肌肉凹陷之处。下廉穴，在小腿外侧肌肉凹陷处的下方。

按语

本节在讨论针刺补泻手法的基础上，指出针刺不论深浅如何，进针后都要留针候气，以待疗效。针刺候气，与得气（指针刺过程中，医者手下出现沉重或紧涩的"气至"之感，患者局部有酸、胀、重、麻或扩散传导的感觉）有类似的临床意义，因此得气与否，是针刺能否获得疗效的关键。与此相关，首先要求医者精神集中、态度严谨、选穴准确、进针端正、持针有力，此外还须注意密切医生与患者之间的配合。只有这样，针刺才能达到预期的效果，使邪除病愈，正气恢复。

本节可与《宝命全形论》有关内容参看。

帝曰：余闻九针上应天地四时阴阳，愿闻其方，令可传于后世，以为常也。岐伯曰：夫一天、二地、三人、四时、五音①、六律②、七星③、八风④、九野⑤，身形亦应之，针各有所宜，故曰九针。人皮应天⑥，人肉应地⑦，人脉应人⑧，人筋应时⑨，人声应音，人阴阳合气应律⑩，人齿面目应星,人出入气应风,人九窍三百六十五络应野⑪。故一针皮,二针肉,三针脉,四针筋,五针骨,六针调阴阳,七针益精,八针除风,九针通九窍,除三百六十五节气,此之谓各有所主也。人心意应八风⑫,人气应天⑬,人发齿耳目五声应五音六律⑭,人阴阳脉血气应地⑮,人肝目应之九⑯。

注释

① 五音:亦称五声。是中国五声音阶中的宫、商、角、徵、羽五个音级。

② 六律:指十二律(中国古代律制)中的奇数各律,即黄钟、太蔟、姑洗、蕤宾、夷则、无射。

③ 七星:指北斗七星,即天枢、天璇、天玑、天权、玉衡、开阳、摇光七星。

④ 八风:指八方之风。八方:东、南、西、北、东南、东北、西南、西北。

⑤ 九野:野,分野。九野,指古代九州区域的划分。

⑥ 人皮应天:皮肤在人体外表庇护全身,犹如天覆盖于万物,故相应。

⑦ 人肉应地:肌肉柔韧丰厚,犹如土地厚载万物,故相应。

⑧ 人脉应人:人体生命的维持,依赖于血脉的运行濡养,故相应。《灵枢·九针论》:"三者,人也。人之所以成生者,血脉也。"

⑨ 人筋应时:高世栻:"人筋十二,足筋起于足趾,手筋起于手指,手足为四肢,一如十二月分四时,故人筋应时。"

⑩ 人阴阳合气应律:人体六脏六腑之阴阳相互协调,犹如六律六吕之配合有节。

⑪ 人九窍三百六十五络应野:人体九窍及三百六十五络分布全身,犹如大地百川万水纵横交错之分野。

⑫ 人心意应八风:人的心愿意向,犹如自然界八风那样变化多端,故相应。

⑬ 人气应天:人体之气犹如天体运行一样生生不息,故相应。

⑭ 人发齿耳目五声应五音六律:人体发长齿生、耳聪目明、声音清浊,犹如五音六律那样条理不紊,故相应。

⑮ 人阴阳脉血气应地:人体阴阳经脉是气血运行的道路,犹如大地江

河溪流之川,故相应。

⑯ 人肝目应之九:肝开窍于目,目为九窍之一,故曰应九。又:九,疑为"也"之误。

语译

黄帝说:我听说九针与天地四时阴阳相应合,请你讲讲其中的道理,以使其能流传于后世,作为治病的常法。岐伯说:一天、二地、三人、四时、五音、六律、七星、八风、九野,人的形体也与此相应,针也是根据其所适应的不同病证制成的,所以叫做九针。人的皮肤与天相应,肌肉与地相应,脉与人体本身相应,筋与四时相应,人的声音与五音相应,人的阴阳之气配合与律吕变化相应,人的牙齿面目与七星相应,人的呼吸之气与八风相应,人的九窍三百六十五络与九野相应。所以九针之中,一(镵)针刺皮,二(员)针刺肉,三(锃)针刺脉,四(锋)针刺筋,五(铍)针刺骨,六(员利)针调和阴阳,七(毫)针补益精气,八(长)针驱除风邪,九(大)针通利九窍,祛除周身三百六十五节间的邪气。这就叫做不同的针有不同的功用和适应证。人的心愿意向与八风相应,人体之气运行与天气运行相应,人的发齿耳目五声与五音六律相应,人体阴阳经脉运行气血与大地江河百川相应,人的肝目与九数相应。

按语

本节可与《灵枢·九针论》互参。

九窍三百六十五人一以观动静天二以候五色七星应之以候发母泽五音一以候宫商角徵羽六律有余不足应之二地一以候高下有余九野一节俞应之以候闭节三人变一分人候齿泄多血少十分角之变五分以候缓急六分不足三分寒关节第九分四时人寒温燥湿四时一应之以候相反一

四方各作解。

按语

本节文字残缺,历代注家自王冰而下,都认为蠹简残缺,其中必有错误。新校正"详王氏云一百二十四字,今有一百二十三字,又亡一字。"现将原文录出,以待今后研究。

本 篇 要 点

一、论述针刺补泻手法,说明了针下寒热感觉与针刺疗效的关系。

二、强调针刺时医者应做到思想集中、态度严谨、明确病位、端正手法,并注意调节病人的精神活动,以利于治疗。

三、根据天地阴阳与人身相应的道理,阐述了九针的作用与适应范围。

长刺节论篇第五十五

题解

长(zhǎng掌),生长、增长,引申为推广、扩充。刺节,指针刺手法。《灵枢·官针》言"刺有十二节",《刺节真邪论》言"刺有五节",本篇旨在推广、扩充"五节"、"十二节"之刺,故篇名"长刺节论"。

刺家不诊,听病者言。在头,头疾痛,为藏针之[1],刺至骨病已,上无伤骨肉及皮,皮者道也[2]。

阳刺[3],入一傍四处[4],治寒热。深专者[5]刺大藏[6];迫藏[7]刺背,背俞也,刺之迫藏,藏会[8]。腹中寒热去而止。与刺之要,发针而浅出血。

治痈[9]肿者,刺痈[9]上,视痈小大深浅刺。刺大者多血,小者深之,必端内针[10]为故止。

注释

① 为藏针之:新校正:"按全元起本云:'为针之',无'藏'字。"今从。
② 皮者道也:皮肤是针刺必经的道路。
③ 阳刺:原作"阴刺",新校正根据《甲乙经》"阳刺者,正内一,傍内四;阴刺者,左右卒刺之"的记载,认为本篇"阴刺"当是"阳刺"之误。考《灵枢·官针》有"扬刺者,正内一,傍内四,而浮之,以治寒气之博大者也。"《太素》卷二十三杂刺亦作"阳刺"。今据改。

④ 人一傍四处：指正中刺入一针，其上、下、左、右各刺入一针。马莳："凡腹中有寒热者，则阳刺之，正入一，旁入四。"

⑤ 深专者：指病邪深入，专攻内脏。

⑥ 刺大藏：大藏，即五脏。刺大藏，指刺五脏的募穴（五脏募穴：肺为中府，脾为章门，肝为期门，肾为京门，心为巨阙）。

⑦ 迫藏：指邪气深入，进迫五脏。

⑧ 藏会：内脏之气相会之处。有二说：一说脾募章门，《难经》有脏会季胁，五脏取禀于脾，故为脏会之说；一说俞穴为各该脏气聚集之处，指五脏的俞穴为脏会。皆通，今从后说。

⑨ 痈：原本作"腐"，新校正："按全元起本及《甲乙经》腐作痈。"《太素》卷二十三杂刺同新校正。今据改。

⑩ 内针：内，同"纳"，纳入。内针，即进针。

语译

精通针术的医家，在尚未诊脉之时，还需听取病人的自诉。病在头部，且头痛剧烈，可以用针刺治疗（在头部取穴），刺至骨部，病就能痊愈，但针刺深浅须恰当，不要损伤骨肉与皮肤，由于皮肤为针刺出入必经之路，所以更须注意勿使其受损。

阳刺之法，是正中刺一针，周围刺四针，以治疗寒热的疾患。若病邪深入专攻内脏，当刺五脏的募穴；邪气进迫五脏，当刺背部的五脏俞穴，邪气迫脏而针刺背俞，是因为背俞是脏气聚会的地方。待腹中寒热消除之后，针刺就可以停止。针刺的要领，是出针时使其稍微出一点血。

治疗痈肿，应刺痈肿的部位，并根据其大小，决定针刺的深浅。刺大的痈肿，宜多出血，对小的痈肿，要深刺，一定要端直进针，以达到病所为止。

病在少腹有积，刺皮䯏①以下，至少腹而止；刺侠脊两傍四椎间，刺两髂髎②季胁肋间，导腹中气热下已。

病在少腹，腹痛不得大小便，病名曰疝，得之寒。刺少腹两股间,刺腰髁③骨间,刺而多之,尽炅病已。

病在筋,筋挛节痛,不可以行,名曰筋痹。刺筋上为故,刺分肉间,不可中骨也。病起筋炅,病已止。

病在肌肤,肌肤尽痛,名曰肌痹,伤于寒湿。刺大分、小分④,多发针而深之,以热为故。无伤筋骨,伤筋骨,痈发若变⑤。诸分尽热,病已止。

病在骨,骨重不可举,骨髓酸痛,寒气至,名曰骨痹。深者,刺无伤脉肉为故。其道大分、小分,骨热病已止。

病在诸阳脉,且寒且热,诸分且寒且热,名曰狂。刺之虚脉⑥,视分尽热,病已止。病初发,岁一发;不治,月一发;不治,月四五发,名曰癫病。刺诸分诸脉,其无寒者,以针调之,病止。

病风,且寒且热,炅汗出,一日数过,先刺诸分理络脉,汗出且寒且热,三日一刺,百日而已。

病大风,骨节重,须眉堕,名曰大风⑦。刺肌肉为故,汗出百日,刺骨髓,汗出百日。凡二百日,须眉生而止针。

注释

① 皮䐃(tú 图):䐃,同"腯",肥壮。马莳:"《内经》中,有应用肉旁者,每以骨旁代之,有应用骨旁者,每以肉旁代之。故䯒近有同文录,髈有髂,腘有䯒,则䐃可作腯。"皮䐃,指皮肉肥厚之处。

② 两髂髎(qià 恰 liáo 辽):马莳:"髂为腰骨,两髂髎者,居髎穴也。"

③ 髁(kē 棵,又读 kuà 跨):大腿骨。

④ 大分、小分:肌肉会合之处称为"分",较多肌肉会合处为大分,较少肌肉会合处为小分。

⑤ 若变:这样的变化。

⑥ 刺之虚脉:虚脉,指使脉中的病邪虚。刺之虚脉,意指用针刺泻法,排除阳脉中的邪气。

⑦ 大风：又叫疠风、癞风。其症状相当于现代所称的麻风病。

语译

病在少腹而有积聚，应针刺腹部皮肉丰厚之处以下的部位，向下直到少腹为止；再针第四椎间两旁的穴位和髂骨两侧的居髎穴，以及季胁肋间的穴位，以引导腹中热气下行，则病可以痊愈。

病在少腹，腹痛且大小便不通，病名叫做疝，是受寒所致。应针刺少腹到两大腿内侧间以及腰部和髁骨间的穴位，针刺穴位要多，到少腹部都出现热感，病就痊愈了。

病在筋，筋脉拘挛、关节疼痛，不能行动，病名为筋痹。应针刺在患病的筋上，由于筋脉在分肉之间，与骨相连，所以针从分肉间刺入，应注意不能刺中骨。待有病的筋脉出现热感，说明病已痊愈，可以停止针刺。

病在肌肤，周身肌肤疼痛，病名为肌痹，这是寒湿之邪侵犯所致。应针刺大小肌肉会合之处，取穴要多，进针要深，以局部产生热感为度。不要伤及筋骨，若损伤了筋骨，就会引起痈肿这类的病变。待各肌肉会合之处都出现热感，则病已痊愈，可以停止针刺。

病在骨，肢体沉重不能抬举，骨髓深处感到酸痛，局部寒冷，病名为骨痹。治疗时应深刺，以不伤血脉肌肉为度。针刺的道路在大小分肉之间，待骨部感到发热，说明病已痊愈，可以停止针刺。

病在手足三阳经脉，出现或寒或热的症状，同时各分肉之间也有或寒或热的感觉，这叫狂病。针刺用泻法，使阳脉的邪气外泄，观察各处分肉，若全部出现热感，则病已痊愈，可停止针刺。有一种病，初起每年发作一次；若不治疗，则变为每月发作一次；若仍不治疗，则每月发作三四次，这叫做癫病。治疗时应针刺各大小分肉以及各部经脉,若没有寒冷的症状,可用针刺调治,直到病愈为止。

风邪侵袭人体,出现或寒或热的症状,热则汗出,一日发作数次,应首先针刺各分肉腠理及络脉,若依然汗出且或寒或热,可以三天针刺一次,治疗一百天,疾病就痊愈了。

病因大风侵袭,出现骨节沉重,胡须眉毛脱落,病名为大风。应针刺肌肉,使之出汗,连续治疗一百天后,再针刺骨髓,仍使之出汗,也治疗一百天,总计治疗二百天,直到胡须眉毛重新生长,方可停止针刺。

按语

针刺治疗疾病有一定的方法,本篇所举之例说明,针刺的手法、穴位的选取、进针的深浅、治程的长短,都必须以疾病的性质和病位等为根据来选择决定。因此,诊以辨证辨病结合,治则因证因病而异,不仅是临床处以汤药的依据,也是针刺治病必须掌握的基本方法。

本篇要点

叙述了头痛、寒热、痈肿、少腹有积、寒疝、筋痹、肌痹、骨痹、狂、癫、大风等病证的针刺治疗方法。具体讨论了针刺的部位、深浅、次数,治程的长短,以及针刺后机体的反应等问题。

皮部论篇第五十六

题解

皮部,指十二经脉在皮肤上的分属部位。本篇主要论述十二皮部的划分依据,并指出从皮部所见络脉色泽的变化,可以测知经络受邪以及疾病性质等情况,故名为"皮部论"。

黄帝问曰:余闻皮有分部,脉有经纪①,筋有结络②,骨有度量,其所生病各异,别其分部,左右上下,阴阳所在,病之始终,愿闻其道。岐伯对曰:欲知皮部,以经脉为纪③者,诸经皆然。

注释

① 脉有经纪:经纪,凡经络纵行者为经,横行者为纪。脉有经纪,指人体经络纵横交错分布的规律。

② 筋有结络:结络,系结连络。筋有结络,指筋有系结连络肌肉骨节的功能。张志聪:"结络,言筋之系于分肉,连于骨节也。"

③ 纪:头绪,引申为依据。

语译

黄帝问道:我听说人体皮肤上有十二经脉分属的部位,经络的分布有一定规律,筋脉的系结连络有一定部位,骨骼也各有一定的长短大小,它们所发生的疾病各不相同,要从皮肤的分部上来区别病变的左右上下，阴阳属性，以及疾病的开始和预后，我想了解其中的道理。岐伯回答说：要知道皮肤的分属部位，是以经脉循行于皮肤的部位为依据的，各经都是如此。

阳明之阳，名曰害蜚①，上下同法②。视其部中有浮络③者，皆阳明之络也。其色多青则痛；多黑则痹；黄赤则热；多白则寒。五色皆见，则寒热也。络盛则入客于经，阳主外，阴主内。

少阳之阳，名曰枢持④，上下同法。视其部中有浮络者，皆少阳之络也。络盛则入客于经，故在阳者主内，在阴者主出，以渗于内⑤，诸经皆然。

太阳之阳，名曰关枢⑥，上下同法。视其部中有浮络者，皆太阳之络也。络盛则入客于经。

少阴之阴，名曰枢儒⑦，上下同法。视其部中有浮络者，皆少阴之络也。络盛则入客于经，其入经也，从阳部注于经；其出者，从阴内注于骨。

心主之阴⑧，名曰害肩⑨，上下同法。视其部中有浮络者，皆心主之络也。络盛则入客于经。

太阴之阴，名曰关蛰⑩，上下同法。视其部中有浮络者，皆太阴之络也。络盛则入客于经。

凡十二经络脉者，皮之部也。

注释

① 害蜚：张介宾："蜚，古'飞'字。蜚者，飞扬也，言阳盛而浮也。凡盛极者必损，故阳之盛也，在阳明；阳之损也，亦在阳明，是以阳明之阳，名曰害蜚。"阳盛损害万物生长的意思。

② 上下同法：上下，是指代表六经的手足经。上指手经，下指足经。例如本句的上，指手阳明大肠经；下，指足阳明胃经。同法，即方法相同。

③ 浮络：位于浅表部的络脉。

④ 枢持：指少阳掌握转枢出入之机。张介宾："枢，枢机也。持，主也。少阳居三阳表里之间，如枢之运，而持其出入之机，故曰枢持。"

⑤ 故在阳者主内，在阴者主出，以渗于内：阳，指络脉。阴，指经脉。病邪侵袭人体，由表入里，从络脉传入经脉，所以说"在阳者主内"（内同"纳"，纳入）；邪气进一步传变，从经脉出而传于内在的脏腑，所以说"在阴者主出，以渗于内。"

⑥ 关枢：吴崑："关，固卫也。少阳为枢，转布阳气，太阳则约束而固卫其转布之阳，故曰关枢。"太阳主一身之表（居三阳之表），具有卫外而为固的功能，故能约束少阳转枢出入之机。

⑦ 枢儒：儒，柔顺。张介宾："少阴为三阴开阖之枢，而阴气柔顺，故名曰枢儒。"

⑧ 心主之阴：即厥阴之阴。

⑨ 害肩：张介宾："肩，任也，载也。阳主乎运，阴主乎载。阴盛之极，其气必伤，是阴之盛也，在厥阴；阴之伤也，亦在厥阴，故曰害肩。"与害蜚之义相同，前言阳极对万物的损害，此言阴极对万物的损害。

⑩ 关蛰：张介宾："关者，固于外。蛰者，伏于中。阴主藏而太阴卫之，故曰关蛰。"这是说太阴能约束闭藏的阴气，使之不外泄。

语译

阳明经的阳络，名叫"害蜚"，手足阳明经都是一样。观察其所属皮部中出现的浮络，都是阳明经的络脉。若络脉中多见青色，则为痛证；多见黑色，则为痹证；多见黄赤色，则为热证；多见白色，则为寒证。若五色同时出现，则属寒热错杂之证。络脉的邪气盛，就会内传于本经，络脉属阳主外，经脉属阴主内。

少阳经的阳络，名叫"枢持"，手足少阳经都是一样。观察其所属皮部中出现的浮络，都是少阳经的络脉。络脉的邪气盛，就会内传于本经，络脉为阳，邪气由络脉内入经脉，所以说"在阳者主内"，经脉属阴，邪气由经脉出而传入内脏，所以说"在阴者主出，以渗于内"，各经都是如此。

太阳经的阳络,名叫"关枢",手足太阳经都是一样。观察其所属皮部中出现的浮络,都是太阳经的络脉。络脉的邪气盛,就会内传于本经。

少阴经的阴络,名叫"枢儒",手足少阴经都是一样。观察其所属皮部中出现的浮络,都是少阴经的络脉。络脉的邪气盛,就会内传于本经,邪气传入经脉,是从属阳的络脉传来的,然后从属阴的经脉出而向内传入骨。

厥阴经的阴络,名叫"害肩",手足厥阴经都是一样。观察其所属皮部中出现的浮络,都是厥阴经的络脉。经脉的邪气盛,就会内传于本经。

太阴经的阴络,名叫"关蛰",手足太阴经都是一样。观察其所属皮部中出现的浮络,都属于太阴经的络脉。络脉的邪气盛,就会内传于本经。

上述十二经的络脉在皮肤上的分布部位,就是十二皮部。

按语

以上所说的害蜚、枢持、关枢、枢儒、害肩、关蛰六个名词,各家注释有的根据《阴阳离合论》"开"、"阖"、"枢"的说法,有的单从文义上考证,众说纷纭,莫衷一是。我们认为,本篇精神主要是用以作为阴阳经络脉的代名词,与《阴阳类论》所说:"三阳为父,二阳为卫,一阳为纪;三阴为母,二阴为雌,一阴为独使"之义是相似的。

是故百病之始生也,必先于皮毛。邪中之则腠理开,开则入客于络脉;留而不去,传入于经;留而不去,传入于府,廪①于肠胃。邪之始入于皮也,泝然②起毫毛,开腠理;其入于络也,则络脉盛色变;其入客于经也,则感虚乃陷下③;其留于筋骨之间,寒多则筋挛骨痛,热多则筋弛④

骨消,肉烁䐃破⑤,毛直而败。

注释

① 廪:积聚。

② 泝(sù诉)然:泝同"溯",逆流而上。《甲乙经》卷二第一下作"淅然",形容怕冷恶寒的样子。

③ 感虚乃陷下:邪气客于经,由于经脉之气虚,使邪气内陷。

④ 弛:同"弛"。

⑤ 肉烁(shuò朔)䐃破:"烁",通"铄",削弱。䐃,肌肉突起之处。肉烁䐃破,肌肉消瘦败坏。

语译

因此,许多疾病的发生,都是先从皮毛开始的。病邪侵袭皮毛则腠理开,腠理开则邪气入于络脉;留而不去则内传于经脉;若仍留而不去,则传入于腑,聚集在肠胃。病邪刚刚从皮毛侵入时,人感到恶寒而毫毛竖起,使腠理开泄;病邪侵入络脉,则络脉盛满而色泽改变;病邪侵入经脉时,由于经气已虚而使邪气内陷;若病邪留滞于筋骨之间,如果寒邪盛则筋脉挛急、骨节疼痛,如果热邪盛,则筋脉弛纵、骨软无力,肌肉消瘦败坏,毛发枯槁脱落。

帝曰:夫子言皮之十二部,其生病皆何如?岐伯曰:皮者,脉之部也。邪客于皮,则腠理开,开则邪入客于络脉;络脉满则注于经脉;经脉满则入舍于府藏也。故皮者有分部,不与①,而生大病也。帝曰:善!

注释

① 不与:《甲乙经》卷二第一下作"不愈"。愈,使病好,引申为治疗。

语译

黄帝说:您所谈的十二皮部,它们发生病变的情况是怎样的?

岐伯说：皮肤有十二经脉分属的部位。邪气侵犯皮肤，则使腠理开泄，邪气因而侵入络脉；络脉的邪气充盛则传于经脉；经脉的邪气盛则内传留舍于腑脏。所以皮肤上有十二经脉分属的部位，若见到病变却不治疗，邪气就会沿经络内传脏腑，以致发生大病。
黄帝说：讲得好！

按语

本篇所言十二皮部的理论，说明人体体表与十二经脉有着密切的关系，是内脏以及十二经脉功能活动和病理变化的反映部位；同时外邪也可通过皮肤内传络脉、经脉乃至脏腑。这种联系和病邪传变的规律，对于掌握病机、预测疾病转归，具有一定的意义。

现在临床对某些内脏疾病用外治法治疗，亦多根据本理论，选取经脉分属皮肤的部位施治。此外，对于某些皮肤局部的病变，也视其部位属于何经，循经或联系相应内脏进行综合治疗。因此，十二皮部的理论，对于临床治疗，有一定的价值。

本 篇 要 点

一、阐明了根据经脉循行分布把人体皮肤分属于十二经脉的十二皮部划分依据，并指出从不同部位皮肤络脉的色泽改变，可以了解相应的脏腑经络病变。

二、说明了外邪侵犯人体先皮毛，后络脉，再经脉，最后内传脏腑的传变途径。并指出当病邪在表尚浅，未传里深入时，应采取积极的治疗措施。突出了早期治疗的意义。

经络论篇第五十七

题解

本篇主要讨论了经络的色泽变化,指出经络与五脏是相应的,因而根据经络五色的变化,可以了解疾病的情况,故篇名"经络论"。由于本篇论述的重点是经络色泽的变化,中心内容实为经络色诊,所以吴崑认为"经络论"应作"经络色诊论"。

黄帝问曰:夫络脉之见①也,其五色各异,青、黄、赤、白、黑不同,其故何也?岐伯对曰:经有常色,而络无常变也。帝曰:经之常色何如?岐伯曰:心赤、肺白、肝青、脾黄、肾黑,皆亦应其经脉之色也。帝曰:络之阴阳②,亦应其经乎?岐伯曰:阴络之色应其经,阳络之色变无常③,随四时而行也。寒多则凝泣④,凝泣则青黑;热多则淖泽⑤,淖泽则黄赤。此皆常色,谓之无病⑥。五色具⑦见者,谓之寒热。帝曰:善!

注释

① 见(xiàn现):音义同"现",显现。
② 络之阴阳:即阴络、阳络。深在的络脉为阴络,浅在的络脉为阳络。
③ 阴络之色应其经,阳络之色变无常:阴络的颜色与经脉相应,阳络的颜色变化无常。张介宾:"此言络有阴阳而色与经应亦有异同也。《脉度篇》曰:经脉为里,支而横者为络,络之别者为孙。故合经络而言,则经在里

为阴,络在外为阳。若单以络脉为言,则又有大络孙络在内在外之别,深而在内者是为阴络,阴络近经,色则应之,故分五行以配五藏而色有常也;浅而在外者是为阳络,阳络浮显,色不应经,故随四时之气以为进退,而变无常也。"

④ 泣(sè):音义同"涩"。

⑤ 淖(nào闹)泽:此为滑利的意思。

⑥ 此皆常色,谓之无病:《甲乙经》卷二第一下"皆"作"其"。马莳、吴崑、张志聪三氏的注解,都认为此八字应在"随四时而行也"句下。可参。

⑦ 具:通"俱"。

语译

黄帝问道:络脉显现于外,五色各不相同,有青、有黄、有赤、有白、有黑,这是什么缘故呢?岐伯回答说:经脉的颜色经常不变,而络脉则没有常色,容易变更。黄帝问:经脉的常色是怎样的?岐伯说:心主赤、肺主白、肝主青、脾主黄、肾主黑,这些都是与其所属经脉的主色相应的。黄帝说:阴络与阳络也和其经脉的颜色相应吗?岐伯说:阴络的颜色与其经脉相应,阳络的颜色则变化无常,随着四时的转移而变更。寒气多则气血运行凝涩迟滞,因而多见青黑之色;热气多则气血运行滑利急速,因而多见黄赤之色。这些都是正常的色泽变化,称为"无病"。如果五色全部显现,则为寒热错杂之证。黄帝说:讲得好!

按语

经络与脏腑是相通连的,因此脏腑病变可以导致经络的色泽发生变化。由于络脉的位置比较浅在,所以其色泽变化更为明显,且易于观察,这在临床诊断中具有一定的价值。如小儿疾病诊断中"望指纹"的诊察方法,就是通过观察小儿食指三关(风关、气关、命关)络脉的色泽变化,来了解病邪的性质、正气的盛衰、病位的浅深、病证的轻重,作为推断病情及预后的依据之一。

本 篇 要 点

一、指出经脉与五脏相通连,其色泽与五脏主色相应。

二、指出络脉虽与经脉相通,但络脉之较浅者(阳络)的色泽变化,往往随四时寒暑的变迁而变化,不像阴络那样与经脉主色相应。

三、说明了引起络脉色泽变化的原因。

气穴论篇第五十八

题解

本篇主要介绍人体三百六十五个腧穴的分布概况。由于各个穴位都是经脉之气输注之处,故名为"气穴论"。

黄帝问曰:余闻气穴①三百六十五,以应一岁,未知其所,愿卒闻之。岐伯稽首②再拜对曰:窘乎哉问也!其非圣帝,孰能穷其道焉!因请溢意尽言③其处。帝捧手逡巡而却④曰:夫子之开余道也,目未见其处,耳未闻其数,而目以明,耳以聪矣。岐伯曰:此所谓"圣人易语,良马易御⑤"也。帝曰:余非圣人之易语也。世言真数⑥开人意,今余所访问者真数,发蒙解惑,未足以论也。然余愿闻夫子溢志尽言其处,令解其意,请藏之金匮,不敢复出。

注释

① 气穴:即腧穴,亦称孔穴,为经脉之气输注之处,故称作"气穴"。
② 稽(qǐ 启)首:古时一种跪拜礼。
③ 溢意尽言:溢意,尽情的意思。溢意尽言,充分详尽地谈谈。
④ 捧手逡巡而却:逡(qūn 群阴)巡,亦作"逡循"、"逡遁",却退、欲进不进、迟疑不决的样子。捧手逡巡而却,形容恭敬谦逊的样子。
⑤ 圣人易语,良马易御:指有修养有学问的人容易明达事理,一听就懂,犹如经过训练的良马容易驾驭一样。

⑥ 真数：这里指三百六十五个穴位。张志聪："真数者,脉络之穴数。"高世栻："真数,三百六十五穴之数。"

语译

黄帝问道：我听说人身有三百六十五个腧穴,与一年的日数相应,但不知其所在的部位,想听你全面地讲讲。岐伯稽首再拜回答说：这个问题真不简单啊！若非圣帝,谁能深究这些道理呢？因而请允许我详尽地讲讲气穴的部位所在。黄帝恭敬而谦逊地说：先生的开导,使我很受启发,尽管眼睛尚未看见具体部位,耳朵尚未听到具体数目,却已耳聪目明,心领神会了。岐伯说：这就是所谓"圣人易语,良马易御"的道理啊！黄帝说：我并不是易语的圣人。俗话说,懂得了真数,能开拓人的思路,现在我所询问的就是气穴的真数,主要是为了启发蒙昧、解除疑惑,还谈不上讨论它的精深道理。不过我希望先生能详尽全面地说明气穴的部位,使我了解它的道理,记录并收藏在金匮之中,不轻易取出示人。

岐伯再拜而起曰：臣请言之。背与心①相控而痛,所治天突与十椎②及上纪,上纪者,胃脘③也,下纪者,关元④也。背胸邪系阴阳⑤左右,如此其病前后痛涩,胸胁痛,而不得息,不得卧,上气短气偏痛,脉满起,斜出尻脉,络胸胁,支心贯鬲,上肩加天突,斜下肩交十椎下。

注释

① 心：此处指心胸部。

② 十椎：张介宾："十椎,督脉之中枢也。此穴诸书不载,惟《气府论》督脉气所发条下,王氏注曰：中枢在第十椎节下间,与此相合,可无疑也。"张志聪："十椎在大椎下第七椎,乃督脉至阳之穴,督脉阳维之会也,盖大椎上尚有三椎,总数之为十椎也。"马莳认为指大椎："十椎之十,当作大。……按脊属督脉一经,十椎下无穴,当是大椎也。盖在胸治天突,则在背治大椎者,

甚为相合。"今从张介宾注。

③ 胃脘：指中脘穴，为胃经的募穴。
④ 关元：指关元穴，为小肠经的募穴。
⑤ 邪系阴阳：邪，通斜。系，联属。阴阳，此指前后。

语译

岐伯再拜后回答说：请允许我说吧。背与心胸部相互牵引而疼痛，其治疗方法是取天突穴与中枢穴，以及上纪穴，上纪就是中脘穴，下纪就是关元穴。背与胸部的经脉斜系着前后左右，所以其病表现为前胸与后背牵引疼痛而痹涩，胸胁疼痛，不敢呼吸，不能平卧，上气喘急，呼吸短促，或一侧偏痛，经脉满起，这是因为其脉斜出于尻部，络于胸胁，散布于心而贯穿于膈，上肩会于天突，又向下斜行到肩，交会于背部十椎之下的缘故。

按语

此节文义与全篇不类，据新校正说：自"背与心相控而痛……交十椎下"一段计八十七字，疑《骨空论》文，脱误于此。张介宾亦同意此说，移入针刺类第四十七。又据吴崑则直接删去。诸说均可参考。

藏俞五十穴①，府俞七十二穴②，热俞五十九穴，水俞五十七穴③。头上五行④，行五，五五二十五穴。中䯒两傍各五⑤，凡十穴。大椎上两傍各一⑥，凡二穴。目瞳子浮白二穴，两髀厌分中二穴⑦，犊鼻二穴，耳中多所闻二穴⑧，眉本二穴⑨，完骨二穴，项中央一穴⑩，枕骨二穴⑪，上关二穴，大迎二穴，下关二穴，天柱二穴，巨虚上下廉四穴⑫，曲牙二穴⑬，天突一穴，天府二穴，天牖二穴，扶突二穴，天窗二穴，肩解二穴⑭，关元一穴，委阳二穴，肩贞二穴,瘖门⑮一穴,齐⑯一穴,胸俞十二穴⑰,背俞二穴⑱,膺俞十二穴⑲,分肉二穴⑳,踝上横二穴㉑,阴阳蹻四穴㉒。水俞在诸分,热俞在气穴,寒热俞在两骸厌中二穴㉓,大禁二十五㉔,在天府下五寸。凡三百六十五穴,针之所由行也。

注释

① 藏俞五十穴:藏,即心、肝、脾、肺、肾五脏。俞,即井、荥、输、经、合五俞。每脏各有五穴,为二十五穴,左右相加,共五十穴,见表2。

表2 脏俞五十穴

五脏＼五俞	井(木)	荥(火)	输(土)	经(金)	合(水)
肝	大敦	行间	太冲	中封	曲泉
心	少冲	少府	神门	灵道	少海
脾	隐白	大都	太白	商邱	阴陵泉
肺	少商	鱼际	太渊	经渠	尺泽
肾	涌泉	然谷	太溪	复溜	阴谷

② 府俞七十二穴:府,即大肠、小肠、胃、膀胱、三焦、胆六腑。俞,即井、荥、输、原、经、合六俞。每腑各有六穴,六腑共三十六穴,左右相加,共七十二穴,见表3。

表3 腑俞七十二穴

六腑＼六俞	井(金)	荥(水)	输(木)	原	经(火)	合(土)
大肠	商阳	二间	三间	合谷	阳溪	曲池
小肠	少泽	前谷	后溪	腕骨	阳谷	小海
胃	厉兑	内庭	陷谷	冲阳	解溪	三里

(续表)

六腑＼六俞	井(金)	荥(水)	输(木)	原	经(火)	合(土)
膀胱	至阴	通谷	束骨	京骨	昆仑	委中
三焦	关冲	液门	中渚	阳池	支沟	天井
胆	窍阴	侠溪	临泣	丘墟	阳辅	阳陵泉

③ 热俞五十九穴，水俞五十七穴：指治热病的五十九个俞穴，治水病的五十七个俞穴。详见"水热穴论"篇中。

④ 行(háng 航)：行列。

⑤ 中胂两傍各五：胂，同"膂"，脊骨。傍，通"旁"。中胂两傍，指脊椎两旁各开一寸五分处。五，指足太阳经的五脏俞。肺俞在第三椎下两旁，心俞在第五椎下两旁，肝俞在第九椎下两旁，脾俞在第十一椎下两旁，肾俞在十四椎下两旁。

⑥ 大椎上两傍各一：王冰注认为《甲乙经》、《经脉流注孔穴图经》并不载，不详何穴；吴崑注为天柱穴；张志聪注为大杼穴。诸说不一，今姑从张说。

⑦ 两髀(bì 婢)厌分中二穴：即二侧环跳穴。

⑧ 耳中多所闻二穴：即二侧听宫穴。

⑨ 眉本二穴：即二侧攒竹穴。

⑩ 项中央一穴：即风府穴。

⑪ 枕骨二穴：即两侧窍阴穴。因其位于枕骨部，故又名枕骨穴。

⑫ 巨虚上下廉四穴：即两侧上巨虚、下巨虚穴。

⑬ 曲牙二穴：即两侧颊车穴。

⑭ 肩解二穴：即两侧肩井穴。

⑮ 瘖门：一名哑门，即哑门穴。

⑯ 齐：同"脐"，指神阙穴。

⑰ 胸俞十二穴：指俞府、彧(yù 郁)中、神藏、灵墟、神封、步廊，左右共十二穴。

⑱ 背俞二穴：王冰、马莳、张介宾、吴崑认为是大杼穴，张志聪、高世栻认为是膈俞穴。因前已提及大杼穴，故从张志聪、高世栻注。

⑲ 膺俞十二穴：指云门、中府、周荣、胸乡、天溪、食窦，左右共十二穴。

⑳ 分肉二穴：张志聪："分肉一名阳辅穴。"

㉑ 踝上横二穴：即两侧解溪穴。

㉒ 阴阳蹻四穴：阴蹻指照海穴，阳蹻指申脉穴，左右共四穴。

㉓ 两骸(hái 孩)厌中二穴：骸，骨或特指胫骨。厌，《中国医学大辞典》："厌与压通，狭窄处也。"张介宾："两骸厌中，谓膝下外侧骨厌中，足少阳阳关穴也。"吴崑、张志聪作阳陵泉。高世栻作环跳穴。

㉔ 大禁二十五：大禁，指五里穴；二十五，指针刺二十五次。意指五里穴不可针刺至二十五次。张志聪："大禁二十五，谓禁二十五刺也。"可参见《灵枢·玉版》。

语译

脏俞有五十个穴位，腑俞有七十二个穴位，热俞有五十九个穴位，水俞有五十七个穴位。在头部有五行，每行五穴，五五共二十五穴。脊椎两侧各有（五脏俞）五穴，共有十穴。大椎之上两侧各有大抒穴一个，共二穴，瞳子髎、浮白二穴，左右共四穴，环跳二穴，犊鼻二穴，听宫二穴，攒竹二穴，完骨二穴，风府一穴，窍阴二穴，上关二穴，大迎二穴，下关二穴，天柱二穴，巨虚上下廉四穴，颊车二穴，天突一穴，天府二穴，天牖二穴，扶突二穴，天窗二穴，肩井二穴，关元一穴，委阳二穴，肩贞二穴，瘖门一穴，神阙一穴，胸俞十二穴，背俞二穴，膺俞十二穴，阳辅二穴，解溪二穴，照海、申脉共四穴。治水之俞在诸经分肉之间，治热之俞在经气聚会之处。治寒热之俞在两骸厌中有二穴，大禁之穴（五里）禁二十五刺，位置在天府穴下五寸处。以上三百六十五穴，就是针刺时所选取的穴位。

按语

本节所记载的针刺孔穴，按原文是"凡三百六十五穴"，但细加核对，除去重复数字外，只有三百五十七穴。各家注释考订甚多，仍不能相符，可能是因历代辗转传抄而致讹误。存疑待考。

帝曰：余已知气穴之处，游针之居①，愿闻孙络②、溪谷，亦有所应乎？岐伯曰：孙络三百六十五穴会，亦以应一岁。以溢奇邪，以通荣③卫。荣卫稽留，卫散荣溢，气竭血著，外为发热，内为少气。疾写无怠，以通荣卫，见而写之，无问所会。帝曰：善！愿闻溪谷之会也。岐伯曰：肉之大会为谷，肉之小会为溪。肉分之间，溪谷之会，以行荣卫，以会大气④。邪溢气壅，脉热肉败，荣卫不行，必将为脓，内销骨髓，外破大䐃⑤，留于节凑⑥，必将为败。积寒留舍，荣卫不居，卷肉缩筋，肋肘不得伸，内为骨痹，外为不仁，命曰不足，大寒留于溪谷也。溪谷三百六十五穴会，亦应一岁。其小痹⑦淫溢，循脉往来，微针所及，与法相同。

注释

① 游针之居：行针的处所。
② 孙络：最细小的络脉。
③ 荣：古通"营"。
④ 大气：此指宗气。
⑤ 䐃：原作"䐃"，据《太素》卷十一气穴改。
⑥ 节凑：关节。
⑦ 小痹：指邪在孙络，尚未深入于里的痹证。张介宾："邪在孙络，邪未深也，是为小痹。"

语译

黄帝说：我已经知道气穴的部位，就是行针的处所，还想了解孙络、溪谷也与一岁相应吗？岐伯说：孙络与三百六十五穴相会，也与一岁相应。孙络可以疏散邪气，通畅营卫。若邪气侵入人体,造成营卫稽留,卫气外散,营血内溢,使卫气散竭而营血留着,则在外表现为发热,在内发生少气。此时的治疗,应迅速用针刺泻法,不要耽误,以通达营卫,只要见到有营血稽留,就行施针刺泻之,不必问其是否为穴会所在。黄帝说:讲得很对!我想了解溪谷的会合。岐伯说:肌肉的大会合处是谷,肌肉的小会合处是溪。分肉之间,溪谷会合之处,可以通行营卫,会合宗气。若邪气盛满而正气壅塞,脉络发热而肌肉败坏,使营卫不能畅行,必将成为痈脓,在内则使骨髓消烁,在外则使大腘破溃,若邪留关节,必将使筋骨败坏。若寒邪蓄积留滞,营卫不能正常运行,使筋脉肌肉卷缩,肋肘不能伸展,在内则发为骨痹,在外则表现为肌肤麻木不仁,这是正气不足,大寒留滞于溪谷造成的。溪谷与三百六十五穴相会,亦与一岁相应。若病从小痹之证发展传变,邪气随络脉往来不定,可用微针治疗,方法与刺孙络之法相同。

帝乃辟左右而起,再拜曰:今日发蒙解惑,藏之金匮,不敢复出。乃藏之金兰之室,署曰:"气穴所在"。

岐伯曰:孙络之脉别经者,其血盛而当写者,亦三百六十五脉,并注于络,传注十二络脉[1],非独十四络[2]脉也,内解写于中者十脉[3]。

注释

[1] 十二络脉:十二正经之络脉。此处似应指十四络脉。

[2] 十四络脉:即十二正经之络脉加任、督二脉之络。此处似应指十二络脉。

[3] 内解写于中者十脉:张介宾:"解,解散也。即《刺节真邪》篇解结之谓。泻,泻去其实也。中者,五藏也。此言络虽十二,而分属于五藏,故可解泻于中。"王冰:"解,谓骨解之中经络也,虽则别行,然所受邪,亦随注泻于五藏之脉,左右各五,故十脉也。"可参。

语译

黄帝听后就遣开左右侍从起身再拜道：今日承你启发，消除了我的蒙昧疑惑，我将把这些精深的理论藏于金匮之中，不轻易取出示人。于是藏于金兰之室，题名为"气穴所在"。

岐伯说：孙络之脉别出于经脉，其血盛应当用泻法的，亦从三百六十五脉并注于络脉，进而传注到十四络脉，那就不限于十二络脉的范围了。若要从内驱散病邪，可取五脏的经脉泻之。

本 篇 要 点

一、介绍了人体三百六十五气穴的名称及分布部位。

二、阐述了孙络与溪谷的基本概念，以及邪入孙络、溪谷造成营卫运行不畅而产生的种种病理变化。

三、指出了病邪侵犯人体，从孙络沿络脉、经脉进而深入脏腑的传变途径，以及对某些疾病的针刺治疗方法。

气府论篇第五十九

题解

府,汇聚之处的意思。气府,即经脉之气交会的地方。本篇承上篇气穴论,补其未尽之义,论述了各经脉气所发之穴的数目和分布概况,因为腧穴是各经脉之气通达交会之处,故篇名"气府论"。

足太阳脉气所发①者,七十八穴②:两眉头各一③;入发至顶三寸半,傍五,相去三寸④;其浮气⑤在皮中者,凡五行⑥,行五,五五二十五;项中大筋两傍各一⑦;风府两傍各一⑧;侠背以下至尻尾二十一节⑨,十五间各一⑩;五藏之俞各五;六府之俞各六⑪;委中以下至足小指傍各六俞⑫。

注释

① 脉气所发:所发,指与此经有密切关系的穴位,并不局限于本经的穴位。脉气所发,经脉之气通达的穴位。

② 七十八穴:此穴位数目,诸家说法不一:杨上善作七十三穴;王冰作九十三穴;吴崑作九十一穴。张介宾:"详考本经下文,共得九十三穴。内除督脉、少阳二经,其浮气相通于本经,而重见者凡十五穴,则本经止七十八穴。近世经络相传,足太阳左右共一百二十六穴,即下文各经之数,亦多与今时者不同。"

③ 两眉头各一：即左右两侧的攒竹穴。

④ 入发至顶三寸半，傍五，相去三寸：顶，原作"项"，高世栻："顶，旧本讹项，今改顶，前顶穴也。自攒竹入发际，至前顶，其中有神庭、上星、囟会，故长三寸半。前顶在中行，次两行，外两行，故旁五，言自中及旁，有五行也。"今据改。傍，通"旁"，下同。

⑤ 浮气：指浮于头部的经脉之气。吴崑："阳气浮于巅顶之上者也。"张介宾："言脉气之浮于巅也。"

⑥ 凡五行，行五，五五二十五：指行于头部的五行经脉。中行为囟会、前顶、百会、后顶、强间五穴；次侠旁两行为五处、承光、通天、络却、玉枕五穴；又次旁两行为临泣、目窗、正营、承灵、脑空五穴。

⑦ 项中大筋两傍各一：即左右两侧的天柱穴。

⑧ 风府两傍各一：即左右两侧的风池穴。

⑨ 侠背以下至尻尾二十一节：从大椎至尾骶，共二十一节。

⑩ 十五间各一：上述二十一节，其中有十五椎间，左右各有一穴，它们分别是：附分、魄户、膏肓、神堂、譩譆、膈关、魂门、阳纲、意舍、胃仓、肓门、志室、胞肓、秩边、承扶，左右共三十穴。

⑪ 五藏之俞各五；六府之俞各六：肺俞、心俞、肝俞、脾俞、肾俞谓五脏之俞，左右共十穴；胃俞、三焦俞、胆俞、大肠俞、小肠俞、膀胱俞谓六腑之俞，左右共十二穴。

⑫ 委中以下至足小指傍各六俞：指委中、昆仑、京骨、束骨、通谷、至阴六穴，左右共十二穴。

语译

足太阳经脉之气通达的有七十八个俞穴：两眉头陷中各一穴；自眉头上行入发至前顶穴，其中有神庭、上星、囟会三穴，共长三寸半，前顶居中央一行，两旁各分二行，共五行，中行与外行相距三寸；浮于头部的脉气，运行在头皮间的共五行，每行五穴，五五二十五穴；在颈项大筋两旁各有一穴；两侧风府穴旁边各有一穴；从大椎循脊柱下行至尾骶，有二十一节，其中的十五个椎间，左右各有一穴；五脏的俞穴左右各有五个；六腑的俞穴左右各有六个；从委中穴以下到足小趾旁，左右各有六个俞穴。

足少阳脉气所发者六十二穴：两角上各二①；直目上发际内各五②；耳前角上各一③；耳前角下各一④；锐发下各一⑤；客主人⑥各一；耳后陷中各一⑦；下关各一；耳下牙车之后各一⑧；缺盆各一；掖下三寸，胁下至胠八间各一⑨；髀枢中傍各一⑩；膝以下至足小指次指各六俞⑪。

注释

① 两角上各二：指两侧头角上的天冲穴、曲鬓穴，共四穴。

② 直目上发际内各五：自瞳孔直上发际内，有临泣、目窗、正营、承灵、脑空，左右各五穴。

③ 耳前角上各一：即左右两侧的颔厌穴。

④ 耳前角下各一：即左右两侧的悬厘穴。

⑤ 锐发下各一：即左右两侧的和髎穴。高世栻："锐发，即鬓发。下各一，和髎二穴也。"

⑥ 客主人：穴位名称，即上关穴。

⑦ 耳后陷中各一：即左右两侧的翳风穴。

⑧ 耳下牙车之后各一：王冰、张介宾作颊车穴；杨上善作大迎穴；高世栻作天容穴。今从王、张注。

⑨ 掖下三寸，胁下至胠(qū区)八间各一：掖，通"腋"。胠，腋下胁上部分。掖下，指渊腋、辄筋、天池三穴；胁下至胠，指日月、章门、带脉、五枢、维道、居髎六穴。八间，指八肋之间。

⑩ 髀枢中傍各一：即左右两侧的环跳穴。

⑪ 膝以下至足小指次指各六俞：即阳陵泉、阳辅、丘墟、临泣、侠溪、窍阴六穴。

语译

足少阳经脉之气通达的有六十二个俞穴：两头角上各有二穴；从眼睛直上发际内，左右各有五穴；耳前角上左右各有一穴；耳前角下左右各有一穴；鬓发下左右各有一穴；客主人穴左右各一；耳后陷中各有一穴；下关穴左右各一；耳下牙车之后左右各有一穴;缺盆穴左右各一;腋下三寸,从胁下至胠,八肋之间各有一穴;髀枢中左右各有一穴;从膝下到足小趾侧的次趾,左右足各有六个俞穴。

足阳明脉气所发者六十八穴:额颅发际傍各三①;面鼽骨空各一②;大迎之骨空各一;人迎各一;缺盆外骨空各一③;膺中骨间各一④;侠鸠尾之外,当乳下三寸,侠胃脘各五⑤;侠齐广三寸各三⑥;下齐二寸侠之各三⑦;气街动脉各一;伏菟上各一⑧;三里以下至足中指各八俞⑨,分之所在穴空⑩。

注释

① 额颅发际傍各三:王冰、张介宾作悬颅、阳白、头维左右各三穴;杨上善作头维、本神、曲差左右各三穴;高世栻作本神、头维、悬颅各三穴。今从王、张注。

② 面鼽(qiū求)骨空各一:即左右两侧的四白穴。鼽骨,颧骨。

③ 缺盆外骨空各一:即左右两侧的天髎穴。

④ 膺中骨间各一:张介宾:"谓气户、库房、屋翳、膺窗、乳中、乳根左右共十二穴也。"

⑤ 侠鸠尾之外,当乳下三寸,侠胃脘各五:王冰:"谓不容、承满、梁门、关门、太乙五穴也。"

⑥ 侠齐广三寸各三:齐,通"脐"。指滑肉门、天枢、外陵左右各三穴。王冰:"广,谓去齐横广也。广三寸者,各如太一之远近也。各三者,谓滑肉门、天枢、外陵也。"

⑦ 下齐二寸侠之各三:指大巨、水道、归来左右各三穴。王冰:"下齐二寸,即外陵下同身寸之一寸,大巨穴也。各三者,谓大巨、水道、归来也。"

⑧ 伏菟上各一:即左右两侧的髀关穴。

⑨ 三里以下至足中指各八俞:高世栻:"膝犊鼻下外廉,相去三指,是谓三里,膝三里以下至足中趾,其中有三里、上廉、下廉、解溪、冲阳、陷谷、内庭、厉兑左右各八俞,凡十六穴。"

⑩ 空:音义同"孔"。

语译

足阳明经脉之气通达的有六十八个俞穴：额颅发际旁左右各有三穴；颧骨骨空中左右各有一穴；大迎穴在下颌骨骨空陷中左右各一；人迎穴左右各一；缺盆外骨空陷中左右各有一穴；胸膺部每肋间左右各有一穴；夹鸠尾穴之外，正当乳下三寸，夹胃脘左右各有五穴；夹脐旁开三寸左右各有三穴；夹脐，下二寸，左右各有三穴；气街穴在脉动处左右各一；左右伏菟穴上各有一穴；左右足三里穴以下到足中趾，各有八个俞穴，分布于一定的孔穴之中。

手太阳脉气所发者三十六穴：目内眦各一[1]；目外各一[2]；䪼骨下各一[3]；耳郭上各一[4]；耳中各一[5]；巨骨穴各一；曲掖上骨穴各一[6]；柱骨上陷者各一[7]；上天窗四寸各一[8]；肩解各一[9]；肩解下三寸各一[10]；肘以下至手小指本各六俞[11]。

注释

[1] 目内眦各一：即左右两侧的睛明穴。
[2] 目外各一：即左右两侧的瞳子髎穴。
[3] 䪼骨下各一：即左右两侧的颧髎穴。
[4] 耳郭上各一：即左右两侧的角孙穴。郭，通"廓"。
[5] 耳中各一：即左右两侧的听宫穴。
[6] 曲掖上骨穴各一：即左右两侧的臑俞穴。
[7] 柱骨上陷者各一：即左右两侧的肩井穴。
[8] 上天窗四寸各一：王冰、张介宾作天窗、窍阴二穴；高世栻作天窗、浮白二穴。今从王、张注。
[9] 肩解各一：高世栻："肩外解分之处，两秉风穴。"
[10] 肩解下三寸各一：即左右两侧的天宗穴。
[11] 肘以下至手小指本各六俞：张介宾："脉起于指端，故曰本。六俞谓小海、阳谷、腕骨、后溪、前谷、少泽左右共十二俞也。"

语译

手太阳经脉之气通达的有三十六个俞穴：目内眦左右各有一穴；目外眦左右各有一穴；颧骨下左右各有一穴；耳廓上左右各有一穴；耳中左右各有一穴；巨骨穴左右各一；曲掖上左右各有一穴；柱骨穴的上陷中左右各有一穴；天窗穴上四寸处，左右各有一穴；肩解部左右各有一穴；肩解下三寸处左右各有一穴；肘部以下到手小指端，左右手各有六个俞穴。

手阳明脉气所发者二十二穴：鼻空外廉、项上各二①；大迎骨空各一；柱骨之会各一②；髃骨之会各一③；肘以下至手大指、次指本各六俞④。

注释

① 鼻空外廉、项上各二：高世栻："鼻孔外廉，迎香穴也。项上，扶突穴也，左右各二，凡四穴。"

② 柱骨之会各一：指左右两侧的天鼎穴。高世栻："柱骨，项骨也。柱骨之会，谓项肩相会之处，两天鼎穴。"

③ 髃骨之会各一：指左右两侧的肩髃穴。高世栻："髃骨，两肩髃穴之骨。髃骨之会，谓肩髃，乃肩臂相会之处"。

④ 肘以下至手大指、次指本各六俞：王冰："谓三里、阳溪、合谷、三间、二间、商阳六穴也。"

语译

手阳明经脉之气通达的有二十二个俞穴：鼻孔外侧及项部左右各有二穴；大迎穴在下颌骨空中左右各一；项肩相会之处，左右各有一穴；肩臂相会之处，左右各有一穴；肘部以下到手大指侧的次指间，左右手各有六个俞穴。

手少阳脉气所发者三十二穴：鼽骨下各一①；眉后各

一^②；角上各一^③；下完骨后各一^④；项中足太阳之前各一^⑤；侠扶突各一^⑥；肩贞各一；肩贞下三寸分间各一^⑦；肘以下至手小指、次指本各六俞^⑧。

注释

① 䪼骨下各一：张介宾："手太阳颧髎二穴也。手少阳之会，重出。"

② 眉后各一：即左右两侧的丝竹空穴。

③ 角上各一：张介宾、吴崑作颔厌穴；高世栻作天冲穴；王冰作悬厘穴。今从张、吴注。

④ 下完骨后各一：即左右两侧的天牖穴。高世栻："下完骨后，谓完骨之下，完骨之后，两天牖穴。"

⑤ 项中足太阳之前各一：王冰、张介宾作风池穴；高世栻作气舍穴。今从王、张注。

⑥ 侠扶突各一：即左右两侧的天窗穴。

⑦ 肩贞下三寸分间各一：张介宾："谓肩髎、臑会、消泺左右各六穴也。"

⑧ 肘以下至手小指、次指本各六俞：高世栻："肘骨以下，至手小指、次指头，有天井、支沟、阳池、中渚、液门、关冲左右各六俞，凡十二穴。"

语译

手少阳经脉之气通达的有三十二个俞穴；颧骨之下左右各有一穴；眉后左右各有一穴；头角上左右各有一穴；耳后完骨下左右各有一穴；项中足太阳经之前左右各有一穴；夹扶突穴左右各有一穴；肩贞穴左右各有一；肩贞穴下三寸，其间左右各有一穴；肘部以下到手小指侧的次指端，左右各有六个俞穴。

督脉气所发者二十八穴：项中央二^①；发际后中八^②；面中三^③；大椎以下至尻尾及傍十五穴^④。至骶下凡二十一节，脊椎法也^⑤。

注释

① 项中央二：即风府、哑门二穴。

② 发际后中八：指从前发际至后发际中行的神庭、上星、囟会、前顶、百会、后顶、强间、脑户八穴。

③ 面中三：指面部中央，从鼻至唇的素髎、水沟、兑端三穴。

④ 大椎以下至尻尾及傍十五穴：张介宾：“谓大椎、陶道、身柱、神道、灵台、至阳、筋缩、中枢、脊中、悬枢、命门、阳关、腰俞、长强、会阳也。内会阳二穴，属足太阳经，在尻尾两傍，故曰及傍，共十六穴。”

⑤ 至骶下凡二十一节，脊椎法也：张介宾：“此除项骨而言，若连项骨三节，则共二十四节。”

语译

督脉之气通达的有二十八个腧穴：项部中央有二穴；前发际向后，中行有八穴；面部中央有三穴；大椎以下到尻尾及尻尾两旁有十五穴。从大椎到尾骶共二十一节，这是计算脊椎骨的方法。

任脉之气所发者二十八穴：喉中央二①；膺中央骨陷中各一②；鸠尾下三寸，胃脘五寸，胃脘以下至横骨六寸半一③，腹脉法也。下阴别一④；目下各一⑤；下唇一⑥；龂交一⑦。

注释

① 喉中央二：即廉泉、天突二穴。

② 膺中骨陷中各一：高世栻：“膺中，胸之中行也。骨陷中有璇玑、华盖、紫宫、玉堂、膻中、中庭各一，共六穴。”

③ 鸠尾下三寸，胃脘五寸，胃脘以下至横骨六寸半一：新校正：“详'一'字疑误。”鸠尾骨，胸骨剑突。鸠尾骨至胃上脘相距三寸，其间有鸠尾、巨阙、上脘三穴；上脘穴至脐中央相距五寸，其间有中脘、建里、下脘、水分、神阙五穴；神阙穴至横骨毛际相距六寸半，其间有阴交、气海、石门、关元、中极、曲骨六穴。以上自鸠尾骨至毛际处共十四寸半，计十四穴，每穴相距一寸（鸠尾穴在鸠尾骨下半寸处）。

④ 下阴别一：张介宾："自曲骨之下，别络两阴之间，为冲督之会，故曰阴别。一，谓会阴穴也。"
⑤ 目下各一：张介宾："足阳明承泣二穴，任脉之会。"
⑥ 下唇一：即承浆穴。
⑦ 龂（yín银）交一：即龈交穴。龂，同"龈"。

语译

任脉之气通达的有二十八个俞穴：喉中央有二穴；胸膺骨陷中每陷各有一穴；鸠尾下三寸处是上脘穴，上脘穴至脐中央相距五寸，脐中央至横骨毛际相距六寸半，每寸各有一穴，共十四穴，这是腹部取穴的方法。下部前后二阴之间有一穴；两目下各有一穴；下唇下有一穴；龈交穴一个。

冲脉气所发者二十二穴，侠鸠尾外各半寸至齐寸一①；侠齐下傍各五分至横骨寸一②，腹脉法也。

注释

① 侠鸠尾外各半寸至齐寸一：指以腹中线为基准，左右各旁开半寸，自鸠尾至脐，每寸一穴，即幽门、通谷、阴都、石关、商曲、肓俞，左右各六穴。
② 侠齐下傍各五分至横骨寸一：指以腹中线为基准，左右旁开半寸，自脐至横骨，每寸一穴，即中注、四满、气穴、大赫、横骨，左右各五穴。

语译

冲脉之气通达的有二十二个俞穴：夹鸠尾两旁各横开半寸，向下到脐有六穴，每穴相距一寸；夹脐两旁各横开五分，向下到横骨有五穴，每穴相距一寸，这是腹部经脉取穴的方法。

足少阴舌下①；厥阴毛中急脉各一②；手少阴各一③；阴阳蹻各一④。手足诸鱼际脉气所发者⑤。凡三百六十五穴也。

注释

① 足少阴舌下：指廉泉穴。张志聪："谓肾脉之上通于心，循喉咙，夹舌本，而舌下有肾经之穴窍也。"

② 厥阴毛中急脉各一：张介宾："急脉在阴毛之中。凡疝气急痛者，上引小腹，下引阴丸，即急脉之验，厥阴脉气所发也。"

③ 手少阴各一：王冰、吴崑、马莳均作手少阴阴郄穴；高世栻作少冲穴。今从王、吴、马注。

④ 阴阳跷各一：王冰、张介宾、张志聪认为阴跷指交信穴，阳跷指附阳穴；马莳、高世栻认为阴跷指照海穴，阳跷指申脉穴。今从马、高注。

⑤ 手足诸鱼际脉气所发者：鱼际，指手足黑白肉交际处如鱼腹色际。手足鱼际皆为经脉之气通达的部位。

语译

足少阴经脉之气通达于舌下的有二穴；厥阴经脉在毛际中左右各有一急脉穴；手少阴经脉左右各有一阴郄穴；阴跷、阳跷脉各有一穴。手足鱼际皆为经脉之气通达的部位。以上共计三百六十五穴。

按语

本篇所讲三百六十五穴，前后计算，不相符合，诸家注释，亦说法不同。如杨上善说："总二十六脉，有三百八十四穴，此言三百六十五穴，举大数言。"吴崑说："凡三百九十八穴，除去重出四穴，实多二十九穴。"张介宾说："总计前数，共三百八十六穴，除重复十二穴，仍多九穴。"只有张志聪、高世栻二人强合为三百六十五穴之数。我们认为，气穴、气府之所以要合三百六十五，主要是应其一岁之三百六十五日，这是一种比喻的说法。至于古今穴位数目之不同，其原因不外有二：一为历来传抄遗漏；一为后人的发现补入。因此，穴数之所以不同，也就可以理解了。

此外,在每一经所举的腧穴中,既有属于本经的,也有属于其他经脉的,这说明各条经脉之间存在着广泛的联系。

本 篇 要 点

主要叙述了手足三阳经脉、督脉、任脉、冲脉等经脉之气通达之处的腧穴数目及分布概况。

骨空论篇第六十

题解

本篇内容，主要叙述治疗几种疾病的针灸取穴部位和方法。因为人体周身骨节间均有空（孔），而俞穴每位于骨空之中，故以"骨空"名篇。

黄帝问曰：余闻风者百病之始①也，以针治之奈何？岐伯对曰：风从外入，令人振寒②、汗出、头痛、身重③、恶寒④。治在风府，调其阴阳。不足则补，有余则写。

大风颈项痛，刺风府。风府在上椎⑤。大风汗出，灸譩譆⑥。譩譆在背下侠脊傍三寸所，厌⑦之令病者呼譩譆⑧，譩譆应手。

注释

① 风者百病之始：张介宾："风之中人，必先皮毛而后于经络、脏腑，由浅入深，自微而甚，善行数变，所以为百病之始。"
② 振寒：寒战。张介宾："风邪外袭，阳气内拒，邪正分争，故振寒。"
③ 风从外入……身重：高世栻："风从外入，伤太阳通体之皮肤，故令人振寒。从皮肤而入于肌腠，故汗出，随太阳经脉上行，故头痛。周身肌表不和，故身重。"
④ 恶寒：《黄帝内经太素》卷十一骨空作"恶风寒"。
⑤ 上椎：椎骨第一节的上面。
⑥ 譩譆："噫嘻"的异体字。在此为穴名，在第六椎下两旁距脊各三

寸,属足太阳经。

⑦ 厌(yè夜):通"擪"。用手指按捺。

⑧ 呼譩譆:指病人因疼痛而呼出的"譩譆"声。

语译

黄帝问道:我听说风邪是许多疾病的起始原因,怎样用针法来治疗?岐伯回答说:风邪从外侵入,使人寒战、出汗、头痛、身体发重、怕冷。治疗用风府穴,以调和其阴阳。正气不足就用补法,邪气有余就用泻法。

若感受风邪较重而颈项疼痛,刺风府穴。风府穴在椎骨第一节的上面。若感受风邪较重而汗出,灸譩譆穴。譩譆穴在背部第六椎下两旁距脊各三寸之处,用手指按捺,使病人感觉疼痛而呼出"譩譆"之声,譩譆穴应在手指下痛处。

从风憎风①,刺眉头②。失枕③,在肩上横骨间④,折使揄⑤臂,齐肘,正灸脊中⑥。胁络⑦季胁引少腹而痛胀,刺譩譆。腰痛不可以转摇,急引阴卵,刺八髎⑧与痛上。八髎在腰尻分间。鼠瘘⑨寒热还⑩,刺寒府。寒府在附膝外解营⑪。取膝上外者,使之拜⑫;取足心者,使之跪⑬。

注释

① 从风憎风:迎风恶风。高世栻:"从,迎也。憎,恶也。迎风恶风,乃面额经脉不和,当刺眉头以泻之。"

② 眉头:指攒竹穴。

③ 失枕:因睡中颈部受风寒而致颈项强痛的症状,俗谓之"落枕。"

④ 肩上横骨间:当指肩胛骨和锁骨之间,是失枕的疼痛部位。高世栻:"夜卧失枕,患在肩上横骨间。"

⑤ 揄(yú于):原本作"榆",据《黄帝内经太素》卷十一骨空改。揄,牵引。

⑥ 折使揄臂,齐肘,正灸脊中:取曲两臂,并牵引两肘尖相合在一处的

姿势,在肩胛骨之上端引一直线,正当脊椎中央的部位,给以灸法。

⑦ 眇(miǎo秒)络:胁肋下虚软处的络脉。

⑧ 八髎:即上髎、次髎、中髎、下髎(左右各一,共八穴)之总称。

⑨ 鼠瘘:即瘰疬。张介宾:"瘰疬者,其状累然,而历贯上下也,故于颈腋之间,皆能有之,因其形如鼠穴,塞其一,复穿其一,故又名鼠瘘。"

⑩ 寒热还:寒热往来。

⑪ 解营:解,指骨缝。营,是窟穴。解营,就是骨缝中的穴位。

⑫ 拜:是一种取穴的体位,即取站立弯腰的姿势。《辞源》:"古之拜,惟拱手弯腰而已,如今之揖。"张志聪:"取膝上外解之委中者,使之拜,则膝挺而后直,其穴易取也。"

⑬ 跪:是一种取穴的体位,即使双膝跪地,则两足心向上。张志聪:"跪则足折,而涌泉之穴,宛在于足心之横纹间也。"

语译

见风就怕的病人,刺眉头攒竹穴。失枕而肩上横骨之间的肌肉强痛,应当使病人曲臂,取两肘尖相合在一处的姿势,然后在肩胛骨上端引一直线,正当脊部中央的部位,给以灸治。从眇络季胁牵引到少腹而痛胀的,刺噫嘻穴。腰痛而不可以转侧动摇,痛而筋脉挛急,下引睾丸,刺八髎穴与疼痛的地方。八髎穴在腰尻骨间孔隙中。瘰疬寒热往来,刺寒府穴。寒府在膝上外侧骨与骨之间的孔穴中。凡取膝上外侧的孔穴,使患者弯腰,成一种拜的体位;取足心涌泉穴时,使患者作跪的姿势。

按语

瘰疬而见寒热往来,是病在少阳。治取膝上外侧骨与骨之间的孔穴,是足少阳经循行部位。张介宾注云:"寒府……当是足少阳经之阳关穴。盖鼠瘘在颈腋之间,病由肝胆,故当取此以治之。"

任脉者,起于中极之下,以上毛际,循腹里,上关元,至咽喉,上颐,循面入目。冲脉者,起于气街,并少阴之经①,侠齐上行,至胸中而散。任脉为病,男子内结七疝②,女子带下瘕聚③。冲脉为病,逆气里急。

注释

① 并少阴之经:《素问识》:"按虞庶云,《素问》曰并足少阴之经,《难经》却言并足阳明之经,况少阴之经,侠齐左右各五分,阳明之经,侠齐左右各二寸,气冲又是阳明脉气所发。如此推之,则冲脉自气冲起,在阳明少阴二经之内,侠齐上行,其理明矣。李时珍云:足阳明去腹中行二寸,少阴去腹中行五分,冲脉行于二经之间也。"附此参考。

② 七疝:马莳:"七疝,乃五脏疝及狐疝、癞疝也。"

③ 瘕聚:癥瘕积聚之类的疾病。

语译

任脉经起源于中极穴的下面,上行经过毛际再到腹部,再上行通过关元穴到咽喉,又上行至颐,循行于面部而入于目中。冲脉经起源于气街穴,与足少阴经相并,侠齐左右上行,到胸中而散。任脉经发生病变,在男子则腹内结为七疝,在女子则有带下和瘕聚之类疾病。冲脉经发生病变,则气逆上冲,腹中拘急疼痛。

督脉为病,脊强反折。督脉者,起于少腹以下骨中央,女子入系廷孔①。其孔,溺孔之端也。其络循阴器,合篡间②,绕篡后,别③绕臀,至少阴与巨阳中络者。合少阴上股内后廉,贯④脊,属肾;与太阳起于目内眦,上额,交巅上,入络脑,还出别下项,循肩髆内,侠脊抵腰中,入循膂,络肾。其男子循茎,下至篡与女子等。其少⑤腹直上者,贯齐中央,上贯心,入喉,上颐环唇,上系两目之下中央⑥。此生病,从少⑤腹上冲心而痛,不得前后,为冲疝⑦，其女子不孕，癃，痔，遗溺，嗌干。督脉生病治督脉，治在骨上，甚者在齐下营⑧。

注释

① 廷孔：指尿道口。张介宾："廷孔，言正中之直孔，即溺孔也。"

② 篡间：篡，《甲乙经》卷二第二、《黄帝内经太素》卷十一骨空均作"纂"。篡间，是前后阴之间，即会阴部。

③ 别：经络分歧而行。

④ 贯：穿过。

⑤ 少：《甲乙经》卷二第二作"小"。

⑥ 两目之下中央：《甲乙经》卷二第二作"两目之中"。

⑦ 冲疝：督脉受病而成之疝，因有从少腹上冲心而痛的症状，所以叫"冲疝"。但张介宾、马莳、吴崑等皆认为是督脉并于冲脉为病。可供参考。

⑧ 齐下营：张介宾："齐下营，谓齐下一寸阴交穴也。"

语译

督脉发生了病变，会引起脊柱强硬反折的症状。督脉起于小腹之下的横骨中央，在女子则入内系于廷孔。廷孔就是尿道的外端。从这里分出的络脉，循着阴户会合于会阴部，再分绕于肛门的后面，再分歧别行绕臀部，到足少阴经与足太阳经中的络脉。与足少阴经相合上行经股内后面，贯穿脊柱，连属于肾脏；与足太阳经共起于目内眦，上行至额部，左右交会于巅顶，内入联络于脑，复返还出脑，分别左右，经项下行，循行于脊髓内，侠脊抵达腰中，入内循膂，络于肾。其在男子，则循阴茎，下至会阴与女子相同。其从少腹直上的，穿过脐中央，再上贯心脏，入于喉，上行到颐并环绕口唇，再上行系于两目中央之下。督脉发生病变，症状是气从少腹上冲心而痛，大小便不通，称为冲疝，其在女子则不能怀孕，或为小便不利、痔疾、遗尿、咽喉干燥等症。总之，督脉生病治督脉，轻者治横骨上的曲骨穴，重者则治在脐下的阴交穴。

按语

一般认为督脉主干是贯脊直上,绕头顶至龈交,但这段经文中未见,可能系省文。又督脉交会于足少阴、足太阳,经气也贯注于此二经之中,所以经文中叙述了足少阴与足太阳经的部分循行路线。

其上气有音者,治其喉中央①,在缺盆中者。其病上冲喉者,治其渐②,渐者上侠颐也。蹇③膝伸不屈,治其楗④。坐而膝痛,治其机⑤。立而暑解⑥,治其骸关。膝痛,痛及拇指,治其腘。坐而膝痛,如物隐者,治其关⑦。膝痛不可屈伸,治其背内⑧。连胻⑨若折,治阳明中俞髎⑩,若别,治巨阳少阴⑪荥。淫泺胫痠⑫,不能久立,治少阳之维⑬,在外踝⑭上五寸。

辅骨上横骨下为楗④,侠髋为机⑤。膝解为骸关⑮。侠膝之骨为连骸⑯。骸下为辅⑰。辅上为腘⑱。腘上为关⑲。头⑳横骨为枕。

注释

① 喉中央:指天突穴。

② 渐:指大迎穴。王冰:"阳明之脉,渐上颐而环唇,故以侠颐名为渐也,是谓大迎。"

③ 蹇(jiǎn 简):跛足。

④ 治其楗、辅骨上横骨下为楗:楗(jiàn 健),即股骨,此处指股部经穴。吴崑:"辅骨,膝辅骨。横骨,腰横骨。是楗为股骨也。"

⑤ 机:即环跳穴处。张介宾:"机,枢机也。侠臀之外,即楗上运动之机。故曰侠髋为机,当环跳穴处是也。"

⑥ 立而暑解:王冰:"暑,热也。若膝痛,立而膝骨解中热者,治在骸关。骸关谓膝解也。一经云'起而引解',言膝痛起立,痛引膝骨解之中也。

暑引二字,其义则异;起立二字,其意颇同。"

⑦ 如物隐者,治其关:马莳:"如膝中有物隐于内者,当治其关,疑是承扶穴也,系足太阳膀胱经,尻臀下阴纹中。"

⑧ 背内:吴崑:"谓太阳经之气穴,背俞之类也。"

⑨ 骱(héng 衡):通"胻"。脚胫。

⑩ 俞髎:王冰:"俞髎,正取三里穴也。"

⑪ 少阴:《黄帝内经太素》卷十一骨空作"少阳"。

⑫ 淫泺(luò 洛)胻痠:《黄帝内经太素》卷十一骨空无"胻痠"二字。淫,浸渍。泺,古水名,在今山东省济南市,此处泛指水湿之邪。

⑬ 少阳之维:维,络的意思。张介宾:"维,络也。"少阳之维,指足少阳经的别络光明穴。

⑭ 踝:原本无,据《黄帝内经太素》卷十一骨空补。

⑮ 骸(hái 孩)关:膝关节。张介宾:"胻骨之上,膝之节解也,是为骸关。"

⑯ 侠膝之骨为连骸:张介宾:"膝上两侧,皆有侠膝高骨,与骸骨相接连,故曰连骸。"

⑰ 骸下为辅:张介宾:"连骸下高骨,是为内外辅骨。"

⑱ 辅上为腘:张介宾:"辅骨上,向膝后曲处为腘,即委中穴也。"

⑲ 腘上为关:张介宾:"腘上骨节动处,即所谓骸关也。"

⑳ 头:《黄帝内经太素》卷十一骨空作"项",于义更切。

语译

病人气逆于上而呼吸有声音的,治疗取其喉部中央的天突穴,此穴在两缺盆的中间。病人气逆上冲于咽喉的,治疗取其大迎穴,大迎穴在面部两旁夹颐之处。膝关节能伸不能屈,治疗取其股部的穴位。坐下而膝痛,治疗取其环跳穴。站立时膝关节热痛,治疗取其膝关节处的穴位。膝痛,疼痛牵引到跐趾,治疗取其膝弯处的委中穴。坐下而膝痛,像有东西隐伏其中的,治疗取其承扶穴。膝痛而不能屈伸活动,治疗取其背部的俞穴。如疼痛连及胻骨像折断似的,治疗取其阳明经中的俞髎三里穴;或者别取太阳经的荥穴通谷、少阴经的荥穴然谷。浸渍水湿之邪日久而胫骨酸痛无力，不能久立，治取少阳经的别络光明穴，穴在外踝上五寸。

辅骨之上，腰横骨之下叫"楗"。髋骨两侧环跳穴处叫"机"。膝部的骨缝叫"骸关"。侠膝两旁的高骨叫"连骸"。连骸下面叫"辅骨"。辅骨上面的膝弯叫"腘"。腘之上就是"骸关"。头后项部的横骨叫"枕骨"。

按语

"淫泺"一词义不甚明，注家亦各见仁见智，但对"泺"字多未释出。考"泺"为水名，"淫"是"浸渍"之意，也与水有关，故"淫泺"似与水湿之邪气有关；结合"胫痠"，可知是感受了水湿之邪的"湿痹"之证。湿痹当取燥湿化湿之法，为何取少阳经之光明穴？此乃湿痹之重症，非仅用一般方法所能奏效，必须先从肝胆疏调气机，生发少阳，气通阳和则湿邪易化。当然亦需配用健运脾胃以化湿之法。由于此病受邪深重，故不易治愈，且迁延日久，能内伤五脏。所以《灵枢·厥病》指出："风痹淫泺，病不可已者，足如履冰，时如入汤中，股胫淫泺，烦心头痛，时呕时悗，眩已汗出，久则目眩，悲以喜恐，短气不乐，不出三年死也。"可见此病到后期的严重性。

水俞五十七穴者：尻上五行，行五；伏菟上^①两行，行五；左右各一行^②，行五；踝上各一行，行六穴。髓空^③在脑后三分^④，在颅际锐骨之下，一在龂基下^⑤，一在项后^⑥中复骨下^⑦，一在脊骨上空在风府上，脊骨下空在尻骨下空^⑧。数髓空在面侠鼻，或骨空在口下当两肩。两髆骨空在髆中之阳^⑨。臂骨空在臂阳，去踝^⑩四寸，两骨空之间。股骨上空在股阳，出上膝四寸。骺骨空在辅骨之上端。股际骨空在毛中动脉⑪下。尻骨空在髀骨之后相去四寸。扁骨有渗理凑⑫,无髓孔,易髓无空。

注释

① 伏菟上：菟,通"兔"。伏兔穴在大腿前方。伏兔上当指腹部两侧。

② 左右各一行：承上文而言,在伏兔上的腹部两侧各有一行水俞,在此两侧（一左一右）又各有一行水俞,所以伏兔之上实有两行水俞（参阅下篇《水热穴论》）。

③ 髓空：即骨空。因骨为髓之府,故骨空亦可称为髓空。但脑为髓之海,不同于一般的骨,所以特称脑部前后的骨空为髓空,而其余仍称骨空。

④ 三分：分为三处,即下文一在龈基下,一在项后中复骨下,一在脊骨上空。

⑤ 龈(yín 银)基下：龈,同"龈",齿根肉。基,指面部地基,即下颌骨部,与下牙龈相连。龈基下,即下颌骨下方,似指手太阳经的天容穴。王冰："当颐下骨陷中有穴容豆。""容豆"可能系"天容"穴之古名。豆,古食器,形似高脚盘,人头颈与其形似,故又称颈为"豆";后变为"脰",则专指颈部。

⑥ 后：《黄帝内经太素》卷十一骨空无。

⑦ 复骨下：复骨,指第一、二颈椎。第一颈椎呈环状,第二颈椎呈柱状并套入第一颈椎之环中,故称此二椎为"复骨"。复骨下,正当哑门穴,故王冰注云："瘖门穴也"。

⑧ 脊骨下空在尻骨下空：《黄帝内经太素》卷十一骨空无后一"空"字。此句是对应"脊骨上空"一句的补充说明,不属于头部髓空。

⑨ 阳：指外侧。

⑩ 踝：指手腕。

⑪ 脉：原本无,据《黄帝内经太素》卷十一骨空补。

⑫ 扁骨有渗理凑：凑,聚合,会合。王冰："扁骨,谓尻间扁戾骨也。其骨上有渗灌文理归凑之,无别髓孔也。"《黄帝内经太素》卷十一骨空无"凑"字。

语译

治疗水病的腧穴有五十七个：尻骨上有五行,每行各五穴；伏兔上方有两行,每行各五穴；其左右又各有一行,每行各五穴；足内踝上各一行,每行各六穴。髓空在脑后分为三处,都在颅骨边际锐骨的下面，一处在龈基的下面，一处在项后正中的复骨下面，一处在脊骨上空在风府穴的上面，脊骨下空在尻骨下面孔穴中。又有几个髓空在面部侠鼻两旁，或有骨空在口唇下方与两肩相平的部位。两肩膊骨空在肩膊中的外侧。臂骨的骨空在臂骨的外侧，离开手腕四寸，在尺、桡两骨的空隙之间。股骨上面的骨空在股骨外侧膝上四寸的地方。骺骨的骨空在辅骨的上端。股际的骨空在阴毛中的动脉下面。尻骨的骨空在髀骨的后面距离四寸的地方。扁骨有渗灌的纹理聚合，没有直通骨髓的孔穴，骨髓通过渗灌的纹理内外交流，所以没有骨空。

灸寒热之法，先灸项大椎，以年为壮数①；次灸橛骨②，以年为壮数。视背俞陷者灸之，举臂肩上陷者灸之，两季胁之间灸之，外踝上绝骨之端③灸之，足小指④次指间灸之，腨下陷脉⑤灸之，外踝后灸之，缺盆骨上切之坚痛如筋者灸之，膺中陷骨间灸之，掌束骨⑥下灸之，齐下关元三寸灸之，毛际动脉灸之，膝下三寸⑦分间灸之，足阳明跗上动脉灸之，巅上一⑧灸之。犬所啮之处灸之三壮，即以犬伤病法灸之⑨。凡当灸二十九处。伤食灸之，不已者，必视其经之过于阳者⑩，数刺其俞而药之。

注释

① 以年为壮数：壮，是灸法中的术语，每艾灸一炷为一壮。以年为壮数，即按患者年龄，一岁灸一壮，十岁则灸十壮，二十岁则灸二十壮……。

② 橛（jué决）骨：橛，小木桩。橛骨，形似小木桩的骨，此指尾骶骨，该处有尾闾穴。

③ 绝骨之端：端，正。绝骨之端，意即正取绝骨穴。

④ 指：古与"趾"通。

⑤ 腨下陷脉：张介宾："足太阳承山穴也。"

⑥ 掌束骨：《黄帝内经太素》卷二十六灸寒热法作"髃骭骨"。掌束骨，

即手腕部的横骨。

⑦ 膝下三寸：《甲乙经》卷八第一作"脐下二寸。"

⑧ 一：《黄帝内经太素》卷二十六灸寒热法作"动脉"。一，可通"亦"。

⑨ 病法灸之：《甲乙经》卷八第一作"病法三壮灸之"。《黄帝内经太素》卷二十六灸寒热法作"病壮数灸也"。

⑩ 必视其经之过于阳者：诸注不一。《黄帝内经太素》卷二十六灸寒热法："可刺大经所过之络出血……阳，络脉也。"马莳："必视其各部阳经有病者……"张介宾："过于阳者，阳邪之盛者也。"以《太素》义胜。

语译

灸治寒热症的方法，先灸项后的大椎穴，根据病人年龄决定艾灸的壮数；其次灸尾骶骨的尾闾穴，也是以年龄为艾灸的壮数。观察背部有凹陷的地方用灸法，上举手臂在肩上有凹陷的地方（肩髃）用灸法，两侧的季胁之间（京门）用灸法，足外踝上正取绝骨穴处用灸法，足小趾与次趾之间（侠谿）用灸法，腨下凹陷处的经脉（承山）用灸法，外踝后方（昆仑）用灸法，缺盆骨上方按之坚硬如筋而疼痛的地方用灸法，胸膺中的骨间凹陷处（天突）用灸法，手腕部的横骨之下（大陵）用灸法，脐下三寸的关元穴用灸法，阴毛边缘的动脉处（气冲）用灸法，膝下三寸的两筋间（三里）用灸法，足阳明经所行足跗上的动脉（冲阳）处用灸法，头巅顶上（百会）亦用灸法。被犬咬伤的，先在被咬处灸三壮，再按常规的治犬伤病法灸治。以上灸治寒热症的当用部位共二十九处。因为伤食而使用灸法，病仍不愈的，必须仔细观察其经脉移行到络脉的地方，多刺其俞穴，同时再用药物调治。

本 篇 要 点

一、介绍风邪所致各症的针灸治法与所取穴位。

二、叙述了任脉、冲脉、督脉的循行路线及其所主的疾病。

三、介绍针灸治疗上气、下肢疼痛、水病等的方法和穴位。

四、指出了骨空的部位(包括部分任、督二脉的穴位)。

五、最后介绍了寒热、犬咬、伤食等病的灸治方法,并说明灸治无效时,当结合其他方法治疗。

水热穴论篇第六十一

题解

本篇介绍了治疗水病的五十七个腧穴和治疗热病的五十九个腧穴,并且论述了其所以能治疗水病、热病的原理,所以称"水热穴论"。

黄帝问曰:少阴何以主肾?肾何以主水?岐伯对曰:肾者,至阴①也;至阴者,盛水也。肺者,太阴也②。少阴者,冬脉也。故其本在肾,其末在肺,皆积水也③。帝曰:肾何以能聚水而生病?岐伯曰:肾者,胃之关也④,关门⑤不利,故聚水而从其类也。上下溢于皮肤,故为胕肿。胕肿者,聚水而生病也。帝曰:诸水皆生⑥于肾乎?岐伯曰:肾者,牝⑦藏也。地气上者,属于肾而生水液也,故曰至阴。勇而劳甚,则肾汗出⑧;肾汗出逢于风,内不得入于藏府,外不得越于皮肤,客于玄府,行于皮里⑨,传为胕肿。本之于肾,名曰风水。所谓玄府者,汗空也。

注释

① 至阴:至,极;最。至阴,阴性最甚的意思。肾属水,其位最下,故称"至阴"。

② 肺者,太阴也:《黄帝内经太素》卷十一气穴作"肾者少阴"。

③ 其本在肾,其末在肺,皆积水也:肾为主水之脏,肺为水之上源,肾有病则水气上逆于肺,所以说:"其本在肾,其末在肺"。又肺主通调水道,肺有病则不能通调,水液泛溢,所以肾病与肺病都能引起水肿病,故云"皆积水也"。

④ 也:《黄帝内经太素》卷十一气穴作"闭"。

⑤ 门:《黄帝内经太素》卷十一气穴作"闭"。

⑥ 生:《甲乙经》卷八第五作"主"。

⑦ 牝(pìn聘):鸟兽的雌性。此处指阴性。张介宾:"牝,阴也。"

⑧ 勇而劳甚,则肾汗出:王冰:"勇而劳甚,谓力房也。又本经《经脉别论篇》云:"持重远行,汗出于肾。"二义皆合。

⑨ 里:《黄帝内经太素》卷十一气穴作"肤"。

语译

黄帝问道:少阴为什么主肾?肾又为什么主水?岐伯回答说:肾属于至阴之脏,至阴之脏水气最为旺盛。肺属于太阴之脏。肾脉属于少阴,是旺于冬令的经脉。所以水之根本在肾,水之标末在肺,肺肾两脏都能积聚水液而为病。黄帝又问道:肾为什么能积聚水液而生病?岐伯说:肾是胃的关门,关门不通畅,水液就要停留相聚而生病了。其水液在人体上下泛溢于皮肤,所以形成浮肿。浮肿一症,就是水液积聚而生的病。黄帝又说:各种水病都是由于肾而生成的吗?岐伯说:肾脏在下属阴。凡水气由下而上延的就属于肾病而生成的水液,所以叫做"至阴"。呈勇力而劳动(或房劳)太过,则汗出于肾;出汗时遇到风邪,风邪从开泄之腠理侵入,向内不能入于脏腑,向外也不得泄越于皮肤,于是逗留在玄府之中,窜行于皮肤之内,传变成为浮肿病。此病之本在于肾,病名叫"风水"。所谓玄府,就是汗孔。

按语

经文中"内不得入于藏府,外不得越于皮肤"一句,诸家多从王冰注，认为是因受风邪而汗孔闭，"余汗未出，内伏皮肤，传化为水"。但考之前后文义，此病之水，当是肾不主水所生，而非一点"余汗"可成。故客于玄府之中的不应是"余汗"，而当是风邪。本经《风论》云："风气藏于皮肤之间，内不得通，外不得泄"，与本篇所论颇相类同。同时由于"勇而劳甚"，肾脏已虚，不能主水，则水气泛溢于皮肤。故《中藏经》亦说："肾气虚则水散于皮"。由此看来，风气藏于皮肤之间，水气也溢于皮肤之下，风水相搏而生浮肿，故当称之为"风水"。本病由于有风邪外袭，所以除了浮肿一症外，往往有风邪袭肺、肺失宣降的表现。肺既失于宣降，则不能通调水道，也是形成浮肿的原因之一。但总的来看，肺失通调只是病之标，肾不主水才是病之本。所以在临床治疗上，要正确处理好标本之间的关系，尤其在利用宣肺利水法而浮肿消退之后，应当注意补肾治本，否则病情容易复发，且或日渐加重。这正说明了水病"其本在肾，其末在肺"的理论是十分重要的。

帝曰：水俞五十七处者，是何主也？岐伯曰：肾俞五十七穴，积阴之所聚也，水所从出入也。尻上五行、行五者，此肾俞。故水病下为胕肿大腹，上为喘呼、不得卧者，标本俱病[①]。故肺为喘呼，肾为水肿，肺为逆不得卧，分为相输[②]。俱受者，水气之所留也。伏菟上各二行、行五者，此肾之街[③]也。三阴之所交结于脚也。踝上各一行、行六者，此肾脉之下行也，名曰太冲。凡五十七穴者，皆藏之阴络[④]，水之所客也。

注释

[①] 标本俱病：标，指肺；本，指肾。标本俱病，即肺肾都发生了病变。
[②] 分为相输：分为，各有不同表现之义。上文有"肺为喘呼，肾为水

肿,肺为逆不得卧",故言"分为"。相输,相互输应、相互影响之义。分为相输,是说肺与肾病变后的表现各不相同,但两者之间相互输应、相互影响着。

③ 街:要道、大道。

④ 藏之阴络:藏,隐藏。阴络,部位偏下或较深的络脉。藏之阴络,隐藏于下部或较深部的络脉之中。

语译

黄帝问道:治疗水病的腧穴有五十七个,它们属哪脏所主?岐伯说:肾腧五十七个穴位,是阴气所积聚的地方,也是水液从此出入的地方。尻骨之上有五行,每行五个穴位,这些是肾的腧穴。所以水病表现在下部则为浮肿、腹部胀大,表现在上部则为呼吸喘急、不能平卧,这是肺与肾标本同病。所以肺病表现为呼吸喘急,肾病表现为水肿,肺病还表现为气逆、不得平卧;肺病与肾病的表现各不相同,但两者之间相互输应、相互影响着。之所以肺肾都发生了病变,是由于水气停留于两脏的缘故。伏兔上方各有两行,每行五个穴位,这里是肾气循行的重要道路。肾和肝、脾三条阴经所交结的地方在脚上。足内踝上方各有一行,每行六个穴位,这是肾的经脉下行于脚的部分,名叫太冲。以上共五十七个穴位,都隐藏在人体下部或较深部的络脉之中,也是水液容易停聚的地方。

帝曰:春取络脉分肉①,何也?岐伯曰:春者木始治,肝气始生;肝气急,其风疾,经脉常深,其气②少,不能深入,故取络脉分肉间。

注释

① 春取络脉分肉:是说用针须浅,刺及络脉分肉之间即可。《素问识》:"本输篇、四时气篇、寒热病篇、终始篇、四时刺逆从论、诊要经终篇,并论四时刺法,本节最详,而义互异。然与'水热穴'义不太涉,疑是他篇

错简。"

② 气：指风邪之气。

语译

黄帝问道：春天针刺，取络脉分肉之间，是什么道理？岐伯说：春天木气开始当令，肝气开始发生；肝气的特性是急躁，其受风邪亦很迅疾，但是肝的经脉往往藏于深部，而风邪之气尚不太剧烈，不能深入经脉，所以只要浅刺络脉分肉之间就行了。

帝曰：夏取盛①经分腠，何也？岐伯曰：夏者火始治，心气始长；脉瘦气弱②，阳气留③溢，热熏分腠，内至于经，故取盛经分腠。绝肤④而病去者，邪居浅也。所谓盛经者，阳脉也。

注释

① 盛：丰满、充足貌。

② 脉瘦气弱：脉，指脉搏的形态；气，指脉搏的气势。脉瘦气弱，指脉形瘦小而搏动气势较弱。

③ 留：《甲乙经》卷五第一、《黄帝内经太素》卷十一变输均作"流"，是同音假借字。此处当作"流"解。

④ 绝肤：绝，越过、透过。绝肤，透过皮肤。

语译

黄帝问道：夏天针刺，取盛经分腠之间，是什么道理？岐伯说：夏天火气开始当令，心气开始生长壮大；如果脉形瘦小而搏动气势较弱，是阳气流溢于体表，热邪熏蒸于分肉腠理，向内影响于经脉，所以针刺应当取盛经分腠。针刺只透过皮肤而病就可痊愈，是因邪气居于浅表部位的缘故。所谓盛经，是指丰满、充足的阳脉。

按语

"脉瘦气弱"一句,注家多说是心气才开始生长,而脉气未盛,是正常的脉象。但此处论夏季针刺之法,非独指夏初,"脉瘦气弱"似不能概括整个夏季的脉象。按四时脉象,夏脉当洪大有力,不当瘦弱。所以"脉瘦气弱"当指异常脉象,是心气为阳热所伤的表现,故治疗上取"盛经分腠"以泄热邪。上文春天受风邪,本节夏天受热邪,下文秋天感湿气等,皆与四时病的特点相符。

帝曰:秋取经俞[1],何也?岐伯曰:秋者金始治,肺将收杀,金将胜火[2],阳气在合,阴气初胜;湿气及体,阴气未盛,未能深入,故取俞以写阴邪[3],取合以虚阳邪[4]。阳气始衰,故取于合[5]。

注释

[1] 经俞:五输穴中的经穴与输穴两类穴位。五输穴包括:井、荥、输、经、合,它们分布在肘膝关节以下,从四肢末端向肘膝方向依次排列。

[2] 金将胜火:金为秋气,火为夏气。立秋以后,火渐衰而金渐旺,故云"金将胜火"。

[3] 取俞以写阴邪:俞,指阴经的"输"穴,属土,与夏末秋初湿土之气相应,故刺阴经的"输"穴可以泻阴湿之邪。

[4] 取合以虚阳邪:合,指阳经的"合"穴,亦属土。秋天虽阴气渐盛,但阳气尚未尽退,仍可兼夹阳邪,所以刺阳经的"合"穴以泻除之。

[5] 阳气始衰,故取于合:帝问何以取"经、俞",岐伯答语中只说刺"俞、合"。其不刺"经"而刺"合"的原因,是秋天阳气刚刚衰退。阳气始衰,火气不旺,而金气亦未大盛,不宜刺"经"穴以扰动火、金之气(阳"经"属火,阴"经"属金),而改刺"合"穴。

语译

黄帝问道:秋天针刺,要取经穴和输穴,是什么道理?岐伯说：秋天金气开始当令，肺气开始收敛肃杀，金气渐旺逐步胜过衰退着的火气，阳气处于合闭过程中，阴气刚刚胜过阳气；遇湿邪侵犯人体，但由于阴气未至太盛，不能助湿邪深入，所以针刺取阴经的"输"穴以泻阴湿之邪，取阳经的"合"穴以泻阳热之邪。由于阳气开始衰退而阴气未至太盛，所以不取"经"穴而取"合"穴。

帝曰：冬取井荥，何也？岐伯曰：冬者水始治，肾方闭，阳气衰少，阴气坚盛，巨阳伏沉，阳脉乃去，故取井以下阴逆①，取荥以实阳气②。故曰："冬取井荥，春不鼽衄"，此之谓也。

注释

① 取井以下阴逆：井，指阳经的"井"穴，属金，与肺相应。肺气主降，故刺阳"井"有降逆下气作用。冬令人气当闭藏于内，伏沉于下，若反欲上逆，是谓反常，故当刺"井"穴以降其阴逆。

② 取荥以实阳气：荥，指阴经的"荥"穴，属火。火乃纯阳之气，故刺阴"荥"能充实阳气。

语译

黄帝说：冬天针刺，要取"井"穴和"荥"穴，是什么道理？岐伯说：冬天水气开始当令，肾气开始闭藏，阳气已经衰少，阴气更加坚盛，太阳之气伏沉于下，就见不到盈满充实的阳脉了，所以针刺要取阳经的"井"穴以降其阴逆之气，取阴经的"荥"穴以充实阳气。因此说："冬取井荥，春不鼽衄"，就是这个道理。

按语

以上所述，春受风邪，夏受热邪，秋受湿邪，独冬季所受何邪未见说明。按四时所主之气，冬令当受寒邪。此时人体阳气伏沉，阴精闭藏，若受阴寒之邪，则扰动在下之阳气与阴精上逆。但冬令阳气阴精当伏藏于下，不当浮越于上。阳气过于浮越，则阴精随之消亡，至春天反而造成阴精不足，火势上炎则为鼽衄之症。若能在冬天及早治疗，不使阳气浮越，到春天就不致发生鼽衄之症了，针刺井荥的目的就在于此。本经《生气通天论》、《阴阳应象大论》皆云："冬伤于寒，春必病温"，《金匮真言论》云："冬不按蹻，春不鼽衄"，也都是这个道理。

帝曰：夫子言治热病五十九俞，余论其意，未能领别其处，愿闻其处，因闻其意。岐伯曰：头上五行、行五者，以越诸阳之热逆也。大杼、膺俞、缺盆、背俞，此八者①，以写胸中之热也。气街、三里、巨虚上下廉，此八者，以写胃中之热也。云门、髃骨②、委中、髓空③，此八者，以写四支之热也。五藏俞傍五④，此十者，以写五藏之热也。凡此五十九穴者，皆热之左右⑤也。帝曰：人伤于寒而传为热，何也？岐伯曰：夫寒盛，则生热也。

注释
① 大杼……此八者：穴名有四，左右各一，故有八穴。
② 髃骨：即肩髃穴。
③ 髓空：所指何处穴位未明，待考。
④ 五藏俞傍五：五脏俞两傍各有五穴，共十穴。
⑤ 热之左右：热邪所在部位的附近。

语译

黄帝道：先生说过治疗热病的五十九个腧穴，我想探讨它们的作用，但还不知道这些腧穴的部位，请告诉我它们的部位，并说明这些腧穴在治疗上的作用。岐伯说：头上有五行，每行五个穴位,能泄越诸阳经上逆的热邪。大杼、膺俞、缺盆、背俞这八个穴位,可以泻除胸中的热邪。气街、三里、上巨虚和下巨虚这八个穴位,可以泻除胃中的热邪。云门、肩髃、委中、髓空这八个穴位,可以泻除四肢的热邪。五脏的俞穴两傍各有五穴,这十个穴位,可以泻除五脏的热邪。以上共五十九个穴位,都在热邪所在部位的附近。黄帝说:人感受了寒邪反而会传变为热病,这是什么原因?岐伯说:寒气盛极,就会郁而发热。

本篇要点

一、叙述了风水病的原因、症状及其病理变化,并指出了治疗水病的五十七个腧穴的部位及其与脏气的关系。

二、指出了治疗热病的五十九个腧穴的部位及其适应范围。

三、说明了针刺的深浅为什么必须结合四时的道理。

调经论篇第六十二

题解

调经,即调治经络。本篇内容,说明了经络是气血运行和沟通脏腑内外的道路,邪气可以由经络传入脏腑或传出体表,所以治疗上要调治经络;并且讨论了运用针刺治疗脏腑经络寒热虚实病变的原理和补泻手法,所以篇名"调经论"。

黄帝问曰:余闻刺法言,有余写之,不足补之。何谓有余?何谓不足?岐伯对曰:有余有五,不足亦五,帝欲何问?帝曰:愿尽闻之。岐伯曰:神①有余有不足,气有余有不足,血有余有不足,形有余有不足,志有余有不足,凡此十者,其气不等②也。

注释

① 神:《甲乙经》卷六第三此下有"有"字。下文"气"、"血"、"形"、"志"仿此。

② 此十者,其气不等:神、气、血、形、志分属于五脏而各有虚实之异,故十者皆不等。王冰:"神属心,气属肺,血属肝,形属脾,志属肾,以各有所宗,故不等也。"张介宾:"神属心,气属肺,血属肝,形属脾,志属肾,各有虚实,故其气不等。"

语译

黄帝问道:我听到刺法上说,病有余的用泻法,病不足的用补法。怎样为有余？怎样为不足呢？岐伯回答说：有余的有五种，不足的也有五种，您要问哪一种呢？黄帝道：请全部讲给我听。岐伯说：神有有余和不足，气有有余和不足，血有有余和不足，形有有余和不足，志有有余和不足。以上共十种，其气各不相等。

帝曰：人有精、气、津、液、四支、九窍、五藏、十六部①、三百六十五节②，乃生百病；百病之生，皆有虚实。今夫子乃言有余有五，不足亦有五，何以生之乎？岐伯曰：皆生于五藏也。夫心藏神，肺藏气，肝藏血，脾藏肉，肾藏志。而此成形，志意通，内连骨髓③，而成身形五藏④。五藏之道，皆出于经隧⑤，以行血气；血气不和，百病乃变化而生，是故守经隧焉。

注释

① 十六部：张志聪作手足经脉十二、蹻脉二、督脉一、任脉一，共十六部；王冰、张介宾、马莳、吴崑作手足二、九窍九、五脏五，共十六部；高世栻作两肘、两臂、两腘、两股、身之前后左右、头之前后左右，共十六部。按以上三种说法，根据经文上下文义，当作经脉解较妥。

② 三百六十五节：人体有三百六十五处骨节，每骨节有一孔穴，故也有三百六十五个孔穴；它们是正经分出的络脉所分布的地方，所以又有三百六十五络；气血在络脉会聚，故又称"三百六十五会"。《灵枢·九针十二原》："节之交，三百六十五会。"《灵枢·邪气藏府病形》："十二经脉三百六十五络……"此处应灵活理解。

③ 志意通，内连骨髓：志，肾所主，此处指肾气；意，脾所主，此处指脾气；骨髓，肾精所化。全句是说肾气和脾气相交通，外在形体与内在骨髓相联系。

④ 五藏：马莳、高世栻等均认为此二字为衍文。

⑤ 经隧：《甲乙经》卷六第三作"经渠"。较大的经脉主干潜行于深部，故称"经隧"。张介宾："隧，潜道也。经脉伏行，深而不见，故曰经隧。"

语译

黄帝问道：人体有精、气、津、液、四肢、九窍、五脏、十六部、三百六十五节，能够发生各种疾病；而各种疾病的发生，又各有虚实的不同。现在先生只说有余的有五种，不足的也有五种，究竟是怎样发生的呢？岐伯答道：都是生于五脏的。心主藏神，肺主藏气，肝主藏血，脾主藏肉，肾主藏志。而这里已经形成的形体，是由于先天肾气与后天脾气相交通，外在形体与内在骨髓相联系，才能形成人的形体五脏。五脏之间的相互联系，都是通过经隧以运行血气；如果血气不能调和，各种疾病也就由此变化而生，所以治疗上要抓住经隧这个关键啊！

按语

经文中"而此成形"一句，注家多读在上句，但上句中"神、气、血、形、志"五者，不能皆成形，除血、肉以外，神、志、气皆无形，故此四字当读在下句，而与"成身形五藏"句相呼应。"志意"二字，似不应从精神意识方面解释，因为在身形五脏未成之前，说先有精神意识，是不可理解的，所以应当作"肾气"、"脾气"解。先后天之气为人身之本，两者相互作用，才能促进人体发育成长，从而形成人的形体和内脏。这样不但上下文理通畅，而且也符合《内经》对人体脏腑经络的形成规律和气血运行原理的一贯思想。《灵枢·经脉》说："人始生，先成精，精成而脑髓生，骨为干，脉为营，筋为刚，肉为墙，皮肤坚而毛发长，谷入于胃，脉道以通，血气乃行。"与本篇所说的道理是一致的。

帝曰：神有余不足何如？岐伯曰：神有余则笑不休，神不足则悲[1]。血气未并[2]，五藏安定，邪客于形，洒淅起于毫毛，未入于经络也，故命曰神之微[3]。

帝曰：补写奈何？岐伯曰：神有余则写其小络之血④，出血，勿之深斥⑤，无中其大经，神气乃平；神不足者，视其虚络，按⑥而致之，刺而利⑦之，无出其血，无泄其气，以通其经，神气乃平。

帝曰：刺微奈何？岐伯曰：按摩勿释，着针勿斥⑧，移气于不足，神气乃得复。帝曰：善！

注释

① 悲：《甲乙经》卷六第三、《黄帝内经太素》卷二十四虚实补泻均作"忧"。

② 并：兼并，引申为偏聚。

③ 神之微：心经的微邪。张介宾："此外邪之在心经也，浮浅微邪，在脉之表，神之微病也。"

④ 血：《素问注证发微》、守山阁本《黄帝内经素问》均改作"脉"。

⑤ 斥：开拓、扩大。此处作"推进"解。

⑥ 按：《甲乙经》卷六第三、《黄帝内经太素》卷二十四虚实补泻均作"切"。

⑦ 利：《甲乙经》卷六第三作"和"。

⑧ 按摩勿释，着针勿斥：着，附着、附上。比喻针刺非常浮浅，只刺在皮肤上。马莳："按摩其病处，勿释其手，着针其病处，勿推其针。"

语译

黄帝问道：神有余和不足有哪些表现？岐伯说：神有余则喜笑不止，神不足则常悲忧。如果血气没有发生偏聚，五脏生理功能正常，此时邪气客于形体，洒淅恶寒，病起于毫毛而未侵入经络，这就叫神（心）病微邪。

黄帝又问：治疗上怎样运用补泻的方法？岐伯说：神有余就刺其小络使之出血，不要深刺，以免刺伤大经，这样神气才能平和；神不足就视其虚络所在，用按摩引导气血达于虚络之中，用针刺疏利使气血运行,不要使之出血,也不要使气外泄,只要疏通经脉,神气也就平和了。

黄帝又说:针刺治疗微邪,怎样施行? 岐伯说:在按摩的同时,用针浅刺在皮肤上,不要向里进针,只使经气移行于不足之处,神气就可以恢复了。黄帝说:讲得好!

气①有余不足奈何? 岐伯曰:气有余则喘咳上气,不足则息利少气②。血气未并,五藏安定,皮肤微病,命曰白气微泄③。

帝曰:补写奈何? 岐伯曰:气有余则写其经隧,无伤其经,无出其血,无泄其气④;不足则补其经隧,无出其气。

帝曰:刺微奈何? 岐伯曰:按摩勿释,出针视之曰,我将深之,适人必革⑤,精气自伏⑥,邪气散乱,无所休息,气泄腠理,真气乃相得。帝曰:善!

注释

① 气:原本无,据《黄帝内经太素》卷二十四虚实补泻及上下文义补。

② 息利少气:呼吸虽通利,但气息短少。又《灵枢·本神》曰:"肺气虚则鼻塞不利,少气。"供参考。

③ 白气微泄:肺气微虚的意思。马莳:"肺主皮肤,皮肤微病,命曰白气微泄。盖肺属金,为色之白也。"高世栻:"微泄,犹言微虚也。"

④ 无伤其经,无出其血,无泄其气:此三句与"写其经隧"似有矛盾,存疑待考。译文依旧。

⑤ 适人必革:张介宾:"适,至也。革,变也。……适人必革者,谓针之至人,必变革前说,而刺仍浅也。"

⑥ 伏:藏匿,埋伏。引申为内守。

语译

气有余和不足有哪些表现? 岐伯说:气有余就喘咳而气上

逆,气不足就呼吸虽通利而气息短少。如果血气没有发生偏聚,五脏生理功能正常,只是皮肤受微邪而病,就叫做肺气微虚。

黄帝又道:治疗上怎样运用补泻的方法?岐伯说:气有余就泻其经隧,但不要伤及经脉,不要使其出血,也不要使经气外泄;气不足就补其经隧,不要使经气外泄。

黄帝又问道:针刺治疗皮肤微病,怎样施行?岐伯说:在按摩的同时,把针拿出来给病人看,并佯告说:"我准备深刺",但在实际针刺时还是刺得较浅,这样病人的精气就自然内守,而不与邪气相结,邪气散乱于浅表,没有它可以附着停留的地方,就由腠理而发泄于外,于是真气就恢复正常了。黄帝说:讲得好!

血有余不足奈何?岐伯曰:血有余则怒,不足则恐①。血气未并,五藏安定,孙络外②溢,则络③有留血。

帝曰:补写奈何?岐伯曰:血有余,则写其盛经出其血;不足,则视④其虚经,内针其脉中,久留而视⑤,脉大⑥,疾出其针,无令血泄。

帝曰:刺留血奈何?岐伯曰:视其血络,刺出其血,无令恶血得入于经,以成其疾。帝曰:善!

注释

① 恐:新校正:"按全元起本,'恐'作'悲',《甲乙》及《太素》并同。"

② 外:原作"水",据《甲乙经》卷六第三、《黄帝内经太素》卷二十四虚实补泻改。

③ 络:原作"经",据《甲乙经》卷六第三改。

④ 视:《黄帝内经太素》卷二十四虚实补泻作"补"。

⑤ 久留而视:《甲乙经》卷六第三作"久留之血至"。《黄帝内经太素》卷二十四虚实补泻作"久留血至"。

⑥ 脉大:指针下气感增强的现象。

语译

血有余和不足有哪些表现？岐伯说：血有余则发怒，血不足则恐惧。如果血气没有发生偏聚，五脏生理功能正常，只是孙络中有血液外溢的现象，则说明络脉中已有瘀血留滞。

黄帝说：治疗上怎样运用补泻的方法？岐伯说：血有余，就泻其气血充盛的经脉，针刺使其出血；血不足，就视其虚经所在，将针刺入其经脉之中，并留针候气，待到针下感觉有较强的经气来至，就迅速出针，不要使其出血。

黄帝又问：针刺治疗留血，怎样施行？岐伯说：视其留血所在的络脉，针刺使其出血，使留滞的坏血不致于入于经脉，从而引起其他的疾病。黄帝说：讲得好！

按语

经文中"久留而视，脉大"一句中的"脉大"，应是医者感觉针下有经气来至的现象，不应是别处的脉搏。针下气至，有邪气，有谷气（真气）。《灵枢·终始》云："邪气来也紧而疾，谷气来也缓而徐"。但实证有邪气来至，比较迅速，而虚证待谷气来至，却比较缓慢，所以《内经》要求医生要耐心等待，"久留而视"。本经《离合真邪论》说："静以久留，以气至为故，如待所贵，不知日暮"，就是对针刺补虚候气情景的描写。

形有余不足奈何？岐伯曰：形有余则腹胀，泾溲不利①，不足则四支不用。血气未并，五藏安定，肌肉蠕动，命曰微风②。

帝曰：补写奈何？岐伯曰：形有余则写其阳经③，不足则补其阳络③。

帝曰：刺微奈何？岐伯曰：取分肉间，无中其经，无伤其络，卫气得复，邪气乃索④。帝曰：善！

注释

① 泾溲不利：指大小便不利。王冰："泾，大便；溲，小便也。"
② 微风：肌肉跳动属风，而"蠕动"则微，故称"微风"。马莳："风或客之肌肉，如蠕虫之动然，而风气尚微，命曰微风。"
③ 阳经、阳络：张志聪："阳，谓阳明也。阳明与太阴为表里。盖皮肤气分为阳，脾所主在肌肉，故当从阳而补泻。泻刺其经者，从内而出于外也；补刺其络者，从外而入于内也。"
④ 索：离散。

语译

形有余和不足有哪些表现？岐伯说：形有余就出现腹胀，大小便不通畅；形不足就出现四肢软弱无力。如果血气没有发生偏聚，五脏生理功能正常，只出现肌肉蠕动，那就叫"微风"。

黄帝又问：治疗上怎样运用补泻的方法？岐伯说：形有余，就针刺泻其阳经；形不足，就针刺补其阳络。

黄帝又问：针刺治疗微风，怎样施行？岐伯说：针刺其分肉之间，不要刺在经脉中，也不要损伤其络脉，只要促使卫气得以恢复，邪气就能消散。黄帝说：讲得好！

志有余不足奈何？岐伯曰：志有余则腹胀飧泄，不足则厥。血气未并，五藏安定，骨节有动①。

帝曰：补写奈何？岐伯曰：志有余则写然筋②血者；不足则补其复溜③。

帝曰：刺未并奈何？岐伯曰：即取之，无中其经，邪所乃能立虚④。帝曰：善！

注释

① 动：《甲乙经》卷六第三作"伤"。动，训为"疼痛"。盖古文"动"通"恸"，而"恸"与"痛"音同义近，故借之。如《骨空论》有"缺盆骨上切之坚痛如筋者灸之"句，其中"痛"字，《甲乙经》卷八第一、《黄帝内经太素》卷二十六灸寒热法、《类经》二十一卷第四十二均作"动"。

② 然筋：高世栻："然筋即然谷，在足心斜上内侧两筋之间，故曰然筋。"新校正："杨上善云：然筋当是然谷下筋。再详诸处引然谷者，多云'然骨之前血'者，疑少'骨之'二字，'前'字误作'筋'字。"

③ 复溜：穴名，属足少阴经，在足内踝上二寸处。

④ 邪所乃能立虚：新校正："按《甲乙经》'邪所'作'以去其邪'。"高世栻："血气未并，骨节有动之时，当即取之，使病无中其经，庶受邪之所，乃能立虚。立虚者，使邪即去，毋容缓也，此微泻微补之法也。"

语译

志有余和不足有哪些表现？岐伯说：志有余就出现腹胀飧泄，志不足则手足厥冷。如果血气没有发生偏聚，五脏生理功能正常时，只感到骨节间有些疼痛。

黄帝又道：治疗上怎样运用补泻的方法？岐伯说：志有余就用泻法针刺然谷出血，志不足就用补法针刺复溜。

黄帝又问：针刺治疗血气尚未偏聚者，怎样施行？岐伯说：就在骨节疼痛处取穴针刺，不要刺在经脉上，邪气就很快被祛除了。黄帝说：讲得好。

按语

以上讨论了神、气、血、形、志五者有余、不足和微邪致病的症状及针刺方法。原文中"神"、"气"、"血"、"形"、"志"五者，实际上是"心"、"肺"、"肝"、"脾"、"肾"五脏的代名词，也就是说，以上原文是讨论了五脏有余、不足和微邪致病的症状和针刺方法。这段原文与《灵枢·本神》有关原文内容上很类似，可相互参阅。

余已闻虚实之形,不知其何以生。岐伯曰:气血以并①,阴阳相倾②,气乱于卫,血逆③于经,血气离居,一实一虚④。血并于阴,气并于阳,故为惊狂;血并于阳,气并于阴,乃为炅⑤中;血并于上,气并于下,心烦惋⑥善怒;血并于下,气并于上,乱而喜忘。

注释

① 气血以并:气血发生了偏聚。这是对上文神、气、血、形、志五者有余不足病机的说明。

② 阴阳相倾:倾,不平衡。阴阳相倾,即阴阳偏盛偏衰的不平衡现象。

③ 逆:《黄帝内经太素》卷二十四虚实所生作"留"。

④ 血气离居,一实一虚:气与血相随而行,若由于血气偏聚而不能相随,则称为"血气离居"。有血处无气,有气处无血,故云"一实一虚"。张志聪:"血离其居,则血虚而气实;气离其居,则气虚而血实。故曰一实一虚。"

⑤ 炅(jiǒng 炯):热。

⑥ 惋(wǎn 碗):《甲乙经》卷六第三作"闷"。《黄帝内经太素》卷二十四虚实所生作"悗"。悗(mán 瞒),烦闷。"惋"与"悗"古义近。

语译

我已听了关于虚实的情形,但不知道它们是怎样产生的。岐伯说:是由于血气发生了偏聚,阴阳出现偏盛偏衰而失去平衡状态,气混乱于卫表,血逆行于经脉,于是血气不得正常地相随运行,形成一实一虚的病理现象。如果血偏聚于阴,气偏聚于阳,就会发生惊狂;如果血偏聚于阳,气偏聚于阴,就会出现热中;如果血偏聚于上,气偏聚于下,则表现为心中烦闷,易于发怒;如果血偏聚于下,气偏聚于上,则表现为思维混乱,易于健忘。

帝曰:血并于阴,气并于阳,如是血气离居,何者为实?何者为虚?岐伯曰:血气者,喜温而恶寒,寒则泣①

不能流,温则消而去之②。是故气之所并为血虚,血之所并为气虚③。

帝曰:人之所有者,血与气耳。今夫子乃言血并为虚,气并为虚,是无实乎?岐伯曰:有者为实,无者为虚;故气并则无血,血并则无气;今血与气相失,故为虚焉。络之与孙脉,俱输④于经;血与气并,则为实焉。血之与气并走于上,则为大厥,厥则暴死⑤;气复反则生,不反则死。

注释

① 泣:凝涩的意思。
② 消而去之:消,散。去,流走的意思。消而去之,指(血气)散开并流走。
③ 气之所并……气虚:张介宾:"气并于阳则无血,是血虚也;血并于阴则无气,是气虚也。"
④ 输:《甲乙经》卷六第三作"注"。
⑤ 暴死:突然昏死。

语译

黄帝道:血偏聚于阴分,气偏聚于阳分,像这样血气分离而不能相随运行,哪一方为实?哪一方为虚?岐伯说:血气的特性是喜温暖而恶寒冷,寒冷则使其凝涩而不能畅流,温暖则使其消散而流行。因此气偏聚于阳分就形成血虚,血偏聚于阴分就形成气虚。

黄帝又道:人身所有的,不过血与气罢了。现在先生说血偏聚也为虚,气偏聚也为虚,那就没有实了吗?岐伯说:有的一方为实,没有的一方为虚;所以气偏聚的地方就血虚,血偏聚的地方就气虚;现在血与气相分离而不得相随运行,所以是虚了。络脉和孙脉中的血气都流注汇集到经脉,如果血气都汇集并聚于经脉,就成为实了。如果血与气聚集于经脉而上逆,就会发生"大厥"之病,表现为突然昏死;假如血气能复返而下降的就可生还,如不能复返的就将死亡。

按语

原文中"血气者,喜温而恶寒,寒则泣不能流,温则消而去之"一句与下一句"是故气之所并为血虚,血之所并为气虚"上下衔接,有密切的内在联系。因为气并于阳,则阳热偏盛,阳热偏盛则血液"消而去之",于是形成血虚;若血并于阴,则阴寒偏盛,阴寒偏盛则气行迟延,不能入于血中而推动血行,于是形成气虚。可见血气之"喜温恶寒"是理解"气并血虚、血并气虚"机制的关键所在。

帝曰:实者何道从来,虚者何道从去? 虚实之要,愿闻其故。岐伯曰:夫阴与阳①,皆有俞会②。阳注于阴。阴满之外,阴阳匀平,以充其形,九候若一,命曰平人。夫邪之生也,或生于阴,或生于阳。其生于阳者,得之风雨寒暑;其生于阴者,得之饮食居处,阴阳③喜怒。

注释

① 阴与阳:指在内的脏腑(阴)之气血和在外的肌表(阳)之气血。
② 皆有俞会:都有俞穴相互流注交会。
③ 阴阳:指男女房事。

语译

黄帝说:实是从什么地方来的,虚又到哪里去了? 关于虚实的要点,请您讲讲它的道理。岐伯说:人体在内的脏腑之气血和在外的肌表之气血,都有俞穴相互流注交会。在外的气血通过俞穴流注于内,在内的气血也通过俞穴满溢于外,内外之气血相互平衡,以充实人的形体,三部九候的脉象也协调一致,就称为"平人"。凡邪气伤人而产生疾病,或从内脏开始,或从肌表开始。从肌表开始的,是由于受了风雨寒暑等外邪的侵袭;从内脏开始的,是由于饮食失宜、起居无常、房事过度和喜怒不节所造成。

帝曰:风雨之伤人奈何? 岐伯曰:风雨之伤人也,先客于皮肤,传入于孙脉,孙脉满则传入于络脉,络脉满则输于大经脉。血气与邪并客于分腠之间,其脉坚大,故曰实。实者外坚充满,不可按之,按之则痛。

帝曰:寒湿之伤人奈何? 岐伯曰:寒湿之中人也,皮肤不收①,肌肉坚紧,荣血泣,卫气去,故曰虚。虚者聂辟②气不足③,按之则气足以温之,故快然而不痛。帝曰:善!

注释

① 皮肤不收:《甲乙经》卷六第三、《黄帝内经太素》卷二十四虚实所生作"皮肤收"。皮肤不收,指皮肤松弛而不紧敛。吴崑:"不收者,肌肤虚浮,不收敛也。"张介宾:"皮肤不收而为纵缓。"

② 聂(zhé 辄)辟(bì 壁):聂,通"摺"。辟,通"襞",指衣服上的皱褶。聂辟,即折皱的意思;此处指皮肤上的皱纹。

③ 足:《黄帝内经太素》卷二十四虚实所生此下有"血泣"二字;《甲乙经》卷六第三此下有"血涩"二字。

语译

黄帝道:风雨是怎样伤人的? 岐伯说:风雨伤人,是先侵入皮肤,然后传入于孙脉,孙脉满就传入络脉,络脉满就传输到大经脉之中。血气与邪气搏结,停滞在分肉腠理之间,病人的脉象坚紧而大，所以说是实证。实证可见到患病部位外形坚实充满，不能按压，按压就痛。

黄帝又问：寒湿是怎样伤人的？岐伯说：寒湿伤人，使人皮肤松弛而不能收敛，肌肉反见坚紧，营血凝涩，卫气散失，所以说是虚证。大凡虚证，多是皮肤松弛而有皱纹，卫气不足，如果按压患处，则局部气就充足而感到温暖，所以病人感到舒服而不痛。黄帝说：讲得好！

阴之生实奈何？岐伯曰：喜怒不节①，则阴气上逆，上逆则下虚，下虚则阳气走之，故曰实矣。帝曰：阴之生虚奈何？岐伯曰：喜则气下，悲则气消，消则脉虚空；因寒饮食，寒气熏满②，则血泣气去，故曰虚矣。

注释

① 喜怒不节：新校正：“按经云'喜怒不节则阴气上逆'，疑剩'喜'字。”按古文法，"喜怒"当为偏正词组，意偏在"怒"而不在"喜"。

② 熏满：新校正：“按《甲乙经》作'动脏'。”《黄帝内经太素》卷二十四虚实所生作"熏脏"。熏满，充满的意思。

语译

阴分发生的实证是怎样的？岐伯说：如郁怒不加节制，就会使阴气上逆，阴气上逆则下部空虚，下部阴虚则阳气凑合于下部，所以说是实证。黄帝道：阴分发生的虚证是怎样的？岐伯说：如喜乐太过，则使其气下陷，悲哀太过，就使其气消散；若再吃了寒凉的饮食，使寒气趁虚而充满于经脉，于是血行涩滞致气耗散而去，所以说是虚证。

帝曰：经言①阳虚则外寒，阴虚则内热，阳盛则外热，阴盛则内寒，余已闻之矣，不知其所由然也。岐伯曰：阳受气于上焦,以温皮肤分肉之间。今②寒气在外,则上焦不通,上焦不通,则寒气独留于外,故寒栗。帝曰:阴虚生内热奈何? 岐伯曰:有所劳倦,形气衰少③,谷气不盛,上焦不行,下脘④不通,胃气热,热气熏胸中⑤,故内热。

帝曰:阳盛生外热奈何? 岐伯曰:上焦不通利⑥,则皮肤致密,腠理闭塞,玄府⑦不通,卫气不得泄越,故外热。帝曰:阴盛生内寒奈何? 岐伯曰:厥气⑧上逆,寒气积于胸中而不写,不写则温气去,寒独留,则血凝泣,凝则脉不通,其脉盛大以涩,故中寒。

注释

① 经言:引古经语。王冰:"经言,谓上古经言也。"
② 今:原作"令",现据文义改。
③ 形气衰少:形,脾所主。形气衰少,脾气虚弱的意思。
④ 脘:《甲乙经》卷六第三作"焦"。
⑤ 胃气热,热气熏胸中:《甲乙经》卷六第三作"胃气热熏胸中"。《黄帝内经太素》卷二十四虚实所生作"胃热熏中"。
⑥ 上焦不通利:肺气不得宣通的意思。
⑦ 玄府:《甲乙经》卷六第三、《黄帝内经太素》卷二十四虚实所生均无此二字。玄府,即汗孔。
⑧ 厥气:此处指由下而上逆的阴寒之气。

语译

黄帝道:医经上说,阳虚则产生外寒,阴虚则产生内热,阳盛则产生外热,阴盛则产生内寒,我已听说过这些,但不知道它所产生的原理。岐伯说:阳是受气于上焦肺的,肺宣发卫气以温养皮肤腠理之间。如现在寒气侵袭于外,则使上焦肺气不能宣通,肺气不能宣通则卫气不能温养肌表,于是寒气独留于外,所以发生恶寒战栗的症状。黄帝又道：阴虚生内热是怎样的？岐伯说：是由于劳倦过度而伤脾，脾气虚弱，运化失健而吸收水谷精微不足，上焦不能宣行水谷之清气，下脘不能传送水谷之浊气，胃气郁遏而生热，热气向上熏于胸中，所以产生内热。

黄帝又问：阳盛产生外热是怎样的？岐伯说：由于肺气不得宣通，使皮肤紧密而腠理闭塞，汗孔也就不通利，卫气不得泄越于外，所以产生外热。黄帝又问：阴盛生内寒是怎样的？岐伯说：阴寒之气上逆，寒气积聚于胸中而不散，寒气不散则温热之阳气衰耗，而寒气独留于内，以致血液凝涩，血液凝涩则经脉不通畅，其脉盛大而涩，所以产生内寒。

按语

原文中"阳"和"阴"分别指体表之气和体内之气，而体内之气主要指内脏之气。所以"阳虚"、"阴虚"、"阳盛"、"阴盛"都不是整体的阴阳盛衰，而仅指局部（体表或内脏）的气之盛衰。气之盛衰之处，便是寒热产生之所。例如阳虚即体表气虚，所以外寒；阳盛即体表气盛，所以外热；阴虚是内脏气虚，所以内热；阴盛是内脏气盛，所以内寒。不过体表之气和内脏之气由于所居位置有阴阳不同，而有偏寒偏热之性。体表之气居阳而性热，所以虚则寒、盛则热；内脏之气居阴而性寒，所以虚则热、盛则寒。但是原文中"阴虚生内热"的原理却又与胃气郁滞有关，这是它的一个特殊的地方。总之，此处所讲的"阳虚"、"阳盛"、"阴虚"、"阴盛"不同于一般的阴阳偏盛偏衰的概念，需要注意。

帝曰：阴与阳并，血气以并，病形以成，刺之奈何？岐伯曰：刺此者，取之经隧。取血于营，取气于卫①。用形哉，因四时多少高下②。

帝曰：血气以并，病形以成，阴阳相倾，补写奈何？岐伯曰：写实者气盛③乃内针，针与气俱内，以开其门，如利其户；针与气俱出，精气不伤，邪气乃下，外门不闭，以出其疾，摇大其道，如利其路④，是谓大写，必切而出，大气⑤乃屈。帝曰：补虚奈何？岐伯曰：持针勿置，以定其意⑥，候呼内针，气出针入，针空四塞，精无从去，方实而疾出针，气入针出，热不得还，闭塞其门，邪气布散，精气乃得存。动气候时，近气不失，远气乃来，是谓追之⑦。

注释

① 取血于营，取气于卫：从营分取血，从卫分取气。取：拿走。这是说明需要向患处补血或补气时，可从别处引导气血而入于虚所，或血气有所聚并时应从营分泻出血，从卫分泻出气。

② 用形哉，因四时多少高下：应用于病人的形体时，要结合四时气血的多少和病位的高下。

③ 气盛：吸气则气入于身，故称"气盛"。

④ 摇大其道，如利其路：摇大针孔，就像开拓不通畅的道路。

⑤ 大气：指亢盛的邪气。张介宾："大邪之气。"

⑥ 持针勿置，以定其意：先持针在手，不急于刺入，以安定病人的情绪。

⑦ 追之：是针刺中的补法。《灵枢·小针解》："追而济之者，补也。"

语译

黄帝问道：阴与阳兼并，或者血与气偏聚，疾病因而形成，怎样用针刺治疗？岐伯说：针刺治疗这种疾病，应取其经隧，从营分取血，从卫分取气。在应用于病人的形体时，还要结合四时气血的多少和病位的高下。

黄帝又说：血气发生偏聚，疾病因而形成，阴阳之间失去相互平衡，如何应用补泻的方法？岐伯说：泻实的方法是等病人吸气时进针,使针与气同时进去,以打开其邪气外泄的通路,就像打开闭塞的门户一样;出针要待其呼气,使针与气一同出来,精气不受伤,邪气才能退;出针时针孔不要闭合,以利于邪气外出,同时要摇大针孔,就像开拓不通畅的道路一样,这就叫做"大泻";但必须用左手按压针孔两边而出针,亢盛的邪气才能被制服。黄帝又问:补虚的方法怎样?岐伯说:先持针在手,不要急于刺入,以安定病人的情绪,等病人呼气时进针,使气出而针入,针孔周围密闭,精气不致从针孔外泄;待针下气至而刚有充实感便迅速出针,出针要在病人吸气时,使气入而针出,邪气不得返还于内,并要按闭针孔;邪气能够散发,精气才得以保存。要有动气来至的感觉,必须等待一定时候,已经到来的气不使散失,尚未到来的气能引导而来,这就叫"追"法。

帝曰:夫子言虚实者有十,生于五藏,五藏五脉耳,夫十二经脉皆生其①病,今夫子独言五藏;夫十二经脉者,皆络三百六十五节,节有病,必被②经脉,经脉之病皆有虚实,何以合之?岐伯曰:五藏者,故得六府与为表里,经络支节,各生虚实,其③病所居,随而调之。病在脉,调之血;病在血,调之络;病在气,调之卫;病在肉,调之分肉;病在筋,调之筋;病在骨,调之骨。燔针劫刺④其下及与急⑤者;病在骨,焠针⑥药熨;病不知所痛⑦,两跷为上;身形有痛,九候莫病,则缪刺⑧之;痛⑨在于左而右脉病者,巨刺⑧之。必谨察其九候,针道备矣。

注释

① 其:《甲乙经》卷六第三、《黄帝内经太素》卷二十四虚实所生作"百"。

② 被:及。

③其:《甲乙经》卷六第三、《黄帝内经太素》卷二十四虚实所生此前有"视"字。

④燔(fán凡)针劫刺:吴崑在此句前补"病在筋"三字,义长。燔,烧。此句是说针刺入后,用火烧针使暖,为治瘅证的治法。张介宾:"劫刺,因火气而劫散寒邪也。"

⑤急:指筋脉拘急。

⑥焠(cuì脆)针:即火针法。张介宾:"按上节言燔针者,盖纳针之后,以火燔之使暖也。此言焠针者,用火先赤其针而后刺之,不但暖也,寒毒固结,非此不可。"

⑦病不知所痛:有病痛但说不清确切部位。

⑧缪刺、巨刺:都是左病刺右、右病刺左的针法,但缪刺是刺络脉,巨刺是刺大经。详见下篇"缪刺论"。

⑨痛:《甲乙经》卷六第三、《黄帝内经太素》卷二十四虚实所生作"病"。

语译

黄帝道:先生谈到虚实有十种,都是产生于五脏,但五脏只有五条经脉,而人身十二经脉都能产生病变,先生只讲了五脏;并且十二经脉都联络到三百六十五节,节如果有了病变,必定波及经脉,经脉之病又都有虚实,怎样与您所谈的相合呢?岐伯说:五脏本来是和六腑为表里的,五脏六腑及其所联系的经络、支节,就会各自发生虚实病变,这就要随其病变所在的部位而进行调治。如病在脉,从血调治;病在血,从络调治;病在气,从卫调治;病在肉,从分肉间调治;病在筋,就从筋调治;病在骨,就从骨调治。又如筋有病,就用燔针劫刺其疼痛之处,要刺到有拘急感的筋脉;如骨有病,就用焠针刺治或用药物温熨病处;如果有病痛但说不清确切部位,应当针刺阴蹻阳蹻为好;若身体有病痛,但九候脉象未见异常,就用缪刺法治疗;如果病痛在左侧而右侧脉搏出现异常,就用巨刺法治疗。必须谨慎地审察病人九候的脉象,然后进行刺治,这样针刺的原理和方法就完备了。

本 篇 要 点

一、说明了经络是气血流行并沟通脏腑内外的道路,邪气也可以由经络传入脏腑或传出体表,所以治疗疾病要重视调治经络。

二、叙述了神、气、血、形(肉)、志的虚实症状及针刺治疗方法,同时指明了疾病早期症情轻微时的征象并提出刺治方法。

三、阐述了气血相并和阴阳虚实寒热的病理机制和证候表现。

四、介绍了针刺补泻的手法及其作用。

五、提出治疗疾病必须参合四时气候、病邪所在及其他特殊情况,采取适当的治法。

缪刺论篇第六十三

题解

缪,交错的意思。缪刺,是左病刺右、右病刺左的一种方法,病位和针刺部位左右交错,故称"缪刺"。本篇首先讨论了这种刺法,所以篇名"缪刺论"。

黄帝问曰:余闻缪刺①,未得其意,何谓缪刺?岐伯对曰:夫邪之客于形也,必先舍于皮毛;留而不去,入舍于孙脉;留而不去,入舍于络脉;留而不去,入舍于经脉,内连五藏,散于肠胃;阴阳俱感,五藏乃伤。此邪之从皮毛而入,极于五藏之次也。如此,则治其经焉。今邪客于皮毛,入舍于孙络②,留而不去,闭塞不通,不得入于经,流溢于大络③,而生奇病④也。夫邪客大络者,左注右,右注左,上下左右⑤,与经相干,而布于四末,其气无常处,不入⑥于经俞,命曰缪刺。

注释

① 缪刺:缪,通"谬",乖错;此处是交错的意思。缪刺,针刺部位与病变部位相交错。

② 络:《甲乙经》卷五第三作"脉"。

③ 大络:较大的络脉。吴崑:"十二经支注之大络,《难经》所谓络脉十五者是也。"

④ 奇病：异于寻常的疾病。
⑤ 左右：《黄帝内经太素》卷二十三量缪刺无。
⑥ 入：《甲乙经》卷五第三作"及"。

语译

黄帝问道：我听说有一种"缪刺"，但不知道它的意义，究竟什么叫缪刺？岐伯回答说：大凡病邪侵袭人体，必须首先侵入皮毛；如果逗留不去，就进入孙脉；再逗留不去，就进入络脉；如还是逗留不去，就进入经脉，并向内延及五脏，流散到肠胃；这时表里都受到邪气侵袭，五脏于是受伤。这是邪气从皮毛而入，最终影响到五脏的次序。像这样，就要治疗其经脉了。现在邪气从皮毛侵入，进入孙脉、络脉后，就逗留而不去，内外闭塞不通，邪气不得入于经脉，只流溢于大络之中，从而生成一些异常疾病。邪气侵入大络后，在左边的就流窜到右边，在右边的就流窜到左边，或上或下，或左或右，但只影响到络脉而不能进入经脉之中，从而随大络流布到四肢；邪气流窜无一定地方，也不能进入经脉腧穴，这时候采取的刺法就叫做"缪刺"。

帝曰：愿闻缪刺，以左取右，以右取左，奈何？其与巨刺，何以别之？岐伯曰：邪客于经，左盛则右病，右盛则左病，亦有移易者①，左痛②未已而右脉先病，如此者，必巨刺③之；必中其经，非络脉也。故络病者，其痛与经脉缪处④，故命曰缪刺。

注释

① 亦有移易者：《甲乙经》卷五第三作"亦有易且移者"。《黄帝内经太素》卷二十三量缪刺作"病亦有易移者"。
② 痛：《黄帝内经太素》卷二十三量缪刺作"病"。
③ 巨刺：巨刺与缪刺同是左病取右、右病取左，其不同点在于巨刺必

刺中大经,而缪刺只刺大络。

④ 痛与经脉缪处:指病痛部位与经脉所在部位不同。这是解释"缪刺"的又一理由。

语译

黄帝道:我想听听缪刺法,左病右取、右病左取的道理是怎样的?它和巨刺法怎么区别?岐伯说:邪气侵袭到经脉,如果左边经气较盛则右边经脉先病,或右边经气较盛则左边经脉先病;但也有左右相互转移变易的,如左边疼痛尚未好,而右边经脉已开始有病,像这样,就必须用巨刺法;一定要刺中其经脉,因为它不是络脉的病变。所以络病的病痛部位与经脉所在部位不同,因此称为"缪刺"。

帝曰:愿闻缪刺奈何?取之何如?岐伯曰:邪客于足少阴之络,令人卒①心痛,暴胀,胸胁支满无积②者,刺然骨之前③出血,如食顷④已;不已⑤,左取右,右取左。病新发者,取⑥五日已。

注释

① 卒(cù 醋):同"猝"。突然。
② 无积:胁下没有积聚。说明胸胁支满只是少阴病气旁及两胁所致。
③ 然骨之前:指然谷穴。
④ 食顷:一顿饭的工夫。
⑤ 不已:《甲乙经》卷五第三、《黄帝内经太素》卷二十三量缪刺均无。疑衍,或此下有脱文。
⑥ 取:《甲乙经》卷五第三、《黄帝内经太素》卷二十三量缪刺均无。

语译

黄帝道:我想知道缪刺怎样进行,怎样用于治疗病人?岐伯说：邪气侵入足少阴经的络脉，使人突然发生心痛，腹胀大，胸胁部胀满但并无积聚，针刺然谷穴出些血，大约过一顿饭的工夫，病情就可缓解；如尚未好，左病则刺右边，右病则刺左边。这种病是新近发生的，针刺五天就可痊愈。

邪客于手少阳之络，令人喉痹舌卷，口干心烦，臂外廉痛，手不及头①，刺手中指②次指爪甲上，去端如韭叶，各一痏③。壮者立已，老者有顷已。左取右，右取左。此新病，数日已。

注释

① 手不及头：因疼痛而不能举手至头。
② 中指：新校正："按《甲乙经》关冲穴出小指次指之端，今言中指者，误也。"
③ 痏（wěi委）：针灸施术后穴位上的瘢痕。引申为针刺的次数。

语译

邪气侵入手少阳经的络脉，使人发生咽喉疼痛痹塞，舌卷，口干，心中烦闷，手臂外侧疼痛，抬手不能至头，针刺手小指侧的次指指甲上方，距离指甲如韭菜叶宽那样远处的关冲穴，各刺一针。壮年人马上就见缓解，老年人稍待一会儿也就好了。左病则刺右边，右病则刺左边。这是新近发生的病，几天就可痊愈。

邪客于足厥阴之络，令人卒疝暴痛①，刺足大指爪甲上与肉交②者，各一痏。男子立已，女子有顷已。左取右，右取左。

注释

① 卒疝暴痛：突然发生疝气，剧烈疼痛。
② 爪甲上与肉交：指甲与皮肉交界处。

语译

邪气侵袭足厥阴经的络脉,使人突发疝气,剧烈疼痛,针刺足大趾爪甲上与皮肉交接处的大敦穴,各刺一针。男子立刻缓解,女子则稍待一会儿也就好了。左病则刺右边,右病则刺左边。

邪客于足太阳之络,令人头项肩①痛,刺足小指爪甲上与肉交者,各一痏,立已。不已,刺外踝下②三痏。左取右,右取左。如食顷已③。

注释

① 肩:《甲乙经》卷五第三、《黄帝内经太素》卷二十三量缪刺此前有"痛"字。
② 下:《甲乙经》卷五第三作"上"字。
③ 如食顷已:《黄帝内经太素》卷二十三量缪刺无。此句当在"刺外踝下三痏"下。

语译

邪气侵袭足太阳经的络脉,使人发生头项肩部疼痛,针刺足小趾爪甲上与皮肉交接处的至阴穴,各刺一针,立刻就缓解。如若不缓解,再刺外踝下的金门穴三针,大约一顿饭的工夫也就好了。左病则刺右边,右病则刺左边。

邪客于手阳明之络,令人气满胸中,喘息而支胠①,胸中热,刺手大指次指爪甲上,去端如韭叶,各一痏。左取右,右取左。如食顷已。

注释

① 支胠(qū区):胠,腋下的胁肋部。支胠,胁肋部撑胀的意思。

语译

邪气侵袭手阳明经的络脉，使人发生胸中气满，喘息而胁肋部撑胀，胸中发热，针刺手大指侧的次指指甲上方，距离指甲如韭菜叶宽那样远处的商阳穴，各刺一针。左病则刺右边，右病则刺左边。大约一顿饭的工夫病就好了。

邪客于臂掌之间①，不可得屈，刺其踝②后，先以指按之痛，乃刺之。以月死生为数③，月生一日一痏，二日二痏，十五日十五痏，十六日十四痏。

注释

① 臂掌之间：指手厥阴经的络脉。高世栻："《经脉篇》曰，心主手厥阴心包络之脉，下臂入掌中，病则臂肘挛急，掌中热，故邪客于臂掌之间，不可得屈。"

② 踝：此处指手腕。

③ 以月死生为数：《黄帝内经太素》卷二十三量缪刺"数"前有"痏"字。望日月圆以后，月亮渐缺为月"死"；朔日月空以后，月亮生光向圆为月"生"。人身经络气血随月亮圆缺而盛衰，所以月圆气血盛，可多刺，月缺气血衰，宜少刺，随日数而增减其刺数。自农历初一至十五，痏数日加，自十六至三十，痏数日减。参阅本经《八正神明论》篇。

语译

邪气侵入手厥阴经的络脉，使人发生臂掌之间疼痛，不能弯曲，针刺手腕后方，先以手指按压，找到痛处，再用针刺。根据月亮的圆缺确定针刺的次数，例如月亮开始生光，初一刺一针，初二刺二针，以后逐日加一针，直到十五日加到十五针，十六日又减为十四针，以后逐日减一针。

邪客于足阳跷之脉①，令人目痛，从内眦②始，刺外踝之下半寸所③,各二痏。左刺右,右刺左。如行十里顷而已。

注释

① 足阳跷之脉:《素问注证发微》无"足"字。《黄帝内经太素》作"阳跷"。高世栻:"《脉度篇》:跷脉从足至目,属目内眦,故邪客于足阳跷之脉,令人目痛,从内眦始。"
② 内眦(zì字):眼内角。
③ 外踝之下半寸所:即申脉穴,为阳跷脉之所生,在外踝下五分之陷凹中。

语译

邪气侵入足部的阳跷脉,使人发生眼睛疼痛,从内眦开始,针刺外踝下面约半寸处的申脉穴,各刺二针。左病则刺右边,右病则刺左边。大约如人步行十里路的工夫就可以好了。

人有所堕坠,恶血留内,腹中满胀,不得前后①,先饮利药②。此上伤厥阴之脉,下伤少阴之络。刺足内踝之下、然骨之前血脉出血③,刺足跗上动脉④;不已,刺三毛⑤上各一痏,见血立已。左刺右,右刺左。善悲惊⑥不乐,刺如右方。

注释

① 不得前后:即大小便不通。
② 利药:指通便导瘀的药物。
③ 血脉出血:新校正:"详'血脉出血','脉'字疑是'络'字。"
④ 足跗上动脉:王冰谓阳明经之冲阳穴;张介宾谓厥阴经之太冲穴。此处似应指冲阳穴,其下有明显的动脉搏动。
⑤ 三毛:即大敦穴。
⑥ 惊:《甲乙经》卷五第三、《黄帝内经太素》卷二十三量缪刺此前有

"善"字。

语译

人由于堕坠跌伤，瘀血停留体内，使人发生腹部胀满，大小便不通，要先服通便导瘀的药物。这是由于坠跌，上面伤了厥阴经脉，下面伤了少阴经的络脉。针刺取其足内踝之下、然骨之前的血脉，刺出其血，再刺足背上的动脉；如果病不缓解，再刺足大趾三毛处的大敦穴各一针，出血后病立即就缓解。左病则刺右边，右病则刺左边。假如有好悲伤或惊恐不乐的现象，刺法同上。

邪客于手阳明之络，令人耳聋，时不闻音①，刺手大指次指爪甲上，去端如韭叶，各一痏，立闻；不已，刺中指爪甲上与肉交者②，立闻。其不时闻者③，不可刺也。耳中生风④者，亦刺之如此数。左刺右，右刺左。

注释

① 时不闻音：张志聪："时不闻音，谓有时闻而有时不闻也。"
② 中指爪甲上与肉交者：即中冲穴。张介宾："中指爪甲上，手厥阴之井，中冲穴也。以心主之脉出耳后，合少阳完骨之下，故宜取之。"
③ 其不时闻者：指完全失去听力。张介宾："时或有闻者，尚为可治，其不闻者，络气已绝，刺亦无益，故不可刺也。"
④ 耳中生风：即耳中鸣响，如有风声。

语译

邪气侵入手阳明经的络脉，使人耳聋，间断性失去听觉，针刺手大指侧的次指指甲上方，距离指甲如韭菜叶宽那样远处的商阳穴各一针，立刻就可恢复听觉；如不见效，再刺中指爪甲上与皮肉交接处的中冲穴，马上就可听到声音。如果是完全失去听力的，就不可用针刺治疗了。假如耳中鸣响，如有风声，也采取上述方法进行针刺治疗。左病则刺右边,右病则刺左边。

按语

由于医学的发展,针灸治疗耳聋已经积累了丰富的经验,早已超过了《内经》时代的水平。现在临床上对耳聋的针灸治疗,是取手足少阳经穴为主,同时要分清虚实,分别采用补法和泻法。常用的穴位如:翳风、听会、侠溪、中渚等。如系肾虚耳聋,还当配以足少阴经穴。对于完全失去听力的耳聋,虽然确有部分不能恢复,但也有部分可通过针灸治疗而恢复或部分恢复听力的。

凡痹往来行无常处者①,在分肉间痛而刺之,以月死生为数。用针者随气盛衰②,以为痏数,针过其日数则脱气,不及日数则气不写。左刺右,右刺左。病已,止;不已③,复刺之如法④。月生一日一痏,二日二痏,渐多之,十五日十五痏,十六日十四痏,渐少之。

注释

① 凡痹往来行无常处者:高世栻:"此言往来行痹,不涉经脉,但当缪刺其络脉,不必刺其俞穴也。"
② 随气盛衰:谓随着人体在月周期中气血的盛衰。
③ 不已:《甲乙经》卷五第三作"病如故"。
④ 法:《甲乙经》卷五第三此下有"以月生死为数"六字。

语译

凡是痹证疼痛走窜,无固定地方的,就随疼痛所在而刺其分肉之间,根据月亮盈亏变化确定针刺的次数。凡用针刺治疗的,都要随着人体在月周期中气血的盛衰情况来确定用针的次数,如果用针次数超过其相应的日数,就会损耗人的正气,如果达不到相应的日数,邪气又不得泻除。左病则刺右边,右病则刺左边。病好了,就不要再刺;若还没有痊愈,按上述方法再刺。月亮新生的初一刺一针,初二刺二针,逐日加多,十五日加至十五针;十六日又减至十四针,逐日减少。

邪客于足阳明之络①,令人鼽②衄,上③齿寒,刺足中指次指④爪甲上与肉交者,各一痏。左刺右,右刺左。

注释

① 络:原作"经",据《甲乙经》卷五第三、《黄帝内经太素》卷二十三量缪刺改。

② 鼽(qiú 求):鼻塞。

③ 上:《黄帝内经太素》卷二十三量缪刺作"下"。

④ 中指次指:指足阳明经之厉兑穴,在足次趾的中趾侧(即第二趾外侧)。又王冰注:"中当为大,亦传写中大之误也。据《灵枢经》、《孔穴图经》,中指次指爪甲上无穴,当言刺大指次指爪甲上,乃厉兑穴,阳明之井。"《甲乙经》卷五第三作"中指"。供参考。

语译

邪气侵入足阳明经的络脉,使人发生鼻塞,衄血,上齿寒冷,针刺足中趾侧的次趾爪甲上方与皮肉交接处的厉兑穴,各刺一针。左病则刺右边,右病则刺左边。

邪客于足少阳之络,令人胁痛不得息①,咳而汗出,刺足小指次指爪甲上与肉交者,各一痏,不得息立已,汗出立止;咳者温衣饮食,一日已。左刺右,右刺左,病立已。不已,复刺如法。

注释

① 胁痛不得息:因护痛而呼吸不畅,呼吸过深则胁痛更剧。

语译

邪气侵入足少阳经的络脉,使人胁痛而呼吸不畅,咳嗽而汗出,针刺足小趾侧的次趾爪甲上方与皮肉交接处的窍阴穴,各刺一针,呼吸不畅马上就缓解,出汗也就很快停止了;如有咳嗽的要嘱其注意衣服饮食的温暖,这样一天就可好了。左病则刺右边,右病则刺左边,疾病很快就可痊愈。如果仍未痊愈,按上述方法再刺。

邪客于足少阴之络,令人嗌痛,不可内食,无故善怒,气上走贲上①,刺足下中央之脉②,各三痏,凡六刺,立已。左刺右,右刺左③。嗌中肿,不能内,唾时不能出唾者,刺然骨之前出血,立已。左刺右,右刺左。

注释

① 贲上:就是贲门(胃上口)以上的部位。
② 足下中央之脉:《甲乙经》卷五第三"脉"作"络"。张介宾:"足下中央少阴之井,涌泉穴也。"
③ 左刺右,右刺左:高世栻认为此六字为衍文。

语译

邪气侵入足少阴经的络脉,使人咽喉疼痛,不能进饮食,往往无故发怒,气上逆直至贲门之上,针刺足心的涌泉穴,左右各三针,共六针,可立刻缓解。左病则刺右边,右病则刺左边。如果咽喉肿起而疼痛,不能进饮食,想咯(kǎ卡)吐痰涎时不能咯出来,针刺然骨之前使之出血,很快就好。左病则刺右边,右病则刺左边。

邪客于足太阴之络,令人腰痛,引少腹、控䏚①,不可以仰息,刺腰尻之解、两胂之上是腰俞②,以月死生为痏数,发针立已。左刺右,右刺左。

注释

① 控䏚(miǎo 秒):控,牵引。䏚,胁下虚软处。控䏚,牵引到胁下。

② 腰尻之解、两胂(shēn 慎)之上是腰俞:尻,脊骨的末端,此处指骶骨。胂,夹脊肉。此句是说针刺的穴位在腰骶骨节和夹脊肌肉之上方,穴名叫"腰俞"。因下文有"左刺右,右刺左"句,所以此穴非督脉之"腰俞",可能相当于第四腰椎棘突下旁开3~4寸凹陷中,今称"腰眼",主治腰痛等病。

语译

邪气侵入足太阴经的络脉,使人腰痛连及少腹,牵引至胁下,不能挺胸呼吸,针刺腰骶骨节和夹脊肌肉之上方的"腰俞"穴,根据月亮圆缺确定用针的次数,出针后马上就好了。左病则刺右边,右病则刺左边。

按语

腰为肾之府,但此病腰痛却不是足少阴肾经之病,而是足太阴脾经之病。考足太阴经由下而上,经过少腹,上至胸胁,其大络(大包)散于腋下,向下后方则联系到腰部,所以本病腰痛,同时兼有少腹和胁肋下的疼痛。"腰眼"穴在第四腰椎棘突下旁开3~4寸处的凹陷之中,它后连腰部,前及少腹,上方即胁肋之部,故针刺此穴可疗本病。张介宾认为经文中"腰俞"是指督脉"腰俞"左右,即足太阳之下髎穴,但此穴部位偏下,且属足太阳之经而与足太阴相去较远,似非治本病之的穴。

邪客于足太阳之络,令人拘挛背急,引胁而痛①,刺之从项始数脊椎侠脊,疾按之应手如痛②,刺之傍三痏,立已。

注释

① 痛:《甲乙经》卷五第三、《黄帝内经太素》卷二十三量缪刺此下有"内引心而痛"五字。

② 如痛:如,而。吴崑:"此不拘穴俞而刺,谓之应痛穴。"

语译

邪气侵入足太阳经的络脉,使人背部拘急,牵引胁肋部疼痛,针刺应从项部开始沿着脊骨两傍向下按压,如果按压较重即应手而痛的,就在痛处周围针刺三针,病立刻就好。

邪客于足少阳之络,令人留于枢中①痛,髀不可举,刺枢中以毫针,寒则久留针,以月死生为数②,立已。

注释

① 枢中:即环跳部。

② 数:《甲乙经》卷五第三、《黄帝内经太素》卷二十三量缪刺此前有"痏"字。

语译

邪气侵入足少阳经的络脉,使人环跳部疼痛,腿股不能举动,以毫针刺其环跳穴,有寒的可留针久一些,根据月亮盈亏的情况确定针刺的次数,很快就好。

治诸经刺之,所过者不病,则缪刺之①。耳聋,刺手阳明;不已,刺其通脉出耳前者②。齿龋③,刺手阳明④;不已,刺其脉入齿中,立已。

注释

① 治诸经……缪刺之：高世栻：治诸经刺之，谓治诸经之病，则正刺其经也。所过者不病，谓诸经所过之道，不为邪客，而不病也。不病，则但在于络，故缪刺之。"

② 通脉出耳前者：指听宫穴。《甲乙经》卷五第三"通"作"过"。

③ 齿龋(qǔ取)：蛀牙。

④ 明：《甲乙经》卷五第三此下有"立已"二字。

语译

治疗各经疾病用针刺的方法，如果经脉所经过的部位未见病变，就应用缪刺法。耳聋针刺手阳明经商阳穴；如果不好，再刺其经脉走向耳前的听宫穴。蛀牙病刺手阳明经的商阳穴；如果不好，再刺其走入齿中的经络，很快就见效。

邪客于五藏之间，其病也，脉引而痛，时来时止，视其病①，缪刺之于手足爪甲上，视其脉，出其血，间日一刺，一刺不已，五刺已。缪传②引③上齿，齿唇寒痛④，视其手背脉血者去之，足⑤阳明中指爪甲上一痏，手大指次指爪甲上各一痏，立已。左取右，右取左。

注释

① 病：《甲乙经》卷五第三、《黄帝内经太素》卷二十三量缪刺此下有"脉"字。义长。

② 缪传：交错感传。手阳明之脉入下齿中，还出挟口，交人中；足阳明之脉入上齿中，还出挟口环唇，下交承浆。故阳明之脉有病，可上下左右交错感传。张志聪："谓手阳明之邪缪传于足阳明之脉也。"

③ 引：《黄帝内经太素》卷二十三量缪刺作"刺"。

④ 痛：《甲乙经》卷五第三无。

⑤ 足：《甲乙经》卷五第三此上有"刺"字。

语译

邪气侵入到五脏之间,其病变表现为经脉牵引作痛,时痛时止,根据其病的情况,在其手足爪甲上进行缪刺法,择有血液郁滞的络脉,刺出其血,隔日刺一次,一次不见好,连刺五次就可好了。阳明经脉有病气交错感传而牵引上齿,出现唇齿寒冷疼痛,可视其手背上经脉有郁血的地方针刺出血,再在足阳明中趾爪甲上刺一针,在手大指侧的次指爪甲上的商阳穴各刺一针,很快就好了。左病则刺右边,右病则刺左边。

邪客于手足少阴太阴足阳明之络,此五络皆会于耳中,上络左角①,五络俱竭,令人身脉皆动,而形无知也,其状若尸,或曰尸厥②。刺其足大指内侧爪甲上③去端如韭叶,后刺足心,后刺足中指爪甲上,各一痏,后刺手大指内侧④去端如韭叶,后刺手⑤少阴锐骨之端,各一痏,立已。不已以竹管吹其两耳⑥,鬄⑦其左角之发,方一寸,燔治⑧,饮以美酒一杯,不能饮者灌之,立已。

注释

① 上络左角:马莳:"络于左耳之额角。"
② 尸厥:王冰:"五络闭结而不通,故其状若尸也,以是从厥而生,故或曰尸厥。"马莳:"身脉虽动而昏晕迷心,其形任人推呼而无有知觉,状类于尸,名曰尸厥。"
③ 爪甲上:《黄帝内经太素》卷二十三量缪刺作"甲下"。
④ 侧:《甲乙经》卷五第三此后有"爪甲"二字。
⑤ 手:此下原有"心主"二字,考之五络并无手心主,且此处亦未云刺其何穴,当为衍文;此据《甲乙经》卷五第三、《黄帝内经太素》卷二十三量缪刺删。
⑥ 以竹管吹其两耳:《甲乙经》卷五第三、《黄帝内经太素》卷二十三量

缪刺"管"作"筒"。《甲乙经》"耳"下有"中"字。

⑦ 鬄(tì剃):剃发。

⑧ 方一寸,燔治:方一寸,《甲乙经》卷五第三、《黄帝内经太素》卷二十三量缪刺作"方寸"。燔治,烧制为末。

语译

邪气侵入到手少阴、手太阴、足少阴、足太阴和足阳明的络脉,这五经的络脉都聚会于耳中,并上绕左耳上面的额角,假如由于邪气侵袭而致此五络的真气全部衰竭,就会使全身经脉都振动,而形体失去知觉,就像死尸一样,有人把它叫做"尸厥"。这时应当针刺其足大趾内侧爪甲上距离爪甲有韭菜叶宽那么远处的隐白穴,然后再刺足心的涌泉穴,再刺足中趾爪甲上的厉兑穴,各刺一针;然后再刺手大指内侧距离爪甲有韭菜叶宽那么远处的少商穴,再刺手少阴经在掌后锐骨端的神门穴,各刺一针,当立刻清醒。如仍不好,就用竹管吹病人两耳之中,并把病人左边头角上的头发剃下来,取一方寸左右,烧制为末,用好酒一杯冲服,如因失去知觉而不能饮服,就把药酒灌下去,很快就可恢复过来。

凡刺之数①,先视其经脉,切而从②之,审其虚实而调之;不调者,经刺③之;有痛而经不病者,缪刺之,因④视其皮部有血络者尽取之。此缪刺之数也。

注释

① 数:技术方法。

② 从:《甲乙经》卷五第三作"循"。

③ 经刺:即巨刺。

④ 因:《甲乙经》卷五第三作"目"。

语译

大凡刺治的方法,先要根据所病的经脉,切按推寻,详审其虚实而进行调治；如果经络不调，先采用经刺的方法；如果有病痛而经脉没有病变，再采用缪刺的方法，要看其皮部是否有郁血的络脉，如有应全部把郁血刺出。以上就是缪刺的方法。

本 篇 要 点

一、说明缪刺法应用的原理及其与巨刺法的异同。指出同是左病右取，右病左取的交错刺法，而刺其经脉的为巨刺，刺其络脉的为缪刺；病在经脉则用巨刺，病在络脉则用缪刺。

二、叙述各经的络脉受邪后可能出现的症状，以及针刺的取穴部位、施刺方法、用针次数，提出针刺要考虑人体在月亮周期中的气血盛衰情况的思想。

三、最后介绍了病邪侵入手少阴等五经之络而发生的叫"尸厥"的病变，讨论了其救治的方法。

四时刺逆从论篇第六十四

题解

四时更替,阴阳升降,人体五脏与四时相应,气血随之而变化,所以针刺也要随其变化而进行。顺应四时而施刺谓之从,违反四时而施刺谓之逆。本篇内容主要讨论了上述问题,所以称"四时刺逆从论"。

厥阴有余,病阴痹①;不足,病生热痹②;滑③则病狐疝风④;涩③则病少腹积气。少阴有余,病皮痹⑤,隐轸⑥;不足,病肺痹⑤;滑则病肺风疝;涩则病积,溲血。太阴有余,病肉痹,寒中;不足,病脾痹;滑则病脾风疝;涩则病积,心腹时满。阳明有余,病脉痹,身时热;不足,病心痹;滑则病心风疝;涩则病积,时善惊。太阳有余,病骨痹身重;不足,病肾痹;滑则病肾风疝;涩则病积,善时⑦巅疾。少阳有余,病筋痹胁满;不足,病肝痹;滑则病肝风疝;涩则病积,时筋急目痛。

注释

① 阴痹:与热痹相对而言,是指偏于寒性的痹证。痹证,是由邪气留着,血气运行闭阻而导致的疼痛病症。参阅本经《痹论》篇。

② 热痹:痹痛而有灼热感,是由阴气不足,阳邪偏胜所致。《痹论》篇

曰："其热者,阳气多,阴气少,病气胜,阳遭阴,故为痹热。"

③ 滑、涩:此处是指人体气血运行的两种不正常的状态。滑者流行太过,收摄不及,故易生"风疝"之病;涩者运行迟缓,气血不畅,故易致"积气"之类疾病。以下皆同。

④ 狐疝风:依下文例,似应作"狐风疝"。张介宾:"疝者,前阴少腹之病,男女五脏皆有之。狐之昼伏夜出,阴兽也。疝在厥阴,其出入上下不常,与狐相类,故曰狐疝风。此非外入之风,乃以肝邪为言也。""风"作"气"解。

⑤ 皮痹、肺痹:肺外合于皮,故外邪先客于皮而为皮痹,是实邪所致,故称"有余";皮痹久不愈,则内舍于肺,即为肺痹,此肺气已虚,故云"不足"。以下诸痹皆仿此。

⑥ 隐轸:《甲乙经》卷四第一作"瘾疹"。义同。

⑦ 善时:《甲乙经》卷四第一作"时善"。

语译

厥阴之气有余,可以发生阴痹;不足,则发生热痹;气血过于滑利,则患狐疝风;气血运行涩滞,则形成少腹中有积气。少阴之气有余,可以发生皮痹和隐疹;不足,则发生肺痹;气血过于滑利,则患肺风疝;气血运行涩滞,则病积聚和尿血。太阴之气有余,可以发生肉痹和寒中;不足,则发生脾痹;气血过于滑利,则患脾风疝;气血运行涩滞,则病积聚和心腹胀满。阳明之气有余,可以发生脉痹,身体有时发热;不足,则发生心痹;气血过于滑利,则患心风疝;气血运行涩滞,则病积聚和不时惊恐。太阳之气有余,可以发生骨痹,身体沉重;不足,则发生肾痹;气血过于滑利,则患肾风疝;气血运行涩滞,则病积聚,且不时发生巅顶部疾病。少阳之气有余,可以发生筋痹和胁肋满闷;不足,则发生肝痹;气血过于滑利,则患肝风疝;气血涩滞,则病积聚,有时发生筋脉拘急和眼目疼痛。

按语

以三阴三阳合四时,属于运气学说中的"主气"。厥阴风木之气,主春分前六十日又八十七刻半,是为初气。少阴君火之气,主春分后六十日又八十七刻半,是为二气。少阳相火之气,主夏至前后各三十日又四十三刻有奇,是为三气。太阴湿土之气,主秋分前六十日又八十七刻半,是为四气。阳明燥金之气,主秋分后六十日又八十七刻半,是为五气。太阳寒水之气,主冬至前后各三十日又四十三刻有奇,是为终气(参阅七篇大论有关内容)。根据五脏配合五行的规则,则厥阴风木主于肝,少阴君火主于心,太阴湿土主于脾,阳明燥金主于肺,太阳寒水主于肾,从春夏至秋冬,以次相生,惟少阳相火则随其君火之下。三阴三阳之气有太过不及的变化,则可影响到相应的脏发生病变,如厥阴风木之与肝,太阴湿土之与脾,太阳寒水之与肾。但少阴君火与阳明燥金却互易其病,说明气之太过不及会导致克制反常,故少阴之下是肺病,阳明之下是心病。肝胆同具少阳相火,所以少阳之气病则全在肝胆。

是故春气在经脉,夏气在孙络,长夏气在肌肉,秋气在皮肤,冬气在骨髓中。

帝曰:余愿闻其故。岐伯曰:春者,天气始开,地气始泄,冻解冰释,水行经通,故人气在脉。夏者,经满气溢,入孙络受血,皮肤充实。长夏者,经络皆盛,内溢肌中。秋者,天气始收,腠理闭塞,皮肤引急①。冬者盖藏,血气在中,内著骨髓,通于五藏。是故邪气者,常随四时之气血而入客也,至其变化,不可为度,然必从其经气,辟除②其邪,除其邪则乱气不生。

注释
① 皮肤引急:皮肤毛孔收缩的意思。
② 辟除:驱除。

语译

所以春天人的气血在经脉,夏天人的气血在孙络,长夏人的气血在肌肉,秋天人的气血在皮肤,冬天人的气血在骨髓中。

黄帝说:我想听听其中的道理。岐伯说:春季,天之阳气开始启动,地之阴气也开始发泄,冬天的冰冻此时逐渐融化消失,水道通行,所以人的气血也集中在经脉中流行。夏季,经脉中气血充满而流溢于孙络,孙络接受了气血,皮肤也变得充实了。长夏之季,经脉和络脉中的气血都很旺盛,所以能充分地灌溉润泽于肌肉之中。秋季,天气开始收敛,腠理随之而闭塞,皮肤也收缩紧密起来了。冬季主闭藏,人身的气血收藏在内,聚集于骨髓,并内通于五脏。所以邪气也往往随着四时气血的变化而侵入人体相应部位,若待其发生了变化,那就难以预测了;必须顺应四时经气的变化及早进行调治,驱除侵入的邪气,那么气血就不致变化逆乱了。

帝曰:逆四时而生乱气奈何?岐伯曰:春刺络脉,血气外溢,令人少气;春刺肌肉,血气环逆①,令人上气;春刺筋骨,血气内著,令人腹胀。夏刺经脉,血气乃竭,令人解㑊;夏刺肌肉,血气内却②,令人善恐;夏刺筋骨,血气上逆,令人善怒。秋刺经脉,血气上逆,令人善忘;秋刺络脉,气不外行③,令人卧不欲动;秋刺筋骨,血气内散,令人寒栗。冬刺经脉,血气皆脱,令人目不明;冬刺络脉,内气外泄,留为大痹④;冬刺肌肉,阳气竭绝,令人善忘⑤。凡此四时刺者,大逆之病⑥,不可不从也;反之则生乱气,相淫病焉。故刺不知四时之经、病之所生,以从为逆,正气内乱,与精相薄⑦,必审九候,正气不乱,精气不转⑧。

帝曰：善！

注释

① 环逆：循环逆乱。

② 内却：吴崑："令血气却弱，是以善恐。"

③ 气不外行：新校正："按别本作'血气不行'，全元起本作'气不卫外'，《太素》同。"

④ 大痹：张志聪："大痹者，藏气虚而邪痹于五藏也。"

⑤ 冬刺肌肉……善忘：张介宾："冬时刺其夏之气，故阳气竭绝。阳气者，精则养神，阳虚则神衰，所以善忘。"

⑥ 大逆之病：新校正："按全元起本作'六经之病'。"

⑦ 正气内乱，与精相薄：正气内乱则为邪，邪气与精气相结是为薄。按音韵，"薄"当作"抟"。抟，结聚。

⑧ 转：《素问识》："转，恐薄之讹。"转，当作"抟"。"薄"通"搏"，"搏"与"搏（抟）"、"轉（转）"字形近似而常互缪。

语译

黄帝道：针刺违反四时而导致气血逆乱是怎样的？岐伯说：春天刺络脉，会使血气向外散溢，使人发生少气无力；春天刺肌肉，会使血气循环逆乱，使人发生上气咳喘；春天刺筋骨，会使血气留著在内，使人发生腹胀。夏天刺经脉，会使血气衰竭，使人疲倦懈惰；夏天刺肌肉，会使血气却弱于内，使人易于恐惧；夏天刺筋骨，会使血气上逆，使人易于发怒。秋天刺经脉，会使血气上逆，使人易于忘事；秋天刺络脉，因气血正值内敛而不能外行，所以使人阳气不足而嗜卧懒动；秋天刺筋骨，会使血气耗散于内，使人发生寒战。冬天刺经脉，会使血气虚脱，使人发生目视不明；冬天刺络脉，则收敛在内的真气外泄，体内血行不畅而成"大痹"；冬天刺肌肉，会使阳气竭绝于外，使人易于忘事。以上这些四时的刺法，都将严重地违背四时变化而导致疾病发生，所以要注意顺应四时变化而施刺；否则就会产生逆乱之气，扰乱人体生理功能而生病的呀！所以针刺不懂得四时经气的盛衰和疾病之所以产生的道理，不是顺应四时而是违背四时变化，从而导致正气逆乱于内，邪气便与精气相结聚了。一定要仔细审察九候的脉象，这样进行针刺，正气就不会逆乱，邪气也不会与精气相结聚了。黄帝说：讲得好！

刺五藏，中心一日死，其动为噫；中肝五日死，其动为语；中肺三日死，其动为咳；中肾六日死，其动为嚏、欠；中脾十日死，其动为吞。刺伤人五藏必死，其动则依其藏之所变，候知其死也。

语译

如果针刺误中五脏，刺中心脏一天就要死亡，其变动的征象为嗳气；刺中肝脏五天就要死亡，其变动的征象为多语；刺中肺脏三天就要死亡，其变动的征象为咳嗽；刺中肾脏六天就要死亡，其变动的征象为喷嚏和呵欠；刺中脾脏十天就要死亡，其变动的征象为吞酸。刺伤了人的五脏，必致死亡，其变动的征象也随所伤之脏而又各不相同，因此可以根据它来测知死亡的日期。

按语

本篇所论刺伤五脏死亡的日期与本经《刺禁论篇》相同，而与《诊要经终论篇》有所不同，可能系不同的学术观点。

本 篇 要 点

一、叙述三阴三阳之气太过不及与人体五脏疾病的关系，从而说明人体五脏与四时相应的道理。

二、介绍人体随四时变化而血气运行也有出入变化的规律，说明针刺必须顺应四时变化的原理，并指出违背四时变化而针刺可能导致的各种病变。

三、指出误刺伤及五脏必致死亡，及其死亡前的征象和死期的预测。

标本病传论篇第六十五

题解

本篇内容,是论述疾病的标本关系及其治法,以及疾病的传变和预后等,所以叫"标本病传论"。

黄帝问曰:病有标本,刺有逆从①,奈何?岐伯对曰:凡刺之方,必别阴阳②,前后相应③,逆从得施,标本相移④。故曰:有其在标而求之于标,有其在本而求之于本,有其在本而求之于标,有其在标而求之于本。故治有取标而得者,有取本而得者,有逆取而得者,有从取而得者。故知逆与从,正行无问⑤;知标本者,万举万当;不知标本,是谓妄行。

注释

① 病有标本,刺有逆从:疾病有标本不同,相对来说,凡先病、病机、体内等因素为本,后病、症状、体表等因素为标。刺法有不同,凡针对病邪而采用泻的手法为"逆",顺应经气而采用补的手法为"从"。

② 必别阴阳:张介宾:"'阴阳'二字,所包者广,如经络、时令、气血、疾病,无所不在。"

③ 前后相应:马莳:"前后者,背腹也。其经络互相为应。"张志聪:"谓有先病后病也。"

④ 标本相移:针刺时根据情况或先治本后治标,或先治标后治本,并

无固定次序,故云"标本相移"。吴崑:"刺者,或取于标,或取于本,互相移易。"

⑤ 正行无问:马莳:"乃正行之法,而不必问之于人也。"

语译

黄帝问道:疾病有标和本的分别,刺法有逆和从的不同,是怎么回事?岐伯回答说:大凡针刺的准则,必须辨别其阴阳属性,联系其前后关系,恰当地运用逆治和从治,灵活地处理治疗中的标本先后关系。所以说有的病在标而治标,有的病在本而治本,有的病在本而治标,有的病在标而治本。因此在治疗上,有治标而缓解的,有治本而见效的,有逆治而痊愈的,有从治而成功的。所以懂得了逆治和从治的原则,便能进行正确的治疗而不必疑虑;知道了标本之间的轻重缓急,治疗时就能万举万当;如果不知标本,那就是盲目行事了。

夫阴阳、逆从、标本之为道也,小而大,言一而知百病之害;少而多,浅而博,可以言一而知百也。以浅而知深,察近而知远。言标与本,易而勿及①。治反为逆,治得为从。

注释

① 易而勿及:讲起来容易,运用起来却较难。

语译

关于阴阳、逆从、标本的道理,看起来很小,而应用的价值却很大,所以谈一个阴阳标本逆从的道理,就可以知道许多疾病的利害关系;由少可以推多,执简可以驭繁,所以一句话可以概括许多事物的道理。从浅显入手可以推知深微,观察目前的现象可以了解它的过去和未来。不过,讲讲标本的道理是容易的,可运用起来就比较难了。迎着病邪而泻的方法就是"逆"治,顺应经气而补的方法就是"从"治。

先病而后逆^①者治其本;先逆而后病者治其本。先寒而后生病者治其本;先病而后生寒者治其本。先热而后生病者治其本^②;先热而后生中满者治其标^③。先病而后泄者治其本;先泄而后生他病者治其本,必且^④调之,乃治其他病。先病而后生中满者治其标;先中满而后烦心者治其本。人有客气有同气^⑤,小大^⑥不利治其标;小大利治其本。病发而有余,本而标之,先治其本,后治其标;病发而不足,标而本之,先治其标,后治其本。谨察间甚^⑦,以意调之,间者并行^⑧,甚者独行^⑨。先小大不利而后生病者治其本。

注释

① 先病而后逆:先病为本,后逆为标。下文凡有先后者,皆以先病为本,后病为标。

② 本:《甲乙经》卷六第二此后有"先病而后生热者治其本"十字。

③ 先热而后生中满者治其标:因标急故当先治标而后治本。张介宾:"诸病皆先治本,而惟中满者先治其标。盖以中满为病,其邪在胃,胃者藏府之本也,胃满则药食之气不能行,而藏府皆失其所禀,故先治此者,亦所以治本也。"

④ 且:《甲乙经》卷六第二作"先"。义胜。

⑤ 人有客气有同气:客气,即邪气,与"同气"相对;同气,即正气,与"客气"相对。此句是说,人体生病时有邪气和正气相互作用着。又"同",新校正云:"按全元起本'同'作'固'。"作"固"于义无碍。

⑥ 小大:指大小便。《灵枢·病本》作"大小便"。下同。

⑦ 间甚:间,指病情轻浅和缓解期。甚,指病情深重和发作期。

⑧ 并行:标本同治。

⑨ 独行：先治标后治本，或先治本后治标，不相兼治。

语译

先患某病而后发生气血逆乱的，先治其本；先气血逆乱而后生病的，先治其本。先有寒而后生病的，先治其本；先有病而后生寒的，先治其本。先有热而后生病的，先治其本；先有热而后生中满腹胀的，先治其标。先有某病而后发生泄泻的，先治其本；先有泄泻而后发生其他疾病的，先治其本，必须先把泄泻调治好，然后再治其他病。先患某病而后发生中满腹胀的，先治其标；先患中满腹胀而后出现烦心的，先治其本。人体疾病过程中有邪气和正气的相互作用，凡是出现了大小便不利的，先通利大小便以治其标；大小便通利则治其本病。疾病发作表现为邪气有余，就用"本而标之"的治法，即先祛邪以治其本，后调理气血、恢复生理功能以治其标；疾病发作表现为正气不足，就用"标而本之"的治法，即先固护正气防止虚脱以治其标，后祛除邪气以治其本。总之，必须谨慎地观察疾病的轻重深浅和缓解期与发作期中标本缓急的不同，用心调理；凡病轻的，或缓解期，可以标本同治；凡病重的，或发作期，应当采用专一的治本或治标的方法。另外，如果先有大小便不利而后并发其他疾病的，应当先治其本病。

按语

本节内容与《灵枢·病本》同，可相互参阅。

夫病传者，心病先心痛，一日而咳；三日胁支痛；五日闭塞不通，身痛①体重。三日不已，死；冬夜半，夏日中②。

注释
① 痛：《甲乙经》卷六第十无。

② 夏日中：新校正云："按《灵枢经》：大气入脏，病先发于心，一日而之肺，三日而之肝，五日而之脾。三日不已，死，冬夜半，夏日中。《甲乙经》曰：病先发于心，心痛，一日之肺而咳，三日之肝，胁支痛，五日之脾，闭塞不通，身体重。三日不已，死，冬夜半，夏日中。详《素问》言其病，《灵枢》言其脏，《甲乙经》乃并《素问》《灵枢》二经之文，而病与脏兼举之。"张介宾："心火畏水，故冬则死于夜半；阳邪亢极，故夏则死于日中。盖衰极亦死，盛极亦死。"

语译

大凡疾病的传变，心病先发心痛，过一日病传于肺而咳嗽；再过三日病传于肝而胁肋胀痛；再过五日病传于脾而大便闭塞不通、身体疼痛沉重。再过三日不愈，就要死亡；冬天死于半夜，夏天死于中午。

肺病喘咳，三日而胁支满痛；一日身重体痛；五日而胀。十日不已，死；冬日入，夏日出①。

注释

① 冬日入，夏日出：马莳："冬之日入在申，申虽属金，金衰不能扶也。夏之日出在寅，木旺火将生，肺气已绝，不待火之生也。"

语译

肺病先发喘咳，三日不好则病传于肝，则胁肋胀满疼痛；再过一日病邪传脾，则身体沉重疼痛；再过五日病邪传胃，则发生腹胀。再过十日不愈，就要死亡；冬天死于日落之时，夏天死于日出之时。

肝病头①目眩，胁支满，三日②体重身痛③；五日而胀；三日腰脊少腹痛，胫痠。三日不已，死；冬日入，夏早食④。

注释

① 头：《甲乙经》卷六第十作"头痛"。
② 三日：《甲乙经》卷六第十作"一日"。
③ 体重身痛：《甲乙经》卷六第十作"身体痛"。
④ 冬日入,夏早食：《甲乙经》卷六第十"人"作"中"。马莳："盖冬之日入在申,以金旺木衰也；夏之早食在卯,以木旺气反绝也。"张介宾："木受伤者,金胜则危,故冬畏日入；肝发病者,木强则剧,故夏畏早食时也。"

语译

肝病则先头痛目眩,胁肋胀满,三日后病传于脾而身体沉重疼痛；再过五日病传于胃,产生腹胀；再过三日病传于肾,产生腰脊少腹疼痛,腿胫发酸。再过三日不愈,就要死亡；冬天死于日落之时,夏天死于吃早饭的时候。

脾病身痛体重,一日而胀；二日少腹腰脊痛,胫酸；三日背䏚①筋痛,小便闭。十日不已,死；冬人定,夏晏食②。

注释

① 背䏚(lǚ 吕)：䏚,同"膂"。马莳："䏚,膂同。肾自传于膀胱府,故背䏚筋痛,小便自闭。"
② 冬人定,夏晏食：王冰："人定,谓申后二十五刻。晏食,谓寅后二十五刻。"

语译

脾病则先身体沉重疼痛,一日后病邪传入于胃,发生腹胀；再过二日病邪传于肾,发生少腹腰脊疼痛,腿胫发酸；再过三日病邪入膀胱,发生背脊筋骨间疼痛,小便不通。再过十日不愈,就要死亡；冬天死于申时,夏天死于寅时。

肾病少腹腰脊痛,骱酸,三日背䏚筋痛,小便闭；三日腹胀①；三日两胁支痛。三日不已,死；冬大晨②,

夏晏晡②。

注释

① 腹胀：《甲乙经》卷六第十作"而上之心，心胀"。
② 大晨、晏晡：大晨，指天亮时。晏晡，指黄昏时。

语译

肾病则先少腹腰脊疼痛，腿胫发酸，三日后病邪传入膀胱，发生背脊筋骨疼痛，小便不通；再过三日病邪传入于胃，产生腹胀；再过三日病邪传于肝，发生两胁胀痛。再过三日不愈，就要死亡；冬天死于天亮，夏天死于黄昏。

胃病胀满，五日少腹腰脊痛，胻酸；三日背䏖筋痛，小便闭；五日身体重①。六日不已，死；冬夜半后②；夏日昳③。

注释

① 身体重：《甲乙经》卷六第十作"而上至心，身重"。
② 后：《灵枢·病传》、《甲乙经》卷六第十均无。
③ 日昳(dié 蝶)：午后。

语译

胃病则先腹部胀满，五日后病邪传于肾，发生少腹腰脊疼痛，腿胫发酸；再过三日病邪传入膀胱，发生背脊筋骨疼痛，小便不通；再过五日病邪传于脾，则身体沉重。再过六日不愈，就要死亡；冬天死于半夜之后，夏天死于午后。

膀胱病小便闭，五日少腹胀，腰脊痛，胻酸；一日腹胀；一日①身体痛。二日不已，死；冬鸡鸣②，夏下晡③。

注释

① 一日：《甲乙经》卷六第十作"二日"。
② 鸡鸣：半夜后。
③ 下晡：下午。

语译

膀胱发病则先小便不通，五日后病邪传于肾，发生少腹胀满，腰脊疼痛，腿胫发酸；再过一日病邪传入于胃，发生腹胀；再过一日病邪传于脾，发生身体疼痛。再过二日不愈，就要死亡；冬天死于半夜后，夏天死于下午。

诸病以次是相传，如是者，皆有死期，不可刺；间一藏止，及至①三四藏者，乃可刺也。

注释

① 至：《灵枢·病传》作"二"。

语译

各种疾病按次序这样相传，正如上面所说的，都有一定的死期，不可以用针刺治疗；假如是间脏相传就不易再传下去，即使传过三脏、四脏，还是可以用针刺治疗的。

本 篇 要 点

一、指出了标本的运用范围及其在临床上的价值。

二、举例说明标本学说在临床上的运用，其基本原则是急则治标，缓则治本，以及标本兼治。

三、运用五行配五脏(包括腑)的方法,说明疾病发展过程中的传变与预后。如果以相克次序传变,则预后大多不良;若以相生次序传变,则预后大多良好。

天元纪大论篇第六十六

题解

本篇论述了五运六气学说的一些基本法则,从太过、不及、平气的岁气变化,说明运气对宇宙万物的影响。因其用天干以纪地气,地支以纪天气,天地运气是宇宙间万物生化的本源,本篇专门纪而论之,所以称为"天元纪大论"。

黄帝问曰:天有五行御五位①,以生寒暑燥湿风;人有五藏化五气,以生喜怒思忧恐。论言五运相袭而皆治之,终朞②之日,周而复始,余已知之矣。愿闻其与三阴三阳之候奈何合之?

鬼臾区稽首再拜对曰:昭乎哉问也?夫五运阴阳者,天地之道也,万物之纲纪,变化之父母,生杀之本始,神明之府也,可不通乎?故物生谓之化,物极谓之变,阴阳不测谓之神,神用无方③谓之圣。

夫变化之为用也,在天为玄,在人为道,在地为化;化生五味,道生智,玄生神。神在天为风,在地为木;在天为热,在地为火;在天为湿,在地为土;在天为燥,在地为金;在天为寒,在地为水。故在天为气,在地成形,形气相感而化生万物矣。

然天地者,万物之上下也;左右者,阴阳之道路也;水火者,阴阳之征兆也;金木者,生成之终始也④。气有多少,形有盛衰,上下相召,而损益彰矣。

注释

① 五行御五位:御,治理。五位,东、南、西、北、中央五方。张介宾:"天有五行以临五位,故东方生风,木也;南方生暑,火也;中央生湿,土也;西方生燥,金也;北方生寒,水也。"
② 朞(jī 基):一周年。朞,"期"的异体字。
③ 神用无方:张介宾:"神之为用,变化不测,故曰无方。"
④ 金木者,生成之终始也:秋气属金,能收敛而成万物;春气属木,能发扬而生万物。所以指金、木为一生一成,而为万物之终始。

语译

黄帝问道:天有五行治理五方,因而产生寒、暑、燥、湿、风的气候变化;人有五脏化生五气,因而产生喜、怒、思、忧、恐的情绪变化。关于五运递相承袭,各有它的主治时期,周流一转,到岁终的一日,又重新开始环转,这些道理,我已经知道了。请问五运与三阴三阳的六气,是怎样相互结合的?

鬼臾区鞠躬行礼回答说:这个问题问得很有意义啊!五运阴阳是宇宙间的一般规律,是许多事物的纲领,是事物变化的由来,是事物生长、消亡的根本,是事物无穷变化的内部原因所在,对此可以不通晓吗?凡是万物的生长称为"化",生长发展至极端则发生"变",阴阳的变化无穷叫做"神",能够灵活运用它的原则而又不拘泥于方法的叫做"圣"。

阴阳变化的作用,在天有主宰万物的无穷力量,在人是生理、病理变化的规律,在地能促使万物生化;地能够生化万物的五味,人体符合变化规律就能产生智慧,天有了这种无穷的力量才能运动不息。这种神明变化,在天为风,在地为木;在天为热,在地为火;在天为湿,在地为土;在天为燥,在地为金;在天为寒,在地为水。所以在天为无形的六气,在地为有形的五行,形气相互结合,就能化生万物了。

可见天地是在万物的上下;左右是为阴阳升降的道路;水火就是阴阳的象征;金木是生长收成的终了与开始。六气有多少的不同,五行有盛衰的分别,形气相互感召,于是不足和有余的现象,也就很明显地暴露出来了。

按语

本节说明了阴阳五运的基本道理。如万物是处于宇宙之中,所以说天地者万物之上下;左升右降为阴阳之道路,左升为阳,右降为阴,说明宇宙是运动不息的;水与火的性质最易分别出阴阳,所以说它是阴阳的象征;金木代表了秋春,春天万物初生,秋天万物成熟,所以说金木是万物的终了和开始。

帝曰:愿闻五运之主时也何如?鬼臾区曰:五气运行,各终朞日①,非独主时也。

帝曰:请闻其所谓也。鬼臾区曰:臣积考《太始天元册》②文曰:太虚廖廓③,肇基化元,万物资始。五运终天,布气真灵,揔统坤元④。九星⑤悬朗,七曜⑥周旋,曰阴曰阳,曰柔曰刚,幽显既位,寒暑弛张,生生化化,品物⑦咸章。臣斯十世,此之谓也。帝曰:善!

注释

① 各终朞日:朞日,就是一年三百六十五日。每运各主一年,所以说"各终朞日"。

②《太始天元册》:古书名。张介宾:"《太始天元册》文,盖太古之文,所

以纪天元者也。"

③ 太虚廖廓：太虚，即太空。太虚廖廓，说太空无穷的广大。马莳："太虚者，元极也。廖廓者，无有边际之义。"

④ 揔统坤元：揔，同"总"。坤元，指地之德，为生长万物的根源。

⑤ 九星：指天蓬、天芮、天冲、天辅、天禽、天心、天任、天柱、天英。

⑥ 七曜：指日、月与金、木、水、火、土五星。

⑦ 品物：品，众多。品物，就是万物。

语译

黄帝道：我希望听你讲五运主四时是怎么样的？鬼臾区说：五气运行，每运各主一年，并不是仅仅主一个时令的。

黄帝又道：请你讲讲其中的道理。鬼臾区回答说：我看到《太始天元册》上说：广阔无穷的天空，是宇宙造化的原始基础，万物莫不仰仗它才有生命的起始。五运循行于天道和六元真灵之气的敷布，是总统大地万物生长的根本规律。九星明朗地悬耀在天空，七曜循着天道不断环周旋转，于是天运有阴阳的转移，大地有柔刚的现象，昼夜才出现了幽暗和明亮的变化，四时也就有了寒暑的往来，万物也就有彰明昭著的生长变化了。我家十世祖传，就研究这些道理。黄帝道：对！

何谓气有多少、形有盛衰？鬼臾区曰：阴阳之气，各有多少，故曰三阴三阳也。形有盛衰，谓五行之治，各有太过不及①也。故其始也，有余而往，不足随之；不足而往，有余从之。知迎知随，气可与期，应天为天符②，承岁为岁直③，三合④为治。

注释

① 太过不及：阳年为太过，阴年为不及。

② 天符：中运与司天之气相符的年份。

③ 岁直：中运与年支之气相同的年份。又叫"岁会"。
④ 三合：中运、司天、年支三者相同的年份。即既为天符，又为岁会。也叫做"太乙天符"。

语译

怎样叫做气有多少、形有盛衰呢？鬼臾区说：阴气与阳气，各有多少之不同，所以有三阴三阳的名称。形有盛衰，是说五行主岁运，各有太过与不及。例如开始是太过的，接着下一运便是不及；开始是不及的，下一运便是太过。明白了这个道理，也就可以知道运气一期的轮周，凡中运与司天之气相符的叫做"天符"，与该岁的年支之气相同的叫做"岁直"，若既是天符又为岁直的便是"三合"。

按语

古人把甲、乙、丙、丁、戊、己、庚、辛、壬、癸，称为"天干"。子、丑、寅、卯、辰、巳、午、未、申、酉、戌、亥，称为"地支"。以"天干"与"地支"来配合，起于甲子终于癸亥，用以纪年，共得六十个不同的年份，故六十年就称为"一元"、"一周"。

十个天干分属五行，则甲己为土运，乙庚为金运，丙辛为水运，丁壬为木运，戊癸为火运。这是主岁之运，又称中运、大运。十天干分成阴阳两大类，甲、丙、戊、庚、壬为阳，乙、丁、己、辛、癸为阴。阳主太过，阴主不及。例如甲年、己年均为土运，而甲年为土运太过，己年为土运不及；乙年、庚年均为金运，而乙年为金运不及，庚年为金运太过。甲子之次序，甲年之后必为乙年，乙年之后必为丙年……甲为太过，乙为不及，丙为太过等等，所以说"有余而往，不足随之；不足而往，有余随之。"见表4。

表4 天干地支五行属性表

五行	土	金	水	木	火
天干	甲⁺己⁻	乙⁻庚⁺	丙⁺辛⁻	丁⁻壬⁺	戊⁺癸⁻
地支	丑未	卯酉	辰戌	巳亥	子午寅申

说明：天干分属五行，有太过与不及，表中有（＋）号的为太过，有（－）号的为不及。

十二个地支分属五行，则子、午、寅、申属火，丑、未属土，卯、酉属金，辰、戌属水，巳、亥属木。十二个地支分属三阴三阳，则子、午为少阴，丑、未为太阴，寅、申为少阳，卯、酉为阳明，辰、戌为太阳，巳、亥为厥阴。以三阴三阳之六气分属五行，则厥阴风气属木，少阴热气属君火，太阴湿气属土，少阳火气属相火，阳明燥气属金，太阳寒气属水。

天干之中运，每五年一周，故称五运主岁；地支主司天，每六年一周，称为六气司天。五、六相合，则有许多不同年份。若该年主岁的"运"与司天的"气"，在五行中属性相同，就称为"天符"，例如乙卯年，乙为金运，卯为燥金司天，同属金，就称为"天符"；若该年主岁的"运"与年支在五行中属性相同，就称为"岁直"，岁直又名岁会（不过运与年支相同的不一定都是岁会，详见《六微旨大论》），例如乙酉年，乙为金运，酉亦属金，就称为"岁会"。若既是"天符"，又为"岁会"，也就是运与司天、年支三者的五行属性相同，就称为"三合"，三合又称"太乙天符"，例如上面说过的乙酉年，乙为金运，酉属金又为燥金司天，故乙酉年是"三合"。

帝曰：上下相召①奈何？鬼臾区曰：寒暑燥湿风火，天之阴阳②也，三阴三阳上奉之；木火土金水火③，地之阴阳④也，生长化收藏下应之。天以阳生阴长，地以阳杀阴藏。天有阴阳,地亦有阴阳。木火土金水火,地之阴阳也,生长化收藏⑤。故阳中有阴,阴中有阳。所以欲知天地之阴阳者,应天之气,动而不息⑥,故五岁而右迁⑦;应地之气,静而守位⑧,故六朞而环会。动静相召,上下相临,阴阳相错,而变由生也。

注释

① 上下相召:马莳:"上者天也,下者地也。上下相召者,天右旋之阴阳加于地下,地左转之阴阳临于天上而相召,以治岁治步也。"也就是天地之气相互感召结合的意思。

② 天之阴阳:就是风寒暑湿燥火六气的分属三阴三阳。见表5。

表5 十二地支分属三阴三阳之六气表

六气	暑(热)	湿	火	燥	寒	风
三阴三阳	少阴	太阴	少阳	阳明	太阳	厥阴
地支	子午	丑未	寅申	卯酉	辰戌	巳亥

③ 火:吴崑:"水字下旧有火字,误之也。天以六为节,地以五为制,何必强之为六耶?"似是。

④ 地之阴阳:就是主时之气的五行阴阳。

⑤ 木火土金水火,地之阴阳也,生长化收藏:此十六字,文义重复,疑是衍文。《吴注素问》、《类经》均删。

⑥ 应天之气,动而不息:张介宾:"应天之气,五行之应天干也。动而不息,以天加地而六甲周旋也。"地之运有五,而天之气有六,五六相合,六多五少,少则动速,所以说"动而不息"。

⑦ 五岁而右迁:例如甲子年为土运,至己巳年又为土运,这就是五岁而右迁的意思。见表6。

⑧ 应地之气,静而守位:张介宾:"应地之气,天气之应地支也。静而守位,以地承天而地支不动也。"天之六气与地之五运相合,而六气对五运来

表6 五运六气相合交错表

纪年之干支	甲子	乙丑	丙寅	丁卯	戊辰	己巳	庚午	辛未	壬申	癸酉	甲戌	乙亥	丙子
主岁之五运	土	金	水	木	火	土	金	水	木	火	土	金	水
司天之六气	少热阴气	太湿阴气	少火阳气	阳燥明气	太寒阳气	厥风阴气	少热阴气	太湿阴气	少火阳气	阳燥明气	太寒阳气	厥风阴气	少热阴气

说，因其多一，是比较静止的，所以说"静而守位"；六年一周，所以说"六朞而环会"。见上表6。

语译

黄帝道：上下相召怎样？鬼臾区说：寒暑燥湿风火是天的阴阳，三阴三阳与它相应；木火土金水是地的阴阳，生长化收藏的变化与它相应。天是以阳生阴长的，地是以阳杀阴藏的。天有阴阳，地也有阴阳。天地相合，则阳中有阴，阴中有阳。所以要知道天地之阴阳，必须了解与六气相应的五运是运动不息的，因此经过五年就右迁一步；与五运相应的六气是比较静止的，所以经过六年才循环一周。天地动静相互影响，上下相合，阴阳交错，运气的变化就产生了。

帝曰：上下周纪①，其有数乎？鬼臾区曰：天以六为节，地以五为制。周天气者，六朞为一备；终地纪者，五岁为一周。君火以明，相火以位②。五六相合，而七百二十气为一纪③，凡三十岁；千四百四十气，凡六十岁而为一周④。不及太过，斯皆见矣。

注释

① 上下周纪：高世栻："五岁右迁，六朞环会，上下相召，为周为纪。"就是天干在上，五岁为一周；地支在下，七百二十气为一纪。

② 君火以明，相火以位：明，王冰注文改作"名"。张志聪："是以君火

以明而在天,相火以位而在下。盖言地以一火而成五行,天以二火而成六气也。"地之阴阳虽亦有二火,然而因为君火主神明,只有相火主运,所以运仅有五,而气有六。

③ 七百二十气为一纪:气指节气,一年共有二十四个节气,五与六结合,$5×6=30$ 年,称为一纪,24 气$×30=720$ 气。

④ 一周:指甲子相合的一周。甲子相合共得六十个不同的年份,所以六十年为一周。

语译

黄帝道:天地循环周旋的变化,有没有定数呢?鬼臾区说:司天之气以六为节,司地之运以五为制。所以六气司天,需要六年方能循环一周;地之五运,需要五年才能循环一周。因为君火主宰神明,只有相火主运,所以运仅有五,而气有六。五与六相合,计三十年中共有七百二十个节气,称为一纪;经过一千四百四十个节气,计六十年就成为甲子的一周。于是不及与太过,都可以知道了。

帝曰:夫子之言,上终天气,下毕地纪,可谓悉矣?余愿闻而藏之,上以治民,下以治身,使百姓昭著,上下和亲,德泽下流,子孙无忧,传之后世,无有终时,可得闻乎?鬼臾区曰:至数之机①,迫迮②以微,其来可见,其往可追。敬之者昌,慢之者亡,无道行私,必得夭殃,谨奉天道。请言真要。

帝曰:善言始者,必会于终;善言近者,必知其远。是则至数极而道不惑,所谓明矣!愿夫子推而次之,令有条理,简而不匮,久而不绝,易用难忘,为之纲纪,至数之要,愿尽闻之。鬼臾区曰:昭乎哉问!明乎哉道!如鼓之应桴,响之应声也。臣闻之,甲己之岁,土运统之;乙庚之岁,金运统之;丙辛之岁,水运统之;丁壬之岁,木运统之;戊癸之岁,火运统之。

注释

① 至数之机:至数,指五运六气相合的定数。五运六气之交错轮转,六十年中有一定的规律,所以叫做"至数之机"。

② 迮迮(zé 责):有切近而深细的意思。张介宾:"谓天地之气数,其精微切近,无物不然也。"

语译

黄帝道:先生所讲的,上知天气,下达地理,可以说极为详细了!我要把听到的知识牢记在心里,上以治百姓的疾苦,下以保障自己的健康,使百姓明白这个道理,上下和睦亲近,使恩德像雨露一样遍及广大群众,使子孙无所忧虑,并把它一代代传下去,没有终了的时候,这能不能告诉我呢?鬼臾区说:五运六气相合的定数,有一定的规律,它的道理很切近很深细,它的变化,可以由自然现象而察见,观察自然现象可以求知运气的变化。重视这种学说的人,就能保持健康,忽视了它,就会身受灾害,甚致死亡,违逆了自然规律,必然会受到自然的灾害,所以必须要谨慎地适应它。现在让我来讲一讲它的主要精神吧。

黄帝道:要善于了解它的起源,必然也要知道它的结果;要善于了解近的,必定也要知道远的。只有这样,五运六气相合的道理,才能达到深细明白的境地而不至于迷惑了!要求先生由近及远,由浅入深,有条理地简单扼要地讲下去,使听的人容易领会,容易记忆,不会忘记,我希望听到这样一个比较完整的道理。鬼臾区说:问得具体而有意义!道理一定会很快明白的,好像鼓槌敲在鼓上一样,也好像发出声音来马上得到回声一样。我知道的是这样:甲年和己年都属土运,乙年和庚年都属金运,丙年和辛年都属水运,丁年和壬年都属木运,戊年和癸年都属火运。

帝曰:其于三阴三阳,合之奈何?鬼臾区曰:子午之岁,上见少阴①;丑未之岁,上见太阴;寅申之岁,上见少阳;卯酉之岁,上见阳明;辰戌之岁,上见太阳;巳亥之岁,上见厥阴。少阴所谓标也,厥阴所谓终也②。厥阴之上,风气主之③;少阴之上,热气主之;太阴之上,湿气主之;少阳之上,相火主之;阳明之上,燥气主之;太阳之上,寒气主之。所谓本也,是谓六元④。

帝曰:光乎哉道!明乎哉论!请著之玉版,藏之金匮,署曰"天元纪"。

注释

① 子午之岁,上见少阴:逢子年午年,则少阴司天,因三阴三阳为六气之上奉于天,所以称"上见"。可参看前表5。

② 少阴所谓标也,厥阴所谓终也:张介宾:"标,首也。终,尽也。六十年阴阳之序,始于子午,故少阴谓标;尽于巳亥,故厥阴为终。"

③ 厥阴之上,风气主之:三阴三阳是六气的代称,所以称为"之上",可参见表5。

④ 六元:张介宾:"三阴三阳者,由六气之化为之主,而风化厥阴,热化少阴,湿化太阴,火化少阳,燥化阳明,寒化太阳,故六气谓本,三阴三阳谓标也。然此六者,皆天元一气之所化,一分为六,故曰六元。"

语译

黄帝道:五运与三阴三阳怎样配合?鬼臾区说:子年午年都是少阴司天;丑年未年都是太阴司天;寅年申年都是少阳司天;卯年酉年都是阳明司天;辰年戌年都是太阳司天;巳年亥年都是厥阴司天。年支阴阳的次序以子年为始,亥年为终,所以少阴为首,厥阴为终。风是厥阴的本气,热是少阴的本气,湿是太阴的本气,相火是少阳的本气,燥是阳明的本气,寒是太阳的本气。因为风热湿火燥寒是三阴三阳的本气,它是天元一气化之为六,所以称为六元。

黄帝又道:这是多么光明伟大的道理!你谈得很详细!我要把它刻在玉版上,藏在金匮里,题上篇名,叫做"天元纪"。

本 篇 要 点

一、主要论述了五运六气学说的一些基本法则,并指出了五运六气与四时气候变化、万物生长衰老死灭的关系。

二、说明和解释了太过、不及、平气,以及天符、岁会、三合等运气学说中的一些概念。

【附录】五运六气学说简介

五运六气学说，简称为运气学说。它是古人用以预测和解释气候变化的一种学说。由于气候变化与人体疾病的发生与治疗密切相关，所以中医学中曾也将这种学说作为防治疾病的参考。

五运就是木、火、土、金、水五行上各配以天干，来推算每年的"运"。六气就是在风、寒、暑、湿、燥、火六气上各配以地支，来推算每年的"气"。它们都是采用推算的方法，来预测和解释每年及一年中各个阶段正常与异常气候变化的。五运六气结合起来，称为运气相临，六十年为一周。古人企图以此来阐述气候变化的规律性。

运气学说的理论基础，是以天人相应的整体观念为指导思想，运用阴阳五行学说来具体阐述，并采用古代的天干、地支作为说理的工具。

现存中医书籍中，最先阐述运气学说的是《内经》。《内经·素问》中讨论运气学说的有天元纪大论、五运行大论、六微旨大论、气交变大论、五常政大论、六元政纪大论、至真要大论等七篇，亦即一般所谓的"运气七篇"或"七篇大论"。如再加上刺法论、本病论两"遗篇"，则共有九篇。它们的篇幅，共占《内经·素问》的三分之一以上。为了便于学习和理解有关运气学说的经文，兹特将五运六气学说作一系统而简要地介绍，以供参考。

一、干支甲子

干支是天干、地支的简称。甲子是干支的结合。

干支甲子，是古人用以纪年、纪月、纪日、纪时和演绎五运六气的工具。

甲、乙、丙、丁、戊、己、庚、辛、壬、癸为十天干。

子、丑、寅、卯、辰、巳、午、未、申、酉、戌、亥为十二地支。

干支甲子在演绎五运六气学说中，主要应掌握以下三个问题：(1)天干地支的阴阳属性。(2)天干地支的五行属性及所代表的六气。(3)甲子纪年法。具体内容见表7～9。

表7 天干地支的阴阳属性表

天干	阳	甲	丙	戊	庚	壬	
	阴	乙	丁	己	辛	癸	
地支	阳	子	寅	辰	午	申	戌
	阴	丑	卯	巳	未	酉	亥

表8 天干地支的五行属性及所代表的六气表

五行	土	金	水	木	火	
天干	甲己	乙庚	丙辛	丁壬	戊癸	
地支	丑未	卯酉	辰戌	巳亥	子午(君火)	寅申(相火)
六气	湿	燥	寒	风	暑	火

表9　甲子纪年表

天干	甲	乙	丙	丁	戊	己	庚	辛	壬	癸
地支	子	丑	寅	卯	辰	巳	午	未	申	酉
	戌	亥	子	丑	寅	卯	辰	巳	午	未
	申	酉	戌	亥	子	丑	寅	卯	辰	巳
	午	未	申	酉	戌	亥	子	丑	寅	卯
	辰	巳	午	未	申	酉	戌	亥	子	丑
	寅	卯	辰	巳	午	未	申	酉	戌	亥

运气学说中的六气名称,常将三阴三阳、六气及其五行属性结合起来命名的,具体为:太阴湿土、阳明燥金、太阳寒水、厥阴风木、少阴君火(暑)、少阳相火(火)。

甲子纪年在运气学说中的作用,即天干取运,地支取气。六十年为一周。《素问·六微旨大论》:"天气始于甲,地气始于子。子甲相合,命曰岁立。谨候其时,气可与期。"《素问·天元纪大论》:"天以六为节,地以五为制。周天气者,六期为一备;终地纪者,五岁为一周。……五六相合,而七百二十气为一纪,凡三十岁;千四百四十气,凡六十岁而为一周。不及太过,斯皆见矣。"天干地支,五六相合,构成六十年一个气候变化的大周期。前三十年,包括七百二十节气(以一年二十四节气计算),是为一纪;后三十年,亦七百二十节气。凡一千四百四十节气,共计六十年(也称六十花甲子)。甲子中的天干,主五运;甲子中的地支,司六气。所以讲述五运六气,是不能离开干支所组成的六十甲子的。

二、五运

五运分为中运、主运、客运三种。

(一) 中运

中运是说明全年的气候特点,也称"大运"。

《素问·天元纪大论》:"甲己之岁,土运统之;乙庚之岁,金运统之;丙辛之岁,水运统之;丁壬之岁,木运统之;戊癸之岁,火运统之。"这就是十干统运,即从天干取运之意。

表 10　中运表

年干	甲己	乙庚	丙辛	丁壬	戊癸
中运	土	金	水	木	火
气候	湿	燥	寒	风	暑、火

从年干推算到这一年的中运后,还必须区分其太过不及,才能具体说明该年的气候特点。

太过不及是根据天干的阴阳属性而来,即阳干为太过年,阴干为不及年。

太过年为本运之气胜,则本气流行;不及年为本运之气衰,则克己之气流行。《素问·气交变大论》:"岁木太过,风气流行;岁木不及,燥乃大行。""岁火太过,炎暑流行;岁火不及,寒乃大行。""岁土太过,雨湿流行;岁土不及,风乃大行。""岁金太过,燥气流行;岁金不及,炎火乃行。""岁水太过,寒气流行;岁水不及,湿乃大行。"

(二) 主运

主运是说明一年中五个阶段的正常气候。

主运是把一年平均分为五个阶段,也叫做五个运季。每一运季七十三天零五刻(73.05 日×5＝365.25 日,为一年)。各运季的气候每年如此,基本不变。

表 11　主运表

运季序	初运	二运	三运	四运	终运
主运	木	火	土	金	水
气候	风	暑、火	湿	燥	寒
交接日（附公历）	大寒日（约一月廿一日）	春分后十三日（约四月四日）	芒种后十日（约六月十六日）	处暑后七日（约八月廿八日）	立冬后四日（约十一月九日）

（三）客运

客运是说明一年中五个阶段的反常气候。

客运以值年的中运为初运，再按五行相生次序，推知二、三、四、终运。其各运季的交接日与主运相同，惟所主气候年年有变化。

表 12　客运表

运季序		初运（中运）	二运	三运	四运	终运
年干	甲己	土	金	水	木	火
	乙庚	金	水	木	火	土
	丙辛	水	木	火	土	金
	丁壬	木	火	土	金	水
	戊癸	火	土	金	水	木

三、六气

六气分为司令之气、主气、客气三种。

（一）司令之气

司令之气是说明全年的气候特点。

《素问·五运行大论》:"子午之上,少阴主之;丑未之上,太阴主之;寅申之上,少阳主之;卯酉之上,阳明主之;辰戌之上,太阳主之;巳亥之上,厥阴主之。""上"指天气。"少阴"等三阴三阳是六气的代词。这就是十二支统气,即从地支取气之意。

表13 司令之气表

年支	子午	丑未	寅申	卯酉	辰戌	巳亥
司令之气	少阴君火	太阴湿土	少阳相火	阳明燥金	太阳寒水	厥阴风木

(二)主气

主气是说明一年中六个阶段的正常气候。

主气是把一年平均分为六个阶段,也叫做六步。每一步六十日有奇(60.875日×6=365.25日,为一年)。各步的气候,每年如此,基本不变。

表14 主气表

气序	初之气	二之气	三之气	四之气	五之气	终之气
主气	厥阴风木	少阴君火	少阳相火	太阴湿土	阳明燥金	太阳寒水
交接日(附公历)	大寒日(约一月廿一日)	春分日(约三月廿一日)	小满日(约五月廿一日)	大暑日(约七月廿三日)	秋分日(约九月廿三日)	小雪日(约十一月廿三)

(三)客气

客气是说明一年中六个阶段的反常气候。

客气也分为六步。其六步名称为司天、在泉、司天左间、司天右间、在泉左间、在泉右间(图1)。其各步的交接日与主气相同,惟所主气候年年有变化。

凡主岁的司令之气,为司天之气,位当三之气;在司天之气的下方,恰与之相对的,是谓在泉之气,位当终之气;在司天和在泉

图 1 客气六步名称及与主气六步的关系图

的左右方,则是左右间气。

《素问·五运行大论》:"诸上见厥阴,左少阴,右太阳;见少阴,左太阴,右厥阴;见太阴,左少阳,右少阴;见少阳,左阳明,右太阴;见阳明,左太阳,右少阳;见太阳,左厥阴,右阳明。所谓面北而命其位,言其见也。"

"厥阴在上,则少阳在下,左阳明,右太阴;少阴在上,则阳明在下,左太阳,右少阳;太阴在上,则太阳在下,左厥阴,右阳明;少阳在上,则厥阴在下,左少阴,右太阳;阳明在上,则少阴在下,左太阴,右厥阴;太阳在上,则太阴在下,左少阳,右少阴。所谓面南而命其位,言其见也。"

"上"指司天,"下"指在泉,"左"、"右"指司天或在泉的左右间气,具体见图2。

司天、在泉的左右间气,其左右位置是相反的。这是由于看图的面向方位不同,故而左右位置相反。司天在上属南方,在泉在下属北方。司天的左右间气是面向在泉而定,所谓"面北而命其位";在泉的左右间气是面向司天而定,所谓"面南而命其位"。

客气六步的次序,是以阴阳之气的多少来排定的,即三阴以

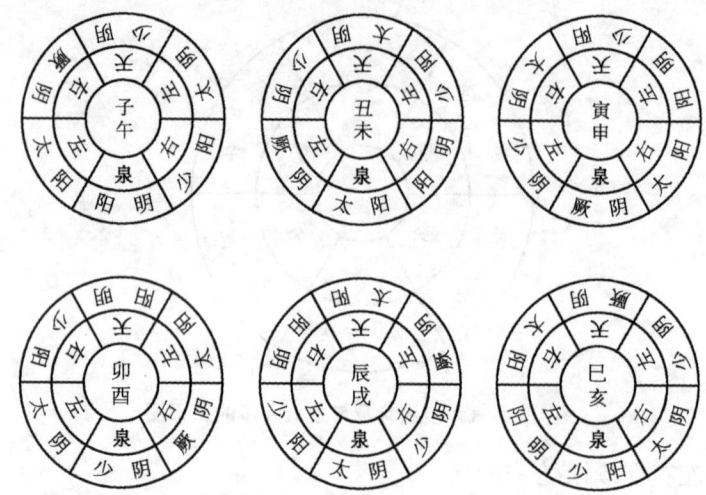

图 2　司天在泉左右间气图

厥阴为一阴,少阴为二阴,太阴为三阴;三阳以少阳为一阳,阳明为二阳,太阳为三阳。

司天、在泉、左右四间气既定,则一年中各个阶段的反常气候便可随之而定。《素问·至真要大论》:"主岁者纪岁,间气者纪步也。""主岁"指司天与在泉而言,它们除与间气一样各主一步("纪步")外,司天还主上半年(初、二、三气),在泉还主下半年(四、五、终气),所谓"纪岁"。

(四)客主加临

每年轮转的客气加在固定的主气之上,便称为"客主加临"。

客主加临是分析客气和主气之间的顺逆情况,以区别客气变化的强弱程度。《素问·至真要大论》:"主胜逆,客胜从。"《素问·六微旨大论》:"君位臣则顺,臣位君则逆。"《素问·五运行大论》:"气相得则和,不相得则病。"

凡客气克主气、客气生主气、君位臣者顺,示客气较弱;主气克客气、主气生客气、臣位君者为逆,示客气较甚;客主之气相同者为同气,示客气最甚。举亥、子两年为例(图3、4)。

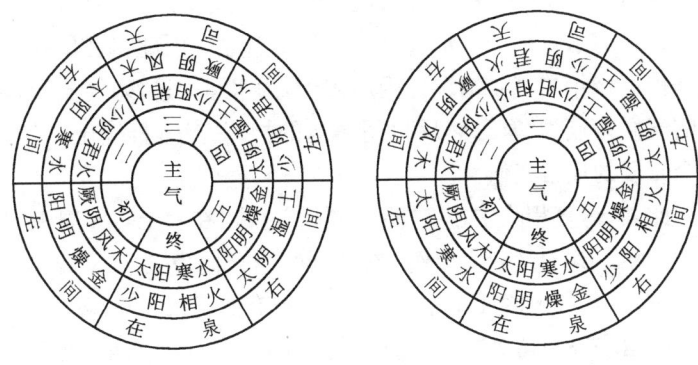

图3 亥年客主加临图　　图4 子年客主加临图

四、运气相临

五运与六气相结合,叫做运气相临。其配合方式是以干支为基础。根据"天干取运,地支取气"的原则,年号上的干支,就是代表了五运和六气两个方面。

五运与六气相结合,目的在于根据运气相临情况,以说明运与气的盛衰关系,从而决定在预测和解释各年气候变化时,是以五运为主,还是以六气为主。

运气相临的盛衰,是从运和气的五行生克关系来分析的。凡生者、克者为盛;被生、被克者为衰。在推算各年气候变化时,以盛者为主,衰者为次。如运与气的五行属性相同,则五运与六气同时运用。如:

壬戌年:壬——中运为木运;戌——司令之气为太阳寒水。运气相临是水生木——气生运——气盛运衰。因此,就以六气学说来推算该年的气候情况。即全年的气候特点为"寒";然后再用客气的推算方法,推算出一年中上半年、下半年以及六个阶段的反常气候,并按其客主加临情况,分析出各反常气候的强弱。

丙寅年:丙——中运为水运;寅——司令之气为少阳相火。运气相临为水克火——运克气——运盛气衰。因此,就以五运学说来推算该年的气候情况。丙属阳干,为水运太过,寒气流行,全年的气候特点为"寒";然后再用客运的推算方法,推算出一年中五个阶段的反常气候。

此外,运气相临中还有"运气同化"之说,在六十年一周中,共得廿六年。其中又分为天符、岁会、同天符、同岁会、太乙天符五种年份。《素问·六元正纪大论》等篇中有此记载。

中运之气与司令之气相符合的,叫做天符。共八年(戊寅、戊申、戊子、乙卯、丁巳、丁亥、丙辰、丙戌)。

中运之气与岁支本气相同,是为岁会(岁支本气指地支的五行属性——寅卯属木,巳午属火,辰戌丑未属土,申酉属金,子亥属水)。共四年(丁卯、甲辰、甲戌、丙子)。

既为天符,又为岁会,便叫太乙天符。共四年(戊午、乙酉、己丑、己未)。(亦有将此四年既排在天符年中,又排在岁会年中的。)

凡逢阳年,太过的中运之气与在泉的客气相合,叫做同天符。共六年(甲辰、甲戌、壬寅、壬申、庚子、庚午)。(其中甲辰、甲戌年与岁会中该两年重复)

凡逢阴年,不及的中运之气与在泉的客气相合,叫做同岁会。共六年(癸巳、癸亥、癸卯、癸酉、辛丑、辛未)。

运气同化是用以分析气候变化的强弱。凡天符和同天符年,气候变化速而强;岁会和同岁会年,气候变化缓而不烈;太乙天符年,气候变化最甚。

五、运气与发病和治疗的关系

从上可知,运气学说是古人推算气候变化的一种方法,而气候变化与人体的发病和治疗有着密切的关系。因此,前人认为运气学说在中医学上的运用,重点在于掌握六淫发病的一般规律,并根据辨证求因,审因论治的原则,把这一学说用作辨证施治的参考。

《素问·至真要大论》:"夫百病之生也,皆生于风寒暑湿燥火。""谨候气宜,无失病机。"

《素问·气交变大论》:"岁木太过,风气流行,脾土受邪,民病飧泄,食减体重,烦冤肠鸣,腹支满,甚则忽忽善怒,眩冒巅疾,反胁痛而吐甚。""岁木不及,燥乃大行,民病中清,胠胁痛,少腹痛,肠鸣溏泄,病寒热,咳而鼽。"

《素问·至真要大论》:"少阴司天,热淫所胜,民病胸中烦热,嗌干,右胠满,皮肤痛,寒热,咳喘,唾血,血泄,鼽衄。""阳明在泉,燥淫所胜,民病喜呕,呕有苦,善太息,心胁痛,不能反侧,甚则嗌干面尘,身无膏泽,足外反热。"

《素问·至真要大论》:"风淫于内,治以辛凉","热淫于内,治以咸寒","湿淫于内,治以苦热","火淫于内,治以咸冷"、"燥淫于内,治以苦温"、"寒淫于内,治以甘热"。"寒者热之,热者寒之,温者清之,清者温之,散者收之,抑者散之,燥者润之,急者缓之,坚者耎之,脆者坚之,衰者补之,强者写之。各安其气,必清必静,则病气衰去,归其所宗,此治之大体也。"

从以上引文来分析,运气与发病的关系包括:

① 气候影响同一属性的本脏而发病,如风→肝,燥→肺;

② 气候影响所克之脏而发病,如风→脾,燥→肝;

③ 其他影响关系,如五脏相互传变,脏与腑表里传变,肌表与内脏相互传变等。

运气与治疗的关系,概括起来说,就是根据药物的性味与功用,针对病因的性质和证候特点,来确定治疗原则和方法。

六、结语

后世许多中医书籍中,也记载有运气学说的内容。如《三因极一病证方论》、《类经图翼》、《医宗金鉴》、《温病条辨》等。还有运气学说的专书,如《玄珠密语》、《运气论奥》、《运气易览》、《运气指掌》等。因此,了解运气学说后,不仅对于学习《内经》有利,而且对阅读后世中医书籍也是有利的。

自然气候变化,是有一定规律的。它是不以人们的意志为转移的。人们不能制定、改变和消灭它,但可以认识它。随着历史的发展和科学水平的提高,人们对气候变化规律的认识必然会随之而提高。运气学说是在古代科学水平较低的情况下,运用"天干取运,地支取气"的推算方法,企图说明自然气候变化具有六十年为一个周期的规律性。古人的这种动机是无可非议的,但推算的结果与气候变化的实际情况是否相符?能否称其为规律?这就是运气学说的关键所在!对此,还必须进一步加以研究。

对于运气学说的评价,历来分歧较大。有极力推崇者,有全部否定者,有主张"一分为二"者。如:

明代马莳说:"学者熟究(五运六气),明其大义,则每年每月气候病症治法,无有不应。"清代吴鞠通说:"五运六气之理,天地运行自然之道。宋人疑为伪书者,盖未体验也……精通气运之理,有先知之妙,时时体验其气之已至、未至、太过、不及……再用有者求之,无者求之,微者责之,盛者责之之功,临证自有准的。今人概不之讲,梦梦处方,张冠李戴,民命何堪!"

明代缪希雍说:"原夫五运六气之说,其起于汉魏之后乎!何者?张仲景汉末人也,其书不载也;华元化三国人也,其书不载也。前之则越人无其文,后之则叔和鲜其说。予是以知其为后世所撰,无益于治疗,而有误乎来学。学者宜深辨之!"清代曹炳章说:"司天运气之说,黄帝不过言天人相应之理,后人以为是年何气司天,民生何病,拘定何药,岂千万人之病,一一与之尽合,不许一人生他病乎?此皆固执不通之言,误人不少。"

金代张子和说:"病如不是当年气,看与何年气运同,便向某年求活法,方知都在《至真》中。"清代冯兆张说:"善言运气者,随机观变,方得古人未发之旨……岂可以干支司岁一定之数,以定无穷时刻盛衰之变哉?"清代陈修园说:"百步之内,晴雨不同,千里之外,寒暄各异,岂可以一定之法,而测非常之变耶?若熟之以资顾问则可,苟奉为治病之法,则执一不通矣。"

近人任应秋说:"虽然与今天的气候学、气象学比较起来,相当朴素,甚至还有不尽符合的地方,但是,毕竟是在长期的生活和生产实践中总结出来的,亦反复经过长期的生活和生产验证,说明它是具有一定的科学基础的……因此对运气学说持完全否定,或完全肯定的态度,都是不正确的。""如何运用五运六气的理论于临床,是读者最关心的问题。而从来谈运气的书,只是把大论中所述的许多症状罗列起来,如某日某运生某病,某气遭某症,反弃运用之大法而不言。虽明如汪省之、陆九芝之流,仍不能脱此窠臼,这于临床是毫无用处的。本书则反此而行,各运各气所主之病症,置而不言,非不欲言也,大论全文具载,又胡可胜言?独以《脏气法时论》为典范,从运用的原则大法阐述,只要掌握了原则大法,变化万千的病症,都在我心胸。作者更反对如宋人《三因方》、《圣惠方》等按五运六气胪列方药,不合现实应用的死板教条。"

我们了解了运气学说的内容及其关键性问题以后,对于上述各家的论说,就可以明辨其是非,而不致盲从,并参与学术争鸣,以提高自己的学术水平。

五运行大论篇第六十七

题解

本篇内容包括古代的天文、地理、气象等学说,它们都是以阴阳五行、五运六气来演绎说明的。其中对五运学说,是从观察自然界中存在着五种不同的气色而创始的。所谓"五运",即五行之气变化运行,因即称"五运行大论"。

黄帝坐明堂,始正天纲①,临观八极②,考建五常③,请天师而问之曰:论④言天地之动静,神明为之纪,阴阳之升降,寒暑彰其兆。余闻五运之数于夫子,夫子之所言⑤,正五气之各主岁尔,首甲定运,余因论之。鬼臾区曰:土主甲己,金主乙庚,水主丙辛,木主丁壬,火主戊癸。子午之上,少阴主之;丑未之上,太阴主之;寅申之上,少阳主之;卯酉之上,阳明主之;辰戌之上,太阳主之;巳亥之上,厥阴主之。不合阴阳⑥,其故何也?岐伯曰:是明道也,此天地之阴阳也。夫数之可数者,人中之阴阳也,然所合,数之可得者也。夫阴阳者,数之可十,推之可百,数之可千,推之可万。天地阴阳者,不以数推,以象之谓也⑦。

注释

① 天纲:指天文学之大纲,如黄道、二十八宿、地平方位等等。

② 八极：张志聪："地之八方也。"

③ 考建五常：张介宾："考，察也。建，立也。五常，五行气运之常也。"即观察推求五行运气之大法。

④ 论：指《太始天元册》文。

⑤ 夫子之所言：指《六节藏象论》中岐伯所说的话。

⑥ 不合阴阳：指三阴三阳之六气与五运，和一般说法有不相符合之处。例如子午在三阴属少阴，在五运属火；卯酉在三阳属阳明，在五运属金等。

⑦ 之谓也：《吴注素问》作"求之也"，义胜。

语译

黄帝坐在明堂里，开始校正天文学的大纲，观看八方地理的形势，研究五行运气阴阳变化的道理，请岐伯来，向他问道：我们曾经讨论过天地动静的道理，是由于自然力量的控制，使它具有一定的规律，阴阳的升降，可以由天气的寒暑，显现出它变化的兆端。我也听先生讲过五运的规律，先生所讲的仅仅是五运主岁，没有讲到五运在最初是怎样与甲子配合的问题，因此我与鬼臾区讨论。鬼臾区认为：土运统率甲、己，金运统率乙、庚，水运统率丙、辛，木运统率丁、壬，火运统率戊、癸。子、午两年是少阴司天；丑、未两年是太阴司天；寅、申两年是少阳司天；卯、酉两年是阳明司天；辰、戌两年是太阳司天；巳、亥两年是厥阴司天。与先生所讲的阴阳之例不符，是什么缘故？岐伯说：道理是很明显的，因为五运六气是天地的阴阳。大凡能够数得清的是人身中的阴阳，所以它能合乎阴阳的规律，而可以用类推的方法求得的。阴阳的基本法则可以由十推演到百，由千推演到万的。但是天空寥阔，它就不适用类推的方法，而应该用观察自然现象的方法来推求它。

按语

从本节经文可以看出，干支甲子，仅仅是演绎五运六气的一种工具，为了便于说明问题，而并不是一成不变的公式。在实际运用上，必须根据当时的自然现象而灵活地对待它。

帝曰：愿闻其所始也。岐伯曰：昭乎哉问也！臣览《太始天元册》文，丹天①之气，经于牛、女戊分②；黅天①之气，经于心、尾己分③；苍天①之气，经于危、室、柳、鬼；素天①之气，经于亢、氐、昴、毕；玄天①之气，经于张、翼、娄、胃。所谓戊己分者，奎、壁、角、轸，则天地之门户④也。夫候之所始，道之所生，不可不通也。帝曰：善。

注释

① 丹天、黅（jīn 今）天、苍天、素天、玄天：丹是赤色，黅是黄色，苍是青色，素是白色，玄是黑色。据传说，上古观天象时，见有五色之云气，横亘于天空，所以有丹、黅、苍、素、玄五天之气的说法。

② 经于牛、女戊分：经，就是横亘。牛、女，以及下文的心、尾、危、室，柳、鬼、亢、氐、昴、毕、张、翼、娄、胃、奎、壁、角、轸等，是二十八宿（xiù 秀）的名称。二十八宿是古代天文学上的星座位次。戊分，即奎、壁二宿之位，详见下图5。

③ 己分：即角、轸二宿之位。

④ 天地之门户：太阳之视运动，位于奎、壁二宿时，正当由春入夏之时；位于角、轸二宿时，正当由秋入冬之时。夏为阳中之阳，冬为阴中之阴，所以古人称奎、壁、角、轸为天地之门户。

语译

黄帝道：希望你讲明白它最初是怎样创始的。岐伯说：这是一个很有意思的问题！我曾在《太始天元册》文里看到：古人测天象时，看见天空当中有赤色的气，横亘在牛、女二宿与西北方戊位之间；黄色的气横亘在心、尾二宿与东南方己位之间；青色的气横亘在危、室二宿与柳、鬼二宿之间；白色的气横亘在亢、氐二宿与昴、毕二宿之间；黑色的气横亘在张、翼二宿与娄、胃二宿之间。

所谓戊位，就是奎、壁二宿的所在，已位是角、轸二宿的所在，奎、壁是在立秋到立冬的节气之间，角、轸是在立春到立夏的节气之间，所以是天地的门户。这是推算气候时令的第一步，是自然规律所产生的，不可不通晓它。黄帝道：对。

论言①天地者，万物之上下；左右者，阴阳之道路。未知其所谓也。岐伯曰：所谓上下②者，岁上下见阴阳之所在也。左右②者，诸上见厥阴，左少阴，右太阳；见少阴，左太阴，右厥阴；见太阴，左少阳，右少阴；见少阳，左阳明，右太阴；见阳明，左太阳，右少阳；见太阳，左厥阴，右阳明。所谓面北而命其位③，言其见也。

图5　二十八宿方位与二十四节气关系图

说明：1.图中最外一圈，为二十四节气名称，也是地球在该节气所在的方位。向内第二圈是二十八宿名称。向内第三圈是十干方位，中心是太阳,太阳四周是地球运行的轨道。

2. 二十八宿星是恒星,太阳在地球上一年间移行的大圈,叫做"黄道",这是地球轨道面与天球相交而成的大圈,也就是把地球轨道面无限的向天空扩大所成的大圈。黄道不但是太阳移动的轨道,月球和其他行星也都移动在黄道附近。天体广阔而空洞,若欲指出日月五星的位置,必须要有一个标志,于是取比较固定的恒星以标志天体的部位。古人将恒星联缀成种种器物之形,加以命名,于是就有二十八宿的名称。二十八宿分布的位置,正当日月五星循行的黄道上,它们的次序名目,自东南方起向北向西,而南而东,复会于东南方原位,所以角、亢、氐、房、心、尾、箕为东方七宿,斗、牛、女、虚、危、室、壁为北方七宿,奎、娄、胃、昴、毕、觜、参为西方七宿,井、鬼、柳、星、张、翼、轸为南方七宿。天体既然空洞,视之又旋转不定,四方之方位很难确定,于是古人以春天为标准,当立春之时,地球正当位于柳星诸宿,在此时的夜半,可以看到柳、星二宿,位于天空正中(称为"中天"),而角、亢诸宿位于东方,觜、参诸宿位于西方,牛、女诸宿(背向地球)在下。在下为北方,在上为南方。故以亢、角诸宿定为东方,牛、女诸宿定为北方,奎、娄诸宿定为西方,井、鬼诸宿定为南方,于是二十八宿就有了四方方位。

若以十干之方位合之,那么牛、女二宿在北方偏东之癸位,奎、壁二宿当西北方戊位,"丹天之气经于牛、女戊分",所以戊、癸主火运;心、尾二宿当东方偏北之甲位,角、轸二宿当东南方己位,"黔天之气经于心、尾己分",所以甲、己主土运;危、室二宿当北方偏西之壬位,柳、鬼二宿当南方偏西之丁位,"苍天之气经于危、室、柳、鬼",所以丁、壬主木运;亢、氐二宿当东方偏南之乙位,昴、毕二宿当西方偏南之庚位;"素天之气经于亢、氐、昴、毕",所以乙、庚主金运;张、翼二宿位于南方偏东之丙位,娄、胃二宿位于西方偏北之辛位,"玄天之气经于张、翼、娄、胃",所以丙、辛主水运。

3. 二十八宿有好多别名,如"氐宿"亦名"天根","房宿"亦名"天驰",或称"房驰","心宿"亦名"商星",或称"大火","斗宿"俗名"南斗","虚宿"亦名"北陆","室宿"又名"营室","壁宿"或名"东壁"等。

注释

① 论言:指鬼臾区所说,见《天元纪大论》。

② 上下、左右:上,指司天。下,指在泉。左右指司天之左右间气。司天之左侧为左间,司天之右侧为右间。

③ 面北而命其位:上为南,下为北。面向南方时的左右和面向北方时的左右恰恰相反,故经文说明司天的左右是面向北方时所定的。

语译

我曾与鬼臾区讨论过,他说天地是万物的上下,左右是阴阳运行的道路。但是我还没有明白它的意义。岐伯说：所谓上下，是该年的司天在泉位置上的阴阳。所谓左右，是司天的左右，凡是司天的位置见到厥阴时，左面便是少阴，右面是太阳；见到少阴时，左面是太阴，右面是厥阴；见到太阴时，左面是少阳，右面是少阴；见到少阳时，左面是阳明，右面是太阴；见到阳明时，左面是太阳，右面是少阳；见到太阳时，左面是厥阴，右面是阳明。这里所说的左右是指面向北方时所见的位置。

帝曰：何谓下？岐伯曰：厥阴在上，则少阳在下，左阳明，右太阴①；少阴在上，则阳明在下，左太阳，右少阳；太阴在上，则太阳在下，左厥阴，右阳明；少阳在上，则厥阴在下，左少阴，右太阳；阳明在上，则少阴在下，左太阴，右厥阴；太阳在上，则太阴在下，左少阳，右少阴。所谓面南而命其位，言其见也。上下相遘②，寒暑相临③，气相得④则和，不相得⑤则病。

帝曰：气相得而病者何也？岐伯曰：以下临上⑥，不当位也。

注释

① 左阳明，右太阴：指在泉之左右间气。可参见图6。

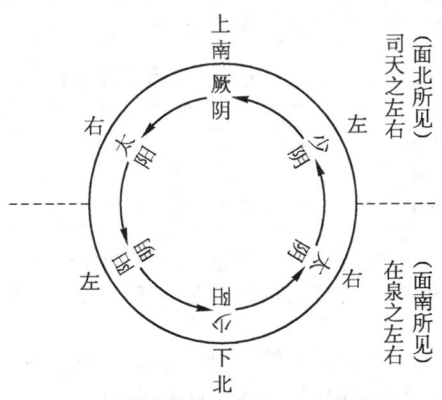

图6　厥阳司天少阳在泉的左右间气图

说明:1.图中南北左右是固定的,三阴三阳是运动的。

2.古人把三阴三阳分布在一个假设的轨道上,不停地向着图中箭头所指的方向运动,每年向前推进一步(六年循环一周)。并认为这种运动出于天气,所以称为流行的客气。

3.站在图的上面面向北方,和站在下面面向南方时的左右恰恰相反。面向北方时见到厥阴在上,则右太阳,左少阴;面向南方时见到少阳在下,则左阳明,右太阴。余类推。

② 上下相遘(gòu购):上指客气。下指主气。上下相遘,就是司天在泉之客气与主时六步之气相交。

③ 寒暑相临:指流行之客气,加临于主时之六气。详见表15。

表15 客气主气加临表

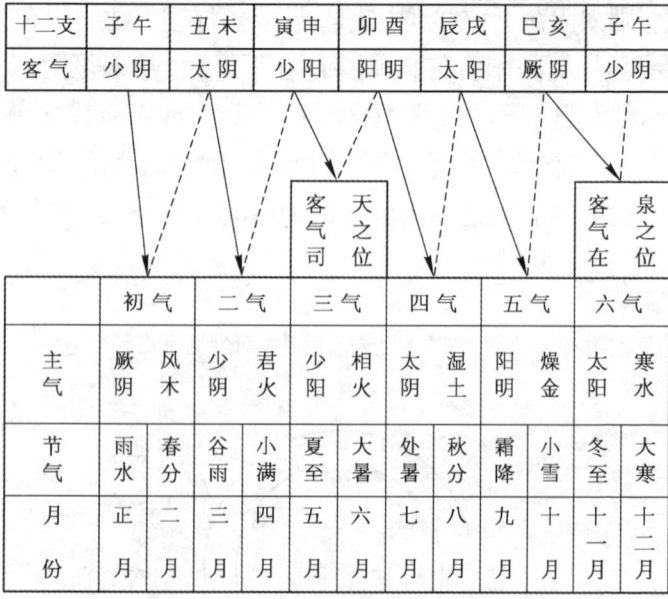

十二支	子午	丑未	寅申	卯酉	辰戌	巳亥	子午
客气	少阴	太阴	少阳	阳明	太阳	厥阴	少阴

	初气	二气	三气	四气	五气	六气
主气	厥阴风木	少阴君火	少阳相火	太阴湿土	阳明燥金	太阳寒水
节气	雨水	春分	谷雨	小满	夏至	大暑	处暑	秋分	霜降	小雪	冬至	大寒
月份	正月	二月	三月	四月	五月	六月	七月	八月	九月	十月	十一月	十二月

说明:1. 客气由于天的运动而逐年转换,所以称为客气。客气以阴阳为序,其次序乃厥阴、少阴、太阴、少阳、阳明、太阳,即一阴二阴三阴一阳二阳三阳。

2. 主气由于地之运动而产生,乃四时固定的应有气候,其次序年年相同不变,所以称之为主气。主气以五行相生为序。

3. 主气固定不动,客气逐年流转,以客气加于主气之上,称为"客主加临"。表中主客气间的实线是:寅申年少阳司天,加临主气少阳;厥阴在泉,加临主气太阳。表中的虚线是:卯酉年阳明司天,加临主气少阳,少阴在泉,加临主气太阳。其他可以类推。

④ 相得:客主之气相生。

⑤ 不相得:客主之气相克。

⑥ 以下临上:君火为上,相火为下,二火相加,若下加于上为"逆",上加于下为"顺"。一说:下为子,上为母,如土临火、火临木、木临水、水临金、金临土,以子临母,故为"不相得"。

语译

黄帝道:怎样是在泉(下)呢? 岐伯说:厥阴司天,是少阳在泉,在泉的左是阳明,右是太阴;少阴司天,是阳明在泉,左是太阳,右是少阳;太阴司天,是太阳在泉,左是厥阴,右是阳明;少阳司天,是厥阴在泉,左是少阴,右是太阳;阳明司天,是少阴在泉,左是太阴,右是厥阴;太阳司天,是太阴在泉,左是少阳,右是少阴。这里的左右是指面向南方时所见的位置说的。上下相互交合,寒暑相互加临,其气相互生旺的就是和平,相互克贼的就会使人生病。

黄帝又道:有气相互生旺而使人生病的,这是什么缘故? 岐伯说:以下位加临于上位,虽似相得,但也属于克贼之类。

帝曰:动静何如? 岐伯曰:上者右行,下者左行①,左右周天,余而复会也。

帝曰:余闻鬼臾区曰,应地者静②。今夫子乃言下者左行,不知其所谓也,愿闻何以生之乎? 岐伯曰:天地动静,五行迁复,虽鬼臾区其上候③而已,犹不能遍明。夫变化之用,天垂象,地成形,七曜纬虚④,五行丽⑤地。地者,所以载生成之形类⑥也;虚者,所以列应天之精气⑦

也。形精之动,犹根本与枝叶也,仰观其象,虽远可知也。

帝曰:地之为下否乎? 岐伯曰:地为人之下,太虚之中者也。

帝曰:冯⑧乎? 岐伯曰:大气举之也。燥以干之,暑以蒸之,风以动之,湿以润之,寒以坚之,火以温之。故风寒在下,燥热在上,湿气在中,火游行其间,寒暑六入⑨,故令虚而生化⑩也。故燥胜则地干,暑胜则地热,风胜则地动,湿胜则地泥,寒胜则地裂,火胜则地固矣。

注释

① 上者右行,下者左行:张介宾:"上者右行,言天气右旋,自东而西以降于地。下者左行,言地气左转,自西而东以升于天。"此以面向南方之位置而言。可参见图6。

② 应地者静:见《天元纪大论》注释。

③ 上候:上等的意思。

④ 纬虚:虚,指太虚——宇宙。纬,就是日月五星循环于太空的意思。

⑤ 丽:附着。因五行是有形物质,未有不附着在地上而得全其形体的。

⑥ 形类:有形的物类。

⑦ 应天之精气:指日月五星。古人认为日月五星之根本来源是天——宇宙,所以称为"应天之精气"。

⑧ 冯(píng评):通"凭"。张介宾:"言地在太虚之中而不坠者,果亦有所依凭否?"

⑨ 寒暑六入:寒暑,指一年。六,指六气。六气下临大地如自外而入,故称"六入"。

⑩ 令虚而生化:古人认为实则不能接受外来的东西,不接受外来的东西就不能生化,因为六气的影响能使大地生化万物,所以说"令虚而生化"了。又《素问释义》以"虚而"两字为衍文。《吴注素问》、《类经》等"生化"作"化生"。

语译

黄帝道：天地运转的动静怎样？岐伯说：在上的司天顺着地球向右行，在下的在泉顺着地球向左行，左右旋转一周为一年，才回归到原来的位置。

黄帝又道：我听到鬼臾区说，应地之气是静止不动的。现在先生说在下面的向左行，不知道是怎样一回事，请问怎样会动的？岐伯说：天地的运动和静止，五行的循环流转，鬼臾区虽是比较上等的医生，但也没有了解全面。大凡宇宙界的变化作用，在天使天显出星象，在地使地生成万物之形态，日月五星循行天空，五行之气附着大地。所以大地是盛载由五行之气所生成的有形物类的；天空是分布日月五星——应天之精气的。大地上万物与天上的精气之间的关系，好像根本与枝叶一样的密切，地面上万物的起源虽然很古远，但是抬起头来看到天象，也就可以了解了。

黄帝问：大地是不是在宇宙的下面？岐伯说：大地位于人的下面，宇宙之中间。

黄帝又问：它依凭着什么呢？岐伯说：它依靠了大气的力量，高举在宇宙之中的。燥气使它干燥，暑气使它蒸发，风气使它运动，湿气使它润泽，寒气使它坚实，火气使它温暖。所以风寒在下，燥热在上，湿气位于中央，火气游行于左右，寒暑往来，一年之中，六气侵入地面，地面受其影响而生化万物。因此燥气太过地面就干燥，暑气太过地面热度就增高，风气太过地面上万物皆振动，湿气太过地面就会湿润，寒气太过地面就会开裂，火气太过地就坚实固密了。

帝曰：天地之气①，何以候之？岐伯曰：天地之气，胜复②之作，不形于诊也。《脉法》曰，天地之变，无以脉诊。此之谓也。

帝曰：间气③何如？岐伯曰：随气所在，期于左右④。

帝曰：期之奈何？岐伯曰：从其气则和，违其气则病，不当其位⑤者病，迭移其位⑥者病，失守其位⑦者危，尺寸反者死，阴阳交⑧者死。先立其年，以知其气，左右应见，然后乃可以言死生之逆顺。

注释

① 天地之气：指司天、在泉之气。

② 胜复：克贼侵犯称为"胜"。复，就是"报复"的意思。张志聪："胜复之作者，淫胜郁复也。"

③ 间气：六气除一气司天，一气在泉之外，位于司天及在泉左右的，均称为间气。可参见图6。

④ 左右：指左右手的脉搏。张介宾："左右者，左右寸尺也。"

⑤ 不当其位：高世栻："不当其位，即上文云，以下临上不当位也。"张介宾："应左而右，应右而左，应上而下，应下而上也。"此言脉象，当从张注。

⑥ 迭移其位：指左右相反。王冰："谓左见右脉，右见左脉。气差错故尔。"

⑦ 失守其位：张介宾："克贼之脉见，而本位失守也。"

⑧ 阴阳交：王冰："交，谓岁当阴，在右脉反见左；岁当阳，在左脉反见右。左右交见，是谓交。若左独然，或右独然，是不应气，非交也。"

语译

黄帝说：司天在泉之气，在脉搏上怎样诊察呢？岐伯说：天气与地气胜复的变化，在脉搏上是诊察不到的。《脉法》上说：天地的变化，是不能在脉搏上诊察到的。就是这个意思。

黄帝又道：左右间气怎样？岐伯说：根据间气的位置，可以诊察左右手的脉搏。

黄帝问：怎样诊察呢？岐伯说：脉与气相应的为和平，脉与气相违的就会生病，见于他位的会生病，左右相反的会生病，见到相克之脉的病就危险,尺寸俱相反的就会死亡,阴阳交错而见的也会死亡。首先要确定该年的司天在泉,从而知道它的左右间气,然后可以推测其死生逆顺的变化。

按语

本节主要指出脉与气候的关系,必须先知道了司天在泉、左右间气,才能确定尺寸左右、阴阳顺逆,然后以决死生、断吉凶。所谓顺逆,即应与不应之辨别。《至真要大论》说:"厥阴之至其脉弦,少阴之至其脉钩,太阴之至其脉沉,少阳之至大而浮,阳明之至短而涩,太阳之至大而长。至而和则平,至而甚则病,至而不至者病,未至而至者病,阴阳易者危。"与本节的意义相同,可互参。

帝曰:寒暑燥湿风火,在人合之奈何?其于万物,何以生化?岐伯曰:东方生风,风生木,木生酸,酸生肝,肝生筋,筋生心。其在天为玄,在人为道,在地为化。化生五味,道生智,玄生神,化生气。神在天为风,在地为木,在体为筋,在气为柔①,在藏为肝。其性为暄②,其德为和,其用为动,其色为苍,其化为荣,其虫③毛,其政④为散,其令④宣发,其变摧拉,其眚⑤为陨,其味为酸,其志为怒。怒伤肝,悲胜怒;风伤肝,燥胜风;酸伤筋,辛胜酸。

注释

① 柔:指物体柔软,如草木倮虫之类。王冰:"木化宣发,风化所行,则物体柔软。"

② 暄(xuān 喧):温暖。

③ 虫:泛指动物。《大戴礼记·曾子天圆》:"毛虫之精者曰麟,羽虫之精者曰凤,介虫之精者曰龟,鳞虫之精者曰龙,倮虫之精者曰圣人。"

④ 政、令:令,有行使权力之义。政,为统率和管理的意思。政与令是指气候变化加于万物的某些作用,比喻统治者所施行的政令。

⑤ 眚(shěng省)：灾害之义。

语译

黄帝道：天之寒暑燥湿风火六气，在人体怎样配合呢？对于万物的生化关系又怎样呢？岐伯说：东方傍海而多风，所以说东方生风，风气能使在地木气生长，木气能生酸味，酸味能滋养肝脏，肝的阴血能营养筋膜，肝与筋膜和调能使心气旺盛。六气的变化，在天使天保持无穷的力量，在人使人了解事物变化的规律，在地使地生化万物。地有生化，能化生五味，人能了解事物的变化规律，就能生出智慧，天保持了无穷的力量，就能使它运动不息，从而产生五行六气。所以六气变化，在天是风，在地是木，在人体是筋，在物体生化是柔软，在内脏是肝。凡是温暖的性质，敷布阳气的功能，运动的作用，青色象征万物荣茂的力量，繁育着有毛的动物，发散生气，宣布阳和的时令，若气候变化异常而万物遭受摧残，植物的枝叶就会陨坠，物体变质而发生酸味，人发怒的情绪变化，都属于风木之气。怒甚会损伤肝，悲哀的情绪能抑制忿怒；风气能损害肝，燥气能克制风气；酸味太过会伤害筋，辛味能克制酸味。

南方生热，热生火，火生苦，苦生心，心生血，血生脾。其在天为热，在地为火，在体为脉，在气为息①，在藏为心。其性为暑，其德为显，其用为躁，其色为赤，其化为茂，其虫羽，其政为明，其令郁蒸，其变炎烁，其眚燔焫，其味为苦，其志为喜；喜伤心，恐胜喜；热伤气，寒胜热；苦伤气，咸胜苦。

注释

① 息：生长的意思。王冰："息，长也。"《礼记·月令》注："阳生为息。"

语译

南方是气候较热的地方,所以说南方生热,热气能使在地的火气生长,火气能生苦味,苦味能滋养心脏,心能生血脉,心血和调则脾气旺盛。所以六气变化在天是热,在地是火,在人体是血脉,在功用能使物体生长,在内脏是心。凡是炎热的性质,显露光华的功能,躁急的作用,赤色促使万物茂盛的力量,繁殖着有羽毛的动物,日照当空地气上蒸的时令,发生变化会使万物焦烁枯槁好像火烧一样的自然灾害,以及物质发生苦味,人喜乐的情绪变化,都属于火热之气。喜乐太过会损害心,恐惧的情绪能克制喜乐;过热也会损害心,寒气能克制热气;苦味太过能损害心气,咸味能克制苦味。

中央生湿,湿生土,土生甘,甘生脾,脾生肉,肉生肺。其在天为湿,在地为土,在体为肉,在气为充①,在藏为脾。其性静兼②,其德为濡,其用为化,其色为黄,其化为盈③,其虫倮④,其政为谧⑤,其令云雨,其变动注,其眚淫溃,其味为甘,其志为思。思伤脾,怒胜思;湿伤肉,风胜湿;甘伤脾,酸胜甘。

注释

① 充:王冰:"土气施化,则万象盈。"即充盈肥满之义。

② 静兼:张志聪:"静者,土之性。兼者,土旺四季,兼有寒热温凉之四气也。"

③ 盈:高世栻:"其化为盈,物之充也。"即充满丰盛之义。

④ 倮(luǒ 裸):同"裸"。倮虫,旧时总称无羽毛鳞甲蔽身的动物。

⑤ 谧(mì 密):平静。王冰:"谧,静也,土性安静。"

语译

中央是湿气较多的地方,所以说中央生湿,湿气能使在地的土气生长,土气能生甘味,甘味能滋养脾脏,脾能使肌肉丰满,脾与肌肉健壮则肺气旺盛。所以六气变化在天是湿,在地是土,在人体是肌肉,在功用能使形体充实肥满,在内脏是脾。凡是安静具有容纳的性质,潮湿润泽的功能,化生万物的作用,黄色使形体充盛丰满的力量,繁殖着倮体的动物,天气平静地气上升,云雨及时的时令,发生了骤雨急下或淫雨连绵,河水泛滥的自然灾害,甘味的物质,人思虑的情绪变化,都属于湿土之气。思虑太过会损伤脾,忿怒的情绪能克制思虑;湿气会伤害肌肉,风气能克制湿气;甘味太过会伤害脾,酸味能克制甘味。

西方生燥,燥生金,金生辛,辛生肺,肺生皮毛,皮毛生肾。其在天为燥,在地为金,在体为皮毛,在气为成①,在藏为肺。其性为凉,其德为清,其用为固,其色为白,其化为敛,其虫介②,其政为劲③,其令雾露,其变肃杀,其眚苍落④,其味为辛,其志为忧。忧伤肺,喜胜忧;热伤皮毛,寒胜热;辛伤皮毛,苦胜辛。

注释
① 成:成熟、成形。高世栻:"在气为成者,感秋气而万物成就也。"
② 虫介:介,即"甲",俗称"壳"。虫介,有壳的动物。
③ 劲:坚强有力。
④ 苍落:王冰:"青干而凋落。"即凋谢之义。

语译

西方是比较干燥的地方,所以称西方生燥,燥气能令在地的金气生长,金气能生辛味,辛味能滋养肺脏,肺能滋养皮毛,肺与皮毛强健则肾气旺盛。所以六气的变化在天是燥,在地为金,在人体是皮毛,在功用能使物体成就,在内脏是肺。凡是具有清凉的性质,清静的功能,保卫的作用,白色象征收敛的力量,繁殖有壳的动物,锐利劲切雾露下降的时令,能使万物生机减杀,发生枝叶枯萎凋谢的自然灾害,以及辛味的物质,人忧愁的情绪变化,都属于燥金之气。忧愁太过会伤害肺,喜乐的情绪能克制忧愁;热气太过会伤害皮毛,寒气能克制热气;辛味太过能伤害皮毛,苦味能克制辛味。

北方生寒,寒生水,水生咸,咸生肾,肾生骨髓,髓生肝。其在天为寒,在地为水,在体为骨,在气为坚①,在藏为肾。其性为凛②,其德为寒,其用为藏③,其色为黑,其化为肃,其虫鳞,其政为静,其令霰雪④,其变凝冽⑤,其眚冰雹,其味为咸,其志为恐。恐伤肾,思胜恐;寒伤血,燥胜寒;咸伤血,甘胜咸。

五气更立⑥,各有所先,非其位则邪,当其位则正。帝曰:病生之变何如? 岐伯曰:气相得则微,不相得则甚。

注释
① 坚:高世栻:"在气为坚者,感冬气而万物坚凝也。"
② 凛:高世栻:"凛,严厉也。冬气严厉而寒,故其性为凛。"
③ 藏:原脱,据《吴注素问》、《类经》补。
④ 霰(xiàn线)雪:原脱,据《吴注素问》补。
⑤ 凝冽:水结冰为"凝",冷极称"冽"。
⑥ 五气更立:五气交替主时。张志聪:"五气,五方之气也。更立,四时之更换也。"

语译

北方是比较寒冷的地方,所以说北方生寒,寒气能使在地的水气生长,水气能生咸味,咸味能滋养肾脏,肾精能滋生骨髓,肾精骨髓充盈则肝脏壮实。所以六气的变化在天是寒,在地是水,在人体是骨,在功能使物体坚固,在内脏是肾。凡是具有严厉的性质,寒冷的功能,贮藏的作用,黑色象征物体静止的力量,繁殖有鳞片的动物,寒冷冰雪的时令,发生剧烈的寒冷和冰雹霜雪非时而下的自然灾害,以及咸味的物质,人恐惧的情绪变化,都属于寒水之气。恐惧太过会伤害肾,思虑能克制恐惧;寒气太过会伤害血脉,燥气能克制寒气;咸味能伤害血脉,甘味能克制咸味。

五方之气,交替主时,各有先期而至的,若与时令相反的是邪气,与时令相合的是四时正气。黄帝问:它所致的病变怎样? 岐伯说:气与时令相合的虽病亦轻,不相符合的其病必重。

按语

以上五节,可与《阴阳应象大论》及《气交变大论》互参。

帝曰:主岁①何如? 岐伯曰:气有余,则制己所胜②,而侮所不胜③;其不及,则己所不胜侮而乘之,己所胜轻而侮之。侮反受邪,侮而受邪,寡于畏也。帝曰:善!

注释

① 主岁:马莳:"主岁者,亦谓前五方之气各治一岁之政者也。"即五行各主一岁,五行主岁称为"五运"。
② 己所胜:被我所克制的。
③ 所不胜:克制我的。

语译

黄帝道:五气主岁怎样? 岐伯说:气太过,一方面能克制自己所克的气,另一方面也能欺侮克制自己的气;如气不及,一方面克制自己的气乘隙欺侮,另一方面本来受自己克制的气,也轻视自己的不及而来侵犯。凡是欺侮人侵犯人的,他自己反会受到邪气的侵袭,所以然之故,因为它无所忌惮而缺少了防御的力量。黄帝说:讲得很对!

本 篇 要 点

一、说明五运学说是从观察宇宙中存在着五种不同的气色而起始的。

二、叙述了六气的假设位置、运行方向和次序。

三、指出地在人之下、太虚之中,赖大气举之,而能保持在宇宙中间。周围大气的变化,直接影响着地面上的一切事物。

四、说明五运六气的变化对人体的影响和对万物生化的关系。

六微旨大论篇第六十八

题解

本篇阐明天道六六之节,以应天气、应地理,突出主岁主时加临之六气。因所论各节内容,至为精微,故称"六微旨"。高世栻认为"本经第九篇六节藏象论,为六气之大纲;此则阐明其旨,以悉其微,故曰六微旨大论。"

黄帝问曰:呜呼远哉!天之道也,如迎浮云,若视深渊,视深渊尚可测,迎浮云莫知其极。夫子数言,谨奉天道,余闻而藏之,心私异之,不知其所谓也。愿夫子溢志尽言其事,令终不灭,久而不绝。天之道可得闻乎?岐伯稽首再拜对曰:明乎哉问!天之道也,此因天之序,盛衰之时也。

帝曰:愿闻天道六六之节盛衰何也?岐伯曰:上下有位,左右有纪。故少阳之右,阳明治之;阳明之右,太阳治之;太阳之右,厥阴治之;厥阴之右,少阴治之;少阴之右,太阴治之;太阴之右,少阳治之。此所谓气之标①,盖南面而待也。故曰,因天之序,盛衰之时,移光定位,正立而待之②。此之谓也。少阳之上,火气治之,中见厥阴③;阳明之上,燥气治之,中见太阴;太阳之上,寒气治之,中见少阴;厥阴之上,风气治之,中见少阳;少阴之上,热气治之,中见太阳;太阴之上,湿气治之,中见阳明。所谓本也,本之下,中之见也,见之下,气之标也。本标不同,气应异象④。

注释

① 气之标:气,指六气。气之标,就是三阴三阳为六气之标。

② 移光定位,正立而待之:是古代测天以定节气的方法。最初用树立木杆来观看日影,后来逐步改进制成一种叫做"圭表"的天文仪器,见图7。

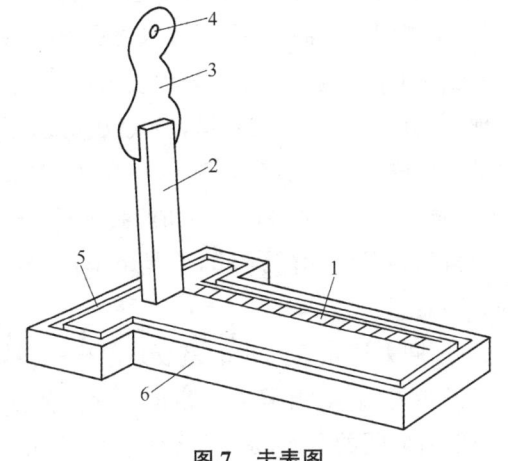

图7 圭表图

说明:圭(1)有刻度,平卧在石座(6)上,石座周围刻有水渠(5),用来定水平,南端立表(2),表的上端有一景符(3)向外弯曲,景符中间有一圆孔(4)。正午时候,太阳的影子经过圆孔射到圭面上来。在冬至时日影最长,夏至最短。观察日影投射在圭面的长度,可以测知时令节气。

③ 中见厥阴:张介宾:"此以下言三阴三阳各有表里,其气相通,故各有互根之中气。少阳之本火,故火气在上,与厥阴为表里,故中见厥阴,是以相火而兼风木之化也。"参见表16。

表16　标本中气表

本	火气	燥气	寒气	风气	热气	湿气
中	厥阴	太阴	少阴	少阳	太阳	阳明
标	少阳	阳明	太阳	厥阴	少阴	太阴

④ 气应异象：高世栻："六气应病不同，故气应异象。象，病形也。"又由于少阴、太阳之本标不同，所以其气应之象则各异。

语译

黄帝道：天体运行变化的道理多么深远呀！好像仰观天空中的浮云，又好像俯视深渊清澈无底，但渊水之深，还可以测量，唯迎浮云，不知道它到什么地方停止。先生屡次说，要小心谨慎地顺从天的道理，我听了以后，记在心里，但我又怀疑，不了解它到底有什么意义。请先生尽量详细的解释一遍，使它永远流传下去，不致失传。对天体运行的规律可以讲给我听吗？岐伯恭敬地回答说：你问得很高明！所谓天之道，就是由于自然界的变化而显示出来的时序盛衰。

黄帝又道：请问天道六气六步的盛衰是怎样的？岐伯说：上下六步有一定的位置，左右升降有一定的次序。例如少阳的右面，是阳明管理的；阳明的右面，是太阳管理的；太阳的右面，是厥阴管理的；厥阴的右面，是少阴管理的；少阴的右面，是太阴管理的；太阴的右面，是少阳管理的。这是六气之标，是面向南方而定的位置。因此说，天气变化有一定的次序，时令有盛衰的不同，等待日中之时，观看日光移影所确定的位置，就是上面所说的次序。少阳的上面是火气管理的，它的中气是厥阴；阳明的上面是燥气管理的，它的中气是太阴；太阳的上面是寒气管理的，它的中气是少阴；厥阴的上面是风气管理的，它的中气是少阳；少阴的上面是热气管理的,它的中气是太阳;太阴的上面是湿气管理的,它的中气是阳明。所说的上面是三阴三阳的本气,本的下面是中见之气,中气的下面是六气的标。因为六气的本标不同,所以它反映的现象也不是一致的。

帝曰:其有至而至①,有至而不至,有至而太过②,何也？岐伯曰:至而至者和;至而不至,来气不及也;未至而至,来气有余也。

帝曰:至而不至,未至而至,如何？岐伯曰:应则顺,否则逆,逆则变生,变生③则病。帝曰:善！请言其应。岐伯曰:物,生其应也;气,脉其应也。帝曰:善！

注释

① 至而至:前一个"至"指时令已到,后一个"至"指六气到来。至而至,就是六气之至与时令相一致。张介宾:"时至气亦至,和平之应也。"

② 至而太过:即下文所谓"未至而至",就是未到其时而有其气。张介宾:"时未至而气先至,来气有余也。"

③ 生:原脱,据四库全书本补。

语译

黄帝道:六气有及时而至的,有时至而气不至的,有先时而至的,这是为什么？岐伯说:及时而至的是和平之气;时至而气不至的是气之不及;时未至而气先至的是气之有余。

黄帝又道:时至而气不至的,时未至而气先至的,会怎样呢？岐伯说:能适应则顺,否则为逆,逆则产生异常变化,异常变化能导致疾病。黄帝又问:好！请你讲讲相适应的情况。岐伯说:万物,生长变化是相适应的;人气,脉象变化是相适应的。黄帝说:对！

愿闻地理之应六节气位①何如？岐伯曰：显明②之右，君火之位也；君火之右，退行一步③，相火治之；复行一步，土气治之；复行一步，金气治之；复行一步，水气治之；复行一步，木气治之；复行一步，君火治之。相火之下，水气承④之；水位之下，土气承之；土位之下，风气承之；风位之下，金气承之；金位之下，火气承之；君火之下，阴精承之。帝曰：何也？岐伯曰：亢则害，承乃制，制则生化⑤，外列盛衰⑥，害则败乱，生化大病。

注释

① 地理之应六节气位：六节气位，指主时之六气。主时之六气，年年相同，所以称"地理之应"。也即《天元纪大论》所说的"应地之气，静而守位"。

② 显明：张介宾："显明者，日出之所，卯正之中，天地平分之处也。"此处指春分节。见表17。

表17 六步与节气、六气、下承之气关系表

六(节)步	初	二	三	四	五	六
节气	大立雨惊寒春水蛰	春清谷立分明雨夏	小芒夏小满种至暑	大立处白暑秋暑露	秋寒霜立分露降冬	小大冬小雪雪至寒
六(位)气	厥阴风木	少阴君火	少阳相火	太阴湿土	阳明燥金	太阳寒水
下承之气	金气	阴精	水气	风气	火气	土气

③ 退行一步：张介宾："退行一步，谓退于君火之右一步也。"按向右行为退行，一步等于60.875日，六步合计365.25日为一年。每步平均各主四个节气，见表17。

④ 承：承袭的意思。张志聪："承者，谓承奉其上而制之也。"王履："承，犹随也。然不言随而言承者，以下言，则有上奉之象。"吴崑："六气各专一令，专令者常太过，故各有所承，所以防其太过，不欲其亢甚为害也。"

⑤ 亢则害，承乃制，制则生化：张介宾："亢者，盛之极也。制者，因其极而抑之也。盖阴阳五行之道，亢极则乖，而强弱相残矣。故凡有偏盛，则必有偏衰；使强无所制，则强者愈强，弱者愈弱，而乖乱日甚。所以亢而过甚，则害乎所胜，而承其下者，必从而制之。……夫盛极有制，则无亢害，无亢害则生化出乎自然。"

⑥ 外列盛衰：张志聪："外列盛衰者，谓外列主岁之气，有盛有衰。如主岁之气与主时之气交相亢极，则为害更甚，故曰害则败乱，生化大病。"

语译

希望听你讲讲关于六气主时的位置是怎样的？岐伯说：春分节之后是少阴君火的位置；君火之右，后退一步，是少阳相火主治的位置；再退一步，是太阴土气主治的位置；再退一步，是阳明金气主治的位置；再退一步，是太阳水气主治的位置；再退一步，是厥阴木气主治的位置；再退一步，是少阴君火主治的位置。相火的下面，有水气承袭相制；水气主治之位的下面，有土气承袭相制；土气主治之位的下面，有风气承袭相制；风气主治之位的下面，有金气承袭相制；金气主治之位的下面，有火气承袭相制；君火主治之位的下面，有阴精承袭相制。黄帝又问：这是为什么？岐伯说：六气亢盛就会产生损害作用，所以要有相承袭之气来制约它，有制约而后才能生化，才能抗御外来太过不及的邪气，如果亢盛无制，就会使生化之机败坏紊乱，产生病变。

帝曰：盛衰何如？岐伯曰：非其位①则邪，当其位则正。邪则变甚，正则微。

帝曰：何谓当位？岐伯曰：木运临卯，火运临午，土运临四季②，金运临酉，水运临子，所谓岁会③，气之平④也。

帝曰：非位何如？岐伯曰：岁不与会也。

注释

① 位：指十二地支分布在地平方位上的位置，见图8。当其位，指子、午、卯、酉四方之正位，以及辰、戌、丑、未兼属中央土位的位置。非其位，指不在五方正位的寅、申、巳、亥。

图8　十二支的地平方位图

② 四季：指辰、戌、丑、未四个方位。

③ 岁会：又称"岁直"或"岁位"。岁会必须具备两个条件：一是地支与天干的五行属性相同；二是当五方之正位。因此所谓"岁会"，是该岁的天干与地支相会于五方正位。例如："木运临卯"，木属东方卯位，是天干与地支既同属木又属同一方位，故为"岁会"。

④ 气之平：就是"平气"。

语译

黄帝道：它的盛衰怎样？岐伯说：不当其位的是邪气，恰当其位的是正常之气。邪气致病，病重多变；正气致病，虽病亦轻。

黄帝又道：怎样叫做当位？岐伯说：例如木运遇卯年，火运遇午年，土运遇辰、戌、丑、未年，金运遇酉年，水运遇子年，这就称为"岁会"，也属于"平气"。

黄帝又问：不当其位的怎样？岐伯说：那就不是岁会。

帝曰：土运之岁，上见太阴；火运之岁，上见少阳、少阴；金运之岁，上见阳明；木运之岁，上见厥阴；水运之岁，上见太阳。奈何？岐伯曰：天之与会①也，故《天元册》曰天符。帝曰②：天符岁会何如？岐伯曰：太一天符③之会也。帝曰：其贵贱何如？岐伯曰：天符为执法④，岁会⑤为行令④，太一天符为贵人④。帝曰：邪之中也奈何？岐伯曰：中执法者，其病速而危；中行令者，其病徐而持；中贵人者，其病暴而死。帝曰：位之易也何如？岐伯曰：君位臣则顺，臣位君则逆。逆则其病近，其害速；顺则其病远，其害微。所谓二火也。帝曰：善！

注释

① 天之与会：王冰："天气与运气相逢会也。"即司天与中运相符合。

② 帝曰：原无，据《素问注证发微》、《素问直解》补。

③ 太一天符：就是《天元纪大论》所说的"三合"。也称"太乙天符"。

④ 执法、行令、贵人：王冰："执法犹相辅，行令犹方伯，贵人犹君主。"张介宾："执法者位于上，犹执政也；行令者位乎下，犹诸司也；贵人者统乎上下，犹君主也。"

⑤ 会：原作"位"，据《素问注证发微》、《素问直解》改。

语译

黄帝道：土运主岁，司天是太阴；火运主岁，司天是少阳或少阴；金运主岁，司天是阳明；木运主岁，司天是厥阴；水运主岁，司天是太阳。其年份怎样？岐伯说：这是司天与五运相会，所以《天元册》里称为天符。黄帝又道：既是天符又是岁会怎样呢？岐伯说：这叫做太一天符。黄帝又问道：它们之间在职位上有什么贵贱的分别吗？岐伯说：天符好像执法，岁会好像行令，太一天符好像贵人。黄帝又问道:感受邪气而发病,三者有何区别?岐伯说:中执法之邪,发病急而比较危险;中行令之邪,病势缓而病程较长;中贵人之邪,则发病急剧而很快会死亡。黄帝道:六气的位置相互移易怎样?岐伯说:君居臣位是顺的,臣居君位是逆的。逆则发病急,危险性大;顺则发病慢,危险性小。所谓气位移易,是指君火与相火说的。黄帝道:很对!

愿闻其步何如?岐伯曰:所谓步者,六十度而有奇[①],故二十四步积盈百刻而成日[②]也。

帝曰:六气应五行之变何如?岐伯曰:位[③]有终始,气有初中[④],上下不同[⑤],求之亦异也。

帝曰:求之奈何?岐伯曰:天气始于甲,地气始[⑥]于子,子甲相合,命曰岁立[⑦]。谨候其时,气可与期[⑧]。

帝曰:愿闻其岁,六气始终,早晏何如?岐伯曰:明乎哉问也!甲子之岁,初之气,天数始于水下一刻[⑨],终于八十七刻半;二之气始于八十七刻六分,终于七十五刻;三之气始于七十六刻,终于六十二刻半;四之气始于六十二刻六分,终于五十刻;五之气始于五十一刻,终于三十七刻半;六之气始于三十七刻六分,终于二十五刻。所谓初六,天之数[⑩]也。乙丑岁,初之气,天数始于二十六刻,终于一十二刻半;二之气始于一十二刻六分,终于水下百刻;三之气始于一刻,终于八十七刻半;四之气始于八十七刻六分,终于七十五刻;五之气始于七十六刻,终于六十二刻半;六之气始于六十二刻六分,终于五十刻。所谓六二,天之数也。丙寅岁,初之气,天数始于五十一刻,终于三十七刻半;二之气始于三十七刻六分,终于二十五刻；三之气始于二十六刻，终于一十二刻半；四之气始于一十二刻六分，终于水下百刻；五之气始于一刻，终于八十七刻半；六之气始于八十七刻六分，终于七十五刻。所谓六三，天之数也。丁卯岁，初之气，天数始于七十六刻，终于六十二刻半；二之气始于六十二刻六分，终于五十刻；三之气始于五十一刻，终于三十七刻半；四之气始于三十七刻六分，终于二十五刻；五之气始于二十六刻，终于一十二刻半；六之气始于一十二刻六分，终于水下百刻。所谓六四，天之数也。次⑪戊辰岁，初之气复始于一刻。常如是无已，周而复始。

帝曰：愿闻其岁候何如？岐伯曰：悉乎哉问也！日行⑫一周，天气始于一刻；日行再周，天气始于二十六刻；日行三周，天气始于五十一刻；日行四周，天气始于七十六刻；日行五周，天气复始于一刻。所谓一纪⑬也。是故寅、午、戌岁气会同⑭，卯、未、亥岁气会同，辰、申、子岁气会同，巳、酉、丑岁气会同。终而复始。

注释

① 六十度而有奇：张介宾："一日一度，度即日也。周岁共三百六十五日二十五刻，以六步分之，则每步得六十日又八十七刻半，故曰有奇也。"按六十度就是六十日，有奇就是有零。周天之度365.25度，等于一年；一年六步，每步等于$365.25 \div 6 = 60.875$度。

② 积盈百刻而成日：盈，指0.25度。古人以一日分为百刻。$0.25 度 \times 4 = 1 度 = 100 刻 = 1 日$。

③ 位：高世栻："位者，主时之定位。"

④ 初中：指一步之气，又有初气与中气之分。

⑤ 上下不同：上指天干，下指地支。每年之天干、地支不同，所以说"上下不同"。

⑥ 始：原作"治"，据四库全书本改。

⑦ 岁立：张介宾："干支合而六十年之岁气立。"

⑧ 期：推求的意思。

⑨ 水下一刻：古代无钟表时，用铜壶贮水，壶上穿一个小孔，使水自然经小孔滴漏，以为计时之器，名叫漏壶。壶中所贮水量恰巧一昼夜漏尽，在壶面刻着 101 条横线，横线与横线之间称为刻，合计共得 100 刻，每刻又分为 10 分。所谓水下一刻，是壶水贮满至第一条横线处开始下滴。水面微低于第一条横线的一刹那间。如果以现代的习惯来说，应该称为零刻，古人以其微低于第一条横线，所以称为水下一刻。若水漏至第二条横线，就称为终于一刻。从真正的一刻开始，就称为始于二刻，同时在分数方面，古人的习惯也是这样。例如甲子岁初之气终于八十七刻半，二之气就始于八十七刻六分了。又，终于某刻分是指六十日以后的刻分，而不是当天的刻分。

〔附〕古刻分求现行时钟数的公式：

公式（一）：古分×36÷25÷60+3=时（其余数就是今分数）

公式（二）：古分×3÷125+3=时（其余数就是今分数）

说明 1. 凡古称始于某刻或某刻分者，应减去一刻或一分。言终于某刻分者不减。

2. 古之一日为 1 000 分，今之一日作 1 440 分$\left(\frac{1\,000}{1\,440}=\frac{25}{36}\right)$，所以公式（一）古分×36÷25=今之分数，再除以 60=小时。又因为古人漏壶开始滴水的时候是寅初，相当于现今凌晨 3 时，所以要加 3。

3. 公式（二）就是由公式（一）简化而来的，3÷125=公式（一）的 36÷25÷60。

⑩ 初六，天之数：初六，指以甲子年开始六气的第一周。天，指天之六气。数，指六气始终的刻分数。

⑪ 次：六气始终刻分早晏的一个周期为四年，第五年为第二个周期开始，所以用"次"字。

⑫ 日行：古人所谓日行，即今天文学上所说的"太阳视运动"，这种运动又称为"视行"。日行一周，即太阳在天体的视运动轨道（黄道）上循行一周，就是一年。古人从甲子年算起，所以日行一周指甲子年，二周指乙丑年……

⑬ 一纪：此处以四年为一纪。纪，就是标志。一纪就是标志一个循环。例如五运以五年为一纪，六气以六年为一纪，六气与五运相合则三十年为一纪。

⑭ 岁气会同：岁气，指一年中六气始终的刻分数。会同，就是复归相同的意思。

语译

请问怎样叫步？岐伯说：一步就是六十日有零，所以二十四步之后，其奇零之数积满一百刻，就成为一日。

黄帝道：六气与五行相应的变化怎样？岐伯说：因主时之六气的每一气位有开始与终止的区别，每一气又有初气和中气的分别，天气和地气也各有不同，所以推求起来也就不一样了。

黄帝又道：怎样推求呢？岐伯说：天气以甲为开始，地气以子为开始，子与甲相互组合，称为岁立。岁立确定之后，可以推求六气始终早晚的时刻了。

黄帝又道：请问每年六气始终的早晚怎样？岐伯说：问得很好！甲子的年份，初气开始于水下一刻，终止于八十七刻半；第二气开始于八十七刻六分，终止于七十五刻；第三气开始于七十六刻；终止于六十二刻半；第四气开始于六十二刻六分，终止于五十刻；第五气开始于五十一刻，终止于三十七刻半；第六气开始于三十七刻六分，终止于二十五刻。这就是六气第一周的始终刻分数。乙丑的年份，第一气开始于二十六刻，终止于十二刻半；第二气开始于十二刻六分，终止于水下百刻；第三气开始于一刻，终止于八十七刻半；第四气开始于八十七刻六分，终止于七十五刻；第五气开始于七十六刻，终止于六十二刻半；第六气开始于六十二刻六分，终止于五十刻。这是六气第二周的始终刻分数。丙寅的年份，第一气开始于五十一刻，终止于三十七刻半；第二气开始于三十七刻六分，终止于二十五刻；第三气开始于二十六刻，终止于十二刻半；第四气开始于十二刻六分，终止于水下百刻；第五气开始于一刻，终止于八十七刻半；第六气开始于八十七刻六分，终止于七十五刻。这是六气第三周的始终刻分数。丁卯的年份，初气开始于七十六刻，终止于六十二刻半；第二气开始于六十二刻六分,终止于五十刻;第三气开始于五十一刻,终止于三十七刻半;第四气开始于三十七刻六分,终止于二十五刻;第五气开始于二十六刻,终止于十二刻半;第六气开始于十二刻六分,终止于水下百刻。这是六气第四周的始终刻分数。再次是戊辰年的初气,重新从水下一刻开始。总之,经过四周之后,初气就重新开始于水下一刻,循着上述次序,周而复始地循环下去。

黄帝问:以每年来计算怎样?岐伯说:问得真详细啊!太阳循行第一周,六气开始于一刻;太阳循行第二周,六气开始于二十六刻;太阳循行第三周,六气开始于五十一刻;太阳循行第四周,六气开始于七十六刻;到太阳循行第五周,六气又从第一刻开始。这是六气四周的大循环,叫做一纪。因此寅年、午年、戌年六气始终的时刻相同,卯年、未年、亥年六气始终的时刻相同,辰年、申年、子年六气始终的时刻相同,巳年、酉年、丑年六气始终的时刻相同。所以它是周流不息,终而复始的。

帝曰:愿闻其用①也。岐伯曰:言天者求之本②,言地者求之位③,言人者求之气交。

帝曰:何谓气交?岐伯曰:上下之位,气交之中,人之居也。故曰:天枢④之上,天气主之;天枢之下,地气主之;气交之分,人气从之,万物由之。此之谓也。

帝曰:何谓初中?岐伯曰:初凡三十度有奇⑤。中气同法。

帝曰:初中何也?岐伯曰:所以分天地也。

帝曰:愿卒闻之。岐伯曰:初者地气也,中者天气也。

注释
① 用:指六气的作用。高世栻:"用者,变化动静升降出入也。"
② 本:就是六元——风、热、湿、火、燥、寒,六气属天,故为天气之本。

③位：张介宾："位者，地之六步，木、火、土、金、水、火是也。主时之六位，属于地，故为地之位。"

④天枢：张介宾："枢，枢机也。居阴阳升降之中，是为天枢。"按物之中点称"枢"，天枢就是天地相交之中点，也就是所谓"气交之分"。

⑤三十度而有奇：一步为六十度有奇，初气与中气各占一半，所以说三十度有奇。

语译

黄帝道：请问六气的作用怎样？岐伯说：天气的变化当推求于六气的本源，地气的变化当推求于主时之六位，人体的变化当推求于气交。

黄帝又道：什么叫做气交？岐伯说：天气在上，地气在下，天气下降，地气上升，天地之气相交，人就是生活在气交之中的。气交的中点之上，属天气所主；气交的中点之下，属地气所主；气交的部分，人居其中，人体顺应它，万物也由此而化生。就是这个道理。

黄帝问道：什么叫做初中呢？岐伯说：初气三十度有零。中气也是这样。

黄帝又问：为什么要分初中？岐伯说：用来分天气与地气。

黄帝又道：请你讲清楚它的究竟。岐伯说：初就是地气，中就是天气。

帝曰：其升降何如？岐伯曰：气之升降，天地之更用①也。

帝曰：愿闻其用何如？岐伯曰：升已而降，降者谓天；降已而升，升者谓地。天气下降，气流于地；地气上升，气腾于天。故高下相召②，升降相因③，而变作矣。帝曰：善。

寒湿相遘④,燥热相临④,风火相值④,其有闻乎?岐伯曰:气有胜复,胜复之作,有德有化,有用有变⑤,变则邪气居之。帝曰:何谓邪乎?岐伯曰:夫物之生从于化,物之极⑥由乎变,变化之相薄,成败之所由也。故气有往复⑦,用有迟速,四者之有,而化而变,风之来也。

帝曰:迟速往复,风所由生,而化而变,故因盛衰之变耳。成败倚伏⑧游乎中,何也?岐伯曰:成败倚伏生乎动,动而不已,则变作矣。

帝曰:有期乎?岐伯曰:不生不化,静之期也。

帝曰:不生化乎?岐伯曰:出入废,则神机化灭;升降息,则气立孤危。故非出入,则无以生长壮老已;非升降,则无以生长化收藏。是以升降出入,无器不有。故器者生化之宇,器散则分之,生化息矣。故无不出入,无不升降。化有小大,期有近远。四者之有,而贵常守,反常则灾害至矣。故曰:无形无患,此之谓也。帝曰:善。

有不生不化乎?岐伯曰:悉乎哉问也!与道合同,惟真人也。帝曰:善。

注释

① 更用:相互为用。张介宾:"天无地之升,则不能降;地无天之降,则不能升。故天地更相为用。"

② 相召:召,招致。相召,相互感召。

③ 相因:互为因果。

④ 遘、临、值:都是遇合的意思。

⑤ 有德有化,有用有变:德,特性。化,生化。用,作用。变,变异或变质。

⑥ 极:最高,穷尽。也就是事物发展到末了的阶段。

⑦ 往复：前进为"往"。后退为"复"。气旺则前进,衰则后退。
⑧ 倚伏：相因叫"倚"。隐藏叫"伏"。倚伏,就是隐藏着相互的因果。

语译

黄帝道：天地之气的升降怎样？岐伯说：气的升降,是天地相互之间密切关系的作用。

黄帝又道：请问它们之间密切关系的作用是怎样的？岐伯说：由上升而下降,下降是出于天的作用；由下降而上升,上升是由于地的作用。天气下降,气就下流至地；地气上升,气就蒸腾于天。由于天地有上下相互感召的作用,上升与下降就有互为因果的关系,所以就能产生变化。黄帝道：讲得对。

寒与湿相遇合,燥与热相遇合,风与火相遇合,它们会有什么变化？岐伯说：气有主动的抑制作用,有被动的反抗作用,因而就各有特性,有生化,有作用,有变异,变异就会产生邪气。黄帝问道：变异何以会产生邪气？岐伯说：事物的新生,是由化而来,事物发展到穷极阶段,是由变而成,变与化的相互斗争与转化,是事物生长与衰败的根本原因。因为气有前进与后退,作用有缓慢与迅速,有进退有迟速,就有化与变,也就产生了六气的变化。

黄帝说：迟速进退,是六气产生的原因,由化至变,是因为盛衰变化的关系。但是生成与衰败的根本原因,为什么隐伏在化与变的斗争中间呢？岐伯说：生成与衰败相互隐伏的根本原因在于运动,不断的运动,就会产生变化。

黄帝又道：运动有没有停止的时候呢？岐伯说：没有生,没有化,就是静止的时候。

黄帝说：事物有不生化的吗？岐伯说：没有了出入运动,生化之机也就毁灭；升降运动停止了,生化的气势就会瓦解。因此没有出入,就不可能有新生、成长、壮实、衰老和死亡；没有升降,也就没有了新生、长大、开花、结实和潜藏。所以升降出入运动,是没有一个形体器官所不存在的。因此说形体器官是生化的处所,如果形体瓦解,生化也就停止了。由此可见,形体的东西,没有不出不入不升不降的。它们之间仅仅有生化大小和时间长短的分别而已。升降出入四者的存在,还必须保持正常,否则就会遭到灾害。所以没有形体也就没有灾害的说法,就是指这个意思。黄帝道:很对。

那么有没有不受生化规律影响的人呢?岐伯说:问得好详细啊!能够结合自然规律而适应其变化的,只有"真人"才能这样。黄帝道:讲得很好。

本 篇 要 点

一、说明六气学说是根据天体运动的规律而创始的,并指出六气之间,具有标本中气的相互关系。

二、天体的变化有盛衰,气候的变化有太过不及。天地间万物与之息息相应,其表现在生化方面;人体亦与之息息相应,其表现在气色脉象方面。

三、指出六气具有互相承制的作用。

四、解释了什么叫"岁会"、"天符"和"太一天符"。

五、说明自然界是一个运动不息的多变世界,如果升降出入的运动停止,那么生化之机就会息灭。

气交变大论篇第六十九

题解

本篇主要说明五运六气的太过不及,对自然界万物的灾害和影响人体发病的情况。这种灾害和疾病的发生,是因为气化相交起了逆常变化而促成的,所以对这种变化,就称为"气交变",故以之名篇。

黄帝问曰:五运更治,上应天朞,阴阳往复,寒暑迎随,真邪相薄,内外分离,六经波荡,五气倾移,太过不及,专胜兼并①,愿言其始,而有常名,可得闻乎?岐伯稽首再拜对曰:昭乎哉问也!是明道也。此上帝所贵,先师传之,臣虽不敏,往闻其旨。

帝曰:余闻得其人不教,是谓失道;传非其人,慢泄天宝。余诚菲德,未足以受至道;然而众子哀其不终。愿夫子保于无穷,流于无极,余司其事,则而行之奈何?岐伯曰:请遂言之也。《上经》②曰:夫道者,上知天文,下知地理,中知人事,可以长久。此之谓也。

帝曰:何谓也?岐伯曰:本气位也。位天者,天文也;位地者,地理也;通于人气③之变化者,人事也。故太过者先天,不及者后天,所谓治化,而人应之④也。

注释

① 专胜兼并:一气独盛,称为"专胜",专胜为太过。二气相兼称为"兼并",并有吞并侵占之义,兼并为不及。例如木气太过,则乘土侮金,是为"专胜";若木气不及,则反受土侮金乘,是为"兼并"。

②《上经》:古书名。

③ 通于人气:王冰:"五运居中,司人气之变化,故曰通于人气。"

④ 治化,而人应之:治化指六气之变化,六气之变化会影响在中之五运,五运主人气之变化,故人应之。如四时之气,先天时而至及后天时而至,就是岁运的变化,与人的气血运行,病治安危,都有息息相应的关系。

语译

黄帝问道:五运交替,与在天之六气相应,一周六步之内,阴阳往复,阳去阴来,寒一去暑亦就跟着来了,真气与邪气斗争,内外不得统一,六经的血气动荡不安,五脏的本气相互倾轧而转移,太过则一气独胜,不及则二气相并,我要知道它起始的原理和一般常规,是否能讲给我听? 岐伯说:你问得很好! 这是应该明白的道理,它一直是历代帝王所注意的问题,也是历代医师传授下来的,我的学问虽然很肤浅,但过去曾听老师讲过它的道理。

黄帝道,我听得人家说,遇到适当的人而不教,就会使学术的相传受到影响,称为"失道";如传授给不适当的人,是轻视学术,不负责任的表现。我虽然没有很高的修养,不一定符合传授学术的要求;但是群众多疾病而夭亡,是应同情的。要求先生为了保全群众的健康和学术的永远留传,只要先生讲出来,我一定按照规矩来做,你看怎样? 岐伯说:让我详细地讲给你听吧!《上经》说:研究医学之道的,要上知天文,下知地理,中知人事,他的学说才能保持长久。就是这个道理。

黄帝又问,这是什么意思? 岐伯说,这是为了推求天、地、人三气的位置啊。求天位的,是天文;求地位的,是地理;通晓人气变化的,是人事。因而太过的气先天时而至,不及的气后天时而至,所以说,天地运动有正常的变化,而人体活动也随之起着相应的变化。

帝曰:五运之化,太过何如?岐伯曰:岁木太过,风气流行,脾土受邪。民病飧泄,食减,体重,烦冤,肠鸣,腹支满。上应岁星①。甚则忽忽善怒,眩冒巅疾。化气不政,生气独治②,云物飞动,草木不宁,甚而摇落。反胁痛而吐甚。冲阳③绝者,死不治。上应太白星④。

注释

① 岁星:即木星。
② 化气不政,生气独治:张介宾:"化气,土气也。生气,木气也。木盛则土衰,故化气不能布政于万物,而木之生气独治也。"
③ 冲阳:即胃脉,在足跗上,第二第三蹠骨间。
④ 太白星:即金星。

语译

黄帝道:五运气化太过怎样?岐伯说,木运太过,则风气流行,脾土受其侵害。人们多患消化不良性的泄泻,饮食减少,肢体沉重无力,烦闷抑郁,肠中鸣响,肚腹胀满,这是由于木气太过的缘故。在天上应木星光明,显示木气过于亢盛的征象。甚至会不时容易发怒,并出现头昏眼花等头部病症。这是土气无权,木气独胜的现象,好像天上的云在飞跑,地上的万物迅速变动,草木动摇不定,甚至树倒草偃。如病人的胁部疼痛,呕吐不止。若冲阳脉绝,多死亡而无法治疗。在天上应金星光明,这是显示木胜则金气制之。

岁火太过,炎暑流行,金肺受邪。民病疟,少气,咳喘,血溢,血泄,注下,嗌燥,耳聋,中热,肩背热。上应荧惑星①。甚则胸中痛,胁支满胁痛,膺背肩胛间痛,两臂内痛,身热肤②痛而为浸淫。收气不行,长气独明,雨冰③霜寒。上应辰星④。上临少阴少阳⑤,火燔焫,水泉涸,物焦槁。病反谵妄狂越,咳喘息鸣,下甚,血溢泄不已。太渊⑥绝者,死不治。上应荧惑星。

注释

① 荧惑星:即火星。
② 肤:原作"骨"。《玉机真藏论》说:"心脉太过,则令人身热而肤痛为浸淫。"所以新校正认为"骨"字当是"肤"字之误。据改。
③ 冰:原作"水",据王冰注语改。
④ 辰星:即水星。
⑤ 上临少阴少阳:上临,指司天。凡火运太过之年是戊年,又值少阴司天,是戊子、戊午年;少阳司天是戊申、戊寅年。戊子、戊午、戊申、戊寅均属天符,其热尤甚。下文"火燔焫,水泉涸,物焦槁",就是说明火热太过的自然现象。
⑥ 太渊:即肺脉,在腕后内侧横纹头,当寸口处。

语译

火运太过,则暑热流行,火邪伤肺。人们多患疟疾,呼吸少气,咳嗽气喘,吐血衄血,二便下血,水泻如注,咽喉干燥,耳聋,胸中热,肩背热。在天上应火星光明,显示火热之气过于亢盛的征象。在人体甚至会有胸中疼痛,胁下胀满,胁痛,胸背肩胛间等部位疼痛,两臂内侧疼痛,身热肤痛,而发生浸淫疮。这是金气不振,火气独旺的现象,火气过旺就会有雨冰霜寒的变化,这是火热之极,寒水来复的关系。在天上应水星光明,这是显示火盛则水气制之。如果遇到少阴或少阳司天的年份,火热之气更加亢盛,有如燃烧烤灼，以致水源干涸，植物焦枯。人们发病，多见谵语妄动，发狂越常，咳嗽气喘痰鸣，火气甚于下部则血从二便下泄不止。若太渊脉绝，多死亡而无法治疗。在天上应火星光明。

岁土太过，雨湿流行，肾水受邪。民病腹痛，清厥①，意不乐，体重，烦冤。上应镇星②。甚则肌肉萎，足痿不收，行善瘛③，脚下痛，饮发中满，食减，四支不举。变生得位④，藏气伏，化气独治之，泉涌河衍，涸泽生鱼，风雨大至，土崩溃，鳞见于陆。病腹满，溏泄，肠鸣，反下甚。而太溪⑤绝者，死不治。上应岁星。

注释

① 清厥：四肢厥冷。
② 镇星：即土星。
③ 瘛：抽掣拘挛。
④ 变生得位：高世栻："变而生病，当土旺之时也。"
⑤ 太溪：即肾脉，在足内踝后侧，跟骨之上。

语译

土运太过，则雨湿之气流行，邪气伤肾。人们多病腹痛，四肢厥冷，情绪忧郁，身体困重而烦闷，这是土气太过所致。在天上应土星光明。甚至见肌肉枯萎，两足痿弱不能行动，抽掣挛痛，土病则不能克制水，以致水饮之邪积于体内而生胀满，饮食减少，四肢无力，不能举动。若遇土旺之时，水气无权，土气独旺，则湿令大行，因此泉水喷涌，河水高涨，本来干涸的池沼也会孳生鱼类了，若木气来复，风雨暴至，使堤岸崩溃，河水泛滥，陆地可出现鱼类。人们就会病肚腹胀满，大便溏泄，肠鸣，泄泻不止。而太溪脉绝，多死亡而无法治疗。在天上应木星光明。

按语

本节文字,所叙症状不类土运太过,所以新校正云:"按《藏气法时论》云:脾虚则腹满肠鸣,飧泄食不化也。"必有错简参杂。

岁金太过,燥气流行,肝木受邪。民病两胁下少腹痛,目赤痛,眦疡,耳无所闻。肃杀①而甚,则体重,烦冤,胸痛引背,两胁满且痛引少腹。上应太白星。甚则喘咳逆气,肩背痛,尻、阴、股、膝、髀、腨、胻、足皆病。上应荧惑星。收气峻,生气下,草木敛,苍干凋陨。病反暴痛,胠胁不可反侧,咳逆甚而血溢。太冲②绝者,死不治。上应太白星。

注释

① 肃杀:燥金之气称为"肃杀之气"。
② 太冲:即肝脉,在足背部第一第二蹠骨连接部之前方,以指循踇趾次趾之间的岐缝上压至尽处,即是。

语译

金运太过,则燥气流行,邪气伤肝。人们多病两胁之下及少腹疼痛,目赤而痛,眼梢溃烂,耳朵听不到声音。燥金之气过于亢盛,就会身体重而烦闷,胸部疼痛并牵引及背部,两胁胀满,而痛势下连少腹。在天上应金星光明。甚则发生喘息咳嗽,呼吸困难,肩背疼痛,尻、阴、股、膝、髀、腨、胻、足等处都感疼痛的病症。在天上应火星光明。如金气突然亢盛,水气下降,在草木则生气收敛,枝叶枯干凋落。在人们的疾病多见胠肋急剧疼痛,不能转动翻身,咳嗽气逆,甚至吐血衄血。若太冲脉绝,多死亡而无法治疗。在天上应金星光明。

岁水太过,寒气流行,邪害心火。民病身热烦心,躁悸,阴厥①,上下中寒,谵妄,心痛。寒气早至,上应辰星。甚则腹大胫肿,喘咳,寝汗出,憎风。大雨至,埃雾朦郁,上应镇星。上临太阳,则②雨冰雪霜不时降,湿气变物。病反腹满,肠鸣溏泄,食不化,渴而妄冒。神门③绝者,死不治。上应荧惑、辰星。帝曰:善。

注释

① 阴厥:厥冷的原因属于虚寒。
② 则:原脱,据《五常政大论》新校正引文补。
③ 神门:即心脉,在掌后腕尺侧锐骨之端。

语译

水运太过,则寒气流行,邪气损害心。人们多患发热,心悸,烦躁,四肢逆冷,全身发冷,谵语妄动,心痛。寒气非时早至,在天上应水星光明。水邪亢盛则有腹水,足胫浮肿,气喘咳嗽,盗汗,怕风。土气来复则大雨下降,尘土飞扬如雾露一样的迷蒙郁结,在天上应土星光明。如遇太阳寒水司天,则雨冰霜雪不时下降,湿气大盛,物变其形。人们多患腹中胀满,肠鸣便泻,食不化,渴而妄冒。如神门脉绝,多死亡而无法治疗。在天上应火星失明,水星光芒。黄帝道:很好。

其不及何如?岐伯曰:悉乎哉问也!岁木不及,燥乃大行,生气失应,草木晚荣。肃杀而甚,则刚木辟著①,柔②萎苍干,上应太白星。民病中清③,胠胁痛,少腹痛,肠鸣溏泄。凉雨时至,上应太白星④,其谷苍⑤。上临阳明,生气失政,草木再荣⑥,化气乃急,上应太白、镇星,其主苍早⑦。复⑧则炎暑流火,湿性燥,柔脆草木焦槁,下体再生⑨,华实齐化⑩。病寒热,疮疡,痱胗,痈痤。上应荧惑、太白,其谷白坚⑪。白露早降,收杀气行,寒雨害物,虫食甘黄。脾土受邪,赤气后化,心气晚治,上胜肺金,白气乃屈,其谷不成,咳而鼽。上应荧惑、太白星。

注释

① 刚木辟著:高世栻:"刚木受刑。辟,刑也。著,受也。"
② 柔:原为"悉",据王冰注改。
③ 中清:即中气虚寒。
④ 太白星:新校正认为"经文阙也,当云太白星、岁星。"
⑤ 其谷苍:谷,指五谷。苍,就是青色。张介宾:"谷之苍者属木,麻之类也。"
⑥ 草木再荣:王冰:"金气抑木,故夏秋始荣。"
⑦ 苍早:苍,苍老的意思。苍早,是说草木很早就凋谢了。
⑧ 复:抑之太过,必起反应,古人称为"复"。复有报复之义,子为其母而报复。例如本节,金气抑木,木能生火,所以它的反应是"炎暑流火"等。
⑨ 下体再生:从根部重新生长。
⑩ 华(huā 花)实齐化:就是开花结实同时并现。华,同"花"。
⑪ 白坚:张介宾:"白坚属金,秀而不实也。"

语译

五运不及怎样?岐伯说:问得真详细啊!木运不及,燥气就会旺盛,生气与时令不相适应,草木不能当时生荣。肃杀之气亢盛,使劲硬的木受刑而碎裂如辟,本来柔嫩苍翠的枝叶变为萎弱干枯,在天上应金星光明。人们多患中气虚寒,肢胁部疼痛,少腹痛,腹中鸣响,大便溏泄。在气候方面是冷雨不时下降,在天上应金星光明,在五谷是青色的谷不能成熟。如遇阳明司天,金气抑木,木气失却了应有的生气,草木在夏秋再变繁荣,所以开花结实的过程非常急促,很早就凋谢,在天上应金、土二星光明。金气抑木,木起反应而生火,于是就会炎热如火,湿润的变为干燥,柔嫩脆弱的变为干枯焦槁,枝叶从根部重新生长,开花结实并见。在人体则炎热之气郁于皮毛,多病寒热、疮疡、痱疹、痈痤。在天上应金、火二星,在五谷则外强中干,秀而不实。白霜提早下降,秋收肃杀之气流行,寒雨非时,损害万物,味甘色黄之物多生虫蛀,所以稻谷没有收获。在人则脾土先受其邪,火气后起,所以心气亦继之亢盛,火气克金,金气乃得抑制,所以其谷物不能成熟,在疾病是咳嗽鼻塞。在天上应金星与火星。

岁火不及,寒乃大行,长政不用,物荣而下①。凝惨②而甚,则阳气不化,乃折荣美,上应辰星。民病胸中痛,胁支满,两胁痛,膺背肩胛间及两臂内痛,郁冒朦昧,心痛暴瘖,胸腹大,胁下与腰背相引而痛,甚则屈不能伸,髋髀如别③。上应荧惑、辰星,其谷丹。复则埃郁,大雨且至,黑气乃辱,病鹜溏,腹满,食饮不下,寒中,肠鸣泄注,腹痛,暴挛痿痹,足不任身。上应镇星、辰星。玄谷不成。

注释

① 物荣而下:指植物长势繁荣,但不是向上,而是低垂向下。
② 凝惨:形容严寒时的凝滞萧条景象。
③ 髋髀如别:别,分离。髋髀如别,就是臀股之间有如分离而不能活动自如。

语译

火运不及,寒气就旺盛,夏天生长之气不能发挥作用,万物就缺乏向上茂盛的力量。阴寒凝滞之气过盛,则阳气不能生化,繁荣美丽的生机就受到摧折,在天上应水星光明。人们的疾病是胸中疼痛,胁部胀满,两胁疼痛,上胸部、背部、肩胛之间及两臂内侧都感疼痛,抑郁眩晕,头目不清,心痛,突然失音,胸腹肿大,胁下与腰背相互牵引而痛,甚则四肢蹉屈不能伸展,髋骨与大腿之间不能活动自如。在天上应火星失明、水星光明,赤色的谷类不能成熟。火被水抑,火起反应则生土气来复,于是埃尘郁冒,大雨倾盆,水气受到抑制,故病见大便时时溏泄,腹中胀满,饮食不下,腹中寒冷鸣响,大便泄泻如注,腹中疼痛,两足急剧拘挛、萎缩麻木、不能行走。在天上应土星光明、水星失明。黑色之谷不能成熟。

岁土不及,风乃大行,化气不令,草木茂荣。飘扬而甚,秀而不实,上应岁星。民病飧泄,霍乱,体重,腹痛,筋骨繇复①,肌肉瞤酸,善怒。藏气举事,蛰虫早附,咸病寒中。上应岁星、镇星,其谷黅。复则收政严峻,名木苍凋,胸胁暴痛,下引少腹,善太息。虫食甘黄,气客于脾,黅谷乃减,民食少、失味。苍谷乃损,上应太白、岁星。上临厥阴,流水不冰,蛰虫来见。藏气不用,白乃不复,上应岁星,民乃康。

注释

① 繇复:就是动摇不定,反复发作。张介宾:"摇动反复也。"

语译

土运不及,风气因而流行,土气失却生化之能力,风气旺盛,则草木茂盛繁荣。生化无能,则秀而不实,在天上应木星光明。人们的疾病多见消化不良的泄泻,上吐下泻的霍乱,身体重,腹中痛,筋骨动摇,肌肉跳动酸疼,时常容易发怒。寒水之气失制而旺,在虫类提早伏藏,在人都病寒泄中满,在天上应木星光明、土星失明,黄色之谷类不能成熟。木邪抑土,土起反应则生金,于是秋收之气当令,出现一派严肃峻烈之气,坚固的树木也不免要枝叶凋谢,所以胸胁急剧疼痛,波及少腹,常呼吸少气而太息。凡味甘色黄之物被虫蛀食,邪气客于脾土,人们多病饮食减少,食而无味。金气胜木,所以青色之谷受到损害,在天上应金星光亮、土星减明。如遇厥阴司天相火在泉,则流水不能结冰,本来早已冬眠的虫类,重新又活动起来。不及的土运,得在泉相火之助,所以寒水之气不致独旺,而土得火助木气不能克土,所以也没有金气的反应,而人们也就康健,在天上应木星正常。

岁金不及,炎火乃行,生气乃用,长气专胜,庶物以茂,燥烁以行,上应荧惑星。民病肩背瞀重,鼽嚏,血便注下。收气乃后,上应太白、荧惑①星,其谷坚芒②。复则寒雨暴至,乃零③冰雹霜雪杀物,阴厥且格,阳反上行,头脑户④痛,延及囟顶⑤,发热。上应辰星、荧惑①,丹谷不成。民病口疮,甚则心痛。

注释
① 荧惑:原脱,据新校正补。
② 坚芒:白的颜色。新校正:"详其谷坚芒,白色可见,故不云其谷白也。"
③ 零:降落。
④ 脑户:指头后部。又督脉穴名,在风府与强间二穴之间。
⑤ 囟顶:即头顶。

语译

金运不及,火气与木气就相应地旺盛,长夏之气专胜,所以万物因而茂盛,气候干燥烁热,在天上应火星光明。人们多患肩背闷重,鼻塞流涕,喷嚏,大便下血,泄泻如注。秋收之气不能及时而至，在天上应金星失明、火星光明，白色的谷类不能及时成熟。火邪抑金起反应而生水，于是寒雨之气突然而来，以致降落冰雹霜雪，杀害万物，阴气厥逆而格拒，使阳气反而上行，所以头后部疼痛，痛势连及头顶，发热。在天上应水星光明、火星失明，在谷类应红色之谷不能成熟。人们多病口腔生疮，甚至心痛。

岁水不及，湿乃大行，长气反用，其化乃速，暑雨数至，上应镇星。民病腹满，身重，濡泄，寒疡流水①，腰股痛发，腘腨股膝不便，烦冤，足痿清厥，脚下痛，甚则跗肿。藏气不政，肾气不衡，上应镇星②、辰星，其谷秬③。上临太阴，则大寒数举，蛰虫早藏，地积坚冰，阳光不治，民病寒疾于下，甚则腹满浮肿，上应镇星、荧惑④，其主黔谷。复则大风暴发，草偃木零，生长不鲜，面色时变，筋骨并辟，肉瞤瘛，目视𥇀𥇀，物疏璺⑤，肌肉胗发，气并鬲中，痛于心腹。黄气乃损，其谷不登，上应岁星、镇星⑥。帝曰：善。

注释

①寒疡流水：不红不热的阴性疮疡，称为寒疡。流水，是形容脓液稀薄。张介宾："阴蚀阴疽之类也。"

②镇星：原无，据新校正补。

③秬：黑色之谷。张介宾："黑黍也。"

④荧惑：原无，据新校正补。

⑤疏璺（wèn 问）：分裂。

⑥镇星：原无，据新校正补。

语译

水运不及，湿土之气因而大盛，水不制火，火气反而生旺，天气炎热,不时下雨,万物的生化很迅速,在天上应土星光明。人们多患腹胀,身体困重,大便溏泄,阴性疮疡脓水稀薄,腰股疼痛,下肢关节活动不利,烦闷抑郁,两脚萎弱厥冷,脚底疼痛,甚至足背浮肿。这是由于冬藏之气不能发挥作用,肾气不平衡,在天上应土星光明,水星失明,在谷类应黑黍不能成熟。如遇太阴司天,寒水在泉,则寒气时时侵袭,虫类很早就冬眠,地上的积水结成厚冰,阳气伏藏,不能发挥它温暖的作用,人们多患下半身的寒性疾病,甚至腹满浮肿,在天上应土星光明、火星失明,在谷类应黄色之稻成熟。土邪抑水而起反应则生风木,因而大风暴发,草类偃伏,树木凋零,生长的力量不能显著,面色时时改变,筋骨拘急疼痛,活动不利,肌肉跳动抽掣,两眼昏花,视觉不明或失常,物体视之若分裂,肌肉发出风疹,若邪气侵入胸膈之中,就有心腹疼痛。这是木气太过,土气受伤,属土的谷类没有收获,在天上应木星光明,土星失明。黄帝说:很对。

愿闻其时也。岐伯曰:悉乎①哉问也!木不及,春有鸣条律畅之化②,则秋有雾露清凉之政;春有惨凄残贼之胜,则夏有炎暑燔烁之复。其眚东,其藏肝,其病内舍胠胁,外在关节。

火不及,夏有炳明光显之化,则冬有严肃霜寒之政;夏有惨凄凝冽之胜,则不时有埃昏大雨之复。其眚南,其藏心,其病内舍膺胁,外在经络。

土不及,四维③有埃云润泽之化,则春有鸣条鼓拆之政;四维发振拉飘腾④之变,则秋有肃杀霖霪⑤之复。其眚四维⑥,其藏脾,其病内舍心腹,外在肌肉四肢。

金不及,夏有光显郁蒸之令,则冬有严凝整肃之应;夏有炎烁燔燎之变,则秋有冰雹霜雪之复。其眚西,其藏肺,其病内舍膺胁肩背,外在皮毛。

水不及,四维有湍润埃云之化,则不时有和风生发之应;四维发埃昏骤注之变,则不时有飘荡振拉之复。其眚北,其藏肾,其病内舍腰脊骨髓,外在溪谷踹膝。

夫五运之政,犹权衡也,高者抑之,下者举之,化者应之,变者复之。此生长化成⑦收藏之理,气之常也;失常则天地四塞矣。故曰:天地之动静,神明为之纪;阴阳之往复,寒暑彰其兆。此之谓也。

注释

① 乎:原无,据《吴注素问》、《素问直解》补。
② 鸣条律畅之化:之化,指正常的时令。鸣条律畅,形容春天正常时令。其他季节仿此。
③ 四维:此处指时令,也就是辰、戌、丑、未月(即三、九、十二、六月)。
④ 振拉飘腾:形容风暴。
⑤ 霖霪:久雨不止。
⑥ 四维:此处指四隅。王冰:"东南、东北、西南、西北方也。"
⑦ 成:疑衍。

语译

希望听你讲一讲五气与四时相应的关系。岐伯说:问得真详细啊!木运不及的,如果春天有和风使草木萌芽抽条的正常时令,那秋天也就有雾露润泽而凉爽的正常气候;如果春天反见寒冷惨凄霜冻残贼的秋天气候,那夏天就有特别炎热的反应。它的自然灾害在东方,在人体应在肝脏,其病所内在肋胁部,外在筋骨关节。

火运不及的,如果夏天有景色显明的正常气候,那冬天也就有严肃霜寒的正常时令;如果夏天反见萧条惨凄寒冻的冬天气候,那时常会有倾盆大雨的反应。它的自然灾害在南方,在人体应在心脏,其病所内在胸胁部,外在经络。

土运不及的,如果辰、戌、丑、未月有尘土飘扬和风细雨的正常时令,那春天也就有风和日暖的正常气候;如果辰、戌、丑、未月见狂风拔倒树木的变化,那秋天就有久雨霜雪的反应。它的自然灾害在四隅,在人体应在脾脏,其病所内在心腹,外在肌肉四肢。

金运不及的,如果夏天有景色显明树木茂盛的正常时令,那冬天也就有冰冻寒冷的正常气候;如果夏天出现如火烧灼的过于炎热的气候,那秋天就会有冰雹霜雪的反应。它的自然灾害在西方,在人体应在肺脏,其病所内在胸胁肩背,外在皮毛。

水运不及的,辰、戌、丑、未月有尘砂荡扬而无暴雨的气候,则时常有和风生发的正常气候;如果辰、戌、丑、未月出现飞砂走石狂风暴雨的变化,则时时会有吹断的树木飘荡的反应。它的自然灾害在北方,在人体应在肾脏,其病所内在腰脊骨髓,外在肌肉之会与小腿膝弯等处。

要之,五运的作用,好似权衡之器,太过的加以抑制,不及的加以帮助,正常则和平,反常则必起反应。这是生长化收藏的道理,是四时气候应有的规律;如果失却了这些规律,天地之气不升不降,就是闭塞不通了。所以说:天地的动静,受自然力量的规律所控制;阴去阳来、阳去阴来的变化,可以从四时寒暑来显示出它的征兆。就是这个意思。

帝曰:夫子之言五气之变,四时之应,可谓悉矣。夫气之动乱,触遇而作,发无常会,卒然灾合,何以期之?岐伯曰:夫气之动变,固不常在,而德、化、政、令、灾、变,不同其候也。

帝曰:何谓也?岐伯曰:东方生风,风生木。其德敷和,其化生荣,其政舒启①,其令风,其变振发,其灾散落。

南方生热,热生火。其德彰显,其化蕃茂,其政明曜,其令热,其变销烁,其灾燔焫②。中央生湿,湿生土。其德溽蒸,其化丰备,其政安静,其令湿,其变骤注,其灾霖溃。西方生燥,燥生金。其德清洁,其化紧敛,其政劲切,其令燥,其变肃杀,其灾苍陨。北方生寒,寒生水。其德凄沧,其化清谧,其政凝肃,其令寒,其变溧冽,其灾冰雪霜雹。是以察其动也,有德有化,有政有令,有变有灾,而物由之,而人应之也。

注释

① 舒启:王冰:"舒,展也。启,开也。"
② 燔(fán 凡)焫(ruò 弱):燔,焚烧。焫同"爇",烧。

语译

黄帝道:先生讲五气的变化与四时气候的相应,可以说很详尽了。既然气的动乱是互相遇合而发生的,发作又没有一定的时间,往往突然相遇而生灾害,怎样才能知道呢?岐伯说:五气的变动,固然不是经常存在的,然而它们的特性、生化的作用、治理的方法与表现,以及一定的损害作用和变异,都是各不相同的。

黄帝又道:有哪些不同呢?岐伯说:风生于东方,风能使木气旺盛。木的特性是柔和地散发,它的生化作用是滋生荣盛,它行使的职权是舒展阳气,宣通筋络,权力的表现是风,它的异常变化是发散太过而动荡不宁,它的灾害是摧残散落。热生于南方,热能使火气旺盛。火的特性是光明显著,它的生化作用是繁荣茂盛,它行使的职权是明亮光耀,权力的表现是热,它的异常变化是销烁煎熬,它的灾害作用是焚烧。湿生于中央,湿能使土气旺盛。土的特性是滋润,它的生化作用是充实丰满,它行使的职权比较安静，权力的表现是湿，它的异常变化是急剧的暴雨，它的灾害是久雨不止，泥烂堤崩。燥生于西方，燥能使金气旺盛。金的特性是清洁凉爽，它的生化作用是紧缩收敛，它行使的职权是锐急的，权力的表现是干燥，它的异常变化是肃杀，它的灾害是干枯凋落。寒生于北方，寒能使水气旺盛。水的特性是寒冷的，它的生化作用是清静而安谧的，它行使的职权是凝固严厉的，权力的表现是寒冷，它的异常变化是剧烈的严寒和冰冻，它的灾害是冰雹霜雪。所以观察它的运动，分别它的特性、生化、权力、表现、变异、灾害，就可以知道万物因之而起的变化，以及人类因之而生的疾病了。

按语

本节说明五运四时之气，有德化之常，有灾眚之变，必察其动而后能知其是何者的德化或是何者的灾眚。万物由之而或成或败，人应之而或病或不病。此中常变，决不可能预知其必然的情况。

帝曰：夫子之言岁候，其不及太过，而上应五星。今夫德、化、政、令、灾眚、变易，非常而有也，卒然而动，其亦为之变乎？岐伯曰：承天而行之，故无妄动，无不应也。卒然而动者，气之交变也，其不应焉。故曰：应常不应卒①。此之谓也。

帝曰：其应奈何？岐伯曰：各从其气化也。

帝曰：其行之徐疾、逆顺何如？岐伯曰：以道留久，逆守而小，是谓省下②；以道而去，去而速来，曲而过之，是谓省遗过③也；久留而环，或离或附，是谓议灾与其德也。应近则小，应远则大。芒而大倍常之一，其化甚；大常之二，其眚即发也。小常之一，其化减；小常之二，是谓临视。省下之过与其德也,德者福之,过者伐之。是以象之见也,高而远则小,下而近则大;故大则喜怒迩,小则祸福远。岁运太过,则运星北越;运气相得,则各行以道。故岁运太过,畏星④失色而兼其母⑤;不及,则色兼其所不胜。肖者瞿瞿,莫知其妙,闵闵之当,孰者为良,妄行无征,示畏候王。

帝曰:其灾应何如?岐伯曰:亦各从其化也。故时至有盛衰,凌犯有逆顺,留守有多少,形见有善恶,宿属有胜负,征应有吉凶矣。

帝曰:其善恶何谓也?岐伯曰:有善,有怒,有忧,有丧,有泽,有燥。此象之常也,必谨察之。

帝曰:六者高下异乎?岐伯曰:象见高下,其应一也,故人亦应之。帝曰:善。

注释

① 应常不应卒(cù 醋):常规发生是相应的,突然发生是不相应的。卒,同"猝",突然。
② 省下:王冰:"谓察天下人君之有德有过者也。"
③ 省遗过:吴崑:"谓所省者有不尽,今复省之,是省其所遗罪过也。"
④ 畏星:指被克的星。例如木运太过,则土星就是畏星。
⑤ 其母:此处指畏星之母。例如土星是畏星,那火星便是其母。

语译

黄帝道:先生讲过五运的不及太过,与天上的五星相应。现在五运的德、化、政、令、灾害、变异,并不是按常规发生,而是突然的变化,天上的星星是不是也会随之变动呢?岐伯说:五星是随天的运动而运动的,所以它不会妄动,不存在不应的问题。突然而来的变动，是气相交合所起的偶然变化，与天运无关，所以五星不受影响。因此说：常规发生是相应的，突然发生是不相应的。就是这个意思。

黄帝又道：五星与天运正常相应的规律是怎样的？岐伯说：各从其天运之气的变化而变化。

黄帝问道：五星运行徐缓迅速、逆行顺行是怎样的？岐伯说：五星在它的轨道上运行，如久延而不进，或逆行留守，其光芒变小，叫做"省下"；若在其轨道上去而速回，或屈曲而行的，称为"省遗过"；若久延不进而回环旋转，似去似来的，称为"议灾"或"议德"。气候的变化近则小，变化远则大。光芒大于正常一倍的，气化亢盛；大二倍的，灾害即至。小于正常一倍的，气化减退；小二倍的，称为"临视"。省察在下之过与德，有德的获得幸福，有过的会得灾害。所以五星之象，高而远的就小，低而近的就大；大则灾变近，小则灾变远。岁运太过，主运之星就向北越出常道；运气相和，则五星各运行在经常的轨道上。所以岁运太过，被制之星就暗淡而兼母星的颜色；岁运不及，那运星就兼见所不胜的颜色。取法天地的人，看见了天的变化，如果尚不知道是什么道理，心里非常忧惧，不知道应该怎样才好，妄行猜测毫无征验，徒然使侯王畏惧。

黄帝又道：其在灾害方面的应验怎样？岐伯说：也是各从其变化而变化的。所以时令有盛衰，侵犯有逆顺，留守时间有长短，所见的形象有好坏，星宿所属有胜负，征验所应有吉有凶了。

黄帝问：好坏怎样？岐伯说：喜、忧、泽为安静，怒、丧、燥为躁乱，安静的好，躁动的坏。这是星象变化所常见的，必须小心观察。

黄帝又道：星象的喜、怒、忧、丧、泽、燥六种现象，对星的高低有无关系？岐伯说：五星的形象虽有高下的不同，但其应于物候是一致的,所以人体也是这样相应的。黄帝道:对。

按语

本节经文说明古人体认到宇宙界星球运动的变化会影响气候、万物以及人类,但由于时代与科学水平的限制,于是用省下、议灾、议德等假想来说明。我们应当用历史的眼光来分析它。

其德、化、政、令之动静损益皆何如?岐伯曰:夫德化政令灾变不能相加①也,胜复盛衰不能相多②也,往来大小不能相过③也,用之升降不能相无④也,各从其动而复之耳。

帝曰:其病生何如?岐伯曰:德化者气之祥,政令者气之章,变易者复之纪,灾眚者伤之始。气相胜者和,不相胜者病,重感于邪则甚也。帝曰:善。

所谓精光之论,大圣之业,宣明大道,通于无穷,究于无极也。余闻之,善言天者,必应于人;善言古者,必验于今;善言气者,必彰于物;善言应者,同天地之化;善言化言变者,通神明之理。非夫子孰能言至道欤!乃择良兆而藏之灵室,每旦读之,命曰"气交变"。非斋戒不敢发,慎传也。

注释

① 不能相加:王冰:"天地动静,阴阳往复,以德报德,以化报化,政令灾眚及动复亦然,故曰不能相加也。"

② 不能相多:王冰:"胜盛复盛,胜微复微,不应以盛报微,以化报变,故曰不能相多也。"

③ 不能相过:张介宾:"胜复大小,气数相同,故不能相过也。"

④ 不能相无:张志聪:"天地阴阳之气,升已而降,降已而升,寒往则暑

来,暑往则寒来,故曰不能相无也。"

语译

它们德、化、政、令的动静损益是怎样的? 岐伯说:五气的德、化、政、令与灾变都是有一定规律而不能彼此相加的,胜负和盛衰不能随意增多的,往来大小不能随便超越的,升降作用不会互不存在的,这些都是从运动中所产生出来的。

黄帝道:它们与疾病发生的关系是怎样的? 岐伯说:德化是五气正常的吉祥之兆,政令是五气的规则和表现形式,变易是产生胜气与复气的纲纪,灾祸是万物损伤的开始。大凡人的正气能抗拒邪气就和平无病,不能抗拒邪气就会生病,重复感受邪气病就更加严重了。黄帝道:讲得好。

这些正是所谓精深高明的理论,圣人的伟大事业,研究发扬它的道理,达到了无穷无尽的境界。我听说:善于谈论自然规律的,必定能应验于人;善于谈论古代的,必定能验证于现在;善于谈论气化的,必定能通晓万物;善于谈论应变的,就会采取与天地同一的步骤;善于谈论化与变的,就会通达自然界变化莫测的道理。除非先生,还有谁能够说清楚这些至理要道呢? 于是选择了一个好日子,把它藏在书室里,每天早晨取出来攻读,这篇文章称为"气交变"。黄帝非常珍重它,不随便取出来,不肯轻易传给他人。

本 篇 要 点

一、主要说明五运之化的太过不及,所引起自然界的变化,以及影响人体发生疾病的情况。

二、说明气候的变化有常有变,因此不可能先期肯定其必然的变化；必须时时加以观察，乃能知其有何变化和变化属于哪一类。

三、说明气候变化不一定会造成疾病，主要是决定于人体的正气能否胜邪。

五常政大论篇第七十

题解

本篇首论五运有平气、太过、不及的变化，四方地势有高下阴阳之气的差异，及其对自然万物和人体的影响；次论治则在临床上的运用。因为篇中主要论述了五运正常的政令，故以"五常政大论"名篇。

黄帝问曰：太虚寥廓，五运迴薄①，衰盛不同，损益相从②，愿闻平气③，何如而名？何如而纪④也？岐伯对曰：昭乎哉问也！木曰敷和⑤，火曰升明⑥，土曰备化⑦，金曰审平⑧，水曰静顺⑨。

帝曰：其不及奈何？岐伯曰：木曰委和，火曰伏明，土曰卑监，金曰从革，水曰涸流。

帝曰：太过何谓？岐伯曰：木曰发生，火曰赫曦，土曰敦阜，金曰坚成，水曰流衍。

注释

① 迴薄：张介宾："迴，循环也。薄，迫切也。"即循环不息的意思。
② 衰盛不同，损益相从：高世栻："衰损则不及，盛益则太过。"因为衰则损耗，盛则增加，所以说"损益相从"。
③ 平气：高世栻："平气则不衰不盛，无损无益。"即正常之气。
④ 纪：此处作"标志"解。

⑤敷和：敷，是散布。和，是温和。以木应春天，木运正常则能散布温和之气，促使万物欣欣向荣。如果不及，则温和之气不能敷布，称"委和"。委，是萎靡不振的意思。如果太过，称为"发生"，是未至其时就生长发育。

⑥升明：升，是上升。明，是光明。发光而有上升之势，是火的正常性能。如果不及，则火势不焰，所以称为"伏明"。伏，是不显著的意思。太过则火势旺盛，称为"赫曦"。

⑦备化：备，是完备。化，是生化。土的性能具备生化万物的作用，如不及，称为"卑监"。卑，是低；监，是下。太过称为"敦阜"，敦，是厚。阜，是高。"卑监"与"敦阜"是相对之词。

⑧审平：张介宾："金主杀伐，和则清宁，故曰审平，无妄刑也。"是说金有杀伐之象，如果在正常情况下，不致杀及无辜，必审察而行，所以称为"审平"。平，就是正常。如果不及就称为"从革"。从，是顺从。革，是改革。指金性坚硬，但在不及的时候就顺从改变其形态。太过称为"坚成"，和"从革"相对而言。坚，是坚固。

⑨静顺：指水的性能，在正常状态下，是清静而柔顺的。不及称为"涸流"。涸，是水流枯竭。太过称为"流衍"。衍，是满溢的意思。

语译

黄帝问道：宇宙深远广阔无边，五运循环不息。其中有盛衰的不同，随之而有损益的差别，请你告诉我五运中的平气，是怎样命名？怎样定其标志的？岐伯答道：你问得真有意义！所谓平气，木称为"敷和"，散布着温和之气，使万物荣华；火称为"升明"，明朗而有盛长之气，使万物繁茂；土称为"备化"，具备着生化万物之气，使万物具备形体；金称为"审平"，发着宁静和平之气，使万物结实；水称为"静顺"，有着寂静和顺之气，使万物归藏。

黄帝道：五运不及怎样？岐伯说：如果不及，木称为"委和"，无阳和之气，使万物萎靡不振；火称为"伏明"，少温暖之气，使万物暗淡无光；土称为"卑监"，无生化之气，使万物萎弱无力；金称为"从革"，无坚硬之气，使万物质松无弹力；水称为"涸流"，无封藏之气，使万物干枯。

黄帝道：太过的怎样？岐伯说：如果太过，木称为"发生"，过早地散布温和之气，使万物提早发育；火称为"赫曦"，散布着强烈的火气，使万物烈焰不安；土称为"敦阜"，有着浓厚坚实之气，反使万物不能成形；金称为"坚成"，有着强硬之气，使万物刚直；水称为"流衍"，有溢满之气，使万物飘流不能归宿。

帝曰：三气①之纪，愿闻其候。岐伯曰：悉乎哉问也！敷和之纪，木德周行②，阳舒阴布③，五化④宣平⑤。其气端⑥，其性随⑦，其用曲直⑧，其化生荣，其类草木，其政发散，其候温和，其令风，其藏肝；肝其畏清，其主目，其谷麻，其果李，其实核，其应春，其虫毛，其畜犬，其色苍，其养筋，其病里急支满，其味酸，其音角，其物中坚，其数八。

注释

① 三气：指平气、不及和太过之气。
② 周行：高世栻："木德周布宣行。"即布达于四方上下。
③ 阳舒阴布：高世栻："阳气以舒，阴气以布。"指阴阳发挥的正常作用。
④ 五化：五行的气化。五行之间，相反相成，随着矛盾发展而不断变化。
⑤ 宣平：宣，是施行。平，是和平。宣平，意指发挥正常的功能。
⑥ 端：端正、正直的意思。
⑦ 其性随：张介宾："柔和随物也。"
⑧ 曲直：是树木发荣的形象，其树干枝条，有曲有直，自由伸展。

语译

黄帝道：以上三气所标志的年份，请告诉我它们的不同情况？岐伯说：你所问的真精细极了！敷和的年份，木的德性布达于四方上下，阳气舒畅，阴气散布，五行的气化都能发挥其正常的功能。其气正直，其性顺从万物，其作用如树木枝干的曲直自由伸展，其生化能使万物繁荣，其属类是草木，其权力是发散，其气候是温和，其权力的表现是风，应于人的内脏是肝；肝畏惧清凉的金气（金克木），肝开窍于目，所以主于目，在谷类是麻，果类是李，其所充实的是核，所应的时令是春，所应的动物，在虫类是毛虫，在畜类是犬，其在颜色是苍，其所充养的是筋，如发病则为里急而胀满，其在五味是酸，在五音是角，在物体来说是属于中坚的一类，其在河图成数是八。

升明之纪，正阳①而治，德施周普，五化均衡。其气高②，其性速，其用燔灼，其化蕃茂，其类火，其政明曜③，其候炎暑，其令热，其藏心；心其畏寒，其主舌，其谷麦，其果杏，其实络，其应夏，其虫羽，其畜马，其色赤，其养血，其病瞤瘛④，其味苦，其音徵，其物脉，其数七。

注释

① 正阳：张介宾："火主南方，故曰正阳。"
② 高：上升的意思。张介宾："阳主升也。"
③ 明曜：发光明亮的现象。高世栻："其政明曜，火之光焰也。"
④ 瞤（rún 闰阳）瘛（chì 翅）：瞤，肌肉掣动。瘛，筋急引缩。

语译

升明的年份，南方火运正常行令，其德性普及四方，使五行气化平衡发展。其气上升，其性急速，其作用是燃烧，其在生化能使繁荣茂盛，其属类是火，其权力是使光明显耀，其气候炎暑，其权力的表现是热，应于人体内脏是心；心畏惧寒冷的水气（水克火），心开窍于舌，所以主于舌，其在谷类是麦，果类是杏，其所充实的是络，所应的时令是夏，所应的动物，在虫类是羽虫，在畜类是马，其在颜色是赤,其所充养的是血,如发病则为身体抽搐掣动,其在五味是苦,在五音是徵,在物体来说属于络脉一类,其在河图成数是七。

备化之纪,气协天休①,德流四政②,五化齐修③。其气平,其性顺,其用高下④,其化丰满,其类土,其政安静,其候溽蒸⑤,其令湿,其藏脾;脾其畏风,其主口,其谷稷,其果枣,其实肉,其应长夏,其虫倮,其畜牛,其色黄,其养肉,其病否⑥,其味甘,其音宫,其物肤⑦,其数五。

注释

① 气协天休:协,作协调、融洽解。休,美善。张介宾:"气协天休,顺承天化,而济其美也。"

② 四政:即四方之政。

③ 齐修:平均完善的意思。

④ 高下:有高有下,能高能下。

⑤ 溽(rù 褥)蒸:溽,湿气。溽蒸,湿热蒸发。

⑥ 否(pǐ 痞):窒塞不通。

⑦ 肤:王冰:"物禀备化之气,则多肌肉。"《读素问臆断》云:"'肤'当作'肉'。"

语译

备化的年份,天地的气化协调和平,其德性流布于四方,使五行气化都能完善地发挥其作用。其气和平,其性和顺,其作用能高能下,其生化能使万物成熟丰满,其属类是土,其权力是使之安静,其气候是湿热交蒸,其权力的表现是湿,应于人体内脏是脾;脾畏惧风(木克土),脾开窍于口,所以主于口,其在谷类是稷,果类是枣,其所充实的是肉,其所应的时令是长夏,所应的动物,在虫类是倮虫,在畜类是牛,在颜色是黄,其充养的是肉,若发病则为痞塞,在五味是甘,在五音是宫,在物体来说是属于肌肤一类,在河图成数是五。

审平之纪,收而不争①,杀而无犯②,五化宣明。其气洁,其性刚,其用散落③,其化坚敛,其类金,其政劲肃,其候清切,其令燥,其藏肺;肺其畏热,其主鼻,其谷稻,其果桃,其实壳,其应秋,其虫介,其畜鸡,其色白,其养皮毛,其病咳,其味辛,其音商,其物外坚,其数九。

注释

① 争:作"剥夺"解。
② 犯:张介宾:"犯,谓残害于物也。"
③ 散落:金性肃杀,能使万物成熟脱落。

语译

审平的年份,金的气化虽主收束,但无剥夺的现象,虽主肃杀,但无残害的情况,五行的气化都得宣畅清明。其气洁净,其性刚强,其作用是成熟散落,其生化能使万物结实收敛,其属类是金,其权力是为清劲严肃,其气候清凉,其权力的表现是燥,应于人体的内脏是肺;肺畏火热(火克金),肺开窍于鼻,所以主于鼻,其在谷类是稻,果类是桃,所充实的是壳,其所应的时令是秋,所应的动物,在虫类是介虫,在畜类是鸡,在颜色是白,其充养的是皮毛,如发病则为咳嗽,在五味是辛,在五音是商,在物体来说是属于外面包裹的一类,在河图成数是九。

静顺之纪,藏而勿害,治而善下,五化咸整。其气明,其性下,其用沃衍①,其化凝坚②,其类水,其政流演③,其候凝肃,其令寒,其藏肾;肾其畏湿,其主二阴,其谷豆,其果栗,其实濡,其应冬,其虫鳞,其畜彘④,其色黑,其养骨髓,其病厥,其味咸,其音羽,其物濡,其数六。

注释

① 沃衍:张介宾:"沃,灌溉也。衍,溢满也。"
② 凝坚:凝固而坚硬。
③ 流演:张介宾:"演,长流貌。井泉不竭,川流不息,皆流演之义。"
④ 彘(zhì 至):猪。

语译

静顺的年份,藏气能纳藏而无害于万物,其德性平顺而下行,五行的气化都得完整。其气明静,其性向下,其作用为水流灌溉,其生化为凝固坚硬,其属类为水,其权力是流动不息,其气候严寒阴凝,其权力的表现是寒,应于人体的内脏是肾;肾怕湿土(土克水),肾开窍于二阴,所以主于二阴,在谷类是豆,果类是栗,所充实的是液汁,其所应的时令是冬,其应于动物,在虫类是鳞虫,在畜类是猪,其颜色是黑,其充养的是骨髓,如发病则为厥,在五味是咸,在五音是羽,在物体来说是属于流动的液体一类,在河图成数是六。

故生而勿杀,长而勿罚,化而勿制,收而勿害,藏而勿抑,是谓平气。

语译

所以生长化收藏的规律不容破坏,万物生时而不杀伤,长时而不削罚,化时而不制止,收时而不残害,藏时而不抑制,这就叫做平气。

按语

五运六气是古代天文、气象学说的一部分,其后所以被运用于医学，是由于前人在临床实践过程中，体认到人和其他生物一样，与自然界有着密切的关系。人类必须与自然界的变化相适应，才能生存，所以在讨论医学问题之时，每以人和自然界一切事物比类而论。如以上所说的五运平气，就是说在正常的年份里，自然界中所表现的正常状况与人类的关系。在这些文字中，我们可以看出古人观察自然界事物的比类归纳方法，是极其细致，而且有它一定的规律性。

委和之纪，是谓胜生①。生气不政，化气乃扬，长气自平，收令乃早，凉雨时降，风云并兴，草木晚荣，苍干凋落，物秀而实，肤肉内充。其气敛，其用聚，其动缓戾拘缓②，其发惊骇，其藏肝，其果枣李，其实核壳，其谷稷稻，其味酸辛，其色白苍，其畜犬鸡，其虫毛介，其主雾露凄沧，其声角商，其病摇动注恐，从金化也。少角③与判商④同。上角⑤与正角同。上商与正商同。其病支废，痈肿疮疡，其甘虫⑥，邪伤肝也。上宫与正宫同。萧飋肃杀⑦，则炎赫沸腾，眚于三⑧，所谓复⑨也。其主飞蠹蛆雉，乃为雷霆。

注释

① 胜生：马莳："木气不及，金能胜之，是谓胜生。"

② 缓(ruǎn 软)戾拘缓：张介宾："缓，缩短也。戾，斜曲也。拘，拘急也。缓，不收也。皆厥阴不及之病。"缓戾，是拘挛收缩。拘缓，是收缩或弛缓无力。

③ 少角：木运敷和(平气)称为"正角"，委和(不及)称为"少角"，发生(太过)称为"太角"。古人既以五音代表五运，又根据正常、不及、太过来定出正、少、太三种代号。下面所说的正宫、正商等同此意义。

④ 判商：判，作"一半"解。商，属金。判商是指少商。木运不及，金来克木，木气半从金化，所以少角与判商同。

⑤ 上角：角属木。厥阴风木司天，称为"上角"。上，就是指司天而言。以下上商、上宫等同此意义。

⑥ 甘虫：甘是土味，因木运不及，土反来侮，甘味生虫，所以称为"甘虫"。

⑦ 萧飋(sè瑟)肃杀：形容金气胜木，一片萧条的景象。

⑧ 三：指三宫，即东方震位。

⑨ 复：报复。例如木运不及，金气胜木，木郁而生火，火能克金，故称为"复"。

语译

委和的年份，称为胜生。生气不能很好的行使职权，化气于是发扬（土不畏木），长气自然平静（木不能生火），收令于是提早（金胜木），而凉雨不时下降，风云经常起发，草木不能及时繁荣，并且易于干枯凋落，万物早秀早熟，皮肉充实。其气收敛，其作用拘束，不得曲直伸展，在人体的变动是筋络拘挛无力，或者易于惊骇，其应于内脏为肝，在果类是枣、李，所充实的是核和壳，在谷类是稷、稻，在五味是酸、辛，在颜色是白而苍，在畜类是犬和鸡，在虫类是毛虫、介虫，所主的气候是雾露寒冷之气，在声音为角、商，若发生病变则摇动和恐惧，这是由于木运不及而从金化的关系。所以少角等同于判商。若逢厥阴风木司天，则不及的木运得司天之助，也可以成为平气，所以委和逢上角，则其气化可与正角相同。若逢阳明燥金司天，则木运更衰，顺从金气用事，而成为金之平气，所以逢上商便和正商相同。在人体可发生四肢痿弱、痈肿、疮疡、生虫等病，这是由于邪气伤肝的关系。如正当太阴湿土司天，因土不畏木，亦能形成土气用事，而成为土之平气，所以逢上宫则和正宫相同。故委和的年份，起初是一片萧飋肃杀的景象，但随之则为火热蒸腾，其灾害应于东方，这是由于金气克木，迫使火气前来报复。当火气来复，主多飞虫、蠹虫、蛆虫和雉，木郁火复,发为雷霆。

伏明之纪,是谓胜长①。长气不宣②,藏气反布③,收气自政④,化令乃衡⑤,寒清数举,暑令乃薄,承化⑥物生,生而不长,成实而稚,遇化已老,阳气屈伏,蛰虫早藏。其气郁,其用暴,其动彰伏⑦变易,其发痛,其藏心,其果栗桃,其实络濡,其谷豆稻,其味苦咸,其色玄丹,其畜马彘,其虫羽鳞,其主冰雪霜寒,其声徵羽,其病昏惑悲忘,从水化也。少徵与少羽同。上商与正商同。邪伤心也。凝惨溧冽,则暴雨霖霆,眚于九。其主骤注,雷霆震惊,沉霒淫雨⑧。

注释

① 胜长:火主夏之长气。伏明的年份,火运不及,水来克火,金来反侮,长气受制于水、金二气,所以称为"胜长"。

② 宣:宣布,发扬。

③ 布:布散,展开。

④ 自政:自行政令。指金气因火不足而不受制约,能擅自发号施令而行使其权力。

⑤ 衡:作"平定"解。土为火之子,火运不及,土气就平定而不能发展。

⑥ 承化:万物都秉承土的化气而生。

⑦ 彰伏:彰,表现于外。伏,隐伏于内。

⑧ 沉霒(yīn阴)淫雨:张介宾:"沉霒,阴云蔽日也。淫,久雨也。此皆湿复之变。"

语译

伏明的年份,称为胜长。长气不得发扬,藏气反见布散,收气也擅自行使职权,化气平定而不能发展,寒冷之气常现,暑热之气衰薄,万物虽承土的化气而生,但因火运不足,既生而不能成长,虽能结实,然而很小,及至生化的时候,已经衰老,阳气屈伏,蛰虫早藏。火气郁结,所以当其发作时,必然横暴,其变动每隐现多变,在人体病发为痛,其应于内脏为心,其在果类为栗和桃,其所充实的是络和液汁,在谷类为豆和稻,在五味为苦和咸,在颜色为玄和丹,在畜类为马和猪,在虫类是羽虫、鳞虫,在气候主冰雪霜寒,在声音为徵、羽,若发生病变则为精神昏乱,悲哀易忘,这是火运不及而从水化的关系。所以少徵和少羽相同。若逢阳明燥金司天,因金不畏火,形成金气用事,而成为金之平气,所以伏明逢上商则与正商相同。故所发之病,是由于邪气伤心,火运衰,所以有阴凝惨淡、寒风凛冽的现象,但随之而暴雨淋漓不止,其灾害应于南方,这是土气来复,以致暴雨下注,雷霆震惊,乌云蔽日,阴雨连绵。

　　卑监之纪,是谓减化①。化气不令,生政独彰,长气整②,雨乃愆③,收气平,风寒并兴,草木荣美,秀而不实,成而秕④也。其气散,其用静定⑤,其动疡涌⑥、分溃⑦,痈肿,其发濡滞⑧,其藏脾,其果李栗,其实濡核,其谷豆麻,其味酸甘,其色苍黄,其畜牛犬,其虫倮毛,其主飘怒⑨振发,其声宫角,其病留满否塞,从木化也。少宫与少角同。上宫与正宫同。上角与正角同。其病飧泄,邪伤脾也。振拉⑩飘扬,则苍干散落,其眚四维。其主败折虎狼⑪,清气乃用,生政乃辱⑫。

注释
① 减化:土主长夏之化气。卑监为土运不及,木来克土,水来侮土,以致化气减弱了作用,故称"减化"。
② 长气整:火主长气。因土衰木旺,木能生火,故长气自能完整如常。
③ 雨乃愆(qiān牵):愆,过期。因土运不及,地气不能上升,所以雨水

不能及时下降。

④ 秕(bǐ 彼)：中空或不饱满的谷粒。

⑤ 静定：土性本来安静，不及则静而至定。定是不动的状态，不能发生作用的意思。

⑥ 疡涌：形容疮疡脓汁很多，有如泉涌。

⑦ 分溃：分，破裂。溃，溃烂。

⑧ 濡滞：滞，不畅。濡滞，指水气不行。

⑨ 飘怒：形容风动迅速，势不可当。

⑩ 振拉：拉，作"摧折"解。振拉，指风气有振动摧折之势。

⑪ 虎狼：高世栻："虎狼，西方金兽也。"张介宾："虎狼多刑伤，皆金复之气所化。"

⑫ 辱：高世栻："辱，犹屈也。金能平木，故生政乃辱。"即屈辱的意思。

语译

卑监的年份，称为减化。土的化气不得其令，而木的生气独旺，长气自能完整如常，雨水不能及时下降，收气平定，风寒并起，草木虽繁荣美丽，但秀而不能成实，所成的只是空壳或不饱满的一类东西。其气散漫，其作用不足而过于静定，在人体的变动为病发疮疡，脓多、溃烂、痈肿，并发展为水气不行，其所应的内脏是脾，在果类是李和栗，所充实的是液汁和核，在谷类是豆和麻，在五味是酸、甘，在颜色是苍、黄，在畜类是牛和犬，在虫类是倮虫、毛虫，因木胜风动，有振动摧折之势，在声音为宫、角，在人体发病为胀满否塞不通，这是土运不及而从木化的关系。所以少宫和少角相同。若逢太阴湿土司天，虽土运不及，但得司天之助，也可成为平气，所以卑监逢上宫则和正宫相同。若逢厥阴风木司天，则土运更衰，顺从木气用事，而成为木之平气，所以逢上角则和正角相同。在发病来讲，消化不良的泄泻，是邪气伤脾的关系。土衰木胜，所以见风势振动，摧折飘扬的现象，随之而草木干枯凋落，其灾害应于中宫而通于四方。由于金气来复，所以又主败坏折伤,有如虎狼之势,清气发生作用,生气便被抑制而不能行使权力。

从革之纪,是谓折收①。收气乃后,生气乃扬,长化合德②,火政乃宣,庶类③以蕃。其气扬,其用躁切,其动铿禁④瞀厥,其发咳喘,其藏肺,其果李杏,其实壳络,其谷麻麦,其味苦辛,其色白丹,其畜鸡羊,其虫介羽。其主明曜炎烁,其声商徵,其病嚏咳鼽衄,从火化也。少商与少徵同。上商与正商同。上角与正角同。邪伤肺也。炎光赫烈,则冰雪霜雹,眚于七。其主鳞伏彘鼠,岁气早至,乃生大寒。

注释

① 折收:金主秋之收气。金运不及,火来克金,木来反侮,因此收气减折,称为"折收"。
② 长化合德:火(长)土(化)相生,二气相合而发挥作用。
③ 庶类:庶,众多。庶类,指万物。
④ 铿禁:张介宾:"铿然有声,咳也。禁,声不出也。"

语译

从革的年份,称为折收。收气不能及时,生气得以发扬,长气和化气合而相得,火于是得以施行其权力,万物繁盛。其气发扬,其作用急躁,在人体的变动发病为咳嗽失音、烦闷气逆,发展为咳嗽气喘,其所应的内脏是肺,在果类为李和杏,所充实的是壳和络,在谷类是麻和麦,在五味是苦与辛,在颜色为白和朱红,在畜类为鸡和羊,在虫类是介虫、羽虫。因为金虚火胜,主有发光灼热之势,在声音为商、徵,在人体的病变为喷嚏、咳嗽、鼻塞流涕、衄血,这是因金运不及而从火化的关系。所以少商和少徵相同。若逢阳明燥金司天，则金运虽不及，得司天之助，也能变为平气，所以从革逢上商就和正商相同。若逢厥阴风木司天，因金运不及，木不畏金，亦能形成木气用事而成为木之平气，所以逢上角便和正角相同。其病变是由于邪气伤于肺脏。因金衰火旺，所以火势炎热，但随之见冰雪霜雹，其灾害应于西方。这是水气来复，故主如鳞虫之伏藏，猪、鼠之阴沉，冬藏之气提早而至，于是发生大寒。

涸流之纪，是谓反阳①。藏令不举，化气乃昌，长气宣布，蛰虫不藏，土润，水泉减，草木条茂，荣秀满盛。其气滞，其用渗泄②，其动坚止，其发燥槁，其藏肾，其果枣杏，其实濡肉，其谷黍稷，其味甘咸，其色黅玄，其畜彘牛，其虫鳞倮，其主埃郁昏翳③，其声羽宫，其病痿厥坚下④，从土化也。少羽与少宫同。上宫与正宫同。其病癃闷⑤，邪伤肾也。埃昏骤雨，则振拉摧拔，眚于一。其主毛显狐狢⑥，变化不藏。

注释

① 反阳：水主冬藏之气。水运不及，火不畏水，火之长气反见宣布，火属阳，所以称为"反阳"。
② 渗泄：张介宾："水不畜也。"
③ 埃郁昏翳：埃，指尘土。昏翳，是昏暗。埃郁昏翳，形容尘土飞扬，有遮天蔽日之势。
④ 坚下：指下部坚硬的癥结一类病变。
⑤ 癃闷：癃，是小便不畅。闷，是闭塞不通。
⑥ 毛显狐狢：毛，指毛虫，是木运所主之虫。显，是发现，言非其时而发现。狐狢，是一种多疑善变的兽类，像木之动摇不定。此句与上面"振拉摧拔"同是形容木气来复所发生的现象。

语译

涸流的年份，称为反阳。藏气衰弱，不能行使其封藏的权力，化气因而昌盛,长气反见宣行而布达于四方,蛰虫应藏而不藏,土润泽而泉水减少,草木条达茂盛,万物繁荣秀丽而丰满。其气不得流畅,故其作用为暗中渗泄,其变动为癥结不行,发病为干燥枯槁,其应内脏为肾,在果类为枣、杏,所充实的是汁液和肉,在谷类是黍和稷,在五味是甘、咸,在颜色是黄、黑,在畜类是猪、牛,在虫类是鳞虫、倮虫,水运衰,土气用事,故主有尘土昏郁的现象,在声音为羽、宫,在人体的病变为痿厥和下部的癥结,这是水运不及而从土化的关系。所以少羽和少宫相同。若逢土气司天,则水运更衰,顺从土气用事,所以涸流逢上宫与正宫相同。其病见大小便不畅或闭塞不通,是邪气伤于肾脏。因水运不及,故尘埃昏蔽,或骤然下雨,但随之反见大风振动,摧折倒拔,其灾害应于北方,这是木气来复,所以又见毛虫、狐狢,善于变动而不主闭藏。

故乘危而行①,不速而至,暴虐无德,灾反及之②。微者复微,甚者复甚,气之常也。

注释

① 乘危而行:危,指岁运不足。由于运气不足,便有所胜与所不胜之气,乘衰而至,有喧宾夺主之势。如上面所说"委和之纪"称为"胜生"之义。

② 灾反及之:指胜气横施暴虐,结果自己也反而受灾,因为有子来报复的缘故。如上面所说的委和之纪,当金气萧瑟肃杀之后,反见火令之炎赫沸腾,火是木之子,子来为母报复。

语译

所以当运气不及的年份,所胜与所不胜之气,就乘其衰弱而行令,好像不速之客,不招自来,暴虐而毫无道德,结果反而它自己受到损害,这是子来报复的关系。凡施行暴虐轻微的所受到的报复也轻,厉害的所受到的报复也厉害,这种有胜必有复的情况,是运气中的一种常规。

按语

以上所述，是运气不及年份所产生的天时与万物变化及人类发病的情况。从这里可以看到，前人对自然界变化的体认，是在实践的观察中，作出了系统性归纳的。并认为自然界各种变动，既有正常，必有不及和太过。当不及的时候，必然受制于人，不特素来我所不胜的更会加倍的克制，就是平时被我所制约的，也会乘机来欺侮。但受制于人有一定的限度，当抑制到了相当程度的时候，便会产生一种反抗的势力，所受抑制的力量愈强，其反抗的势力也愈强。这种情况，确是一种自然规律。前人在这方面创造了许多代名词和形容词，来说明这些问题。如既用宫、商、角、徵、羽代表土、金、木、火、水，又以正、太、少、上代表正常、太过、不及和司天等等。这是值得我们很好地加以仔细研究的。

发生之纪，是谓启敷①。土疏泄②，苍气达，阳和布化，阴气乃随，生气淳化③，万物以荣。其化生，其气美，其政散，其令条舒，其动掉眩巅疾，其德鸣靡启坼④，其变振拉摧拔，其谷麻稻，其畜鸡犬，其果李桃，其色青黄白，其味酸甘辛，其象春，其经足厥阴、少阳，其藏肝、脾，其虫毛介，其物中坚外坚，其病怒。太角与上商同⑤。上徵则其气逆，其病吐利。不务其德，则收气复，秋气劲切⑥，甚则肃杀，清气大至，草木凋零，邪乃伤肝。

注释

① 启敷：敷，古"陈"字。启敷，即推陈出新之义。张介宾："启，开也。敷，布也。布散阳和，发生万物之象也。"

② 疏泄：指土气因木运太过而疏薄，有发泄的现象。

③ 淳化：淳，厚。淳化，指生发之气雄厚，能化生万物。

④鸣靡启坼：张介宾："鸣，风木声也。靡，散也，奢美也。启坼，即发陈之义。"联系起来，就是春天的景象，和风舒畅，万物靡丽，推陈出新。

⑤太角与上商同：新校正疑为衍文。

⑥劲切：清劲肃杀，形容秋天景象。

语译

发生的年份，称为启陈。土气疏松虚薄，草木之青气发荣，阳气温和布化于四方，阴气随阳气而动，生气淳厚，化生万物，万物因之而欣欣向荣。其变化为生发，万物得其气则秀丽，其权力为散布，其权力的表现为舒展畅达，其在人体的变动是眩晕和巅顶部的疾病，其正常的性能是风和日暖，使万物奢靡华丽，推陈出新，若变动为狂风震怒，把树木摧折拔倒，其在谷类为麻、稻，在畜类是鸡、犬，在果实为李、桃，在颜色为青、黄、白三色杂见，在五味为酸、甘、辛，其象征为春天，其在人体的经络是足厥阴、足少阳，在内脏为肝、脾，在虫类为毛虫、介虫，在物体属内外坚硬的一类，若发病则为怒。这是木运太过，是为太角，木太过则相当于金气司天，故太角与上商同。若逢上徵，正当火气司天，木运太过亦能生火，火性上逆，木旺克土，故病发气逆、吐泻。木气太过失去了正常的性能，则金之收气来复，以致发生秋令劲切的景象，甚则有肃杀之气，气候清凉，草木凋零，若为人们的病变，则邪气伤在肝脏。

赫曦之纪，是谓蕃茂。阴气内化，阳气外荣，炎暑施化，物得以昌。其化长，其气高，其政动，其令鸣显①，其动炎灼妄扰，其德暄②暑郁蒸，其变炎烈沸腾，其谷麦豆，其畜羊彘，其果杏栗，其色赤白玄，其味苦辛咸，其象夏，其经手少阴、太阳，手厥阴、少阳，其藏心、肺，其虫羽鳞，其物脉濡，其病笑、疟、疮疡、血流、狂妄、目赤。上羽与正徵同，其收齐③，其病痓，上徵而收气后也。暴烈其政，藏气乃复，时见凝惨，甚则雨水霜雹切寒，邪伤心也。

注释

① 鸣显：张介宾："火之声壮，火之光明。"鸣，声音，显，显露。鸣显，声色显露的意思。
② 暄：温热。
③ 齐：正常的意思。

语译

赫曦的年份，称为蕃茂。少阴之气从内而化，阳气发扬在外，炎暑的气候施行，万物得以昌盛。其生化之气为成长，火气的性质是上升的，其权力是闪烁活动，其权力的表现为显露声色，其变动能使烧灼发热，并且因为过热而撩乱烦扰，其正常的性能是暑热郁蒸，其变化则为热度高张如烈火，其在谷类为麦、豆，在畜类为羊、猪，在果类为杏、栗，在颜色为赤、白、黑，在五味为苦、辛、咸，其象征为夏天，在人体的经脉是手少阴、手太阳和手厥阴、手少阳，在内脏为心、肺，在虫类为羽虫、鳞虫，在人体属脉络和津液，在人体的病变是因为心气实则笑，伤于暑则病疟疾、疮疡、失血、发狂、目赤。火运太过，若逢太阳寒水司天，水能胜火，适得其平，故赫曦逢上羽，则和正徵相同。水运既平，金不受克，所以收令得以正常，因水气司天，火受水制，所以在人发病为痓。若火运太过又逢火气司天，二火相合，则金气受伤，故逢上徵则收气不能及时行令。由于火运行令，过于暴烈，水之藏气来复，以致时见阴凝惨淡的景象，甚至雨水霜雹，转为寒冷，若见病变，多是邪气伤于心脏。

敦阜之纪，是谓广化①。厚德清静，顺长以盈，至阴内实,物化充成,烟埃朦郁②,见于厚土③,大雨时行,湿气乃用,燥政乃辟。其化圆④,其气丰,其政静,其令周备,其动濡积并稸⑤,其德柔润重淖,其变震惊飘骤、崩溃,其谷稷麻,其畜牛犬,其果枣李,其色黅玄苍,其味甘咸酸,其象长夏,其经足太阴、阳明,其藏脾、肾,其虫倮毛,其物肌核,其病腹满,四支不举,大风迅至,邪伤脾也。

注释

① 广化:王冰:"土余故化气广被于物也。"张志聪:"土气盛而化气布于四方,故为广化。"
② 烟埃朦郁:烟埃,指土气。朦郁,形容土气盛,有笼罩的意思。
③ 厚土:指山陵高丘。
④ 圆:指土气环绕四方,有圆满的意思。
⑤ 稸:同"蓄",积聚。

语译

敦阜的年份,称为广化。其德性浑厚而清静,使万物顺时生长乃至充盈,土的至阴之气充实,则万物能生化而成形,土运太过,故见土气蒸腾如烟,笼罩于山丘之上,大雨常下,湿气用事,燥气退避。其化圆满,其气丰盛,其权力则为静,其权力的表现是周密而详备,其变动则湿气积聚,其性能柔润,使万物不断得到润泽,其变化则为暴雨骤至、雷霆震动、山崩堤溃,在谷类为稷、麻,在畜类为牛、犬,在果类为枣、李,在颜色为黄、黑、青,在五味是咸、酸,其象征为长夏,在人体的经脉是足太阴、足阳明,在内脏是脾、肾,在虫类是倮虫、毛虫,在物体属于人体肌肉和植物果核的一类,在病变为腹中胀满,四肢沉重,举动不便,由于土运太过,木气来复,所以大风迅速而来,其所见的疾病,多由邪气伤于脾脏。

坚成之纪,是谓收引①。天气洁,地气明,阳气随,阴治化,燥行其政,物以司成,收气繁布,化洽不终。其化成,其气削,其政肃,其令锐切,其动暴折疡疰②,其德雾露萧飋,其变肃杀凋零,其谷稻黍,其畜鸡马,其果桃杏,其色白青丹,其味辛酸苦,其象秋,其经手太阴、阳明,其藏肺、肝,其虫介羽,其物壳络,其病喘喝,胸凭仰息③。上徵与正商同。其生齐,其病咳。政暴变,则名木不荣,柔脆焦首,长气斯救,大火流,炎烁且至,蔓将槁,邪伤肺也。

注释

① 收引:张志聪:"秋令主收,是谓收引。"马莳:"阳气收敛,阴气引用。"即是收敛的意思。

② 疡疰:张介宾:"疡疰者,皮肤之疾。"

③ 胸凭仰息:张志聪:"金气太盛,而肺气实也。"指呼吸困难的一种表现,即端坐呼吸。

语译

坚成的年份,称为收引。天高气爽洁净,地气亦清静明朗,阳气跟随阴气的权力而生化,因为阳明燥金之气当权,于是万物都成熟,但金运太过,故秋收之气旺盛四布,以致长夏的化气未尽而顺从收气行令。其化是提早收成,其气是削伐,其权力过于严厉肃杀,它权力的表现是尖锐锋利而刚劲,其在人体之变动为强烈的折伤和疮疡、皮肤病,其正常的性能是散布雾露凉风,其变化则为肃杀凋零的景象,在谷类是稻、黍,在畜类是鸡、马,在果类是桃、杏,它的颜色是白、青、丹,它化生的五味是辛、酸、苦,其象征为秋天,在人体上相应的经脉是手太阴、手阳明,在内脏是肺与肝,化生的虫类是介虫、羽虫,生成物体是属于皮壳和筋络的一类,如果发生病变,大都为气喘有声而呼吸困难。若遇金运太过而逢火气司天的年份，因为火能克金适得其平，所以说上徵与正商相同。金气得到抑制，则木气不受克制，生气就能正常行令，发生的病变为咳嗽。金运太过的年份剧变暴虐，各种树木受到影响，不能发荣，使得草类柔软脆弱都会焦头，但继之火气来复，好像夏天的气候前来相救，故炎热的天气又流行，蔓草被烧灼而渐至枯槁，人们发生的病变，多由邪气伤于肺脏。

流衍之纪，是谓封藏①。寒司物化，天地严凝，藏政以布，长令不扬。其化凛，其气坚。其政谧，其令流注，其动漂泄沃涌②，其德凝惨寒雰③，其变冰雪霜雹，其谷豆稷，其畜彘牛，其果栗枣，其色黑丹黅，其味咸苦甘，其象冬，其经足少阴、太阳，其藏肾、心，其虫鳞倮，其物濡满，其病胀。上羽而长气不化也。政过则化气大举，而埃昏气交，大雨时降，邪伤肾也。

注释

① 封藏：张介宾："水盛则阴气大行，天地闭而万物藏，故曰封藏。"
② 漂泄沃涌：张介宾："漂，浮上也。泄，泻下也。沃，灌也。涌，溢也。"这是形容水的动态和作用。
③ 雰(fēn 分)："氛"的异体字。雾气。

语译

流衍的年份，称为封藏。寒气执掌万物的变化，天地间严寒阴凝，闭藏之气行使其权力，火的生长之气不得发扬。其化为凛冽，其气则坚凝，其权力为安静，它权力的表现是流动灌注，其活动则或为漂浮，或为下泻，或为灌溉，或为外溢，其性能是阴凝惨淡、寒冷雾气，其气候的变化为冰雪霜雹，在谷类为豆、稷，在畜类是猪、牛，在果类为栗、枣，显露的颜色是黑、朱红与黄，化生的五味是咸、苦、甘,其象征为冬天,在人体相应的经脉是足少阴、足太阳,在内脏是肾和心,化生的虫类为鳞虫、倮虫,生成物体属充满液汁肌肉的一类,如果发生病变是胀。若逢水气司天,水运更太过,二水相合,火气更衰,故流衍逢上羽,火生长之气更不能发挥作用。如果水行太过,则土气来复,而化气发动,以致地气上升,大雨不时下降,人们发生的病变,由于邪气伤于肾脏。

故曰:不恒其德①,则所胜来复,政恒其理,则所胜同化②。此之谓也。

注释

① 不恒其德:不恒,失去常度的意思。德,指正常的性能。这里指运气太过而失去常度,其性变为暴烈而欺侮被我所胜者,如木运太过,土气受其侮等。

② 所胜同化:在和平的状况下,凡所胜之气能各各相安,而与所主的运气同流合化。张介宾:"谓安其常,处其顺,则所胜者亦同我之气而与之俱化矣。如木与金同化、火与水齐育之类是也。"

语译

所以说:运气太过的年份,其所行使的权力,失去了正常的性能,横施暴虐,而欺侮被我所胜者,但结果必有胜我者前来报复,若行使政令平和,合乎正常的规律,即使所胜的也能同化。就是这个意思。

按语

以上论太过的年份,自然界所出现的各种变化。最后之"不恒其德"及"政恒其理",说明不正常和正常的不同,不正常的必有胜复的情况发生,正常的可以相安无事。兹将太过、不及之胜复,列表如下:

表18 运气不及之胜复表

运	木	火	土	金	水
所胜	金	水	木	火	土
复	火	土	金	水	木

表19 运气太过之胜复表

运	木	火	土	金	水
胜	土	金	水	木	火
复	金	水	木	火	土

帝曰：天不足西北，左①寒而右凉；地不满东南，右①热而左温。其故何也？岐伯曰：阴阳之气，高下之理，太少之异也。东南方，阳也；阳者，其精降于下，故右热而左温。西北方，阴也；阴者，其精奉于上，故左寒而右凉。是以地有高下，气有温凉，高者气寒，下者气热。故适②寒凉者胀，之②温热者疮。下之则胀已，汗之则疮已。此腠理开闭之常，太少之异耳。

注释

① 左、右：指方位而言。西北之右是西方，属金，气凉；西北之左是北方，属水，气寒。东南之左是东方，属木，气温；东南之右是南方，属火，气热。

② 适、之：适、之两字同义，在、至的意思。张介宾："适寒凉之地，则腠理闭密，气多不达，故作内胀。之，亦适也。之温热之地，则腠理多开，阳邪易入，故为疮疡。"

语译

黄帝问：天气不足于西北，北方寒而西方凉；地气不满于东南，南方热而东方温。这是什么缘故？岐伯道：天气有阴阳，地势有高低，其中都有太过与不及的差异。东南方属阳；阳气有余，阳精自上而下降，所以南方热而东方温。西北方属阴；阴气有余，阴精自下而上奉，所以北方寒而西方凉。因此地势有高有低，气候有温有凉，地势高的气候寒凉，地势低下的气候温热。所以在西北寒凉的地方多胀病,在东南温热的地方多疮疡。胀病用下法则胀可消,疮疡用汗法则疮疡自愈。这是气候和地理影响人体腠理开闭的一般情况,无非是太过和不及的区别罢了。

帝曰:其于寿夭何如?岐伯曰:阴精所奉,其人寿;阳精所降,其人夭。帝曰:善。

其病也,治之奈何?岐伯曰:西北之气,散而寒之;东南之气,收而温之。所谓同病异治也。故曰,气寒气凉,治以寒凉,行水渍之;气温气热,治以温热,强其内守①。必同其气,可使平也,假者反之②。帝曰:善。

一州之气,生化寿夭不同,其故何也。岐伯曰:高下之理,地势使然也。崇高则阴气治之,污下则阳气治之。阳胜者先天,阴胜者后天,此地理之常,生化之道也。帝曰:其有寿夭乎?岐伯曰:高者,其气寿;下者,其气夭。地之小大异也,小者小异,大者大异。故治病者,必明天道地理,阴阳更胜,气之先后,人之寿夭,生化之期,乃可以知人之形气③矣。帝曰:善!

注释

① 内守:指阳气固守于中。张介宾:"欲令阳气不泄,而固其中也。"
② 假者反之:假则反,相反的病就得用相反的方法治疗。
③ 形气:形,指外之形体。气,指内之真气。

语译

黄帝道:天气寒热与地势高下对于人的寿夭,有什么关系?岐伯说:阴精上承的地方,阳气坚固,故其人长寿;阳精下降的地方,阳气常发泄而衰薄,故其人多夭。黄帝说:对。

若发生病变，应怎样处理？岐伯道：西北方天气寒冷，其病多外寒而里热，应散其外寒，而凉其里热；东南方天气温热，因阳气外泄，故生内寒，所以应收敛其外泄的阳气，而温其内寒。这是所谓"同病异治"，即同样发病而治法不同。所以说，气候寒凉的地方，多内热，可用寒凉药治之，并可以用汤液浸渍的方法；气候温热的地方，多内寒，可治以温热的方法，以加强内部阳气的固守。治法必须与该地的气候相同，才能使之平调，但必须辨别其相反的情况，如西北之人有假热之寒病，东南之人有假寒之热病，又当用相反的方法治疗。黄帝道：对。

但有地处一州，而生化寿夭各有不同，是什么缘故？岐伯道：虽同在一州，而地势高下不同，故生化寿夭的不同，是地势的不同所造成的。因为地势高的地方，属于阴气所治，地势低的地方，属于阳气所治。阳气盛的地方气候温热，万物生化往往先四时而早成，阴气盛的地方气候寒冷，万物常后于四时而晚成，这是地理的常规，而影响着生化迟早的规律。黄帝道：有没有寿和夭的分别呢？岐伯道：地势高的地方，阴气所治，故其人寿；地势低下的地方，阳气多泄，其人多夭。而地势高下相差有程度上的不同，相差小的其寿夭差别也小，相差大的其寿夭差别也大。所以治病必须懂得天道和地理，阴阳的相胜，气候的先后，人的寿夭，生化的时间，然后可以知道人体内外形气的病变了。黄帝道：很对！

其岁有不病，而藏气不应不用者何也？岐伯曰：天气制之，气①有所从也。

帝曰：愿卒闻之。岐伯曰：少阳司天，火气下临，肺气上从，白起金用②，草木眚，火见燔焫，革③金且耗，大暑以行，咳嚏鼽衄，鼻窒口④疡，寒热胕肿；风行于地，尘沙飞扬，心痛，胃脘痛，厥逆，鬲不通，其主暴速。

注释

① 气：此指人身五脏之气。
② 白起金用：白，指燥金之气。白起金用，就是燥金之气受火的影响，于是起而用事。
③ 革：变革，指金被火克，而顺从变革。
④ 口：原作"曰"，据《素问注证发微》、《素问集注》改。

语译

一岁之中，有应当病而不病，脏气应当相应而不相应，应当发生作用而不发生作用，这是什么道理呢？岐伯道：这是由于受着天气的制约，人身脏气顺从于天气的关系。

黄帝道：请你详细告诉我。岐伯说：少阳相火司天的年份，火气下临于地，人身肺脏之气上从天气，燥金之气起而用事，地上的草木受灾，火热如烧灼，金气为之变革，且被消耗，火气太过故暑热流行，人们发生的病变如咳嗽，喷嚏，鼻涕，衄血，鼻塞不利，口疮，寒热，浮肿；少阳司天则厥阴在泉，故风气流行于地，沙尘飞扬，发生的病变为心痛，胃脘痛，厥逆，胸膈不通，其变化急暴快速。

阳明司天，燥气下临，肝气上从，苍起木用而立，土乃眚，凄沧数至，木伐草萎，胁痛，目赤，掉振鼓栗，筋痿不能久立；暴热至，土乃暑，阳气郁发，小便变，寒热如疟，甚则心痛。火行于槁①，流水不冰，蛰虫乃见。

注释

① 槁：原作"稿"，据《类经》改。槁，指草木枯槁之时，即冬令。

语译

阳明司天的年份，燥气下临于地，人身肝脏之气上从天气，风木之气起而用事,故脾土必受灾害,凄沧清冷之气常见,草木被克伐而枯萎,所以发病为胁痛,目赤,眩晕,动摇,战栗,筋萎不能久立;阳明司天则少阴君火在泉,故暴热至,地气变为暑热蒸腾,在人则阳气郁于内而发病,小便不正常,寒热往来如疟,甚致发生心痛。火气流行于冬令草木枯槁之时,气候不寒而流水不得结冰,蛰虫反外见而不藏。

太阳司天,寒气下临,心气上从,而火且明,丹起①,金乃眚,寒清时举,胜则水冰②,火气高明,心热烦,嗌干,善渴,鼽嚏,喜悲,数欠,热气妄行,寒乃复,霜不时降,善忘,甚则心痛;土乃润,水丰衍,寒客至,沉阴化,湿气变物,水饮内稸,中满不食,皮㾦肉苛,筋脉不利,甚则胕肿,身后痈。

注释
① 丹起:丹是火之色。丹起,即火热之气因寒气下临而起而用事。
② 胜则水冰:胜,指寒水之气战胜火热之气。寒之气胜则水凝结成冰。

语译

太阳司天的年份,寒水之气下临于地,人身心脏之气上从天气,火气照耀显明,火热之气起而用事,则肺金必然受伤,寒冷之气非其时而出现,寒气太过则水结成冰,因火气被迫而应从天气,故发病为心热烦闷,咽喉干,常口渴,鼻涕,喷嚏,易于悲哀,时常呵欠,热气妄行于上,故寒气来报复于下,则寒霜不时下降,寒复则神气伤,发病为善忘,甚至心痛;太阳司天则太阴湿土在泉,土能制水,故土气滋润,水流丰盛,太阳司天则寒水之客气加临于三之气,太阴在泉则湿土之气下加于终之气,水湿相合而从阴化,万物因寒湿而发生变化,应在人身的病则为水饮内蓄,腹中胀满,不能饮食,皮肤麻痹,肌肉不仁,筋脉不利,甚至浮肿,背部生痈。

厥阴司天,风气下临,脾气上从,而土且隆,黄起①,水乃眚,土用革,体重,肌肉萎,食减口爽②,风行太虚,云物摇动,目转耳鸣;火纵其暴,地乃暑,大热消烁,赤沃下③,蛰虫数见,流水不冰,其发机速。

注释

① 黄起:黄是湿土之色。黄起,湿土之气起而用事。
② 爽:伤败。
③ 赤沃下:姚止庵:"谓血水下流也,二便血及赤带之属。"

语译

厥阴司天的年份,风木之气下临于地,人身脾脏之气上从天气,土气兴起而隆盛,湿土之气起而用事,于是水气必受损,土从木化而受其克制,其功用亦为之变易,人们发病为身体重,肌肉枯萎,饮食减少,口败无味,风气行于宇宙之间,云气与万物为之动摇,在人体之病变为目眩,耳鸣;厥阴司天则少阳相火在泉,风火相搧,故火气横行,地气便为暑热,在人体则见大热而消烁津液,血水下流,因气候温热,故蛰虫不藏而常见,流水不能成冰,其所发的病机急速。

少阴司天,热气下临,肺气上从,白起金用,草木眚,喘,呕,寒热,嚏,鼽衄,鼻窒,大暑流行,甚则疮疡燔灼,金烁石流①;地乃燥清,凄沧数至,胁痛,善太息,肃杀行,草木变。

注释

① 金烁石流:高世栻:"如焚如焰也。"形容热势盛极,可熔化金石。

语译

少阴君火司天的年份,火热之气下临于地,人身肺脏之气上从天气,燥金之气起而用事,则草木必然受损,人们发病为气喘,呕吐,寒热,喷嚏,鼻涕,衄血,鼻塞不通,暑热流行,甚至病发疮疡,高热,暑热如火焰,有熔化金石之状;少阴司天则阳明燥气在泉,故地气干燥而清净,寒凉之气常至,在病变为胁痛,好叹息,肃杀之气行令,草木发生变化。

太阴司天,湿气下临,肾气上从,黑起水变①,火乃眚②,埃冒云雨,胸中不利,阴痿,气大衰,而不起不用,当其时③,反腰脽痛,动转不便也,厥逆;地乃藏阴,大寒且至,蛰虫早附④,心下否痛,地裂冰坚,少腹痛,时害于食,乘金则止,水增,味乃咸,行水减也。

注释

① 黑起水变:黑是寒水之色。因太阴湿土之气下临,寒水之气起而用事,故发生变化。
② 火乃眚:原无,据新校正补。
③ 当其时:就是当土旺之时。
④ 附:归附。

语译

太阴司天的年份,湿气下临于地,人身肾脏之气上从天气,寒水之气起而用事,火气必然受损,人体发病为胸中不爽,阴痿,阳气大衰,不能振奋而失去作用,当土旺之时则感腰臀部疼痛,转动不便,或厥逆;太阴司天则太阳寒水在泉,故地气阴凝闭藏,大寒便至,蛰虫很早就伏藏,人们发病则心下痞塞而痛,若寒气太过则土地冻裂，冰冻坚硬，病发为少腹痛，常常妨害饮食，水气上乘肺金，则寒水外化，故少腹痛止，若水气增多，则口味觉咸，必使水气通行外泄，方可减退。

按语

以上六节论"岁有不病而藏气不应不用"之故，这是由于六气制约的关系。其主要关键在于被制之气反起而用事，如"火气下临则白起金用"之类。这说明了自然现象、病理变化等都是非常复杂的。

帝曰：岁有胎孕不育，治之不全①，何气使然？岐伯曰：六气五类②，有相胜制也。同者③盛之，异者④衰之。此天地之道，生化之常也。故厥阴司天，毛虫静⑤，羽虫育，介虫不成；在泉，毛虫育，倮虫耗，羽虫不育。

少阴司天，羽虫静，介虫育，毛虫不成；在泉，羽虫育，介虫耗不育。

太阴司天，倮虫静，鳞虫育，羽虫不成；在泉，倮虫育，鳞虫⑥不成。

少阳司天，羽虫静，毛虫育，倮虫不成；在泉，羽虫育，介虫耗，毛虫不育。

阳明司天，介虫静，羽虫育，介虫不成；在泉，介虫育，毛虫耗，羽虫不成。

太阳司天，鳞虫静，倮虫育；在泉，鳞虫耗⑦，倮虫不育。

注释

① 治之不全：指胎孕和不育有不同的情况。张介宾："治，谓治岁

② 六气五类：六气，指司天在泉之六气。五类，指五类动物，即毛、羽、倮、介、鳞。
③ 同者：指六气与五类动物的五行属性相同。
④ 异者：指六气与五类动物的五行属性不同。
⑤ 静：含有既不生育，也不消耗的意思。
⑥ 虫：新校正认为此下少一"耗"字。
⑦ 鳞虫耗：新校正认为当作"鳞虫育，羽虫耗"。因太阳在泉，属水之鳞虫当繁育而不当耗损。耗损者当是属火的羽虫。

语译

黄帝道：在同一年中，有的动物能胎孕繁殖，有的却不能生育，这是什么气使它这样的？岐伯说：六气和五类动物之间，有相胜而制约的关系。若六气与动物的五行属性相同，则生育力就强盛，如果不同，生育力就衰退。这是自然规律，万物生化的常规。所以逢厥阴风木司天，毛虫不生育，亦不耗损，厥阴司天则少阳相火在泉，羽虫同地之气，故得以生育，火能克金，故介虫不能生成；若厥阴在泉，毛虫同其气，则多生育，因木克土，故倮虫遭受损耗，羽虫静而不育。

少阴君火司天，羽虫同其气，故羽虫不生育，亦不耗损，少阴司天则阳明燥金在泉，介虫同地之气，故得以生育，金克木，故毛虫不能生成；少阴在泉，羽虫同其气，则多生育，火克金，故介虫遭受损耗且不得生育。

太阴湿土司天，倮虫同其气，故倮虫不生育，亦不耗损，太阴司天则太阳寒水在泉，鳞虫同地之气，故鳞虫多生育，水克火，故羽虫不能生成；太阴在泉，倮虫同其气，则多生育，土克水，故鳞虫不能生成。

少阳相火司天，羽虫同其气，故羽虫不生育，亦不耗损，少阳司天则厥阴风木在泉，毛虫同地之气，故多生育，木克土，故鳞虫不能生成；少阳在泉，羽虫同其气，则多生育，火克金，故介虫遭受损耗，而毛虫静而不育。

阳明燥金司天，介虫同天之气，故介虫静而不生育，阳明司天则少阴君火在泉，羽虫同地之气，故多生育，火克金，故介虫不得生成；阳明在泉，介虫同其气，则多生育，金克木，故毛虫耗损，而羽虫不能生成。

太阳寒水司天，鳞虫同天之化，故鳞虫静而不生育，太阳司天则太阴湿土在泉，倮虫同地之气，故多生育；太阳在泉，鳞虫同其气，故多生育，水克火，故羽虫损耗，倮虫静而不育。

诸乘所不成之运，则甚也①。故气主②有所制，岁立③有所生，地气制己胜④，天气制胜己⑤，天制色，地制形⑥，五类衰盛，各随其气之所宜也。故有胎孕不育，治之不全，此气之常也，所谓中根⑦也。根于外者亦五，故生化之别，有五气、五味、五色、五类、五宜⑧也。

帝曰：何谓也？岐伯曰：根于中者，命曰神机，神去则机息；根于外者，命曰气立，气止则化绝。故各有制，各有胜，各有生，各有成。故曰：不知年之所加，气之同异，不足以言生化。此之谓也。

注释

① 诸乘所不成之运，则甚也：指五运被六气所乘，则被克之气所应之虫类更不能孕育。张介宾："上文言六气，此兼五运也。以气乘运，其不成尤甚。"

② 气主：六气所主之司天在泉。

③ 岁立：张介宾："子甲相合，岁气立乎中运也。"故岁运在中，乘五行而立。

④ 地气制己胜：张介宾："谓以己之胜，制彼之不胜，如以我之木，制彼之土也。"地气，指在泉之气。这是说在泉之气能制约己所胜之气。

⑤ 天气制胜己：天气，指司天之气。这是说司天之气能制约胜己之气。如木运不及的年份(丁未、丁丑)，正当太阴湿土司天，而木从土化。

⑥ 天制色，地制形：张介宾："色化于气，其象虚，虚本乎天也。形成为质，其体实，实出乎地也。故司天之气制五色，在泉之气制五形。"

⑦ 中根：高世栻："五运在中，万物生化，所谓中根也。"意思是说五运在中央，万物从五运而化生，称为"中根"。

⑧ 五宜：张介宾："无论动植之物，凡在生化中者，皆有五行之别。如臊焦香腥腐，五气也；酸苦甘辛咸，五味也；青赤黄白黑，五色也。物各有类，不能外乎五者。物之类殊，故各有互宜之用。"即各与天地五运六气相适应的意思。

语译

凡五运被六气所乘的时候，被克之年所应的虫类，则更不能孕育。所以六气所主的司天在泉，各有制约的作用，子甲相合，而岁运在中，秉五行而立，万物都有所生化，在泉之气制约岁气之我所胜者，司天之气制约岁气之胜我者，司天之气制色，在泉之气制形，五类动物的繁盛和衰微，各自随着天地六气的不同而相应。因此有胎孕和不育的分别，生化的情况也不能完全一致，这是运气的一种常度，因此称之为中根。在中根之外的六气，同样根据五行而施化，所以万物的生化有五气、五味、五色、五类的分别，随五运六气而各得其宜。

黄帝道：什么道理呢？岐伯说：根于中的叫做神机，它是生化作用的主宰，所以神去则生化的机制也停止；根于外的叫做气立，假如没有六气在外，则生化也随之而断绝。故运各有制约，各有相胜，各有生，各有成。因此说，如果不知道当年的岁运和六气的加临，以及六气和岁运的异同，就不足以谈生化。就是这个意思。

帝曰：气始而生化，气散而有形，气布而蕃育，气终而象变，其致一也。然而五味所资，生化有薄厚，成熟有少多，终始不同，其故何也？岐伯曰：地气制之也，非天不生、地不长①也。

帝曰：愿闻其道。岐伯曰：寒热燥湿，不同其化也。故少阳在泉，寒毒②不生，其味辛，其治苦酸，其谷苍丹。阳明在泉，湿毒不生，其味酸，其气湿，其治辛苦甘，其谷丹素。太阳在泉，热毒不生，其味苦，其治淡咸，其谷黅秬③。厥阴在泉，清毒不生，其味甘，其治酸苦，其谷苍赤；其气专④，其味正。少阴在泉，寒毒不生，其味辛，其治辛苦甘，其谷白丹。太阴在泉，燥毒不生，其味咸，其气热，其治甘咸，其谷黅秬；化淳⑤则咸守，气专则辛化而俱治。

注释

① 天不生、地不长：指万物依天气而生，并依地气而长，若非天地之气，则不足以生长。

② 毒：指有毒之物，包括药物在内。古人认为有毒之物，皆由于五行的暴烈之气所生。

③ 秬：高世栻："秬乃黑黍，水之谷也。"

④ 专：风木司天则相火在泉，木灭相生，故其气专一。

⑤ 化淳：指太阴湿土，气化淳厚。

语译

黄帝道：万物开始受气而生化，气散而有形，气敷布而繁殖，气终的时候形象便发生变化，万物虽不同，但这种情况是一致的。然而如五谷的资生，生化有厚有薄，成熟有少有多，开始和结果也有不同，这是什么缘故呢？岐伯说：这是由于受在泉之气所控制，故其生化非天气则不生，非地气则不长。

黄帝又道：请告诉我其中的道理。岐伯说：寒、热、燥、湿等气,其气化作用各有不同。故少阳相火在泉,则寒毒之物不生,火能克金,味辛的东西被克而不生,其所主之味是苦和酸,在谷类是属青和火红色的一类。阳明燥金在泉,则湿毒之物不生,味酸及属湿的东西都不生,其所主之味是辛、苦、甘,在谷类是属于火红和素色的一类。太阳寒水在泉,则热毒之物不生,凡苦味的东西都不生,其所主之味是淡和咸,在谷类属土黄和黑色一类。厥阴风木在泉,则清毒之物不生,凡甘味的东西都不生,其所主之味是酸、苦,在谷类是属于青和红色之类;厥阴在泉,则少阳司天,上阳下阴,木火相合,故其气化专一,其味纯正。少阴君火在泉,则寒毒之物不生,凡辛味的东西都不生,其所主之味是辛、苦、甘,在谷类是白色和火红色之类。太阴湿土在泉,燥毒之物不生,凡咸味及气热的东西都不生,其所主之味是甘和咸,在谷类是土黄和黑色之类;太阴在泉,是土居地位,所以其气化淳厚,足以制水,故咸味得以内守,其气专精而能生金,故辛味也得以生化,而与湿土同治。

故曰:补上下①者从之,治上下者逆之②,以所在寒热盛衰而调之。故曰:上取、下取、内取、外取,以求其过。能毒③者以厚药,不胜毒者以薄药。此之谓也。气反者,病在上,取之下;病在下,取之上;病在中,旁取之。治热以寒,温而行之④;治寒以热,凉而行之;治温以清,冷而行之;治清以温,热而行之。故消之,削之,吐之,下之,补之,写之,久新同法。

注释

① 补上下:上下,指司天在泉。因司天在泉之气而引起人体的不足,应当从其不足而补之。如木火不足,用酸苦之味补之等。

② 逆之:六气太过引起的病,用逆治的方法。如热淫所胜,治以咸寒

之类。

③ 能(nài 奈)毒：能，通"耐"。毒，剧烈的意思。凡性能猛烈的药物，均称之谓毒药。

④ 行之：指服药。

语译

所以说：因司天在泉之气不及而病不足的，用补法当顺其气，因太过而病有余的，治疗时当逆其气，根据其寒热盛衰进行调治。所以说：从上、下、内、外取治，总要探求致病的原因。凡体强能耐受毒药的就给以性味厚的药物，体弱而不能胜任毒药的就给以性味薄而和缓的药物。就是这个道理。若病气有相反的，如病在上的，治其下；病在下的，治其上；病在中的，治其四旁。治热病用寒药，而用温服的方法；治寒病用热药，而用凉服的方法；治温病用凉药，而用冷服的方法；治清冷的病用温药，而用热服的方法。故用消法通积滞，用削法攻坚积，用吐法治上部之实，用下法通下部之实，补法治虚证，泻法治实证，凡久病新病，都可根据这些原则进行治疗。

帝曰：病在中而不实不坚，且聚且散，奈何？岐伯曰：悉乎哉问也！无积者求其藏，虚则补之，药以祛之，食以随之，行水渍之，和其中外，可使毕已。

帝曰：有毒无毒，服有约①乎？岐伯曰：病有久新，方有大小，有毒无毒，固宜常制矣。大毒治病，十去其六；常毒治病，十去其七；小毒治病，十去其八；无毒治病，十去其九。谷肉果菜，食养尽之，无使过之，伤其正也。不尽，行复如法。必先岁气，无伐天和。无盛盛②，无虚虚③，而遗人夭④殃。无致邪，无失正，绝人长命！

注释

① 约：规则、常规的意思。
② 盛盛：实证用补，使其重实，叫做"盛盛"。
③ 虚虚：虚证用泻，使其重虚，叫做"虚虚"。
④ 夭：原作"天"，据《吴注素问》、《类经》改。

语译

黄帝道：若病在内，不实也不坚硬，有时聚而有形，有时散而无形，那怎样治疗呢？岐伯说：您问得真仔细！这种病如果没有积滞的，应当从内脏方面去探求，虚的用补法，有邪的可先用药驱其邪，然后以饮食调养之，或用水渍法调和其内外，便可使病痊愈。

黄帝道：有毒药和无毒药，服用时有一定的规则吗？岐伯说：病有新久，处方有大小，药物有毒无毒，服用时当然有一定的规则。凡用大毒之药，病去十分之六，不可再服；一般的毒药，病去十分之七，不可再服；小毒的药物，病去十分之八，不可再服；即使没有毒的药物，病去十分之九，也不必再服。以后就用谷类、肉类、果类、蔬菜等饮食调养，使邪去正复而病痊愈，不要用药过度，以免伤其正气。如果邪气未尽，再用药时仍如上法。必须首先知道该年的气候情况，不可违反天人相应的规律。不要实证用补使其重实，不要虚证误泻使其重虚，而造成使人夭折生命的灾害。不要误补而使邪气更盛，不要误泻而损伤人体正气，断送了人的性命！

帝曰：其久病者，有气从不康，病去而瘠，奈何？岐伯曰：昭乎哉圣人之问也！化不可代①，时不可违。夫经络以通，血气以从，复其不足，与众齐同，养之和之，静以待时，谨守其气，无使倾移，其形乃彰，生气以长，命曰圣王②。故《大要》③曰：无代化，无违时，必养必和，待其来复。此之谓也。帝曰：善。

注释

① 化不可代：指天地气化，非人力所可代行。

② 圣王：古代圣明的帝王。此指圣王的法度，以治病比喻为治理国家。

③《大要》：古经书。

语译

黄帝道：有久病的人，气机虽已调顺而身体不得康复，病虽去而形体依然瘦弱，应当怎样处理呢？岐伯说：您所问的真精细啊！要知道天地之气化，是不可用人力来代行的，四时运行的规律，是不可以违反的。若经络已经畅通，血气已经和顺，要恢复正气的不足，使与平常人一样，必须注意保养，协调阴阳，耐心等待天时，谨慎守护真气，不使有所消耗，它的形体就可以壮实，生气就可以长养，这就是圣王的法度。所以《大要》上说：不要以人力来代替天地之气化，不要违反四时的运行规律，必须善于调养，协调阴阳，等待真气的恢复。就是这个意思。黄帝道：讲得很对。

本篇要点

一、叙述了五运平气、太过、不及的一般变化，以及四方地势高下阴阳对人们的影响。

二、说明各种动物的生育死亡与六气的关系。而人体五脏之气不与五运相应，也是受着六气制约影响的。

三、从自然变化与万物的关系，谈到对人体疾病的治疗原则和方法。其中从治、逆治、上病取下、下病取上，无盛盛、无虚虚等治疗原则，以及用药不可过剂，热药冷服、寒药热服，病后调养方法等，在临床上都有重要的指导意义。

六元正纪大论篇第七十一

题解

本篇论述六气主司天、在泉,五运值年,左右间气纪步,说明一年和各阶段的自然现象、人的发病情况,以及治法等。五运和六气相配合,适三十年为一纪,六十年为一周,所以叫做"六元正纪大论"。

黄帝问曰:六化六变①,胜复淫治②,甘苦辛咸酸淡先后,余知之矣。夫五运之化③,或从天④气,或逆天气⑤,或从天气而逆地气,或从地气而逆天气,或相得⑥,或不相得⑦,余未能明其事。欲通天之纪,从地之理,和其运,调其化,使上下合德,无相夺伦,天地升降,不失其宜,五运宣行,勿乖其政,调之正⑧味从逆,奈何?岐伯稽首再拜对曰:昭乎哉问也!此天地之纲纪,变化之渊源,非圣帝孰能穷其至理欤!臣虽不敏,请陈其道,令终不灭,久而不易。帝曰:愿夫子推而次之,从其类序⑨,分其部主⑩,别其宗司⑪,昭其气数⑫,明其正化⑬,可得闻乎?岐伯曰:先立其年,以明其气,金木水火土运行之数,寒暑燥湿风火临御之化⑭,则天道可见,民气可调,阴阳卷舒,近而无惑。数之可数者,请遂言之。

注释

① 六化六变：六化，六气的正常生化。六变，六气的异常变化。
② 胜复淫治：胜，胜气。复，复气。淫，扰乱人体的邪气。治，治理的方法。可参看《五常政大论》。
③ 五运之化：五运主治的气化。
④ 天：原作"五"，据《吴注素问》《素问注证发微》改。
⑤ 逆天气：马莳："运气与司天之气有异同也。"即五运与司天之气相违逆。如丙子、丙午年，六气为君火司天，而中运是水，水火是相逆的。
⑥ 相得：指运与司天在泉之气相合。如戊为火运，而遇子、午、寅、申，少阴少阳司天；癸为火运，而遇卯、酉、巳、亥，少阴少阳在泉。均为相得。
⑦ 不相得：指中运被司天之气所克。如己巳、己亥年，己为土运，巳、亥之年为厥阴风木司天，因此中运之土被司天之木所克，是为不相得。
⑧ 正：《读素问臆断》作"五"。
⑨ 类序：类属和次序。如甲己类天干，子午属地支，甲为天干之始，子为地支之首，各有次序。
⑩ 部主：张介宾："凡天地左右，主气静，客气动，各有分部，以主岁时。"即司天在泉及左右间气，各有一定部位，以主其时之气。
⑪ 宗司：吴崑："统者为宗，分者为司也。"即一年之中，有主岁之运气以统之；各部之中，有相应之气以司之。
⑫ 气数：张介宾："五行之化，各有其气，亦各有其数也。"即三阴三阳各有其气，而阴阳之气又各有多少，所以其作用各不相同。
⑬ 正化：正常生化的规律。张介宾："当其位者为正，非其位者为邪也。"王冰："谓岁直气味所宜，酸苦甘辛咸寒温冷热也。"
⑭ 临御之化：张志聪："六气有司天之上临，有在泉之下御，有四时之主气，有加临之客气也。"即六气司天在泉的气化。

语译

黄帝问道：六气的正常生化和异常变化，胜复之气扰乱人体以及治理的方法，甘苦辛咸酸淡等味的生化，我已经知道了。关于五运主岁的气化，或与六气相从，或与六气相逆，或与六气相从而与地气相逆，或与地气相从而与天气相逆，或者互相适应，或者不相适应，我尚未能明了其中的道理。要想通晓司天在泉之气的要领和原理，调和五运之气化，使之上下协作，相互不发生冲突，天地之气升降的正常关系不致相失，五运之气的正常运行勿致违背，用适当的五味来调和气化的从与逆，应该怎样？岐伯稽首再拜而回答说：多么有意义的问题啊！这是天地之气的纲领，是万物变化的本源，若非英明的圣帝，谁能穷究这些高深的学问呢！我虽然没有才能，愿意讲述它的道理，使它不致湮灭，永久地保存下来。黄帝道：请先生进一步推求分析，根据它的分类和次序，分别六气司天在泉及左右间气的部位和所主之气，详细说明气化之数和气化的法则，对这些问题可以告诉我吗？岐伯说：首先要确定纪岁的干支，然后可以知道客气主气和运气，以及金木水火土五行运行之数，风寒暑湿燥火六气司天在泉加临的气化，如此则自然界变化的规律就可以了解，人们的病气就可以调和，使阴阳得以平衡，由近及远，由浅入深，不致迷惑。现就按照理数可以推数的，尽量讲给你听。

帝曰：太阳之政奈何？岐伯曰：辰戌之纪①也。

太阳　太角　太阴　壬辰　壬戌　其运风，其化鸣紊启拆②，其变振拉摧拔③，其病眩掉目瞑。

太角_{初正}　少徵　太宫　少商　太羽_终④

太阳　太徵　太阴　戊辰　戊戌同正徵⑤　其运热，其化暄暑郁燠⑥，其变炎烈沸腾，其病热郁。

太徵　少宫　太商　少羽_终　少角_初

太阳　太宫　太阴　甲辰_{岁会同天符}　甲戌_{岁会同天符}　其运阴埃⑦，其化柔润重泽⑧，其变震惊飘骤⑨，其病湿下重⑩。

太宫　少商　太羽_终　太角_初　少徵

太阳　太商　太阴　庚辰　庚戌　其运凉,其化雾露萧飋⑪,其变肃杀凋零,其病燥,背瞀胸满。

太商　少羽终　少角初　太徵　少宫

太阳　太羽　太阴　丙辰天符　丙戌天符　其运寒,其化凝惨溧冽⑫,其变冰雪霜雹,其病大寒留于溪谷。

太羽终　太角初　少徵　太宫　少商

注释

① 辰戌之纪：以地支中辰和戌来标志的年份。如壬辰、壬戌年等。

② 鸣紊启拆：张介宾:"鸣,风木声也。紊,繁盛也。启拆,萌芽发而地脉开也。"

③ 振拉摧拔：张介宾:"振,撼动也。拉,支离也。摧,败折也。拔,发根也。"

④ 角、徵、宫、商、羽：为古时五声音阶中的五个音级,此处代表木、火、土、金、水,来说明一年中主客运的次序。

⑤ 同正徵：张志聪:"戊癸属火,戊为阳年,主火运太过,故为太徵。火运太盛,而(太阳)寒水上临,火得承制,则炎烁已平,而无亢盛之害,故与正徵之岁相同。正徵之岁乃火运临午,所谓岁会,气之平也。"正徵,火运之平气。同正徵,指该年之气化与火运平气的年份相同。

⑥ 暄暑郁燠：张志聪:"火之化也,即气候温暖,渐渐暑热熏蒸。"新校正:"《五常政大论》'燠'作'蒸'。"

⑦ 阴埃：新校正:"详太宫三运,雨曰阴雨,独此曰阴埃,埃疑作雨,即阴雨。"

⑧ 柔润重泽：即风调雨顺,万物润泽之意。

⑨ 震惊飘骤：震惊而又飘忽突然,意指雷声大作,狂风暴雨。

⑩ 湿下重：张介宾:"土湿之病也。"湿气甚于下部而肢体重坠。

⑪ 飋(sè瑟)：秋风。

⑫ 凝惨溧冽：形容寒水之气化,严寒凛冽。

语译

黄帝道：太阳司天的年份,运气情况如何？岐伯说：太阳寒水司天是以辰戌来标志的年份。

太阳寒水司天,太阴湿土在泉,若逢岁运是木运太过,便是壬辰、壬戌二年份。其运主风,风运正常则风的声响缓和,而地气开发,使万物萌动,草木繁盛;若风运变常,则狂风大作,震撼摧折,树木拔倒;风气太过所生之疾病是头目昏花,眩晕振掉。

木运主岁,主运与客运都起于太角,依照五行以及太少相生的次序,排列二至四运,终于太羽。

若逢岁运是火运太过,便是戊辰、戊戌二年份。这两年虽火运太过,但当太阳寒水司天,太过之火运受司天水气之制约适得其平,故其气运相当于火运平气之年。其运主热,火运正常则气候温和渐渐暑热熏蒸;若火运变常,则炎热炽烈有如沸水蒸腾;其发生的疾病,多因热郁所致。

岁运为火运太过,客运起于太徵,终于太角,而主运起于少角,终于少羽。

若逢土运太过之年,便是甲辰、甲戌二年份。甲己属土,辰戌亦属土,故此二年均为岁会。因是土运,故主湿气上蒸而多阴雨,土运正常则风调雨顺,地气润泽;若土运变常,则雷声大作,狂风暴雨;其发生的疾病多为湿气甚于下部而肢体重坠。

岁运为土运太过,客运起于太宫,终于太徵,而主运起于太角,终于太羽。

若逢金运太过之年,便是庚辰、庚戌二年份。岁运是金,故其运为凉,金运正常的现象是雾露凉风;其变常现象是肃杀之气流行,使草木凋零;其发生的疾病多为燥病,胸背烦闷满胀。

岁运为金运太过,客运起于太商,终于太宫,而主运则起于少角,终于少羽。

若逢水运太过之年,便是丙辰、丙戌二年份。因司天与中运相同,故均为天符。岁运是水,故其运是寒,水运正常则水凉气凝,气候严寒;若水运变常则为冰雪霜雹;其发生的疾病则为严重的寒气留滞在溪谷。

岁运为水运太过,客运起于太羽,终于太商,而主运则起于太角,终于太羽。

按语

原文有类公式,且前后各节格式相似,可以类推。故以下各节,语译从略。

凡此太阳司天之政,气化运行先天,天气肃,地气静,寒临太虚,阳气不令,水土合德①,上应辰星、镇星。其谷玄黅②,其政肃,其令徐。寒政大举,泽无阳焰③,则火发待时。少阳中治,时雨乃涯,上极雨散,还于太阴,云朝北极,湿化乃布,泽流万物,寒敷于上,雷动于下,寒湿之气持于气交,民病寒湿,发肌肉痿,足痿不收,濡写血溢。

初之气,地气迁④,气乃大温,草乃早荣,民乃厉,温病乃作,身热,头痛,呕吐,肌腠疮疡。

二之气,大凉反至,民乃惨,草乃遇寒,火气遂抑,民病气郁中满。寒乃始。

三之气,天政布,寒气行,雨乃降,民病寒,反热中,痈疽注下,心热瞀闷。不治者死。

四之气,风湿交争,风化为雨,乃长、乃化、乃成,民病大热少气,肌肉萎足痿,注下赤白。

五之气,阳复化,草乃长、乃化、乃成,民乃舒。

终之气,地气正,湿令行,阴凝太虚,埃昏郊野,民乃惨凄,寒风以至,反者孕乃死。

故岁宜苦以燥之温之,必折其郁气,先资其化源,抑其运气,扶其不胜,无使暴过而生其疾,食岁谷以全其真,避虚邪以安其正,适气同异,多少制之。同寒湿⑤者燥热化,异寒湿者燥湿化,故同者多之,异者少之。用寒远寒,用凉远凉,用温远温,用热远热,食宜同法。有假者反常⑥,反是者病,所谓时也。帝曰:善。

注释

① 合德:互相配合,发挥作用。
② 玄黅(jīn 今):玄,黑色。黅,黄色。
③ 泽无阳焰:张志聪:"谓阴中之生阳为寒水所抑。"即阴中升发的阳气被司天的寒水所抑制,如沼泽之中,没有上腾的阳气。
④ 地气迁:指上年的在泉之气迁易其位。张介宾:"本年初之气,少阳用事,上年在泉之气,至此迁易。"
⑤ 同寒湿:张志聪:"谓太羽、太宫主运,是与司天在泉之寒湿相同。"指岁运和司天在泉寒湿之气相同。
⑥ 有假者反常:张志聪:"是谓邪气反胜,又不必远寒、远热矣。"意即若天气反常,邪气反胜,就不必依照用寒避寒等常规。

语译

凡是太阳司天的年份,气化的运行比正常的天时为早,天气清肃,地气安静,宇宙间充满寒气,阳气未能行令,水和土相配合发挥协同作用,在上应水星和土星光明。生长的谷物应为黑色和黄色,司天之政严肃,在泉之令徐缓。由于寒水之政大起,使阳气不得伸张,故湖泽之中没有升腾之阳气,则被遏之火气只有待时而发。至少阳相火主治的时候(三之气),被郁的火气发挥作用,雨水及时下降,下半年三气终期,下雨稀少,太阴湿土行令,土地已润,天空云层稀薄,湿土之气运化四布,润泽灌溉万物,太阳寒水施发在上,少阴雷火振动在下,使湿气上蒸,寒气湿气相持于气交,所以人们多患寒湿,发为肌肉柔弱,两足痿软无力,不能收引,大便泄泻和失血。

初之气,由于上年在泉之气迁易,气候非常温暖,所以百草繁盛得很早,人们于是发生疫疠,温病发作,而有发热,头痛,呕吐,肌肤疮疡。

二之气,阳明燥金之气当令,所以很凉的气候反而到来,人们感到寒冷凄惨,草木遇到寒气,火气遂被抑制而不能生长,人们多患气郁于内,发生胸腹胀满。司天之寒气开始发生。

三之气,太阳寒水司天之气当令,寒气流行,因而雨水下降,夏季应热而反寒,人们多病外寒而内热,痈疽,下利,以及心中烦热,神志昏蒙。若不及时治疗,就会发生死亡。

四之气,客气为厥阴风木,主气为太阴湿土,风湿之气交争,风气转化为雨,万物因而开始成长、变化而成熟,人们发病多患高热,呼吸气短,肌肉萎弱,两足疲软无力,赤白痢疾。

五之气,少阴君火行令,火气复又旺盛,草木因此成长、变化而成熟,人们也感到舒畅而无病。

终之气,太阴湿土在泉之气当令,湿气运行,宇宙间阴气凝聚,尘土飞扬,郊野昏蒙,人们感到凄惨,寒风到来,湿土之气反为非时风木之气所胜,胎孕往往因此受损而殒落。

所以本年多发湿病与寒病,宜用苦燥以去湿,苦温以去寒,必须折减其造成气郁的胜气,资助不胜之气的生化之源,抑制其太过的运气,扶植其不胜的运气,不要使运气太过而致生疾患,饮食要选用与岁气相应的谷类以保全真气,避免虚邪侵袭以安定正气,根据岁运六气的异同,选择药食气味的多少来调治它。如岁运与六气同是寒湿,则多用燥热之品以化之,岁运与六气的寒湿之气不同的,当酌用燥湿之品以化之,所以气与运相同的应多用相宜的气味,气与运不同的应酌量少用。大凡用寒性药应避免寒冷的气候,用凉性药应避免清凉的气候,用温性药应避免温暖的气候,用热性药应避免炎热的气候,饮食的宜忌也是同一法则。若天气反常,邪气反胜,就不必依照用寒避寒等常规,假如这样就会引起新的病变,这就叫做因时制宜。黄帝道:对。

阳明之政奈何?岐伯曰:卯酉之纪①也。

阳明　少角　少阴　清热胜复同②,同正商③。丁卯岁会　丁酉　其运风清热④。

少角初正　太徵　少宫　太商　少羽终

阳明　少徵　少阴　寒雨胜复⑤同,同正商。癸卯同岁会　癸酉同岁会　其运热寒雨⑥。

少徵　太宫　少商　太羽终　太角初

阳明　少宫　少阴　风凉胜复⑦同。己卯　己酉其运雨风凉⑧。

少宫　太商　少羽终　少角初　太徵

阳明　少商　少阴　热寒胜复⑨同,同正商。乙卯天符　乙酉岁会　大乙天符　其运凉热寒⑩。

少商　太羽终　太角初　少徵　太宫

阳明　少羽　少阴　雨风胜复⑪同,同少宫⑫。辛卯　辛酉　其运寒雨风⑬。

少羽终　少角初　太徵　太宫　太商

注释

① 卯酉之纪:马莳:"卯酉属阳明燥金,故以五卯五酉之年,为属阳明之政。"即卯和酉的年份。

② 清热胜复同:张志聪:"丁主少角,则木运不及,故金之清气胜之。

有胜必有复,火来复之,故为清热胜复同者,谓清热之气,与风气同其运也。"即金的清气和火的热气,胜复的程度是相同的。例如少角为木运不及,金来克木,在金气就称为胜,但是木被抑制到极点,又会产生火,火又反过来克金,这就是复。胜气盛则复气亦盛,胜气微则复气就微。所以说胜复同。以下仿此。

③ 同正商:张志聪:"岁木不及,而上临阳明,所谓上商与正商同。"即正商为金运平气的年份,因逢金气司天而木运不及,听凭金气用事,而成为金之平气。同正商,即同于正商的运气,如《五常政大论》所谓"委和之纪,上商与正商同"。

④ 其运风清热:马莳:"不及之运,常兼胜复之气也。风,运气也。清,胜气也。热,复气也。"即其运气是风,胜气为清,复气为热。

⑤ 寒雨胜复:张志聪:"寒者,寒水之气;雨者,湿土之气。寒胜少徵,土来复之。"按少徵为火运不及,则寒水之气胜,雨为湿土之气,故雨为复气。

⑥ 其运热寒雨:马莳:"运气为热,胜气为寒,复气为雨。"

⑦ 风凉胜复:马莳:"木胜土为风,金胜木为凉。"即土运不及,风为胜气,清凉的金气为复气。

⑧ 其运雨风凉:张志聪:"甲主土运太过,己主土运不及,太阴所至为云雨,雨乃土之运气,风为胜气,清(凉)为复气。"所以其运气为雨,胜气为风,复气为凉。

⑨ 热寒胜复:张志聪:"热胜少商,寒气来复。"因此金运不及,热为胜气,寒为复气。

⑩ 其运凉热寒:"张志聪:"运气为凉,胜气为热,复气为寒。"

⑪ 雨风胜复:马莳:"辛为阴水,故为少羽。少阴君火在泉,雨风胜复同者,雨胜风复也。"就是雨为湿土之气,水运不及,土气为胜,风气为复。

⑫ 同少宫:《类经》、《黄帝内经素问集注》均作"辛卯少宫同"。

⑬ 其运寒雨风:张介宾:"寒,运气。雨,胜气。风,复气。"即其运为寒,雨为胜气,风为复气。

语译

略。

凡此阳明司天之政,气化运行后天,天气急,地气明,阳专其令,炎暑大行,物燥以坚,淳风乃治①。风燥横运②,流于气交,多阳少阴③,云趋雨府,湿化乃敷,燥极而泽,其谷白丹,间谷命太④者,其耗白甲品羽⑤,金火合德,上应太白、荧惑。其政切,其令暴,蛰虫乃见,流水不冰。民病咳,嗌塞,寒热发暴,振溧癃闷。清先而劲⑥,毛虫乃死,热后而暴,介虫乃殃。其发躁,胜复之作,扰而大乱,清热之气,持于气交。

初之气,地气迁,阴始凝⑦,气始肃⑧,水乃冰,寒雨化。其病中热胀,面目浮肿,善眠,鼽衄,嚏欠呕,小便黄赤,甚则淋。

二之气,阳乃布,民乃舒,物乃生荣。厉大至,民善暴死。

三之气,天政布,凉乃行,燥热交合,燥极而泽,民病寒热。

四之气,寒雨降,病暴仆,振栗,谵妄,少气,嗌干引饮,及为心痛,痈肿疮疡,疟寒之疾,骨痿,血便。

五之气,春令反行,草乃生荣,民气和。

终之气,阳气布,候反温,蛰虫来见,流水不冰,民乃康平,其病温。

故食岁谷以安其气,食间谷以去其邪。岁宜以咸、以苦、以辛,汗之、清之、散之,安其运气,无使受邪,折其郁气,资其化源。以寒热轻重少多其制,同热者多天化⑨,同清者多地化⑩。用凉远凉,用热远热,用寒远寒,用温远温,食宜同法。有假者反之。此其道也。反是者,乱天地之经,扰阴阳之纪也。帝曰:善。

注释

① 淳风乃治：张介宾："金气不足，木亦无畏。"因此和淳的风行使权力。

② 风燥横运：马莳："风燥横运，流于气交。"即风燥之气，专横运行。

③ 多阳少阴：张志聪："二气之主客，乃君相二火，三气之主客，乃阳明少阳，故多阳少阴。"因二之气的主气客气为少阴少阳，三之气的主气客气为少阳阳明，所以称"多阳少阴"。

④ 间谷命太：张介宾："间谷，间气所化之谷也。命，天赋也。太，气之有余也。"即感司天在泉之左右间气而成熟的谷类，称为间谷。命太，指间气的太过之气。

⑤ 其耗白甲品羽：张介宾："耗，伤也。白与甲，金所化也。品羽，火虫品类也。"

⑥ 清先而劲：即上半年清金之气，劲而有力。

⑦ 阴始凝：张志聪："夫卯酉岁初之客气乃太阴湿土，故阴凝而雨化，阳明司天之年，初之气为太阴湿土，太阴即湿土之气，凝聚收藏。"

⑧ 肃：肃杀萧条的现象。

⑨ 同热者多天化：就是岁运与在泉之气同为热气，应多以清凉之气调之。天化，指阳明燥金清凉之气。

⑩ 同清者多地化：即岁运与司天之气同为清气，应多以火热之气调节。地化，指在泉的火热之气。

语译

凡是阳明司天的年份，气化运行比正常天时为迟，天气劲急，地气清明，阳气在天地间专权行令，充满着炎热之气，万物干燥而坚，和淳的风行使权力。风燥之气专横运行，流布于气交之中，阳气多而阴气少，到太阴土气当令之时，土湿之气上蒸，云行雨施，湿土之气才能敷布，极度干燥的气候变为润泽，正气所化的岁谷为红白二色，其间谷为感受太过的间气而成熟的，白色的甲虫和多数的羽虫生育既少，且易耗损，金火互相配合发挥作用，其所相应的在上为金火二星。天气的行政急迫，地气的发令急暴，蛰虫不伏藏，水流动而不结冰。人们发病为咳嗽，咽喉肿塞，急剧的发寒发热，寒栗振动，大小便不通。上半年清金之气劲而有力，毛虫死亡，下半年火热之气急暴，有介壳的虫类受到灾殃。金气和火气的发作都是急躁的，在胜复的关系中每纷扰而大乱，清气和热气相持交争于气交。

初之气，地气迁移，阴气凝聚，而天气肃杀，流水冰冻，寒雨运化。其病多生内热胀满，面目浮肿，喜欢睡眠，鼻塞流涕，鼻血，喷嚏，呵欠，呕吐，小便颜色黄赤，甚至小便淋沥不畅。

二之气，阳气散布，人们感到很舒服，万物生长繁荣。疫病流行，人们每突然死亡。

三之气，燥金司天当令，凉气发布，而主气为少阳相火，所以燥气热气互相交合，三气终了交四气则干燥，到极点就会化为润泽，人们多寒热病。

四之气，寒雨下降，病发为突然跌倒，寒冷发抖，神识不清，胡言乱语，气息低微，咽喉干燥，口渴引饮，以及心痛，痈肿溃疡，寒性疟疾，骨软无力，二便出血。

五之气，厥阴风木之气加临，秋天反行春令，因此草又生长荣盛，人们也很少疾病。

终之气，阳气四布，气候反而温暖，应该蛰伏的虫类仍然活动于外，水流动而不能结冰，人们也因而安康，但是冬行夏令，容易犯温病。

所以应服食白色或红色的岁谷，以保全真气，食感间气而成熟的间谷以驱除邪气。本年份应用咸味清热，苦味去火，辛味润燥，用汗法以解在表之寒，清法以消除体内之邪，散法以疏解冬温之气，安定其不及的运气，避免感受邪气，以减弱郁遏之气，资助化生的泉源。根据寒热的轻重，决定方宜的多少，若运和气同热的应多以清凉之品调和，运与气同清的应多以火热之品调和。应用凉药时应避免清凉的天气，应用热药时应避免炎热的天气，应用寒药时应避免寒冷的天气,应用温药时应避免温暖的天气,饮食的宜忌也是同一法则。若天气反常,则不必拘此规定,可以灵活应用。这是适应自然的法则。如果违反了它,就会扰乱适应自然变化的法度和阴阳的规律。黄帝道:很对。

少阳之政奈何? 岐伯曰:寅申之纪也。

少阳　太角　厥阴　壬寅^{同天符}　壬申^{同天符}　其运风鼓①,其化鸣紊启坼,其变振拉摧拔,其病掉眩,支胁②,惊骇。

太角_{初正}　少徵　太宫　少商　太羽_终

少阳　太徵　厥阴　戊寅天符　戊申天符　其运暑③,其化暄嚣郁燠④,其变炎烈沸腾⑤,其病上热郁,血溢,血泄⑥,心痛。

太徵　少宫　太商　少羽_终　少角_初

少阳　太宫　厥阴　甲寅　甲申　其运阴雨,其化柔润重泽,其变震惊飘骤,其病体重,胕肿,痞饮⑦。

太宫　少商　太羽_终　太角_初　少徵

少阳　太商　厥阴　庚寅　庚申　同正商　其运凉,其化雾露清切⑧,其变肃杀凋零,其病肩背胸中。

太商　少羽_终　少角_初　太徵　少宫

少阳　太羽　厥阴　丙寅　丙申　其运寒肃⑨,其化凝惨凓冽,其变冰雪霜雹,其病寒,浮肿。

太羽_终　太角_初　少徵　太宫　少商

注释
① 其运风鼓:相火司天,风木在泉,风火合势,故其运如风鼓动。

②掉眩，支胁：掉，是动摇不定。掉眩，就是头目昏花，视物动摇不定。支胁，是胁下胀满，如有物支撑在内。
③其运暑：指运气炎热。马莳："运与司天皆热也。"
④喧嚣郁燠：新校正："按《五常政大论》作'暄暑郁燠'。此变'暑'为'嚣'者，以上临少阳故也。"喧嚣，形容热甚。郁燠，闷热。
⑤炎烈沸腾：火热蒸腾。
⑥血溢，血泄：血溢，指吐血、衄血。血泄，大小便下血。
⑦胕肿，痞饮：胕肿，即浮肿。痞饮，水液停潴，发为心腹胀满的症状。
⑧其化雾露清切：新校正："按《五常政大论》云：雾露萧飋。"指正常的运化，主雾露清凉。
⑨寒肃：严寒。张介宾："气寒肃而杀令行也。"

语译

略。

凡此少阳司天之政，气化运行先天，天气正，地气扰，风乃暴举①，木偃沙飞②，炎火乃流，阴行阳化，雨乃时应，火木同德，上应荧惑、岁星。其谷丹苍，其政严，其令扰，故风热参布③，云物沸腾，太阴横流，寒乃时至，凉雨并起。民病寒中④，外发疮疡，内为泄满。故圣人遇之，和而不争。往复之作，民病寒热，疟，泄，聋，瞑⑤，呕吐，上怫肿色变⑥。

初之气，地气迁，风胜乃摇，寒乃去，候乃大温，草木早荣，寒来不杀⑦，温病乃起。其病气怫于上，血溢，目赤，咳逆，头痛，血崩，胁满，肤腠中疮。

二之气，火反郁，白埃⑧四起，云趋雨府，风不胜湿，雨乃零，民乃康⑨。其病热郁于上，咳逆呕吐，疮发于中，胸嗌不利，头痛身热，昏愦脓疮。

三之气，天政布，炎暑至，少阳临上，雨乃涯。民病热中,聋瞑,血溢,脓疮,咳,呕,鼽衄,渴,嚏欠,喉痹,目赤,善暴死。

四之气,凉乃至,炎暑间化⑩,白露降,民气和平。其病满,身重。

五之气,阳乃去,寒乃来,雨乃降,气门乃闭⑪,刚木早凋,民避寒邪,君子周密。

终之气,地气正,风乃至,万物反生,霜雾以行。其病关闭不禁,心痛,阳气不藏而咳。抑其运气,赞所不胜,必折其郁气,先取化源,暴过不生⑫,苛疾不起。

故岁宜咸、宜⑬辛、宜酸,渗之、泄之、渍之、发之,观气寒温以调其过。同风热者多寒化,异风热者少寒化。用热远热,用温远温,用寒远寒,用凉远凉,食宜同法。此其道也。有假者反之,反是者病之阶也。帝曰:善。

注释

① 风乃暴举:谓暴风发作。
② 木偃沙飞:树木吹倒,灰沙飞扬,形容风势之盛。
③ 风热参布:指少阳热气和厥阴风气互相参合散布。张志聪:"少阳厥阴之气交相参合而布于气交之中。"
④ 寒中:《吴注素问》作"热中"。
⑤ 聋,瞑:聋,耳听失聪。瞑,视物模糊不清。
⑥ 上怫肿色变:上部怫郁肿胀,颜色变异。
⑦ 寒来不杀(shài 晒):因少阳相火司天,其气本热,初之气又值少阴君火加临,所以虽然寒气时来,并不能降低温热之气。杀,减少,衰退。
⑧ 白埃:靠近地面的白色云埃。
⑨ 民乃康:《素问释义》以为此三字衍。似是。
⑩ 炎暑间化:张介宾:"燥金之客,加于湿土之主,故凉气至而炎暑间化。间者,时作时止之谓。"即加临于四之气的客气是燥金,清凉之气与湿热之气相间运化,使气候有时寒凉,有时炎热,所以称为"间化"。

⑪ 气门乃闭：张介宾："气门，腠理空窍也，所以发泄营卫之气，故曰气门。"一说指天地间阳气有闭藏的现象。

⑫ 暴过不生：猝暴太过之气不会发生。

⑬ 宜：原脱，据道藏本补。

语译

凡是少阳司天的年份，气化运行比正常天时为早，天气正常，地气骚动，因而暴风发作，树木吹倒，灰沙飞扬，炎热之气流行，厥阴之气随从少阳之气而化，于是雨应时下降，火木协同发挥作用，其上应的星为火星和木星。其应谷物为红色和深青色，其行使职权是严肃的，但发布命令是扰动的，是故风热之气互相参合散布，而云彩物色涌现不息，于是太阴湿土之气逆行横流，寒气时常降临，凉雨时常降落。人们多病寒（热）郁于内，外生疮疡，内生腹满泄泻。所以明达事理的人遇到这些情况，就调和其寒热，使不相交争。若反复发作，使人们发寒热，疟疾，大便泄泻，耳聋，目瞑，呕吐，气血怫郁于上部，发生肿胀，皮肤变色。

初之气，地气迁移，风气亢盛有摇动之势，太阳寒水退位，气候非常温暖，草木很早就繁荣，虽有寒气侵袭，但并不受其影响，所以温热病开始发生。其发病气怫郁于上部，口鼻出血，眼睛发红，咳嗽气逆，头痛，血崩，胁肋胀满，肌肤生疮。

二之气，由于客气太阴加临，所以主时的少阴君火之气被郁遏，湿气蒸发上升，白云四起，风气衰退，不能胜过雨湿之气，雨水因而下降，人们亦安康。其发病则为热气郁遏于上部，咳嗽，气逆，呕吐，疮疡发生于内部，胸胁咽喉不利，头痛发热，神识昏愦不清，脓疮。

三之气，司天之气行使权力，炎暑之气到来，因为主气客气都是少阳相火布政，雨水穷尽而不降。人们多病火热在中，耳聋，目瞑，血热妄行而外溢，疮肿溃脓，咳嗽，呕吐，鼻塞流涕，鼻出血，口渴,喷嚏,呵欠,喉痹,眼睛红赤,往往突然死亡。

四之气,阳明清凉之客气与主时之太阴湿土到来,与主岁的风热之气相遇,所以有时清凉,有时炎热,迨白露下降,人们就舒适。其发病为胀满,身体沉重。

五之气,阳气散去,太阳寒水之气到来,雨水下降,人身的腠理孔窍收敛,阳气闭藏,树木很早就凋零,人们应避免寒邪侵袭,懂得养生之道的人,居处周密,以避寒气。

终之气,在泉的厥阴之气迁正而当令,风气到来,所以万物反而有生长的趋势,时常有浓厚的雾露产生。其发病为腠理本应闭密而反发泄不禁,心痛,咳嗽。采取抑制其太过的运气,资助其所不胜之气,必须减弱其郁遏之气,首先调和其化生的泉源,于是猝暴太过之气不会发生,也就不会引起人们的重病了。

所以本年份适宜应用咸味、辛味和酸味,用渗、泄之法以清除火热,水渍或发汗之法以驱散风邪,根据运气的寒温,适当地调节其偏差。若岁运与司天在泉的风热是相同的,应多用寒凉之品来清和,不相同的可以少用。应用热药时应避免炎热的气候,应用温药时应避免温暖的气候,应用寒药时应避免寒冷的气候,应用凉药时应避免清凉的气候,饮食的宜忌也是同一法则,这是一般规律。若遇到反常的气候,就应当用不同的方法处理,假如不这样做,就容易导致疾病发生。黄帝道:对。

太阴之政奈何?岐伯曰:丑未之纪也。

太阴　少角　太阳　清热胜复同,同正宫①。丁丑丁未　其运风清热。

少角_{初正}　太徵　少宫　太商　少羽_终

太阴　少徵　太阳　寒雨胜复同。　癸丑　癸未其运热寒雨。

少徵　太宫　少商　太羽_终　太角_初

太阴　少宫　太阳　风清胜复同,同正宫②。己丑太乙天符　己未太乙天符　其运雨风清。

少宫　太商　少羽终　少角初　太徵

太阴　少商　太阳　热寒胜复同。　乙丑　乙未　其运凉热寒。

少商　太羽终　太角初　少徵　太宫

太阴　少羽　太阳　雨风胜复同,同正宫③。辛丑同岁会

辛未同岁会　其运寒雨风。

少羽终　少角初　太徵　少宫　太商

注释

① 同正宫:少角木运不及,上临太阴湿土司天,则土气旺盛,所以少角同正宫,正宫为土运平气的年份。
② 同正宫:少宫土运不及,得司天湿土之助,所以少宫同正宫。
③ 同正宫:少羽水运不及,上临湿土司天,则约同于土运平气之年的变化。

语译

略。

凡此太阴司天之政,气化运行后天,阴专其政,阳气退避,大风时起,天气下降,地气上腾,原野昏霿,白埃四起,云奔南极①,寒雨数至,物成于差夏②。民病寒湿腹满,身䐜愤,胕肿痞逆,寒厥拘急。湿寒合德,黄黑埃昏,流行气交,上应镇星、辰星。其政肃,其令寂,其谷黔玄。

故阴凝于上,寒积于下,寒水胜火,则为冰雹,阳光不治,杀气乃行。故有余宜高,不及宜下,有余宜晚,不及宜早。土之利,气之化也,民气亦从之,间谷命其太也。

初之气,地气迁,寒乃去,春气正,风乃来,生布,万物以荣,民气条舒,风湿相薄,雨乃后。民病血溢,筋络拘强,关节不利,身重筋痿。

二之气,大火正,物承化③,民乃和。其病温厉大行,远近咸若。湿蒸相薄,雨乃时降。

三之气,天政布,湿气降,地气腾,雨乃时降,寒乃随之。感于寒湿,则民病身重,胕肿,胸腹满。

四之气,畏火临,溽蒸化④,地气腾,天气否隔,寒风晓暮,蒸热相薄,草木凝烟,湿化不流,则白露阴布,以成秋令。民病腠理热,血暴溢,疟,心腹满热,胪胀⑤,甚则胕肿。

五之气,惨令已行,寒露下,霜乃早降,草木黄落,寒气及体,君子周密。民病皮腠。

终之气,寒大举,湿大化⑥,霜乃积,阴乃凝,水坚冰,阳光不治。感于寒,则病人关节禁固,腰脽痛⑦,寒湿推于气交而为疾也。必折其郁气,而取化源,益其岁气,无使邪胜,食岁谷以全其真,食间谷以保其精。

故岁宜以苦燥之、温之,甚者发之、泄之,不发不泄则湿气外溢,肉溃皮拆,而水血交流。必赞其阳火,令御甚寒。从气异同,少多其判也。同寒者以热化,同湿者以燥化,异者少之,同者多之。用凉远凉,用寒远寒,用温远温,用热远热,食宜同法。假者反之,此其道也。反是者病也。帝曰:善。

注释

① 云奔南极：即云趋雨府。张介宾："雨湿多见于南方。"
② 差夏：指长夏和秋令相交的时候。王冰："立秋之后一十日也。"
③ 物承化：指万物因此得到生长发育。
④ 溽蒸化：湿润熏蒸的意思。
⑤ 胕胀：即腹部发胀。张介宾："胕，皮也。一曰腹前曰胕。"
⑥ 湿大化：《素问释义》以为此三字衍。似是。
⑦ 腰脽（shuí 谁）痛：腰和臀部疼痛。脽，臀部。

语译

凡是太阴司天的年份，气化运行比正常天时为迟，阴气专权，阳气退避，时常有大风刮起，天气下降，地气升腾，原野上很昏暗，白色的云气四起，云向南极方向奔驰，寒雨时常下降，万物在夏秋相交的时候才能成熟。人们多病寒湿腹胀，身体胀满，浮肿，痞塞，气逆不降，寒厥，手足拘急。寒湿互相配合发挥作用，黑色和黄色的埃雾迷漫，流行于气交之际，其上应为土星和水星。天气的行政严肃，地气的发令寂静，其应运气而成熟的谷物是黄和黑的颜色。太阴湿气凝结于上，太阳寒气积聚于下，寒水胜火，则为冰雹，阳气被阴凝之气所抑制，因此就呈现一片肃杀之气。在运气太过的年份，应在高地种植谷物，运气不及的年份，应在低下的土地种植谷物，有余的年份要种得晚，不及的年份要种得早。必须根据地利和天时的情况决定，人类亦必须及时地适应天时，间谷是感受太过的间气而成熟的。

初之气，地气迁移，寒气散去，春气降临，和风吹来，宇宙间充满生气，万物欣欣向荣，人们生活在这样的气候中感到很舒畅，由于湿土之气司天，风木之气主时，所以风湿之气互相扭结，不容易下雨。人们多病出血性疾患，筋络拘急强直，关节运动不利，身体沉重，筋脉萎软。

二之气，正当少阴君火行令，万物由此得到化育，人们感到安和。因为热气散布，所以温疫病就大流行，远近各地都表现为一样的症候。湿气上蒸，和热气互相扭结，雨水就能及时下降。

三之气，司天之气行使权力，湿气下降，地气上腾，雨水应时下降，寒气亦随之而来。由于感受寒湿，所以发病多为身体沉重，浮肿，胸腹胀满。

四之气，主时之气是太阴湿土，加临的客气是少阳相火，地气受火热之气熏蒸，湿润的地气上腾，与火气隔拒而互不相合，所以早晚仍有寒风吹拂，蒸腾的湿气与热气互相扭结，如薄烟凝滞，笼罩在草木之间，湿气运化既不流动，则白露节气不能明显散布以行秋天的时令。人们多病肌肤郁热，突然大出血，疟疾，心腹饱满而热，腹部发胀，甚至发生浮肿。

五之气，主客都是阳明清凉之气，行使凄惨肃杀之令，寒露既来，冷霜早降，草木枯黄，枝叶凋落，寒气侵犯人体，所以懂得养生之道的人就起居谨慎。人们的疾病多发生在皮肤和肌腠部分。

终之气，寒气大盛，冷霜积聚，阴气凝滞，水冻结成坚硬的冰，阳气被遏不能行使职权。人们感受寒邪之后，发为关节强直，活动不利，腰和臀部疼痛，这是寒湿之气持于气交而导致的疾病。要削弱其郁遏之气，以调和其化生之泉源，岁运不及的给以补益，以避免因太过而发生的邪害，服食岁谷以保全真气，服食间谷以保全精气。

因此本年份应用苦味之品以燥湿温寒，甚至用发散和宣泄的方法，如果不发散宣泄，则湿气充溢于外，引起皮肤和肌肉溃烂，血水淋漓。必须补益阳火，使之抵御严寒，根据岁运与六气相同或差异的多少然后再决定。岁运与司天之气同寒的应以热化调和，同湿的以燥化调和，运气相同的应多投调和之品，不同的可以少投。应用凉药时应避免清凉的气候,应用寒药时应避免寒冷的气候,应用温药时应避免温暖的气候,应用热药时应避免炎热的气候,饮食的宜忌也是同一法则。若遇到反常的气候,就应用不同的方法处理,这是一般规律。假使违背这个法则,就容易导致疾病发生。黄帝道:对。

少阴之政奈何?岐伯曰:子午之纪也。

少阴 太角 阳明 壬子 壬午 其运风鼓,其化鸣紊启坼,其变振拉摧拔,其病支满。

太角_{初正} 少徵 太宫 少商 太羽_终

少阴 太徵 阳明 戊子天符 戊午太乙天符 其运炎暑,其化暄曜郁燠①,其变炎烈沸腾,其病上热血溢。

太徵 少宫 太商 少羽_终 少角_初

少阴 太宫 阳明 甲子 甲午 其运阴雨,其化柔润时雨②,其变震惊飘骤,其病中满身重。

太宫 少商 大羽_终 太角_初 少徵

少阴 太商 阳明 庚子_{同天符} 庚午_{同天符} 同正商 其运凉劲③,其化雾露萧飋,其变肃杀凋零,其病下清④。

太商 少羽_终 少角_初 太徵 少宫

少阴 太羽 阳明 丙子岁会 丙午 其运寒,其化凝惨凓洌,其变冰雪霜雹,其病寒下⑤。

太羽_终 太角_初 少徵 太宫 少商

注释

① 暄曜郁燠:暄,暖和。曜,光耀,明亮。郁燠,火热薰蒸的意思。

② 其化柔润时雨：其气化柔软润泽,雨水及时下降。新校正："按《五常政大论》云：柔润重淖。又太宫三运,雨作柔润重泽,此'时雨'二字疑误。"
③ 其运凉劲：张介宾："此庚年太商之正化,运与在泉同其气,故曰凉劲。"
④ 其病下清：感秋天的金气,其病下部清凉。
⑤ 其病寒下：感受水气,其病下部寒冷。张介宾："寒下,中寒下利,腹足清冷也。"

语译

略。

凡此少阴司天之政,气化运行先天,地气肃,天气明,寒交暑①,热加燥②,云驰雨府,湿化乃行,时雨乃降,金火合德,上应荧惑、太白。其政明,其令切,其谷丹白。水火寒热持于气交而为病始也,热病生于上,清病生于下,寒热凌犯而争于中,民病咳喘,血溢血泄,鼽嚏,目赤眦疡,寒厥入胃,心痛,腰痛,腹大,嗌干肿上。

初之气,地气迁,暑③将去,寒乃始,蛰复藏,水乃冰,霜复降,风乃至,阳气郁,民反周密。关节禁固,腰脽痛,炎暑将起,中外疮疡。

二之气,阳气布,风乃行,春气以正,万物应荣,寒气时至,民乃和。其病淋,目瞑,目赤,气郁于上而热。

三之气,天政布,大火行,庶类蕃鲜④,寒气时至。民病气厥心痛,寒热更作,咳喘,目赤。

四之气,溽暑至,大雨时行,寒热互至。民病寒热,嗌干,黄瘅,鼽衄,饮发⑤。

五之气,畏火临,暑反至,阳乃化,万物乃生,乃长⑥荣,民乃康。其病温。

终之气,燥令行。余火内格⑦,肿于上,咳喘,甚则血溢。寒气数举,则霜雾翳,病生皮腠,内舍于胁,下连少腹而作寒中,地将易也⑧。

必抑其运气,资其岁胜,折其郁发,先取化源,无使暴过而生其病也。食岁谷以全真气,食间谷以辟虚邪。岁宜咸以耎之,而调其上;甚则以苦发之,以酸收之,而安其下;甚则以苦泄之。适气同异而多少之,同天气者以寒清化,同地气者以温热化。用热远热,用凉远凉,用温远温,用寒远寒,食宜同法。有假则反,此其道也。反是者病作矣。帝曰:善。

注释

① 寒交暑:马莳:"往岁巳亥终之客气少阳,今岁子午初之客气太阳,太阳寒交往岁少阳之暑,故曰寒交暑。"张介宾:"以下临上曰交。"

② 热加燥:马莳:"今岁少阴在上而阳明在下,故曰热加燥。"张介宾:"以上临下曰加。"

③ 暑:原作"燥",据新校正语改。

④ 庶类蕃鲜:万物蕃盛美丽。

⑤ 饮发:水饮病发作。

⑥ 长:《吴注素问》《类经》此下有"乃"字。

⑦ 余火内格:火热之余邪未尽,郁滞在内,不得发泄。张介宾:"燥金之客,加于寒水之主,金气收,故五气之余火内格。格,拒也。"

⑧ 地将易也:《素问释义》以为此四字衍。似是。

语译

凡是少阴司天的年份,气化运行比正常天时为早,地气严肃,天气明朗,寒气与暑气相交,热气和燥气相加,云驰于雨府,湿气的化令能以行使,雨水及时下降,金火互相配合发挥作用,其上应的为火、金二星。司天之政光明，在泉之气急迫，其在谷物为红色和白色。水火寒热互相争持于气交，疾病因此而发生，热病在于上部，清寒之病生于下部，寒热之气互相侵犯争扰于中部，所以民病咳嗽，喘息，血液上溢，大便出血，鼻塞流涕，喷嚏，眼睛红赤，眼角溃疡，寒气厥逆入于胃部，心痛，腰痛，腹部胀大，咽喉干燥，上部肿胀。

初之气，地气迁移，上年少阳在泉之气即将散去，本年太阳寒水之气开始散布，虫类因此又蛰藏，河水冻结成冰，寒霜又复下降，风气到来，阳气被寒郁遏，人们生活应注意起居周密。如果遭受寒邪侵袭，就会发生关节运动不便，腰臀部疼痛，炎热即将到来的时候，内部和外部容易产生疮肿溃疡。

二之气，少阴君火的阳气散布，厥阴的风气流动，春天的气候降临，万物欣欣向荣，寒气时常到来，而人们觉得安和。其发病则为小便淋沥不利，眼睛视物模糊，或发生两目红赤，气分郁遏于上部而发热。

三之气，司天和主气行使权力，君相二火当令，火气旺盛，万物生长茂盛，但时常有寒气侵犯。人们发病为气分厥逆，心痛，发寒发热，咳嗽气喘，眼目红赤。

四之气，主客之气都系太阴湿土，潮湿而又炎热的气候到来，大雨时常下降，寒热交互并至。人们病发寒热，咽喉干燥，黄疸，鼻塞流涕，鼻出血，水饮病发作。

五之气，少阳相火加临，气候反而暑热，阳气运化，万物于是生长繁荣，人们安康。其发病以温病为多。

终之气，阳明燥气当令，清凉之气散布。体内余热隔拒而不能发散，于是上部发生肿胀，咳嗽气喘，甚则血液上涌。主时的太阳寒水之气时常发动流行，自然界呈现晦暗烟雾弥漫的景象，此时发病在外则生于皮肤，在内则停留于胁肋，向下牵连到少腹部寒冷。

必须抑制其运气的有余,补助其岁气的所胜,削弱其被郁将发之气,首先要调和其化生的泉源,以避免因太过而发生病变。服食岁谷以保全其真气,食间谷以预防邪气的侵袭。本年份应该用咸寒之品以软坚,而调和其上部的火气;甚至用苦味来发泄它,用酸味来收敛它,安和其下部的燥气;甚至用苦味来宣泄邪气。根据运气的同异,决定用多用少,若岁运与司天的热气相同的,应以清寒润和,与在泉的清凉之气相同,则以温热来调和。用热药时要避免炎热的气候,用凉药时要避免清凉的气候,用温药时要避免温暖的气候,用寒药时要避免寒冷的气候,饮食的宜忌也是同一法则。若遇到反常的气候,就应用不同的方法处理,这是一般的规律。如果不这样做,容易导致疾病发生。黄帝道:对。

厥阴之政奈何?岐伯曰:巳亥之纪也。

厥阴　少角　少阳　清热胜复同,同正角①。丁巳天符　丁亥天符　其运风清热。

少角初正　太徵　少宫　太商　少羽终

厥阴　少徵　少阳　寒雨胜复同　癸巳同岁会　癸亥同岁会　其运热寒雨。

少徵　太宫　少商　太羽终　太角初

厥阴　少宫　少阳　风清胜复同,同正角②。己巳　己亥　其运雨风清。

少宫　太商　少羽终　少角初　太徵

厥阴　少商　少阳　热寒胜复同,同正角③。乙巳　乙亥　其运凉热寒。

少商　太羽终　太角初　少徵　太宫

厥阴　少羽　少阳　雨风胜复同。　辛巳　辛亥
其运寒雨风。

少羽终　少角初　太徵　少宫　太商

注释

① 同正角：木运不及，得司天厥阴之助，而成为平气（正角）。

② 同正角：土运不及，司天厥阴之气专政，所以该年的运气，相当于木之平气（正角）。

③ 同正角：金运不及，司天厥阴之气反胜，所以该年的运气，相当于木之平气（正角）。

语译

略。

凡此厥阴司天之政，气化运行后天。诸同正岁①，气化运行同天②。天气扰，地气正，风生高远③，炎热从之，云趋雨府，湿化乃行，风火同德，上应岁星、荧惑。其政挠④，其令速，其谷苍丹，间谷言太者，其耗文角品羽。风燥火热，胜复更作，蛰虫来见，流水不冰。热病行于下，风病行于上，风燥胜复形于中。

初之气，寒始肃，杀气方至。民病寒于右之下⑤。

二之气，寒不去，华雪水冰，杀气施化，霜乃降，名草上焦，寒雨数至，阳复化。民病热于中。

三之气，天政布，风乃时举。民病泣出，耳鸣，掉眩。

四之气，溽暑湿热相薄，争于左之上。民病黄瘅，而为胕肿。

五之气，燥湿更胜，沉阴乃布，寒气及体，风雨乃行。

终之气,畏火司令,阳乃大化,蛰虫出见,流水不冰,地气大发,草乃生,人乃舒。其病温厉。必折其郁气,资其化源,赞其运气,无使邪胜。

岁宜以辛调上,以咸调下,畏火⑥之气,无妄犯之。用温远温,用热远热,用凉远凉,用寒远寒,食宜同法。有假反常,此之道也。反是者病。帝曰:善。

注释

① 诸同正岁:正岁,岁运没有不及或有余,也就是平气。诸同正岁,指同正角的诸年份。

② 同天:和正常的天时相同。既非"先时而至",亦非"时至而气不至"。

③ 风生高远:厥阴风木司天,故风生于高远之处。张志聪:"风气在天,故风生高远。"

④ 挠:扰乱。

⑤ 民病寒于右之下:左边为东方风木,右边为西方燥金。初之气阳明清凉之气加临,所以相应的人体在右下部发生寒病。《素问释义》以为"于右之下"四字衍。

⑥ 畏火:吴崑:"谓宜避少阳之热,勿得更以热化犯之。"

语译

凡是厥阴司天的年份,气化运行比正常天时为迟。若逢平气,则气化运行同于天时。风木司天天气扰乱,少阳在泉地气正常,风气发生于司天,在泉炎热之气从之,湿土之气敷布化育,风火配合发挥作用,其上应的为木星和火星。风行使的职权是扰乱的,火的命令是急速的,感受司天在泉之气而成熟的谷物是深青色和红色,间谷是感受太过的间气而成熟的,角虫和羽虫的生长受到影响而耗损。风燥火热,彼此胜复交争,所以应该蛰伏的虫类反而活动于外,水流动而不能结冰。人们热病多发生在下部,风病多发生在上部，风燥与火热之气互相胜复交争于中部。

初之气，阳明清凉之气加临，寒气严肃，杀气方来。人们右下部多生寒病。

二之气，太阳寒水之气加临，所以寒气不去，雪花纷飞，河水结冰，肃杀之气施化，寒霜下降，芳草为之焦头，寒雨数度下降，阳气又复散发。人们发病为热郁于内部。

三之气，司天之气行使权力，风气时起。人们发病为眼睛流泪，耳内鸣响，头昏目眩。

四之气，气候炎热而又潮润，湿热互相扭结，所以争扰于左上部。人们发病为黄疸，而至周身浮肿。

五之气，燥气湿气互相胜复，主客二气性均清寒，所以阴沉之气散布，寒气袭人，风雨流行。

终之气，客气少阳相火当令，阳气旺盛，蛰伏的虫类出来活动，流水不能结冰，地中阳气发泄，百草重又生长，人们感到舒畅。其发病则为温病疫疠。必须削弱其郁遏之气，补助其化生的泉源，赞助其不及的运气，不要使邪气偏胜。

因此本年份应用辛味之品调和在上的风气，以咸味之品来调和在下的火气，少阳相火之气不要轻易地触犯它。用温药时要避免温暖的气候，用热药时要避免炎热的气候，用凉药时要避免清凉的气候，用寒药时要避免寒冷的气候，饮食的宜忌也是同一法则。若遇到反常的天气，就应以不同的方法来处理，这是一般的规律。若不这样做，就容易导致疾病发生。黄帝道：对。

夫子之言，可谓悉矣，然何以明其应乎？岐伯曰：昭乎哉问也！夫六气者，行有次，止有位①，故常以正月朔日平旦视之，睹其位而知其所在矣。运有余，其至先；运不及，其至后。此天之道，气之常也。运非有余，非不足，是谓正岁②，其至当其时也。帝曰：胜复之气，其常在也，灾眚时至,候也奈何？岐伯曰：非气化③者,是谓灾也。

注释

① 行有次,止有位：张介宾："次,序也。位,方也。"此处统指主客六气之运行各有次序和方位。

② 正岁：指没有太过不及的和平之岁,时至气亦至。

③ 气化：张介宾作"正化",注云："当其位则为正化,非其位则为邪化,邪化则为灾。"

语译

先生所讲,可以说很详细了,但是怎样可以知道其应与不应呢？岐伯说：问得很有意思！因为六气的运行布政,有一定的次序和方位,因此以正月初一早晨的气候为标准,看其所在的气位,就可以知道应与不应了。凡是中运有余（太过）的,气至先于节候；不及的,气至后于节候。这是自然界的一般规律,是六气的正常情况。如果中运既非有余,亦非不及,就是所谓"正岁",气至就不先不后而与节候同时了。黄帝说：六气的胜气与复气是常有的,灾害到来的时候,怎样才能知道呢？岐伯说：不属正常的气化,就得称为灾害了。

帝曰：天地之数①,终始奈何？岐伯曰：悉乎哉问也！是明道也。数之始,起于上而终于下②。岁半③之前,天气主之,岁半之后,地气主之,上下交互,气交主之,岁纪毕矣。故曰：位明气月可知乎④,所谓气⑤也。

帝曰：余司其事,则而行之,不合其数何也？岐伯曰：气用有多少⑥,化洽有盛衰⑦,衰盛多少,同其⑧化也。

帝曰：愿闻同化何如？岐伯曰：风温春化同,热曛昏火夏化同,胜与复同,燥清烟露秋化同,云雨昏瞑埃长夏化同,寒气霜雪冰冬化同。此天地五运六气之化,更用盛衰之常也。

注释

① 天地之数:即六气司天在泉之数。

② 起于上而终于下:张介宾:"司天在前,在泉在后,司天主上,在泉主下,故起于上而终于下。"

③ 岁半:一年的一半。大寒始至小暑末,为岁半以前,亦即初气至三气;大暑始至小寒末,为岁半以后,亦即四气至终气。

④ 位明气月可知乎:位,六气的位置。气月,六气所当的月份。位明气月可知乎,就是明白了主气与客气所在的位置,则每气所当的月份就可以知道了。张介宾:"上下左右之位既明,则气之有六,月之有十二,其终始移易之数,皆可知矣。"

⑤ 气:此处指六气分主六步的气数。马莳:"此正天气、地气、气交之谓也。"

⑥ 气用有多少:六气的作用有太过不及。张志聪:"谓六气之用,有有余、不足也。"

⑦ 化洽有盛衰:化洽,六气与五运相合之化。张介宾:"洽,合也。言一岁之上下左右,主客运气,必有所合。若以多合多,则盛者愈盛,以少合少,则衰者愈衰,故盛衰之化,各有所从。"

⑧ 其:指五运当旺之季节,即春、夏、长夏、秋、冬。

语译

黄帝道:六气司天在泉之数,开始与终止是怎样的?岐伯说:问得多么详细!是要明白的道理。司天在泉之数,开始于司天,终止于在泉。上半年是天气所主,下半年是地气所主,天地之气相交之处是气交所主,一年中的气化规律尽在其中了。所以说:明白了主气和客气所在的位置,则每气所当的月份就可以知道了,这就是六气分主六步的气数。

黄帝道:我研究运气,按照先生所讲的来做,结果与实际并不相符,这是什么缘故?岐伯说:六气的作用有太过不及,五运与六气相合的变化有盛有衰,有多少有盛衰,所以就有与春、夏、长夏、秋、冬之气化相同。

黄帝道:请问同化怎样? 岐伯说:风温之气与春天的木气同化,热曛昏火之气与夏天的火气同化,胜气与复气也有同化,燥清烟露之气与秋天的金气同化,云雨昏埃之气与长夏的土气同化,寒霜冰雪之气与冬天的水气同化。这是天地五运六气的化洽,盛衰互用的一般规律。

帝曰:五运行同天化①者,命曰天符,余知之矣。愿闻同地化②者何谓也? 岐伯曰:太过而同天化者三,不及而同天化者亦三;太过而同地化者三,不及而同地化者亦三。此凡二十四岁也。

帝曰:愿闻其所谓也。岐伯曰:甲辰、甲戌太宫下加③太阴,壬寅、壬申太角下加厥阴,庚子、庚午太商下加阳明,如是者三;癸巳、癸亥少徵下加少阳,辛丑、辛未少羽下加太阳,癸卯、癸酉少徵下加少阴,如是者三;戊子、戊午太徵上临③少阴,戊寅、戊申太徵上临少阳,丙辰、丙戌太羽上临太阳,如是者三;丁巳、丁亥少角上临厥阴,乙卯、乙酉少商上临阳明,己丑、己未少宫上临太阴,如是者三。除此二十四岁,则不加不临④也。

帝曰:加者何谓? 岐伯曰:太过而加同天符,不及而加同岁会也。

帝曰:临者何谓? 岐伯曰:太过不及,皆曰天符,而变行有多少、病形有微甚、生死有早晏耳!

注释

① 同天化:天,指司天之气。同天化,就是岁运与司天之气相同。

② 同地化：地，指在泉之气。同地化，就是岁运与在泉之气相同。

③ 下加、上临：下加于上叫做"加"，运与在泉同化，称为"下加"。上临于下叫做"临"，运与司天同化，称为"上临"。

④ 不加不临：不加，指在泉与岁运不同。不临，指司天与岁运不同。马莳："此二十四岁上临下加，故有三者之分，除此之外，则不加不临也。"按六十年中，太乙天符四年，天符十二年，岁会八年，同天符六年，同岁会六年，共三十六年；除去其中太乙天符与天符、岁会重复的八年，实得二十八年，所以经言二十四岁，是没有包括丁卯、甲辰、甲戌、丙子四岁会在内。

语译

黄帝道：岁运与司天之气相同的称为天符，我已经知道了。请问岁运与在泉之气相同的怎样？岐伯说：岁运太过而与司天相同的有三，岁运不及而与司天相同的也有三；岁运太过而与在泉相同的有三，岁运不及而与在泉相同的也有三。这共有二十四年。

黄帝道：请你进一步加以说明。岐伯说：甲辰、甲戌年是土运太过下加太阴在泉，壬寅、壬申年是木运太过下加厥阴在泉，庚子、庚午年是金运太过下加阳明在泉，这就是太过而与在泉相同的有三。癸巳、癸亥年是火运不及下加少阳在泉，辛丑、辛未年是水运不及下加太阳在泉，癸卯、癸酉年是火运不及下加少阴在泉，这是不及而与在泉相同的三。戊子、戊午年是火运太过上临少阴司天，戊寅、戊申年是火运太过上临少阳司天，丙辰、丙戌年是水运太过上临太阳司天，这是太过而同司天的三。丁巳、丁亥年是木运不及上临厥阴司天，乙卯、乙酉是金运不及上临阳明司天，己丑、己未年是土运不及上临太阴司天，这是不及而与司天相同的三。除了以上二十四年以外，就没有岁运与司天在泉相同的加临了。

黄帝道：岁运与在泉相同的是什么名称？岐伯说：运太过而

与在泉相同的称为同天符,运不及而与在泉相同的称为同岁会。

黄帝道:运与司天相同的怎样?岐伯说:不论太过不及,都称为天符,不过其中有变化的多少、病形的轻重、生死的早晏分别罢了!

帝曰:夫子言用寒远寒,用热远热,余未知其然也,愿闻何谓远?岐伯曰:热无犯热,寒无犯寒,从者和,逆者病,不可不敬畏而远之,所谓时兴六位①也。

帝曰:温凉何如?岐伯曰:司气②以热,用热无犯;司气以寒,用寒无犯;司气以凉,用凉无犯;司气以温,用温无犯。间气同其主③无犯,异其主则小犯之。是谓四畏④,必谨察之。帝曰:善!

其犯者何如?岐伯曰:天气反时,则可依时⑤,及胜其主⑥则可犯,以平为期,而不可过,是谓邪气反胜者。故曰:无失天信⑦,无逆气宜⑧,无翼⑨其胜,无赞其复,是谓至治。帝曰:善。

注释

① 时兴六位:有二说:张介宾:"兴"作"与",其注云:"时谓四时,即主气也。位谓六步,即客气也。"张志聪:"兴,起也。此总言一岁之中,有应时而起之六位,各主六十日零八十七刻半,各有寒热温凉之四气,皆宜远而无犯之。"

② 司气:张介宾:"司天司地之气也。"

③ 间气同其主:间气与主气相同。

④ 四畏:指寒、热、温、凉四气,应当敬畏而避忌。

⑤ 天气反时,则可依时:张介宾"天气即客气。时即主气。客不合主,是谓反时。反时者,则可依时。"

⑥ 胜其主:谓客气太过,胜过主气。

⑦ 天信:张志聪:"谓气之应时而至者无差失。"

⑧ 气宜:六气之所宜者。如热者宜寒,寒者宜热,温者宜凉,凉者宜温之类。张介宾:"寒热温凉,用之必当,气之宜也;不知逆从,逆其宜矣。"

⑨ 翼:赞助的意思。

语译

黄帝道:先生所讲的用寒应当避免寒,用热应当避免热,我还不知道它的所以然,请问怎样避免? 岐伯说:天气热不要使用热的方法,天气寒不要使用寒的方法,顺从之则和平,违逆之则生病,不可不小心谨慎而避免它,这是指六气当旺之时位而说的。

黄帝道:温凉次于寒热,应当怎样呢? 岐伯说:当旺之气是热,用热药时不可触犯它;当旺之气是寒,用寒药时不可触犯它;当旺之气是凉,用凉药时不可触犯它;当旺之气是温,用温药时不可触犯它。间气与主气相同的也应当避免,与主气不符的可以稍稍违逆之。所以寒热温凉称为四畏,必须谨慎地加以考察。黄帝道:讲得对!

如果触犯了怎样? 岐伯说:客气与主气不相合的,可以以时令之主气为依据,客气反胜主气的就稍稍违逆之,以达到平衡为止,不可过分,这是由于邪气反而胜过主时之气的缘故。所以说:不违反天气的时令,不违反六气的宜忌,不助胜气,不助复气,是最好的治法。黄帝道:对。

五运气行主岁之纪,其有常数①乎? 岐伯曰:臣请次之。

甲子、甲午岁:

上少阴火,中太宫土运,下阳明金。热化二②,雨化五③,燥化四④,所谓正化日⑤也。其化⑥上咸寒,中苦热,下酸热,所谓药食宜也。

乙丑、乙未岁:

上太阴土,中少商金运,下太阳水。热化寒化胜复同⑦,所谓邪气化日⑧也。灾七宫⑨。湿化五,清化四,寒化六,所谓正化日也。其化上苦热,中酸和,下甘热,所谓药食宜也。

注释

① 常数：一般数。如下文"热化二，雨化五"等等。其所用"数"字，系五行之生成数。如"天一生水，地六成之；地二生火，天七成之；天三生木，地八成之；地四生金，天九成之；天五生土，地十成之"。所以水之数为一、六，火之数为二、七，木之数为三、八，金之数为四、九，土之数为五、十，其中或用生数，或用成数，唯土只用生数。

② 热化二：子午年上临少阴君火司天，少阴之气为热，火之生数为二，故热化二。

③ 雨化五：甲午土运太过，雨为土湿之气所成，五为土数，故雨化五。

④ 燥化四：子午年下加阳明燥金在泉，四为金之生数，故燥化四。

⑤ 正化日：张介宾："此结上文三句，言本年上、中、下三气正化之度。正化即正气所化。度即日也，日即度也，指气令用事之时候也。"

⑥ 其化：此处指气化病（流行病、时令病）。

⑦ 热化寒化胜复同：金运不及，所以有火气来胜的热化；有胜必有复，热气胜金，所以有水气来复之寒化。同，指乙丑、乙未二年均有胜复之气。

⑧ 邪气化日：指胜复之气，均非本身之正化。

⑨ 灾七宫：七宫即正西方（见下图9、10）。灾七宫，谓胜复之邪损害所及的方位在正西方。

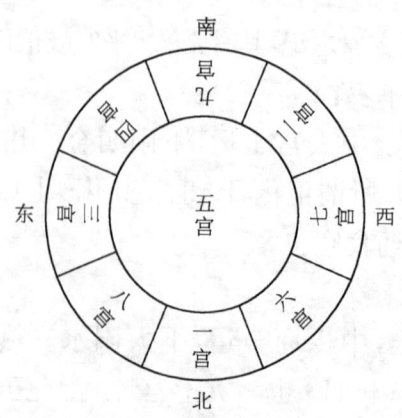

图9　九宫方位图

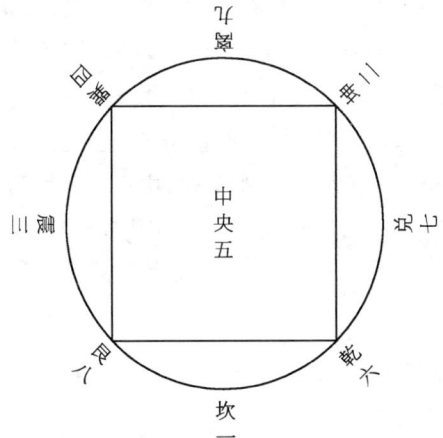

图10 八卦与九宫关系位置图

说明:九宫,即坎位一宫,为正北方;坤位二宫,为西南方;震位三宫,为正东方;巽位四宫,为东南方;中央位五宫;乾位六宫,为西北方;兑位七宫,为正西方;艮位八宫,为东北方;离位九宫,为正南方。按着卦体方向所列成,但数的次序是照书各演成的;纵横对角之数均为十五。用在运气推算上,测方向之胜复与八风,可参看《灵枢·九宫八风》。

语译

轮流主岁的五运之气化,有没有常数呢?岐伯说:让我依次讲下去。

甲子、甲午年:

上临少阴君火司天,甲为阳年属太宫,所以中值土运太过,下加阳明燥金在泉。司天热化之数二,中运雨化之数五,在泉燥化之数四,本年无胜复之气,所以是"正化日"。其气化所致之病,司天热气所致的宜用咸寒,中运雨湿之气所致的宜用苦热,在泉燥气所致的宜用酸热,这是适宜的药食性味。

乙丑、乙未年:

上临太阴湿土司天,中值金运不及,下加太阳寒水在泉。乙为阴年属少商,乙丑、乙未都是金运不及,都有热化的胜气和寒化的复气,胜复之气非本年正常之气,所以称为"邪气化日"。胜复之气所致的灾害在西方。司天湿化之数五,中运清化之数四,在泉寒化之数六,这是正气所化,所以称为"正化日"。其气化所致之病,司天湿土之气所致的宜用苦热,中运清气所致的宜用酸和,在泉寒气所致的宜用甘热,这是适宜的药食性味。

按语

原文类似表格式,其意义相似,可由此类推,故以下语译略。

丙寅、丙申岁:

上少阳相火,中太羽水运,下厥阴木。火化二,寒化六,风化三,所谓正化日也。其化上咸寒,中咸温,下辛温,所谓药食宜也。

丁卯^{岁会}、丁酉岁:

上阳明金,中少角木运,下少阴火。清化热化胜复同,所谓邪气化日也。灾三宫。燥化九,风化三,热化七,所谓正化日也。其化上苦小温,中辛和,下咸寒,所谓药食宜也。

戊辰、戊戌岁:

上太阳水,中太徵火运,下太阴土。寒化六,热化七,湿化五,所谓正化日也。其化上苦温,中甘和,下甘温,所谓药食宜也。

己巳、己亥岁:

上厥阴木,中少宫土运,下少阳相火。风化清化胜复同,所谓邪气化日也。灾五宫。风化三,湿化五,火化七①,所谓正化日也。其化上辛凉,中甘和,下咸寒,所谓药食宜也。

庚午^{同天符}、庚子岁^{同天符}:

上少阴火,中太商金运,下阳明金。热化七,清化九,燥化九,所谓正化日也。其化上咸寒,中辛温,下酸温,所谓药食宜也。

辛未^{同岁会}、辛丑岁^{同岁会}:

上太阴土,中少羽水运,下太阳水。雨化风化胜复同,所谓邪气化日也。灾一宫。雨化五,寒化一②,所谓正化日也。其化上苦热,中苦和,下苦热,所谓药食宜也。

注释

① 七:新校正:"己巳热化七,己亥热化二。"

② 寒化一:新校正:"此以运与在泉俱水,故只言寒化一,少羽之化气也。"寒属水,一为水之生数,本年之中运与在泉均属水,故"寒化一"是中运寒化一,在泉亦寒化一。以下凡属岁会的年份仿此。

语译

略。

壬申^{同天符}、壬寅岁^{同天符}:

上少阳相火,中太角木运,下厥阴木。火化二,风化八,所谓正化日也。其化上咸寒,中酸和,下辛凉,所谓药食宜也。

癸酉^{同岁会}、癸卯岁^{同岁会}:

上阳明金，中少徵火运，下少阴火。寒化雨化胜复同，所谓邪气化日也。灾九宫。燥化九，热化二，所谓正化日也。其化上苦小温，中咸温，下咸寒，所谓药食宜也。

甲戌岁会同天符、甲辰岁岁会同天符：

上太阳水，中太宫土运，下太阴土。寒化六，湿化五，正化日也。其化上苦热，中苦温，下苦温，药食宜也。

乙亥、乙巳岁：

上厥阴木，中少商金运，下少阳相火。热化寒化胜复同，邪气化日也。灾七宫。风化八，清化四，火化二，正化度也。其化上辛凉，中酸和，下咸寒，药食宜也。

丙子岁会、丙午岁：

上少阴火，中太羽水运，下阳明金。热化二，寒化六，清化四，正化度也。其化上咸寒，中咸热，下酸温，药食宜也。

丁丑、丁未岁：

上太阴土，中少角木运，下太阳水。清化热化胜复同，邪气化度也。灾三宫。雨化五，风化三，寒化一，正化度也。其化上苦温，中辛温，下甘热，药食宜也。

戊寅、戊申岁天符：

上少阳相火，中太徵火运，下厥阴木。火化七，风化三，正化度也。其化上咸寒，中甘和，下辛凉，药食宜也。

己卯、己酉岁：

上阳明金，中少宫土运，下少阴火。风化清化胜复同，邪气化度也。灾五宫。清化九，雨化五，热化七，正化度也。其化上苦小温,中甘和,下咸寒,药食宜也。

庚辰、庚戌岁:

上太阳水,中太商金运,下太阴土。寒化一,清化九,雨化五,正化度也。其化上苦热,中辛温,下甘热,药食宜也。

辛巳、辛亥岁:

上厥阴木,中少羽水运,下少阳相火。雨化风化胜复同,邪气化度也。灾一宫。风化三,寒化一,火化七,正化度也。其化上辛凉,中苦和,下咸寒,药食宜也。

壬午、壬子岁:

上少阴火,中太角木运,下阳明金。热化二,风化八,清化四,正化度也。其化上咸寒,中酸凉,下酸温,药食宜也。

癸未、癸丑岁:

上太阴土,中少徵火运,下太阳水。寒化雨化胜复同,邪气化度也。灾九宫。雨化五,火化二,寒化一,正化度也。其化上苦温,中咸温,下甘热,药食宜也。

甲申、甲寅岁:

上少阳相火,中太宫土运,下厥阴木。火化二,雨化五,风化八,正化度也。其化上咸寒,中咸和,下辛凉,药食宜也。

乙酉_{太乙天符}、乙卯岁_{天符}:

上阳明金,中少商金运,下少阴火。热化寒化胜复同,邪气化度也。灾七宫。燥化四,清化四,热化二,正化度也。其化上苦小温,中苦和,下咸寒,药食宜也。

丙戌天符、丙辰岁天符:

上太阳水,中太羽水运,下太阴土。寒化六,雨化五,正化度也。其化上苦热,中咸温,下甘热,药食宜也。

丁亥天符、丁巳岁天符:

上厥阴木,中少角木运,下少阳相火。清化热化胜复同,邪气化度也。灾三宫。风化三,火化七,正化度也。其化上辛凉,中辛和,下咸寒,药食宜也。

戊子天符、戊午岁太乙天符:

上少阴火,中太徵火运,下阳明金。热化七,清化九,正化度也。其化上咸寒,中甘寒,下酸温,药食宜也。

己丑太乙天符、己未岁太乙天符:

上太阴土,中少宫土运,下太阳水。风化清化胜复同,邪气化度也。灾五宫。雨化五,寒化一,正化度也。其化上苦热,中甘和,下甘热,药食宜也。

庚寅、庚申岁:

上少阳相火,中太商金运,下厥阴木。火化七,清化九,风化三,正化度也。其化上咸寒,中辛温,下辛凉,药食宜也。

辛卯、辛酉岁:

上阳明金,中少羽水运,下少阴火。雨化风化胜复同,邪气化度也。灾一宫。清化九,寒化一,热化七,正化度也。其化上苦小温,中苦和,下咸寒,药食宜也。

壬辰、壬戌岁：

上太阳水，中太角木运，下太阴土。寒化六，风化八，雨化五、正化度也。其化上苦温，中酸和，下甘温，药食宜也。

癸巳^{同岁会}、癸亥岁^{同岁会}：

上厥阴木，中少徵火运，下少阳相火。寒化雨化胜复同，邪气化度也。灾九宫。风化八，火化二，正化度也。其化上辛凉，中咸和，下咸寒，药食宜也。

语译

略。

凡此定期之纪①，胜复正化，皆有常数，不可不察。故知其要者，一言而终，不知其要，流散无穷。此之谓也。帝曰：善。

注释

① 定期之纪：张志聪："谓天干始于甲，地支始于子，子甲相合，三十岁而为一纪，六十岁而成一周。"

语译

以上定期的纪年法，胜气复气和正化，都有一般的定数，不可不知道。因此说：能掌握其要领的，用很少的语言就可以介绍完了，如果不知其纲要，就会茫无头绪。就是这个道理。黄帝道：对。

五运之气，亦复岁①乎？岐伯曰：郁极乃发，待时而作也。帝曰：请问其所谓也？岐伯曰：五常之气，太过不及，其发异也。帝曰：愿卒闻之。岐伯曰：太过者暴，不及者徐；暴者为病甚，徐者为病持②。帝曰：太过不及，其数何如？岐伯曰：太过者其数成③，不及者其数生，土常以生④也。

注释

① 复岁：张介宾："复，报复也。岁，指岁气。"
② 持：王冰："谓相执持也。"进退缠绵，相持不退的意思。
③ 其数成：数，指五行之生成数，太过者其气盛，故其数成。张介宾："太过者，其数成。成者，气之盛也。"
④ 土常以生：土不用成数，唯用生数。倪仲宣："土位中央，其数五，合天之生数，五得五而成十，天地之数在五之中。"

语译

五运之气受郁之后，是否也有报复的岁气呢？岐伯说：抑郁达到极度就会发生复气，等到一定的时候才发作。黄帝道：请问它的道理怎样？岐伯说：五行之气有太过不及之分，所以复气的发作也不一样。黄帝道：希望你详尽地讲讲。岐伯说：太过的发作起来急剧，不及的徐缓；急剧的病重，徐缓的病情缠绵。黄帝道：其太过不及之数怎样？岐伯说：太过的是成数，不及的是生数，唯有土不用成数而只用生数。

帝曰：其发也何如？岐伯曰：土郁之发，岩谷震惊，雷殷气交，埃昏黄黑，化为白气，飘骤高深，击石飞空①，洪水乃从，川流漫衍，田牧土驹②。化气乃敷，善为时雨，始生始长，始化始成。故民病心腹胀，肠鸣而为数后，甚则心痛胁䐜，呕吐霍乱，饮发注下，胕肿身重。云奔雨府，霞拥朝阳，山泽埃昏，其乃发也。以其四气，云横天山，浮游生灭，怫之先兆。

注释
① 击石飞空：形容雨点之大，落在岩石上反向天空飞溅。
② 田牧土驹：王冰："大水已去，石土危然，若群驹散牧于田野。"即形容洪水退去之后，田野之间土石嵬然，有如群驹牧于田野。

语译

黄帝问道：其复气发作起来怎样？岐伯说：土气郁而发作起来，山岩深谷惊动，雷声震于气交，尘埃黄黑昏暗，湿气蒸发化为白气，疾风骤雨飘动于高山深谷，落在岩石上反向天空飞溅，山洪暴发，河水漫衍，水退之后，田野之间土石嵬然，好像一群放牧的马。土的报复之气发作之后，化气方始得以敷布而云雨及时，万物才能生长化成。因此人们多患心腹胀满，肠鸣而频频不利，甚至心痛胁胀，呕吐霍乱，痰饮，泄泻，肌肤浮肿，身体困重。湿云奔向雨府，早晨的太阳下面常有云霞拱拥，山泽之间有昏蒙之气，这是土郁开始发作的现象。其发作的时间是在四之气时，云气横于半山，或浮或游或出或没，是其将发之先兆。

金郁之发，天洁地明，风清气切，大凉乃举，草树浮烟①，燥气以行，霜雾数起，杀气来至，草木苍干，金乃有声。故民病咳逆，心胁满引少腹，善暴病，不可反侧，嗌干，面尘色恶。山泽焦枯，土凝霜卤，怫乃发也。其气五，夜零②白露，林莽声凄，怪之兆也。

注释
① 浮烟：即薄雾。

② 零：下降。

语译

金气郁而发作起来，天气高爽，地气明净，风清凉气急切，秋凉就此而起，草木之间雾如浮烟，燥气流行，浓雾时起，肃杀之气一到，使草木凋谢干枯，西风声厉。所以人们伤于秋燥，多患咳嗽气逆，心胁胀满连及少腹，时时剧烈疼痛，不可转侧翻身，咽喉干燥，面色憔悴如蒙灰尘。山泽干枯，地面凝霜如卤碱，这是金郁开始发作的现象。其发作的时间是在五之气时，夜降白露，丛林深处风声凄切，是其将发之先兆。

水郁之发，阳气乃辟①，阴气暴举，大寒乃至，川泽严凝，寒雰②结为霜雪，甚则黄黑昏翳，流行气交，乃为霜杀，水乃见祥。故民病寒客心痛，腰脽痛，大关节不利，屈伸不便，善厥逆，痞坚，腹满。阳光不治，空积沉阴，白埃昏瞑，而乃发也。其气二火前后③，太虚深玄④，气犹麻散⑤，微见而隐，色黑微黄，怫之先兆也。

注释

① 辟（bì 毕）：通"避"。
② 寒雰（fēn 纷）：王冰："寒雰，白气也，其状如雾而不流行，坠地如霜雪，得日晞也。"是指寒冷的湿空气。
③ 二火前后：马莳："二月中气春分日交君火之二气，四月中气小满日交相火之三气，君火之后，相火之前，大约六十日之内，乃水郁之所发也。"
④ 深玄：王冰："言高远而黯黑也，即黑色。"
⑤ 麻散：张介宾："如麻散乱可见，微见而隐也。"

语译

水气郁而发作起来，阳气就此退避，阴气急起，极寒之气到来,河泽结冰,寒露结成霜雪,甚至昏暗浑浊之气流行于气交之中,霜降而杀害万物,从水就可以发现某些征兆。所以人们多感受寒邪患心痛,腰臀部疼痛,大关节活动困难,屈伸不便,时时厥逆,腹中胀满痞硬。阳气不振,天气阴沉,白色昏浊之气蒙蔽天空,这是水郁开始发作的现象。发作的时令,是君火与相火当令之前后,天色深远,光明之中有微黄黑色之气,犹如散麻一样,隐约可见,是其将发之先兆。

木郁之发,太虚埃昏,云物以扰,大风乃至,屋发折木,木有变。故民病胃脘当心而痛,上支两胁,鬲咽不通,食饮不下,甚则耳鸣眩转,目不识人,善暴僵仆。太虚苍埃,天山一色,或气浊色,黄黑郁若,横云不起雨,而乃发也。其色无常,长川草偃①,柔叶呈阴②,松吟高山,虎啸岩岫③,怫之先兆也。

注释

① 长川草偃:野草被风吹而偃伏,有如长长的流水。
② 柔叶呈阴:张介宾:"凡柔叶皆垂,因风翻动而见叶底也。"形容叶面反转呈露叶背的意思。
③ 松吟高山,虎啸岩岫:形容高山岩岫之间的风声,有如松吟虎啸。

语译

木气郁而发作起来,尘土飞扬,天空昏暗,云层扰动,大风到来,房屋倒塌,树木折断,此皆木气之暴发。所以人们多犯胃脘当心疼痛,上连两胁胀满,咽喉隔塞不通,饮食不能下咽,甚至耳鸣头眩,眼花目不识人,好发猝然僵仆。天空昏暗,天与山呈一样的颜色,或天气浑浊,黄黑之气郁结不散,横云而没有雨水下降,这是木郁开始发作的现象。风气发作的时间是不固定的,如草被风吹而偃伏，看上去好像一条长长的河流，柔软的叶子反转而呈现出背面，高山岩岫之间的风声有如松吟虎啸，是其发作的先兆。

火郁之发，太虚肿①翳，大明不彰，炎火行，大暑至，山泽燔燎，材木流津，广厦腾烟，土浮霜卤，止水乃减，蔓草焦黄，风行惑言②，湿化乃后。故民病少气，疮疡痈肿，胁腹、胸、背、面、首、四支䐜愤，胪胀，疡痱，呕逆，瘛疭，骨痛、节乃有动，注下，温疟，腹中暴痛，血溢流注，精液乃少，目赤，心热，甚则瞀闷懊侬，善暴死。刻终大温③，汗濡玄府，其乃发也。其气四，动复则静，阳极反阴，湿令乃化乃成，华发水凝，山川冰雪，焰阳午泽④，怫之先兆也。

有怫之应，而后报也，皆观其极而乃发也。木发无时，水随火也。谨候其时，病可与期，失时反岁，五气不行，生化收藏，政无恒也。

注释

① 肿：张介宾："'肿'字误，当作'曛'。"
② 风行惑言：马莳："谓火气薰蒸，风亦行之，人有所言，难以听清，不免有惑也。"
③ 刻终大温：刻终，是丑时之末，寅时之初，相当于上午三时。大温，天气炎热。
④ 焰阳午泽：午泽，即面南之泽。焰阳，指阳气上腾。

语译

火气郁而发作起来，天空曛翳昏昧，太阳反而不甚光明，炎火流行，暑热之气到来，山泽之间热如火烤，树木的津液被蒸而外流，高厅大厦之中犹如烟熏，地面浮现如霜卤之色，池水日渐减少，苍绿色的蔓草变为焦黄，热盛风生以致言语声音听不清而惑乱，湿气后期而至。所以人们多病呼吸气短，疮疡痈肿，胁腹、胸、背、头面、四肢胀满不舒，疮疡痱疹，呕逆，四肢抽搐，骨节游走疼痛，泄泻，温疟，腹中急剧疼痛，血热妄行，出血如流，精液减少，目红赤，心中烦热，甚至昏蒙烦闷，心中懊侬不宁，容易猝然死亡。寅时应该凉爽而反大热，汗液不断从汗孔流出，这是火郁开始发作的现象。发作的时间是在四之气。动后必静，阳之极反为阴，而后湿土之气敷布，则万物因而化成，花开之时，又见河水结冰，雪霜降地，则火气正被郁抑，若见朝南之池塘有阳气上腾，是其将发之先兆。

五郁发作必有先兆，而后才发生报复之气，而报复之气都是抑郁到极度，然后才发作的。木的复气发无定时，水则发于二火前后。只要细心察其时令，则疾病产生之原因也可以知道了，若不知时令岁气与五行之气生长收藏的一般法则，就不能够知道胜复的异常变化了。

帝曰：水发而雹雪，土发而飘骤，木发而毁折，金发而清明，火发而曛昧，何气使然？岐伯曰：气有多少①，发有微甚。微者当其气，甚者兼其下②，征其下气而见可知也③。帝曰：善。五气之发，不当位者何也？岐伯曰：命其差。帝曰：差有数④乎？岐伯曰：后皆三十度而有奇⑤也。

注释
① 气有多少：张志聪："五运之气有太过不及也。"
② 下：王冰："六气之下，各有承气也。"指其下承之气。如水位之下，土气承之；土位之下，木气承之；木位之下，金气承之；金位之下，火气承之；火位之下，水气承之；君火之下，阴精承之。
③ 征其下气而见可知也：张介宾："征，证也。取证于下承之气，而郁发之微甚可知矣。"

④ 数：王冰："言日数也。"
⑤ 后皆三十度而有奇：张介宾："后者，自始及终也。度，日也。三十度而有奇，一月之数也。奇，谓四十三刻七分半也。"

语译

黄帝道：水发而见雹雪，土发而见飘骤，木发而见毁折，金发而见清明，火发而见曛昧，是什么气所造成的？岐伯说：五运之气有太过不及，其复气的发作有微有甚。微的但见其本气之变，甚的兼见其下承之气的变化，明白了下承之气，见到它所至之变，就可以知道它是什么复气了。黄帝道：对。五运的复气发作，为什么有不应时的？岐伯说：这是复气的参差。黄帝道：参差有一定的日数吗？岐伯说：凡是复气的参差，自始及终都是三十日有零。

帝曰：气至而先后①者何？岐伯曰：运太过则其至先，运不及则其至后，此候之常也。

帝曰：当时而至者何也？岐伯曰：非太过，非不及，则至当时，非是者眚也。帝曰：善。

气有非时而化②者何也？岐伯曰：太过者，当其时；不及者，归其己胜③也。

帝曰：四时之气，至有早晏、高下、左右，其候何如？岐伯曰：行有逆顺，至有迟速，故太过者化先天，不及者化后天。

帝曰：愿闻其行何谓也？岐伯曰：春气西行，夏气北行，秋气东行，冬气南行。故春气始于下，秋气始于上，夏气始于中，冬气始于标④；春气始于左，秋气始于右，冬气始于后，夏气始于前。此四时正化之常。故至高之地，冬气常在；至下之地，春气常在⑤。必谨察之。帝曰：善。

注释

① 气至而先后：王冰："谓未至而至太早，应至而至反太迟之类也。"

② 非时而化：张介宾："谓气不应时也。"张志聪："如清肃之气行于春，炎热之气行于秋，凝寒之气行于夏，溽蒸之气行于冬，是谓非时而化。"

③ 归其己胜：王冰："冬雨、春凉、秋热、夏寒之类，皆为归己胜也。"

④ 标：就是外表。张介宾："万物盛长之表也。"

⑤ 至高之地，冬气常在，至下之地，春气常在：王冰："高山之巅，盛夏冰雪；污下川津，严冬草生。常在之义足明矣。"

语译

黄帝道：主时之气到来时有先后不同，是什么原因？岐伯说：岁运太过的气到来就提早，岁运不及的就推迟，这属于正常的气候。

黄帝道：气应时而到的怎样？岐伯说：这既非太过，亦非不及，所以气至适当其时，否则就会有灾害产生了。黄帝道：讲得很对。

气有非时而化的怎样？岐伯说：太过的，应时而到；不及的，见于被克之季节。

黄帝道：四时之气，其到来有早晚、高下、左右的不同，怎样察知？岐伯说：气行有逆顺，气至有迟速，所以太过的其化先于天时，不及的其化后于天时。

黄帝道：请你讲讲气运行情况是怎样的？岐伯说：春气由东向西而行，夏气由南向北而行，秋气由西向东而行，冬气由北向南而行。因此春气发生自下而上升，秋气收敛由上而下降，夏气长成旺盛于中，冬气伏藏由表入里；春气生于左方，秋气生于右方，冬气生于北方，夏气生于南方。这是四时正常的气化。所以高原地区，气候严寒，经常有冬气存在；低洼地区，气候温和，经常有春气存在。必须仔细加以考察。黄帝道:讲得对。

按语

本节谓春气始于下,秋气始于上等,如春气自下而上,所以万物向上生荣;秋气自上而下,所以万物生机收敛。这是自然界生物方面可见的征象。

黄帝问曰:五运六气之应见①,六化之正,六变之纪,何如?岐伯对曰:夫六气正纪,有化有变,有胜有复,有用有病。不同其候②,帝欲何乎?帝曰:愿尽闻之。岐伯曰:请遂言之!

注释

① 应见:运气变化应于所见的物象。
② 候:察现象以知其本质。

语译

黄帝问道:五运六气变化应于所见的物象,其正常气化与反常变化是怎样的?岐伯回答说:六气变化,有正常之化,有异常之变,有胜气,有复气,有作用,有致病。它们的现象各各不同,你要问哪一种?黄帝道:我都要知道。岐伯说:让我详细地讲吧!

夫气之所至也,厥阴所至为和平,少阴所至为暄,太阴所至为埃溽,少阳所至为炎暑,阳明所至为清劲,太阳所至为寒雰。时化之常①也。

注释

① 时化之常:王冰:"四时气正化之常候。"

语译

六气到来所见的现象，厥阴之气为气候和平，少阴之气为气候温暖，太阴之气为地面湿润，少阳之气为气候炎热，阳明之气为气候清净劲切，太阳之气为气候寒冷。这是四时气化的正常现象。

厥阴所至为风府①，为璺启②；少阴所至为火府，为舒荣③；太阴所至为雨府，为员盈④；少阳所至为热府，为行出⑤；阳明所至为司杀府，为庚苍⑥；太阳所至为寒府，为归藏。司化之常⑦也。

注释

① 风府：府，物聚之处。此指风化会聚之处。
② 璺(wèn 问)启：璺，裂纹。璺启，意指植物萌芽状态。
③ 舒荣：舒展荣美。
④ 员盈：张志聪："周备也。"此处为肥美丰盛之意。员，通"圆"。
⑤ 行出：阳气旺盛，尽达于外。张志聪："从中而出于外也。"
⑥ 庚苍：张介宾："庚，更也。苍，木化也。"
⑦ 司化之常：张介宾："司，主也。六气各有所主，乃正化之常也。"

语译

厥阴之气到来是风化会聚之处，使万物萌芽始生；少阴之气到来是火化会聚之处，使万物欣欣向荣；太阴之气到来是雨化会聚之处，使万物肥满丰盛；少阳之气到来是热化会聚之处，使万物的阳气尽达于外，充实成熟；阳明之气到来是肃杀之化会聚之处，使草木变为苍老之色；太阳之气到来是寒化会聚之处，使万物之生机内伏潜藏。这是六气当令万物的正常变化现象。

厥阴所至为生，为风摇①；少阴所至为荣，为形见②；

太阴所至为化,为云雨;少阳所至为长,为蕃鲜;阳明所至为收,为雾露;太阳所至为藏,为周密。气化之常也。

注释
① 风摇:张介宾:"风性动,故为摇。"
② 形见:形象显现。

语译

厥阴之气到来,使万物发生,为和风飘荡;少阴之气到来,使万物荣盛,为形态显露;太阴之气到来,使万物化生,为湿化云雨;少阳之气到来,使万物长极,为繁茂鲜艳;阳明之气到来,使万物阳气收敛,为雾露下降;太阳之气到来,使万物生机潜藏,为阳气固密。这是六气正常变化的现象。

厥阴所至为风生,终为肃;少阴所至为热生,中为寒;太阴所至为湿生,终为注雨;少阳所至为火生,终为蒸溽;阳明所至为燥生,终为凉;太阳所至为寒生,中为温。德化之常也。

语译

厥阴之气到来,为风气发生,厥阴之下金气承之,故气终则肃杀;少阴之气到来,为热气发生,少阴之中见为太阳,故其中为寒化;太阴之气到来,为湿气发生,其上蒸为云,下注为雨;少阳之气到来,为火气发生,结果是蒸发湿润;阳明之气到来,为燥气发生,终则感觉凉爽;太阳之气到来,为寒气发生,太阳之中见为少阴,故其中为温化。这就是六气的自然变化。

厥阴所至为毛化;少阴所至为羽①化;太阴所至为倮化;少阳所至为羽②化;阳明所至为介化;太阳所至为鳞化。德化之常也。

注释

① 羽：王冰："有羽翮飞行之类也。"翮（hé 核），羽根。
② 羽：王冰："薄明羽翼，蜂蝉之类，非翎羽之羽也。"

语译

厥阴之气到来，使有毛的动物化育；少阴之气到来，使有羽的动物化育；太阴之气到来，使倮体的动物化育；少阳之气到来，使有翼的虫类化育；阳明之气到来，使有甲的动物化育；太阳之气到来，使有鳞的动物化育。这是六气在化生动物方面的一般情况。

厥阴所至为生化；少阴所至为荣化；太阴所至为濡化；少阳所至为茂化；阳明所至为坚化；太阳所至为藏化。布政①之常也。

注释

① 布政：张介宾："气布则物从其化，故谓之政。"

语译

厥阴之气到来，风气敷布，万物始生；少阴之气到来，热气敷布，万物向荣；太阴之气到来，湿气敷布，万物滋润；少阳之气到来，火气敷布，万物茂盛；阳明之气到来，燥气敷布，万物坚敛；太阳之气到来，寒气敷布，万物闭藏。这是六气敷布，万物顺从其变化的一般情况。

厥阴所至为飘怒，大凉①；少阴所至为大暄，寒②；太阴所至为雷霆骤注，烈风③；少阳所至为飘风燔燎，霜凝④；阳明所至为散落，温⑤；太阳所至为寒雪冰雹，白埃。气变之常也。

注释

① 飘怒,大凉:张介宾:"飘怒,木亢之变也。大凉,金之承制也。"
② 大暄,寒:王冰:"大暄,君火也。寒,下承之阴精也。"
③ 雷霆骤注,烈风:张志聪:"雷霆骤注,湿土之变,极则风气承之。"
④ 飘风燔燎,霜凝:王冰:"飘风,旋转风也。霜凝,下承之水气也。"
⑤ 散落,温:马莳:"金气为散落,火气为温也。"

语译

厥阴之气到来,风声怒吼,而气候大凉;少阴之气到来,大热大寒,反复无常;太阴之气到来,雷声震耳,狂风暴雨;少阳之气到来,热风吹拂,有如熏烤,晚上露水凝结成霜;阳明之气到来,草木凋落,而气候反温暖;太阳之气到来,寒冷太过,大雪纷飞,冰雹时下,而地面又有白色之气上升。这是六气异常的一般情况。

厥阴所至为挠动,为迎随①;少阴所至为高明焰,为曛;太阴所至为沉阴,为白埃,为晦暝;少阳所至为光显,为彤云②,为曛;阳明所至为烟埃,为霜,为劲切,为悽鸣;太阳所至为刚固,为坚芒③,为立④。令行⑤之常也。

注释

① 迎随:张志聪:"往来也。"
② 彤云:张志聪:"泽气上蒸而为云也。"
③ 坚芒:坚硬锋利。
④ 立:坚韧不拔者称为"立",此处形容万物已成。
⑤ 令行:张介宾:"气行而物无敢违,故谓之令。"

语译

厥阴之气到来,为万物扰动,为随风往来;少阴之气到来,为火焰高明,为热气熏人;太阴之气到来,为天气阴沉,为地气迷蒙,为昏暗不明；少阳之气到来，为电光闪闪，为赤云在天，为天气炎热熏蒸；阳明之气到来，为烟尘，为霜降，为西风劲切，为秋虫凄鸣；太阳之气到来，为万物坚硬，为北风锐利，为万物已成。这是六气行令的一般情况。

厥阴所至为里急①；少阴所至为疡胗身热；太阴所至为积饮否隔②；少阳所至为嚏呕，为疮疡；阳明所至为浮虚③；太阳所至为屈伸不利。病之常也。

注释

① 里急：王冰："筋缓缩，故急。"张志聪："逆气上升。"
② 积饮否隔：水饮停积，胸脘胀满，膈塞不通。
③ 浮虚：水肿但在皮腠之间，按之复起，或称"气肿"。

语译

厥阴之气致病，为腹中拘急；少阴之气致病，为疡疹，身热；太阴之气致病，为水饮停积，胸脘痞塞；少阳之气致病，为喷嚏，呕吐，疮疡；阳明之气致病，为皮肤浮肿；太阳之气致病，为关节屈伸不便。这是六气致病的一般情况。

厥阴所至为支痛①；少阴所至为惊惑，恶寒战栗，谵妄；太阴所至为稸满②；少阳所至为惊躁，瞀昧，暴病；阳明所至为鼽，尻阴股膝髀腨胻足病；太阳所至为腰痛。病之常也。

注释

① 支痛：胁肋之间如有物支撑其中而疼痛。
② 稸满：饮食积滞，腹中胀满。稸，同"蓄"。

语译

厥阴之气致病，为胁部支撑疼痛；少阴之气致病，为惊骇疑惑，恶寒战栗，谵语妄动；太阴之气致病，为饮食积滞，腹中胀满；少阳之气致病，为惊骇躁动，烦闷昏昧，猝然发病；阳明之气致病，为鼻塞流涕，尻阴股膝髀腨骭部至两脚感到疼痛；太阳之气致病，为腰痛。这是六气致病的一般情况。

厥阴所至为缜戾①；少阴所至为悲妄，衄蔑②；太阴所至为中满，霍乱吐下；少阳所至为喉痹，耳鸣，呕涌③；阳明所至为皴揭④；太阳所至为寝汗，痉。病之常也。

注释

① 缜(ruǎn 软)戾(lì 利)：缜，筋脉短缩。戾，身体屈曲。
② 蔑(miè 灭)：血污。
③ 涌：王冰："溢食不下也。"
④ 皴(cūn 村)揭：皮肤糙裂而揭起。

语译

厥阴之气致病，为筋脉挛急短缩，肢体屈曲不伸；少阴之气致病，为悲哀太过，鼻出血；太阴之气致病，为腹中胀满，霍乱呕吐腹泻；少阳之气致病，为喉痹，耳鸣，呕逆；阳明之气致病，为皮肤糙裂而揭起；太阳之气致病，为盗汗，痉病。这是六气致病的一般情况。

厥阴所至为胁痛，呕泄；少阴所至为语笑；太阴所至为重胕肿；少阳所至为暴注，瞤瘛，暴死；阳明所至为鼽嚏；太阳所至为流泄①，禁止②。病之常也。

注释

① 流泄：即二便失禁。

② 禁止：张介宾："阴寒凝结，阳气不化，能使二便不通，汗窍不解，故曰禁止。"即二便闭塞不通。

语译

厥阴之气致病，为胁痛，呕吐，泄泻；少阴之气致病为多言善笑；太阴之气致病，为身重浮肿；少阳之气致病，为急剧下利，肌肉跳动，筋脉抽掣，突然死亡；阳明之气致病，为鼻塞流涕，喷嚏；太阳之气致病，为二便失禁，或闭塞不通。这是六气致病的一般情况。

凡此十二变①者，报德以德②，报化以化，报政以政，报令以令，气高则高，气下则下，气后则后，气前则前，气中则中，气外则外，位之常也。故风胜则动，热胜则肿，燥胜则干，寒胜则浮，湿胜则濡泄，甚则水闭胕肿。随气所在，以言其变耳。

注释

① 十二变：高世栻："总结上文六正六变之意，正变皆六气之常，故曰凡此十二变者。"

② 极德以德：报：回答。报德以德，是说六气的作用是德，而万物回答的表现也是德。以下"报化以化"等含义相同。

语译

以上十二种变化，说明万物与六气的密切关系，六气的作用是德、化、政、令，万物回答的表现也相应地是德、化、政、令，而六气所至的位置，有高下、前后、中外之异，那末万物的变化也随之而有高下、前后、中外的不同。所以风气胜则动，热气胜则肿，燥气胜则干,寒气胜则虚浮,湿气胜则水泻,甚至小便不通、浮肿。根据邪气之所在,就可以知其病变情况。

帝曰:愿闻其用①也。岐伯曰:夫六气之用,各归不胜而为化②。故太阴雨化,施于太阳;太阳寒化,施于少阴;少阴热化,施于阳明;阳明燥化,施于厥阴;厥阴风化,施于太阴。各命其所在以征之也。

帝曰:自得其位何如? 岐伯曰:自得其位,常化也。

帝曰:愿闻所在也。岐伯曰:命其位而方月③可知也。

注释

① 用:张介宾:"此言施化之用也。"
② 归不胜而为化:不胜,就是被克制的。归不胜而为化,就是加于不胜之气而发生变化。
③ 方月:方,指方隅。月,指月份。古人将一年十二月平均分配于四方,故称"方月"。

语译

黄帝道:请问六气的作用? 岐伯说:六气的作用,都是加于不胜之气而产生变化的。所以太阴湿气,加于太阳而为化;太阳寒气,加于少阴而为化;少阴热气,加于阳明而为化;阳明燥气,加于厥阴而为化;厥阴风气,加于太阴而为化。各随其所在的方位而显示它们的作用。

黄帝道:六气加于本位的怎样? 岐伯说:加于自己的位置,是正常之化。

黄帝道:请你讲讲六气所在。岐伯说:确定了六气所在的位置,就可以知道它所主的方隅与月令了。

帝曰：六位之气①，盈虚何如？岐伯曰：太少②异也。太者之至徐而常，少者暴而亡③。

帝曰：天地之气，盈虚何如？岐伯曰：天气不足，地气随之；地气不足，天气从之；运居其中，而常先也。恶所不胜④，归所同和⑤，随运归从⑥，而生其病也。故上胜则天气降而下，下胜则地气迁而上⑦，胜多少而差其分⑧，微者小差，甚者大差，甚则位易气交，易则大变生而病作矣。《大要》曰：甚纪五分，微纪七分，其差可见。此之谓也。帝曰：善。

注释

① 六位之气：主时之六气，有六个定位，所以说"六位之气"。

② 太少：太为太过，少为不及。张介宾："六阳年谓之太，六阴年谓之少。"

③ 暴而亡：王冰："力强而作，不能久长，故暴而亡。亡，无也。"

④ 恶所不胜：马莳："假如丁壬木运，司天在泉为金，则不胜。"即憎恶自己所不胜的司天在泉之气。

⑤ 归所同和：指岁运与司天在泉之气相同。

⑥ 随运归从：张介宾："不胜者受其制，同和者助其胜，皆能为病，故曰随运归从。"

⑦ 上胜则天气降而下，下胜则地气迁而上：张介宾："上胜者，司天之气有余也，上有余则气降而下；下胜者，在泉之气有余也，下有余则气迁而上。"

⑧ 胜多少而差其分：胜，原无，据《吴注素问》、《类经》补。张介宾："胜多少，言气之微甚也。胜微则迁降少，胜多则迁降多。胜有多少，则气交之变有多寡之差分矣。"

语译

黄帝道：六个部位的气，有余与不足怎样？岐伯说：太过不及是不同的。太过的气至缓慢而作用持久,不及的气至急暴而作用迅速消失。

黄帝道:司天在泉之气的有余不足怎样?岐伯说:司天之气不足,在泉之气就随之上升;在泉之气不足,司天之气就随之下降;岁运居司天在泉之中,所以天气下降则运必先之而降,地气上升则运必先之而升。司天在泉之气为运气所不胜的就相恶,相同的就随和,但随和则助其气,不胜则受其制,都会产生病变。因为司天之气胜则天气下降,在泉之气胜则地气上升,由于胜气的微甚,就决定了下降与上升的差分,胜气微的小差,胜气甚的大差,相差太甚则气交之位置移易,移易气交的位置则生大变,于是疾病就产生了。《大要》上所说:胜气甚的正气占十分之五,胜气微的占十分之七,其间相差之分可见了。就是这个道理。黄帝道:讲得对。

论言热无犯热,寒无犯寒。余欲不远寒,不远热,奈何?岐伯曰:悉乎哉问也!发表不远热,攻里不远寒。

帝曰:不发不攻,而犯寒犯热何如?岐伯曰:寒热内贼,其病益甚。

帝曰:愿闻无病者何如?岐伯曰:无者生之,有者甚之。

帝曰:生者何如?岐伯曰:不远热则热至,不远寒则寒至。寒至则坚否腹满,痛急下利之病生矣;热至则身热,吐下霍乱,痈疽疮疡,瞀郁,注下,瞤瘛,肿胀,呕,鼽衄,头痛,骨节变,肉痛,血溢,血泄,淋闷之病生矣。

帝曰:治之奈何?岐伯曰:时必顺之[①]**,犯者治以胜**[②]**也。**

注释

① 时必顺之：王冰："春宜凉，夏宜寒，秋宜温，冬宜热，此时之宜，不可不顺。"

② 治以胜：张介宾："如犯热者胜以咸寒，犯寒者胜以甘热，犯凉者胜以苦温，犯温者胜以辛凉，治以所胜，则可解也。"

语译

前面论述过：用热不要触犯热，用寒不要触犯寒。我想要不忌寒，不忌热，应当怎样？岐伯说：问得多么详细啊！发表不必忌热，攻里不必忌寒。

黄帝道：不是发表亦不是攻里，触犯了主时的寒与热，那会怎么样呢？岐伯说：寒与热贼伤内脏，它的病就会更加严重了。

黄帝道：请问无病的人又怎样呢？岐伯说：无病的人会生病，有病的人会加重。

黄帝道：无病的人因此而生病的情况怎样？岐伯说：不避热者热邪就到来，不避寒者寒邪就到来。寒邪到来，则腹部胀满，坚硬痞塞，急剧疼痛，下利等病就此产生了；热邪到来，则发烧，呕吐，泄泻，霍乱，痈疽疮疡，烦闷郁冒，急性水泻，身体抽风颤动，肿胀，鼻塞流涕，鼻血，头痛，骨节改变，肌肉痛，吐血，便血，小便淋沥不爽或癃闭不通等病就此产生了。

黄帝道：怎样治疗呢？岐伯说：必须顺从四时之寒热温凉，违反四时之禁忌而生病的，治以相克制的药物。

黄帝问曰：妇人重身，毒之何如？岐伯曰：有故无殒，亦无殒也。

帝曰：愿闻其故何谓也？岐伯曰：大积大聚，其可犯也，衰其大半而止，过者死。帝曰：善。

语译

黄帝问道：妇人怀孕，若应用峻猛的药物，会怎样呢？岐伯说：有病而应用，既不会损伤胎儿，亦不会伤害母体。

黄帝道：请你讲讲其中的道理是怎样的？岐伯说：对大积大聚的病，就可以使用峻猛的药物，但必须在病去大半时即停止用药，若过分了就会死亡。黄帝道：讲得对。

郁①之甚者，治之奈何？岐伯曰：木郁达②之，火郁发③之，土郁夺④之，金郁泄⑤之，水郁折⑥之。然调其气，过者折之，以其畏也，所谓写之。

帝曰：假⑦者何如？岐伯曰：有假其气，则无禁⑧也。所谓主气不足，客气胜也。

注释

① 郁：指五气之抑郁。张介宾："天地有五运之郁，人身有五藏之应，郁则结聚不行，乃致当升不升，当降不降，当化不化，而郁病作矣。"

② 达：主要指疏泄肝气，使之通畅。张介宾："达，畅达也。……但使气得通行，皆谓之达。"

③ 发：散去的意思。张介宾："发，发越也。……凡火所居，其有结聚敛伏者，不宜蔽遏，故当因其势而解之、散之、升之、扬之，如开其窗，如揭其被，皆谓之发，非独止于汗也。"

④ 夺：夺去壅滞之邪，如吐法、下法等。张介宾："夺，直取之也。……土畏壅滞，凡滞在上者，夺其上，吐之可也；滞在中者，夺其中，伐之可也；滞在下者，夺其下，泻之可也。凡此皆谓之夺，非独止于下也。"

⑤ 泄：主要指宣泄肺气。张介宾："泄，疏利也。……其伤在气分，或解其表，或破其气，或通其便。凡在表、在里、在上、在下，皆可谓之泄也。"

⑥ 折：主要指驱逐水邪。张介宾："折，调制也。……凡折之之法，如养气可以化水，治在肺也；实土可以制水，治在脾也；壮火可以胜水，治在命门也；自强可以帅水，治在肾也；分利可以泄水，治在膀胱也。凡此皆谓之折，岂独抑之而已哉！"

⑦ 假：借的意思。主气不足，则客气必假借其气而化之。
⑧ 无禁：禁，指用寒远寒，用热远热的禁忌。无禁，就是不必禁忌。

语译

黄帝道：五气抑郁过甚的，怎样治疗？岐伯说：木气抑郁的应该疏泄条达，火气抑郁的应该散去火热，土气抑郁的应该夺去壅滞之邪，金气抑郁的应该宣泄疏利，水气抑郁的应该驱逐水邪。如此调畅气机，凡太过的折服之，因太过者畏折，也就是所谓泻法。

黄帝道：假借的气怎样？岐伯说：如有假借之气，则不在热无犯热、寒无犯寒的禁忌之例。所谓假借之气，就是主气不足，客气胜之的非时之气。

帝曰：至哉！圣人之道，天地大化，运行之节，临御之纪，阴阳之政，寒暑之令，非夫子孰能通之！请藏之灵兰之室，署曰"六元正纪"。非斋戒①不敢示，慎传也。

注释

① 斋戒：斋，有诚心诚意之义。戒，有誓必遵守之意。

语译

黄帝道：极其高深啊！圣人的学问，天地的伟大变化，六气运行的规律，相互加临的标志，阴阳的治理，寒暑的时令，除了先生以外，还有什么人能够通晓它的理论呢！让我把它藏在书室里，命名为"六元正纪"。不是诚心诚意誓必遵守的人，是不能给他看的，更要审慎地传授给他人。

本 篇 要 点

一、总论六十年气化的一般规律，以及六气所致的自然现象、万物的变化、人们的疾病和治法宜忌等,示人更好地来适应气候常变而保持身体健康。

二、指出五运六气胜复、郁发的自然现象及其所致之病症和治法。

三、论治法不但须适应天时气候,更要根据疾病的性质,灵活运用。

四、提出孕妇患病的用药原则。

刺法论篇第七十二

（见851页）

本病论篇第七十三

（见871页）

至真要大论篇第七十四

题解

本篇论述了六气司天在泉,有正化、胜复等变化,以及其所致疾病的症状、诊断和治法等内容。由于这些内容精深切要,故篇名"至真要大论"。又马莳谓:"此篇总括前八篇未尽之义,至真至要,故名篇。"

黄帝问曰:五气交合,盈虚更作①,余知之矣。六气分治,司天地者,其至何如?岐伯再拜对曰:明乎哉问也!天地之大纪②,人神之通应③也。

帝曰:愿闻上合昭昭,下合冥冥④,奈何?岐伯曰:此道⑤之所主,工之所疑⑥也。

帝曰:愿闻其道也。岐伯曰:厥阴司天,其化以风;少阴司天,其化以热;太阴司天,其化以湿;少阳司天,其化以火;阳明司天,其化以燥;太阳司天,其化以寒。以所临藏位⑦,命其病者也。

帝曰:地化奈何?岐伯曰:司天同候,间气皆然。

帝曰:间气何谓?岐伯曰:司左右者,是谓间气也。

帝曰:何以异之?岐伯曰:主岁者纪岁,间气者纪步也。帝曰:善!

注释

① 盈虚更作：指五运之太过不及，相互交替为用。马莳："五运分为五气，以太过不及而有盈有虚也。《天元纪大论》：'其始也，有余而往，不足随之，不足而往，有余从之，'正盈虚更作之义也。"

② 天地之大纪：即自然变化的基本规律。

③ 人神之通应：张介宾："人神运动之机，内外虽殊，其应则一也。"

④ 上合昭昭，下合冥冥：就是人体与司天在泉之气的变化相适应。马莳："上合昭昭，司天之化也。下合冥冥，在泉之化也。"

⑤ 道：此处指自然规律。

⑥ 工之所疑：张志聪："工不知其要，则流散无穷，故多疑也。"

⑦ 所临藏位：指六气下临所应之脏器。如初之气是厥阴风木之位，也就是肝脏起适应活动的脏位。客气加临于主气，就等于客气加临于人体的内脏，从而对内脏发生影响。

语译

黄帝问道：五运相互交合主岁，太过不及交替为用，我已经知道了。六气分治在一年中，主管司天在泉，其气来时是怎样的？岐伯再拜而回答说：问得多么英明啊！这是自然变化的基本规律，人体的机能活动是与天地变化相适应的。

黄帝道：人体与司天在泉之气相适应的情况是怎样的？岐伯说：这是受自然规律所主宰的，是一般医生容易疑惑难明的。

黄帝道：我要知道它的道理。岐伯说：厥阴司天，气从风化；少阴司天，气从热化；太阴司天，气从湿化；少阳司天，气从火化；阳明司天，气从燥化；太阳司天，气从寒化。根据客气所临的脏位，来确定其疾病。

黄帝道：在泉之气的气化是怎样的？岐伯说：与司天同一规律，间气也是如此。

黄帝道：间气是怎样的呢？岐伯说：分司在司天和在泉之左

右的,就叫做间气。

黄帝道:与司天在泉有何分别? 岐伯说:司天在泉主岁之气,主管一年的气化,间气之气,主一步(六十日有奇)的气化。黄帝道:很对!

岁主奈何? 岐伯曰:厥阴司天为风化,在泉为酸化,司气①为苍化,间气为动化;少阴司天为热化,在泉为苦化,不司气化,居气②为灼化;太阴司天为湿化,在泉为甘化,司气为黅化,间气为柔化;少阳司天为火化,在泉为苦化,司气为丹化,间气为明化;阳明司天为燥化,在泉为辛化,司气为素化,间气为清化;太阳司天为寒化,在泉为咸化,司气为玄化,间气为藏化。故治病者,必明六化分治,五味五色所生,五藏所宜,乃可以言盈虚病生之绪也。

注释

① 司气:指五运之气。张介宾:"司气,言五运之气也。木运司气,故色化青苍,丁壬年是也。"

② 居气:即间气。因少阴为君火,故尊之而称为"居气"。新校正:"少阴不曰间气,而云居气者,盖尊君火无所不居,不当间之也。"

语译

一岁之中气化的情况是怎样的呢? 岐伯说:厥阴司天为风化,在泉为酸化,岁运为苍化,间气为动化;少阴司天为热化,在泉为苦化,岁运不司气化,间气为灼化;太阴司天为湿化,在泉为甘化,岁运为黅化,间气为柔化;少阳司天为火化,在泉为苦化,岁运为丹化,间气为明化;阳明司天为燥化,在泉为辛化,岁运为素化,间气为清化;太阳司天为寒化,在泉为咸化,岁运为玄化,间气为藏化。所以作为一个治病的医生,必须明了六气所司的气化,以及五味、五色的产生与五脏之所宜,然后才可以对气化的太过、不及和疾病发生的关系有了头绪。

帝曰:厥阴在泉而酸化,先余知之矣。风化之行也何如? 岐伯曰:风行于地,所谓本也①,余气同法。本乎天②者,天之气也,本乎地②者,地之气也,天地合气,六节③分而万物化生矣。故曰:谨候气宜④,无失病机⑤。此之谓也。

注释

① 风行于地,所谓本也:马莳:"司天则风行于天,在泉则风行于地。乃本于地之气,而为风之化也。若时乎司天,则本乎天之气而亦为风化矣。"
② 本乎天、本乎地:张介宾:"六气之在天,即为天之气;六气之在地,即为地之气。上下之位不同,而气化之本则一。"按《易》曰:"本乎天者亲上,本乎地者亲下。"即此之意。
③ 六节:即六步。马莳:"天地合气,六节各分,而万物所由以化生。"
④ 气宜:六气所宜出现的时令。高世栻:"六节之气,各有所宜,不宜则病。"
⑤ 病机:疾病发生和发展变化的机理。

语译

黄帝道:厥阴在泉而从酸化,我早就知道了。风的气化运行又怎样呢? 岐伯说:风气行于地,这是本于地之气而为风化,其他火湿燥寒诸气也是这样。因为本属于天的,是天之气,本属于地的,是地之气,天地之气相互交通化合,六节之气分而后万物才能化生。所以说:要谨慎地察候气宜,不可贻误病机。就是这个意思。

帝曰:其主病①何如? 岐伯曰:司岁备物②,则无遗主矣。

帝曰：司③岁物何也？岐伯曰：天地之专精④也。

帝曰：司气者何如？岐伯曰：司气者主岁同，然有余不足也。

帝曰：非司岁物何谓也？岐伯曰：散也。故质同而异等也，气味有薄厚，性用有躁静，治保有多少⑤，力化⑥有浅深。此之谓也。

注释

① 主病：主治疾病的药物。吴崑："主病，谓药物之主病者。"
② 司岁备物：根据司岁之气，收备药物。张介宾："天地之气，每岁各有所司，因司气以备药物。"
③ 司：原作"先"，据新校正改。
④ 专精：即精专，精粹的意思。张介宾："岁物者，得天地精专之化，气全力厚。"
⑤ 治保有多少：张志聪："谓治病保真之药食，或宜多用，或宜少用也。"
⑥ 力化：犹言药力所及。

语译

黄帝道：主治疾病的药物怎样？岐伯说：根据岁气来采备其所生化的药物，则药物就不会有所遗略了。

黄帝道：为什么要采备岁气所生化的药物？岐伯说：因其能得天地精专之气，故气全而力厚。

黄帝道：司岁运的药物怎样？岐伯说：司岁运的药物与主岁的药物相同，然而有太过不及的区别。

黄帝道：不属司岁之气生化的药物，又怎样呢？岐伯说：其气散而不专。所以非司岁和司岁的药物相较，形质虽同，却有等级上的差别，气味有厚薄之分，性能有躁静之别，疗效有多少的不同,药力所及也有浅深之异。就是这个道理。

帝曰:岁主藏害①何谓? 岐伯曰:以所不胜命之,则其要也。

帝曰:治之奈何? 岐伯曰:上淫于下,所胜平之②;外淫于内,所胜治之。帝曰:善!

平气何如? 岐伯曰:谨察阴阳所在而调之,以平为期。正者正治,反者反治③。

注释

① 岁主藏害:张志聪:"岁主者,谓六气之主岁。藏,五藏也。盖言五藏内属五行,而外合五运,五运之气,受胜制之所伤,则病入五藏而为害矣。"

② 平之:即"治之"的意思。新校正:"详天气主岁,虽有淫胜,但当平调之,故不曰治而曰平也。"

③ 正者正治,反者反治:王冰:"阴病阳不病,阳病阴不病,是为正病,则正治之,谓以寒治热,以热治寒也。阴位已见阳脉,阳位已见阴脉,是为反病,则反治之,谓以寒治寒,以热治热也。"

语译

黄帝道:主岁之气伤害五脏,应当怎样来说明? 岐伯说:以脏气所不胜之气来说明,就是这个问题的要领。

黄帝道:治疗的方法怎样? 岐伯说:司天之气淫胜于下的,以其所胜之气来平调之;在泉之气淫胜于内的,以其所胜之气来治疗之。黄帝道:对。

岁气平和之年怎样呢? 岐伯说:仔细观察阴阳病变之所在,来加以调整,达到平衡为目的。正病用正治法,反病用反治法。

帝曰:夫子言察阴阳所在而调之,论言人迎与寸口相应,若引绳小大齐等,命曰平。阴之所在寸口何如? 岐伯曰:视岁南北①,可知之矣。

帝曰：愿卒闻之。岐伯曰：北政之岁，少阴在泉，则寸口不应；厥阴在泉，则右不应；太阴在泉，则左不应。南政之岁，少阴司天，则寸口不应；厥阴司天，则右不应；太阴司天，则左不应。诸不应者，反其诊②则见矣。

帝曰：尺候何如？岐伯曰：北政之岁，三阴在下，则寸不应；三阴在上，则尺不应。南政之岁，三阴在天，则寸不应；三阴在泉，则尺不应。左右同。故曰：知其要者，一言而终，不知其要，流散无穷。此之谓也。帝曰：善。

注释

① 南北：即下文之南政、北政。南政、北政的解释有二：一说认为五运中除甲己土运为南政外，其他均为北政；另一说认为戊癸火运为南政，其他为北政。吴崑："甲己二岁为南政，乙庚丙辛丁壬戊癸八年为北政。"张志聪："五运之中，戊癸化火，以戊癸年为南政，甲乙丙丁己庚辛壬为北政。"注家同意前一说法者为多。

② 反其诊：一说是尺寸倒候；另一说是覆其手而诊。张介宾："以南北相反而诊之，则或寸或尺之不应者，皆可见矣。"王冰："不应皆为脉沉，脉沉下者，仰手而沉覆其手，则沉为浮，细为大也。"两说可并存之。

语译

黄帝道：先生说观察阴阳之所在来调治，医论中说人迎和寸口脉相应，像牵引绳索一样大小相等的，称为平脉。那末阴脉所在寸口应该怎样？岐伯说：看主岁是南政还是北政，就可以知道了。

黄帝道：请你详尽地讲给我听。岐伯说：北政的年份，少阴在泉，则寸口不应；厥阴在泉，则右脉不应；太阴在泉，则左脉不应。南政的年份，少阴司天，则寸口不应；厥阴司天，则右脉不应；太阴司天，则左脉不应。凡是寸口脉不应的，尺寸倒候或覆其手就可以见了。

黄帝道：尺部之候怎样？岐伯说：北政的年份，三阴在泉，则寸部不应；三阴司天，则尺部不应。南政的年份，三阴司天，则寸部不应；三阴在泉，则尺部不应。左右脉是相同的。所以说：能掌握其要领的，用很少的语言就可以介绍完了，如果不知其要领，就会茫无头绪。就是这个道理。黄帝道：很对。

天地之气，内淫而病何如？岐伯曰：岁厥阴在泉，风淫所胜，则地气不明，平野昧，草乃早秀。民病洒洒振寒，善伸数欠，心痛支满，两胁里急，饮食不下，鬲咽不通，食则呕，腹胀善噫，得后与气则快然如衰，身体皆重。

岁少阴在泉，热淫所胜，则焰浮川泽，阴处反明。民病腹中常鸣，气上冲胸，喘不能久立，寒热皮肤痛，目瞑齿痛，䪼肿，恶寒发热如疟，少腹中痛，腹大。蛰虫不藏。

岁太阴在泉，草乃早荣①，湿淫所胜，则埃昏岩谷，黄反见黑②，至阴之交③。民病饮积，心痛，耳聋浑浑焞焞④，嗌肿喉痹，阴病血见，少腹痛肿，不得小便，病冲头痛，目似脱，项似拔，腰似折，髀不可以回，腘如结，腨如别。

岁少阳在泉，火淫所胜，则焰明郊野，寒热更至。民病注泄赤白，少腹痛，溺赤，甚则血便。少阴同候⑤。

岁阳明在泉，燥淫所胜，则霜雾清瞑。民病喜呕，呕有苦，善太息，心胁痛不能反侧，甚则嗌干面尘，身无膏泽，足外反热。

岁太阳在泉，寒淫所胜，则凝肃惨栗。民病少腹控睾，引腰脊，上冲心痛，血见，嗌痛颔肿。帝曰：善。

注释

① 草乃早荣：新校正疑此四字衍。似是。

② 黄反见黑：张志聪："黄乃土色，黑乃水色，土胜浸淫，故黄反见黑。"就是土色反见于北方水之处。

③ 至阴之交：张志聪："乃三气四气之交，土司令也。"即指土色见于水位，为与至阴之气色交合。

④ 浑浑焞焞（tūn 吞）：浑浑，浑浊不清。焞焞，星光暗弱貌。浑浑焞焞，在此是形容耳聋和头目不清明。

⑤ 少阴同候：张介宾："其余诸病，皆与前少阴在泉同候。"张志聪："少阴之火出自水，少阳之火生于地，皆有阴阳寒热之分，故与少阴同候。"

语译

司天在泉之气，淫胜于内而发病的情况是怎样的？岐伯说：厥阴在泉之年，风气淫盛，则地气不明，原野昏暗不清，草类提早结实。人们多病洒洒然振栗恶寒，时喜伸腰呵欠，心痛而有撑满感，两侧胁里拘急不舒，饮食不下，胸膈咽部不利，食入则呕吐，腹胀，多嗳气，得大便或转矢气后觉得轻快好像病情衰减，全身沉重。

少阴在泉之年，热气淫盛，川泽中阳气蒸腾，阴处反觉清明。人们多病腹中时常鸣响，逆气上冲胸脘，气喘不能久立，寒热，皮肤痛，眼模糊，齿痛，目下肿，恶寒发热如疟状，少腹疼痛，腹部胀大。气候温热，虫类迟不伏藏。

太阴在泉之年，草类提早开花，湿气淫盛，则岩谷之间昏暗浑浊，黄色见于水位，与至阴之气色相交合。人们多病饮邪积聚，心痛，耳聋，头目不清，咽喉肿胀，喉痹，阴病而有出血症状，少腹肿痛，小便不通，气上冲头痛，眼如脱出，项部似拔，腰像折断，大腿不能转动，膝弯结滞不灵，小腿肚好像裂开样。

少阳在泉之年，火气淫盛，则郊野烟明，时寒时热。人们多病泄泻如注，下痢赤白，少腹痛，小便赤色，甚则血便。其余症状与少阴在泉之年相同。

阳明在泉之年,燥气淫盛,则雾气清冷昏暗。人们多病喜呕,呕吐苦水,常叹息,心胁部疼痛不能转侧,甚至咽喉干,面暗如蒙尘,身体干枯而不润泽,足外侧反热。

太阳在泉之年,寒气淫盛,则天地间凝肃惨栗。人们多病少腹疼痛牵引睾丸、腰脊,向上冲心而痛,出血,咽喉痛,颔部肿。黄帝道:对。

按语

本节所叙述之病症,可与《灵枢·经脉》互参。

治之奈何? 岐伯曰:诸气在泉,风淫于内,治以辛凉,佐以苦,以甘缓之,以辛散之;热淫于内,治以咸寒,佐以甘苦,以酸收之,以苦发之;湿淫于内,治以苦热,佐以酸淡,以苦燥之,以淡泄之;火淫于内,治以咸冷,佐以苦辛,以酸收之,以苦发之;燥淫于内,治以苦温,佐以甘辛,以苦下之;寒淫于内,治以甘热,佐以苦辛,以咸写之,以辛润之,以苦坚之。帝曰:善。

语译

怎样治疗呢? 岐伯说:凡是在泉之气,风气太过而浸淫体内的,主治用辛凉,辅佐用苦味,用甘味来缓和肝木,用辛味来散其风邪;热气太过而浸淫体内的,主治用咸寒,辅佐用甘苦,以酸味收敛阴气,用苦药来发泄热邪;湿气太过而浸淫体内的,主治用苦热,辅佐用酸淡,用苦味药以燥湿,用淡味药以渗泄湿邪;火气太过而浸淫体内的,主治用咸冷,辅佐用苦辛,以酸味药收敛阴气,以苦味药发泄火邪;燥气太过而浸淫体内的,主治用苦温,辅助用甘辛,以苦味泄下;寒气太过而浸淫体内的,主治用甘热,辅佐用苦辛,用咸以泻水,用辛味以温润,以苦味来巩固阳气。黄帝道:对。

天气之变何如?岐伯曰:厥阴司天,风淫所胜,则太虚埃昏,云物以扰,寒生春气,流水不冰,蛰虫不去①。民病胃脘当心而痛,上支两胁,鬲咽不通,饮食不下,舌本强,食则呕,冷泄腹胀,溏泄瘕水闭,病本于脾。冲阳绝,死不治。

少阴司天,热淫所胜,怫热至,火行其政,大雨且至②。民病胸中烦热,嗌干,右胠满,皮肤痛,寒热咳喘,唾血血泄,鼽衄嚏呕,溺色变,甚则疮疡胕肿,肩背臂臑及缺盆中痛,心痛肺䐜,腹大满,膨膨而喘咳,病本于肺。尺泽绝,死不治。

太阴司天,湿淫所胜,则沉阴且布,雨变枯槁。胕肿骨痛阴痹,阴痹者按之不得,腰脊头项痛时眩,大便难,阴气不用,饥不欲食,咳唾则有血,心如悬,病本于肾。太溪绝,死不治。

少阳司天,火淫所胜,则温气流行,金政不平。民病头痛发热恶寒而疟,热上皮肤痛,色变黄赤,传而为水,身面胕肿,腹满仰息,泄注赤白,疮疡,咳唾血,烦心,胸中热,甚则鼽衄,病本于肺。天府绝,死不治。

阳明司天,燥淫所胜,则木乃晚荣,草乃晚生,筋骨内变,大凉革候③,名木敛生,菀于下,草焦上首④,蛰虫来见⑤。民病左胠胁痛,寒清于中感而疟,咳,腹中鸣,注泄鹜溏,心胁暴痛,不可反侧,嗌干面尘,腰痛,丈夫癞疝,妇人少腹痛,目昧眦疡,疮痤痈,病本于肝。太冲绝,死不治。

太阳司天,寒淫所胜,则寒气反至,水且冰,运火炎烈,雨暴乃雹⑥。血变于中,发为痈疡,民病厥心痛,呕血,血泄,鼽衄,善悲,时眩仆。胸腹满,手热肘挛,腋肿,心澹澹大动,胸胁胃脘不安,面赤目黄,善噫,嗌干,甚则色炲,渴而欲饮,病本于心。神门绝,死不治。所谓动气,知其藏也。帝曰:善。

注释

① 蛰虫不去:原在下文"水闭"后,据《类经》移此。又《素问释义》以为此四字衍。

② 大雨且至:原在下文"咳喘"后,据《类经》移此。又《素问释义》以为此四字衍。

③ 大凉革候:原在下文"感而疟"后,据《类经》移此。

④ 名木敛生……草焦上首:原在下文"鹜溏"后,据《类经》移此。

⑤ 蛰虫来见:原在下文"疮痤痈"后,据《类经》移此。

⑥ 运火炎烈,雨暴乃雹:原在下文"时眩仆"后,据《类经》移此。

语译

司天之气的变化又怎样呢?岐伯说:厥阴司天,风气淫胜,则天空尘埃昏暗,云物扰动不宁,寒季行春令,流水不能结冰,蛰虫不去潜伏。人们多病胃脘心部疼痛,上撑两胁,咽膈不通利,饮食不下,舌本强硬,食则呕吐,冷泻,腹胀,便溏泄,瘕,小便不通,病的根本在脾脏。如冲阳脉绝,多属不治的死证。

少阴司天,热气淫胜,则天气郁热,君火行其政令,热极则大雨将至。人们多病胸中烦热,咽喉干燥,右胁上胀满,皮肤疼痛,寒热,咳喘,唾血,便血,衄血,鼻塞流涕,喷嚏,呕吐,小便变色,甚则疮疡,浮肿,肩、背、臂、臑以及缺盆等处疼痛,心痛,肺胀,腹胀满,胸部胀满,气喘咳嗽,病的根本在肺脏。如尺泽脉绝,多属不治的死证。

太阴司天,湿气淫胜,则天气阴沉,乌云满布,雨多反使草木枯槁。人们多病浮肿,骨痛阴痹,阴痹之病按之不知痛处,腰脊头项疼痛,时时眩晕,大便困难,阳痿,饥饿而不欲进食,咳唾则有血,心悸如悬,病的根本在肾脏。如太溪脉绝,多属不治的死证。

少阳司天,火气淫胜,则温热之气流行,秋金之令不平。人们多病头痛,发热恶寒而发疟疾,热气在上,皮肤疼痛,色变黄赤,传于里则变为水病,身面浮肿,腹胀满,仰面喘息,泄泻暴注,赤白下痢,疮疡,咳嗽吐血,心烦,胸中热,甚至鼻流涕出血,病的根本在肺脏。如天府脉绝,多属不治的死证。

阳明司天,燥气淫胜,则树木繁荣推迟,草类生长较晚。筋骨发生变化,大凉之气使天气反常,树木生发之气被抑制而郁伏于下,草类的花叶均现焦枯,应该蛰伏的虫类反而出动。人们多病左胠胁疼痛,寒凉清肃之气感受之后则为疟疾,咳嗽,腹中鸣响,暴注泄泻,大便稀溏,心胁突然剧痛,不能转侧,咽喉干燥,面色如蒙尘,腰痛,男子癫疝,妇女少腹疼痛,眼目昏昧不明,眼角疼痛,疮疡痈痤,病的根本在肝脏。如太冲脉绝,多属不治的死证。

太阳司天,寒气淫胜,则寒气非时而至,水多结冰,如遇戊癸火运炎烈,则有暴雨冰雹。人们多病血脉变化于内,发生痈疡,厥逆心痛,呕血,便血,衄血,鼻塞流涕,善悲,时常眩晕仆倒,胸腹满,手热,肘臂挛急,腋部肿,心悸甚,胸胁胃脘不舒,面赤目黄,善嗳气,咽喉干燥,甚至面黑如炲,口渴欲饮,病的根本在心脏。如神门脉绝,多属不治的死证。所以说,由脉气的搏动,可以测知其脏气的存亡。黄帝道:对。

治之奈何?岐伯曰:司天之气,风淫所胜,平[①]以辛凉,佐以苦甘,以甘缓之,以酸写之;热淫所胜,平以咸寒,佐以苦甘,以酸收之;湿淫所胜,平以苦热,佐以酸辛,以苦燥之,以淡泄之,湿上甚而热,治以苦温,佐以甘辛,以汗为故而止;火淫所胜,平以咸②冷,佐以苦甘,以酸收之,以苦发之,以酸复之;热淫同;燥淫所胜,平以苦温③,佐以酸辛,以苦下之;寒淫所胜,平以辛热,佐以甘苦,以咸写之。帝曰:善!

注释

① 平:"治"的意思。新校正:"按本论上文云,上淫于下,所胜平之,外淫于内,所胜治之,故在泉曰治,司天曰平也。"
② 咸:原作"酸",据《吴注素问》、《类经》改。
③ 温:原作"湿",据《素问注证发微》改。

语译

怎样治疗呢? 岐伯说:司天之气,风气淫胜,治以辛凉,佐以苦甘,以甘味缓其急,以酸味泻其邪;热气淫胜,治以咸寒,佐以苦甘,以酸味药收敛阴气;湿气淫胜,治以苦热,佐以酸辛,以苦味药燥湿,以淡味药泄湿邪,如湿邪甚于上部而有热,治以苦味温性之药,佐以甘辛,以汗解法恢复其常态而止;火气淫胜,治以咸冷,佐以苦甘,以酸味药收敛阴气,以苦味药发泄火邪,以酸味药复其真气,热淫与火淫所胜相同;燥气淫胜,治以苦温,佐以酸辛,以苦味下其燥结;寒气淫胜,治以辛热,佐以甘苦,以咸味药泻其寒邪。黄帝:对!

邪气反胜①,治之奈何? 岐伯曰:风司于地②,清反胜之③,治以酸温,佐以苦甘,以辛平之;热司于地,寒反胜之,治以甘热,佐以苦辛,以咸平之;湿司于地,热反胜之;

治以苦冷,佐以咸甘,以苦平之;火司于地,寒反胜之,治以甘热,佐以苦辛,以咸平之;燥司于地,热反胜之,治以平寒,佐以苦甘,以酸平之,以和为利;寒司于地,热反胜之,治以咸冷,佐以甘辛,以苦平之。

注释

① 邪气反胜:本气反为己所不胜之气(邪气)乘之。王冰:"不能淫胜于他气,反为不胜之气为邪以胜之。"例如风木司天而燥金之气反胜。

② 风司于地:王冰:"厥阴在泉,则风司于地。"即厥阴风木在泉。

③ 清反胜之:张介宾:"凡寅申岁,厥阴风木在泉,而或气有不及,则金之清气反胜之。"

语译

本气不足而邪气反胜所致之病,应当怎样治疗?岐伯说:风气在泉,而反被清气胜的,治以酸温,佐以苦甘,以辛味药平之;热气在泉,而寒气反胜的,治以甘热,佐以苦辛,以咸味药平之;湿气在泉,而热气反胜的,治以苦冷,佐以咸甘,以苦味药平之;火气在泉,而寒气反胜的,治以甘热,佐以苦辛,以咸味之药平之;燥气在泉,而热气反胜的,治以平寒,佐以苦甘,以酸味之药平之,以冷热平和为方制所宜;寒气在泉,而热气反胜的,治以咸冷,佐以甘辛,以苦味药平之。

帝曰:其司天邪胜①何如?岐伯曰:风化于天②,清反胜之,治以酸温,佐以甘苦;热化于天,寒反胜之,治以甘温,佐以苦酸辛;湿化于天,热反胜之,治以苦寒,佐以苦酸;火化于天,寒反胜之,治以甘热,佐以苦辛;燥化于天,热反胜之,治以辛寒,佐以苦甘;寒化于天,热反胜之,治以咸冷,佐以苦辛。

注释
① 司天邪胜：司天之气被邪气反胜。
② 风化于天：即风气司天。

语译

黄帝问道：司天之气被邪气反胜所致之病，应当怎样治疗？岐伯说：风气司天而清凉之气反胜的，治用酸温，佐以甘苦；热气司天而寒水之气反胜的，治用甘温，佐以苦酸辛；湿气司天而热气反胜的，治用苦寒，佐以苦酸；火气司天而寒气反胜的，治用甘热，佐以苦辛；燥气司天而热气反胜的，治用辛寒，佐以苦甘；寒气司天而热气反胜的，治用咸冷，佐以苦辛。

帝曰：六气相胜奈何？岐伯曰：厥阴之胜，耳鸣头眩，愦愦欲吐，胃鬲如寒；大风数举，倮虫不滋，胠胁气并，化而为热，小便黄赤，胃脘当心而痛，上支两胁，肠鸣飧泄，少腹痛，注下赤白，甚则呕吐，鬲咽不通。

少阴之胜，心下热善饥，齐下反动，气游三焦；炎暑至，木乃津，草乃萎，呕逆，躁烦，腹满痛，溏泄，传为赤沃①。

太阴之胜，火气内郁，疮疡于中，流散于外，病在胠胁，甚则心痛热格②，头痛，喉痹，项强；独胜则湿气内郁，寒迫下焦，痛留顶，互引眉间，胃满；雨数至③，燥④化乃见，少腹满，腰脽重强，内不便，善注泄，足下温，头重，足胫胕肿，饮发于中，胕肿于上。

少阳之胜，热客于胃，烦心心痛，目赤，欲呕，呕酸善饥，耳痛，溺赤，善惊谵妄；暴热消烁，草萎水涸，介虫乃屈，少腹痛，下沃赤白。

阳明之胜，清发于中，左胠胁痛，溏泄，内为嗌塞，外发癫疝；大凉肃杀，华英改容，毛虫乃殃，胸中不便，嗌塞而咳。

太阳之胜，凝凓⑤且至，非时水冰，羽乃后化。痔疟发，寒厥入胃，则内生心痛，阴中乃疡⑥，隐曲不利，互引阴股，筋肉拘苛，血脉凝泣，络满色变，或为血泄，皮肤否肿，腹满食减，热反上行，头项囟顶脑户中痛，目如脱，寒入下焦，传为濡写。

注释

① 赤沃：张介宾："赤沃者，利血、尿赤也。"即赤痢之类。
② 热格：热气阻格于上。
③ 雨数至：新校正认为此下脱"鳞见于陆"四字。
④ 燥：张介宾认为当作"湿"。似是。
⑤ 凓："栗"的异体字。
⑥ 阴中乃疡：张介宾："太阳之脉，络肾属膀胱，故为阴疡。"即阴部患疮疡。

语译

黄帝道：六气偏胜引起人体发病等情况是怎样的？岐伯说：厥阴风气偏胜，发为耳鸣头眩，胃中翻腾混乱而欲吐，胃脘横膈处寒冷；大风屡起，倮虫不能滋生，人们多病胠胁气滞，化而成热，则小便黄赤，胃脘当心处疼痛，上支两胁，肠鸣飧泄，少腹疼痛，利下赤白，病甚则呕吐，咽膈之间隔塞不通。

少阴热气偏胜，则病心下热，常觉饥饿，脐下有动气上逆，热气游走三焦；炎暑到来，树木因之流津，草类因之枯萎，人们病呕逆，烦躁，腹部胀满而痛，大便溏泄，传变成为血痢。

太阴湿气偏胜,火气郁于内则蕴酿成为疮疡,流散在外则病生于肤胁,甚则心痛,热气阻格在上部,所以发生头痛,喉痹,项强;单纯由于湿气偏胜而内郁,寒迫下焦,痛于头顶,牵引至眉间,胃中满闷;多雨之后,湿化之象方始出现,少腹满胀,腰臀部重而强直,妨碍入房,时时泄泻如注,足下温暖,头部沉重,足胫浮肿,水饮发于内而浮肿见于上部。

少阳火气偏胜,热气客于胃,烦心,心痛,目赤,欲呕,呕酸,易饥饿,耳痛,小便赤色,易惊,谵妄;暴热之气消烁津液,草萎枯,水干涸,介虫屈伏,人们病少腹疼痛,下痢赤白。

阳阴燥气偏胜,则清凉之气发于内,左肤胁疼痛,大便溏泄,内则咽喉窒塞,外为㿉疝;大凉肃杀之气施布,草木之花叶改色,有毛的虫类死亡,人们病胸中不舒,咽喉窒塞而咳嗽。

太阳寒气偏胜,凝栗之气时至,有非时之冰冻,羽类之虫延迟生化。发病为痔疮,疟疾,寒气入胃则生心痛,阴部生疮疡,房事不利,连及两股内侧,筋肉拘急麻木,血脉凝滞,络脉郁滞充盈而色变,或为便血,皮肤因气血否塞而肿,腹中痞满,饮食减少,热气上逆,而头项巅顶脑户等处疼痛,目珠疼如脱出,寒气入于下焦,传变成为水泻。

帝曰:治之奈何?岐伯曰:厥阴之胜,治以甘清,佐以苦辛,以酸写之;少阴之胜,治以辛寒,佐以苦咸,以甘写之;太阴之胜,治以咸热,佐以辛甘,以苦写之;少阳之胜,治以辛寒,佐以甘咸,以甘写之,阳明之胜,治以酸温,佐以辛甘,以苦泄之;太阳之胜,治以甘①热,佐以辛酸,以咸写之。

注释
① 甘:新校正疑为"苦"字之误。似是。

语译

黄帝道：怎样治疗？岐伯说：厥阴风气偏胜致病，治用甘清，佐以苦辛，用酸味泻其胜气；少阴热气偏胜致病，治用辛寒，佐以苦咸，用甘味泻其胜气；太阴湿气偏胜致病，治用咸热，佐以辛甘，用苦味泻其胜气；少阳火气偏胜致病，治用辛寒，佐以甘咸，用甘味泻其胜气；阳明燥气偏胜致病，治用酸温，佐以辛甘，用苦味泻其胜气；太阳寒气偏胜致病，治用苦热，佐以辛酸，用咸味泻其胜气。

帝曰：六气之复何如？岐伯曰：悉乎哉问也！厥阴之复，少腹坚满，里①急暴痛，偃木飞沙，倮虫不荣；厥心痛，汗发呕吐，饮食不入，入而复出，筋骨掉眩，清厥，甚则入脾，食痹而吐。冲阳绝，死不治。

少阴之复，燠热内作，烦躁，鼽嚏，少腹绞痛；火见燔焫，嗌燥，分注时止，气动于左，上行于右，咳，皮肤痛，暴喑，心痛，郁冒不知人，乃洒淅恶寒，振栗，谵妄，寒已而热，渴而欲饮，少气，骨痿，隔肠不便，外为浮肿，哕噫；赤气后化②，流水不冰，热气大行，介虫不复，病痱胗疮疡，痈疽痤痔，甚则入肺，咳而鼻渊。天府绝，死不治。

太阴之复，湿变乃举，体重中满，食饮不化，阴气上厥，胸中不便，饮发于中，咳喘有声；大雨时行，鳞见于陆③，头顶痛重，而掉瘛尤甚，呕而密默，唾吐清液，甚则入肾，窍写无度。太溪绝，死不治。

少阳之复，大热将至，枯燥燔焫，介虫乃耗。惊瘛咳衄，心热烦躁，便数，憎风，厥气上行，面如浮埃，目乃瞤瘛,火气内发,上为口糜,呕逆,血溢血泄,发而为疟,恶寒鼓栗,寒极反热,嗌络焦槁,渴引水浆,色变黄赤,少气脉萎,化而为水,传为胕肿,甚则入肺,咳而血泄。尺泽绝,死不治。

阳明之复,清气大举,森木苍干,毛虫乃厉。病生胠胁,气归于左,善太息,甚则心痛否满,腹胀而泄,呕苦,咳,哕,烦心,病在鬲中,头痛,甚则入肝,惊骇,筋挛。太冲绝,死不治。

太阳之复,厥气上行,水凝雨冰,羽虫乃死。心胃生寒,胸膈不利,心痛否满,头痛,善悲,时眩仆,食减,腰脽反痛,屈伸不便,地裂冰坚,阳光不治,少腹控睾,引腰脊,上冲心,唾出清水,及为哕噫,甚则入心,善忘善悲。神门绝,死不治。帝曰:善。

注释

① 里:王冰:"腹胁之内也。"
② 赤气后化:即火气之行令退迟。张介宾:"阳明先胜,少阳后复也。"
③ 鳞见于陆:王冰:"水居平泽,则鱼游于市。"即因雨水暴发,鱼类出现于陆地。

语译

黄帝道:六气报复引起人体发病等情况是怎样的?岐伯说:问得真详细啊!厥阴风气之复,则发为少腹部坚满,腹胁之内拘急暴痛,树木倒卧,尘沙飞扬,倮虫不得繁荣;发生厥心痛,多汗,呕吐,饮食不下,或食入后又吐出,筋骨抽痛,眩晕,手足逆冷,甚至风邪入脾,食入痹阻不能消化,必吐出而后已。如果冲阳脉绝,多属不治的死证。

少阴火气之复,则懊憹烦热从内部发生,烦躁,鼻塞流涕,喷嚏,少腹绞痛;火势盛而燔灼,咽喉干燥,大便时泄时止,动气生于左腹部而向上逆行于右侧,咳嗽,皮肤痛,突然失音,心痛,昏迷不省人事,继则洒淅恶寒,振栗寒战,谵语妄动,寒罢而发热,口渴欲饮水,少气,骨软萎弱,肠道梗塞而大便不通,肌肤浮肿,呃逆,嗳气;少阴火热之气后化,因此流水不会结冰,热气流行过甚,介虫不蛰伏,病多痱疹,疮疡,痈疽,痤,痔等外症,甚至热邪入肺,咳嗽,鼻渊。如果天府脉绝,多属不治的死证。

太阴湿气之复,则湿气变化而大行,于是发生身体沉重,胸腹满闷,饮食不消化,阴气上逆,胸中不爽,水饮生于内,咳喘有声;大雨时常下降,洪水淹没了田地,鱼类游行于陆地,人们病发头顶痛而重,抽痛瘛疭更加厉害,呕吐,神情默默,口吐清水,甚则湿邪入肾,泄泻频甚而不止。如果太溪脉绝,多属不治的死证。

少阳热气之复,则大热将至,干燥灼热,介虫亦死亡。病多惊恐瘛疭,咳嗽,衄血,心热烦躁,小便频数,怕风,厥逆之气上行,面色如蒙浮尘,眼睛因而眴动不宁,火气内生则上为口糜,呕逆,吐血,便血,发为疟疾,则恶寒鼓栗,寒极转热,咽喉部干槁,渴而善饮,小便变为黄赤,少气,脉萎弱,气蒸热化则为水病,传变成为浮肿,甚则邪气入肺,咳嗽,便血。如果尺泽脉绝,多属不治的死证。

阳明燥气之复,则清肃之气大行,树木苍老干枯,兽类因之多发生疫病。人们的疾病生于胠胁,燥气偏于左侧,善于叹息,甚则心痛痞满,腹胀而泄泻,呕吐苦水,咳嗽,呃逆,烦心,病在膈中,头痛,甚则邪气入肝,惊骇,筋挛。如果太冲脉绝,多属不治的死证。

太阳寒气之复,则寒气上行,水结成雨与冰雹,禽类因此死亡。人们的病是心胃生寒气,胸膈不宽,心痛痞满,头痛,容易伤悲,时常眩仆,纳食减少,腰臀部疼痛,屈伸不便,地裂坼,冰厚而坚,阳光不温暖,少腹痛牵引睾丸并连腰脊,逆气上冲于心,以致唾出清水或呃逆嗳气，甚则邪气入心，善忘善悲。如果神门脉绝，多属不治的死证。黄帝道：对。

治之奈何？岐伯曰：厥阴之复，治以酸寒，佐以甘辛，以酸写之，以甘缓之；少阴之复，治以咸寒，佐以苦辛，以甘写之，以酸收之，辛苦发之，以咸耎之；太阴之复，治以苦热，佐以酸辛，以苦写之、燥之、泄之；少阳之复，治以咸冷，佐以苦辛，以咸耎之，以酸收之，辛苦发之，发不远热①，无犯温凉，少阴同法；阳明之复，治以辛温，佐以苦甘，以苦泄之，以苦下之，以酸补之；太阳之复，治以咸热，佐以甘辛，以苦坚之。

治诸胜复，寒者热之，热者寒之，温者清之，清者温之，散者收之，抑者散之，燥者润之，急者缓之，坚者耎之，脆者坚之，衰者补之，强者写之。各安其气，必清必静，则病气衰去，归其所宗②。此治之大体也。帝曰：善。

注释

① 发不远热：即"发表不远热"的意思。
② 归其所宗：王冰："宗，属也。调不失理，则余之气自归其所属，少之气自安其所居。"

语译

怎样治疗呢？岐伯说：厥阴复气所致的病，治用酸寒，佐以甘辛，以酸泻其邪，以甘缓其急；少阴复气所致的病，治用咸寒，佐以苦辛，以甘泻其邪，以酸味收敛，辛苦发散，以咸软坚；太阴复气所致的病，治用苦热，佐以酸辛，以苦泻其邪、燥其湿、渗其湿；少阳复气所致的病，治用咸冷，佐以苦辛，以咸味软坚，以酸味收敛，以辛苦发汗,发汗之药不必避忌热天,但不要触犯温凉的药物,少阴复气所致的病,用发汗药时与此法相同;阳明复气所致的病,治用辛温,佐以苦甘,以苦味渗泄,以苦味通下,以酸味补虚;太阳复气所致的病,治用咸热,佐以甘辛,以苦味坚其脆弱。

凡治各种胜气复气所致之病,寒的用热,热的用寒,温的用清,清的用温,气散的用收敛,气抑的用发散,燥的使用润泽,急的使用缓和,坚硬的使用柔软,脆弱的使用坚固,衰弱的补,亢盛的泻。用各种方法安定正气,使其清静安宁,于是病气衰退,各归其类属,自然无偏胜之害。这是治疗上的基本方法。黄帝道:对。

气之上下,何谓也?岐伯曰:身半以上,其气三①矣,天之分也,天气主之;身半以下,其气三①矣,地之分也,地气主之。以名命气,以气命处,而言其病。半,所谓天枢也②。故上胜而下俱病者,以地名之③;下胜而上俱病者,以天名之④。所谓胜至,报气屈伏而未发也;复至,则不以天地异名,皆如复气为法也。

注释

① 其气三:王冰:"司天者,其气三,司地者,其气三。"按身半以上之"其气三",指初之气至三之气,为司天所主;身半以下之"其气三",指四之气至终之气,为在泉所主。

② 半,所谓天枢也:王冰:"当伸臂指天,舒足指地,以绳量之,中正当脐也。故又曰半,所谓天枢也。天枢,正当脐两傍,同身寸之二寸也。"

③ 以地名之:张志聪:"如身半以上之木火气胜,而身半以下之土金水三气俱病者,以地名之,谓病之在地也。"即以地气之名来命名人身受病之脏气。

④ 以天名之:张志聪:"如身半以下之土金水胜,而身半以上之木火气病者,以天名之,谓病之在天也。"即以天气之名来命名人身受病之脏气。

语译

气有上下之分，是什么意思？岐伯说：身半以上，其气有三，是人身应天的部分，所以是司天之气所主持的；身半以下，其气亦有三，是人身应地的部分，所以是在泉之气所主持的。用上下来指明它的胜气和复气，用气来指明人身部位而说明疾病。"半"就是指天枢。所以上部的三气胜而下部的三气都病的，以地气之名来命名人身受病的脏气；下部的三气胜而上部的三气都病的，以天气之名来命名人身受病的脏气。以上所说，是指胜气已经到来，而复气尚屈伏未发者而言；若复气已经到来，则不能以司天在泉之名以区别之，当以复气的情况为准则。

帝曰：胜复之动，时有常乎？气有必乎？岐伯曰：时有常位，而气无必也①。

帝曰：愿闻其道也。岐伯曰：初气终三气，天气主之，胜之常也；四气尽终气，地气主之，复之常也。有胜则复，无胜则否。帝曰：善。

复已而胜何如？岐伯曰：胜至则复，无常数也，衰乃止耳。复已而胜，不复则害，此伤生也。

注释

① 时有常位，而气无必也：张志聪："木火土金水，四时有定位，而胜复之气，不随所主之本位而发，故气不可必也。"

语译

黄帝道：胜复之气的运动，有一定的时候吗？到时候是否一定有胜复之气呢？岐伯说：四时有一定的常位，而胜复之气的有无,却不是必然的。

黄帝道:请问是何道理? 岐伯说:初之气至三之气,是司天之气所主,是胜气常见的时位;四之气到终之气,是在泉气之所主,是复气常见的时位。有胜气才有复气,没有胜气就没有复气。黄帝道:对。

复气已退而又有胜气发生,是怎样的? 岐伯说:有胜气就会有复气,没有一定的次数限制,气衰减才会停止。因之复气之后又有胜气发生,而胜气之后没有相应的复气发生,就会有灾害,这是由于生机被伤的缘故。

帝曰:复而反病何也? 岐伯曰:居非其位,不相得也[1]。大复其胜,则主胜之,故反病也。所谓火燥热也[2]。

帝曰:治之何如? 岐伯曰:夫气之胜也,微者随之,甚者制之;气之复也,和者平之,暴者夺之。皆随胜气,安其屈伏,无问其数,以平为期。此其道也。帝曰:善。

注释

[1] 居非其位,不相得也:张志聪:"如火气复而乘于金位,金气复而乘于火位,皆居非其位,不相得也。"

[2] 火燥热也:马莳:"如少阴为君火,阳明为燥金,少阳为暑热。今少阴少阳在泉,则火居水位;阳明司天,则金居火位。故水复其胜,则水主胜之;金复其胜,则火主胜之。此正居非其位,气不相得,而大复其胜,则主反胜之之谓。惟火燥热之三气乃尔也。"

语译

黄帝道:复气反而致病,又是什么道理呢? 岐伯说:复气所至之时,不是它时令的正位,与主时之气不相融洽。所以大复其胜,而反被主时之气所胜,因此反而致病。这是指火、燥、热三气来说的。

黄帝道：治疗之法怎样？岐伯说：六气之胜所致的，轻微的随顺它，严重的制止它；复气所致的，和缓的平调它，暴烈的削弱它。都宜随着胜气来治疗其被抑伏之气，不论其次数多少，总以达到和平为目的。这是治疗的一般规律。黄帝道：对。

客主之胜复奈何？岐伯曰：客主之气，胜而无复也。帝曰：其逆从何如？岐伯曰：主胜逆，客胜从，天之道也。

帝曰：其生病何如？岐伯曰：厥阴司天，客胜则耳鸣掉眩，甚则咳；主胜则胸胁痛，舌难以言。

少阴司天，客胜则鼽嚏，颈项强，肩背瞀热，头痛少气，发热，耳聋目瞑，甚则胕肿，血溢，疮疡，咳喘；主胜则心热烦躁，甚则胁痛支满。

太阴司天，客胜则首面胕肿，呼吸气喘；主胜则胸腹满，食已而瞀。

少阳司天，客胜则丹胗外发，及为丹熛①疮疡，呕逆，喉痹，头痛，嗌肿，耳聋，血溢，内为瘛疭，主胜则胸满，咳仰息，甚而有血，手热。

阳明司天，清复内余②，则咳衄，嗌塞，心鬲中热，咳不止，而白血③出者死。

太阳司天，客胜则胸中不利，出清涕，感寒则咳；主胜则喉嗌中鸣。

厥阴在泉，客胜则大关节不利，内为痉强拘瘛，外为不便；主胜则筋骨繇并④，腰腹时痛。

少阴在泉，客胜则腰痛，尻股膝髀腨骭足病，瞀热以酸，胕肿不能久立，溲便变；主胜则厥气上行，心痛发热，鬲中众痹皆作，发于胠胁，魄汗不藏，四逆而起。

太阴在泉，客胜则足痿下重，便溲不时，湿客下焦，发而濡写，及为肿、隐曲之疾；主胜则寒气逆满，食饮不下，甚则为疝。

少阳在泉，客胜则腰腹痛而反恶寒，甚则下白、溺白⑤；主胜则热反上行而客于心，心痛，发热，格中而呕。少阴同候。

阳明在泉，客胜则清气动下，少腹坚满而数便写；主胜则腰重，腹痛，少腹生寒，下为鹜溏，则寒厥于肠，上冲胸中，甚则喘，不能久立。

太阳在泉，寒复内余⑥，则腰尻痛，屈伸不利，股胫足膝中痛。帝曰：善。

注释

① 丹熛（biāo 标）：病名，即丹毒之类。张志聪："即赤游发于外，而欲游于内者也。"

② 清复内余：因阳明司天为金（客气）居火位（主气），无客胜之名，而清（金）气仍复内余。张志聪："清肃之客气入于内，而复有余于内也。"

③ 白血：王冰："谓咳出浅红色血，似肉似肺者。"马莳："夫营气者，阴气也。阴气既衰，不能化血，而仅有白血。"

④ 繇（yáo 摇）并：形容筋骨振摇强直。《灵枢·根结》："骨繇者，节缓而不收也。"张介宾："并，挛束不开也。"繇，通"摇"。

⑤ 下白、溺白：马莳："大便下白，而溺亦下白。"

⑥ 寒复内余：张介宾："丑未年太阳在泉，以寒水之客，而加于金水之主。水居水位故不言客主之胜。"因为水居水位，无主客之胜的分别，故不说主胜，客胜，而统以"寒复内余"概之。

语译

客气与主气的胜复是怎样的？岐伯说：客气与主气二者之

间,只有胜没有复。黄帝道:其逆与顺怎样区别? 岐伯说:主气胜是逆,客气胜是顺,这是自然规律。

黄帝道:客气与主气相胜所致之病是怎样的? 岐伯说:厥阴司天,客气胜则病耳鸣,振掉,眩晕,甚至咳嗽;主气胜则病胸胁疼痛,舌强难以说话。

少阴司天,客气胜则病鼻塞流涕,喷嚏,颈项强硬,肩背部闷热,头痛,神疲无力,发热,耳聋,视物不清,甚至浮肿,出血,疮疡,咳嗽气喘;主气胜则心热烦躁,甚则胁痛,支撑胀满。

太阴司天,客气胜则病头面浮肿,呼吸气喘;主气胜则病胸腹满,食后胸腹闷乱。

少阳司天,客气胜则病赤疹发于皮肤,以及赤游丹毒,疮疡,呕吐气逆,喉痹,头痛,咽喉肿,耳聋,血溢,内症为瘕疵;主气胜则病胸满,咳嗽仰息,甚至咳而有血,两手发热。

阳明司天,清气复胜而有余于内,则病咳嗽,衄血,咽喉窒塞,心鬲中热,咳嗽不止,出现吐白血就会死亡。

太阳司天,客气胜则病胸闷不畅,流清涕,感寒就咳嗽;主气胜则病咽喉中鸣响。

厥阴在泉,客气胜则病大关节不利,内为痉强拘挛瘕疵,外为运动不便;主气胜则病筋骨振摇强直,腰腹时时疼痛。

少阴在泉,客气胜则病腰痛,尻、股、膝、髀、腨、䯒、足等部位病瞀热而酸,浮肿不能久立,二便失常;主气胜则病逆气上冲,心痛发热,膈内及诸痹都发作,病发于胠胁,汗多不收,四肢厥冷因之而起。

太阴在泉,客气胜则病足痿,下肢沉重,大小便不时而下,湿客下焦,则发为濡泻以及浮肿、前阴病变;主气胜则寒气上逆而痞满,饮食不下,甚至发为疝痛。

少阳在泉,客气胜则病腰腹痛而反恶寒,甚至下痢白沫、小便清白；主气胜则热反上行而侵犯到心胸，心痛，发热，中焦格拒而呕吐。其他各种症状与少阴在泉所致者相同。

阳明在泉，客气胜则清凉之气动于下部，少腹坚满而频频腹泻；主气胜则病腰重，腹痛，少腹生寒，大便溏泄，寒气逆于肠，上冲胸中，甚则气喘不能久立。

太阳在泉，寒气复胜而有余于内，则腰、尻疼痛，屈伸不利，股、胫、足、膝中疼痛。黄帝道：对。

治之奈何？岐伯曰：高①者抑之，下者举之，有余折之，不足补之，佐以所利，和以所宜，必安其主客，适其寒温，同者逆之，异者从之②。

帝曰：治寒以热，治热以寒，气相得者逆之，不相得者从之，余以知之矣。其于正味③何如？岐伯曰：木位之主④，其写以酸，其补以辛；火位之主，其写以甘，其补以咸；土位之主，其写以苦，其补以甘；金位之主，其写以辛，其补以酸；水位之主，其写以咸，其补以苦。厥阴之客，以辛补之，以酸写之，以甘缓之；少阴之客，以咸补之，以甘写之，以酸⑤收之；太阴之客，以甘补之，以苦写之，以甘缓之；少阳之客，以咸补之，以甘写之，以咸耎之；阳明之客，以酸补之，以辛写之，以苦泄之；太阳之客，以苦补之，以咸写之，以苦坚之，以辛润之。开发腠理，致津液通气也。帝曰：善。

注释

① 高：指气上逆而言。张志聪："谓主气之逆于上也。"

② 同者逆之，异者从之：张介宾："客主同气者，可逆而治之；客主异气者，或从于客，或从于主也。"

③ 正味：张介宾："五行气化，补泻之味，各有专主，故曰正味。此不特

客主之气为然,凡治诸胜复者皆同。"

④ 木位之主:王冰:"木位,春分前六十一日,初之气也。"主,是主气。木位,即初之气厥阴风木之位。木位之主,就是初之气厥阴风木主气之时。

⑤ 酸:原作"咸",据《吴注素问》、《类经》改。

语译

治法应该怎样?岐伯说:上冲的抑之使下降,陷下的举之使上升,有余的折其势,不足的补其虚,以有利于正气的辅助,以适宜的药食来调和,必须使主客之气安泰,根据其寒温,客主之气相同的用逆治法,相反的用从治法。

黄帝道:治寒用热,治热用寒,主客之气相同的用逆治,相反的用从治,我已经知道了。应该用哪些适宜的味呢?岐伯说:厥阴风木主气之时,其泻用酸,其补用辛;少阴君火与少阳相火主气之时,其泻用甘,其补用咸;太阴湿土主气之时,其泻用苦,其补用甘;阳明燥金主气之时,其泻用辛,其补用酸;太阳寒水主气之时,其泻用咸,其补用苦。厥阴客气为病,补用辛,泻用酸,缓用甘;少阴客气为病,补用咸,泻用甘,收用酸;太阴客气为病,补用甘,泻用苦,缓用甘;少阳客气为病,补用咸,泻用甘,软坚用咸;阳明客气为病,补用酸,泻用辛,泄用苦;太阳客气为病,补用苦,泻用咸,坚用苦,润用辛。开发腠理,使津液和利阳气通畅。黄帝道:对。

愿闻阴阳之三也,何谓?岐伯曰:气有多少,异用也。

帝曰:阳明何谓也?岐伯曰:两阳合明①也。帝曰:厥阴何也?岐伯曰:两阴交尽②也。

帝曰:气有多少,病有盛衰,治有缓急,方有大小,愿闻其约奈何?岐伯曰:气有高下,病有远近,证有中外,治有轻重,适其至所为故也。

《大要》曰:君一臣二,奇之制也;君二臣四,偶之制也;君二臣三,奇之制也;君二臣六,偶之制也。故曰:近者奇之,远者偶之;汗者不以奇,下者不以偶③;补上治上制以缓,补下治下制以急。急则气味厚,缓则气味薄。适其至所,此之谓也。病所远而中道气味之者④,食而过之,无越其制度也。是故平气之道,近而奇偶,制小其服也;远而奇偶,制大其服也。大则数少,小则数多。多则九之;少则二之。奇之不去则偶之,是谓重方。偶之不去,则反佐以取之。所谓寒热温凉,反从其病也。帝曰:善。

注释

① 两阳合明:高世栻:"有少阳之阳、太阳之阳,两阳相合而明,则中有阳明也。"

② 两阴交尽:高世栻:"由太而少,则终有厥阴。有太阴之阴、少阴之阴,两阴交尽,故曰厥阴。"

③ 汗者不以奇,下者不以偶:《吴注素问》、《类经》均作"汗者不以偶,下者不以奇。"可参。

④ 病所远而中道气味之者:之,往的意思。本句注释约之有二:一、马莳:"彼病所远,而药食气味止于中道,则累及其中,即如肾之药入心,则心反为肾药所凌也,当食之而过此中道,无越制度,自然能至远所矣。"二、张志聪:"病所远者,谓病之在上在下,而远于中胃者也。中道气味之者,谓气味之从中道而行于上下也。故当以药食并用而制度之。如病之在上而远于中者,当先食而后药;病在下而远于中者,当先药而后食。以食之先后,而使药味之过于上下也。"两说均通。

语译

请问阴阳各分之为三,是什么意思?岐伯说:因为阴阳之气各有多少,作用各有不同的缘故。

黄帝道:何以称为阳明?岐伯说:两阳相合而明,故称阳明。

黄帝道：何以称为厥阴？岐伯说：两阴交尽，故称厥阴。

黄帝道：气有多少，病有盛衰，因之治疗有缓急，方剂有大小，请问其中的一般规律怎样？岐伯说：病气有高下之别，病位有远近之分，症状有内外之异，治法有轻重的不同，总之以药气适达病所为准则。

《大要》说，君药一，臣药二，是奇方的制度；君药二，臣药四，是偶方的制度；君药二，臣药三，是奇方的制度；君药二，臣药六，是偶方的制度。所以说：病所近的用奇方，病所远的用偶方；发汗不用奇方，攻下不用偶方；补益与治疗上部的方制宜缓，补益与治疗下部病的方制宜急。急的气味浓厚，缓的气味淡薄。方制用药要恰到病处，就是指此而言。如果病所远，药之气味经中道者，当调剂药食的时间，病在上可先食而后药，病在下可先药而后食，不要违反这个制度。所以适当的治疗方法，病位近用奇方或偶方，宜制小其方药之量；病位远而用奇偶之方，宜制大其方药之量。方剂大的是药味数少而量重，方制小的是药味数多而量轻。味数多的可至九味，味数少的可用二味。用奇方而病不去，则用偶方，叫做重方；用偶方而病不去，则用相反的药味来反佐，以达治疗之目的。所谓反佐，就是佐药的性味，反而与病情的寒热温凉相同。黄帝道：对。

病生于本①，余知之矣。生于标②者，治之奈何？岐伯曰：病反其本，得标之病，治反其本，得标之方。帝曰：善。

六气之胜，何以候之？岐伯曰：乘其至也。清气大来，燥之胜也，风木受邪，肝病生焉；热气大来，火之胜也，金燥受邪，肺病生焉；寒气大来，水之胜也，火热受邪，心病生焉；湿气大来，土之胜也，寒水受邪，肾病生焉；风气大来,木之胜也,土湿受邪,脾病生焉。所谓感邪而生病也。乘年之虚③,则邪甚也;失时之和④,亦邪甚也;遇月之空⑤,亦邪甚也。重感于邪,则病危矣。有胜之气,其必来复也。

注释

① 本:张志聪:"本者,生于风热湿火燥寒六气。"
② 标:张志聪:"标者,生于三阴三阳之气也。"如太阳为诸阳之首,而本于寒水等。
③ 年之虚:张志聪:"主岁之气不及也。"
④ 失时之和:吴崑:"四时失序也。"
⑤ 月之空:王冰:"谓上弦前,下弦后,月轮中空也。"

语译

病生于风热湿火燥寒的,我已经知道了。生于三阴三阳之标的怎样治疗？岐伯说:懂得病生于本,反过来就会明白病生于标,治疗病生于本的方法,反过来就是治疗病生于标的方法。黄帝道:对。

六气的胜气,怎样候察呢？岐伯说:当胜气到来的时候进行候察。清气大来是燥气之胜,风木受邪,肝病就发生了;热气大来,是火气之胜,燥金受邪,肺病就发生了;寒气大来,是水气之胜,火热受邪,心病就发生了;湿气大来,是土气之胜,寒水受邪,肾病就发生了;风气大来,是木气之胜,土湿受邪,脾病就发生了。这些都是感受胜气之邪而生病的。如果遇到运气不足之年,则邪气更甚;如主时之气不和,也会使邪气更甚;遇月廓空的时候,其邪亦甚。重复感受邪气,其病就危重了。有了胜气,其后必然会有复气。

帝曰:其脉至何如？岐伯曰:厥阴之至,其脉弦;少阴之至,其脉钩;太阴之至,其脉沉;少阳之至,大而浮;阳明之至,短而涩;太阳之至,大而长①。至而和则平,至而甚则病,至而反者病,至而不至者病,未至而至者病,阴阳易者危②。

注释

① 太阳之至,大而长:张志聪:"问曰:太阳主冬令之水,则脉当沉。今大而长,不无与时气相反耶? 曰:所谓脉沉者,肾藏之脉也。太阳者,巨阳也,上合司天之气,下合在泉之水,故其大而长者,有上下相通之象。"

② 阴阳易者危:王冰:"不应天常,气见交错,失其恒位,更易见之。阴位见阳脉,阳位见阴脉,是易位而见也,二气之乱,故气危。"

语译

黄帝道:六气到来时的脉象是怎样的? 岐伯说:厥阴之气到来,其脉为弦;少阴之气到来,其脉为钩;太阴之气到来,其脉为沉;少阳之气到来,其脉为大而浮;阳明之气到来,其脉为短而涩;太阳之气到来,其脉为大而长。气至而脉和缓的是平人,气至而脉应过甚的是病态,气至而脉相反的是病态,气至而脉不至的是病态,气未至而脉已至的是病态,阴阳交错更易的其病危重。

帝曰:六气标本,所从不同,奈何? 岐伯曰:气有从本者,有从标本者,有不从标本者也。

帝曰:愿卒闻之。岐伯曰:少阳、太阴从本①,少阴、太阳从本从标②,阳明、厥阴不从标本,从乎中也③。故从本者,化生于本;从标本者,有标本之化;从中者,以中气为化也。

帝曰:脉从而病反者,其诊何如? 岐伯曰:脉至而从,按之不鼓,诸阳皆然。帝曰:诸阴之反,其脉何如? 岐伯曰：脉至而从，按之鼓甚而盛也。

是故百病之起，有生于本者，有生于标者，有生于中气者；有取本而得者，有取标而得者，有取中气而得者，有取标本而得者，有逆取而得者，有从取而得者。逆，正顺也；若顺，逆也。

故曰：知标与本，用之不殆，明知逆顺，正行无问。此之谓也。不知是者，不足以言诊，足以乱经。故《大要》曰：粗工嘻嘻，以为可知，言热未已，寒病复始。同气异形，迷诊乱经。此之谓也。

夫标本之道，要而博，小而大，可以言一而知百病之害。言标与本，易而勿损，察本与标，气可令调，明知胜复，为万民式。天之道毕矣。

注释

① 少阳、太阴从本：王冰："少阳之本火，太阴之本湿，本末同，故从本也。"

② 少阴、太阳从本从标：王冰："少阴之本热，其标阴；太阳之本寒，其标阳。本末异，故从本从标。"

③ 阳明、厥阴不从标本，从乎中也：王冰："阳明之中太阴，厥阴之中少阳，本末与中不同，故不从标本，从乎中也。"

语译

黄帝道：六气各有标本，变化所从不同，是怎样的？岐伯说：六气有从本化的，有从标本的，有不从标本的。

黄帝道：希望听你详细地讲讲。岐伯说：少阳、太阴从本化，少阴、太阳既从本又从标，阳明、厥阴不从标本而从其中气。所以从本的化生于本；从标本的或化生于本，或化生于标；从中气的化生于中气。

黄帝道：脉与病似相同而实相反的,怎样诊察呢？岐伯说：脉至与症相从,但按之不鼓击于指下,诸似阳证的,都是这样。黄帝道：凡是阴证而相反的,其脉象怎样？岐伯说：脉至与证相从,但按之却鼓指而强盛有力。

所以各种疾病开始发生,有生于本的,有生于标的,有生于中气的；治疗时有治其本而得愈的,有治其标而得愈的,有治其中气而得愈的,有治其标本而得愈的,有逆治而得愈的,有从治而得愈的。所谓逆其病气而治,其实是顺治；所谓顺其病气而治,其实是逆治。

所以说：知道了标与本的理论,用之于临床就不会有困难；明白了逆与顺的治法,就可正确的进行处理而不至产生疑问。就是这个意思。不知道这些理论,就不足以谈论诊断,却足以扰乱经旨。故《大要》说：技术粗浅的医生,沾沾自喜,以为什么病都能知道了,结果他认为是热证的,言语未了,而寒病又开始显露出来了。他不了解同是一气所生的病变而有不同的形证,诊断迷惑,经旨错乱。就是这个道理。

标本的理论,扼要而广博,从小可及大,举一个例子可以了解许多病的变化。所以懂得了标与本,就易于掌握而不致有所损害,察知属本与属标,就可使病气调和,明确胜复之气,就可以为群众的榜样。天道的学问,就算得彻底了。

帝曰：胜复之变,早晏何如？岐伯曰：夫所胜者,胜至已病,病已愠愠①,而复已萌也。夫所复者,胜尽而起,得位而甚。胜有微甚,复有少多,胜和而和,胜虚而虚,天之常也。

帝曰：胜复之作,动不当位②,或后时而至,其故何也？岐伯曰：夫气之生,与其化,衰盛异也。寒暑温凉盛衰之用，其在四维③。故阳之动，始于温，盛于暑；阴之动，始于清，盛于寒。春夏秋冬，各差其分。故《大要》曰：彼春之暖，为夏之暑，彼秋之忿，为冬之怒。谨按四维，斥候④皆归，其终可见，其始可知。此之谓也。

帝曰：差有数乎？岐伯曰：又凡三十度也。帝曰：其脉应皆何如？岐伯曰：差同正法，待时而去也。《脉要》曰：春不沉，夏不弦，冬不涩，秋不数，是谓四塞。沉甚曰病，弦甚曰病，涩甚曰病，数甚曰病，参见曰病，复见曰病，未去而去曰病，去而不去曰病，反者死。故曰：气之相守司也，如权衡之不得相失也。夫阴阳之气，清静则生化治，动则苛疾起。此之谓也。

注释

① 愠愠（yùn 运）：通"蕴"，积聚、藏蓄。
② 位：指时位。
③ 四维：张介宾："辰、戌、丑、未之月也。"即指春之温在三、四月，夏之暑在五、六月，秋之凉在九、十月，冬之寒在十二月与正月。
④ 斥候：侦察、伺望的意思。

语译

黄帝道：胜气复气的变化，时间的早晚怎样？岐伯说：大凡所胜之气，胜气到来就发病，待病气积聚之时，而复气就开始萌动了。复气，是胜气终了的时候开始的，得其气之时位则加剧。胜气有轻重，复气也有多少，胜气和缓，复气也和缓，胜气虚，复气也虚，这是自然变化的常规。

黄帝道：胜复之气的发作，萌动之时不当其时位，或后于时位而出现，是什么缘故？岐伯说：因为气的发生和变化，盛和衰有所不同。寒暑温凉盛衰的作用,表现在辰戌丑未四季月之时。故阳气的发动,始于温而盛于暑;阴气的发动,始于凉而盛于寒。春夏秋冬四季之间,有一定的时差。故《大要》说:因春天的温暖,成为夏天的暑热,因秋天的肃杀,成为冬天的凛冽。谨慎体察四季月的变化,伺望气候的回归,如此可以见到气的结束,也可以知道气的开始。就是这个意思。

黄帝道:四时之气的差分有常数否? 岐伯说:大多是三十天。黄帝道:其在脉象上的反应是怎样的? 岐伯说:时差与正常时相同,待其时过而脉亦去。《脉要》说:春脉无沉象,夏脉无弦象,冬脉无涩象,秋脉无数象,是四时生气闭塞。沉而太过的是病脉,弦而太过的是病脉,涩而太过的是病脉,数而太过的是病脉,参差而见的是病脉,去而复见的是病脉,气未去而脉先去的是病脉。气去而脉不去的是病脉,脉与气相反的是死脉。所以说:气与脉之相守,像权衡之器一样不可有所差失。大凡阴阳之气,清静则生化就正常,扰动则导致疾病发生。就是这个道理。

帝曰:幽明何如? 岐伯曰:两阴①交尽,故曰幽;两阳②合明,故曰明。幽明之配,寒暑之异也。

帝曰:分至③何如? 岐伯曰:气至之谓至,气分之谓分;至则气同,分则气异④。所谓天地之正纪也。

帝曰:夫子言春秋气始于前,冬夏气始于后,余已知之矣。然六气往复,主岁不常也,其补写奈何? 岐伯曰:上下所主⑤,随其攸利⑥,正其味,则其要也。左右同法。《大要》曰:少阳之主,先甘后咸;阳明之主,先辛后酸;太阳之主,先咸后苦;厥阴之主,先酸后辛;少阴之主,先甘后咸;太阴之主,先苦后甘。佐以所利,资以所生,是谓得气。帝曰:善。

注释

① 两阴：指太阴与少阴。
② 两阳：指太阳与少阳。
③ 分至：张介宾："分，言春、秋二分。至，言冬、夏二至。"即春分与秋分，夏至与冬至。
④ 至则气同，分则气异：夏至当三气之中，冬至当终气之中，所以说："至则气同"；秋分位于四气与五气之间，春分位于初气与二气之间，所以说："分则气异"。
⑤ 上下所主：张介宾："司天在泉，上下各有所主。"即指司天、在泉之气所主之时。
⑥ 攸利：攸，所。攸利，所宜的意思。

语译

黄帝道：幽和明是什么意思？岐伯说：太阴、少阴两阴交尽，叫做幽；太阳、少阳两阳合明，叫做明。幽和明配合阴阳，就有寒暑的不同。

黄帝道：分和至是什么意思？岐伯说：气来叫做至，气分叫做分；气至之时其气同，气分之时其气就异。所以春分秋分二分和夏至冬至二至，是天地正常气化纪时的纲领。

黄帝道：先生所说的春秋之气开始在前，冬夏之气开始于后，我已知道了。然而六气往复运动，主岁之时又非固定不变，其补泻方法是怎样的？岐伯说：根据司天、在泉之气所主之时，随其所宜，正确选用药味，是治疗上的主要关键。左右间气的治法与此相同。《大要》说：少阳主岁，先甘后咸；阳明主岁，先辛后酸；太阳主岁，先咸后苦；厥阴主岁，先酸后辛；少阴主岁，先甘后咸；太阴主岁，先苦后甘。佐以所宜的药物，助其生化之源泉，就掌握了治疗六气致病的规律。黄帝道：讲得对！

夫百病之生也，皆生于风寒暑湿燥火，以之化之变①

也。经言盛者写之,虚者补之,余锡以方士,而方士用之,尚未能十全。余欲令要道必行,桴②鼓相应,犹拔刺雪汙③,工巧神圣④,可得闻乎?岐伯曰:审察病机,无失气宜。此之谓也。

帝曰:愿闻病机何如?岐伯曰:诸风掉眩,皆属于肝。诸寒收引⑤,皆属于肾。诸气膹郁⑥,皆属于肺。诸湿肿满,皆属于脾。诸热瞀瘛⑦,皆属于火。诸痛痒疮,皆属于心。诸厥固泄,皆属于下。诸痿喘呕,皆属于上。诸禁鼓栗,如丧神守,皆属于火。诸痉项强,皆属于湿。诸逆冲上,皆属于火。诸胀腹大,皆属于热。诸躁狂越,皆属于火。诸暴强直,皆属于风。诸病有声,鼓之如鼓,皆属于热。诸病胕肿,疼酸惊骇,皆属于火。诸转反戾,水液浑浊,皆属于热。诸病水液,澄澈清冷,皆属于寒。诸呕吐酸,暴注下迫,皆属于热。故《大要》曰:谨守病机,各司其属,有者求之,无者求之,盛者责之,虚者责之。必先五胜,疏其血气,令其调达,而致和平。此之谓也。帝曰:善。

注释

① 之化之变:王冰:"静而顺者为化,动而变者为变,故曰之化之变也。"

② 桴(fú扶):鼓槌。

③ 雪汙:汙,"污"的异体字。雪污,洗除污点。

④ 工巧神圣:《难经·六十一难》:"望而知之谓之神,闻而知之谓之圣,问而知之谓之工,切而知之谓之巧。"此处当作"诊断的方法与技术"解。

⑤ 收引:王冰:"收,谓敛也。引,谓急也。"即拘急挛缩。

⑥ 膹郁:张介宾:"膹,喘急也。郁,痞闷也。"

⑦ 瞀瘛：张介宾："瞀，昏闷也。瘛，抽掣也。"

语译

许多疾病的发生，都由于风寒暑湿燥火六气的变化。医经上说：实证用泻法治疗，虚证用补法治疗，我把它告诉了医工，但是医工们运用了它，还不能收到十全的效果。我要这些重要的理论得到普遍运用，并且能够收到桴鼓相应的效果，如拔刺、雪污一样，对于望闻问切的诊察方法和技术，可以告诉我吗？岐伯说：审察疾病发生和发展变化的机理，切勿失却气宜。就是这个意思。

黄帝道：请问疾病发生和发展变化的机理是怎样的？岐伯说：凡是风病，振摇眩晕，都属于肝。凡是寒病，收引拘急，都属于肾。凡是气病，喘急胸闷，都属于肺。凡是湿病，浮肿胀满，都属于脾。凡是热病，神志昏乱，肢体抽搐，都属于火。凡是疼痛瘙痒的疮疡，都属于心。凡是厥逆，二便不通或失禁，都属于下焦。凡是痿证，喘逆呕吐，都属于上焦。凡是口噤不开，鼓颔战抖，神志不安，都属于火。凡是痓病，颈项强急，都属于湿。凡是气逆上冲，都属于火。凡是胀满腹大，都属于热。凡是躁动不安，发狂越常，都属于火。凡是突然发生的强直，都属于风。凡是因病有声，叩之如鼓，都属于热。凡是浮肿，疼痛酸楚，惊骇不宁，都属于火。凡是转筋反折，排出的水液浑浊，都属于热。凡是排泄的水液澄明清冷，都属于寒。凡是呕吐酸水，急剧的下利，都属于热。所以《大要》说：谨慎地掌握病机，分别观察其所属关系，有邪、无邪均必须加以推求，实证、虚证都要详细研究，首先分析五气中何气所胜，然后疏通其血气，使之调达舒畅，而归于和平。就是这个意思。黄帝道：讲得对。

按语

本节病机十九条，是从复杂的病因、症状中加以分析归纳，由博返约地提出一种随症求因和分析病位与病理的方法。但这仅是举例而已,不能概括一切病证。刘完素曾依据它演成《素问玄机原病式》一卷。由此可知,只要触类旁通,不仅在分析病因病理上起着重要作用,而且在指导诊断和治疗上,也具有实用价值。

五味阴阳之用何如?岐伯曰:辛甘发散为阳,酸苦涌泄①为阴,咸味涌泄为阴,淡味渗泄②为阳。六者或收,或散,或缓,或急,或燥,或润,或耎,或坚,以所利而行之,调其气,使其平也。

注释

① 涌泄:张介宾:"涌,吐也。泄,泻也。"
② 渗泄:张介宾:"利小便及通窍也。"

语译

药物五味有阴阳之分,它们的作用怎样?岐伯说:辛甘发散的属阳,酸苦涌泄的属阴,咸味涌泄的属阴,淡味渗泄的属阳。辛甘酸苦咸淡六者,或收敛,或发散,或缓和,或急暴,或燥湿,或润泽,或柔软,或坚实,根据病情之所宜运用,以调理气机,使阴阳归于平衡。

帝曰:非调气而得者①,治之奈何?有毒无毒,何先何后?愿闻其道。岐伯曰:有毒无毒,所治为主,适大小为制也。

帝曰:请言其制。岐伯曰:君一臣二,制之小也;君一臣三佐五,制之中也;君一臣三佐九,制之大也。寒者热之,热者寒之,微者逆之,甚者从之,坚者削之,客者除之,劳者温之,结者散之,留者攻之,燥者濡之,急者缓之,散者收之,损者温之,逸者行之,惊者平之,上之下之,摩之浴之,薄之劫之,开之发之,适事为故。

帝曰:何谓逆从?岐伯曰:逆者正治,从者反治。从少从多,观其事也。

帝曰:反治何谓?岐伯曰:热因寒用,寒因热用②,塞因塞用,通因通用③。必伏其所主,而先其所因④。其始则同,其终则异。可使破积,可使溃坚,可使气和,可使必已。帝曰:善。

气调而得者,何如?岐伯曰:逆之,从之,逆而从之,从而逆之,疏气令调,则其道也。帝曰:善。

病之中外何如?岐伯曰:从内之外者,调其内;从外之内者,治其外;从内之外而盛于外者,先调其内而后治其外;从外之内而盛于内者,先治其外而后调其内;中外不相及,则治主病。帝曰:善。

注释

① 非调气而得者:张介宾:"谓病有不因于气而得者也。"

② 热因寒用,寒因热用:马莳:"热以治寒而佐以寒药,乃热因寒用也。寒以治热而佐以热药,乃寒因热用也。"一说据下文"塞因塞用,通因通用"例,当作"热因热用,寒因寒用",可参。

③ 塞因塞用,通因通用:塞因塞用,指用补益法治疗虚性闭塞不通现象的病证。通因通用,指用通利法治疗实性通泄现象的病证。

④ 必伏其所主,而先其所因:张介宾:"必伏其所主者,制病之本也。先其所因者,求病之由也。"即要制伏疾病之根本,必先探求发病的原因。

语译

黄帝道:有的病不是用调气之法所能治愈的,应该怎样治疗?

有毒无毒之药,哪种先用,哪种后用?我想知道它的方法。岐伯说:有毒无毒药物的使用,以适应所治病证的需要为原则,根据病情的轻重制定方剂的大小。

黄帝道:请你讲讲方剂的制度。岐伯说:君药一,臣药二,是小方的组成法;君药一,臣药三,佐药五,是中等方的组成法;君药一,臣药三,佐药九,是大方的组成法。寒病用热药治疗,热病用寒药治疗,病轻的逆其病气而治,病重的从其病气而治,坚实的削弱它,有客邪的驱除它,因劳所致的温养它,郁结的疏散它,滞留的攻逐它,干燥的滋润它,拘急的缓和它,耗散的收敛它,虚损的温补它,安逸的通行它,惊悸的平静它,在上者使之上越,在下者使之下夺,或用按摩,或用汤浴,或迫使其外出,或劫截其发作,或用开导,或用发泄,以适合病情为度。

黄帝道:什么叫逆从?岐伯说:逆就是正治法,从就是反治法。反治药的多少,要根据病情而定。

黄帝道:反治是怎样的?岐伯说:就是热因寒用,寒因热用,塞因塞用,通因通用。要制伏疾病的本质,必先探求发病的原因。反治法开始时药性与病性似乎相同,但最终其药性与病性是相反的。可以用来破除积滞,消散坚块,调畅气机,使疾病痊愈。黄帝道:对。

调畅气机而病得痊愈的是怎样的呢?岐伯说:或用逆治,或用从治,或先逆后从,或先从后逆,疏通气机,使其调达,这就是调气的治法。黄帝道:对。

病有内脏与体表相互影响的,如何治疗?岐伯说:从内脏影响到体表的,先治其内脏病;从体表影响到内脏的,先治其体表病;从内脏影响到体表而偏重于体表的,先治其内脏病,后治其体表病;从体表影响到内脏而偏重于内脏的,先治其体表病,后治其内脏病;内脏与体表没有相互影响的,就治其发病部位所主之病。

黄帝道：对。

按语

本节提示了正治与反治的治疗法则，并介绍了多种治疗方法及大方、小方的组成等，这是值得深入学习和进一步研究的。

火热，复恶寒发热，有如疟状，或一日发，或间数日发，其故何也？岐伯曰：胜复之气会遇之时，有多少也。阴气多而阳气少，则其发日远；阳气多而阴气少，则其发日近。此胜复相薄，盛衰之节。疟亦同法。

语译

火热之病，反复恶寒发热，有如疟疾之状，或一天一发，或间隔数天一发，这是什么缘故？岐伯说：因为胜复之气相遇的时候，阴阳之气有多少的关系。阴气多而阳气少，则发作的间隔时日就长；阳气多而阴气少，则发作的间隔时日就短。这是胜气与复气的相互搏斗，也是寒热盛衰的关键。疟疾的原理也是这样。

帝曰：论言治寒以热，治热以寒，而方士不能废绳墨而更其道也。有病热者，寒之而热；有病寒者，热之而寒。二者①皆在，新病复起，奈何治？岐伯曰：诸寒之而热者取之阴，热之而寒者取之阳，所谓求其属②也。帝曰：善。

服寒而反热，服热而反寒，其故何也？岐伯曰：治其王气③，是以反也。

帝曰：不治王而然者，何也？岐伯曰：悉乎哉问也！不治五味属也。夫五味入胃，各归所喜。故酸先入肝，苦先入心，甘先入脾，辛先入肺，咸先入肾。久而增气，物化之常也；气增而久，夭之由也。帝曰：善。

注释

① 二者：指寒与热的病证。

② 求其属：马莳："人有五藏，肾经属水为阴，今寒之而仍热者，当取阴经，所谓壮水之主，以制阳光者是也。心经属火为阳，今热之而仍寒者，当取之阳经，所谓益火之源，以消阴翳者是也。此皆求之以本经之所属也。"张介宾："属，根本之谓。"

③ 王（wàng 旺）气：王，通"旺"。王气就是亢盛之气。

语译

黄帝道：医论上说，治寒证当用热药，治热证当用寒药，医工是不能违背这些准则而改变其规律的。但是有些热病，服寒药后而更热；有些寒病，服热药后而更寒。不但原有的寒与热证仍旧存在，而且更有新病增加，这应该怎样治疗呢？岐伯说：凡是用寒药而反热的，应该滋其阴，用热药而反寒的，应该补其阳，这就是探求其根本而治的方法。黄帝说：对。

服寒药而反热，服热药而反寒，是什么原因呢？岐伯说：仅注意治疗其亢盛之气，而忽略了虚弱之根本，所以有相反的结果。

黄帝道：有的并非由于治疗亢盛之气所造成的，是什么道理？岐伯说：问得真详尽啊！没有治疗亢盛之气，那就是由于不知道五味所属的关系。大凡五味入胃之后，各归入所喜的脏。所以酸味先入肝，苦味先入心，甘味先入脾，辛味先入肺，咸味先入肾。服用日久便能增强各脏之气，这是药物在人体气化的一般规律；若使脏气增强过久，又是导致死亡的原因。黄帝道：对。

方制君臣，何谓也？岐伯曰：主病之谓君，佐君之谓臣，应臣之谓使，非上下三品之谓也。

帝曰：三品何谓？岐伯曰：所以明善恶之殊贯①也。帝曰：善。

病之中外何如？岐伯曰：调气之方，必别阴阳，定其中外，各守其乡。内者内治，外者外治。微者调之，其次平之，盛者夺之，汗者下之②，寒热温凉，衰之以属，随其攸利。谨道如法，万举万全，气血正平，长有天命。帝曰：善。

注释

① 善恶之殊贯：王冰："此明药善恶不同性用也。"张志聪："谓药有有毒无毒之分。"

② 汗者下之：者，当是"之"字误。张介宾："谓邪之甚者，当直攻而取之，甚于外者汗之，甚于内者下之。"

语译

方剂的制度分君臣，是什么意思？岐伯说：主治疾病的药叫做君，辅助君药的叫做臣，应顺臣药的叫做使，并不是指上、中、下三品的意思。

黄帝道：什么叫三品？岐伯说：三品是用来说明药性有毒无毒的分类法。黄帝道：对。

疾病的在内在外怎样分别治疗？岐伯说：调治病气的方法，必须辨别阴阳，确定它在内还是在外，根据病之所在，在内的治内，在外的治外。轻微的调理它，较盛的平静它，亢盛的劫夺它，在表的汗之，在里的下之，根据寒热温凉的不同属性，而衰减其所属的病证，随其所宜为准。谨慎地遵守如上的法则，可以万治万全，使气血和平，确保他的天年。黄帝道：讲得好极了。

本 篇 要 点

一、详细叙述了司天在泉、六气分治的种种变化，及其所引起的疾病。

二、指出药物性能与气候变化有关，因此采药必须及时。

三、说明治疗六气淫胜所宜的药物性味，以及处方的君臣佐使配伍、剂量、服法、禁忌、五味的作用等。

四、介绍了六气之至，在脉象上的反映。

五、论述了治疗六气所致之病，有取标、取本、取中气，有从取、逆取等不同。

六、根据五运六气淫胜郁复所致的疾病症状性质，归纳总结出病机十九条，示人在分析病因病机，以及在诊断和治法、方剂的选择上，有所依据。

七、指出治寒以热、治热以寒，是治疗方法上的一般规则；但在某种条件下，尚有治寒以热而寒更甚，治热以寒而热更剧的，因此在临床上要根据实际情况，分析病情的寒热虚实，灵活决定治法。

八、指出长期服用某种性味的药物，会引起脏气偏胜，造成疾病甚至死亡。

著至教论篇第七十五

题解

本篇以雷公问黄帝答的形式,讨论学医的方法和医学上的一些道理。因为尊黄帝为圣人,其传授的内容又很重要,故称之为"著至教论",正如吴崑所说:"著,明也。圣人之教,谓之至教。"

黄帝坐明堂①,召雷公②而问之曰:子知医之道乎?雷公对曰:诵而颇能解,解而未能别,别而未能明,明而未能彰③,足以治群僚,不足④治侯王。愿得受树天之度⑤,四时阴阳合之⑥,别星辰与日月光,以彰经术,后世益明,上通神农,著至教,疑于二皇⑦。帝曰:善!无失之,此皆阴阳、表里、上下、雌雄相输应⑧也。而⑨道上知天文,下知地理,中知人事,可以长久,以教众庶,亦不疑殆⑩。医道论篇,可传后世,可以为宝。

注释

① 明堂:古代天子宣明政教的地方,凡朝会、祭祀、庆赏、选士、养老、教学等大典,均于其中举行。王冰:"布政之宫也,八窗四达,上圆下方,在国之南,故称明堂。"

② 雷公:相传是黄帝的臣子,懂得医理。

③ 诵而颇能解……明而未能彰:读书为诵,粗解其义为解,能分辨其是非为别,能深入理解其精微为明,能阐发其义理并应用为彰。颇,此可作

"稍微"、"略微"解,守山阁本作"未"。彰,显著、显扬的意思,这里引伸为有所行动。新校正:"按杨上善云,习道有五:一诵,二解,三别,四明,五彰。"

④ 不足:《太平御览》此下有"以"字。

⑤ 愿得受树天之度:受,疑衍,可能是"得"字旁注误入正文,《广雅·释诂三》:"受,得也。"树,树立。度,法度。高世栻:"上古树八尺之臬,参日影之斜正长短,以定四时,故愿得受树天之度,以定四时之阴阳,即以四时阴阳,合之星辰日月,分别明辨,以彰玑衡之经术。"

⑥ 四时阴阳合之:《吴注素问》作"合之四时阴阳"。

⑦ 疑于二皇:疑,新校正:"按全元起本及《太素》疑作拟。"二皇,指伏羲和神农。高世栻:"不但上通神农,且拟于二皇。二皇,伏羲、神农也。此伏羲、神农、黄帝之书,谓之三坟,一脉相传,言大道也。"疑于二皇,即与二皇之说相似,可互相比拟。

⑧ 相输应:相互联系、相互感应之意。

⑨ 而:《素问释义》疑此字有误。

⑩ 殆:怀疑的意思。

语译

黄帝坐在明堂里,召来雷公问道:你懂得医学的道理吗?雷公回答说:我诵读医书稍能理解,有的虽能粗浅的理解,但还不能分析辨别,有的虽能分析辨别,但还不能深入了解其精奥,有的虽了解其精奥,但还不能加以阐发和应用,所以,我的医术,只能治疗一般同僚的疾病,还不足以治疗侯王的病患。希望您能教给我如何察看天运,合之四时阴阳,以测星辰日月之度的学问,从而使医经之法得以发扬光大,愈到后世,愈加显明,这样,可以上通于神农,并让这些至真至确的道理得到阐发,可以与二皇相比美。黄帝说:好!不要忘掉,这些都是阴阳、表里、上下、雌雄相互联系相互感应的道理。就医道来讲,应该上通天文,下通地理,中通人事,才可以长久存在,用它来教导群众,也才不致有什么疑惑。把这些医学道理著于书籍,可以传之后世,当作宝贵的资料。

雷公曰:请受①道,讽诵用解②。帝曰:子不闻《阴阳传》③乎？曰：不知。曰：夫三阳天为业④，上下无常⑤，合而病至，偏害阴阳。雷公曰：三阳莫当⑥，请闻其解。帝曰：三阳独至⑦者，是三阳并至，并至如风雨，上为巅疾，下为漏病⑧，外无期，内无正⑨，不中经纪，诊无上下⑩，以书别⑪。雷公曰：臣治疏愈，说意而已⑫。帝曰：三阳者，至阳⑬也。积并则为惊⑭，病起疾风，至如礔砺⑮，九窍皆塞，阳气滂溢⑯，干嗌喉塞⑰。并于阴，则上下无常，薄为肠澼⑱。此谓三阳直心⑲，坐不得起，卧者便身全⑳，三阳之病。且以知天下，何以别阴阳，应四时，合之五行。

注释

① 受：通"授"。

② 讽诵用解：讽诵，背诵。用解，钻研、理解。

③《阴阳传》：古书名，书已佚。

④ 三阳天为业：三阳，马莳："三阳，手太阳小肠经、足太阳膀胱经。"天，指表。业，训事，即做这件事的意思，亦可作"作用"解。三阳天为业，是说三阳之气，护卫人身之表，具有适应天气变化的作用。

⑤ 上下无常：上下，指手足六经。上下无常，是言手足经脉之气的循行失其常度。

⑥ 莫当：王冰认为是"言气并至而不可当"。

⑦ 三阳独至：张介宾："此三阳独至者，虽兼手足太阳为言，而尤以足太阳为之主，故曰独至。"

⑧ 上为巅疾，下为漏病：漏病，指二便失禁。张介宾："足太阳之脉，上从巅入络脑，下络肾属膀胱；手太阳之脉，上循颈颊，下抵胃属小肠，故上为巅顶之疾，下为漏病。"

⑨ 外无期，内无正：在外没有明确的征象可期，在内没有一定的准则可据。

⑩ 不中经纪，诊无上下：王冰："所至之时，皆不中经脉纲纪；所病之证，又复上下无常。"

⑪ 以书别：马莳："若此亦惟于书而知之耳。书者，即前《阴阳传》也。"

⑫ 臣治疏愈，说意而已：王冰："雷公言臣之所治，稀得痊愈，请言深意而已疑心。已，止也，谓得说则疑心乃止。"又孙诒让认为："此当以'臣治疏'三字为句，'愈说意而已'五字为句"，"盖雷公自言臣之治疾为术疏浅，但苟且取说己意而已。"此说亦通。

⑬ 至阳：张介宾："太阳为至盛之阳，故曰至阳。"

⑭ 积并则为惊：马莳："二经积并，即手太阳之里为心，足太阳之里为肾。心失神，肾失志，则皆为惊骇。"

⑮ 礔砺：同"霹雳"，形容迅速猛烈。

⑯ 滂溢：大水涌溢貌，此处形容阳气之盛。

⑰ 干嗌喉塞：马莳："其嗌干，其喉塞，正以心肾之脉皆上通于嗌喉也。"

⑱ 并于阴，则上下无常，薄为肠澼：薄，迫。肠澼，痢疾的古称。张志聪："并于阴，则使阴气之上下无常，薄于阴液，则为肠澼下利。"

⑲ 直心：张介宾："谓邪气直冲心膈也。"

⑳ 身全：王冰："足太阳脉，循脊下至腰，故坐不得起，卧便身全也。所以然者，起则阳盛鼓，故常欲得卧，卧则经气均，故身安全。"

语译

雷公说：请把这些医学道理传授给我，以便背诵和钻研。黄帝道：你没有听说过《阴阳传》这部书吗？雷公说：不知道。黄帝道：三阳之气护卫于人身之表，具有适应天气变化的作用，如果上下经脉之气运行不循常度，则内外之邪合而生病，从而偏害阴阳。雷公说：三阳莫当，是怎样的意思？请您解释给我听。黄帝道：三阳独至，就是三阳之气合并而至，尤以足太阳为主，其并至之势来时疾如风雨，犯于上则为巅顶疾患，犯于下则为二便失禁之病，在外没有明确的征象可期，在内没有一定的准则可据，其病变不符合于一般规律，所以诊断无法确定其病属上属下，应该根据《阴阳传》，加以识别。雷公说：我处理这类疾病，很少治愈，请说明其中的意义，以解除我的疑惑。黄帝道：三阳是至盛之阳。三阳之气积并而病，则发为惊骇，病起迅如疾风，病至猛如霹雳，九窍都因之闭塞，阳气滂浡盈溢，而致咽干喉塞。如果并入于阴，则上下失常，下迫于肠，发为肠澼。三阳之气直冲心膈，就会使人坐而不得起，卧下觉得全身舒服，这是三阳积并之病。如果欲通晓天与人相应的关系，就必须知道如何辨别阴阳及其上应天之四时，下合地之五行等道理。

雷公曰：阳言不别，阴言不理①，请起受解，以为至道。帝曰：子若受传，不知合至道，以惑师教，语子至道之要，病伤五脏，筋骨以消。子言不明不别，是世主②学尽矣。肾且绝③，惋惋日暮④，从容不出，人事不殷⑤。

注释

① 阳言不别，阴言不理：阳言，就是明言；阴言，就是隐言。高世栻："明言之，不能如黑白之别；隐言之，不能如经论之理，其中更有精微。"

② 世主：张介宾："医道司人之命，为天下之所赖，故曰世主。"

③ 肾且绝：且，将要。肾且绝，就是肾脉将要绝。吴崑："此上必有诸经衰绝之候，盖阙之，今惟存肾绝一条尔。"

④ 惋惋（wǎn 宛）日暮：惋惋，不安貌。吴崑："肾者，水脏，水畏土，日暮则阳明胃土用事，故惋惋不安。"

⑤ 人事不殷：殷，勤的意思。人事不殷，即精神萎靡，懒于人事。

语译

雷公说：明白的讲，还不能分别，隐约的讲，就更不能理解了，请让我站起来聆听您的讲解，以便领会这至深的道理。黄帝道：你受了老师的传授，如果不知道与至道相结合的话，对老师所教的就不能全面领会，因而产生疑惑，现在告诉你至道的要点，如果病人邪伤五脏，筋骨就会日渐消损。如果像你说的那样不明不白，世上的医学就要失传了。假如肾脉将绝，就会表现为惋惋不安，日暮更甚，欲静处不欲外出，懒于应酬人事。

本篇要点

一、阐述了学医要一诵、二解、三别、四明、五彰的方法。

二、指出医学之道，必须结合天文、地理、人事等，作全面的分析。

三、论述了三阳在人体的作用和三阳独至的发病情况。

示从容论篇第七十六

题解

本篇内容，着重讨论诊断上对于病情的分析方法，并以脉象、症状作为举例说明。篇题命意在于示人诊病时，当引物比类，从容分析，正如高世栻所说："圣人治病，循法守度，援物比类，从容中道，帝以此理示诸雷公，故曰示从容。"

黄帝燕坐①，召雷公而问之曰：汝受术诵书者，若能览观杂学②，及于比类③，通合道理，为余言子所长，五藏六府，胆胃大小肠脾胞膀胱，脑髓涕唾，哭泣悲哀，水所从行④，此皆人之所生，治之过失，子务明之，可以十全，即不能知，为世所怨。雷公曰：臣请诵《脉经》上下篇甚众多矣，别异比类，犹未能以十全，又安足以明之？

注释

① 燕坐：燕，安闲。燕坐，就是安闲地坐着。
② 杂学：指医学以外的各种学问。
③ 比类：张介宾："比类者，比异别类以测病情也。"
④ 水所从行：水，指五液。水所从行，是指人体水液的运行。

语译

黄帝安闲地坐在那里，召来雷公问道：你学习医术，诵读医书,似乎已能博览群书,达到了取象比类的地步,把医学道理融汇贯通了,就请你对我讲讲你的专长吧,如五脏六腑,胆、胃、大小肠、脾、胞、膀胱,脑、髓、涕、唾,哭泣、悲哀,水液的运行等。这些都是人体之所赖以生存的,治疗时容易产生过失,你务必明了这些道理,治疗才能十不失一,如不能知晓,就不免要出差错,而为世人所抱怨。雷公说道:我读了《脉经》上、下篇的内容很多,但关于鉴别异同,取象比类,尚不能十分正确,又怎么能完全明白呢?

帝曰:子别试①通五藏之过,六府之所不和,针石之败,毒药所宜,汤液滋味,具言其状,悉言以对,请问不知。雷公曰:肝虚、肾虚、脾虚,皆令人体重烦冤②,当投毒药、刺灸、砭石、汤液,或已或不已,愿闻其解。帝曰:公何年之长而问少,余真问以自谬③也。吾问子窈冥④,子言上下篇以对,何也?夫脾虚浮似肺,肾小浮似脾,肝急沉散似肾,此皆工之所时乱也,然从容得之⑤。若夫三藏,土木水参居,此童子之所知,问之何也?雷公曰:于此有人,头痛筋挛骨重,怯然少气,哕噫腹满,时惊,不嗜卧,此何藏之发也?脉浮而弦,切之石坚,不知其解,复问所以三藏者,以知其比类也。帝曰:夫从容之谓也。夫年长则求之于府,年少则求之于经,年壮则求之于藏。今子所言,皆失。八风菀热⑥,五藏消烁,传邪相受。夫浮而弦者,是肾不足也;沉而石者,是肾气内著也;怯然少气者,是水道不行,形气消索也;咳嗽烦冤者,是肾气之逆也。一人之气,病在一藏也。若言三藏俱行,不在法⑦也。

注释

① 别试:丹波元简:"别试者,谓《脉经》上下篇之外,别有所通,试论

②烦冤：冤，作"郁而乱"解。烦冤，就是郁闷烦乱。

③自谬：自己的错误。王冰："言问之不相应也。以问不相应，故言余真发问以自招谬误之对也。"

④窈（yǎo杳）冥：窈，《说文》："深远也。"《庄子·在宥篇》："至道之精，窈窈冥冥。"吴崑："窈冥者，义理玄妙，非书传之陈言也。"

⑤从容得之：从容，舒缓、不急迫。从容得之，指诊断时若能从容不迫，沉着细致地观察病情，就能从不容易辨别的症状中找出各脏病的区别。

⑥菀（yùn运）热：菀，郁结。热，原作"熟"，吴崑、马莳、张介宾等皆作"热"，据文义亦当作"热"，故改。

⑦不在法：法，法度。不在法，指不符合医理法度。

语译

黄帝道：你在《脉经》上下篇之外，根据你所通晓的，试述一下五脏的病变，六腑的不和，针石的主治，毒药的适宜，汤液的滋味等，都具体地叙述它们的情况，详尽地告诉我，如有不知道的，请提出来。雷公说：肝虚、肾虚、脾虚，都能使人身体沉重而郁闷烦乱，应该给予毒药、刺灸、砭石、汤液来治疗，结果有的有效，有的无效，希望听听您对这个问题的解释。黄帝道：你怎么年纪这样大，问的问题却如此幼稚！也许我提的问题不太适当。我问的是深奥的医理，而你却用《脉经》上下篇的话来回答，这是为什么？至于脾脉虚浮如肺脉，肾脉小浮像脾脉，肝脉急沉而散似肾脉，这些都是一般医工常常所搞不清的，然而若能从容沉着，细致分析，是可以辨别出来的。脾肝肾三脏，属于土木水，部位相近，都在膈下，这些问题，小孩子都知道，你问它是什么意思？雷公说：譬如这里有个病人，表现为头痛，筋脉拘挛，骨节沉重，怯弱少气，呕哕嗳气，腹部胀满，时常惊恐，不想睡觉，这是哪一脏发生的病变？其脉浮取则弦，重按则坚硬如石，我不理解其中的道理，因而再问三脏，借以知道应怎样进行比类。黄帝道：这就需要深入细致分析了。一般说来，年长的人往往嗜食，所以应从六腑去探求；年少的人多半劳于体力，所以应从经络去探求；年壮的人多嗜欲而伤精，所以应从五脏去探求。现在你仅从三脏之脉来言，那就错了。八风郁热为外感，五脏消烁为内伤，内外之邪可以相互传受。脉浮取而弦，是肾气不足；沉取而坚，是肾气内著不行；怯弱少气，是水津不能输布，以致形气消散；咳嗽、郁闷烦乱，是肾气上逆的缘故。这个人的病状，其病变在于肾脏，如果认为肝脾肾三脏俱病，是不合法度的。

雷公曰：于此有人，四支解堕，喘咳，血泄，而愚诊之，以为伤肺，切脉浮大而紧①，愚不敢治，粗工下砭石，病愈多出血，血止身轻，此何物也？帝曰：子所能治，知亦众多，与此病失矣。譬以鸿飞，亦冲于天②。夫圣人之治病，循法守度，援物比类，化之冥冥③，循上及下，何必守经④。今夫脉浮大虚者，是脾气之外绝，去胃外归阳明也，夫二火不胜三水⑤，是以脉乱而无常也。四支解堕，此脾精之不行也。喘咳者，是水气并阳明也。血泄者，脉急血无所行也。若夫以为伤肺者，由失以狂⑥也。不引比类，是知不明也。夫伤肺者，脾气不守，胃气不清，经气不为使，真藏坏决，经脉傍绝，五藏漏泄，不衄则呕，此二者不相类也。譬如天之无形，地之无理，白与黑相去远矣。是失吾过矣，以子知之，故不告子，明引比类从容，是以名曰诊轻⑦，是谓至道也。

注释

① 切脉浮大而紧：《吴注素问》作"切脉浮大而虚"，下文亦云"脉浮大虚"。

② 譬以鸿飞，亦冲于天：王冰："鸿飞冲天，偶然而得，岂其羽翮之所能哉！粗工下砭石，亦犹是矣。"意喻粗工治病的成功，有如鸿鸟冲天，是偶然所得。

③ 化之冥冥：冥冥，幽深。化之冥冥，指高明的医生治病，能掌握变化于幽深莫测之中。张介宾："化之冥冥，握变化于莫测之间而神无方也。"吴崑："变化于冥冥莫测之境。"

④ 经：此指经脉。

⑤ 二火不胜三水：有二说：一说二火即二阳（胃），三水即三阴（脾）；一说二火指二阳脏，即心与肺，三水指三阴脏，即肝脾肾。据上文"脾气之外绝，去胃外归阳明"来看，以前说为妥。

⑥ 由失以狂：由，犹；狂，妄。由失以狂，此指错误的诊断，犹如狂言妄语。

⑦ 轻：新校正："按《太素》轻作经。"

语译

雷公说：这里有一病人，四肢怠惰无力，喘息咳嗽，大便见血，我去诊断，以为是伤肺，切其脉浮大而虚，我不敢治疗，有个粗率的医生用砭石治疗，病人出血更多，血止后全身轻快，这是什么病呢？黄帝道：你所能治疗的和知道的病，已经很多了，然而对此病来说，你是错了。譬如鸿鸟，有时亦能飞至天空，那个粗率的医生不过是偶然所得而已。大凡高明的医生治病，是遵循法度，引物比类，能掌握变化于冥冥莫测之中，察上可以及下，何必拘于经脉呢？病人脉浮大而虚，是脾气外绝，不能为胃行其津液，以致津液独归于阳明经。二火不能胜任三水，所以脉乱无常。四肢怠惰无力，是脾精不能输布的关系。喘息咳嗽，是水气并走阳明所致。大便见血，是脉气并急，血不行于经的缘故。如果认为是伤肺，便似狂言，是错误的诊断。不引物比类，所以诊断不能明确。如果是伤肺，则脾气不能内守，胃气不清，肺经之气失却应有的功能，肺脏虚损败坏，经脉失却布散精气的作用，五脏的精气漏泄，不是衄血,便是呕血,这是伤脾与伤肺两种疾病不相类似的地方。这就好比天之无象可求,地之无方可理,又好比白与黑两种颜色,相差得太大了。你对这诊断上的错误,也是我的过错,我以为你已经知道了,所以没有告诉你,使你懂得引物比类、从容分析的法则,这是诊治的一般常法,是至真至确的道理。

本篇要点

一、指出临证诊断,应当从容分析,别异比类。
二、说明肾虚、肝虚、脾虚之脉的诊法,并分析肾病的脉证。
三、对于失血证病在脾在肺作了分析比较。

疏五过论篇第七十七

题解

本篇内容,主要讨论诊治上的五种过错,并且指出临证诊治,必须结合天时、人事、脏象、色脉等方面进行分析和研究,才能正确的诊断和治疗。疏,分条陈述;五过,五种过错。马莳云:"疏,陈也。内有五过,故名篇。"

黄帝曰:呜呼! 远哉! 闵闵①乎若视深渊,若迎浮云。视深渊尚可测,迎浮云莫知其际。圣人之术为万民式②,论裁志意,必有法则,循经守数③,按循医事④,为万民副⑤,故事有五过四德,汝知之乎?雷公避席再拜曰:臣年幼小,蒙愚以惑,不闻五过与四德,比类形名,虚引其经,心无所对⑥。

注释

① 闵闵:深远貌,这里形容医道深奥无穷。
② 式:模范,榜样。
③ 循经守数:循,遵。数,法度。循经守数,即遵循常规,依守法度。
④ 按循医事:按,审察、研求;循,通"巡",往来视察。按循医事,即审察医事。
⑤ 副:辅助。
⑥ 心无所对:张介宾:"比类形名,公自言虽能比类形证名目,然亦皆

虚引经义,而心则未明其深远,故无以对也。"

语译

黄帝说:啊!深奥啊!研究医道就好像视探很深的渊谷,又好像面对着天空的浮云。渊谷虽深,还可以测量,而浮云飘浮不定,很难知道它的边际。圣人的医术,是众人的榜样,他讨论裁定医学上的认识,必然有一定的法则,遵循常规,依守法度,来审察医事,是众人的辅助,所以医事上有五过四德,你知道吗?雷公离开座位再拜说:我年龄幼小,昏蒙愚昧,没有听说过五过四德,仅仅是从疾病的表面现象和名称上比类,虚引经文,而在心里却是无法对答。

帝曰:凡未诊病者,必问尝贵后贱①,虽不中邪,病从内生,名曰脱营②;尝富后贫,名曰失精③。五气留连,病有所并。医工诊之,不在藏府,不变躯形,诊之而疑,不知病名;身体日减,气虚无精,病深无气,洒洒然时惊。病深者,以其外耗于卫,内夺于荣。良工所失,不知病情。此亦治之一过也。

注释

① 尝贵后贱:贵、贱,指地位的高低。尝贵后贱,是说以前地位高贵,而现在却失势了。

② 脱营:病名,为情志抑郁忧思而致血少脉虚的病证。张介宾:"尝贵后贱者,其心屈辱,神气不伸,虽不中邪,而病生于内。营者,阴气也,营行脉中,心之所主,心志不舒则血无以生,脉日以竭,故为脱营。"

③ 失精:病名,为情志抑郁而致精气耗损的病证。张介宾:"尝富后贫者,忧煎日切,奉养日廉,故其五脏之精,日加消散,是为失精。"

语译

黄帝道:一般在给病人诊治之前,必须询问患者地位的变迁,如果他是以前地位高贵而后低贱的,虽然不中外邪,疾病也会从内而生,这种疾病叫做"脱营";如果是因以前富裕而以后贫困导致发病的,这种疾病叫做"失精"。这些疾病都是由于五脏之气郁结,气血不行,并而为病。当医生诊察时,病的部位不在脏腑,躯体形态也没有变化,诊断时往往发生疑惑,无从加以定名;但患者身体一天天瘦削,气虚精竭,病势深重,阳气消散,洒洒然恶寒,时常惊骇不安。这种疾病所以会日渐深重,是因为情志郁结,在外耗损了卫气,在内劫夺了荣血的缘故。纵然是医术高明者,也往往会因为不了解病情,治愈不了这种疾病。这是诊治上的第一种过失。

凡欲诊病者,必问饮食居处,暴乐暴苦,始乐后苦,皆伤精气,精气竭绝,形体毁沮①。暴怒伤阴,暴喜伤阳②,厥气上行,满脉去形③。愚医治之,不知补写,不知病情,精华日脱,邪气乃并。此治之二过也。

注释

① 沮(jǔ咀):败坏。
② 暴怒伤阴,暴喜伤阳:姚止庵:"伤阴者,怒伤肝血也。伤阳者,喜散心气也。"
③ 满脉去形:王冰:"逆气上行,满于经络,则神气惮散,去离形骸矣。"

语译

大凡诊察病人,一定要先问他的饮食和居住环境,精神上有没有突然欢乐,突然痛苦,或者先乐后苦,这些都能耗伤精气,使精气衰竭,形体毁坏。暴怒可以损伤阴气,暴喜可以损伤阳气,阴阳之气被伤,则厥逆之气上行,充满经脉,而神气就会离去形体了。学识粗浅的医生,诊治这些疾病,不知道应该补还是应该泻,也不了解病情，以致病人五脏精华之气日渐耗脱，而邪气亦得乘虚侵犯。这是诊治上的第二种过失。

善为脉者，必以比类奇恒，从容知之。为工而不知道，此诊之不足贵。此治之三过也。

语译

善于诊断的医生，必然能够别异比类，分析奇恒，从容细致地掌握疾病的变化。作为一个医生不懂得这些的话，那他的诊断就不能算高明。这是诊治上的第三种过失。

诊有三常①，必问贵贱，封君败伤②，及欲侯王。故贵脱势，虽不中邪，精神内伤，身必败亡。始富后贫，虽不伤邪，皮焦筋屈，痿躄为挛③。医不能严，不能动神，外为柔弱，乱至失常，病不能移④，则医事不行。此治之四过也。

注释

① 三常：此指贵贱、贫富、苦乐。
② 封君败伤：封君，古时王者以土地与人，立为诸侯，称为封君；败伤，指被削官而失势。封君败伤，就是说过去高官显爵，而后被降位削职，即下文所谓"故贵脱势"。
③ 皮焦筋屈，痿躄(bì 壁)为挛：吴崐："失其肥甘，五液干涸，故令焦屈挛躄。"躄，足不能行走。
④ 移：此作"去"解。

语译

诊病时须加以注意的有三种情况，首先是要问病人社会地位的贵贱，其次要问他是否遭到过地位变迁的挫折，再次是了解他有无升官的欲望。因为原来高官显爵的人，一旦脱势，虽然不中外邪，而精神上受到内伤，必定会导致身形败坏，甚至死亡。如果是先富有的人，一旦贫穷，虽没有外邪的伤害，也会发生皮毛枯焦、筋脉拘挛，病成痿躄。对于这类疾病，如果医生不能严肃认真，不能说服病人，转变患者的精神意识，而表现得柔弱无能，顺从病人之意，以致丢掉治疗上的法度，就不能去除病患，医疗也就不会有效。这是诊治上的第四种过失。

凡诊者，必知终始，有知余绪①。切脉问名，当合男女，离绝菀结②，忧恐喜怒，五藏空虚，血气离守，工不能知，何术之语！尝富大伤，斩筋绝脉，身体复行，令泽不息③，故伤败结，留薄归阳，脓积寒炅。粗工治之，亟刺阴阳，身体解散，四支转筋，死日有期，医不能明，不问所发，唯言死日，亦为粗工。此治之五过也。

注释

① 有知余绪：绪，端。余绪，即末端。有知余绪，张介宾："谓察其本知其末也"。

② 离绝菀结：离，离别；绝，绝望；菀结，情怀郁结不舒。

③ 令泽不息：张介宾："泽，精液也。息，生长也。"泽，此当作"津液"解。令泽不息，即使津液不能滋生。

语译

大凡诊治疾病，必须了解发病的原因和发病后的经过情况，才能察本知末，全面掌握病情。在切脉问证的时候，当注意到男女性别的不同，以及生离死别，情怀郁结，忧愁恐惧喜怒等，这些都能使五脏空虚，血气离散，如果医生不知道这些，还谈什么诊治技术！尝富之人，一旦失去财势，心身突然受到很大的损伤，以致筋脉之荣养断绝，身体虽然依旧能行动，但津液不能滋生润泽，所以形体伤败，血气内结，影响于阳分，日久积脓，发生寒热。粗率的医生治疗时,老是刺其阴阳经脉,使病人身体懈散,四肢转筋,死期已经不远了,而医生不能明辨,不问疾病之所以发生的原因,只说病到了死亡之日,这也是粗率的医生。这是诊治上的第五种过失。

凡此五者,皆受术不通,人事不明也。故曰:圣人之治病也,必知天地阴阳,四时经纪①;五藏六府,雌雄表里;刺灸砭石,毒药所主;从容人事,以明经道②,贵贱贫富,各异品理③,问年少长,勇怯之理;审于分部,知病本始,八正九候④,诊必副⑤矣。治病之道,气内为宝⑥,循求其理,求之不得,过在表里,守数据治⑦,无失俞理⑧。能行此术,终身不殆,不知俞理,五藏菀熟⑨,痈发六府。诊病不审,是谓失常,谨守此治,与经⑩相明。《上经》、《下经》,揆度阴阳,奇恒五中⑪,决以明堂⑫,审于终始⑬,可以横行。

注释

① 经纪:秩序,此可作"规律"解。
② 经道:吴崑:"经道,常道也。"此指诊治疾病的常规。
③ 贵贱贫富,各异品理:指由于贵贱贫富的不同,其体质亦异。
④ 八正九候:八正,四时八正(也称八节);九候,切脉之九候。
⑤ 副:吴崑:"副,全也。"
⑥ 气内为宝:张介宾:"气内者,气之在内者也,即元气也。"指察病者内在元气的强弱,是治病之要道。
⑦ 守数据治:王冰:"守数,谓血气多少及刺深浅之数也。据治,谓据穴俞所治之旨而用之也。"
⑧ 俞理:吴崑认为是"穴俞所治之旨也"。
⑨ 熟:王冰:"熟,热也。"
⑩ 经:此指经旨。
⑪ 奇恒五中:吴崑:"奇,异病也。恒,常病也。五中,五内也。"

⑫ 明堂：面鼻部位称为明堂，此处泛指面色。

⑬ 审于终始：终，指今病；始，指初病。审于终始，就是详细了解自始至终的病情。

语译

以上所说的五种过失，都是由于医术没有精通，又不懂得贵贱、贫富、苦乐等人情事理的缘故。所以说，高明的医生诊治疾病，必须知道天地阴阳，四时气候的变化规律；五脏六腑的相互关系，经脉的阴阳表里；刺灸、砭石、毒药所适宜的病证；周详人事的变迁，明确诊治的常规，了解贵贱贫富的体质差异，询问年龄的少长，分析个性的勇怯；审查疾病的分部所属，了解疾病的根本原因，参合八正的时节和九候的脉象，那么诊断就一定全面、正确了。治病的关键，贵在审察人体内部元气的强弱，以此来寻求邪正变化的机理，假如求之不得，则当察其病变在表在里，治疗应遵守气血多少及针刺深浅等常规，取穴不要违背腧穴的主治功用。能够这样治疗，可以一生不发生医疗上的过错，若不知取穴的理法，妄施刺灸，就会使五脏郁热不散，痈疡发于六腑。诊病不能审慎详密，叫做失常，谨守这些常规施治，自然会与经旨相互发明。能精通《上经》、《下经》，揆度阴阳的变化，能从面色诊察奇恒五脏病变，审知疾病的终始，就可以广为行医了。

按语

本篇陈述了医生在诊治中的五种过错，其中特别指出由于医者不了解病人情志的变化，是促成五种过错的主要原因，同时亦分析了情志因素在疾病发生中的作用。对于情志因素所导致的疾病的治疗，本篇中指出：如果"医不能严，不能动神，外为柔弱，乱至失常，病不能移，则医事不行"，提示我们要用精神疗法，这一点迄今在临床上仍具有十分重要的意义。

本篇篇首提出了五过四德,但文中只讨论了五过,没有明确指出四德。所谓"四德",可能实是示人以诊治的常法,其中包括诊治时应结合天时的变化、人事的变迁、病者年龄的大小、性情的勇怯、情志的影响,注意分析脏腑的关系、脉色的变化等等。至于四德具体是指什么,诸家说法不一,留以待考。

本篇要点

一、指出医理深奥,临证必须掌握一定的法则和常规。

二、分析了医生在临证上的五种过错。

三、强调诊治疾病必须结合天时、人事、体质、年龄、脏象、脉色等等,才能取得较好的疗效。

徵四失论篇第七十八

题解

徵(chéng 成)，通"惩"。"徵四失"是"惩戒四种过失"的意思。本篇是讨论医生临证中易犯的四种过失，所以提出来以作惩戒，故篇名叫做"徵四失论"。

黄帝在明堂，雷公侍坐。黄帝曰：夫子所通书受事众多矣，试言得失①之意，所以得之？所以失之？雷公对曰：循经受业，皆言十全，其时有过失者，请闻其事解也。帝曰：子年少智未及邪？将言以杂合耶？夫经脉十二，络脉三百六十五，此皆人之所明知，工之所循用也。所以不十全者，精神不专，志意不理，外内相失，故时疑殆。

注释

① 得失：得，指治疗的成功；失，指治疗的失败。

语译

黄帝在明堂里，雷公侍坐在一旁。黄帝道：你所读的医书和从事的临证工作，已经相当多了，试谈谈你对医疗工作上成功和失败的看法，为什么会成功？为什么会失败？雷公回答说：根据医经上的记载以及老师们的传授，都是说可以得到十全的疗效的,而在临证工作上,仍不免有过失,请您讲讲这些事故应怎样解释。黄帝道:你是年轻智力不足,考虑问题不周到呢? 还是由于杂合各家学说,缺乏独立分析的能力呢? 十二经脉,三百六十五络脉,这是人人都明白了解的,也是医生们所经常遵循应用的。所以不能得到十全的疗效,是由于思想不集中,不加分析研究,不能把外在症状和内在病变结合起来考虑,因此时常产生疑问和危殆。

诊不知阴阳逆从之理,此治之一失也。受师不卒,妄作杂术,谬言为道,更名自功,妄用砭石,后遗身咎[1],此治之二失也。不适贫富贵贱之居,坐之薄厚[2],形之寒温,不适饮食之宜,不别人之勇怯,不知比类,足以自乱,不足以自明,此治之三失也。诊病不问其始,忧患饮食之失节,起居之过度,或伤于毒,不先言此,卒持寸口,何病能中,妄言作名,为粗所穷,此治之四失也。

注释

① 咎(jiù 旧):过错。
② 坐之薄厚:坐,即居处。坐之薄厚,是指居住环境的好坏。

语译

凡于临证诊治,不懂得阴阳逆从的道理,这是治疗工作中失败的第一个原因。从师学习尚未毕业,学术未精,盲目地施用各种疗法,以荒谬之说为真理,巧立名目来夸耀自己,乱用砭石,结果给自己造成了错误和过失,这是治疗工作中失败的第二个原因。诊治时,不能适宜于贫富贵贱的各种生活,不了解居住环境的好坏,不注意形体的寒温,不考虑饮食的宜忌,不区别患者性情的勇怯,不知道应用比类异同的方法进行分析,这样做足以自乱心意,不能使自己有清楚的认识,这是治疗工作中失败的第三个原因。诊断疾病,不问其病初起时的情况,是否有精神方面的刺激和饮食方面的不节制以及生活起居方面的越出常规,还是由于中毒,这些应该注意的问题,没有先问清楚,就仓促诊察寸口之脉,这样怎么能正确诊断疾病呢? 只是信口胡言,杜撰病名,由于粗枝大叶而使自己陷入困境,这是治疗工作中失败的第四个原因。

是以世人之语者,驰千里之外,不明尺寸之论,诊无人事。治数之道①,从容之葆②,坐③持寸口,诊不中五脉,百病所起,始以自怨,遗师其咎④。是故治不能循理,弃术于市⑤,妄治时愈,愚心自得。呜呼! 窈窈冥冥,孰知其道?! 道之大者,拟于天地,配于四海,汝不知道之谕⑥,受以明为晦。

注释

① 治数之道:此指诊治疾病之道。
② 葆:此作"宝"。
③ 坐:徒然。
④ 遗师其咎:据王冰注"遗过咎于师氏"当作"遗咎其师"。
⑤ 弃术于市:即被市众所见弃。
⑥ 汝不知道之谕:据王冰注"不能晓谕于道",当作"汝不知谕之道"。谕,知道、明白。这句话的意思是:你不知明于道。

语译

社会上的某些医生,说起话来,可以夸大到千里之外,而技术上却不明白尺寸的理论,诊治疾病,不考虑人事。不知道诊治疾病之道,以从容镇静为宝,徒然诊察寸口脉,不能确诊五脏之脉,更不能知道百病的起因,碰到工作上的困难,方始自怨学术不精,而又归罪于老师传授得不好。所以,治病如果不能依据理论作指导,就会不被人们所信任,乱治中偶或得愈,又自鸣得意。唉！医学的道理是玄妙深奥的,有谁能彻底了解其中的道理?! 医学的理论,犹如天地之远大,犹如四海之深广,所以必须反复研究,如果你不知道这个道理,即使老师讲得很清楚,还是不能彻底明白的。

本篇要点

一、指出"精神不专,志意不理,外内相失"是治不十全的原因。

二、分析医者在临证中的四种过失。

三、告诫医者应当踏踏实实,刻苦钻研,不要骄傲自大,自鸣得意。

阴阳类论篇第七十九

题解

本篇内容,主要是论述三阴三阳的含义、病脉、病状和死期等,而这些问题的阐发,都是以阴阳比类加以讨论的,所以篇名"阴阳类论"。如高世栻注:"阴阳类者,阴阳类聚而交合也。三阳二阳一阳,三阴二阴一阴,其中交属相并,缪通五脏,阳与阴合,阴与阳合,首论五脏阴阳之至贵,末论四时阴阳之短期,中论三阳三阴之交合,皆为阴阳类也。"

孟春始至①,黄帝燕坐,临观八极②,正八风之气③,而问雷公曰:阴阳之类,经脉之道,五中所主④,何藏最贵?雷公对曰:春,甲乙,青,中主肝,治七十二日,是脉之主时,臣以其藏最贵。帝曰:却念《上下经》,阴阳从容⑤,子所言贵,最其下也。

注释

① 孟春始至:孟春,即农历正月。孟春始至,是谓立春之日。
② 八极:张介宾:"八方远际也",即八方极远的地方。
③ 正八风之气:正,候察;八风,八方之风。正八风之气,就是候察八方之风的方向。
④ 五中所主:五中,即五脏。五中所主,指五脏主时。
⑤ 从容:此处作"详细分析"解。

语译

在立春的这一天，黄帝很安闲地坐着，观看八方的远景，候察八风的方向，向雷公问道：按照阴阳的分析方法和经脉理论，配合五脏主时，你认为哪一脏最贵？雷公回答说：春季为一年之首，属甲乙木，其色青，五脏中主肝，肝旺于春季七十二日，此时也是肝脉当令的时候，所以我认为肝脏为最贵。黄帝道：我依据《上下经》阴阳比类分析的理论来体会，你认为最贵的，却是其中最贱下的。

雷公致斋①七日，旦复侍坐。帝曰：三阳为经②，二阳为维③，一阳为游部④，此知五藏终始。三阴为表⑤，二阴为里，一阴至绝作朔晦⑥，却具合以正其理。雷公曰：受业未能明。帝曰：所谓三阳者，太阳为经⑦，三阳脉至手太阴⑧，弦浮而不沉，决以度，察以心，合之阴阳之论。所谓二阳者，阳明也，至手太阴，弦而沉急不鼓，炅至以病，皆死。一阳者，少阳也，至手太阴，上连人迎，弦急悬不绝，此少阳之病也，专阴⑨则死。三阴者，六经之所主也，交于太阴，伏鼓不浮，上空志心。二阴至肺，其气归膀胱，外连脾胃。一阴独至，经绝，气浮不鼓，钩而滑。此六脉者，乍阴乍阳，交属相并⑩，缪⑪通五藏，合于阴阳，先至为主，后至为客⑫。

注释

① 斋：古人在祭祀或举行典礼前整洁身心以示庄敬。
② 三阳为经：足太阳脉直行于人身后背部，又独统阳分，故称为"经"。
③ 二阳为维：足阳明脉行于人身胸腹部，维络于前，故称为"维"。
④ 一阳为游部：足少阳脉行于人身之侧，向前会于阳明，向后会于太

阳,出入于太阳、阳明二脉之间,故称为"游部"。

⑤ 三阴为表:原作"三阳为表"。张介宾:"三阳,误也,当作三阴。三阴,太阴也,太阴为诸阴之表,故曰三阴为表。"又据前文言"三阳",此当言"三阴",故改。

⑥ 一阴至绝作朔晦:厥阴为阴之尽,故称"至绝"。朔,农历每月初一日;晦,农历每月最后一天。这里以朔晦来说明厥阴经的功能特点是阴尽阳生,阳生是朔,阴尽是晦,故曰"作朔晦"。

⑦ 太阳为经:《甲乙经》卷四第一下作"太阳也"。

⑧ 手太阴:指手太阴寸口脉,下同。

⑨ 专阴:独阴。王冰:"专,独也。言其独有阴气而无阳气,则死。"

⑩ 交属相并:属,连;并,合、聚。交属相并,指六经之脉交连会聚于寸口。

⑪ 缪(liǎo 辽上):通"缭"。

⑫ 先至为主,后至为客:张介宾:"六脉之交,至有先后,有以阴见阳者,有以阳见阴者。阳脉先至,阴脉后至,则阳为主而阴为客;阴脉先至,阳脉后至,则阴为主而阳为客。此先至为主,后至为客之谓也。"

语译

雷公斋戒了七天,早晨又侍坐于黄帝的一旁。黄帝道:三阳为经纶,二阳为维系,一阳为游部,懂得这些,可以知道五脏之气运行的终始了。三阴为表,二阴为里,一阴为阴气之最终,也是阳气的开始,有如朔晦的交界,都符合于天地阴阳终始的道理。雷公说:我还没有明白其中的意义。黄帝道:所谓"三阳",是指太阳,其脉至于手太阴寸口,见弦浮不沉之象,应当根据常度来判断,用心体察,并参合阴阳之论,以明好坏。所谓"二阳",就是阳明,其脉至于手太阴寸口,见弦而沉急,不鼓击于指,火热大至之时而有此病脉,大都有死亡的危险。"一阳"就是少阳,其脉至于手太阴寸口,上连人迎,见弦急悬而不绝,这是少阳经的病脉,如见有阴而无阳的真脏脉象,就要死亡。"三阴"为手太阴肺经,肺朝百脉,所以为六经之主,其气交于太阴寸口,脉象沉伏鼓动而不浮,是太阴之气陷下而不能上升,以致心志空虚。"二阴"是少阴,其脉至于肺,其气归于膀胱,外与脾胃相连。"一阴"是厥阴,其脉独至于太阴寸口,经气已绝,故脉气浮而不鼓,脉象如钩而滑。以上六种脉象,或阳脏见阴脉,或阴脏见阳脉,相互交错,会聚于寸口,都和五脏相通,与阴阳之道相合。如出现此种脉象,凡先见于寸口的为主,后见于寸口的为客。

雷公曰:臣悉尽意,受传经脉,颂得从容之道,以合从容,不知阴阳,不知雌雄。帝曰:三阳为父[1],二阳为卫[2],一阳为纪[3];三阴为母[4],二阴为雌[5],一阴为独使[6]。

注释

[1] 三阳为父:三阳,即太阳。太阳为三阳之"经",故称为"父",有高尊的意思。

[2] 卫:指卫外作用。

[3] 一阳为纪:少阳介乎太阳、阳明之间,所以一阳为纪就是"少阳为枢"之义。

[4] 三阴为母:三阴,即太阴。太阴能滋养诸经,故称为"母"。

[5] 雌:与"卫"字相对,为"内守"的意思。

[6] 独使:有交通阴阳之义。张介宾:"阴尽阳生,惟厥阴主之,故为独使。"

语译

雷公说:我已经完全懂得您的意思了,把您以前传授给我的经脉道理,以及我自己从书本上读到的从容之道,和今天您所讲的从容之法相结合的话,我还不明白其中阴阳雌雄的意义。黄帝道:三阳如父亲那样高尊,二阳如外卫,一阳如枢纽;三阴如母亲那样善于养育,二阴如雌性那样内守,一阴如使者一般,能交通阴阳。

二阳一阴,阳明主病,不胜一阴,耎①而动,九窍皆沉。三阳一阴②,太阳脉胜,一阴不能止,内乱五藏,外为惊骇。二阴二阳③,病在肺,少阴脉沉,胜肺伤脾,外伤四支。二阴二阳皆交至④,病在肾,骂詈妄行,巅疾为狂。二阴一阳,病出于肾,阴气客游于心,脘下空窍,堤闭塞不通⑤,四支别离。一阴一阳⑥代绝,此阴气至心,上下无常,出入不知,喉咽干燥,病在土脾。二阳三阴,至阴皆在,阴不过阳,阳气不能止阴,阴阳并绝,浮为血瘕,沉为脓胕;阴阳皆壮,下至阴阳。上合昭昭⑦,下合冥冥⑦,诊决死生之期,遂合岁首。

注释

① 耎:《甲乙经》卷四第一下及王冰注此前皆有"脉"字。

② 三阳一阴:张介宾:"三阳一阴,膀胱与肝合病也。肝木生火,而膀胱以寒水侮之,故太阳脉盛。一阴肝气虽强,不能禁止,由是而风寒相挟,内乱五脏,肝气受伤,故发为惊骇之病。"

③ 二阴二阳:新校正:"二阳,乃手阳明大肠,肺之府也。少阴心火,胜金之府,故云病在肺。"

④ 二阴二阳皆交至:张介宾:"二阴之至,邪在肾也;二阳之至,邪在胃也。水土之邪交至,则土胜水亏。水亏则阴不胜阳,故病在肾。土胜则阳明邪实,故骂詈妄行,巅疾为狂。"

⑤ 客游于心,脘下空窍,堤闭塞不通:王冰:"肾之脉从肾上贯肝鬲入肺中,其支别者从肺中出络心,注胸中,故如是也。然空窍阴客上游,胃不能制,胃不能制是土气衰,故脘下空窍皆不通也。言堤者,谓如堤堰不容泄漏。"

⑥ 一阴一阳:王冰:"一阴,厥阴脉;一阳,少阳脉,并木之气。代绝者,动而中止也。以其代绝,故为病也。木气生火,故病生而阴气至心也。夫肝胆之气,上至头首,下至腰足,中主腹胁,故病发上下无常处也。若受纳不知其味,窍泻不知其度,而喉咽干燥者,喉咙之后属咽,为胆之使,故病则咽喉干燥,虽病在脾土之中,盖由肝胆之所为尔。"

⑦ 昭昭、冥冥：昭昭，指天、指阳。冥冥，指地、指阴。张介宾："昭昭可见，冥冥可测，有阴阳之道在也。"

语译

二阳一阴是阳明主病，二阳不胜一阴，则阳明脉软而动，九窍之气沉滞不利。三阳一阴为病，则太阳脉胜，寒水之气大盛，一阴肝气不能制止寒水，故内乱五脏，外现惊骇。二阴二阳则病在肺，少阴脉沉，少阴之气胜肺伤脾，在外伤及四肢。二阴与二阳交互为患，则土邪侮水，其病在肾，骂詈妄行，癫疾狂乱。二阴一阳，其病出于肾，阴气上逆于心，并使脘下空窍如被堤坝阻隔一样闭塞不通，四肢好像离开身体一样不能为用。一阴一阳为病，其脉代绝，这是厥阴之气上至于心发生的病变，或在上部，或在下部，而无定处，饮食无味，大便泄泻无度，咽喉干燥，病在脾土。二阳三阴为病，包括至阴脾土在内，阴气不能至于阳，阳气不能达于阴，阴阳相互隔绝，阳浮于外则内成血瘕，阴沉于里则外成脓肿；若阳之气都盛壮，而病变趋向于下，在男子则阳道生病，女子则阴器生病。上观天道，下察地理，必以阴阳之理来决断病者死生之期，同时还要参合一岁之中何气为首。

按语

文中"二阳一阴，阳明主病，不胜一阴，……九窍皆沉"，是说肝邪乘胃，土不胜木，阳明胃气不行，故九窍皆沉滞不利。又《通评虚实论》中亦指出："九窍不利，肠胃之所生也。"可见五官九窍不仅分属于五脏，而且与其他脏腑有联系，所以我们临床对于五官九窍的病变不可拘泥于五脏分属，也要考虑到其他脏腑的影响。如肺开窍于鼻，鼻衄当从肺治，然亦有治肝者；耳为肾窍，耳鸣耳聋固然多从肾治，然耳聋治肺者亦复不少。

雷公曰：请问短期①。黄帝不应。雷公复问。黄帝曰：在经论②中。雷公曰：请闻短期。黄帝曰：冬三月之病，病合于阳者，至春正月脉有死征，皆归出春。冬三月之病，在理已尽，草与柳叶皆杀，春阴阳皆绝，期在孟春。春三月之病，曰阳杀③。阴阳皆绝，期在草干。夏三月之病，至阴不过十日④；阴阳交⑤，期在溓水⑥。秋三月之病，三阳俱起，不治自已⑦。阴阳交合⑧者，立不能坐，坐不能起。三阳独至⑨，期在石水。二阴⑩独至，期在盛水⑪。

注释

① 短期：死期。

② 经论：指古医书。

③ 阳杀(shài 晒)：杀，衰退。张介宾："春月阳气方升，而病在阳者，故曰阳杀。杀者，衰也。"

④ 至阴不过十日：至阴，指长夏之时。如高世栻："六月长夏，属于至阴。时当至阴，阳气尽浮于外，夏三月而病不愈，交于至阴，不过十日死。"

⑤ 阴阳交：有二说：一、阴脉见于阳位，阳脉见于阴位，称为阴阳交（见吴崑注）。二、温病而汗出辄复热，脉躁疾不为汗衰，狂言不能食，病名曰阴阳交（见《评热病论》）。此处似以前说为妥。

⑥ 溓(lián 帘)水：丹波元简："溓，薄冰也。潘岳寡妇赋：水溓溓似微凝。乃言冬初之时也。《正韵》：溓，音廉，与溓同，一曰薄也。"据此，溓水似当指冬初水始凝结成薄冰之时。

⑦ 不治自已：张介宾："秋时阳气渐衰，阴气渐长，虽三阳脉病俱起，而阳不胜阴，故自已也。"

⑧ 阴阳交合：吴崑："谓阴阳之气交至，合而为病也。阴阳两伤，血气俱损，衰弱已甚，故令动止艰难，立则不能坐，坐则不能起也。"

⑨ 三阳独至：张介宾："三阳独至，即三阳并至，阳亢阴竭之候也，阴竭在冬，本无生意，而孤阳遇水，终为扑灭，故期在冰坚如石之时也。"

⑩ 二阴：新校正："按全元起本'二阴'作'三阴'。"

⑪ 盛水：指雨水节。张介宾："盛水者，正月雨水之候，孤阴难以独立，故遇阳盛之时，则不能保其存也。"

语译

雷公说：请问疾病的死亡日期。黄帝没有回答。雷公又问。黄帝道：在医书上有说明。雷公又说：请问疾病的死亡日期。黄帝道：冬季三月的病，如病症脉象都属阳盛，则春季正月见脉有死征，那么到出春交夏，阳盛阴衰之时，便会有死亡的危险。冬季三月的病，根据天理，势必将尽，草和柳叶都枯死了，如果到春天阴阳之气都绝，那么其死期就在正月。春季三月的病，名为"阳杀"。阴阳之气都绝，死期在秋天草木枯干之时。夏季三月的病，若不愈，到了至阴之时，那么其死期在至阴后不超过十日；若脉见阴阳交错，则死期在初冬结薄冰之时。秋季三月的病，表现了手足三阳的脉证，不给治疗也会自愈。若是阴阳交错合而为病，则立而不能坐，坐而不能起。若三阳脉独至，则独阳无阴，死期在冰结如石之时。三阴脉独至，则独阴无阳，死期在正月雨水节。

本 篇 要 点

一、讨论了三阴三阳的含义和功用，以及其相互间的关系和病状、脉象等。

二、论述了疾病的预后与四时阴阳的关系。

方盛衰论篇第八十

题解

方,"比较"的意思。本篇主要是讨论阴阳之气的盛衰,而对阴阳盛衰的了解,都是从比较而来的,所以篇名"方盛衰论"。

雷公请问:气之多少①,何者为逆?何者为从?黄帝答曰:阳从左,阴从右②。老从上,少从下③。是以春夏归阳为生,归秋冬为死④。反之,则归秋冬为生。是以气多少,逆皆为厥。问曰:有余者厥耶?答曰:一上不下,寒厥到膝,少者秋冬死,老者秋冬生⑤。气上不下,头痛巅疾,求阳不得,求阴不审⑥,五部隔无征,若居旷野,若伏空室,绵绵乎属⑦不满日。

注释

① 多少:指盛衰。
② 阳从左,阴从右:张介宾:"阳气主升,故从乎左;阴气主降,故从乎右。从者为顺,反者为逆。"
③ 老从上,少从下:张介宾:"老人之气,先衰于下,故从上者为顺;少壮之气,先盛于下,故从下者为顺。"
④ 春夏归阳为生,归秋冬为死:张介宾:"春夏以阳盛之时,或证或脉,皆当阳为生,若得阴候如秋冬者,为逆为死。"
⑤ 少者秋冬死,老者秋冬生:张介宾:"老人阳气从上,膝寒犹可;少年

阳气从下,膝寒为逆。少年之阳不当衰,故畏阴胜之时;老人阳气本衰,故于秋冬无虑。"

⑥ 求阳不得,求阴不审:张介宾:"厥之在人也,谓其为阳,则本非阳盛;谓其为阴,则又非阴盛,故皆不可得。盖以五藏隔绝,无征可验。"

⑦ 属:高世栻:"今绵绵一息之微,属望其生,若不能满此一日矣。"丹波元简:"属,高读为'瞩'也。"

语译

雷公请问道:气的盛衰,哪一种是逆?哪一种是顺?黄帝回答道:阳气主升,其气从左而右;阴气主降,其气从右而左。老年之气先衰于下,其气从上而下;少年之气先盛于下,其气从下而上。因此春夏之病见阳证阳脉,以阳归阳,则为顺为生,若见阴证阴脉,如秋冬之令,则为逆为死。反过来说,秋冬之病见阴证阴脉,以阴归阴,则为顺为生。所以不论气盛或气衰,逆则都成为厥。雷公又问:气有余也能成厥吗?黄帝答道:阳气一上而不下,阴阳两气不相顺接,则足部厥冷至膝,少年在秋冬见此病则死,而老年在秋冬见此证却可生。阳气上而不下,则上实下虚,为头痛巅顶疾患,这种厥病,谓其属阳,本非阳盛,谓其属阴,则又非阴盛,五脏之气隔绝,没有显著征象可察,好像置身于旷野,伏居于空室,无所见闻,而病势绵绵一息,视其生命,已不满一天了。

是以少气之厥,令人妄梦,其极至迷。三阳绝,三阴微,是为少气。是以肺气虚则使人梦见白物,见人斩血藉藉①,得其时②则梦见兵战。肾气虚则使人梦见舟船溺人,得其时则梦伏水中,若有畏恐。肝气虚则梦见菌香③生草,得其时则梦伏树下不敢起。心气虚则梦救火阳物,得其时则梦燔灼④。脾气虚则梦饮食不足,得其时则梦筑垣盖屋。此皆五藏气虚,阳气有余,阴气不足。合之五诊⑤,调之阴阳,以⑥在《经脉》。

注释

① 藉藉:杂乱众多。亦作"籍籍"。张志聪:"狼藉也。"

② 得其时:指得其所旺之时。

③ 菌香:《广雅》:"菌,薰也。其叶谓之蕙。"《离骚》:"杂申椒与菌桂兮。"

④ 心气虚则梦救火阳物,得其时则梦燔灼:张志聪:"救火,心气虚也;阳物,龙也,乃龙雷之火游行也,得其时气之助,则君相二火并炎,故梦燔灼。"

⑤ 五诊:指五脏见证。

⑥ 以:通"已"。

语译

所以,气虚的厥,使人梦多荒诞;厥逆盛极,则梦多离奇迷乱。三阳之脉悬绝,三阴之脉细微,就是所谓少气之候。肺气虚则梦见白色悲惨的事物,或梦见人被杀流血,尸体狼藉,当金旺之时,则梦见战争。肾气虚则梦见舟船淹死人,当水旺之时,则梦见自己伏于水中,好像逢到很恐惧害怕的事。肝气虚则梦见菌香草木,当木旺之时,则梦见自己伏于树下不敢起来。心气虚则梦救火和雷电,当火旺之时,则梦大火燔灼。脾气虚则梦饮食不足,得其土旺之时,则梦作垣盖屋。这些都是五脏气虚,阳气有余,阴气不足所致。当参合五脏见证,调其阴阳,其内容已在《经脉》篇中论述过了。

按语

《内经》中有关梦的内容,除本篇外,《素问·脉要精微论》、《灵枢·淫邪发梦》篇亦有论述。主要是以阴阳五行配合脏腑分析了梦的病因病机,其中不免有牵强附会之嫌。但梦境与疾病的关系,亦非全属子虚乌有,现有人研究,人体内的病理性刺激可能会被编入梦境,有些梦还可能是人体疾病的早期信号,即某些梦能反映人体某些部位的病变。我们临床时若能将梦境结合病变表现,具体情况具体分析,则梦境亦可作为分析病机的佐证,是有一定意义的。

诊有十度①,度人脉度、藏度、肉度、筋度、俞度。阴阳气尽,人病自具。脉动无常,散阴颇阳②,脉脱不具③,诊无常行。诊必上下,度民君卿。受师不卒,使术不明,不察逆从,是为妄行,持雌失雄,弃阴附阳④,不知并合,诊故不明,传之后世,反论自章⑤。

注释

① 十度(duó夺):度,衡量。十度,是指脉度、脏度、肉度、筋度、俞度各有二,合为十度。
② 散阴颇阳:颇,不平、偏颇。散阴颇阳,指阴阳散乱而有偏颇。
③ 脉脱不具:脉搏不明显。
④ 持雌失雄,弃阴附阳:都属于片面看问题的意思。
⑤ 反论自章:反论,错误的理论;章,彰明、明显。

语译

诊法有十度,就是衡量人的脉度、脏度、肉度、筋度、俞度,揆度它的阴阳虚实,对病情就可以得到全面了解。脉息之动本无常体,或则出现阴阳散乱而有偏颇,或则脉象搏动不明显,所以诊察时也就没有固定的常规。诊病时必须知道病人身份的上下,是平民还是君卿。如果对老师的传授不能全部接受,医术不高明,不仅不能辨别逆从,而且会使诊治带有盲目性和片面性,看到了一面,看不到另一面,抓住了一点,放弃了另一点,不知道结合全面情况，加以综合分析，所以诊断就不能明确，如以这种诊断方法传授给后人的话，在实际工作中自会明显地暴露出它的错误。

至阴虚，天气绝①；至阳盛，地气不足。阴阳并交，至人之所行。阴阳并交者，阳气先至，阴气后至②。是以圣人持诊之道，先后阴阳而持之，奇恒之势乃六十首③，诊合微之事④，追阴阳之变，章五中之情，其中之论，取虚实之要，定五度之事⑤，知此，乃足以诊。是以切阴不得阳，诊消亡；得阳不得阴，守学不湛⑥。知左不知右，知右不知左，知上不知下，知先不知后，故治不久。知丑知善，知病知不病，知高知下，知坐知起，知行知止。用之有纪，诊道乃具，万世不殆。

注释

① 至阴虚，天气绝：马莳："地位乎下，为至阴。若至阴虚，则天气绝而不降，何也？以其无所升也。天位乎上，为至阳，若至阳盛，则地气无自而足，何也？以其无所降也，此设言也。故人有阳气，阳气者卫气也；人有阴气，阴气者营气也。能使阴阳二气交会于一处者，惟至人乃能行之。"

② 阳气先至，阴气后至：张介宾："凡阴阳之道，阳动阴静，阳刚阴柔，阳倡阴随，阳施阴受……数者为阳，迟者为阴……阳之行速，阴之行迟，故阴阳并交者，必阳先至而阴后至……"

③ 奇恒之势乃六十首：王冰："奇恒势六十首，今世不传。"

④ 合微之事：就是把各种诊察所得的点滴的细微的临床资料综合起来。

⑤ 定五度之事：五度，指前文所言十度。定五度之事，就是根据十度来加以决断。

⑥ 守学不湛：学到的技术不高明。湛，精湛。

语译

至阴虚，则天之阳气绝而不下；至阳盛，则地之阴气因而不足。能使阴阳互济交通，这是有修养的医生的能事。阴阳之气互济交通，是阳气先至，阴气后至。所以，高明的医生诊病，是掌握阴阳先后的规律，根据奇恒之势六十首辨明正常和异常，把各种诊察所得的点滴细微的临床资料综合起来，追寻阴阳的变化，了解五脏的病情，作出中肯的结论，并根据虚实纲要及十度来加以判断，知道了这些，方可以诊病。所以切其阴而不能了解其阳，这种诊法是不能行于世的；切其阳而不能了解其阴，其所学的技术也是不高明的。知左而不知其右，知右而不知其左，知上而不知其下，知先而不知其后，他的医道就不会长久。要知道不好的，也要知道好的；要知道有病的，也要知道无病的；既知高，亦知下；知道坐，也要知道起；知道行，也要知道止。能做到这样有条不紊，反复推求，诊断的步骤，才算全备，也才能永远不出差错。

起所有余，知所不足①；度事上下，脉事因格②。是以形弱气虚，死；形气有余，脉气不足，死；脉气有余，形气不足，生。是以诊有大方，坐起有常，出入有行③；以转神明，必清必净，上观下观，司八正邪④，别五中部；按脉动静，循尺滑涩寒温之意；视其大小⑤，合之病能，逆从以得，复知病名，诊可十全，不失人情。故诊之，或视息视意，故不失条理，道甚明察，故能长久；不知此道，失经绝理，亡⑥言妄期，此谓失道。

注释

① 起所有余，知所不足：吴崑："起，病之始也。有余，客邪有余；不足，正气不足。言病之所起，虽云有余，然亦可以知其虚而受邪矣。"

② 格：吴崑："格者，穷至其理也。"

③ 出入有行：行指德行，即品德。出入有行，谓一举一动必须保持医生的应有品德。

④ 司八正邪：司，是候察的意思。八正，指四时八节。邪，是不正

⑤大小：指大小便。
⑥亡：吴崑作"妄"。

语译

疾病的初期，见到邪气有余，就应考虑其正气不足，因虚而受邪；检查病者的上下各部，脉证参合，以穷究其病机。例如形弱气虚的，主死；形气有余，脉气不足的，亦死；脉气有余，形气不足的，主生。所以，诊病有一定的大法，医生应该注意起坐有常，一举一动，保持很好的品德；思维敏捷，头脑清静，上下观察，分别四时八节之邪，辨别邪气中于五脏的何部；触按其脉息的动静，探切尺部皮肤滑涩寒温的概况；视其大小便的变化，与病状相参合，从而知道是逆是顺，同时也知道了病名，这样诊察疾病，可以十不失一，也不会违背人情。所以诊病之时，或视其呼吸，或看其神情，都能不失于条理，技术高明，能保持永久不出差错；假如不知道这些，违反了原则和真理，乱谈病情，妄下结论，这是不符合治病救人的医道的。

本篇要点

一、从年老年少、四时季节等方面讨论了人体阴阳之气的盛衰、逆从。

二、依据五行理论，阐述了五脏气虚产生的梦境。

三、从诊有十度谈到诊断必须全面掌握病情，综合分析。

解精微论篇第八十一

题解

本篇主要是说明哭泣涕泪之机理。这些都关系到阴阳水火神志的变化，其理至精至微，所以篇名曰"解精微论"。正如高世栻所说："纯粹之至曰精，幽渺之极曰微。阐明阴阳水火神志悲泣，以及水所从生，涕所从出，神志水火之原，非寻常问答所及，故曰解精微。"

黄帝在明堂，雷公请曰：臣授①业传之，行教以经论，从容形法，阴阳刺灸，汤药所滋。行治有贤不肖，未必能十全。若先言悲哀喜怒，燥湿寒暑，阴阳妇女，请问其所以然者，卑贱富贵，人之形体所从，群下通使②，临事以适道术，谨闻命矣。请问有毚愚仆漏之问③，不在经者，欲闻其状。帝曰：大矣！

注释

① 授：《黄帝内经太素》卷二十九水论作"受"。
② 群下通使：群下，指雷公所教的学生。通使，使之全面了解。
③ 毚(chán 谗)愚仆漏之问：张介宾："毚，妄也。漏，当作'陋'。问不在经，故毚愚仆陋，自欺之辞。仆，全元起本作'朴'，于义为妥。"毚言仆漏之问，是自谦为一些愚昧简陋的问题。

语译

黄帝在明堂里,雷公请问说:我接受了您传给我的医道,再教给我的学生,教的内容是经典所论,从容形法,阴阳刺灸,汤药所滋。然而他们在临证上,因有贤愚之别,所以未必能十全。至于教的方法,是先告诉给他们悲哀喜怒,燥湿寒暑,阴阳妇女等方面的问题,再叫他们回答所以然的道理,并向他们讲述卑贱富贵及人之形体的适从等,使他们通晓这些理论,再通过临证适当地运用,这些在过去我已经听您讲过了。现在我还有一些很愚陋的问题,在经典中找不到,要请您解释。黄帝道:你钻研的问题真是深而大啊!

公请问:哭泣而泪不出①者,若出而少涕,其故何也?帝曰:在经有也。复问:不知水②所从生,涕所从出也。帝曰:若问此者,无益于治也,工之所知,道之所生也。夫心者,五藏之专精③也,目者其窍也④,华色者其荣也。是以人有德⑤也,则气和于目,有亡,忧知于色。是以悲哀则泣下,泣下水所由生。水宗⑥者,积水也;积水者,至阴⑦也;至阴者,肾之精也。宗精⑧之水,所以不出者,是精持之也,辅之,裹之,故水不行也。夫水之精为志,火之精为神,水火相感,神志俱悲,是以目之水生也。故谚言曰:心悲名曰志悲⑨,志与心精共凑于目也,是以俱悲则神气传于心精,上不传于志而志独悲,故泣出也。泣涕者脑也⑩,脑者阴也,髓者骨之充也,故脑渗为涕⑪。志者骨之主也,是以水流⑫而涕从之者,其行类也。夫涕之与泣者,譬如人之兄弟,急则俱死,生则俱生,其志以早悲,是以涕泣俱出而横行也。夫人涕泣俱出而相从者,所属之类也。雷公曰:大矣!

注释

① 哭泣而泪不出:据下文此似为"哭泣而泪涕皆出"。
② 水:此指眼泪。
③ 专精:张志聪:"五藏主藏精者也,心者五藏六府之主,故为五藏之专精。"就是说五脏之精气由心来统辖。
④ 目者其窍也:吴崑:"精专于心,神发于目。"王冰:"神内守,明外鉴,故目其窍也。"
⑤ 德:《黄帝内经太素》卷二十九水论作"得"。
⑥ 水宗:宗,即泉源。水宗,即水之泉源。如《黄帝内经太素》卷二十九水论:"宗,本也。水之本,是肾之精。"
⑦ 至阴:高世栻:"水积于下,其性阴柔,故曰积水者至阴也。肾精为水之本,故曰至阴者,肾之精也。"
⑧ 宗精:指肾精。张介宾:"五液皆宗于肾,故又曰宗精,精能主持水道,则不使之妄行矣。"
⑨ 心悲名曰志悲:水火相感,心悲必然影响肾志,所以心悲名曰志悲。
⑩ 泣涕者脑也、脑渗为涕:因为涕出于鼻,而鼻通于脑,所以说"泣涕者脑也"、"脑渗为涕"。
⑪ 水流:出泪水。

语译

雷公请问:有哭泣而泪涕皆出,或泪出而很少有鼻涕的,这是什么道理?黄帝道:在医经中有记载。雷公又问:眼泪是怎样产生的?鼻涕是从哪里来的?黄帝道:你问这些问题,对治疗上没有多大帮助,但也是医生应该知道的,因为它也是医学中的基本知识。心为五脏之专精,两目是它的外窍,光华色泽是它的外荣。所以一个人在心里有得意的事,则神气和悦于两目;假如心有所失意,则表现忧愁之色。因此悲哀就会哭泣,泣下的泪是水所产生的。水的来源,是体内积聚的水液;积聚的水液,是至阴;所谓至阴,就是肾藏之精。来源于肾精的水液,平时所以不出,是受着精的约制,精能辅助、裹藏水,所以泪水不至自流。水的精气是志,火的精气是神,水火相互交感,神志俱悲,因而泪水就出来了。所以俗语说:心悲叫做志悲,因为肾志与心精,同时上凑于目,所以心肾俱悲,则神气传于心精,而不传于肾志,肾志独悲,水失去了精的约制,故而泪水就出来了。哭泣而涕出的,其故在脑,脑属阴,髓充于骨并且藏于脑,而鼻窍通于脑,所以脑髓渗漏而成涕。肾志是骨之主,所以泪水出而鼻涕也随之而出,是因为涕泪是同类的关系。涕之与泪,譬如兄弟,危急则同死,安乐则共存,肾志先悲而脑髓随之,所以涕随泣出而涕泪横流。涕泪所以俱出而相随,是由于涕泪同属水类的缘故。雷公说:你讲的道理真博大!

请问:人哭泣而泪不出者,若出而少,涕不从之,何也?帝曰:夫泣不出者,哭不悲也。不泣者,神不慈①也;神不慈则志不悲,阴阳相持,泣安能独来?夫志悲者惋②,惋则冲阴③,冲阴则志去目,志去则神不守精,精神去目,涕泣出也。且子独不诵不念夫经言乎?厥则目无所见。夫人厥则阳气并于上,阴气并于下,阳并于上则火独光④也;阴并于下则足寒,足寒则胀也。夫一水不胜五火⑤,故目眦⑥盲。是以冲风泣下而不止⑦,夫风之中目也,阳气内守于精,是火气燔目,故见风则泣下也。有以比之,夫火疾风生乃能雨,此之类也。

注释

① 慈:原义是怜爱,此可作"感动"解。
② 惋:此作"悽惨"解。
③ 冲阴:冲动于脑。
④ 火独光:言阳气独盛亢于上部,如火光的向上。

⑤ 一水不胜五火：一水，指目之精；五火，指五脏之亢阳。
⑥ 眦：《甲乙经》无，似是。
⑦ 冲（chòng铳）风泣下而不止：冲，向着、对。冲风泣下而不止，即迎风流泪不止。

语译

请问有人哭泣而眼泪不出的，或虽出而量少，且涕不随出的，这是什么道理？黄帝道：哭而没有眼泪，是内心上并不悲伤。不出眼泪，是心神没有被感动；神不感动，则志亦不悲，心神与肾志相持而不能相互交感，眼泪怎么能出来呢？大凡志悲就会有悽惨之意。悽惨之意冲动于脑，则肾志去目；肾志去目，则神不守精；精和神都离开了眼目，眼泪和鼻涕才能出来。你难道没有读过或没有想到医经上所说的话吗？厥则眼睛一无所见。当一个人在厥的时候，阳气并走于上部，阴气并走于下部，阳并于上，则上部亢热，阴并于下则足冷，足冷则发胀。因为一水不胜五火，所以眼目就看不见了。所以迎风就会流泪不止的，因风邪中于目而流泪，是由于阳气内守于精，也就是火气燔目的关系，所以遇到风吹就会流泪了。举一个比喻来说：火热之气炽甚而风生，风生而有雨，与这个情况是相类同的。

本 篇 要 点

一、指出医者必须掌握广博的知识，同时要理论联系实际。
二、讨论哭泣与涕泪的关系，并阐明涕泪产生的机理。
三、讨论"厥则目无所见"的病变机理，并以"火疾风生乃能雨"的自然现象，来解释迎风流泪的病理变化。

【附】黄帝内经素问遗篇

刺法论篇第七十二

题解

本篇论述了运气失常而致疫疠流行的原理,同时,提出了许多防治方法,如刺法、吐法、浴法以及方药等,由于防治方法是以刺法为主,所以篇名"刺法论"。

黄帝问曰:升降①不前,气交有变,即成暴郁,余已知之。何如预救生灵②,可得却乎?岐伯稽首再拜对曰:昭乎哉问!臣闻夫子言,既明天元,须穷刺法,可以折郁扶运,补弱全真,写盛蠲③余,令除斯苦。

注释

① 升降:指六气上升下降之变化,司天之右间应降,在泉之右间应升(图11)。
② 生灵:指人类。
③ 蠲(juān 捐):除去。

语译

黄帝问道:应升而不能升,应降而不能降,升降之气变常,就要成为剧烈的郁气,这个道理我已经知道了。是否能设法加以预防,挽救人类的疾苦,使郁气退却?岐伯行了个礼回答说:问得真贤明啊!我听到老师讲过的,懂得天元的规律,又要深知刺法,就可以折服郁气,使升降正常运行,补助虚弱以保全真气,泻其盛气以祛除余邪,便能消除疾苦。

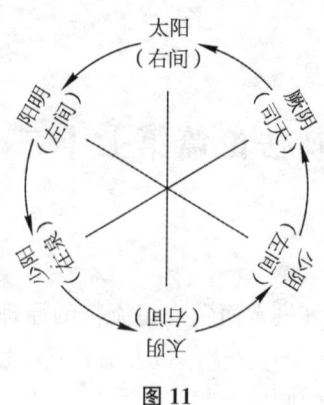

图 11

说明:客气逐年按箭头方向运转,图示厥阴司天,少阳在泉,司天之右间为太阳,在泉之右间为太阴,次年当少阴司天,阳明在泉,太阳应下降为在泉之左间,太阴应上升为司天之左间。

帝曰:愿卒闻之。岐伯曰:升之不前,即有甚凶也。木欲升而天柱[①]窒抑之,木欲发郁,亦须待时,当刺足厥阴之井[②]。火欲升而天蓬[①]窒抑之,火欲发郁,亦须待时,君火相火同刺包络之荥[②]。土欲升而天冲[①]窒抑之,土欲发郁,亦须待时,当刺足太阴之俞[②]。金欲升而天英[①]窒抑之,金欲发郁,亦须待时,当刺手太阴之经[②]。水欲升而天芮[①]窒抑之,水欲发郁,亦须待时,当刺足少阴之合[②]。

注释

① 天柱、天蓬、天冲、天英、天芮:是金、水、木、火、土五星的别名。天柱,金正之宫。天蓬,水正之宫。天冲,木正之宫。天英,火正之宫。天芮,土神之应宫。

② 井、荥、俞、经、合：足厥阴之井即大敦穴。包络之荥即劳宫穴。足太阴之俞（输）即太白穴。手太阴之经即经渠穴。足少阴之合即阴谷穴。合穴属水，经穴属金，俞（输）穴属土，荥穴属火，井穴属木。

语译

黄帝道：我要详细了解升降的道理。岐伯说：应该升而不能升，就有凶险的变化。厥阴风木，应该从在泉右间，上升为司天左间，而金气过胜阻抑它不能上升，木被阻郁而为害，但要到当位的时候才能发病，可以刺足厥阴经的井穴大敦以泻木郁。少阴君火应该上升，而在天的水气过胜阻抑它不能上升，火被阻郁而为害，也要等到当位的时候才能发病，可以刺手厥阴心包经的荥穴劳宫以泻火邪。太阴湿土应该上升，而在天的木气过胜阻抑它不能上升，土被阻郁而为害，也要等到当位的时候才能发病，可以刺足太阴脾经的俞（输）穴太白以泻土郁。阳明燥金应该上升，而在天的火气过胜阻抑它不能上升，金被阻郁而为害，也要等到当位的时候才能发病，可以刺手太阴经的经穴经渠以泻金郁。太阳寒水应该上升，而在天之土气过胜抑阻它不能上升，水被阻郁而为害，也要等到当位的时候才能发病，可以刺足少阴经的合穴阴谷以泻水郁。

帝曰：升之不前，可以预备，愿闻其降，可以先防。岐伯曰：既明其升，必达其降也。升降之道，皆可先治也。木欲降而地晶①窒抑之，降而不入，抑之郁发，散而可得位，降而郁发，暴如天间之待时也。降而不下，郁可速矣，降可折其所胜也。当刺手太阴之所出②，刺手阳明之所入③。火欲降，而地玄①窒抑之，降而不入，抑之郁发，散而可矣④。当折其所胜，可散其郁，当刺足少阴之所出，刺足太阳之所入。土欲降而地苍①窒抑之，降而不下，抑之郁发，散而可入，当折其胜，可散其郁，当刺足厥阴之所出，刺足少阳之所入。金欲降而地彤①窒抑之，降而不下，抑之郁发，散而可入，当折其胜，可散其郁，当刺心包络所出，刺手少阳所入也。水欲降而地阜①窒抑之，降而不下，抑之郁发，散而可入，当折其土⑤，可散其郁，当刺足太阴之所出，刺足阳明之所入。

注释

① 地晶、地玄、地苍、地彤、地阜：也是金、水、木、火、土五星的别名。地晶，西方金司。地玄，北方水司。地苍，东方木司。地彤，南方火司。地阜，中央土司。

② 所出：指井穴。手太阴之井穴是少商，足少阴之井穴是涌泉，足厥阴之井穴是大敦，手厥阴心包络之井穴是中冲，足太阴之井穴是隐白。

③ 所入：指合穴。手阳明之合穴是曲池，足太阳之合穴是委中，足少阳之合穴是阳陵泉，手少阳之合穴是天井，足阳明之合穴是足三里。

④ 矣：据以下文例当作"入"。

⑤ 土：据以上文例当作"胜"。

语译

黄帝道：应升而不能升，既然可以预防，那末我想听听应降而不能降，事先预防的方法。岐伯说：既然已经明白升的道理，当然也可以了解其降的情况。对于升和降所引起的病患，都可以预先防治的。如厥阴风木应该从司天之右间下降到在泉之左间，而在地之金气窒塞，阻抑着它不能下降，欲降而不得入，木受阻抑，必发郁滞，须窒塞解散，才得降入在泉之左间的位置。应降而不能降所发生的郁滞，为害也和司天之间气应升而不能升一样。应该降而不能降，那末郁滞将很快的形成，要使它能够下降，可以折服相胜的金气，当刺手太阴经的所出少商穴，刺手阳明经之所入曲池穴。少阴君火、少阳相火应该从司天右间下降为在泉左间，而在地的水气窒塞，阻抑着它不能下降，欲降而不得入，火受阻抑，必发郁滞，须窒塞解散，才得降入在泉之左间的位置，当折服相胜的水气，就可以散火之郁，当刺足少阴之所出涌泉穴，刺足太阳之所入委中穴。太阴湿土，应该从司天右间降入在泉左间，而在地木气窒塞，阻抑着它不能下降，欲降而不得入，土受阻抑，必发郁滞，须窒塞解散，才可降入在泉左间之位，应当折服相胜的木气，就可散土之郁，当刺足厥阴经之所出大敦穴，刺足少阳经之所入阳陵泉穴。阳明燥金应该从司天右间降入在泉左间，而在地的火气窒塞，阻抑着它不能下降，欲降而不得入，金被阻抑，必发郁滞，须窒塞解散，才可降入在泉左间之位，应该折服相胜的火气，以散金之郁，当刺心包络手厥阴经之所出中冲穴，刺手少阳经之所入天井穴。太阳寒水应该从司天右间降入在泉左间，而在地之土气窒塞，阻抑着它不能下降，欲降而不得入，水受阻抑，必发郁滞，须窒塞解散，才可降入在泉左间之位，应该折服土气，就可以散水之郁，当刺足太阴经之所出隐白穴，刺足阳明经之所入三里穴。

帝曰：五运之至有前后，与升降往来，有所承抑之，可得闻乎刺法？岐伯曰：当取其化源也。是故太过取之，不及资之。太过取之，次抑其郁，取其运之化源，令折郁气；不及扶资①，以扶运气，以避虚邪也。资取之法，令出《密语》②。

注释
① 扶资：据以上文例当作"资之"。
② 资取之法，令出《密语》：此句当是后人注语，误入正文。《密语》即《玄珠密语》，为唐·王冰所作。

语译

黄帝道：五运之气的到来有前有后，它与天气的升降往来，必有承接抑阻的关系，可以使我了解刺法吗？岐伯说：应当取治它气化之本源。气太过的要用泻法，气不及的要资助它。所谓太过的取泻法，就是说按照升降的次序，抑制其郁滞的发作，取法于五运气化之本源，以折减郁滞之气；所谓不及的资助它，就是扶植运气，以避免虚邪的产生。以上资助和取治的方法，出于《玄珠密语》一书。

黄帝问曰：升降之刺，以知其要。愿闻司天未得迁正①，使司化之失其常政，即万化之或其皆妄，然与民为病，可得先除，欲济群生，愿闻其说。岐伯稽首再拜曰：悉乎哉问！言其至理，圣念慈悯，欲济群生，臣乃尽陈斯道，可申洞微。太阳复布，即厥阴不迁正；不迁正，气塞于上，当写足厥阴之所流②。厥阴复布，少阴不迁正；不迁正，即气塞于上，当刺心包络脉之所流②。少阴复布，太阴不迁正；不迁正，即气留于上，当刺足太阴之所流②。太阴复布，少阳不迁正；不迁正，则气塞未通，当刺手少阳之所流②。少阳复布，则阳明不迁正；不迁正，则气未通上，当刺太阴之所流②。阳明复布，太阳不迁正；不迁正，则复塞其气，当刺足少阴之所流②。

注释

① 迁正：指上年的司天左间，今年迁为司天行令，或上年的在泉左间，今年迁为在泉行令。

② 所流：流，义同"溜"。所流，指荥穴。足厥阴之所流是行间穴，心包络之所流是劳宫穴，足太阴之所流为大都穴，手少阳之所流为液门穴，手太

阴之所流为鱼际穴,足少阴之所流为然谷穴。

语译

黄帝问道:关于升降的刺法,已经知其大要。我想再进一步听听关于司天未能迁正,因而使气化政令失常,万物的生化不能按正常规律进行,这样人们也要发生疾病,能否预先消除它,以救济人类,请你讲讲这个问题。岐伯行个礼回答说:问得真详尽啊!说得很有道理,足见君有仁慈怜悯之心,要拯救人类,我一定详尽地说清楚这些道理,申明其深奥微妙的意义。如上年司天的太阳寒水继续司布政令,厥阴风木就不能迁正;厥阴不能迁正,木气就郁塞于上,应当泻足厥阴经的荥穴行间。上年厥阴风木继续司布政令,少阴君火就不能迁正;少阴不能迁正,火气就滞留于上,应当刺手厥阴心包经的荥穴劳宫。上年少阴君火继续司布政令,太阴湿土就不能迁正;太阴不能迁正,土气就稽留于上,应当刺足太阴脾经的荥穴大都。上年太阴湿土继续司布政令,少阳相火就不能迁正;少阳不能迁正,火气就窒而不通,应当刺手少阳经的荥穴液门。上年少阳相火继续司布政令,阳明燥金就不能迁正;阳明不能迁正,金气未能通于上,应该刺手太阴经的荥穴鱼际。上年阳明燥金继续司布政令,太阳寒水就不能迁正;太阳不能迁正,和上年主气的终气太阳寒水双重郁塞,应当刺足少阴经的荥穴然谷。

帝曰:迁正不前,以通其要。愿闻不退,欲折其余,无令过失,可得明乎?岐伯曰:气过有余,复作布正,是名不退位[①]也。使地气不得后化。新司天未可迁正,故复布化令如故也。已亥之岁,天数有余,故厥阴不退位也,风行于上,木化布天,当刺足厥阴之所入[②]。子午之岁,天数有余,故少阴不退位也,热行于上,火余化布天,当刺手厥阴之所入②。丑未之岁，天数有余，故太阴不退位也，湿行于上，雨化布天，当刺足太阴之所入②。寅申之岁，天数有余，故少阳不退位也，热行于上，火化布天，当刺手少阳之所入②。卯酉之岁，天数有余，故阳明不退位也，金行于上，燥化布天，当刺手太阴之所入②。辰戌之岁，天数有余，故太阳不退位也，寒行于上，凛水化布天，当刺足少阴之所入②。故天地气逆，化成民病，以法刺之，预可平疴。

注释

①退位：指上年司天，退居今年司天右间，或上年在泉，退居今年在泉右间。退位又作"过位"。张介宾："气数有余不退，复作布政，而新旧不能过位。"

②所入：指合穴。足厥阴之合穴为曲泉，手厥阴之合穴为曲泽，足太阴之合穴为阴陵泉，手少阳之合穴为天井，手太阴之合穴为尺泽，足少阴之合穴为阴谷。

语译

黄帝说：应该迁正而不能迁正，我已经通晓它的要点了。请再告诉我不退位的问题，要折服它的有余之气，使它不致产生过失，能否加以说明呢？岐伯说：上年司天之气太过而有余，继续司布政令，这就叫做不退位。因此在泉的地气，也不能退居右间。新司天未能迁正，所以上年司天仍旧司布政令。如巳年亥年司天气数有余，因此到了子年午年，厥阴风木不退位，风气仍行于上，布散木的生化之气，应当刺足厥阴经之合穴曲泉。子年午年司天气数有余，因此到了丑年未年，少阴君火不退位，热气仍行于上，布散剩余的火热气象，应当刺手厥阴心包络经之合穴曲泽。丑年未年司天气数有余，因此到了寅年申年，太阴湿土不退位，湿气仍行于上，布散雨湿气象，应当刺足太阴脾经之合穴阴陵泉。寅年申年司天气数有余，因此到了卯年酉年，少阳相火不退位，热气仍行于上，布散火热气象，应当刺手少阳三焦经之合穴天井。卯年酉年司天气数有余，因此到了辰年戌年，阳明燥金不退位，金气仍行于上，布散燥金气象，应当刺手太阴肺经之合穴尺泽。辰年戌年司天气数有余，因此到了巳年亥年，太阳寒水不退位，寒气仍行于上，布散凛冽的寒水气象，应当刺足少阴肾经之合穴阴谷。所以说：司天在泉之气出现不正常的变化，就要导致人们的疾病，按上面的方法进行针刺，就可以预先平定将要发生的疾病。

黄帝问曰：刚柔二干[1]，失守其位，使天运之气皆虚乎？与民为病，可得平乎？岐伯曰：深乎哉问！明其奥旨，天地迭移，三年化疫，是谓根之可见，必有逃门[2]。

假令甲子[3]刚柔失守，刚未正，柔孤而有亏，时序不令，即音律非从，如此三年，变大疫也。详其微甚，察其浅深，欲至而可刺，刺之当先补肾俞，次三日，可刺足太阴之所注。又有下位己卯[3]不至，而甲子孤立者，次三年作土疠[4]，其法补写，一如甲子同法也。其刺以毕，又不须夜行及远行，令七日洁，清静斋戒，所有自来。肾有久病者，可以寅时面向南，净神不乱思，闭气不息七遍，以引颈咽气顺之，如咽甚硬物，如此七遍后，饵舌下津令无数。

假令丙寅[3]刚柔失守，上刚干失守，下柔不可独主之，中水运非太过[5]，不可执法而定之。布天有余，而失守上正，天地不合，即律吕音异，如此即天运失序，后三年变疫。详其微甚，差有大小，徐至即后三年，至甚即首三年，当先补心俞，次五日，可刺肾之所入。又有下位地甲子⑥辛巳③柔不附刚,亦名失守,即地运皆虚,后三年变水疠④,即刺法皆如此矣。其刺如毕,慎其大喜欲情于中,如不忌,即其气复散也,令静七日,心欲实,令少思。

假令庚辰刚柔失守,上位失守,下位无合,乙庚金运,故非相招,布天未退,中运胜来,上下相错,谓之失守,姑洗林钟,商音不应也。如此则天运化易,三年变大疫。详其天数,差有微甚,微即微,三年至,甚即甚,三年至,当先补肝俞,次三日,可刺肺之所行。刺毕,可静神七日,慎勿大怒,怒必真气却散之。又或在下地甲子乙未失守者,即乙柔干,即上庚独治之,亦名失守者,即天运孤主之,三年变疠,名曰金疠④,其至待时也。详其地数之等差,亦推其微甚,可知迟速耳。诸位乙庚失守,刺法同。肝欲平,即勿怒。

假令壬午刚柔失守,上壬未迁正,下丁独然,即虽阳年,亏及不同,上下失守,相招其有期,差之微甚,各有其数也,律吕二角,失而不和,同音有日,微甚如见,三年大疫,当刺脾之俞,次三日,可刺肝之所出也。刺毕,静神七日,勿大醉歌乐,其气复散,又勿饱食,勿食生物,欲令脾实,气无滞饱,无久坐,食无太酸,无食一切生物,宜甘宜淡。又或地下甲子丁酉失守其位,未得中司,即气不当位,下不与壬奉合者,亦名失守,非名合德,故柔不附刚,即地运不合,三年变疠。其刺法亦如木疫之法。

假令戊申刚柔失守,戊癸虽火运,阳年不太过也,上失其刚,柔地独主,其气不正,故有邪干,迭移其位,差有浅深,欲至将合,音律先同,如此天运失时,三年之中,火疫至矣,当刺肺之俞。刺毕,静神七日,勿大悲伤也,悲伤即肺动,而其气复散也。人欲实肺者,要在息气也。又或地下甲子癸亥失守者,即柔失守位也,即上失其刚也。即亦名戊癸不相合德者也,即运与地虚,后三年变疠,即名火疠④。

是故立地五年,以明失守,以穷法刺,于是疫之与疠,即是上下刚柔之名也,穷归一体也。即刺疫法,只有五法,即总其诸位失守,故只归五行而统之也。

注释

① 刚柔二干:干,即天干。其中甲、丙、戊、庚、壬为阳干,乙、丁、己、辛、癸为阴干。阳干气刚,阴干气柔,所以叫做"刚柔二干"。

② 逃门:指避免时疫的法门。

③ 甲子、己卯、丙寅、辛巳:甲与己都属土运,子与午都属少阴司天。凡少阴司天,必阳明在泉。阳明属卯酉,而与土运相配,则己卯为甲子年的在泉之化,所以上甲则下己,上刚而下柔。丙与辛都属水运,寅与申都为少阳司天。凡少阳司天,必厥阴在泉。厥阴属巳亥,而配于水运,则辛巳为丙寅年的在泉之化,所以上丙则下辛,上刚则下柔。所谓"刚柔失守",就是上下(司天在泉)不相调协,不能呼应。以下庚辰与乙未,壬午与丁酉等,可以此类推。

④ 土疠、水疠、金疠、木疠、火疠:土运、水运、金运、木运、火运之年,在泉不能迁正所酿成的疫疠。

⑤ 中水运非太过:丙为阳年,本是水运太过,但失守就不能以太过论。

⑥ 地甲子:地,指在泉。甲子,指干支。地甲子,就是代表在泉之气的干支符号。

语译

黄帝问道:刚干和柔干失守,其司天在泉之位不能迁正,能使司天在泉和中运之气都虚吗?给人们造成的疾病,能否设法避免而使之平定呢？岐伯说：你问的问题真深奥啊！必须明白它奥妙的意义，司天在泉之气逐年更迭迁移，三年左右可造成时疫流行，如果能够懂得这里面的奥妙，就能找到它的根源，必有避免它的方法门路。

假如甲子司天之年刚柔失守，司天之气未能迁正，在泉之气便孤立而空虚，四时气候不按节令到来，像音律不能相应一样，这样在三年左右，就要变为大疫。审察它程度的微甚浅深，当它将要发生之前，可以针刺预防，刺法应先补膀胱经的肾俞，隔三天再刺足太阴经之所注太白穴。又有在泉之气己卯不能迁正，而司天甲子孤立的，在三年左右可发生土疠，补泻的方法，同甲子司天失守一样。刺完之后，不能夜行和远行，七日之内，务须洁净，精神清静，素食斋戒，使疫疠之邪不致乘虚而来。凡是原来久患肾病的人，可在寅时，面对南方，集中思想，消除杂念，闭住气息，连作七次伸颈用力咽气，像咽很硬的东西一样，这样七遍之后，再把舌下的津液咽下去，不拘其数。

假如丙寅司天之年刚柔失守，司天之气未能迁正，在泉之气亦不能独主其令，丙年虽属水运太过，但上下失守，就不是太过了，不能机械地以太过论治，阳年司天虽属有余，但刚柔失守而不能迁正，上下就不能相合，正如律吕不相协调而其音各异，这样自然界气候就不正常，其后三年左右，就要变为疫病。详细审察它程度的微甚和差异的大小，徐缓的可在三年后发生疾病，严重的不到三年就发生疾病，应当先补膀胱经的心俞，隔五天，再刺肾经之所入阴谷穴。又有在泉之气辛巳不能随着司天而迁正，也叫失守，就使在泉之气与运气都虚，三年以后变成水疠，刺法也同丙寅失守一样。刺过以后，当避免过分的喜悦等内心的纷扰，如果不谨慎预防，就会使气仍旧耗散，要叫他安静的休养七天，心要踏实，避免空想思虑。

假如庚辰司天之年刚柔失守，司天之气失守，在泉之气无以相合，乙庚是金运，刚柔失守，所以上下不相呼应，上年司天的阳明燥金未退，在泉之火胜今年中运之金，上下胜复相错，就称为失守，使太商阳律之姑洗与少商阴吕之林钟不能相应，这样天运变化失常，三年左右变为大疫。审察其天运的变化规律和相差程度的微甚，凡相差微疫情也微，程度甚疫情也甚，总在三年左右发生，应当先补膀胱经的肝俞，隔三天，可刺肺经的经渠穴。刺过以后，要保持精神宁静七天，切勿大怒，如果发怒真气必然耗散而虚却。又或在泉之气乙未不能迁正，就是说乙未失守，而上位庚辰独自司天，也叫失守，即司天与中运独治之年，三年左右，有疫疠的变化，叫做金疠，它要等到一定的时候才发生。审察在泉之气变化规律的差异，推断疠气的微甚，可以知道发病的迟速。凡是乙庚之年上下失守的，刺法都相同。肝喜欢平和，勿要发怒。

假如壬午司天之年刚柔失守，属壬之司天不能迁正，属丁之在泉单独迁正，那末虽然是阳年，而不能用阳年为太过阴年为不及的规律来衡量，上位下位失守，总会有相应的时候，但由于差异的微甚，各有一定之数，太角的阳律和少角的阴吕相失而不和，待上下得位之时，则律吕之音相同有日，根据其微甚，三年左右要有大疫流行，应当先刺膀胱经的脾俞穴补之，隔三天，可再刺足厥阴肝经之所出大敦穴。刺过之后，保持精神宁静七天，不能大醉或高歌取乐，否则能使正气进一步耗散，又不能吃得太饱，不能吃生东西，要想使脾气充实健全，不致气机郁滞饱满，那就不能久坐，不要吃过酸的东西，不要吃一切生的东西，要吃甘淡的食物。又或在泉之气甲子丁酉失守，未能迁正，就使运气不当位，在泉之气不能同司天之气相合，也叫做失守，不能称为合德，因柔刚不相应，就是在泉之气与中运不合，三年左右变为疫疠。刺法也和壬午司天失守预防木疫的一样。

假如戊申司天之年刚柔失守,虽然戊癸年是火运阳年,若刚柔失守,那末阳年也不属太过了,司天刚干失守,在泉柔干独主,气候不正常,因此有致病邪气干扰,司天在泉之气更迭变移,相差的程度有浅有深,等到刚柔将合的时候,阳律与阴吕必先应而同,如此天运失去正常时位,三年之内火疫要发生,应先刺膀胱经的肺俞穴。刺过之后,保持精神宁静七天,不要太悲伤,悲伤就要动乱肺气,而真气进一步耗散。要想使肺健实,关键在于调息养气。又或在泉之气甲子癸亥失守,就是柔干失守不能迁正,就使在泉之气不能上合司天之气,也就称为戊癸不相合德,使运气与在泉之气空虚,三年后变为疫疠,就叫做"火疠"。

因此运用五行来分立五年,以说明刚柔失守的问题,以研究针刺之法,于是可以知道疫和疠,就是从上下刚干柔干失守来定名的,疫与疠实际上是一样的性质。就以预防疫疠的刺法来说,也只有五种方法,也就是汇总了诸刚柔之位失守的治法,所以只要用五行系统来归纳的。

黄帝曰:余闻五疫之至,皆相染易,无问大小,病状相似,不施救疗,如何可得不相移易者?岐伯曰:不相染者,正气存内,邪不可干,避其毒气,天牝①从来,复得其往,气出于脑,即不邪干。气出于脑,即室先想心如日。欲将入于疫室,先想青气自肝而出,左行于东,化作林木;次想白气自肺而出,右行于西,化作戈甲;次想赤气自心而出,南行于上,化作焰明;次想黑气自肾而出,北行于下,化作水;次想黄气自脾而出,存于中央,化作土。五气护身之毕,以想头上如北斗之煌煌,然后可入于疫室。又一法,于春分之日,日未出而吐之②。又一法,于雨水日后,三浴以药泄汗。又一法,小金丹方:辰砂二两,水磨雄黄一两,叶子雌黄一两,紫金半两,同入合中,外固,了地一尺筑地实③,不用炉,不须药制,用火二十斤煅之也,七日终,候冷七日取,次日出合子,埋药地中,七日取出,顺日研之三日,炼白沙蜜为丸,如梧桐子大。每日望东吸日华气④一口,冰水下一丸,和气咽之。服十粒,无疫干也。

注释

① 天牝:鼻。张介宾:"鼻受天之气,故曰天牝。"
② 吐之:马莳:"用远志去心,以水煎之,日未出,饮二盏而吐,吐之不疫。"
③ 地实:《素问注证发微》、《素问直解》均作"地宾"。高世栻:"地宾,地穴也。"
④ 日华气:日初出时空气中之精气。

语译

黄帝道:我听说五疫的发生,都能相互传染,不论大人小儿,病状都是一样的,要是不等到发病后才给予治疗,预先有什么方法可以使人不受传染呢?岐伯说:要使人们不受传染,一方面要正气充实于内,邪气就不能侵犯,另一方面还要避免这种疫毒,使它从鼻孔而来,仍从鼻孔而去,所以只要正气出于脑,就不致于受外邪侵犯了。所谓正气出于脑,就是将要到病家时,先振作精神,自己好像太阳光一样阳气充足。将要进入传染病室时,可先想象肝脏有一种青气发出,向左行于东方,化作繁茂的树林;其次想象有一种白气从肺脏发出,向右行于西方,化作兵戈金甲;其次想象有一种赤气从心脏发出,向上行于南方,化作火焰光明;其次想象有一种黑气从肾脏发出,向下行于北方,化作寒冷之水;再其次想象有一种黄气从脾脏发出,存留于中央,化作生化万物之土。有了五脏之气护卫身体之后，再想像头上象北斗星一样煌煌有光，阳光充沛，然后进入传染病室。又有一种方法，是在春分那一天，太阳未出的时候，用吐法。又有一法，在雨水节后，用药汤沐浴三次，促使出汗。又有一法，用小金丹方：辰砂二两，水磨雄黄一两，叶子雌黄一两，紫金半两，一同放在盒中，外面封固，在地上挖一尺深筑成地穴，不用炉子，亦没有什么制法上的规定，只要燃料二十斤煅炼，到七天，等冷却，七天后拿出地穴，第二天从盒子里拿出来，直接把药埋在地中，再过七天拿出来，天天研，研了三天，用熬过的白沙蜜做成梧桐子大的丸药。每天清早面向东，吸日华之气一口，再用冰水送服一丸，连气一同咽下去。连服十粒，就不受疫邪侵袭了。

　　黄帝问曰：人虚即神游失守位，使鬼神外干，是致夭亡，何以全真？愿闻刺法。岐伯稽首再拜曰：昭乎哉问！谓神移失守，虽在其体，然不致死，或有邪干，故令夭寿。只如厥阴失守，天以虚，人气肝虚，感天重虚①，即魂游于上，邪干，厥大气，身温犹可刺之，刺其足少阳之所过，次刺肝之俞。人病心虚，又遇君相二火司天失守，感而三虚②，遇火不及，黑尸鬼③犯之，令人暴亡，可刺手少阳之所过，复刺心俞。人脾病，又遇太阴司天失守，感而三虚，又遇土不及，青尸鬼邪犯之于人，令人暴亡，可刺足阳明之所过，复刺脾之俞。人肺病，遇阳明司天失守，感而三虚，又遇金不及，有赤尸鬼犯人，令人暴亡，可刺手阳明之所过，复刺肺俞。人肾病，又遇太阳司天失守，感而三虚，又遇水运不及之年，有黄尸鬼干犯人正气，吸人神魂，致暴亡，可刺足太阳之所过，复刺肾俞。

注释

① 重虚：人之脏气已虚，又感天之虚邪。

② 三虚：马莳："此人气、天气同虚也，又遇惊而夺精，汗出于心，因而三虚。"

③ 黑尸鬼：鬼，指疫邪。因其得病死亡之后，其邪能传染他人，故称为"尸鬼"。黑，属水。黑尸鬼，即水疫之邪。以下青尸鬼、黄尸鬼等，仿此。

语译

黄帝问道：虚弱的人就有精神不振，似乎神气离散的样子，从而使邪气自外部乘机侵袭，每致人于夭亡，如何能保全真气？请告诉我救治的刺法。岐伯鞠躬后回答说：问得真贤明啊！精神游离失守，虽然表现在病人形体上，然而并不致于死亡，若一旦再有外邪侵袭，便能使它夭折寿命。例如厥阴风木司天失守，而天运空虚，若人的肝气也虚，两虚相感，便成重虚，使魂不藏而游于上，再受外邪的侵犯，发生大气厥逆，身体温暖的，还可用针刺法救治，先刺足少阳经的原穴丘墟，再刺膀胱经的肝俞穴。人有素病心虚弱，又遇到君火或相火司天失守，再感受外邪，便成三虚，遇到火运不及的年份，水邪侵犯，使人猝死，先刺手少阳经的原穴阳池，再刺膀胱经的心俞穴。人有素病脾虚弱，又遇到太阴湿土司天失守，再感受外邪，便成三虚，又遇土运不及的年份，风邪侵犯，使人猝死，先刺足阳明经的原穴冲阳，再刺膀胱经的脾俞穴。人有素病肺虚弱，遇到阳明燥金司天失守，再感受外邪，便成三虚，又遇金运不及的年份，火邪侵犯，使人猝死，先刺手阳明经的原穴合谷，再刺膀胱经的肺俞穴。人有素病肾虚弱，又遇到太阳寒水司天失守，再感受外邪，便成三虚，又遇水运不及的年份，有湿邪侵犯，损伤正气，人的神魂像被吸去一样，突然死亡，先刺足太阳经的原穴京骨，再刺膀胱经的肾俞穴。

黄帝问曰：十二藏之相使，神失位，使神彩之不圆①，恐邪干犯，治之可刺？愿闻其要。岐伯稽首再拜曰：悉乎哉问！至理道真宗，此非圣帝，焉究斯源！是谓气神合道，契符上天。心者，君主之官，神明出焉，可刺手少阴之源。肺者，相傅之官，治节出焉，可刺手太阴之源。肝者，将军之官，谋虑出焉，可刺足厥阴之源。胆者，中正之官，决断出焉，可刺足少阳之源。膻中者，臣使之官，喜乐出焉，可刺心包络所流。脾为谏议之官②，知周出焉，可刺脾之源。胃为仓廪之官，五味出焉，可刺胃之源。大肠者，传道之官，变化出焉，可刺大肠之源。小肠者，受盛之官，化物出焉，可刺小肠之源。肾者，作强之官，伎巧出焉，刺其肾之源。三焦者，决渎之官，水道出焉，刺三焦之源。膀胱者，州都之官，精③液藏焉，气化则能出矣，刺膀胱之源。凡此十二官者，不得相失也。是故刺法有全神养真之旨，亦法有修真之道，非治疾也。故要修养和神也，道贵常存，补神固根，精气不散，神守不分，然即神守而虽④不去，亦能全真，人神不守，非达至真。至真之要，在乎天玄⑤，神守天息⑥，复入本元，命曰归宗⑦。

注释

① 圆：丰满的意思。
② 谏议之官：脾主思虑，有协助心君决定意志之功，相当于谏议之官。
③ 精：《灵兰秘典论》作"津"，为妥。
④ 虽：通"惟"。
⑤ 天玄：即人身之精。张介宾："玄者水之色，天一之义，以至真之要，重在精也。"
⑥ 天息：马莳："儿在母腹，息通天元，人能绝想念，亦如此，命曰返天息。"

⑦归宗：谓返其本来之元气。

语译

黄帝问道：人体十二个脏器是相互为用的，任何一个脏器不能保持神气的充足，就会使神彩不能丰满，容易受病邪的侵犯，可否用刺法调治呢？请告诉我它的大要。岐伯行了一个礼后回答说：问得真详尽啊！这些最紧要最宝贵的道理，如果不是圣明君主岂能深究这些根源！这是说精气神都要维持正常活动，并符合自然规律。心的职能犹如君主，精神活动由此而出，可刺手少阴经的原穴神门。肺的职能犹如宰相，治理调节一身，可刺手太阴经的原穴太渊。肝的职能犹如将军，计谋远虑由此而出，可刺足厥阴经的原穴太冲。胆的职能犹如中正之官，决定判断由此而出，可刺足少阳经的原穴丘墟。膻中的职能犹如臣使之官，喜乐由此而出，可刺心包络经的荥穴劳宫。脾的职能犹如谏议之官，智慧周密由此而出，可刺足太阴经的原穴太白。胃的职能犹如仓库，饮食五味由此而出，可刺胃经的原穴冲阳。大肠的职能犹如传导之官，变化糟粕由此而出，可刺大肠经的原穴合谷。小肠的职能犹如受盛之官，化生精微由此而出，可刺小肠经的原穴腕骨。肾的职能犹如作用强力之官，技巧由此而出，可刺肾经的原穴太溪。三焦的职能犹如疏通隧道之官，水道从此而出，可刺三焦经的原穴阳池。膀胱的职能犹如洲渚之官，能够存储水液，气化则小便从此而出，可刺膀胱经的原穴京骨。以上十二个脏器，相互之间必须密切协作而不能失调。所以刺法有保全精神、调养真气的作用，也就是有修养真气的机理，并不是单纯用来治病的。所以说要修养真气、调和精神，贵在持之以恒，才能补神固本，使精气不致耗散，神气内守而不致分离，只有神守不离，也才能保全真气，若人的神气失守，就达不到至真之道了。至真之道的关键，在于保养人身之精，神气内守，天息常存，回复本元，就叫做归宗。

本篇要点

一、指出五运升降往来失常，为疫疠产生的根源。

二、说明了疫疠的流行，既可以预测，亦可以预防。预防的原则是：既强调"正气存内，邪不可干"，又要注意"避其毒气"。并介绍了多种预防方法，如对气出于脑的精神作用，以及刺法、吐法、浴法、内服小金丹法等。

三、本篇在运用干支解释运气的理论时，与前面《五运行大论》、《六元正纪大论》、《至真要大论》等篇不尽相同。从这里可以看出，运气学说中的运用干支，亦是很灵活的，不能刻板看待。

四、论述了十二脏腑的功能及其发病后的刺法。

本病论篇第七十三

题解

本篇论述了五运六气上下升降、迁正退位的变化,以及这些变化与疫疠流行的关系。而疫疠流行的关键,又决定于人气、天气、神气等条件,这是发病的根本原因,所以篇名就叫做"本病论"。

黄帝问曰:天元九室①,余已知之,愿闻气交,何名失守?岐伯曰:谓其上下升降,迁正退位,各有经论,上下各有不前,故名失守也。是故气交失易位,气交乃变,变易非常,即四时失序,万化不安,变民病也。

帝曰:升降不前,愿闻其故,气交有变,何以明知?岐伯曰:昭乎哉问,明乎道矣!气交有变,是为天地机,但欲降而不得降者,地室刑之。又有五运太过,而先天而至者,即交不前,但欲升而不得其升,中运抑之,但欲降而不得其降,中运抑之。于是有升之不前,降之不下者,有降之不下,升而至天者,有升降俱不前,作如此之分别,即气交之变。变之有异,常各各不同,灾有微甚者也。

注释

① 九室:谓地之六气欲升天,天之六气欲降地,而适遇相胜,则为其所

窒抑,其数凡九。又《刺法论》:"木火土金水之被窒抑者凡十。"与此互异。

语译

黄帝问道:天元之气窒抑的情况,我已经知道了,请问天地的气交变化,什么叫做失守? 岐伯说:凡是上下升降,迁正退位,都有一定的规律,如果上下不得前进,升降失常,这就叫做失守。因此天地之气的交替,不能移易其位置,气交就发生非常的变化,气交有非常的变化,那末四时的节令也就失去正常的秩序,万物就不能平安,人们也就要因此而生病了。

黄帝道:升和降不能前进,愿了解它的缘故,天地之气的交替发生了变化,又怎样可以知道呢? 岐伯说:你问得很高明,能够明白道理了! 天地之气的交替有变化,这是天地运转的机理,但是要降而不得降的,是地窒的相克。又有五运太过,而其气先节气而至的,气交就不能前进,要升的不能升,是由于中运的阻抑,或者要降不能降,亦是由于中运的阻抑。于是有的升之不前,有的降之不下,有的降之不下升而至天的,有的升降俱不前的,能作出这样的区别,就可以了解气交的变化。异常的变化,常各不相同,给与万物和人们的灾害,也就有轻有重了。

帝曰:愿闻气交遇会胜抑之由,变成民病,轻重何如? 岐伯曰:胜相会,抑伏使然。是故辰戌之岁,木气升之,主逢天柱①,胜而不前;又遇庚戌,金运先天,中运胜之,忽然不前。木运升天,金乃抑之,升而不前,即清生风少,肃杀于春,露霜复降,草木乃萎。民病温疫早发,咽嗌乃干,四肢满,肢节皆痛;久而化郁,即大风摧拉,折陨鸣紊。民病卒中偏痹,手足不仁。

注释

① 天柱：金星的别名，此处代表在天的金气。

语译

黄帝道：望你讲一讲天地气交相遇相会相克相抑的原因，变化导致人们疾病，其病情轻重是怎样的？岐伯说：气交逢到胜气相会时，就要折伏成郁了。因此辰戌之年，厥阴木气当从在泉之右间，上升为司天之左间，若遇到在天的金气过胜，木气不能前进；又若遇到庚戌之年，金运之气先天时而至，金胜克木，使木气不能前进。木气本来是要上升的，却碰到在天的金气和中见金运的抑制，木气就不能上升和前进，于是发生清凉之气，风气反而减少，春天见到秋令肃杀之气，天降霜露，草木枯萎。人们易患温疫早发，咽喉发干，四肢胀满，肢节都痛，但木郁既久，必定化郁为通，大风怒吼，拔倒树木，声音紊乱。在人们的疾病，也要发现猝中，半身麻痹，手足不仁。

是故巳亥之岁，君火升天，主窒天蓬①，胜之不前；又厥阴未迁正，则少阴未得升天，水运以至其中者，君火欲升，而中水运抑之，升之不前，即清寒复作，冷生旦暮。民病伏阳，而内生烦热，心神惊悸，寒热间作；日久成郁，即暴热乃至，赤风肿②翳，化疫。温疠暖作，赤气彰而化火疫。皆烦而躁渴，渴甚，治之以泄之可止。

注释

① 天蓬：水星的别名，此处代表在天的水气。
② 肿：原作"瞳"，据《素问注证发微》改。

语译

所以巳亥之年，少阴君火应从在泉之右间，上升为司天之左间，若遇到在天的水气过胜，火气不能前进；又若厥阴木气未得迁正中位，那么少阴更不能上升，再因水运在中，君火要升，受了水运的抑制，而升之不前，因此在气候方面仍是清冷，早上和晚间更甚。人们多病阳气遏伏，内热烦闷，心神惊悸，寒热交作；日久成郁，一旦开通，气候陡然转为暴热，风火之气聚积覆盖于上，容易化成疫疠。大凡温病疫疠，都是因暖而作，赤色之气显著，就化成火疫。病者都见心烦躁动口渴，口渴很厉害的，用清泄的方法治疗，则诸症可止。

是故子午之岁，太阴升天，主窒天冲①，胜之不前；又或遇壬子，木运先天而至者，中木运抑之也，升天不前，即风埃四起，时举埃昏，雨湿不化。民病风厥②涎潮③，偏痹不随，胀满；久而伏郁，即黄埃化疫也。民病夭亡，脸肢府黄疸满闭。湿令弗布，雨化乃微。

注释

① 天冲：木星的别名，此处代表在天之木气。
② 风厥：厥之由于风者，叫"风厥"。
③ 涎潮：口涎上涌如潮。

语译

所以子午之年，太阴湿土当从在泉之右间，上升为司天之左间，若遇到在天木气过胜，土气不能前进；又若遇到壬子木运太过，其气先天时而至，则土被木克，窒而不前，就要风尘四起，天昏地暗，没有雨水下降。人们要生风厥、涎潮、半身不遂、胀满等病；土气久郁，郁极则发就要化成疫疠。人们多病夭折，脸部和四肢发黄，成为黄疸，六腑亦胀满闭塞。在气候上，湿令未能布化，雨水就很少下降。

是故丑未之年,少阳升天,主窒天蓬,胜之不前;又或遇太阴未迁正者,即少阴未升天也,水运以至者,升天不前,即寒雰①反布,凛冽如冬,水复涸,冰再结,暄暖乍作,冷复布之,寒暄不时。民病伏阳在内,烦热生中,心神惊骇,寒热间争;以久成郁,即暴热乃生,赤风肿②翳,化成疫疠③,乃化作伏热内烦,痹而生厥,其则血溢。

注释

① 寒雰:寒冷的雾露。
② 肿:原作"瞳",据《素问注证发微》改。
③ 疫疠:原作"郁疠",据《素问直解》改。

语译

所以丑未之年,少阳相火当由在泉之右间,上升为司天之左间,若遇到在天水气过胜,火气不能前进;又若遇到由去年未能退位的少阴,以致太阴不能就位,少阳亦无从升天;若逢水运抑制,亦不能升天而前进,这时反见霜雪雨露,寒冷如冬,河水干涸,或冻结成冰,有时忽然天暑地热,可是马上又转为寒冷逼人,气候寒暖不时。人们生病大都是伏火在内,心中烦热,惊骇不安,寒热交作;郁久必复,到了一定的时候,气候转为暴热,风火之气聚积覆盖于上,变生疫疠,于是有伏热内烦,四肢麻痹而厥冷,更严重的有出血的症状。

是故寅申之年,阳明升天,主窒天英①,胜之不前;又或遇戊申戊寅,火运先天而至;金欲升天,火运抑之,升之不前,即时雨不降,西风数举,咸卤燥生。民病上热,喘嗽,血溢;久而化郁,即白埃翳雾,清生杀气。民病胁满,悲伤,寒鼽嚏,嗌干,手坼皮肤燥。

注释

① 天英：火星的别名，此处代表在天的火气。

语译

所以寅申之年，阳明燥金应从在泉之右间，上升为司天之左间，若遇到在天火气过胜，金气不能前进；又若遇到戊申戊寅年，火运太过，其气先天时而止，金被火克，虽欲上升，仍然是不能前进，时雨就不能下降，西风时时怒吼，燥气也产生了。人们多病热在上焦，气喘咳嗽，甚至出血；当久郁忽然开通的时候，白埃之气飞扬，如烟如雾，产生清凉肃杀之气。人们多病胸胁苦满，易于悲伤，鼻塞流涕，喷嚏，咽喉发干，两手坼裂，皮肤干燥。

是故卯酉之年，太阳升天，主窒天芮①，胜之不前；又遇阳明未迁正者，即太阳未升天也，土运以至，水欲升天，土运抑之，升之不前，即湿而热蒸，寒生两间。民病注下，食不及化；久而成郁，冷来客热，冰雹卒至。民病厥逆而哕，热生于内，气痹于外，足胫痠疼，反生心悸，懊热，暴烦而复厥。

注释

① 天芮：土星的别名，此处代表在天的土气。

语译

所以卯酉之年，太阳寒水应从在泉之右间，上升为司天之左间，若遇到在天土气过胜，水气不能前进；又若遇到阳明未得正司中位，就使太阳无从上升，若土运已到，寒水要升，受了土运的抑制，也就不能前进，于是湿气与热气互相蒸郁，寒气生于左右间气之位。人们多病急剧的泄泻,饮食来不及消化;但久郁忽然开通的时候,冷气胜过热气,陡然下降冰雹。人们多生厥气上逆而打呃,热气生于内,阳气痹于外,足胫酸疼,反见心悸懊热,暴烦而又厥逆。

黄帝曰:升之不前,余已尽知其旨,愿闻降之不下,可得明乎?岐伯曰:悉乎哉问也!是之谓天地微旨,可以尽陈斯道。所谓升已必降也,至天三年,次岁必降,降而入地,始为左间也。如此升降往来,命之六纪①也。

注释

① 六纪:六气在天三年而下降,在地三年而上升。这样,升降往来共六年,叫做"六纪"。

语译

黄帝道:升之不前的问题,我已经完全知道它的道理了,希望听听降之不下的问题,能明白地告诉我吗?岐伯说:你问得真详细!这是天地间极精细的道理,可以把我知道的全部告诉你。上升以后,必定要下降的,例如升天三年以后,随即转为下降,下降入地,就成为地之左间,又在地三年。这样的升降往来,共为六年,所以就有六气之纪的命名。

是故丑未之岁,厥阴降地,主窒地晶,胜而不前;又或遇少阴未退位,即厥阴未降下,金运以至中,金运承之,降之未下,抑之变郁,木欲降下,金承之,降而不下,苍埃远见,白气承之,风举埃昏,清燥①行杀,霜露复下,肃杀布令。久而不降,抑之化郁,即作风燥相伏,暄而反清,草木萌动,杀霜乃下,蛰虫未见,惧清伤藏。

注释

① 燥：原作"躁"，据《素问注证发微》、《素问直解》改。

语译

所以丑未之年，厥阴风木当从司天右间，下降为在泉左间，若遇到在地的金气，木气受制而不能前进；又或遇到少阴未退位，厥阴就无从下降，而在中的金运已至，因金运上承，以致降而不下，阻抑于中，久之变而成郁，由于木欲下降，金运相承，使它不能下降，青色的尘埃远见，白色之气相承接，风吹尘埃而天昏地暗，清凉秋燥行肃杀之令，霜和露复又下降，出现肃杀气候。木气久而不降，郁抑日久，就要化成燥气伏于风内，气候应该温暖而反见清冷，草木应该发芽生长，可是严霜又至，蛰虫也未见出现，人们亦惧怕清冷之气要伤害内脏。

是故寅申之岁，少阴降地，主窒地玄，胜之不入；又或遇丙申丙寅，水运太过，先天而至，君火欲降，水运承之，降而不下，即彤云才见，黑气①反生，喧暖如舒，寒常布雪，凛冽复作，天云惨凄。久而不降，伏之化郁，寒胜复热，赤风化疫。民病面赤、心烦、头痛、目眩也。赤气彰而温病欲作也。

注释

① 黑气：即水气。

语译

所以寅申之年，少阴君火当从司天右间，下降为在泉左间，若遇到在地的水气，使火受水制而不能前进；又或遇到丙申丙寅，水运之气太过，先期而至，少阴君火要下降，逢到水运的相克，不能下降，火气方始出现，水气反而到来，本来气候温暖，可是却很寒冷，时常下雪，寒风凛冽，天云阴惨凄凉。少阴君火久伏而不降，则化为郁气，郁伏已久，一旦开通，寒到了极点，就复而生热，风火化成疫疠。人们多病面赤、心烦、头痛、目眩等病。火气过分显露，是温热病将要发生的征兆。

是故卯酉之岁，太阴降地，主窒地苍，胜之不入；又或少阳未退位者，即太阴未得降也；或木运以至，木运承之，降而不下，即黄云见而青霞彰，郁蒸作而大风，雾翳埃胜，折损乃作。久而不降也，伏之化郁，天埃黄气，地布湿蒸。民病四肢不举，昏眩，肢节痛，腹满填臆。

语译

所以卯酉之年，太阴湿土当从司天右间，下降为在泉左间，若遇到在地的木气，使土受木制而不能前进；又或少阳相火未能退位，太阴不能下降；或者木运相袭，欲降不下，于是黄云出现，青霞显露，郁滞成风，尘埃飞扬如雾，甚至折损树木。如果久久不得入地，郁伏既久，则天上有黄色之气，地下的湿气熏蒸。人们就患四肢不能举动，头目昏眩，肢节疼痛，胸腹胀满。

是故辰戌之岁，少阳降地，主窒地玄，胜之不入；又或遇水运太过，先天而至也，水运承之，降而不下①，即彤云才见，黑气反生，暄暖欲生，冷气卒至，甚即冰雹也。久而不降，伏之化郁，冷气复热，赤风化疫。民病面赤、心烦、头痛、目眩也。赤气彰而热病欲作也。

注释

① 降而不下：原作"水降不下"，据《素问注证发微》、《类经》改。

语译

所以辰戌之年，少阳相火当从司天右间，下降为在泉左间，若遇到在地的水气，使火受水制而不能前进；又或遇到水运太过，先交其气，水运相承，相火便不能入地，因此，彤云出现未久，水气反而到来，本来是要温暖的，可是冷气相加，甚至结成冰雹。但久而不能下降，伏久必定化郁为通，冷气转为热气，火气化成疫疠。人们易患面赤、心烦、头痛、目眩等病。假如火气过分的显著，热病就要发生了。

是故巳亥之岁，阳明降地，主窒地彤，胜而不入；又或遇太阳①未退位，即阳明②未得降；即火运以至之，火运承之③不下，即天清而肃，赤气乃彰，暄热反作。民皆昏倦，夜卧不安，咽干引饮，懊热内烦。大④清朝暮，暄还复作；久而不降，伏之化郁，天清薄寒，远生白气。民病掉眩，手足直而不仁，两胁作痛，满目眈眈。

注释

① 太阳：原作"太阴"，据《类经》改。
② 阳明：原作"少阳"，据《素问注证发微》、《类经》改。
③ 之：据文例此下当有"降而"两字。
④ 大：原作"天"，据《素问注证发微》、《类经》改。

语译

所以巳亥之年，阳明燥金当从司天右间，下降为在泉左间，若遇到在地的火气，金受火制而不能前进；又或遇到太阳未曾退位，就是阳明无从下降；或遇火运已至，因火运的相乘，使金气不能下降入地，这时本应天清气爽，可是反而火气昭彰，炎热非常。人们皆感昏倦，夜卧不能安宁，咽喉发干，口渴引饮，闷热内心烦躁。本来应朝暮清凉，现在却是暄暖；如果久不得降，则伏久将要化郁为通，那时天高气凉，金风飒飒，产生一种白气。人们易患掉眩，手足强直，麻木无知，两胁作痛，双目视物不清等病。

是故子午之年，太阳降地，主窒地阜胜之，降而不入；又或遇土运太过，先天而至，土运承之，降而不入①，即天彰黑气，瞑暗凄惨，才施黄埃而布湿，寒化令气，蒸湿复令。久而不降，伏之化郁，民病大厥，四肢重怠，阴痿少力。天布沉阴，蒸湿间作。

注释

① 入：据文例当作"下"。

语译

所以子午之年，太阳寒水应从司天右间，降为在泉左间，若逢到在地的土气，水受土制，以致太阳不能降而入地；又或遇到土运太过，先交其气，因土运的相承，使太阳不能入地，那末寒水的气候布满天地之间，阴暗惨淡，忽然黄埃飞扬，湿气弥漫，本来要寒化的气候，现在却是蒸湿当令。久而不降，伏久郁化为通，人们患大厥，四肢重而倦怠，阴痿少力。天气阴沉，时常且有湿气蒸发。

帝曰：升降不前，晰知其宗，愿闻迁正，可得明乎？岐伯曰：正司中位，是谓迁正位，司天不得其迁正者，即前司天，以过交司之日，即遇司天太过有余日也，即仍旧治天数，新司天未得迁正也。

语译

黄帝道：上升与下降不能前进，已经明白它的意义了，希望听听迁正的道理,可以明白告诉我吗？岐伯说:正司天地的中位,叫做迁正位,司天不得迁于正位的,是因为前一年的司天已过了新旧之交的大寒日,就是司天太过的余日,仍旧治理着天气,于是形成新司天不能迁正了。

厥阴不迁正,即风暄不时,花卉萎瘁。民病淋溲,目系转,转筋,喜怒,小便赤。风欲令而寒由不去,温暄不正,春正失时。

语译

厥阴不得迁居正位,就是风木温暖之气不能及时行令,花草枯槁。人们易患小便淋痛不利,目系转,转筋,善于发怒,小便赤等病。风木要行令而寒气不去,因此气候温暖不正常,失去春天正常的时令。

少阴不迁正,即冷气不退,春冷后寒,暄暖不时。民病寒热,四肢烦痛,腰脊强直。木气虽有余,位不过于君火也。

语译

少阴君火不得迁居正位,就是冷气不退,春天先冷后寒,和暖气候不能及时而至。人们易患寒热,四肢烦痛,腰脊强直。但厥阴风木之气虽然太过,留恋在位不退,但终究不会超过君火当令之时的。

太阴不迁正,即云雨失令,万物枯焦,当生不发。民病手足肢节肿满,大腹水肿,填臆不食,飧泄胁满,四肢不举。雨化欲令,热犹治之,温煦于气,亢而不泽。

语译

太阴不得迁入正位,云雨就不能及时,万物因而枯焦,当生长而不能发育。人们易患手足肢节肿满,大腹水肿,心胸填胀,不欲饮食,泄泻完谷不化,胁满,四肢不能举动。本当太阴湿土行令,而少阴君火不退,仍行热令,所以气候温暖,干旱无雨。

少阳不迁正,即炎灼弗令,苗莠不荣,酷暑于秋,肃杀晚至,霜露不时。民病痎疟,骨热,心悸,惊骇,甚时血溢。

语译

少阳不得迁入正位,则炎热的气候不能行令,苗莠不能繁荣,酷暑见于秋天,肃杀之气晚至,霜露不能及时下降。人们易患疟疾,骨中发热,心悸,惊骇,甚则时见出血。

阳明不迁正,则暑化于前,肃杀于后,草木反荣。民病寒热,鼽嚏,皮毛折,爪甲枯焦,甚则喘嗽息高,悲伤不乐。热化乃布,燥化未令,即清劲未行,肺金复病。

语译

阳明不得迁入正位,炎暑的气候先行,肃杀的气候后至,草木反见繁荣。人们易患寒热,鼻流清涕,喷嚏,皮毛不华,爪甲枯焦,甚则气喘咳嗽,呼吸气粗,悲伤不乐。由于炎热气候仍旧布散,燥气未能行令,就是清肃的气候未来,肺金因而受病。

太阳不迁正,即冬清反寒,易令于春,杀霜在前,寒冰于后,阳光复治,凛冽不作,雾云①待时。民病温疠至,喉闭嗌干,烦躁而渴,喘息而有音也。寒化待燥,犹治天气,过失序,与民作灾。

注释

① 雰(fēn 分)云：白色如雾的云。

语译

太阳不得迁入正位，以致冬时清肃寒冷的气候反见于春天，肃杀的霜露下降于前，寒冷坚冰凝结于后，如果阳光重新行令，则凛冽的寒气不会发生，雰云待时而出现。人们发生温病疫疠，喉闭嗌干，烦躁而渴，喘息有音。太阳寒水的气候，要待到燥金之气去，才能司其气化之令，若燥气过期不去，时序失常，人们就要发生灾害。

帝曰：迁正早晚，以命其旨，愿闻退位，可得明哉？岐伯曰：所谓不退者，即天数未终，即天数有余，名曰复布政，故名曰再治天也，即天令如故，而不退位也。

语译

黄帝道：迁正早晚的道理，我已明白，希望听听关于退位的问题，可以明白告诉我吗？岐伯说：所谓不退位，就是司天之数未终，也就是天数有余，名叫复布政，也有称之为再司天的，就是天令仍如过去，而不退位的缘故。

厥阴不退位，即大风早举，时雨不降，湿令不化。民病温疫，疵废①，风生，皆②肢节痛，头目痛，伏热内烦，咽喉干引饮。

注释

① 疵(cī 雌)废：张介宾："疵，黑斑也。废，体偏废也。"
② 皆：此前原有"民病"二字，系衍文，据《素问直解》删。

语译

厥阴不退位,就会不时大风早起,应该下雨的时候不下雨,湿令不能施化。人们易于患温疫,黑斑,肢体偏废,风病发生,一般多有肢节痛,头目痛,伏热内烦,咽喉发干引饮。

少阴不退位,即温生春冬,蛰虫早至,草木发生。民病膈热,咽干,血溢,惊骇,小便赤涩,丹瘤疹疮疡留毒。

语译

少阴不退位,温暖的气候发生于初春季冬,蛰伏的虫类早期发动,草木提前发芽生长。人们易患膈热,咽干,出血,惊骇,小便赤涩,丹瘤疹疮疡留毒。

太阴不退位,而取①寒暑不时,埃昏布作,湿令不去。民病四肢少力,食饮不下,泄注,淋满,足胫寒,阴痿,闭塞,失溺,小便数。

注释

① 取:《素问直解》作"且",义长。

语译

太阴不退位,寒冷与暑热不时发生,尘埃昏蒙弥漫天空,太阴湿土之令不去。人们易患四肢少力,饮食不下,大便泄泻,小便淋沥,腹满,足胫寒冷,阴痿,大便不通,尿失禁,小便频数。

少阳不退位,即热生于春,暑乃后化,冬温不冻,流水不冰,蛰虫出见。民病少气,寒热更作,便血,上热,小腹坚满,小便赤沃,甚则血溢。

语译

少阳不退位,就会炎热的天气发生于春天,暑热逗留不去,冬天温暖不寒,流水不能凝结成冰,蛰伏的虫类出现。人们易患少气,寒热往来,便血,上部发热,小腹坚硬胀满,小便赤,甚则出血。

阳明不退位,即春生清冷,草木晚荣,寒热间作。民病呕吐,暴注,食饮不下,大便干燥,四肢不举,目瞑掉眩。

语译

阳明不退位,春天气候清冷,草木推迟繁荣,气候或寒或热相间而发。人们易患呕吐,剧烈泄泻,或饮食不下,或大便干燥,四肢不能举动,头目眩晕。

太阳不退位,即春寒复作,冷雹乃降,沉阴昏翳,二之气寒犹不去。民病痹厥,阴痿,失溺,腰膝皆痛,温疠晚发①。

注释

① 太阳不退位……温疠晚发:此四十一字原脱,据金刻本补。

语译

太阳不退位,春季又发生寒冷的气候,于是冰雹降下,阴沉之气昏暗覆盖,至二之气时寒气仍未退去。人们易患痹证厥冷,阴痿,小便失禁,腰膝部疼痛,温病疫疠晚发。

帝曰:天岁①早晚,余以知之,愿闻地数②,可得闻乎?岐伯曰:地下迁正、升天及退位不前之法,即地土产化,万物失时之化也。

注释

① 天岁：司天的意思。
② 地数：在泉之数。

语译

黄帝道：司天之气的早晚，我已经知道了，希望听你讲讲在泉之数，可以告诉我吗？岐伯说：地下迁正、升天及退位不能如时前进，可应于大地上物产变化，使万物失却时令的正常生化。

帝曰：余闻天地二甲子①，十干十二支，上下经纬天地，数有迭移，失守其位，可得昭乎？岐伯曰：失之迭位者，谓虽得岁正，未得正位之司，即四时不节，即生大疫。注《玄珠密语》云：阳年三十年，除六年天刑，计有太过二十四年，除此六年，皆作太过之用。令不然之旨，今言迭支迭位，皆可作其不及也②。

注释

① 天地二甲子：张介宾："天地二甲子，言刚正于上，则柔合于下，柔正于上，则刚合于下，如上甲则下己，上己则下甲，故曰二甲子。"
② 注《玄珠密语》……不及也：此段显系后人注解的文字，传抄误入正文，所以《玄珠密语》前有一"注"字。

语译

黄帝道：我听说天地二甲子，十干与十二支，上下相合经纬天地之气，其数有相互更移的，有失守其位的，可以明白告诉我吗？岐伯说：失却更移之正位，则虽得当岁之正位，而未能得其司正位之气，就使四时失去节令变化，将会发生大疫了。注《玄珠密语》

上说过，阳年三十年，除去六年天刑，计有二十四个太过年，除此六年，皆是太过的。若不然的话，是因为刚柔迭失其位，虽是太过有余，亦当作为不及。

假令甲子阳年，土运太窒，如癸亥天数有余者，年虽交得甲子，厥阴犹尚治天，地已迁正，阳明在泉，去岁少阳以作右间，即厥阴之地阳明，故不相和奉者也。癸巳相会，土运太过，虚反受木胜，故非太过也，何以言土运太过？况黄钟不应太窒，木既胜而金还复，金既复而少阴如至，即木胜如火而金复微，如此则甲己失守，后三年化成土疫，晚至丁卯，早至丙寅，土疫至也。大小善恶，推其天地，详乎太乙。又只如甲子年，如甲至子而合，应交司而治天，即下己卯未迁正，而戊寅少阳未退位者，亦甲己下有合也，即土运非太过，而木乃乘虚而胜土也，金次又行复胜之，即反邪化也。阴阳天地殊异尔，故其大小善恶，一如天地之法旨也。

语译

譬如甲子年为阳年，土运太过而抑塞，若癸亥年司天之数有余，年虽已交得甲子，可是去年司天之厥阴尚未退位，今年在泉的阳明已经迁正，去年在泉之少阳已退作在泉右间，就是去年的厥阴仍在司天的位置，在泉之阳明已迁正，所以上下不能相合了。癸巳相会，虽是土运太过，但其气已虚，反受木克，所以就不是太过，怎么能说土运太过呢？况且六律的黄钟（太宫）不应太窒，木既胜土，则土之子金必来报复，金既来报复而少阴司天忽至，则木反助火克金，故金的报复力必微，如此则甲己失守，其后三年化成土疫，迟至丁卯年，早至丙寅年，土疫就要发生。其大小轻重和预后良恶,就要察看当年司天在泉之气的盛衰和北极星所指的月令了。又如甲子年,在上的甲与子合,相应司天之位,在下的阳明己卯未能迁正在泉,去年戊寅的少阳未曾退位,也就形成甲己与在下之戊寅相合,土运就不是太过,而木乃乘虚克土,它所生的金又行复胜,即反化成病邪。在上的司天与在下的在泉,阴阳属性不同,所以产生疫疠的大小与善恶,和司天在泉的变化是一样的。

假令丙寅阳年太过,如乙丑天数有余者,虽交得丙寅,太阴尚治天也。地已迁正,厥阴司地,去岁太阳以作右间,即天太阴而地厥阴,故地不奉天化也。乙辛相会,水运太虚,反受土胜,故非太过,即太簇之管,太羽不应,土胜而雨化,木①复即风,此者丙辛失守其会,后三年化成水疫②,晚至己巳,早至戊辰,甚即速,微即徐,水疫至也。大小善恶,推其天地数及③太乙游宫。又只如丙寅年,丙至寅且合,应交司而治天,即辛巳未得迁正,而庚辰太阳未退位者,亦丙辛不合德也,即水运亦小虚而小胜,或有复,后三年化疠,名曰水疠,其状如水疫。治法如前。

注释

① 木:原作"水",据金刻本、《类经》改。
② 水疫:张介宾:"即后世寒疫阴证之类。"
③ 及:原作"乃",据金刻本和以下文例改。

语译

譬如丙寅是阳年太过,若去年乙丑年司天之数有余,今年虽交得丙寅,而去年司天之太阴尚未退位。但今年在泉的厥阴已经迁正,是去年在泉之太阳已经退位而作地之右间,形成司天太阴、司地厥阴的局面,所以地下不能承奉天令所化。如上乙下辛相会，水运太虚，反受土克，故不得算阳土太过，即如太簇与太羽音律不能相应，土胜而雨化，木来相应则化为风，此是丙辛失守其会，后三年化成水疫，迟到己巳年，早到戊辰年，甚者其至速，微者其至迟，水疫就要发生。其大小与善恶，要根据司天在泉的气数及北斗所指的月令来推算。又如丙寅年，丙与寅合，少阳应作司天，即辛巳厥阴未得迁正在泉，庚辰太阳未得退位，那上位司天之丙不能得下位在泉之辛，使水运小虚而有小胜小复，以后三年化为疫疠，名为水疠，病状如水疫。治法同前。

假令庚辰阳年太过，如己卯天数有余者，虽交得庚辰年也，阳明犹尚治天，地已迁正，太阴司地，去岁少阴以作右间，即天阳明地太阴也，故地不①奉天也。乙巳相会，金运太虚，反受火胜，故非太过也，即姑洗之管，太商不应，火胜热化，水复寒刑，此乙庚失守，其后三年化成金疫也，速至壬午，徐至癸未，金疫至也。大小善恶，推本年天数及太乙也。又只如庚辰，如庚至辰，且应交司而治天，即下乙未未得迁正者，即地甲午少阴未退位者，且乙庚不合德也，即下乙未柔②干失刚，亦金运小虚也，有小胜或无复，后三年化疠，名曰金疠，其状如金疫也。治法如前。

注释

① 不：原作"下"，据金刻本、《类经》改。
② 柔：原无，据以下文例补。

语译

譬如庚辰年是阳年太过，若去年己卯司天之数有余，今年虽交得庚辰，阳明还在司天，下面的太阴已经迁正在泉，去年在泉之己卯少阴退位,已作地之右间,就成为司天阳明而司地太阴,所以司地不能承奉天令所化。上乙下己相会,金运太虚,反受火克,故不得算阳土太过,即如姑洗与太商不能相应,火胜水复,气候当先热后寒,此是乙庚失守,其后三年当化成金疫,快的至壬午年,慢的至癸未年,金疫就要发生。至其病的大小与善恶,要根据本年司天在泉的气数及北斗所指之月令而定。又如庚辰应时迁正司天,而下乙未未得迁正在泉,去年甲午少阴未得退位,那么上位司天便形成孤立,不能合德,即在下乙未柔干不能合刚,亦金运稍衰,有小胜或无复,后三年化成疫疠,名为金疠,其症状与金疫相似。治法同前。

假令壬午阳年太过,如辛巳天数有余者,虽交得①壬午年也,厥阴犹尚治天,地已迁正,阳明在泉,去岁丙申少阳以作右间,即天厥阴而地阳明,故地不奉天者也。丁辛相合会,木运太虚,反受金胜,故非太过也,即蕤宾之管,太角不应,金行燥胜,火化热复②,甚即速,微即徐。疫至大小善恶,推疫至之年天数及太乙。又只如壬至午,且应交司而治之,即下丁酉未得迁正者,即地下丙申少阳未得退位者,见丁壬不合德也,即丁柔干失刚,亦木运小虚也,有小胜小复,后三年化疠,名曰木疠,其状如风疫③也。治法如前。

注释

① 得:原作"后",据金刻本改。

② 复:按文例此后似脱"此丁壬不合德也,其后三年化成木疫也"二句。

③ 风疫:张介宾:"木疠风疫,即后世风温之类。"

语译

譬如壬午年是阳年太过,若去年辛巳司天之数有余,今天虽交得壬午,但厥阴尚在司天,下面的阳明已迁正在泉,去年在泉之丙申少阳已作地之右间,成为司天厥阴而司地阳明,所以地不能承奉天令所化。如上丁下辛相会合,木运太虚,反受金克,故不得算阳土太过,即如蕤宾与太角不能相应,所以有金行燥令之胜,火化热气之复,其后化成木疫,严重的其至快,轻微的其至慢。疫至大小与善恶,当看疫至之年的天数与北斗所指的月令。又如壬午应时迁正司天,而下位丁酉未得迁正在泉,去年在泉之丙申少阳未得退位,那么上位司天便形成孤立,上下不能合德,这就是丁柔干不能合刚,木运亦小虚,有小胜,同时也有小复,其后三年化成疫疠,名为木疠,病状如风疫。治法同前。

假令戊申阳年太过,如丁未天数太过者,虽交得戊申年也。太阴犹尚司天,地已迁正,厥阴在泉,去岁壬戌太阳以退位作右间,即天丁未,地癸亥,故地不奉天化也。丁癸相会,火运太虚,反受水胜,故非太过也,即夷则之管,上太徵不应,此戊癸失守其会,后三年化疫也,速至庚戌。大小善恶,推疫至之年天数及太乙。又只如戊申,如戊至申,且应交司而治天,即下癸亥未得迁正者,即地下壬戌太阳未退位者,见戊癸未合德也,即下癸柔干失刚,见火运小虚,有小胜或无复也,后三年化疠,名曰火疠[①]也。治法如前,治之法可寒之泄之。

注释

① 火疠:张介宾:"即后世所谓温疫热病之类。"

语译

譬如戊申年是阳年太过,若去年丁未司天之数有余,今年虽交得戊申,太阴犹尚司天,下面的厥阴已迁正在泉,去年在泉之壬戌太阴,已退位作地之右间,就成为司天丁未,司地癸亥,所以地不能承奉天令所化。上丁下癸相会,火运太虚,反受水克,故不得算作阳土太过,即如夷则与太徵不能相应,此时戊癸失守其会,后三年将化疫疠,快的发在庚戌年。其疫大小与善恶,要看疫至之年的天数和北斗所指的月令。又如戊申应时迁正司天,而下面癸亥未得迁正在泉,壬戌太阳未得退位,那么上位司天便形成孤立,不能与在泉合德,这是下癸柔干不能合刚,火运稍衰,或有小胜,或无复,其后三年化成疫疠,名为火疠。治法同前,治疗的方法可用寒法泄法。

黄帝曰:人气不足,天气如虚,人神失守,神光不聚,邪鬼干人,致有夭亡,可得闻乎?岐伯曰:人之五藏,一藏不足,又会天虚,感邪之至也。人忧愁思虑即伤心,又或遇少阴司天,天数不及,太阴作接间至,即谓天虚也,此即人气天气同虚也。又遇惊而夺精,汗出于心,因而三虚,神明失守。心为君主之官,神明出焉,神失守位,即神游上丹田①,在帝太一帝君泥丸宫②下。神既失守,神光不聚,却遇火不及之岁,有黑尸鬼见之,令人暴亡。

注释

① 上丹田:张介宾认为即髓海。
② 帝太一帝君泥丸宫:帝太一帝君,即脑神。泥丸宫,即脑室,是脑神所居之地。

语译

黄帝道：人体的正气不足，天气也不正常，精神不振，神明不聚，病邪伤人，致有夭亡，可以告诉我这个道理吗？岐伯说：人的五脏如果有一脏不足，再遇到天虚，感受的邪气就厉害。人过度忧愁思虑，就会损伤心脏，又或遇到少阴司天而天数不足，太阴作为接替的主司，这样就叫天虚，也就是人气和天气皆虚。如果再遇到惊而损伤心精，汗出伤其心液，便成为三虚，以致神明失藏。心是君主之官，神明出于此，神明失守其位，也就是神明游离于上丹田泥丸宫之下。神明既失其位，精神便不能振作，却遇到火运不及的年岁，则水疫之邪致病，使人猝然死亡。

人饮食、劳倦即伤脾，又或遇太阴司天，天数不及，即少阳作接间至，即谓之虚也，此即人气虚而天气虚也。又遇饮食饱甚，汗出于胃，醉饱行房，汗出于脾，因而三虚，脾神失守。脾为谏议之官，智周出焉。神既失守，神光失位而不聚也，却遇土不及之年，或己年或甲年失守，或太阴天虚，青尸鬼见之，令人卒亡。

语译

人饮食不节、过度劳累则伤脾脏，又遇太阴司天，天数不足，少阳作司天的左间来代表，这叫做虚，就是人气虚天气也虚。又逢到饮食过饱，伤胃出汗，或者酒醉行房，伤脾出汗，因而形成三虚，以致脾神失藏。脾如谏议之官，智慧周密由此而出。脾神既失其位，精神不振，又遇岁土不及的年份，或逢己年或甲年失守，或太阴司天天数不足，便有木疫之邪为病，使人猝然死亡。

人久坐湿地，强力入水即伤肾。肾为作强之官，伎巧出焉。因而三虚，肾神失守，神志失位，神光不聚，却遇水不及之年，或辛不会符，或丙年失守，或太阳司天虚，有黄尸鬼至，见之令人暴亡。

语译

人久居潮湿的地方，或者先强用体力，然后又感受水湿，就会伤肾。肾如作强之官，伎巧由此而出。今有三虚，肾神失藏，精衰志失，精神不振，却遇到水运不及的年岁，或者辛不会合，或者逢丙年失守，或者太阳司天不及，就有土疫之邪致病，使人猝然死亡。

人或恚怒，气逆上而不下，即伤肝也。又遇厥阴司天，天数不及，即少阴作接间至，是谓天虚也，此谓天虚人虚也。又遇疾走恐惧，汗出于肝。肝为将军之官，谋虑出焉。神位失守，神光不聚，又遇木不及年，或丁年不符，或壬年失守，或厥阴司天虚也，有白尸鬼见之，令人暴亡也。

语译

人或有恚怒，气上逆而不能下降，损伤肝脏。又遇厥阴司天，天数不足，即少阴作司天左间来代替，这叫天虚，成为天人两虚。又或奔走恐惧，汗出伤肝。肝如将军之官，谋虑由此而出。精神失藏，神明不振，又遇到木运不及的年份，或丁年不相会合，或壬年失守，或厥阴司天不及，就有金疫之邪致病，使人猝然死亡。

按语

原文脱"伤肺"一节。

已上五失守者，天虚而人虚也，神游失守其位，即有五尸鬼干人，令人暴亡也，谓之曰尸厥。人犯五神易位，即神光不圆也。非但尸鬼，即一切邪犯者，皆是神失守位故也。此谓得守者生，失守者死。得神者昌，失神者亡。

语译

以上五种失守其位的，由于天虚和人虚的关系，使精神离散，失于守藏，便有五种病邪侵袭，使人猝然死亡，这叫做尸厥。人或患了五脏之神失其常位，就会使神明不完满了。在这种情况之下，非但疫邪为患，就是一切邪气都会来侵袭，这都是由于精神不守的缘故。所以说：精神能够守藏则生存，不能守藏则死亡。得神的就会安康，失神的就要死亡。

按语

以上《刺法论》与《本病论》两篇，因在王冰注释之前就已亡佚（王冰次注本中只存篇目），所以称为"遗篇"。

本 篇 要 点

一、指出五运六气的升降失常，对疾病的产生尤其是疫疠的流行有着密切的关系。

二、说明疫疠的流行，不一定发生于当年，常常在天气反常以后的二年到三年才发生的。

三、强调了疫疠为病，必须要有三个条件：非时的天气；正气的虚弱；精神的失守。三虚相合，便能形成暴亡的疫病。而其中最主要的条件，是精与神失守，它不但是疫邪发病的决定因素，同时也是产生一切严重疾病和死亡的主要原因。